ヨーロッパ中近世の兄弟会

河原　温／池上俊一——［編］

東京大学出版会

Confraternities in Medieval and Early Modern Europe
Atsushi KAWAHARA and Shunichi IKEGAMI, Editors
University of Tokyo Press, 2014
ISBN 978-4-13-021079-9

目次

総説　信心・慈愛・社会的絆
――ヨーロッパ中近世の兄弟会へのアプローチ

河原　温

第一節　本書の課題

ヨーロッパにおいては、一二世紀から一三世紀にかけて俗人のキリスト教信徒を中心に運営される「自発的な信心の団体」が設立された。それらの団体は confraternita ないし fraternitas（ラテン語）, congregazione, compagnia, confrérie, confrada, bruderschaft, broederschap, confraternity, fraternity, guild（俗語）〔日本語では兄弟会、兄弟団、信心会、信徒会、宗教ギルドなどと総称されている〕と呼ばれ、自己の魂の来世における救済を希求した人びとの強い宗教的願望にもとづいてヨーロッパ各地で繁茂した。この組織は、地域によりきわめて多様な形態のもとで活動を行なっており、イタリアをはじめ各国でそれぞれの組織に応じた上記のような史料用語がそのまま用いられてきた。そのため、その日本語訳もまだ統一された用語としては定着していないのが現状である。そこで中世から近世にかけてのヨーロッパ世界を広く対象とする本書においては、便宜上ではあるが、これまでわが国の学界で用いられてきた用語の中から、兄弟会（コンフラタニティ）という表記を選択して、以下各章においても統一して用いていくことにしたい。

兄弟会は、共通の守護聖人への帰依を媒介とする絆によって会員相互が結ばれた自発的・宗教的団体であり、会員おのおのの死に備え、永続的生への期待を現世における「慈愛」と「典礼」の儀礼的行為を通じて追求した組織であった。(1) その構成員は、通常多様な職種、身分の者を含んでおり、また血縁的関係によらず、共通の規約にもとづく人的絆への参加によって形成され、いわば擬制的家族としての性格を備えていた。キリスト教徒と神との間の垂直的な信仰の絆と、隣人愛を通じての水平的・社会的絆という二重の性格を体現していた兄弟会は、職能団体としての同職組合（ギルド・ツンフト）と並んで、ヨーロッパ中近世の都市生活における市民の霊的・物質的側面において多様な貢献をなしたと考えられ、とりわけ一九八〇年代以降、ヨーロッパの宗教史・社会史研究において重要な研究テーマとなっている。(2)

兄弟会研究はヨーロッパ各国で進められているが、本章ではヨーロッパ中近世における兄弟会のあり方を概観するために、まず、兄弟会の類型と形成のモチーフについて論じたのち、兄弟会活動の本質にかかわる四つの視角にもとづきながら述べていきたい。

第一に、兄弟会によって担われた信心（篤信）pietas をめぐるさまざまな典礼的・儀礼的活動が、都市内部の人間関係（パトロネージ）や都市共同体の文脈において果たした役割である。第二に、中近世ヨーロッパの俗人集団（市民）が個人レベルでキリスト教を受容し、日常生活の中にとりこんでいた中での慈愛（愛徳）caritas という観念の重要性である。慈愛の観念に基づくさまざまなタイプの兄弟会の社会的活動が、兄弟会会員の宗教的・社会的意識の交わる局面を浮き彫りにすると考えられるからである。この点に関して、私見ではとりわけ兄弟会による救貧活動の時代的変容と地域的差異が興味深い問題を提示している。第三に、社会的絆（友愛）fraternitas という視点から、身分制社会であった中近世ヨーロッパ社会における水平的な絆（社会的紐帯）としての兄弟会の会員相互の関係や、都市共同体と兄弟会相互の関わり、また兄弟会と君主や教会との垂直的関係から析出される支配と統制の関係が重要なテーマとなる。第四に、近世以降の兄弟会の変容と再編の特質を問う視角、すなわちトレント公会議（一五四五～六三）を画期とする近世カトリック教会の改革とプロテスタンティズムによる兄弟会廃止、統合、再生の動き、宗派的な対処をめぐる中世以来の伝統的兄弟会のエートスの継承と変質、主権国家体制の形成による国家と教会、都市や教会（司教）による地域社会の統合と統制における兄弟会のあり方の変容などを捉えようとする視角である。

これら四つの視角に即して、南北ヨーロッパ地域の兄弟会のあり方の相違にも目配りしながら、本章では、ヨーロッパ世界における兄弟会の全体的・時代的特性を取り上げる。第一章以下で論じられるヨーロッパ各地域における兄弟会の概観と各論は、まさにそうした全体的傾向の地域的差異を浮き彫りにしてくれるはずである。

第二節　兄弟会の起源と類型

ここで、まず中世ヨーロッパにおける兄弟会の起源と類型について概観しておこう。本書で扱われる兄弟会の個別事例は、基本的に都市の兄弟会であり、かつ時期的には中世後期から近世のものとなろう。それでは、兄弟会の原型は何に求められるのだろうか。

兄弟会の起源については、聖俗双方の伝統が考えられてきた。一つは、古ゲルマン人の共同宴会行事の流れを汲むギルド gilda, gild の伝統であり、いま一つは、中世初期の修道院や教会諸組織と結びついて霊的救済や徳を求めた中世初期の聖職者や俗人貴族たちの祈りの団体（祈禱盟約者団体）の形成である。そのいずれもが兄弟会の起源として決定的であったとは言い難く、両者の交じり合う複合的な過程を通じて、仲間同士の祈禱による死者の記憶の永続化memoria という目的――いわば死の社会化――のためにおおよそ九世紀から一二世紀の間にしだいに組織されていった団体であったと考えられる。(3) 兄弟会の有した多くの名称（ラテン語史料における gilda, fraternitas, confraternitas, societas, congregatio など）と多様な性格、活動のため、教会当局によっても兄弟会の明確な法的定義はなされなかった。(4) 唯一、多くの兄弟会に妥当するとみなし得る特徴は、血縁関係を超えた会員相互の義務によって結びつけられ、儀礼を通じて統合される枠組みの内部で福祉と安全を促進しようとする意識的選択による団体であったということであろう。

兄弟会は、会員の属している物理的、経済的環境を改善するとともに、会員相互の死後の霊的救いのために、祈りによる執り成しを行なうことを目的としていた。そうした団体の必要性は、聖職者によって早くから意識されており、埋葬と死者追悼のための聖職者や修道士の祈禱盟約団体の存在は、一〇世紀以前に遡りうる。また、九世紀半ばにランスの大司教ヒンクマールが述べているように、すでにこの時期に仲間の葬式への出席や教会への蠟燭の寄進、施しのための費用の徴収等の宗教的活動に特化した俗人の仲間団体 geldonias vel confratrias が存在したことも知られている。(5) しかし、G・メールゼマンによれば、最古の兄弟会の規約は、一一世紀（イタリア）に遡りうるに過ぎない。(6) そして俗人を中心とする兄弟会がイタリア、フランス、ドイツにおいて明確な形を取って史料に現れるのは、一二世紀以降のことに属する。一三世紀に入ると托鉢修道会の影響の下で、組織化された俗人兄弟会の数が一気に増加することになるのである。(7)

兄弟会活動の最盛期は、一四世紀から一六世紀前半にかけてであり、この時期にさまざまなタイプの兄弟会が都市や農村で生まれた。その活動はA・ヴォシェによって「ブラウン運動」に喩えられているように、(8) 同職組合（ギルド）などとは異なり、社会状況によってしばしば変化する組織的不安定性や活動の断続性を示す団体であったこと、同一人物が同時にいくつもの兄弟会に加入しえたことなどが特徴として挙げられるだろう。

兄弟会の組織類型はきわめて多様であり、本書の各章で示されるように、国や地域により、また時期により異なったタイプの兄弟会の盛衰が確認される。また、本書第六章において詳細に論じられるが、多様なエスニシティから構成されたイベリア半島では、それぞれ規約や代表をもつユダヤ人やモリスコ、黒人の兄弟会も活動していた。地域や時期による差異も大きいことを前提としつつ、ここでは、ヨーロッパ各地の俗人兄弟会類型の形成において重要と思われるいくつかのモチーフを取り上げよう。

聖人崇敬

中世の兄弟会形成における基本的なモチーフの一つは、十二使徒など聖書中の聖人や、聖母マリア、ローカルな地方聖人、聖霊 Holy Spirit やキリストの聖体 Corpus Christi などに向けられた崇敬である。こうした信心実践型の兄弟会が、来世の執り成し人であり、また都市の守護者でもあった諸聖人や聖母マリア、地方聖人などを讃えるために設立されたのである。その数はヨーロッパにおいて生まれた兄弟会の中でも最も多かったといえるだろう(マリア兄弟会、聖体兄弟会、ロザリオ兄弟会など)。

なかでも、聖母マリアの名を冠したマリア兄弟会は、マリアの祝祭日を中心に、マリア賛歌詠唱やミサ、宗教行列(プロセッション)や会食、貧者への喜捨などを主たる活動とした中世後期の信心実践型兄弟会の代表的形態であった。例えば、中世後期のノルマンディ地方では、創設された約一二〇〇の兄弟会のうち、その三分の一以上の四五七の兄弟会が聖母マリアを守護聖人としていたといわれている。[9] また、一三世紀以降フィレンツェをはじめとするイタリア都市では、聖母マリア崇敬のための「賛歌(Lauda)合唱のための兄弟会」Compagnia di laudesi が数多く誕生している。フィレンツェの「オルサンミケーレ兄弟会」Madonna di Orsanmichele は、その中で最大規模のマリア兄弟会であった。一二九一年に創建され、一四、一五世紀のフィレンツェにおいてマリア崇敬の中心的役割を果たしたこのマリア兄弟会は、托鉢修道会とりわけドミニコ会の影響のもとで発展した。「オルサンミケーレ兄弟会」の主要な活動は、マリア崇敬の促進(マリア賛歌とミサ、礼拝堂建設と宗教行列の実践)と救貧活動にあり、一四世紀には、都市当局(コムーネ)に代わって、伝統的な「キリストの貧者」(孤児や寡婦など)の他に不特定多数の物乞いなど三〇〇〇人を超える貧民に対してパンや衣料品、貨幣などの分配を中心とする実質的な救済活動を行なっていた点が注目される。[10]

一般にマリア兄弟会では、活動の中心はマリア崇敬の儀礼の他、物故会員に対する葬儀、埋葬、追悼ミサを中心とする社会的記憶の保持にあり、会員以外の貧民への大規模な援助はきわめて限られていたように思われる。例えば、南フランスのトゥルーズのマリア兄弟会(聖ニコラ教会)の場合、一五世紀末に三五の職種の手工業者や商人、公証人などから成る一五九名の会員（うち八六名は女性）を抱え、週三回のミサと礼拝堂の維持、マリアの祝祭日における行列などを主要な活動としていた。同兄弟会は、貧民へのパンの分配も行なってはいるが、それはマリアの祝祭日などきわめて限定された儀礼的分配であった[11]。そうしたマリア兄弟会の活動の特質については、ネーデルラントを扱った第四章において論じられる。

他方、中世の人々にとって聖人崇敬の別の表現は、巡礼行であった。中世初期以来、エルサレムやローマ、サンティアゴ・デ・コンポステーラなど遠方の聖地へ、悔悛と魂の救済のための巡礼が行なわれていたが、とりわけ一一世紀以降、民衆の「宗教的覚醒」により聖地巡礼熱が高まったのである。一二世紀には、ガリシアのサンティアゴ・デ・コンポステーラへの巡礼行の波とともに、聖ヤコブ信仰が広まっていく。そうしたサンティアゴ巡礼者から構成された「聖ヤコブ巡礼」兄弟会は、一三世紀からヨーロッパ各地で叢生し、一五世紀後半にその数は頂点に達していく[12]。聖ヤコブ兄弟会は、多くの都市で巡礼のための救護所 hospital を運営し、都市（パリ、ヘント、ルマンなど）における慈善活動において重要な役割を果たした。聖ヤコブ兄弟会と托鉢修道会とりわけドミニコ会との関係は密接であり、多くの都市で、聖ヤコブ兄弟会の礼拝堂がドミニコ会の教会に設けられた。また、エルサレムやローマに向かう巡礼者の団体として、エルサレム兄弟会やローマ兄弟会も一五世紀以降多くの都市で創設され、近世以降もとだえることなく、多くの都市で一八世紀まで存続したといわれる。

巡礼行の発展は、また、カンタベリーやヴェズレー、ル・ピュイ、ロカマドゥールなどローカルな巡礼地の形成や教会建設運動を促進し、巡礼路（道）や橋の整備、巡礼者のための宿泊施設（救護所）の建設など個別の目的のためにあまたの兄弟会を生み出すことにもなったのである[13]。

平和維持

中世ヨーロッパでは、農村部においても一三世紀以降、さまざまな兄弟会が生まれたが、その背景には、地域の秩序と平和の維持をめざした農村共同体構成員の動きがあったと考えられている。南フランスやアルプス地方を中心に数多く叢生した「聖霊兄弟会」Confrérie du Saint-Esprit は、そうした文脈において理解されるべき兄弟会である。「聖霊」Spiritus Sanctus を守護者とする聖霊兄弟会は、プロヴァンス地方では、一二世紀末から知られており、一五世紀前半までに南フランス、中部フランス（オーヴェルニュ）、サヴォワ、スイス・ロマンド、アルプス地方の都市や農村教区で少なくとも二五〇の聖霊兄弟会が創設されている。(14) この兄弟会の特徴は、教区民全体の組織であり、特に農村教区では、自治機関としての性格をも有する政治的団体となっていたことであり、個々人の自発的選択による組織というより、地域共同体的組織の代用となっていた点に特徴がある。同様の機能を果たした兄弟会としては、中部・南フランスの農村において蠟燭会（シャンデル）と呼ばれた教区兄弟会を挙げることができるだろう。(15)

聖霊兄弟会は、五月の聖霊降臨祭 Pentecost を中心とする祝祭日に、共同会食と宗教行列を行ない、教区民にパンやチーズ、ワインなどを分配した。こうした会食の儀礼を通じて、本来再生と豊饒祈願の営みであった聖霊降臨祭は、民衆化されたキリスト教（兄弟会）による教区共同体の統合のシンボルへと変容していったとみられる。聖霊兄弟会は一六世紀以降、その性格を変えつつ存続し、アルプス地方では、二〇世紀前半までその活動が維持されるという長期的持続性を有していたのである。(16)

また「聖霊」は、一二世紀以来救貧活動の守護者とされており、南ドイツのフライブルクの聖霊兄弟会のように、一五世紀後半に典礼・ミサの活動以上に救貧活動（パン、靴、布、豚肉などの分配）に特化したケースも知られている。(17)

農村と同様、兄弟会は都市内部においても平和と安定に貢献する団体となりえた。イタリアの場合、一四世紀から鞭打ち苦行団による行進が、会員の悔悛とともにコムーネの平和と和解を実現する目的で行なわれていた。(18) 一五世紀イングランドのノリッジにおける聖ジョージ・ギルドの活動も、都市内部の平和と秩序維持に一定程度貢献するものであったと考えられる。(19)

地縁的絆

兄弟会形成において、小教区や街区など地縁的枠組みがそのモチーフとなりえたことも忘れられてはならない。いわゆる「街区兄弟会」ないし「教区兄弟会」と呼びうる信心実践型の兄弟会は、スペイン、イタリア、南フランスなど南欧都市でよく知られているが、北フランス、イングランド、ネーデルラント、北ドイツなど北部ヨーロッパにおいても見られた。前述のマリア兄弟会の大半も、小教区や街区をベースとしていたといえよう。

また、出身地を同じくする者たちが、他国において「ナシオ」と呼ばれるグループを形成し、相互援助と一体性を示した事例が、ボローニャやパリをはじめとする大学都市の学生たちによる「くに」ごとの学生団体 fraternitas である。商人たちも、在外の土地とりわけ港市で出身地ごとに「商人兄弟会」を形成した。一三世紀のハンブルクにおけるフランドル商人の兄弟会、一五世紀のナントにおけるスペイン商人のマリア兄弟会などをその例として挙げることができるだろう。(20)

職業的・世代的絆

中世都市において、職能集団の組織として知られる同職組合（ギルド、ツンフト、メティエ）の構成員は、しばしば職業名を冠した兄弟会に所属していた。同職組合と兄弟会の関係については、古くから議論のあるところであるが、ドイツやフランス、イングランドなどでは、同職組合自体が兄弟会の宗教的、社会的機能を兼ねていた事例も多かった。兄弟会がすべて同職組合の産物ではなかったとしても、ほとんどの同職組合は中世後期に兄弟会を設立していたといわれるゆえんである。一つの同職組合が複数の兄弟会を形成したり、一つの同職兄弟会が実際には複数の職種の会員を受け入れている場合もしばしばみられた。例えば一四四四年のラニヨンの「靴職人の聖体兄弟会」Confrérie du Saint-Sacrement des cordonniers の規約には、「靴職人のメティエの兄弟姉妹以外は、いかなる者もこの兄弟会には受け入れられない」と規定されていたが、一五世紀の会員名簿によれば、四〇名の会員のうち、靴職人であったのは、二四名に過ぎなかったのである。[21]

本書において取り上げられる中世後期イングランドのビショップス・リン（キングズ・リン）の聖体兄弟会（第五章第二節）や、ストラスブール（シュトラースブルク）の政治的ツンフト（第三章第二節）の事例は、そうした同職組合を母体とした兄弟会が果たした都市における政治的、経済的役割のケース・スタディとなろう。

また、北部ヨーロッパの都市では、都市防衛の任を担った市民から構成される「石弓射手のギルド」Schuttersgildがネーデルラントやイングランド、ドイツなどで組織された。聖ゲオルギウスや聖セバスティアヌスを守護聖人としたこの兄弟会は、都市の祝祭儀礼の担い手となるとともに、地域の都市が集まって開催される射手の競技会（コンペティション）で、各都市の名誉を代表して参加するなど、中世後期から近世にかけて都市間の社交と交流の役割を果たしたのである。[22]

職業的絆から形成された兄弟会と並行して、フィレンツェなど中世後期のイタリア都市では、「青少年兄弟会」Youth Confraternityが叢生する。この兄弟会は、多様な社会層から構成される同世代（主に一二歳〜二〇歳前後の十代の青少年）を中心とした「若者組」として、祝祭における宗教劇の上演や聖歌の詠唱の役割においてとりわけ注目される団体となっていく。[23]本書でも、フィレンツェの「大天使ラファエル兄弟会」（一三一八年創設）を論じた第一章第二節において詳述されるところである。

愛徳 caritas と慈悲 misericordia

会員以外の一般の貧者への喜捨や死者の葬儀・埋葬を主たる活動とした「慈善（愛徳）兄弟会」misericordia, charitéは、七つの愛徳（慈愛）を行なうことをめざし、社会の中の貧者に対して施しをなすことで自己の魂の救済への執り成しを求めた組織で、イタリア、フランス、スペイン、ポルトガルでは貧困化が深刻化した中世後期以降、大規模な救貧活動を実践した点で注目される。

フランスでは、シャロン・シュル・マルヌの「ドゥニエ兄弟会」やノルマンディ地方の「愛徳兄弟会」charité、ドイツでは、貧しい巡礼や客死した他所者の埋葬と供養を行なった「慈善兄弟会」Elendenbruderschaft、イタリアやスペインでは、ミゼリコルディア兄弟会 Misericordia、ビガッロ兄弟会 Bigallo、テンピオ兄弟会 Tempio などが救貧や囚人の慰問といった慈善活動に特化した活動を行なっていた(24)。

他方、救貧・慈善活動に特化することはなかったが、その活動において会員以外の貧民への救済を大規模に行なった兄弟会として、イタリアでは、前述した一四世紀フィレンツェの「オルサンミケーレ兄弟会」や一五世紀の「聖マルティヌス兄弟会」、ネーデルラントでは、本書第四章第二節で紹介される一五世紀スヘルトーヘンボスの「輝かしきマリアの兄弟会」が格好の事例を提供する(25)。

悔悛 penitence

中世後期のイタリアやスペインにおいては、神の称揚だけではなく、人間の罪深さを強調し、「キリストの受難の共有」という観念に導かれて自身の罪の悔悛と浄化を希求し、鞭打ちの苦行を中心的活動として選択した「鞭打ち苦行会」Disciplinati, Battuti の活動が、托鉢修道会の影響下で盛んとなった。来世での苦しみを和らげるため、この世で贖罪を行なうことを強調する「煉獄」の教義に導かれ、「悔悛」をモチーフとしたこの兄弟会は、とりわけ一四世紀半ばの黒死病（ペスト）流行以降隆盛を極め、イタリアのフィレンツェでは、一四世紀後半までに二五の、シエナでは一二の「鞭打ち苦行会」が創設されたといわれる。鞭打ち苦行運動自体は、アルプス以北の地域にも広まるが、兄弟会としてはイタリアやスペインのようには根付くことはなかった。一六世紀後半以降、南フランスなどで「悔悛苦行の兄弟会」として再び活動が盛んとなり、南欧における近世の兄弟会の一つの流れとなっていく。イエズス会などを中心に、こうした悔悛・苦行とキリストの聖体崇敬を中心とする新たな信仰の絆を生み出したのが、本書第二章第三節で扱われる近世のフランスにおける「聖体悔悛苦行兄弟会」や「聖体兄弟会」の展開であったといえよう(26)。

「鞭打ち苦行会」は、殉教者（聖セバスティアヌスや聖ヒエロニムス）を守護聖人とし、一五世紀のフィレンツェでは、「オルサンミケーレ兄弟会」のような「マリア賛歌兄弟会」よりも富裕な階層にアピールし、後者以上に全市的広がりをもって会員を集めた。この兄弟会は、ミサや市中における行列において、身体や顔を白や黒の布で覆い、各人の無名性と会員相互の平等性を標榜したが、それは托鉢修道会（ドミニコ会）により奨励された禁欲と無私の明示的表現であったとされている。そうしたフィレンツェの「鞭打ち苦行会」の一つ「聖パウロ兄弟会」は、一五世紀のうちに会員を一〇〇名以上に拡大し、毛織物関係の手工業者から公証人や富裕商人まで広範な市民層を取り込んでいった。ロレンツォ・デ・メディチとその取り巻き衆もまた同兄弟会の会員となっていたのである。[27]

名士クラブ・社交儀礼的モチーフ

最後に教区や職業・世代を超えて広範な階層から会員を集めた兄弟会として、社交をモチーフとした都市の名士クラブ的兄弟会が存在した。パリの「司祭とブルジョワジーの聖母マリア兄弟会」、一五世紀リヨンの「三位一体兄弟会」、トゥールの「神と使徒兄弟会」、ブルッへの「雪の聖母マリア兄弟会」、「乾木の（マリア）兄弟会」などである。いずれの兄弟会も、教区や街区を越えて全市的に会員を集め、都市の有力者を中心に多くの都市役職者を含んでいたが、都市民のみならず、高位聖職者や君主、貴族層、外国商人なども会員として受け入れていたところに、その特徴がある。[28]こうした兄弟会は、ブルッへにおいて知られるように、都市における聖人の祝祭やプロセッション、王侯の都市への入市式の折に主要な役割を果たした祝祭兄弟会としての性格を有していた。

また、本書第二章第二節で論じられるような中世末期・近世初期中部フランスの兄弟会による祝祭に伴った宴会と遊興のための特異な慣行（レナージュ）や、ネーデルラントの諸都市で活動した「修辞家集団」Rederijkers, Chambers of Rhetoric による詩文の都市対抗コンペティションや宗教劇の演出などの活動もまた、兄弟会の世俗性が最も発揮された宴会・祝祭のモチーフを体現する興味深い事例を提供するものであろう。[29]

このようにさまざまなモチーフの下、「個々人の来世における救済と現世的利益が兄弟会という世俗の組織において結びつき、橋の建設や貧しい旅人の保護などの公共的事業が営まれたところに中世の人間関係の特異性があった」と阿部謹也が指摘しているように、中世後期から近世において聖俗の狭間にあって両者を結びつける兄弟会の活動はピークに達していくことになる。

さまざまな類型の兄弟会が同時並行的に盛衰をくりかえしつつ存在し、複数の兄弟会に所属する者や、一つの兄弟会から別の兄弟会へ移る者などさまざまな会員の移動がみられたため、兄弟会のクロノロジカルな構成員数の変化を知ることは難しい。とはいえ、C・ブラックによれば、北部・中部の大半のイタリア都市では、一六世紀に成人の四分の一以上が兄弟会に加入していたと見積もられ[30]、一五世紀のフィレンツェでは人口の二七パーセントが何らかの兄弟会に加入していたとみなされている[31]。これに対して北部ヨーロッパの都市ではそれほど高い割合を示すことはなかったと思われるが、ドイツのケルンのように一〇〇以上の兄弟会が叢生した都市もあれば、ネーデルラントのスヘルトーヘンボスのマリア兄弟会のように、地域を越えて一万人を超える会員を集めた兄弟会も存在しており、中近世のヨーロッパ都市において兄弟会と結びついた人々がアルプス以北のヨーロッパにおいても決して少なくなかったことを示唆しているのである。

第三節　兄弟会活動の意義

兄弟会の活動はさまざまな信心の形態をとって行なわれた。それらの意義について以下、述べておきたい。

まず第一に、兄弟会が都市の祝祭や兄弟会の守護聖人のための祭壇装飾や絵画、礼拝堂付司祭や音楽家の雇用などのパトロネージ活動において多大な貢献をなしたことである。一例を挙げよう。フランドル都市ブルッヘでは、先述した「雪の聖母マリア兄弟会」や「乾木の（マリア）兄弟会」がフランシスコ会修道院に祭壇をおくマリア崇敬の兄弟会として成立した。この二つの兄弟会はそれぞれ市内の画家や彩色写本師など各種の職人の他、フィレンツェをはじめとする外国商人、ブルゴーニュ宮廷の貴族なども含む社交クラブ的組織であったが、聖母マリアの祝祭日を中心に、マリア崇敬のための儀礼的活動を行ない、賛歌詠唱やミサのために専属の歌手を雇用していた。女性や子供が会員として含まれていたことも特筆される組織であるが、一五世紀後半以降残されている会計簿から、「乾木の（マリア）兄弟会」の主要な支出が、毎週日曜と祝祭日におけるミサのための歌手とオルガン奏者のための経費や、祭壇画や祭壇用の布や装飾の発注であったことが知られている[32]。またこれらの兄弟会は、都市ブルッヘとブルゴーニュ公の政治的和解の儀礼として行なわれたブルゴーニュ公のブルッヘへの入市儀礼（一四四〇、一四六八年など）において、活人画（タブロー・ヴィヴァン）と呼ばれる宗教劇の舞台の設定や通りの装飾・アレゴリーにおいて主要な役割を演じており、ブルゴーニュ公に対する都市ブルッヘの共同体としてのアイデンティティないしイデオロギー（都市ブルッヘのもつ既得権のアレゴリカルな主張）を可視化する役割を果たしたといえる[33]。一五世紀のネーデルラントでは、ブルッヘの他にも、ベルヘン・オプ・ゾーム、アントウェルペン、スヘルトーヘンボス（第四章）などで、兄弟会によるポリフォニー音楽や演劇、絵画（祭壇画やミニアチュール）発注などのパトロネージ活動が注目される。また、イタリア都市においても、フィレンツェの「青少年兄弟会」や、ヴェネツィアのスクオーレ・グランデなどさまざまな兄弟会による音楽活動への貢献は著しかったといわねばならない（第一章）[34]。

近年視覚文化 visual culture における兄弟会の役割を総括したB・ウィッシュも、一五・一六世紀のイタリア都市の兄弟会とその会員による絵画や教会彫刻、礼拝堂建築と装飾意匠、ミサ典礼書などの発注と維持など信心と結びついたパトロネージ活動の重要性を論じ、兄弟会が近世ヨーロッパにおける視覚的 visual、篤信的 devotional 文化のエージェントとして新たな図像的、審美的指標 aesthetic criteria を導入したと評価している[35]。

第二に、死者の埋葬と死者の記憶の永続化の儀礼において兄弟会が南北ヨーロッパを問わず重要な役割を担ったことである。確かに多くの兄弟会では、通常死者の埋葬と祈りの儀礼は、兄弟会内部の仲間に限定されて行なわれていたように見えるが、いくつかの兄弟会（ドイツのElenden Bruderschaftなど）は、見知らぬ行き倒れの者を介護し、埋葬する活動を目的としていた。(36) そこには、仲間、親族、隣人、知人に必ずしも限定されない兄弟会の「慈愛の業」が見出されるのであり、川村信三が『キリシタン組織の誕生と変容』（二〇〇三年）において明らかにしたように、日本のキリシタン信徒団（豊後のミゼリコルディア）によってなされた「行き倒れの死者の埋葬活動」（これは日本の伝統社会の穢れにかかわるタブーであったとされている）の意義を考える上でも参照系となるだろう。(37) 本書第七章においても、そうしたヨーロッパの兄弟会の「慈愛caritas」の理念が、イエズス会宣教師を媒介として、一六世紀後半の日本のキリシタン信徒共同体において「慈悲の業」として具現化していたことが明らかにされており、N・テルプストラが指摘する「兄弟会」fraternityから「兄弟関係」fraternalismへの変容が注目される。(38)

第三に、兄弟会による慈愛の一環としての救貧活動をめぐる歴史的評価を取り上げよう。

イタリアやスペインの都市における兄弟会の救貧活動は、一三世紀後半以降ミゼリコルディア兄弟会を中心に注目すべき広がりと規模を示した。その特徴として、黒死病以前（一四世紀半ば以前）において、ミゼリコルディア兄弟会による貧者への寄進が、対象者を選別せず、また直接的な物資の分配が中心であったことが挙げられる。特にJ・ヘンダーソンによる包括的な分析から明らかになったフィレンツェのオルサンミケーレ兄弟会の場合は、三〇〇〇人近くの会員を擁し、一四世紀前半に女性や子供を中心に五〇〇〇人を超える貧民への援助を行なっていた点で注目に値する。(39) またミラノや、クレモナ、ベルガモなど北イタリア都市の兄弟会による救貧活動が対象者を区別せず、一四世紀まで活発に行なわれていたことが近年明らかにされてきた。(40) しかし、一四世紀後半から一五世紀にかけて、その救貧活動は選別的になり、特定のカテゴリーの貧民（リストに記載された寡婦、未婚の単身女性、中小の窮乏化した手工業者など）へと限定されていくのである。(41) そうした兄弟会の救貧活動の対象と範囲の限定化ないし縮小化は、一五世紀におけるコムーネや同職組合のイニシアティヴによる各種の病院・養老施設の成立・発展と同時期に生じている。すなわちフィレンツェでは兄弟会による救貧活動は一四世紀をピークとしており、一五世紀以降、それを補完するさまざまな施設の発展により兄弟会は直接的な救貧・慈善活動からはむしろ後退していくように見えるのである。[42]

この点で、北部ヨーロッパの兄弟会による救貧活動は、一三世紀以来きわめて儀礼的かつ限定されたものであったことは否めない。例外的に第四章で扱われるスヘルトーヘンボス（ネーデルラント）のマリア兄弟会が、一四世紀以降広範な会員を都市の内外から集め、オルサンミケーレ兄弟会に類似した大規模な貧民への分配を行なっていたことは注目されよう。しかし、北部ヨーロッパの兄弟会の場合、その救貧活動は会員内部の相互扶助に限定され、不特定多数の貧民に対する援助はほとんど行なわれず、また守護聖人の祝祭日など一年のうちきわめて限られた日に援助がなされたに過ぎなかったのである。[43] イングランドにおいても、兄弟会は、一般に、会員内の救済化、特定の祝日における救貧活動に限定されていたようであるが、その評価はまた更なる検討を要するように思われる（第五章第二節）。

第四に、イタリアの兄弟会で、聖職者によらず俗人による説教が兄弟会の会員に対してなされたことは、托鉢修道士が主に説教を依頼されていた北部ヨーロッパ都市の兄弟会以上に俗人信徒による信仰への強固な意志をうかがわせる。カトリック教会や修道会の司牧に完全に包摂されることなく、俗人信徒の独自の信心 pietas の発露がそこには見出されるが、こうした兄弟会会員の自律性は、兄弟会のエリート化とカトリック教会（およびイエズス会などの修道会）による兄弟会会員のコントロールの強化を伴って、一六世紀後半以降失われていったとされる過程がさらに検討される必要がある。この点は、近世フランスの兄弟会活動のあり方（第二章第三節）において具体的に論じられることになろう。

第四節　都市共同体における社会的紐帯としての兄弟会

都市空間と地縁的性格

中世・ルネサンス期のイタリアの兄弟会では、これまで教区的結びつきは弱かったことが強調されてきた。例えばフィレンツェやヴェネツィアでは、一五世紀初頭まで多くの兄弟会が全市的な組織として機能し、慈善活動も全市的な規模で行なわれたとみなされてきたからである。[44] しかし、小教区をベースとした教区兄弟会が存在しなかったわけではなく、むしろフィレンツェのサント・スピリト教区に限定して死者の埋葬を担った一四世紀後半の「サン・フレディアーノ（焼き栗）兄弟会」の事例が示すように、小教区レベルでの兄弟会活動をあまり否定的に考えることはできないと思われる。[45] 他方、北部ヨーロッパの都市では、イタリア都市に比べて小教区の数が少なく、教区は、空間的に比較的大きな広がりを持っていた。南ネーデルラントの都市ヘントやリエージュにおいては、マリア兄弟会が小教区ごとに組織されて教区活動を行なっており、中世を通じて小教区は篤信兄弟会の活動の基盤となりえたのである。[46] したがって、イタリア都市のように一六世紀以降になって、兄弟会に対する小教区の役割が拡大したわけではないという点が大きな違いといえるだろう。

祝祭と遊興

中世初期以来、宴会と祝祭の慣行は、兄弟会生活の主要な部分をなしており、それはプロテスタントと改革カトリック派による攻撃にもかかわらず、近世においても存続したと考えられている。守護聖人の祝日であれ、聖霊降臨祭や聖体の祝日であれ、年次宴会 annual banquet は、C・ブラックの言葉を借りるならほとんどその存在理由 raison d'être ですらあったという。[47] こうした宴会は、兄弟会会員が神や執り成しの守護聖人そして隣人たちとの親愛関係を更新する時であり、隣人や兄弟会会員間での平和構築の機会を提供したのである。

一五世紀には、ヨーロッパ各地の兄弟会において俗人の主導の下、宗教劇や音楽パフォーマンスを促進した活動が活発となる。フィレンツェの「賛歌兄弟会 Laudesi」や「青少年兄弟会」、北フランスのルアンやパリにおける「受難の兄弟会」Confrérie de la Passion などは、受難劇やオラトリオの上演を中心とする祝祭兄弟会であり、またネーデルラントでも、「修辞家集団」Redelijkers, Chambers of Rhetoric が同様の役割を果たしていたのである。第二章

第二節で扱われる中世末期から近世のフランスにおいて知られる「レナージュ」の慣行もまた、そうした中世末期以降の兄弟会活動の祝祭における本質的一面を提示するものであろう。

都市の守護聖人（シンボル）との結びつき――共同体理念との関連性

ネーデルラントの都市ヘントでは、一四世紀から一六世紀にかけて都市の守護聖人である聖リーヴェン崇敬のための「聖リーヴェン兄弟会」が活動し（宗教行列、聖遺物の保持、祝祭時の宴会など）、とりわけ一五世紀におけるブルゴーニュ公国のシャルル・ル・テメレールと都市ヘントの政治的対立時には、都市の特権維持のために手工業者を中心とした都市民衆を一体化する上で重要な要の組織としての役割を果たした。こうした都市の守護聖人に帰依した兄弟会が、都市共同体構成員の政治的一体化 unity や、都市の凝集性 solidarity に対する貢献をなしていたことが指摘できる。(48)

イングランドのノリッジの聖ジョージ・ギルド（兄弟会）の場合も、より複雑な都市内の政治的状況の文脈の中で、同様の機能を果たしていたように思われる。(49)イタリア都市の場合も、一四、一五世紀のフィレンツェやベルガモの事例から、都市コムーネ内部の党派間における不和と緊張を緩和し、都市内部の平和維持のために仲介的役割を果たした特定の兄弟会（ミゼリコルディアなど）の活動が知られており、都市のアイデンティティ保持のために機能した組織として、兄弟会の役割は今後さらに検討される必要があるだろう。(50)

都市・教会・兄弟会

北部ヨーロッパの兄弟会の場合、ネーデルラントのヘントの事例研究からすると、兄弟会と都市当局（都市参事会）の関係は、中世においては規制より支援の立場にあったようにみえる。ヘントでは一四世紀の都市会計簿から、七つの主要な兄弟会（教区単位のマリア兄弟会と聖ヤコブ兄弟会）に対する祝祭日におけるワインやビールの供給や、そうした兄弟会の宴会への都市役職者の参加が知られている。また、ヘントやパリのヤコブ（サン・ジャック）巡礼兄弟会の役職者（監督者）は、都市の役職者を多く含んでおり、都市社会内部での「社会的上昇」のためのステップの一段階をなしていたとみなされていたのである。(51) ネーデルラントでは、司教（トゥールネ、リエージュ、ユトレヒト）や大司教（ランス）は、兄弟会の規約を認証する役目は負っていたが、兄弟会を規制する動きは知られていない。(52) 一六世紀初頭まで、教会は、都市の兄弟会をコントロールすることはなかったようにみえる。

これに対して、イタリア都市では、都市当局（コムーネ）と兄弟会の関係は北部ヨーロッパと比較するならばより両義的であったといえよう。すなわち政治的・党派的な立場に特定の兄弟会が組み込まれたとき、都市当局は兄弟会の活動を規制しているからである。兄弟会はまた、都市で発布された奢侈条例に見られるようなモラル的な規制の対象ともなったのである。(53)

第五節　中世の兄弟会から近世の兄弟会へ

近世（バロック期）以降の兄弟会のあり方と対比すると、中世イタリアの兄弟会の特徴の一つは、俗人会員が霊的側面（悔悛、説教など）を含めてその活動を主導した世俗的組織であったことが指摘されている。(54) 従来兄弟会の儀礼的行為 ritual practice は托鉢修道会から受容されたという説が一般的であったが、近年の諸研究は、むしろ俗人会員によるイニシアティヴを強調する方向にある。イタリアの兄弟会は、一六世紀半ばまでは司教や教区司祭によって非常に緩やかな規制しか受けていなかった。しかし一六世紀後半（特に一五四五年のトレント公会議）以降、兄弟会の自律性は、教会当局や改革派の聖職者たち（ボッロメーオ、サン・ヴァンサン・ド・ポールらに代表される）により弱められ、司教や教区司祭の管轄下で、教区教会に結びつけられた半教会的組織へと移行していったとされている。(55) 北部ヨーロッパにおいても、カトリック圏の都市の兄弟会の事態は、イタリアとそれほど異なってはいなかったと思われる。

しかし、小教区と兄弟会の関係は、北部ヨーロッパでは一六世紀以前から強固であり、むしろトレント公会議以降の司教の指導の強化により、兄弟会の自律性の喪失が見通されることになろう。とはいえ、兄弟会は、中世から近世の都市社会において共同体のアイデンティティを儀礼的に強化する役割を自ら果たしたと考えることができる。先に述べたように、中世後期から近世にかけて、都市における視覚芸術の発展にとって兄弟会がパトロンとして果たした役割は大きかったのである。

また、中世後期・近世における救貧システムの中での兄弟会の位置を考える時、一六世紀前半を画期として、ヨーロッパでは「社会的紀律化」の進展を背景に救貧システムの転換（救貧条例の制定とそれに先立つ都市当局、公権力によるイニシアティヴの強化）が生じてきた点に注目する必要がある。[56] 宗教改革期のプロテスタントの政策のみならず、カトリック圏においてもほぼ同時期にかかる変化が生じており、そうした改革に対して兄弟会組織がこれまでの救貧・愛徳（特に直接的な物資の分配、死者埋葬の儀礼など）の実践をどのように変更させられていったのかを問うことが今後の一つの課題となろう。本書において近世のフランスやドイツの兄弟会のあり方を分析した一連の論考（第二章第三節、第三章第二節）は、かかる問いへの現時点での研究段階を示すものといえる。

イタリアについては、一五世紀末から公営質屋（モンテ・ディ・ピエタ）が設立され、貧民救済の一環として低利子で貧民を援助する組織が托鉢修道会のイニシアティヴにより進められたこと、さらに一五世紀後半から一六世紀にかけて医療・慈善施設の専門分化が進められ、病者と貧民が明確に区別されていったことなどが、イタリアの兄弟会における救貧活動の衰退に作用した重要な要因であったと考えられる。[57] 他方、一六世紀以降、イタリアやスペインで知られるように捨児や孤児の救済のほかに処刑前の囚人の慰問を行なった兄弟会（ボローニャのサンタ・マリア・デッラ・カリタ Santa Maria della Carità、サンタ・マリア・デッラ・モルテ Santa Maria della Morte やローマのサント・スピリト Santo Spirito、サン・サルヴァトーレ San Salvatore など）の活動も近世の兄弟会における悔悛と罪の内面化の強調を示すものとして注目されるところであろう。[58]

一六世紀以降の兄弟会組織の変容の問題についてみると、イタリア、フランス、スペインを通じて、兄弟会は、対抗宗教改革とそれに続くトレント公会議（一五四五～六三）（カトリック改革）を経て、一六世紀末（一五九〇年代）までに聖体（サクラメント）崇敬を重視する教区教会に統合されていく（ローマのサンタ・マリア・ソプラ・ミネルヴァ兄弟会 Compagnia di Santa Maria sopra Minerva）。中世・ルネサンス期の兄弟会が本来備えていた組織的自律性や会員相互の平等性などに代わって、排他的なローカル・エリートに限定された兄弟会が増加し、会員の集合的・相互的紐帯（ソシアビリテ）の重視に代わり、個人の瞑想と内面的規律を重視する新たな兄弟会の「瞑想的エートス」interior mediative piety が近世（バロック期）の兄弟会を特徴づけることになるというワイスマンの指摘があり、(59) 本書（第一章、第二章第三節）でも論じられる近世兄弟会への変容が浮き彫りとなるだろう。

他方、一六世紀の宗教改革以降、プロテスタントの影響が増した北西ヨーロッパにおいて、兄弟会はどのような道をたどったのであろうか。ネーデルラントにおいては、宗教改革と共に、ルター派やカルヴァン派をはじめとする新たなプロテスタンティズムの隆盛により、ミサや共同宴会をはじめとする兄弟会のさまざまな儀礼が非難の対象となった。プロテスタントの市民が市政の中心を占めたロッテルダムやホウダでは、一五八〇年までに都市内の兄弟会が廃止され、その資産はすべて没収されて教区委員会によって保持され、貧民救済をはじめとする市の行政的支出の一部を構成することになった。これに対して、一六世紀までに八九の兄弟会が存在した司教座都市ユトレヒトでは、一七世紀初頭においても、四四の兄弟会が宗派を超えて存続していた。トレント公会議（一五四五～六三年）とカトリック改革の動きの中で、ネーデルラントにおいては、プロテスタントとカトリックの宗派対立がみられたが、ユトレヒトやスヘルトーヘンボスのようにその対立が必ずしも兄弟会の廃止へと向かわず、むしろプロテスタント（カルヴァン派）とカトリックの併存状態において、兄弟会自身の活動の存続と変容が図られたのである。近年、中近世ブラバント地方の兄弟会を総括したM・ヴァン・デイクによれば、近世ネーデルラントの兄弟会においてミサ、祭壇の装飾、行列などの宗教的義務は、依然として核となる要素であり、年次宴会もまたキリスト教的隣人愛と会員の絆（ソシアビリテ）のシンボルとして意味を持ち続けたという。しかし、一七世紀以降教会が兄弟会に介入し、中世的会食の否定を通じて、兄弟会の社会的活動の限定と信心（篤信）への特化が図られることになった。とはいえ、中世的伝統を維持する「伝統的」兄弟会（「聖セバスティアヌス兄弟会」などの射手ギルド）は存続し、年次宴会 social drinking の重要性は、一七世紀末まで変わることはなかったとされている。他方、トレント公会議以降に生まれた新たな「改革カトリック兄弟会」の多くは、会員の平等性を強調し、社会階層を超えたオープンな組織として機能しつつも、中世以来の兄弟会が有していたさまざまな社会層から成る会員の間に取り結ばれた社会的絆（ソシアビリテ）を生み出すには至らなかったという(60)。

ドイツについては、第三章（第三節）で詳述されるが、一六世紀以降の宗派化の流れの中で、中世以来の「伝統的兄弟会」の存続と変質、そして新たな「改革カトリック兄弟会」の創設と発展が近世ドイツ社会において果たした役割が見通されている。そこでは、司教の強力な管轄の下で、教会（イエズス会）によって運営される紀律化され、エリート化された会員による教理教育と「聖体」信仰を中心とする新たな「改革カトリック兄弟会」と、救貧活動を中心として一七世紀以降も存続した「伝統的兄弟会」とが相互の緊張関係の中で中間団体として国家と民衆の媒介者の機能を果たしていった様相が示されている。

イングランドでは、プロテスタント宗教改革の波の中で、一五四七年のチャントリ解散法により兄弟会が解散させられることになった。第五章（第三節）で論じられるように、兄弟会の解散によりカトリック的な要素の消失がみられたとはいえ、中世の兄弟会的機能は、ノリッジの聖ジョージ・ギルドのカンパニーへの組織の変容が示すごとく、カンパニーを結節点とする社交的機能として部分的にであれ継承されたのである。また、「伝統的兄弟会」に内在した「兄弟関係」fraternalism の原理は、イングランドやネーデルラントのプロテスタント諸宗派における俗語説教や俗人による組織運営などに反映されていたことも忘れられてはなるまい(61)。

中世から近世にかけて、ヨーロッパの南と北における兄弟会組織の展開は、さまざまであり、教会や都市当局との関係も一様ではなかった。しかしながら、中世に成立した兄弟会は、一六世紀の宗教改革運動がもたらしたカトリック、プロテスタントの宗派的差異を越えて、近世ヨーロッパの国家と地域社会（民衆）を媒介する重要な中間団体の一つとして機能し、とりわけ都市の人々の身分、社会階層、ジェンダーを越えた人的絆（ソシアビリテ）を実現する組織として変化を遂げつつ、その役割を果たしたといえる。兄弟会の概念は、一六世紀以降、スペイン、ポルトガルの新大陸進出を契機とし、とりわけイエズス会による宣教活動を通じて中南米や東南アジアなど世界各地へも広がった。(62) 本書第七章が論じる日本のキリシタンへの「コンフラリア」（兄弟会）の導入は、友愛の絆にもとづく日本化されたキリスト教の信徒組織の成立であり、近世の日本と同時代のヨーロッパ世界がその理念において結びつくことになった稀有な経験であったといえるだろう。

本書で展開される中世ヨーロッパに発する兄弟会的絆（ソシアビリテ）は、中世ヨーロッパ史のみならず、前近代ヨーロッパないし前近代世界における人と人の結びつきを考察する上で、今後もさらに探求されるべき豊饒な沃野をなしているのである。(63)

第一章　イタリア

米田潔弘

第一節　概観

研究史

イタリアの兄弟会研究[1]は一八世紀の啓蒙主義時代の兄弟会に対する批判から始まった。モデナの古文書学者Ｌ・Ａ・ムラトーリは、一七四二年に発表した論考においてconfraternite, compagnie, scuoleなどと呼ばれる俗人の宗教結社が各地に遍在することを指摘し、その起源を九世紀のランス大司教ヒンクマールの時代に遡るとした。そしてヒンクマールの言を引用しながら、兄弟会が信心と慈愛の義務を怠り、暴飲暴食と乱暴狼藉に堕するようになったと批判した[2]。一七八五年には、フィレンツェのＬ・メーユスが兄弟会の堕落と腐敗を弾劾する著書を発表し、翌年シピオーネ・デ・リッチ司教がピストイアとプラートの宗教行事の抜本的改革を提唱した[3]。その後、オーストリアとナポレオンによって多くの兄弟会が解散させられ、財産を没収された。兄弟会はそれ以降、近代国家にとって過去の遺物、社会の寄生的存在とみなされこそすれ、あまり顧みられることはなかった。しかし一九世紀後半、社会的カトリック主義、近代の個人主義への反動、労働組合運動の高まりの中、弱者を守る絆が存在していた前工業化社会への郷愁から兄弟会への関心が高まった。さらに二〇世紀になると、Ｄ・アラレオーナとＥ・Ｊ・デントが宗教ラウダ（lauda賛歌）を研究し、G・ヴォルペが中世の宗教運動との関わりで兄弟会に注目した。なかでもG・M・モンティは、『北・中部イタリアの中世の兄弟会』二巻において兄弟会の起源と展開、規約、組織、活動、法的地位、兄弟会が政治、経済、文学、芸術に与えた影響について詳しく論じた(4)。

その後、研究領域は持続的に拡大したが、兄弟会研究が本格化するのは第二世界大戦後のことである。とりわけ一九六〇年代は兄弟会研究にとって大きな分岐点となった。一二六〇年のラニエーロ・ファザーニによる鞭打ち苦行運動の七〇〇周年を記念して、ペルージャで一九六〇年、ついで六九年に学会が開催され、鞭打ち苦行運動史料研究所が設立され、機関誌が刊行された(5)。また、一九六二年から開催された第二ヴァティカン公会議によって教会史・宗教史における俗人の役割が認識され、C・ヴィオランテ、G・アルベリゴらが聖職者と俗人を二項対立的に捉える「マニ教的キリスト教史観」からの脱却を図った。特にG・G・メールゼマンは、「単に位階的な構造をもつ組織体としてではなく、神の民としての教会の発見」を通じて歴史研究におけるコペルニクス革命をもたらした(6)。一九七〇～八〇年代には、兄弟会を擬制的家族として捉えたG・ル・ブラ、J・デュールの宗教社会学、M・アギュロンのソシアビリテ論、M・モラやB・ゲレメクの貧者、マルジノーの研究がイタリアに導入された。また、ファザーニ没後七〇〇周年を記念して、一九八一年にペルージャで開催された学会をはじめ、ヴィチェンツァ、ローマ、ローザンヌの学会で研究者の交流が活発になった(7)。一九八五年のローザンヌの学会を企画したA・ヴォシェは、J・ル・ゴフ、モラ、E・ドラリュエル、ル・ブラ、メールゼマンらの研究を受け継ぎ、俗人の聖人の社会史研究を行った(8)。これ以降、イタリアでは教会史・宗教史的視座と並んで社会学・人類学的視座を見据えた研究が進められ、北・中部の都市や地域の研究のみならず、農村や南部の研究も行われるようになった(9)。

英語圏の研究も、一九七〇年代以降、史料が多く残されているフィレンツェとヴェネツィアを中心に活発化した。フィレンツェに関してはR・トレクスラー、R・ワイスマンが、ヴェネツィアに関してはB・プラン、E・ミューアが先駆的研究を行い、その後多くの研究者によって都市や地域、テーマ別の研究が進められた(10)。一九八五年にフロリダとフィレンツェで、八九年にはトロントで〈ルネサンスの兄弟会における儀礼と娯楽〉と題して学会が開催された。トロントの学会を契機にK・アイゼンビヒラーらの提唱で〈兄弟会研究会 Society for Confraternity Studies〉が創設され、機関誌《コンフラテルニタス Confraternitas》が発行された。兄弟会関連の文献も収集され、トロント大学の宗教改革・ルネサンス研究所に収蔵されることになった。その後、イタリアの研究者と英語圏の研究者との交流も活発化し、兄弟会研究は今日まさに百花繚乱の観を呈している(11)。

主要史料

イタリアの兄弟会に関する史料は、兄弟会の史料館の他、国立古文書館、社会福祉協会、ヴァティカン図書館や大司教館、教区、貴族の蔵書など様々な場所に所蔵されている。これらの史料の中には、兄弟会の規約、会員名簿、覚書や議事録、会計簿、財産目録、遺言書、贖宥状の写しなどが残されている(12)。

兄弟会の基本史料は、言うまでもなく創立の精神を表明した規約であり、全会員に周知徹底させるため定例総会で代表によって読み上げられた。規約は、創立者が掲げた規範であることから史料として限界があるという意見もあるが、兄弟会の組織や活動などについて多くを教えてくれる貴重な史料であり、各地で校訂と刊行が進められてきた(13)。規約を覚書や議事録、会計簿、財産目録などと照合することによって、兄弟会の理想と現実を捉えることができる。例えばA・エスポージトは、ローマのゴンファローネ（旗の聖ルチア）（聖母の推奨者）兄弟会 S. Lucia del Gonfalone（Raccomandati della beata Vergine）の規約を会計簿などと照合して、兄弟会が規約に基づいてどのように運営されたか明らかにした(14)。

規約についで重要な史料は会員名簿である。ワイスマンとN・テルプストラは、一五〜一六世紀のフィレンツェとボローニャの兄弟会の会員名簿を分析し、賛歌兄弟会と鞭打ち苦行会の違いを浮き彫りにした。G・カーサグランデは、ペルージャの聖フランチェスコ兄弟会 S. Francesco と聖なる指輪兄弟会 S. Anello の会員名簿を調べ、会員の多くがコンタードの長に就く者を出している家門であり、フランシスコ会厳守派と関わりが深いことを指摘した。近年、カーサグランデらはアッシジの聖ステファヌス兄弟会S. Stefanoの規約と会員名簿、財産目録や遺言書を校訂した。(15) M・T・ブロリスらは、ベルガモのミゼリコルディア・マッジョーレ兄弟会Misericordia Maggioreの女性会員名簿の調査によって、名士の妻、俗人姉妹、修道女が含まれていることを明らかにし、またベルガモの四七名の女性の遺言書を校訂した。教皇、枢機卿、司教から与えられた贖宥状は会員を引きつける重要な手段であり、兄弟会の存在がそれによって確認される場合が多い。(16) 規約や会員名簿など文書史料の他に、兄弟会が使用した建物や礼拝堂、祭壇画や壁画、ミサや礼拝時に使われた祭具、行列の時に運ばれた十字架や旗、死刑囚に付き添う時に使われたタヴォレッタ（板絵）、ラウダ集Laudarioなど視聴覚史料は、兄弟会の宗教生活を知る上で貴重かつ不可欠な物証である。(17) 最後に、ミシェル・ド・モンテーニュ、グレゴリー・マーティン、天正遣欧少年使節、トマス・コーリャット、ジャン・ジャック・ルソー、チャールズ・バーニーなどイタリアに滞在した外国人の日誌や紀行文も兄弟会について貴重な証言を提供してくれる。(18)

兄弟会の名称・類型

（1） 兄弟会の名称

中世イタリアのキリスト教社会の兄弟会とは何か、簡略に言えば、俗人を中心に神への愛と隣人愛のために組織されたボランティア団体であり、会員はマタイ福音書のキリストの教えと旧約聖書外典のトビト書に由来する七つの慈悲Misericordiaの業を実践した。M・ガッツィーニによれば、「都市ないし農村において、宗教的啓発、献身的連帯、典礼的義務、悔悛と慈善の実践、社会化、教育的成長、相互扶助などを目的とし、俗人と聖職者、男性と女性などから構成された集団」と定義することができるが、同種の団体としては、イタリアのビザンツ領域の「スコラ」、個々の教会で奉仕する「在俗司祭団」、宗教共同体として制度化されない霊的兄弟関係に俗人が参画した「祈りの共同体」などがある。[19] 文書史料において兄弟会を表す用語は実に様々である。ラテン語では confraternitas, fraternitas, fratria, consortium, congregatio, gilda, gildonia, schola, societas, universitas など、イタリア語では地域に応じて confra-ternita, fraternita, consorzio, compagnia, scuola, congregazione, società などが使われている。[20]

（2）　兄弟会の類型

ベネデット・ヴァルキの『フィレンツェ史』によれば、一六世紀初めのフィレンツェには七三の兄弟会があり、青少年と大人の兄弟会の二つに大別される。青少年兄弟会は九つあり、日曜・祭日に集まって監督と聴罪司祭の指導下に晩課など聖務日課で歌い、聖ヨハネ祭では聖職者と一緒に行列に参加した。一方、大人の兄弟会は、ステンダルド Stendardo（旗）の兄弟会（一四）、ディシプリーナ disciplina（鞭）の兄弟会（三八）、夜の兄弟会（四）、ブーカ Buche（穴蔵）の兄弟会（八）の四つに分類される。ステンダルドは会員自身や他の人々を楽しませる兄弟会であり、ディシプリーナは聖務の後に鞭打ちをしたが、祝日には行列をし、物故会員の埋葬に伴い、その他信心業や慈善を行った。これはフラテルニタとも呼ばれ、貴族や平民などあらゆる種類の者が入っていた。他より秘密かつ敬虔な夜の兄弟会は、土曜日の夜だけに集まったことからこう呼ばれた。さらに秘密かつ敬虔で貴族しか入れないのがブーカである。最後に、ヴァルキはこの四種類の他にテンピオ Tempio 兄弟会をあげている。これはネーリ Neri 兄弟会と呼ばれ、死刑囚を訪問して夜通し彼に付き添い、処刑当日には鞭打ちをし、死刑囚の眼前にタヴォルッチャ（板絵）を掲げながら処刑の瞬間まで彼を励まし続けた。[21]

ステンダルドとは、その名の通り旗を立てて行列をする兄弟会を指しているが、一五世紀までは賛歌兄弟会 laudesi と呼ばれていた。また、ステンダルド以外の三つの大人の兄弟会は、鞭打ち苦行会 disciplinati に分類することができる。ブーカの呼称は、祈りと鞭打ちのため夜に穴蔵のような場所に集まったことに由来し、聖ヒエロニムス（憐みの聖母マリア）兄弟会 S. Girolamo（S. Maria della Pietà）や聖パウロ兄弟会 S. Paolo などがあった。[22] ヴァルキが最後に付け加えているテンピオ兄弟会は、ドミニコ会士フラ・ヴェントゥリーノ・ダ・ベルガモの影響を受けて、一三三六年か四三年頃処刑場に通じるマルコンテンティ通りのサンタ・マリア・デッラ・クローチェ・アル・テンピオ教会に創設された。会員は囚人の世話をしたが、一四二三年に死刑囚へのコンフォルト（慰問と励まし）に献身する一二名の限定された集団が創設され、頭巾付きの黒い服を着たことからネーリ兄弟会と呼ばれた。[23] ヴァルキは兄弟会の種類と数をあげているが、テンピオ兄弟会を除くと、ミゼリコルディア（慈悲の聖母マリア）兄弟会S. Maria della Misericordia、ビガッロ兄弟会Bigallo、オルサンミケーレ兄弟会Madonna di Orsanmichele、聖マルティヌス兄弟会Buonomini di S. Martinoなど慈善において重要な役割を果たした兄弟会と同職組合（アルテArte）の兄弟会には言及していない。その理由からJ・ヘンダーソンは、ヴァルキの三類型に二つを付け加えて、賛歌兄弟会、鞭打ち苦行会、慈善型兄弟会、青少年兄弟会、職能別兄弟会の五類型をあげている。[24]

a　賛歌兄弟会と鞭打ち苦行会

イタリアの兄弟会は起源によって賛歌兄弟会laudesiと鞭打ち苦行会disciplinati（battuti, flagellanti）の二つの類型に分けられる。賛歌兄弟会は、聖母マリアや諸聖人を讃えるラウダを歌い、祭りや行列を催し、祭壇を捧げて護持しミサをあげることによって、キリストさらに神への執り成しを得ようとした。フィレンツェの大聖堂に集まった聖ザノビ兄弟会S. Zanobiは、毎晩聖母へのラウダを歌い、毎週日曜日にはミサに続いて祭壇まで行列が行われた。[25] 賛歌兄弟会は、キリストの受肉と聖母や諸聖人の仲介的役割を否定するカタリ派（パタリーノ）とそれに結びついた皇帝派の運動に対抗する役割を果たした。ドミニコ会の聖ピエトロ・マルティーレは、教皇グレゴリウス九世によってミラノに派遣され、一二三三年に信仰兄弟会Societas fideiとマリア兄弟会Societas Beatae Mariae Virginisを創設した。その後フィレンツェに招かれた彼は、一二四四年にサンタ・マリア・ノヴェッラ教会前の広場で説教をし、ミラノと同様にマリア兄弟会を創設した。[26]

鞭打ち苦行会は、罪障滅却のための贖罪として鞭打ちを行った。鞭打ちは元来盗み、姦通、男色の罪を犯した修道士に対する罰であったが、やがて自発的な贖罪業となり、受難のキリストにまねぶ行為として修道士の間で行われた。一三世紀半ばからは鞭打ちが俗人によって組織的に街頭で行われるようになる。一二六〇年にラニエーロ・ファザーニの提唱でペルージャから鞭打ち苦行運動が広まった。この運動は〈大いなる献身〉と呼ばれ、「慈悲と平和を！」と訴える鞭打ち苦行者が出現すると、人々が裸の背中を鞭打ち、敵対していた者同士は怨恨を水に流して和解し、高利貸しで儲けた者は利得を払い戻した[27]。この運動の影響を受けて、ボローニャに献身者（サンタ・マリア・デッラ・ヴィータ）兄弟会 Congregatio devotorum（S. Maria della Vita）、ヴェネツィアに慈愛の聖母マリア兄弟会 S. Maria della Carità などが創設された。ローマのゴンファローネ兄弟会の起源もこの時期に遡り、オルヴィエート、モンテファルコ、ペルージャなどウンブリアに広まった[28]。

ヘンダーソンによれば、フィレンツェでは一二四〇〜一三四九年に四五、一三五〇〜一四四九年に六〇、そして一四五〇〜九九年には五八と、二世紀半の間に合計一六三の兄弟会が誕生した。この間、一三四〇〜一四四〇年にペスト流行などで人口が約一二万人から三万七〇〇〇人へと激減していることを考え合わせると、兄弟会への加入率の高さが窺える。また、賛歌兄弟会と鞭打ち苦行会を合わせると、七八で全体の四七・九％になるが、この二類型の割合は正反対の発展を示している。一二四〇〜六〇年に八〇％を占めていた賛歌兄弟会は、一三四〇〜六〇年に三八・九％、一四四〇〜六〇年には一一・一％に落ち込んでいる。これに対して、一二四〇〜六〇年に一つもなかった鞭打ち苦行会は、一三四〇〜六〇年に二七・八％、一四四〇〜六〇年には四六・七％へと増加している[29]。

賛歌兄弟会と鞭打ち苦行会は、会員の居住分布、世代、職業と収入の点で性格を異にしている。フィレンツェとボローニャでは、賛歌兄弟会は地区の隣人関係を軸にしたのに対して、鞭打ち苦行会は市全域に及んでいる。ワイスマンによれば、聖パウロ兄弟会の方が聖ザノビ兄弟会よりも年齢構成が若く、平均収入も三倍ほど高い。これは聖ザノビ兄弟会が小商店主や職人が多いのに対して、聖パウロ兄弟会は毛織物・絹織物などの大商人や公証人のような専門職が多いことからもわかる。また、聖パウロ兄弟会の会員の半数以上(五八%)が未婚で子どもがなく、家長が半数以下(四六%)であるのに対して、聖ザノビ兄弟会の会員は世代が上で、過半数(七七%)が妻帯者で子どもをもち、家長がほとんど(八八%)である。聖パウロ兄弟会の会員は多くが二一〜二七歳(平均二三・四歳)で入会し、三一歳頃最も積極的に活動するが、それ以後は参加度が減り、三六歳頃には兄弟会から離れるようになった。この変化には会員の結婚が関係している。会員は平均して三二・二歳で結婚して夫となり、三三・四歳で子どもができて父親になり、三六・五歳で家長となった。会員は父親が死ぬ前か、父親の権威から離れる前に入会し、独身時代は積極的に参加したが、結婚して子どもができ家長になると、兄弟会から離れていった(30)。

賛歌兄弟会と鞭打ち苦行会との大きな違いは性差である。賛歌兄弟会が女性にも門戸を開いたのに対して、一般に鞭打ち苦行会に女性が入ることは禁じられた。女性が人前で肌を見せて鞭打ちをすることは恥とされただけでなく、鞭打ちはキリストの受難を追体験する男性的な行為であるのに対して、女性は聖母マリアに倣って祈り、病人を介護し、死者を哀悼するのがふさわしいとされた(31)。また、賛歌兄弟会が広く会員でない者にも慈善を行ったのに対して、鞭打ち苦行会の支援の対象はふつう会員に限定された。さらに、鞭打ち苦行会には一つしか入会できなかったのに対して、賛歌兄弟会は複数の入会が認められた(32)。

b　スクオーラ・グランデとスクオーラ・ピッコラ

ヴェネツィアのスクオーラも他都市の兄弟会と同じく、イエス・キリスト、聖母マリア、諸聖人を崇敬するために創設され、会員は母規約 mariegola = regola-madre によって寄付金や財産の遺贈、生者と死者に対する慈善を通じて精神的かつ身体的な相互扶助に従事することが義務付けられた(33)。スクオーラ・グランデの起源は一三世紀の鞭打ち苦行運動に遡る。一二六〇年に慈愛の聖母マリア兄弟会が創設されたのに続いて、聖マルコ兄弟会 S. Marco(一二六一)、福音書記者聖ヨハネ兄弟会 S. Giovanni Evangelista(一二六一)、ミゼリコルディア兄弟会 S. Maria della Misericordia（一三〇八）が創設された。これらは全会員に鞭打ちを義務付けたわけではなかったことから、鞭打ちをしない富裕な上層市民も多く入会した。スクオーラがその会員数と規模を増し、共和国の安寧と秩序を左右する存在になると、十人委員会の監督下に置かれ、一四六七年にこの四つはスクオーラ・グランデ Scuole Grandi（scolae magnae）と呼ばれるようになった。スクオーラ・グランデの会員数は五〇〇ないし六〇〇名まで認められたが、一五世紀末以降これを上回るようになった。一五七六年のペスト流行直前には、福音書記者聖ヨハネ兄弟会の会員数は一八〇〇名を数えた。会員数の増加はスクオーラの資産と威信の増大をもたらした。他のスクオーラもグランデの地位を求め、一四八九年に聖ロクス兄弟会 S. Rocco が、一五五二年には聖テオドーロ兄弟会 S. Teodoro がグランデの資格を得た。

六つのスクオーラ・グランデ以外のほとんどすべての兄弟会はスクオーラ・ピッコラ Scuole Piccole と呼ばれる。スクオーラ・ピッコラは、宗教的な絆で結ばれている点でグランデと同じであるが、グランデより会員数は少なく規模も小さいが数は多く、一三〜一八世紀末に九〇〇ほど誕生し、一六〜一八世紀には三〇〇以上（多い時は三七七）存在していた。スクオーラ・ピッコラは十人委員会ではなく、共和国書記局の監督下に置かれた。スクオーラ・ピッコラはその目的、構成、機能など多様で分類するのはむずかしい。同郷団、職人、相互扶助、死者追悼、聖体を奉じるスクオーラ、その他、死刑囚の世話と埋葬を行う聖ファンティン兄弟会 San Fantin や機織り女のカルミニの聖母マリア兄弟会 S. Maria dei Carmini、さらには身体障害者、病気や老齢で働けない生活困窮者が優先的に施物を貰い受けるための正しき貧者 poveri meritevoli のスクオーラがあった(34)。

スクオーラ・グランデは、市の役人や公証人や専門職、同職組合の成員など上層市民を中心とし、少数の貴族もいたが、下層民は入会金が高かったせいかほとんど含まれていなかった。また、特定の職業に限られず、市全域から様々な職種の人が集まり、信心業を通じて結ばれていた。それに対して、スクオーラ・ピッコラの場合は、特定の職種との関わりが深く、会員も教区の住民が中心であった。さらに、スクオーラ・グランデは鞭打ち苦行運動を起源としていることから女性の入会を禁止したのに対して、スクオーラ・ピッコラは教区の老若男女すべての住民を受け入れた。

複数のスクオーラ・ピッコラに入ることはできたが、スクオーラ・グランデにはどれか一つにしか入れなかった。(35)

c　慈善型兄弟会、同郷団の兄弟会、巡礼のための兄弟会

会員のみならず広く巡礼、病人、捨て子や孤児、悔悛した娼婦、貧しい娘や妊婦、囚人や死刑囚、乞食や浮浪者に対して組織的に貧民救済・医療奉仕を行ったのが慈善型兄弟会である。フィレンツェでは、ミゼリコルディア兄弟会、ビガッロ兄弟会、オルサンミケーレ兄弟会、テンピオ兄弟会、聖マルティヌス兄弟会があげられる。(36) ミゼリコルディア兄弟会はフィレンツェをはじめシエナ、アレッツォなどトスカーナを中心にイタリア各地、さらにはポルトガルにも誕生した。ポルトガルのミゼリコルディア兄弟会は、ジョアン二世の王妃レオノールによって一四九二年リスボンに創設され、その後宣教師を通じてブラジルなど南米、インドから日本にまで広まり、豊後府内にも施療院が建てられ西洋医学が導入された。(37) 中近世には大小様々な施療院、救貧院、孤児院が数多く誕生したが、それらの創設や運営には兄弟会が直接ないし間接に関与した。例えばフィレンツェのサン・パオロ S. Paolo、サン・マッテオ S. Matteo、サンタ・マリア・ヌオーヴァ S. Maria Nuova、インノチェンティ Innocenti、オルバテッロ Orbatello、シエナのサンタ・マリア・デッラ・スカーラ S. Maria della Scala、ヴェネツィアのインクラービリ Incurabili やサンティ・ジョヴァンニ・エ・パオロ S. Giovanni e Paolo、ピエタ Pietà、ボローニャのサンタ・マリア・デッラ・ヴィータとサンタ・マリア・デッラ・モルテ S. Maria della Morte、サンタ・マリア・デッリ・アンジェリ S. Maria degli Angeli、エスポスティ Esposti、オーペラ・デイ・ポーヴェリ・メンディカンティ Opera dei Poveri Mendicanti、ローマのサント・スピリト・イン・サッシア S. Spirito in Sassia やサン・ジャコモ S. Giacomo などである。(38)

また、外国人同郷団 Nazione の兄弟会、巡礼のための兄弟会がある。フィレンツェやヴェネツィアには、他のイタリア都市や外国の商人・職人が兄弟会に集まった。ボローニャには、ヨーロッパ各地から集まってきた学生たちがナティオを結成した。ローマでは、外国人居留者が同郷団を結成して教会を建て、聖年などにローマを訪れる多数の巡

礼のため救護所や施療院を建てた。フィレンツェ人は、一四四八年、疫病に苦しむ同郷人を扶助するため憐みの洗礼者聖ヨハネ兄弟会 S. Giovanni Battista della Pietà を創設し、一六世紀初めブラマンテの設計でサン・ジョヴァンニ・フィオレンティーニ教会を建てた。この教会は教皇レオ一〇世によって教区教会として認められ、洗礼盤、墓地、免償を与えられた。フィレンツェ人はまた一四八八年、フィレンツェのネーリ兄弟会に倣ってローマに斬首の聖ヨハネ兄弟会 S. Giovanni Decollato を創設した。ミケランジェロは一五一四年からその会員で、六四年に死去した時、遺体がフィレンツェへ船で移送される前にこの兄弟会で葬儀が行われた。[39] 聖フィリッポ・ネーリは、ローマに出てきた時フィレンツェ人同郷団を通じて住居と職を得、慈愛の聖ヒエロニムス兄弟会 S. Girolamo della Carità の会員と協力して、巡礼の聖三位一体兄弟会 SS. Trinità dei pellegrini を創設した。これは一五四八年教皇パウルス三世によって認可され、五〇年の聖年に巡礼の世話に献身した。[40] ジョヴァンニ・アニムッチャは、一五五〇年頃ローマに出てきた時、憐みの洗礼者聖ヨハネ兄弟会に入会し、パレストリーナの後任としてカッペッラ・ジュリアの楽長となり、妻ルクレティアとともにオラトリオ会 Congregazione dell' Oratorio で熱心に活動した。ジュリオ・カッチーニは、サン・ジョヴァンニ教会で洗礼を受け、カッペッラ・ジュリアに入り、アニムッチャの下で音楽を学んだ。ブレッシャ近郊のコッカリオに生まれたルカ・マレンツィオは、ローマのサンティ・ファウスティーノ・エ・ジョーヴィタ教会に集まったブレッシャ人同郷団の世話を受け、同郷の貴族や芸術家と知り合う機会を得た。[41]

d　青少年兄弟会、職能別兄弟会、聖体兄弟会、聖ロザリオ兄弟会

青少年兄弟会はドチリナ・キリシタン Dottrina Cristiana（キリスト教要理）の教育のために創設されたが、一五世紀のフィレンツェに数多くみられる。青少年兄弟会については次節で扱うことにする。職能別兄弟会は同職組合の成員が宗教的な目的で創設したもので、一五世紀には下層労働者の陰謀の巣窟になる恐れがあるとして禁圧されたが、一六世紀に伝統的な兄弟会が貴族化するのに伴って、そこから排除された下層労働者が職能別兄弟会に集まるように

なった。[42] また一六世紀には、カトリック教会がプロテスタントに対して聖体信心を宣教するため、多くの聖体兄弟会SS. Sacramento（Corpo di Cristo）を創設した。一五三八年ドミニコ会士トンマーゾ・ステッラがローマのサンタ・マリア・ソプラ・ミネルヴァ教会に創設した聖体兄弟会（翌年教皇パウルス三世により認可）は、毎年聖体祝日に教区教会を巡る聖体行列を催し、教区の病人の見舞いに聖体を持ち運び、教区の女性が参加して祈りを捧げた。毎月第三日曜日に荘厳ミサを行い、他の兄弟会に連携を勧めるため霊的な恩恵を下賜した。フィレンツェのサンタ・マリア・ノヴェッラ教会の聖体兄弟会は、ミネルヴァ教会の聖体兄弟会と連携し、教皇から下賜される贖宥に与るようになった。イグナチオ・デ・ロヨラはローマに来た時ミネルヴァ教会の聖体兄弟会に入った。[43] 聖ロザリオ兄弟会SS. Rosarioは、聖体兄弟会と同じくドミニコ会が創始し、イエズス会、カプチン会によって広められた。女性やすべての階層に開かれ、会費も無料であったことから人気を得、ペルージャでは一五四八年に登録会員は五〇〇〇名を数えた。ロザリオ崇敬を高めたのは一五七一年のレパントの海戦であった。教皇ピウス五世は、神聖同盟のトルコに対する戦勝を、ロザリオの祈りに動かされた聖母のご加護によるとしたからである。レパントの戦勝後の一五七四年、ヴェネツィアのサンティ・ジョヴァンニ・エ・パオロ教会に聖ロザリオ兄弟会が創設された。聖ロザリオ兄弟会は聖体兄弟会とともに南米の植民地にもたらされ、黒人奴隷、ムラート、メスティーソの間に広まった。[44]

組織――代表・役員、人数・選出方法・役職期間など

フィレンツェの兄弟会は、同職組合などと同じく、いわばコムーネ（市政府）の雛形であった。兄弟会の代表（監督）guardianoないし団長capitaniと相談役consiglieriはコムーネの役員に相当した。コムーネと同様、兄弟会においても調停役pacialeが選ばれた。役員の任期と選出方法もコムーネに倣っていた。ほとんどの役員の任期は四ないし六ヵ月で、厳正な資格審査squittinoを経て、候補者の名札の袋入れimborsazione、その袋からの抽選tratteによって選ばれた。アンヌンツィアータ兄弟会SS. Annunziataでは、資格審査は五年毎に行われ、四分の三以上の賛成が必要であった。争いを避けるため秘密裡に、時には大司教の立ち会いの下に行われた。抽選は四ヵ月毎に通常の日曜礼拝終了後に執り行われた。抽選に先立って代表が規約を読み上げて、役職への就任が禁じられている者を周知させた。抽選は厳粛な宗教的儀式で、抽選の前後に聖霊への賛歌やテ・デウムが歌われた。抽選の一ヵ月後に就任式と新旧役員交代が行われた[45]。聖パウロ兄弟会では、役員は四ヵ月交代で兄弟会の運営を指揮した。執行部は代表 governatore と相談役二名からなる。代表は集会を指揮し、規約を遵守させ、懲罰や矯正が必要な会員を決定した。代表は欠席した役員の代理人を指名し、会員から鞭打ち免除の要求があった場合その可否を決めた。相談役は会員によって選出され、代表を補佐して日常業務を滞りなく処理した。代表は就任時に行政部四つと典礼部三つの役員を任命した。新入会員の世話役 maestri de'novizi 二名、介護役 infermieri 四名、施し役 limosinieri 四名、書記 provveditore 一名、そして儀式役 cerimoniere 一名、管理人 ministri 二名、聖具室係 sagrestani 二名である。その他、四つの修道院から選ばれた四名の聴罪司祭が兄弟会で執行されるミサを担当した[46]。兄弟会の運営において指導的な役割を果たしたのは代表であった。彼は兄弟会を統括して会員の霊的活動を推進し、兄弟会の名誉と栄光を高めなければならなかった。聖フレディアーノ（焼き栗）兄弟会 S. Frediano（聖フレディアーノ祭後の日曜日に焼き栗 Brucciata を貧者に施した）では、代表は「我らの父、団長」「善き行いをするための長であり師」であった。ヴェネツィアの慈愛の聖母マリア兄弟会では、代表は兄弟全員の首長であることが強調され、たとえ役員であっても代表の意思に反することを行った場合、代表は相談役と協議して総会をまたずにその者を追放することができた[47]。

時代的・地理的展開——一二世紀～一八世紀

（1）俗人の出現——戦争、労働、結婚の障壁を乗り越えて

中世初期において俗人は聖職者や修道士よりも劣る存在とみられていたが、一一世紀末～一二世紀になると俗人の役割の重要性が高まった。その理由はまず十字軍によって戦争が聖化されたことによる。教皇はカトリック教会のた

めムスリムとの戦いで斃れた者に全面的な免償を与えることを約束し、十字軍兵士は「キリストの戦士」と呼ばれた。また、クレルヴォーの聖ベルナールは、テンプル騎士団の創設を支持し、肉体的な意味での敵と戦うのみならず、精神的な力を奮って悪徳や悪魔と戦う「騎士修道士」の新しい理想を称賛した。ついで、北・中部イタリアのコムーネにおいて商人や職人など俗人の聖人が出現した。一一九九年に服地商人のクレモナのオーモボーノが教皇インノケンティウス三世によって列聖された。ヴォシェによれば、北・中部イタリアで聖人と崇められたオーモボーノら九人のうち、三人が上・中流市民層、四人が職人、既婚者が三人であった。手労働は聖性の障碍とはならず、商売の利益が貧者のために用いられれば、商業活動もキリスト教的完徳の探求と両立しうると考えられるようになった。一二六二〜六三年には、金細工師のクレモナのファーチョが聖霊兄弟会 Consortium spiritus sancti を創設した。一三六〇年頃には、シエナの商人ジョヴァンニ・コロンビーニがジェズアーティ会 Gesuati を創設し、彼の姪カテリーナが同女性会を創った。最後に、結婚も完徳への道の障碍ではあるが克服できないわけではなくなった。一一九九〜一二九七年にオーモボーノ、ルイ九世、ハンガリーのエリーザベト、シュレジエンのヘドヴィヒの四人の既婚者が列聖された。こうして中世末期には「俗人の黄金時代」を迎え、「小さい敬虔な結社の黄金時代」が現出する。(48)

（2）　一三世紀——悔悛者、托鉢修道会の都市への定住、異端運動、教皇派と皇帝派の争い

一二世紀末〜一三世紀には、自宅で自発的な悔悛を行う運動が広がり、悔悛者 penitenti の兄弟会が誕生した。一一八八年、ヴィチェンツァ近郊のサン・デジデーリオ教会の土地に悔悛者の共同体が創設された。彼らはヴィチェンツァの聖堂参事会から提供された土地を開墾し、司祭を自分たちで選び、巡礼のために救護所を建設した。一二二一年にロマーニャの悔悛者会は、生活の指針として『自宅で暮らす悔悛の兄弟と姉妹の心得についての覚書』を作成した。(49)フィレンツェにも悔悛者会が創設されるが、その発端はコンタードの住民の流入によって人口が増加したことによる。都市に入った新市民は、ボルゴと呼ばれる市壁をめぐる環状地帯に居住した。彼らは主に中小の職人、商人、

公証人、医師、弁護士などで、教皇派が多くポーポロ（平民政府）を支える勢力となった。近隣の相互扶助の絆から切り離された彼らに新たな絆を提供したのは、当時都市を中心に説教活動を始めていた托鉢修道士であった。一二一八〜二一年にフランシスコ会やドミニコ会などは悔悛者の協力を得て、市内に定住し、ボルゴに教会を建てた。悔悛者の中には女性もおり、彼女たちはピンツォケーレ pinzochere、ビッゾケ bizzoche ないしマンテッラーテ mantellate、ヴェスティーテ vestite などと呼ばれ、着衣の色から黒派と灰色派に分かれた。悔悛者は私有財をもたない托鉢修道士のために土地を購入して教会を建設し、施療院の建設や運営に関わった。こうした悔悛者の宗教的熱意を前に、教会関係者も半聖半俗としての彼らの存在を認めざるを得なくなった。[50] 一三世紀末以降、悔悛者は托鉢修道士の監督下に置かれ、修道士の第一会、修道女の第二会に加えて俗人男女の第三会に編入されていく。一二八四年にフランシスコ会士カーロが悔悛者のための規約を作成し、八九年教皇ニコラウス四世によって正式な『会則』が認可された。[51]

一三世紀にはカタリ派などの異端が広まったが、そうした宗教運動は教皇派と皇帝派の政治的対立と結びついてコムーネ内外で激しい対立抗争を引き起こした。こうした政治的・宗教的な対立抗争の中で平和と和解を求める運動が起こった。聖フランチェスコの説教は、まさに憎悪と不和の中で平和と和解を求める運動と深く結び付いていた。一二三三年、パルマから俗人兄弟ベネデットの率いる平和運動が始まった。〈大いなるアレルヤ〉と呼ばれるこの運動は、その後托鉢修道士に引き継がれ、パルマからボローニャ、ピアチェンツァ、レッジョ、ヴィチェンツァ、ヴェローナ、ミラノ、モンツァ、ヴェルチェッリに広まった。[52] このアレルヤ平和運動を契機として、パルマにイエス・キリスト騎士団 Milzia di Gesù Cristo が結成された。これはすぐに教皇グレゴリウス九世の目にとまり、一二三四年に教皇の認可を得、後にドミニコ会総長ザクセンのヨルダヌスにその監督が任された。[53] フィレンツェでは、一二四四年に病人の搬送、死者の埋葬、孤児のためにミゼリコルディア兄弟会が創設された。同年にはまた、聖ピエトロ・マルティーレの影響を受けて施療院を運営するビガッロ兄弟会、ラウダの聖母マリア兄弟会 S. Maria delle Laudi が誕生した。シエナでは、一二五〇年頃にアンドレア・ガッレラーニがミゼリコルディアの家 Casa di S. Maria della Misericordiaを創設し、六二年にはアレッツォにもミゼリコルディア兄弟会が創られた。一二四四年頃にはサンセポルクロに死者の埋葬のため聖バルトロメオ兄弟会S. Bartolomeoが創設された[54]。一二六〇年に鞭打ち苦行運動を提唱したファザーニは若い頃から鞭打ちに励み、施療院を建設し、その運営に妻と娘たちが協力した。彼はまた、ペルージャのポデスタ（行政長官）や司教とともにグッビオやフォリニョなど近隣都市との和平のために活動している[55]。一二六二〜六三年には、クレモナのファーチョが聖霊兄弟会を創設し、ピアチェンツァ、パルマ、ローディに広まった[56]。一二六五年に創設されたベルガモのミゼリコルディア・マッジョーレ兄弟会は、複数の教区兄弟会を傘下におさめ、コムーネから寄付を受け、塩を安く提供され、近隣・周辺住民へ施物（パン、ぶどう酒、塩、金銭、穀物）をした。また、会員のヨハンネス・デ・ウリヴェニスは皇帝派と教皇派の和平調停のために働いている[57]。

（3）一四〜一五世紀——飢饉、ペスト流行、地震、戦乱、教皇のバビロン捕囚とシスマ

フィレンツェでは、一三二九年の大飢饉の際、オルサンミケーレ兄弟会が飢えた人々に穀物を配り、オルサンミケーレの聖母への崇敬熱が高まった。一三三八年から礼拝所の建設が始められ、四〇年代に外壁にラーナ組合やポル・サンタ・マリア（絹織物業）組合などの守護聖人像が置かれ、四七年にベルナルド・ダッディの聖母像が制作された。一三六〇年にアンドレア・オルカーニャのタベルナコロ（壁龕）が完成し、六五年にはオルサンミケーレの聖母が共和国の守護者と宣言された。一五世紀初めには、カリマーラ組合や両替商組合などの守護聖人像が置かれ、オルサンミケーレ聖堂は同職組合の経済力と信心と慈愛の象徴となった[58]。一三三五年には、フラ・ヴェントゥリーノの説教を聴いた群衆が、「慈悲と平和と悔悛を！」と叫んで鞭打ちをしながらローマへ巡礼した。彼は教皇ベネディクトゥス一二世に対して、十字軍の指導者としてアヴィニョンからローマに帰還するよう、またイタリアを暴君たちから解放して平和をもたらし、彼らをムスリムに対する十字軍へ向かわせるようにと訴えた。この運動の影響を受けて、一三三六年、ボローニャにサンタ・マリア・デッラ・モルテ兄弟会が創設され、病人の介護、囚人の世話を行った。死刑囚へのコ

ンフォルト(慰問と励まし)を行った会員はコンフォルタトーレと呼ばれたが、コンフォルタトーレの兄弟会はその後、フィレンツェ、フェッラーラ、シエナ、パドヴァ、ヴェローナ、ヴィチェンツァ、ジェノヴァ、ミラノ、ローマ、ナポリなどに広まった。(59) 一四世紀半ば以降は、一三四八年のペスト流行、五二年の大震災、七五年の八聖人戦争、七八年のチョンピの乱などの混乱の中で再び鞭打ち苦行運動の波が高まった。一三九九年には、リグリアの後背地からビアンキ Bianchi と呼ばれる運動が始まり、北・中部イタリアに広まった。彼らは贖罪用の白い上着を着て頭巾をかぶり、赤十字を男は肩に女は頭につけて、裸足で十字架につき従い、「平和と慈悲を!」と唱え、ラウダを歌った。彼らは九日間の巡礼を行い、その間白い服は着たままで節制し、毎日教会に通って説教を聴いた。フィレンツェでは、フィエーゾレ司教の監督下に四市区毎に巡礼が組織された。この時プラートの商人フランチェスコ・ダティーニは高齢にもかかわらず、家族や同僚合わせて総勢一二名でサンタ・マリア・ノヴェッラ市区の集団に加わって、アレッツォまで九日間の巡礼に参加している。(60)

一五世紀には、托鉢修道会で起こった厳守派の運動が俗人にも影響を与え、より厳格な規律を遵守する兄弟会が創設された。その典型は荒野で孤独な苦行をした聖ヒエロニムスを守護する兄弟会である。モンテグラネッリのカルロ・グィーディは騎士になる夢を捨ててフランシスコ会第三会に入り、フィエーゾレの聖ヒエロニムスに捧げた庵室に隠棲した。一四一〇年頃から彼の聖性の評判を聞きつけた人々が集まるようになり、ブーカの聖ヒエロニムス兄弟会 S. Girolamo が誕生した。(61) ヴェスパシアーノ・ダ・ビスティッチの伝記によれば、ジュリアーノ・チェザリーニ枢機卿は、一四三九年公会議のためフィレンツェに来訪した時、聖ヒエロニムス兄弟会の夜の集会に参加し、会員とともに鞭打ちをした。また、ドナト・アッチャイウオーリは聖ヒエロニムス兄弟会の熱心な会員で、フィレンツェにいる時は必ず毎週土曜日、兄弟会へ出かけ藁布団に寝て一夜を明かした。(62) またビスティッチによれば、大飢饉にみまわれ町も田舎も多くの貧民であふれた時、サン・マルコ修道院長アントニヌス(アントニーノ・ピエロッツィ)(後にフィレンツェ大司教)が、パンを作らせて飢えた人々に施し、恥を知る貧者 poveri vergognosi を極秘に助けるために兄弟会の創設を命じた。これを実行するには自分の収入だけでは十分ではなかったため、教皇エウゲニウス四世などに協力を呼びかけた(63)。ここでビスティッチが述べている兄弟会は、アントニヌスが聖ヒエロニムス兄弟会の会員の中から一二名を選んで一四四二年に創設した聖マルティヌス兄弟会のことである(64)。同年には、教皇エウゲニウス四世の勅書（六月二四日付）によって、大天使ラファエル兄弟会 Arcangelo Raffaello (Scala, Natività)、聖母マリアのお清め兄弟会 Purificazione della Vergine Maria e di S. Zanobi、福音書記者聖ヨハネ兄弟会 S. Giovanni Evangelista、薪の聖ニコラス兄弟会 S. Niccolò del Ceppo の四つの青少年兄弟会が認可され、アントニヌスとブーカの大人の監督下に置かれることになった(65)。

一五世紀前半に兄弟会は、市政府の権威を脅かす存在としてしばしば規制の対象とされたが、一五世紀半ば以降にはメディチ家が兄弟会の運営に積極的に介入するようになった。コジモ・イル・ヴェッキオはサン・マルコ教会に集まった三つの兄弟会（マギ〔東方三博士〕兄弟会 Magi、ポル・サンタ・マリア組合の兄弟会、聖母マリアのお清め兄弟会）、また聖マルティヌス兄弟会、聖アグネス兄弟会 S. Agnese を庇護した。コジモの戦略を受け継ぎ、それをさらに発展させたのが、孫のロレンツォ・イル・マニフィコである。ロレンツォは、聖ドメニコ兄弟会 S. Domenico、巡礼者イエス兄弟会 Gesù Pellegrino、マギ兄弟会、聖ザノビ兄弟会、ミゼリコルディア兄弟会、聖マルティヌス兄弟会、サント・スピリト兄弟会、聖アグネス兄弟会、聖フレディアーノ焼き栗兄弟会、ネーリ兄弟会、そしてブーカの聖パウロ兄弟会などの会員であった。ロレンツォはまた、息子ジョヴァンニ（後の教皇レオ一〇世）とジュリアーノを青少年の福音書記者聖ヨハネ兄弟会に入会させた(66)［図1］。

ボローニャでは、ジョヴァンニ・ベンティヴォッリォがバラッカノの聖母マリア兄弟会 S. Maria del Baraccano、天使たちの聖母マリア兄弟会 S. Maria degli Angeli、慰めの聖母マリア兄弟会 S. Maria della Consolazione などを庇護し、サン・ジャコモ・マッジョーレ教会の慰めの聖母マリア兄弟会の礼拝堂にマギ礼拝図を描かせた(67)。またボローニャ司教ニコロ・アルベルガーティは、一四三五年ブルゴーニュ公、英仏国王たちが百年戦争の終結を協議したアラ

図1　ドメニコ・ギルランダイオの工房《債権者のお金を払って債務者を牢獄から釈放する会員》（フィレンツェの聖マルティヌス兄弟会）

ス会談に議長として出席したが、その時ブルゴーニュ公フィリップ善良公はヤン・ファン・エイクに《書斎の聖ヒエロニムス》として彼の姿を描かせた。アルベルガーティ司教は、我らの主の昇天兄弟会 Ascensione di Nostro Signore（Trentatre）を創設し、毎月第一日曜日にヴァルディアの丘の聖ルカの聖母 Madonna di S. Luca へ行列を行わせた。一四三三年の初夏、長雨に悩まされた時、フィレンツェの南方インプルネータの聖母に倣って聖母を市内に運び込むことが提案され、サンタ・マリア・デッラ・モルテ兄弟会が聖ルカの聖母を市内に運ぶ栄誉を得た。聖母がサラゴッツァ門に入ると雨が止み、空が晴れたという。聖母彼はこれを記念して聖母の行列を毎年の恒例行事とした(68)。また彼は、青少年の聖ヒエロニムス兄弟会を創設し、ドチリナ・キリシタンを作成した。一五世紀末に青少年は聖書の物語や聖人伝を日曜・祝日に上演するようになった。一三～一四世紀には信心 pietas は慈愛 caritas を通じて表現されると考えられており、兄弟会において両者は切り離すことができなかったが、その後慈善・医療活動が増えてくると二つの両立が困難になった。その解決策として、托鉢修道会の緩和派と厳守派に倣って兄弟会内にラルガ Larga

図2　アントニアッツォ・ロマーノ《受胎告知》(ローマのサンタ・マリア・ソプラ・ミネルヴァ教会)

とストレッタ Stretta を創設したのもアルベルガーティ司教である。前者は慈善や施療院の運営、後者は鞭打ちなど厳格な信心業を引き受けるようになった(69)。

このように一五世紀には兄弟会内に二つの集団が創設されたばかりでなく、兄弟会の個別専門化も進んだ。一四六〇年にドミニコ会のファン・デ・トルケマダ枢機卿は、貧しい娘に嫁資を与えるためローマのミネルヴァ教会にアンヌンツィアータ兄弟会 SS. Annunziata を創設した(70)[図2]。また、ペストの守護聖人として聖ロクスの人気が高まると、一四七八年にヴェネツィアのみならず、パドヴァ南方の農村干拓地ヴィッラ・デル・ボスコ Villa del Bosco にも聖ロクス兄弟会が創設された(71)。一四九七年には、ジェノヴァに梅毒患者などインクラービリ(不治の病に冒された者)の世話をする神の愛の兄弟会 Divino Amore が創設された。これは公証人エットレ・ヴェルナッツァがパンマトーネ施療院長カテリーナ・フィエスキの感化を受けて創設したものであるが、規約の序で「聖ヒエロニムスの庇護下の神の愛の兄弟会」と記されている。神の愛の兄弟会は、その後ブレッシャ、パドヴァ、ヴェネツィア、ローマ、ナポリなどにも広まり、ローマではサン・ジャコモ施療院で活動した。

一五一八年頃には、ジュリオ・デ・メディチ枢機卿が、フィレンツェの聖マルティヌス兄弟会に倣ってローマに慈愛の聖ヒエロニムス兄弟会を創設した。[72]

（4）一六世紀——イエズス会、共和制から君主制へ、トレント公会議とカトリック改革

一六世紀には、中世以来の観想修道会や托鉢修道会に加えて、「他者の救霊への配慮」をめざすイエズス会など多くの活動修道会が創設された。[73] イエズス会 Compagnia di Gesù（Societas Iesu）は、その名称から分かるように、兄弟会に倣って結成され、兄弟会との関わりが深い。イグナチオは、一五二八〜三〇年に幾度かフランドルのスペイン人コミュニティを訪問し、イープルとブルッヘに導入された救貧法の実際を見聞し、同じスペイン出身の人文主義者ファン・ルイス・ビーベスに夕食で歓待された。その後一五三五年、故郷アスペイティアに三ヵ月滞在した時、フランドルの体験を基に社会改革を実践した。一五三七年にイグナチオらは、エルサレム行きの船を待つ間ヴェネツィアに滞在し、インクラービリやサンティ・ジョヴァンニ・エ・パオロ施療院で活動した。疫病が発生したためエルサレム行きの船が欠航になると、彼らは教皇から直接使命を受けようとローマへ進路を変更した。一五三八年頃ローマに到着したイグナチオは、パンテオン付近の孤児を集めて世話をし、ミネルヴァ教会の聖体兄弟会に入り、サン・ジャコモ施療院に通った。一五四〇年代に彼は、悔悛した娼婦のためのサンタ・マルタの家 Casa di Santa Marta、娼婦の娘や娼婦に堕落する危険がある貧しい娘を保護する Conservatorio delle Vergini Miserabili（S. Caterina）、キリスト教に改宗したユダヤ人やムスリムのための家 Casa dei Catecumeni を創設した。その他イエズス会がローマに創設した兄弟会は二四以上にのぼる。[74]

フィレンツェでは、一六世紀に共和制から君主制への移行、宗教改革と対抗宗教改革の進展に伴い、兄弟会が大きく変質した。一四〜一五世紀の兄弟会が共和制の団体精神に基づいて、商人や職人を主体としつつも異種混交的で、平和と平等と自立を重んじたのに対して、一六世紀には会員の貴族化が進み、都市エリートを主体とし、服従と規範

と格式を重んじるようになった。一五世紀までは会員は様々な職種からなり、広く市全域から受け入れていたのに対して、一六世紀になると職能別となり、教区を単位とするようになった[75]。また、一三〜一五世紀には慈悲の聖母、聖ヨハネ、聖ヒエロニムスなど諸聖人が崇敬され、その名を冠した兄弟会が多く創設されたのに対して、一六世紀には聖体、神の名 Nome di Dio（Cristo）、慈愛 Carità、ドチリナ・キリシタン、聖ロザリオの兄弟会、マリア兄弟会が多くなった[76]。

一六世紀には聖俗両権力の集権化政策によって兄弟会の監督体制が強化された。一五四二年にコジモ一世は約二〇〇の施療院を捨て子と乞食を統制する監察官の下に置き、ビガッロ兄弟会は解散させられた。一方で教皇は、大兄弟会 Arciconfraternita を創設して兄弟会の統制化を図り、一五六二年のトレント公会議の決議によって、俗人のすべての宗教団体を司教の監督下に置き、兄弟会の視察、規約の認可、報告の義務など司教の権限を強化する方針を打ち出した[77]。また、教区毎に聖体とドチリナ・キリシタンの兄弟会が創設され、教区司祭の許可なく日曜・祭日にミサを挙行することが禁じられた。教区民は、復活祭の時に教区教会で聖体拝領を受けること、聖体祝日には教区毎に聖体行列を挙行することが義務づけられ、兄弟会の宴会は禁じられた[78]。一六世紀後半には、聖体信心を強化するためクァラントーレ Quarant'ore が始められた。これはキリストが十字架に架けられ墓に入れられて復活するまでを記念して、聖金曜日の夕方から復活祭の明け方まで行われた。十字架や聖体が聖墳墓の中に安置され、四〇時間寝ずの番で見守られた。コジモは聖体行列の挙行を発令し、クァラントーレの費用を負担した。貴族や宮廷関係者はあらゆる種類の宗教行列への出席が義務づけられた[79]。

トレント公会議以降になると、兄弟会の主導権が俗人の手から教皇や大司教、司教、そして教区司祭たちに奪われ、俗人による説教、宴会、聖史劇の上演などが禁止され、女性も修道院の壁の中に閉じ込められるようになる[80]。

（5）一八世紀——オーストリアの啓蒙主義的改革とナポレオンの侵攻による兄弟会の解散

一八世紀末に兄弟会は、オーストリアの啓蒙主義的改革とナポレオン軍の侵攻によって受難の時代を迎える。トスカーナでは、ピエトロ・レオポルド大公が、一七八五年三月二一日の布告によって Compagnie, Congregazioni, Congreghe e Centurie e Terti Ordini の名で存在している大公国内のすべての兄弟会の閉鎖を命じた。これによってフィレンツェ市内に二五〇ほど存在した兄弟会が閉鎖されることになった。しかし、全市区の民衆、特に下層民の生活に不可欠であるという大司教の強い要請により、聖マルティヌス兄弟会、聖ヒエロニムス兄弟会、ミゼリコルディア兄弟会など一〇の兄弟会は禁令の対象から外された。ボローニャでは、一七九六年六月ナポレオン軍が侵攻し、九八年五月と六月の法令によって宗教団体の解散、統合、移転が通達され、兄弟会の財産の国有化が決定された。ヴェネツィアでは、一七九七年にナポレオン軍の侵攻によってヴェネツィア共和国が崩壊すると、スクオーラは一八〇六年に財産を没収され、〇七年に閉鎖された。ただし、サン・フェリーチェ教会の聖体兄弟会などは教区の貧民救済に不可欠であることから免除された[81]。

冒頭で述べたように、イタリアの兄弟会研究はこの時期の兄弟会に対する批判から始まったのである。

（6）地理的分布

兄弟会の分布には北・中部と南部に大きな格差がある。南部や島嶼部の兄弟会は、数も形態も少なく、あまりよく知られていない。そのため、北・中部に関しては早くから多くの研究が進められてきたが、南部に関する研究は少ない。この格差の理由の一つは、俗人の宗教に対する関わり方の違いにある。北・中部では、俗人が聖職売買、聖職妻帯との戦いや異端運動に積極的で能動的な役割を担い、托鉢修道士が活発に活動したのに対して、南部では、俗人は聖職者に従属的で受動的な役割しかもたず、托鉢修道会も活発ではなかった。南部において兄弟会が広まるのは、一六世紀以降イエズス会などが南部にまで布教を展開したことによる。こうした宗教的な理由の他に、近年では民衆の政治的・経済的結束力の強弱の差が指摘されている。南部がノルマンやスペインの封建的支配下に長らく置かれたのに対して、中世コムーネが多く結成された北・中部において兄弟会も発展したというのである。(82)

活動

（1） 義務と禁止事項

兄弟会の義務は、各々の兄弟会によって多少の差異はあるが、多くの点で共通している。会員は、毎日主禱文と天使祝詞を五～一五回唱え、週一日断食をし、年三回告解をし、少なくとも年二回（クリスマスと復活祭）聖体拝領を受け、定例の集会（毎週、二週間毎、毎月）に出席し、主要な祝日（クリスマス、万聖節、聖母マリアの四回の祝日、使徒たちの祝日、聖週間、守護聖人祭など）の行事に参加しなければならなかった。また病気の兄弟を見舞い、葬儀に出席し、死者を追悼して主禱文と天使祝詞を唱え、死者ミサに出席しなければならなかった。服喪期間は三日から一ヵ月であった。会員は、貧窮者を除いて会費とその他折々の定期金を支払わなければならなかった。規約には、義務とともに禁止事項も記されている。骰子やカードの賭け事、同性愛、高利貸し、違法な契約、妻妾、神や聖人への冒瀆、居酒屋や売春宿への出入り、街頭での喧嘩、代表に対する不服従、兄弟の名前や秘密の漏洩、役職に選ばれるための不正、会員同士の憎悪や争い、党派に対する誓約などである。会員同士の平和を乱して不和を助長した者は、即刻退会処分とされた。三回警告されても矯正しない者は除名された。ワイスマンが言うように、イミタチオ・クリスティは宗教改革以前の信心において中心的なモチーフであるが、兄弟会で教えられたのは、キリストに倣って無制限に厳しい断食や鞭打ちをすることではなく、俗人に実践可能な制限つきの平易な義務であった。D・E・ボルンスタインもコルトナの聖母マリア兄弟会の規約を紹介しながら、規約には平易で実践的で集団的な兄弟会の信心がよく表れていると指摘している。(83)

（2）　慈悲 misericordia の業

兄弟会の活動は会員同士の対内的な慈愛 caritas を主としたが、会員以外の者に対する慈悲の業も行った。その対象は、例えばベルガモでは、聖アレッサンドロ・イン・コロンナ兄弟会 S. Alessandro in Colonna のように教区の住民に限定されたものから、ミゼリコルディア・マッジョーレ兄弟会のように広く全市域に及ぶものまであった。フィレンツェでは、聖フレディアーノ兄弟会は教区の貧者を対象に死者ミサや嫁資給付を行い、守護聖人祭に焼き栗を、クリスマスと復活祭にパンを施したが、オルサンミケーレ兄弟会は「キリストの貧者」の他、乞食など数千人の貧民にパンや衣服、金銭を配給した。また、一四二五年にモンテ・デッレ・ドーティ（嫁資基金）Monte delle Doti が、九五年には低利の貸付をするモンテ・ディ・ピエタ Monte di Pietà が創設された。モンテ・ディ・ピエタは、ユダヤ人高利貸しからキリスト教徒を守るため、一四六二年ペルージャに創設され、その後一世紀間にベルナルディーノ・ダ・フェルトレなど托鉢修道士の説教の影響下に二〇〇都市以上に広まった。ボローニャでは、一四七三年にモンテ・ディ・ピエタが設立され、一五八三年には貧しい住民を対象にモンテ・デル・マトリモーニオ（嫁資基金）Monte del Matrimonio が創設された[84]。ローマでは、アンヌンツィアータ兄弟会をはじめサン・サルヴァトーレ兄弟会、ゴンファローネ兄弟会が貧しい娘への嫁資給付を行った。またゴンファローネ兄弟会は、カプチン会士の協力を得て、海賊に捕まり奴隷とされた者に保釈金を払って解放するために活動した。ローマのサン・ジャコモ施療院では一五一五年に医師、外科医、薬剤師、理髪師、薬種商、使用人など一九名のスタッフ、その他洗濯人、料理人、皿洗い、助祭、経理担当者などが働いていた[85]。ボローニャのモルテ兄弟会やフィレンツェのテンピオ兄弟会などは、囚人の世話、死刑囚のコンフォルトを行った。青少年や貧しい民衆に教育を施すことも重要な慈悲の業の一つであった。

（3）　信心 pietas の業

兄弟会では会員の信仰を強化するため、ラウダ歌唱や鞭打ち苦行の他に様々な活動が行われた。定例集会での礼拝とミサ、物故会員の死者ミサ、守護聖人祭などでの行列と宴会、四旬節とくに聖木曜日での説教などである。ボローニャのコンフォルタトーレの手引きは、すぐれた説教師の説教を注意深く聞いて役に立つ文章を書き留めることを勧めている。(86) マギ兄弟会は、コジモやロレンツォなどメディチ家の他に、ドナト・アッチャイウオーリ、クリストーフォロ・ランディーノ、アラマンノ・リヌッチーニ、ピエル・フィリッポ・パンドルフィーニ、ジョルジョ・アントニオ・ヴェスプッチ、ジョヴァンニ・ネージなど人文主義者が入っていたことで知られるが、彼らの役割は、聖木曜日などに聖体や悔悛の意義に関する霊的な説教を読み上げて、兄弟の信仰心を高めることにあった。(87) P・O・クリステラーが指摘したように、マルシリオ・フィチーノとプラトン・アカデミーの活動も、こうした霊的書簡や説教など兄弟会の伝統と深く結びついている。(88) 書簡や説教を通じて絶えず魂の世話の大切さを訴えたフィチーノの役割は、兄弟会における聴罪司祭のそれに近い。兄弟会における人文主義者の説教は、まさに人文主義的な博識と俗人の霊性を併せ持つ「聖なる雄弁」であった。(89)

（4） 芸術パトロネージ

ルネサンス期には、慈悲の聖母、聖ヨハネ、聖ヒエロニムスなど諸聖人、マギ礼拝図、大天使ラファエルとトビアなどが多く描かれたが、その背景には兄弟会の存在がある。(90) 兄弟会では詩人や画家や音楽家が会員として活動していた。聖ザノビ兄弟会には、詩人のアントニオ・プッチ、フェオ・ベルカーリが入会していた。アントニオ・スクァルチャルーピは、オルサンミケーレ聖堂、ついで大聖堂のオルガニストとなり、晩年に至るまで聖ザノビ兄弟会のためにオルガンの伴奏を務めた。ドメニコ・ギルランダイオをはじめ彼の父と弟たちはみな聖パウロ兄弟会の会員であった。(91) ネーリ・ディ・ビッチはカルミネ教会近くに工房をもち、聖アグネス兄弟会の役員を務めた。(92) 一五世紀には、オルトラルノ（アルノ川以南地区）の三つの教会で、兄弟会によって聖史劇が上演された。サン・フェリーチェ・イン・ピアッツァ教会ではアンヌンツィアータ兄弟会 S. Maria Annunziata が聖母マリア受胎告知劇を、カルミネ教会では聖アグネス兄弟会がキリスト昇天祭を、サント・スピリト教会ではピッチョーネ（聖霊の鳩）兄弟会S. Maria delle Laude e S. Spirito［Piccione］が聖霊降臨祭を上演した(93)。

ヴェネツィアのスクオーラ・グランデは、小さく地味な礼拝所しかもたなかったフィレンツェの兄弟会とは異なり、バルトロメオ・ボン、ピエトロ・ロンバルドらの設計で壮麗な建物を建ててその内外を祭壇画や壁画、彫刻で飾った。アレッサンドロ・カラヴィアのように慈善よりも芸術に浪費することを批判する者もいたが、そうした出費は、神の栄光を賛美し、都市の美と名声を高め、兄弟会の慈善の精神を表明するために必要であるとされた(94)。スクオーラはヴェネツィア派の画家たちを育てた。ヴィットーレ・カルパッチョは、聖ウルスラ兄弟会S. Orsolaのために《聖女ウルスラ伝》、スラヴォニア人の聖ゲオルギウス兄弟会S. Giorgio degli schiavoniのために《聖ヒエロニムス伝》と《聖ゲオルギウス伝》を描いた。特にヤコポ・ティントレットは、聖マルコ兄弟会の他、二〇年以上にわたり聖ロクス兄弟会のために四〇点以上の作品を制作し、またサン・ポーロ教会やサン・マルクオーラ教会など教区教会の聖体兄弟会のために《最後の晩餐》など壁面装飾画を描いた(95)。

スクオーラでは音楽も重要な役割を果たした。ルソーは『告白』の中で「私の好みでは、オペラの音楽よりもはるかにすぐれ、イタリアにも世界のどこにも類がないのはスクオーレの音楽である」と絶賛している(96)。J・グリクソンによれば、聖ロクス兄弟会では一四七〇年代以降、歌手の需要が高まり二つの集団ができた。一つは「葬儀の歌手」cantadori vecchi（cantadori di corpi）、いま一つは「ラウダの歌手」cantadori nuovi（cantadori de laude）と呼ばれた。サン・マルコ聖堂のオルガニストのジョヴァンニ・ガブリエーリは、一六一二年に死去するまで聖ロクス兄弟会での仕事を続けた。音楽家は様々な機会に演奏を求められた。第一に、葬儀である。疫病が蔓延した当時、葬儀は週四、五回行われ、主に「葬儀の歌手」が担当した。第二に、通常の日曜・祭日である。この時は「ラウダの歌手」と楽器奏者が参加した。第三に、毎月第一日曜日に会員は本部に集まってミサを挙行し、教会まで行列した。この日は「ラウダの歌手」と楽器奏者が担当したが、「葬儀の歌手」が加わることもあった。インノケンティウス・ダンモニスが一五〇八年にペトルッチ社から出版したラウダ集に収められた作品は、こうした時に歌われたと考えられる。第四は、謝肉祭、聖週間、聖母マリアの祝日、聖体祝日、聖マルコや諸聖人、聖十字架の祝日などである。こうした祝日には、ジェンティーレ・ベッリーニの《サン・マルコ広場での聖十字架遺物の行列》に描かれているように壮麗な行列が催された(97)［図3］。一六〇八年の聖ロクスの祝日にはサン・マルコ聖堂のカッペッラの楽器奏者、副楽長率いる歌手、六名のソロ歌手（その中にはパドヴァの者もいた）、ガブリエーリ率いるオルガニスト七名などが雇用され、ガブリエーリの作品が演奏された。この時ヴェネツィアに逗留していたイギリスの古典学者トマス・コーリャットは、聖ロクス兄弟会で聴いた音楽について、これは全人生で耳にした中で最も美しく聖パウロのように魂が第三の天にも昇る心地であったと記している(98)。その後もサン・マルコ聖堂の楽長たちが聖ロクス兄弟会の音楽に寄与した。クラウディオ・モンテヴェルディの《おお、祝福された道よ O beatae viae》は聖ロクスの祝日のために作曲された(99)。

ボローニャのコンフォルタトーレの手引きには、付録としてラウダ集がついているが、その中には死刑囚自身が書いたラウダもある。一七世紀の手引きに「心は神に、耳はコンフォルタトーレに、目はタヴォレッタに」とあるように、コンフォルタトーレは、死刑囚が市中を引き回されて処刑される瞬間まで、一人は死刑囚の耳元でラウダや祈りを唱え、いま一人はたえず死刑囚の顔の前にタヴォレッタをかざし続けた。タヴォレッタには磔刑のキリストや諸聖人の殉教図が描かれていた。目と耳を通じてキリストや殉教者の受難をくりかえし想起させられることによって、死刑囚はキリストや殉教者に倣って善き死を迎えるように導かれた(100)［図4］。当時の死刑は公開処刑であったが、死刑を見守る群衆は受難劇の観衆でもあった。K・ファルヴィーは、実際の処刑で用いられた道具が受難劇などでも用いられることがあり、公開処刑が受難劇に深い影響を与えたことを指摘している(101)。

ローマのゴンファローネ兄弟会は、一四九〇年から聖金曜日にコロッセオでキリスト受難劇を上演するようになり、その上演後に鞭打ちが行われた。しかし、一五三九年に教皇パウルス三世は、群衆の反ユダヤ熱を煽りすぎることから受難劇の上演を禁止した。ただし、聖週間にコロッセオへ鞭打ち苦行の行列をすることは続けられた。一五五〇年

図3　ジェンティーレ・ベッリーニ《サン・マルコ広場での聖十字架遺物の行列》

図4《死刑囚のコンフォルタトーレの手引き》
(ボローニャのサンタ・マリア・デッラ・モルテ
兄弟会)

には聖金曜日の鞭打ち苦行に参加した者に聖年の贖宥が与えられ、三〇〇名もの多数が参加し、その中には女性会員や孤児らもいたという。一五五五年に火事で礼拝所が焼失したが、翌年には礼拝所のために新しい祭壇画がピエトロ・ロヴィアーレ・スパニョーロに依頼され、五七年に設置された。礼拝所の壁面にはヤコポ・ベルトイヤ、リヴィオ・アグレスティ、フェデリコ・ズッカリによる一二枚のキリスト受難図が描かれた(102)。また、聖三位一体兄弟会の会長には、枢機卿のフェルディナンド・デ・メディチ、アレッサンドロ・モンタルト、ルドヴィコ・ルドヴィージ、アントニオ・バルベリーニらが選ばれ、音楽に力が入れられた。四旬節、聖週間、聖体祝日などにはオラティオ・カッチーニ、ビクトリア、パレストリーナ、アンニバーレ・ゾイロ、ルカ・マレンツィオなどに作曲が依頼された(103)。

兄弟会研究の意義と今後の展望

これまで、イタリアの兄弟会についてフィレンツェ、ヴェネツィア、ボローニャ、ローマを中心に名称と類型、組織、時代的・地理的展開、活動についてみてきた。ここから、兄弟会がいかに多様で時代の状況に応じて柔軟に変化してきたかがよくわかる。最後に、以上の記述を踏まえて、兄弟会研究の意義と今後の展望を簡略ながら述べることにしたい。

第一に、人間の絆の基本型、セイフティネットとしての兄弟会である。人類はおそらく昔から、戦乱や疫病や飢饉などの危機に直面して、生老病死の不安を解消すべく兄弟会のような絆を結んできた。兄弟会はキリスト教の精神に則って神への愛と隣人愛のため、病人の介護と死者の埋葬・追悼をはじめ慈悲の業を行った。兄弟会の貧民救済・医療奉仕は近代の病院、学校、銀行、保険制度の源流としてきわめて重要である。

第二に、宗教史における俗人の役割の重要性である。兄弟会はいわば俗人の俗人による俗人のための団体である。一三世紀には托鉢修道士、一六世紀にはイエズス会など新しい修道会、司教や教区司祭によって俗人から主導権が奪われていくが、宗教史において俗人が重要な役割を果たしてきたことは強調してもしすぎることはない。

第三に、平和と和解の市民運動の源流としての兄弟会である。一二六〇年の〈大いなる献身〉をはじめとして、一二三三年のアレルヤ平和運動、一三三五年のフラ・ヴェントリーノの平和巡礼、一三九九年のビアンキ運動などの鞭打ち苦行運動の主要目的は、戦乱と憎悪、不和と軋轢にあふれた世の中にあって平和と愛、和解と一致を実現することであった。この流れはアッシジの聖フランチェスコからマザー・テレサまで続いている。

第四に、兄弟会と政治の問題である。兄弟会は市民の抵抗の手段にも、国家と教会による社会的統御の道具にもなった。ベルガモを支配したヴィスコンティ家は、その体制を確保するためミゼリコルディア・マッジョーレ兄弟会に譲歩してその特権を認めざるを得なかった。フィレンツェ共和国は兄弟会を危険視して禁圧しようとしたが、メディチ家やベンティヴォッリォ家はその体制を固める手段として積極的に利用した。

第五に、兄弟会と芸術の問題である。すでにみたように、多くの画家や詩人や音楽家が兄弟会の会員であり、兄弟会がルネサンスとバロックの芸術に与えた影響がきわめて大きいことは論を俟たない[104]。

第六に、兄弟会と女性、青少年（子ども、青年、若者）の問題である。これについては次節で考察することにしたい。

最後に、比較文化論的な視座として、異文化の世界やキリスト教の諸宗派における兄弟会の影響がある。N・テルプストラは、M・A・クローソンの提案を受けて〈兄弟会 confraternity〉から〈兄弟関係 fraternalism〉へと視野を広げ、兄弟会の文化形態と社会資本（資源）が分析の道具として有効であることを指摘した[105]。近年、南米やアジアにおけるイエズス会の布教に関する研究が進展し、宣教師によって文化変容 acculturation の道具として移植された兄弟会が、ブラジルでは先住民にとって抵抗の手段となり、厳しい迫害を受けた日本では隠れキリシタンの生きぬく手段となり、ヴェトナムでは女性が共同生活をして自活するための手段となったことが指摘された[106]。同様にフェッラーラやローマやボローニャのユダヤ人にとって、兄弟会はイエズス会によるキリスト教への改宗運動に対する抵抗の手段であると同時に、ゲットー内外の民族諸集団を統合する手段にもなった。アイルランド、ネーデルラントなどプロテスタント地域においても同様なことが言える。さらにテルプストラによると、〈兄弟関係〉はプロテスタントを活性化させるエートスとしても開花した。カルヴァン派や急進派、イギリス国教会などプロテスタント諸宗派の中に兄弟会の諸要素、俗人による運営、俗語の説教や賛歌、個人的な信心業、相互的規律、宗教書の講読が認められる。宗教改革と海外へのキリスト教の布教とヨーロッパ内のマイノリティ支配の危機的変動において〈兄弟関係〉は大きな力を持ち続けた。(107)

第二節　兄弟会と女性、青少年(子ども、青年、若者)

はじめに

キリスト教において女性は、アダムを誘惑したイヴに象徴されるように、男性にとって魅力的であると同時に誘惑する両義的な存在であり、中近世において女性蔑視の風潮が強かった。しかしながら、そうした中にあっても女性が重要な役割を果たしていた証拠は数多くある。また、一四〜一五世紀には純真無垢な子どものイメージが広まり、大人たちは子どもを通じて神の国へ近づこうとした。本章においては、社会的弱者＝周縁的存在とされてきた女性と青少年が兄弟会においてどのような役割を果たしていたかみることにしたい。

兄弟会と女性

(1)　俗人女性の聖性化、聖女の出現

一三世紀初め、イタリアでは俗人の間に自宅で自発的な悔悛をする動きが広まり、女性悔悛者が出現した。また結婚や再婚を拒否し、人里離れた荒野ではなく、都会の只中で壁を塗り込めた庵室 cella に籠る女性隠者＝籠居修女 cellane, murate, incluse, recluse が現れた。夫を説得して夫婦でカマルドリ会に入り、庵室に籠ったピサのマリアとゲラルデスカ、庵室で二匹の蛇と三四年間暮らしたカステルフィオレンティーノのヴェルディアーナ、再婚を拒否したため塔の小部屋に幽閉されたウミリアーナ・デイ・チェルキ、夫を説得して庵室に籠り、イタチと暮らしたファエンツァのウミルタ、騎士と駆け落ちし、夫の死後産婆をして息子の養育費を稼ぎ、庵室で暮らしたコルトナのマルゲリータ、ドミニコ会修道院の傍の庵室に六〇年以上籠ったパヴィアのシビッリーナ、フィレンツェのグラーツィエ橋の庵室に籠ったアポッローニア、チェルタルドのジュリア、アレッツォのジュスティーナなどである。彼女たちは庵室に閉じ込められる代わりに生活を保障され、地元住民の守護聖人として崇められた(108)。ヴォシェによれば、一三世紀初めまでは、ピサのウバルデスカを除くと俗人の聖人はすべて男性であったが、一三世紀後半から「女性の聖性化」が進み、中世末期には「女性の聖性の小春日和」を迎えた。一一九八〜一四三一年に教皇庁による列聖手続きの対象となった俗人のうち六割弱が女性であり、特にフランシスコ会士が彼女たちに大きな影響を与えた。列聖手続きの対象となった女性のうち五名がフランシスコ会士と関わっていた。ハンガリーの聖エリーザベト、ヴィテルボの聖ローザ、アッシジの聖キアーラ、モンテファルコの聖キアーラ、ピュイミシェルのデルフィーヌである(109)。

（2）　聖女の類型

A・ベンヴェヌーティ・パーピは中世の聖女の生活を三つの類型に分けている。第一は、ベネディクト会、ヴァッロンブローザ会、カマルドリ会など伝統的な修道院の修道生活で、貴族的な宗教を表現している。彼女たちはサンタ・バデッサ sante badesse と呼ばれる貴族の女性修道院長である。第二は、托鉢修道会の修道生活で、都市の女子修道院を拠点とし、都市の貴族やエリートの支配者層の女性に開かれていたが、資産に応じて修道女の収容制限をもうけ、女性の宗教的受容の高まりに対して門戸を閉ざした。第三は、都市の社会的流動性がもたらした宗教生活で、女性の自立的な宗教性の表現である。結婚もできず修道院にも入れない中小の商人や職人の娘などの多くは、働きながら自発的な悔悛の生活を始め、都市のボルゴや地方の小都市に小さな宗教共同体を形成した。彼女たちの多くは、寡婦、孤児、身体障害者、貧者のような社会的弱者＝周縁的存在であった。チッタ・ディ・カステッロのマルゲリータは盲目、サン・ジミニャーノのフィーナは病弱、ヴェルディアーナ、オルヴィエートのヴァンナは孤児、シビッリーナは盲目で孤児、ルッカのズィータ、サンタ・クローチェのクリスティアーナ、シーニャのジョヴァンナは貧しい農村の娘、ゲラルデスカ、ウミリアーナ・デイ・チェルキ、ファエンツァのウミルタ、キアーラ・ガンバコルタら多くは寡婦であった。結婚せず修道院にも入らず、働きながら修道女のように生きる彼女たちの生き方は一三世紀の修道生活における真の革命であった。しかしこの革命は短命に終わる。司教は彼女たちの無秩序な宗教性を規制し、女性共同体にアウグスティノ会則などの修道戒律を採用させた。また、彼女たちは托鉢修道士の聖人伝で女性の普遍的な模範として宣伝され、一四世紀後半、托鉢修道士の監督下に規制され、第三会に編入されていく。シエナの聖カテリーナは初めマンテッラータであったが、ライモンド・ダ・カープアらによってドミニコ会の聖女として讃えられ、死後はローマのサンタ・マリア・ソプラ・ミネルヴァ教会に埋葬された[110]。

（3）兄弟会における女性の〈存在〉と〈価値〉

近年、中世の女性史研究が進展し、兄弟会と女性の問題にも関心が寄せられるようになった[111]。兄弟会における女性の参加は、地域と時代によって異なり、厳密な枠組みで捉えることは困難であるが、史料から多くの女性が兄弟会に入っていたことが確認される。ベルガモのミゼリコルディア・マッジョーレ兄弟会の一三世紀末〜一四世紀初めの女性会員名簿には、一七〇〇名以上が記載されている。ピアチェンツァの聖霊兄弟会は一三世紀後半に六〇〇人以上、ヴェネツィアの福音書記者聖ヨハネ兄弟会は一三三〇年代に三〇〇人以上、グッビオのメルカートの聖母マリア兄弟会 S. Maria del Mercato には二〇〇〇人の女性がいた[112]。しかし、女性の存在は必ずしも男性と同等の権利が女性にも認められたことを意味するわけではない。一三世紀後半〜一五世紀の規約に共通して読み取れるのは、女性の入会を禁止した鞭打ち苦行会を除けば、一般に女性は、男性とは別の会員名簿に記載されることを条件に兄弟会への入会を認められ、男性と同じ義務と活動をして霊的恩恵に与ることができたが、市政府や同職組合などと同じく兄弟会の役職や運営からは排除されたということである。[113] カーサグランデがA・グロッピの用語を借りて述べているように、女性の〈存在 esserci〉は〈価値 valere〉と必ずしも一致するわけではなく、女性はいわば「排除の円陣」によって封じ込められていた。「女性はいかなる聖職に就くこともできず、軍人の職位からも彼女たちは除外された。女性は大学から、それゆえ知的労働から排除されたのは言うまでもなく、都市の政治的・行政的権限からも排除された。残されたのは家族生活、それも制限と条件付きにおいてであった。家庭の外で働くことができた時も、女性はしばしば十全な権利を与えられなかった。女性は職人や専門職の労働のあらゆる分野に就くことができなかった。しかしながら、女性は宗教の領分においてより広範な選択肢をもっていた。修道院の壁に閉じ込められた生活以外に、女性は籠居修女、俗人姉妹、悔悛者＝第三会員になることができた」[114]。加えて、ミゼリコルディア・マッジョーレ兄弟会の女性は、兄弟会の運営から排除されはしたが、会員数も男性を凌ぎ、遺言書によって自己の意思を貫くことができた。[115]

（4）　入会資格、会費、組織、義務と活動

兄弟会に女性が入会するためには、夫、父、息子などの同意を得なければならなかった。女性の入会は、男性の代表 guardiani, priore や相談役 consiglieri ないし会員の多数決によって決定された。ローマのゴンファローネ兄弟会では、会員は候補者の正確な情報を要求し、女性候補者は入会を許可されると、「善良で有益であるよう……女性にふさわしいことはすべてする」よう誓約させられた。憐みの洗礼者聖ヨハネ兄弟会では、夫が会員ならすぐに入会でき、五〇歳以上の誠実な寡婦も入会することができた。一方、五〇歳未満なら男性会員の四分の三以上の承認が必要とされた。入会を許可された女性は、入会費と時に他の寄付を納めなければならなかったが、負担額は一般に男性よりも軽かった。葬儀、宴会、定例集会などで払う定期金も男性より少なかった。女性は会員にはなれても兄弟会の運営からは排除された。ヴェネツィアの聖テオドーロ兄弟会のように、女性が男性集団とは別の枝集団を組織する場合、男性の兄弟会に倣って組織され、男性の監督下に置かれた。長として一人以上の女性代表（ヴェネトでは gastalde, dogane、

ローマでは priore, prioresse、他都市では ministre, governatrici, guardiane など）が選ばれたが、女性代表は男性代表 priore, gastaldo によって任命され、ついで女性代表が相談役 consigliere を選んだ。ローマのミネルヴァ教会の聖体兄弟会には女性代表もいたが、彼女たちは男性の役員によって指名された(116)。

兄弟会において女性は、日常の祈り、頻繁な告解と聖体拝領、ミサへの出席、病人の見舞いと介護、物故した兄弟姉妹の葬儀や追悼が義務づけられた。一五世紀末以降、女性も男性と同じく外での活動に積極的に参加するようになり、行列や守護聖人祭に参加し、貧者や病人を介護し、教会で説教を聴いた。女性に求められたのは、看護師 hospitaliere として病気の会員、特に貧しい女性会員の在宅介護にあたることであった。女性は薬、食事、シーツ類を提供した。街を巡回して病気の会員がいれば、上司に報告して支援してもらうよう手配した。病気の女性を訪問して兄弟会に何がしか金品を遺すように説得もした。死体を洗って埋葬し、その後死者ミサにも立ち会った(117)。ルッカ近郊カマイオーレ Camaiole の聖ミカエル兄弟会 S. Michele の規約（一三二一）は、毎年兄弟会の役員を選出する時、健全で評判のよい年齢も相応な看護師を選ぶことを規定している(118)。ローマでは、一五世紀に巡礼の貧しい寡婦や外人女性のために救護所や施療院が設けられ、修道女、悔悛者、第三会員によって運営された。アンヌンツィアータ兄弟会などでは、嫁資を受けて結婚した娘を定期的に訪問して監視することが女性の仕事になった(119)。

（5）　兄弟会における女性の参加、女性主体の兄弟会

女性は、霊的な兄弟会に登録するか、会員の父ないし夫を通じて間接的に贖宥などの霊的恩恵に与る場合、兄弟会に入会して祈り、ミサや葬式への出席、慈善によって男性と同等に霊的恩恵に与る場合、そして男性集団から分かれた枝集団を組織してある程度自主的な活動をする場合があった。しかし最後の場合も、女性は男性の兄弟会に倣って組織され、女性代表たちは男性代表に任命され、男性の監督下に置かれた。女性の活動も女性の貧者や病人、娘などを対象とする副次的なものであり、洗濯、裁縫、食事の世話など家事労働の延長であった。しかしながら、エスポー

ジトによれば、男性の干渉を受けない女性主体の兄弟会もあった。ヴェネツィアの謙遜の聖母兄弟会 Beata Vergine dell' Umiltà は、創設当初から女性だけの団体であり、ピエタ施療院を運営し、孤児や捨て子の世話をした。母規約は一三五三年に起草され、九一年女性の代表 gastalda と代表補佐 sottogastalda によって改訂された。この規約では男性の入会を禁じており、唯一の男性は代表 procuratore で、彼の職務は施療院の対外的な折衝で姉妹を補佐することであった。女性の代表と代表補佐は、すべての会員とともに施療院の女院長 priora を選んだが、女院長が正式に就任するためにはドージェ（総督）の承認を得なければならなかった。女院長は総会で規約が定める条件にかなう会員の中から選ばれた。特に夫や子どもを持たず、施療院の活動に専念できることが条件であった。女院長の任期は終身で、捨て子の養育、孤児の養子縁組が務めであった。財産の運営管理も女性の仕事であった。女院長は年一回監督に対して会計報告をする義務があり、それは総会においてすべての姉妹に報告された[120]。

男性から完全に自立した女性会としてエスポージトがあげている事例がもう一つある。ヴィテルボ近郊バニャイア Bagnaia のサント・ステーファノ教会の女性鞭打ち苦行会 societas mulierum discipline Sancti Stefani である。これはおそらく一三三五年にフラ・ヴェントゥリーノがローマへの巡礼でヴィテルボに立ち寄った時に創設された。女性だけが運営し、信心業や慈善ばかりでなく、財産の運営管理においても男性から完全に独立していた。男性役員との関わりをもたず、女性の代表 procuratore、監督 governatrice、会計係 cameraria が運営し、様々な身分の寡婦、独身者、既婚者に開かれていた。集会所と墓地も男性とは別であった。男性がサン・ジョヴァンニ教会に集まったのに対して、女性はサント・ステーファノ教会に集まって鞭打ちをし、サンタ・マリア教会に埋葬された。これは女性を主体とする鞭打ち苦行会であるという二重の意味で珍しい事例である[121]。

兄弟会と青少年（子ども、青年、若者）

（1） フィレンツェの青少年兄弟会

Ph・アリエス以降、子どもの社会史研究が進み、イタリアにおいても若者組や騎士団との関連で青少年兄弟会への関心が高まった[122]。一五～一六世紀にはボローニャ、ヴィチェンツァ、フェルトレ、ヴェローナ、ベルガモ、ローマ、シエナ、プラート、ピストイアなどで青少年兄弟会の存在が確認されているが、特にフィレンツェは数多く、また他都市では一六世紀にドチリナ・キリシタンの学校が創設されるが、それよりも一世紀以上前から青少年兄弟会でドチリナ・キリシタンの教育が行われていた。一四一一年に大天使ラファエル兄弟会が、二七年には聖母マリアのお清め兄弟会と福音書記者聖ヨハネ兄弟会が創設され、一五世紀には一〇以上の青少年兄弟会が誕生した[123]。I・タッデイによれば、お清め兄弟会では一四三四～四四年に毎年平均八〇名以上が入会しており、その会員数は一四二七年のカタストに出てくる一三～二四歳の世代のほぼ二〇％に相当する[124]。一四三五年教皇エウゲニウス四世に宛てた手紙の中で、カマルドリ会のアンブロージョ・トラヴェルサーリは、青少年兄弟会の教育的意義について、子どもの頃から放埒な誘惑を避けて有意義で敬虔な生活をするために必要であること、大きくなって聖職者にならなくとも宗教と正義を重んじる政治家の育成に役立つこと、そして子どもは家へ帰って親や家族にも好ましい感化を与えることなどを説いている[125]。ビスティッチは、一四三九年公会議のためフィレンツェを訪れたチェザリーニ枢機卿から、まだどこの青少年兄弟会にも入っていないならアントニオ・ディ・マリアーノの兄弟会に入るよう勧められ、言われた通りにした。マリアーノ・ムーツィの二人の息子、公証人のアントニオと革財布職人のピエロはそれぞれ大天使ラファエル兄弟会とお清め兄弟会の監督を務めた。アントニオはカルロ・マルスッピーニ、ポッジョ・ブラッチョリーニ、ベネデット・アッコルティなど書記官長の下で働いた[126]。またビスティッチによれば、ドナト・アッチャイウオーリは、子どもの頃よい性癖を欠く若者から逃れるため青少年兄弟会に入り、その後大きくなって聖ヒエロニムス兄弟会に入った。ここから分かるように、青少年兄弟会はブーカといわば親子関係で結ばれており、ブーカの大人が青少年の監督にあたった。[127] 青少年兄弟会の増加と関心の高まりを受けて、教皇エウゲニウス四世は、一四四二年に四つの青少年兄弟会を認可し、今後新たに青少年兄弟会を創設する場合は教皇の委員会（サン・マルコとバディーアの修道院長、四つの青少年兄弟会の監督）の承認を得ること、青少年兄弟会の監督は委員会が任命することを定めた。[128]

（2）　青少年兄弟会の組織と役職

青少年兄弟会の構成員は一二、一三歳〜二〇歳ないし二四、二五歳とされていたが、規定以下の年少者を受け入れるか、それ以上の年長者の在留を認めるかは、監督の裁量に任されていた。規定の年齢以下の者は巡礼 pellegrini と呼ばれた。青少年は、聖俗二人のパードレ、聴罪司祭 Padre correttore と監督 Padre guardiano によって指導された。監督は、経験と思慮分別に富み、二五歳以上の品行方正な独身者でなければならず、聴罪司祭によって指名され、青少年が投票して四分の三以上の得票で選ばれた。監督を助けるべく青少年の中から選ばれたのが代表 governatore と二名以上の相談役 consigliere である。以下、新入会員の世話役 maestro dei novizi、介護役 infermiere、書記 scrivano, provveditore、聖具室係 sagrestano, camarlingo、調停役 paciali がいた。その他、聴聞役 sopra la confessione、儀式役 ordinatore de' cori, cerimoniere、祝宴係 festaiuolo などが適宜選ばれた。また、監督によって一五歳以上の中から選ばれた者は、他の年少者の午後の集会 tornata pomeridiana とは別に、朝の集会 tornata della mattina ないし秘密の集会 tornata secreta を組織した。青少年兄弟会も、役職が抽選でなく選挙によって選ばれた点を除けば、三ないし四ヵ月の任期、再任まで一定期間をおく保留条件などコムーネの雛形をなしている。[129]

（3）　青少年兄弟会の活動

青少年兄弟会の目的は、青少年を世俗の誘惑から守り、有徳で敬虔な市民を育成することにあり、そのために様々な活動が行われた。[130] アイゼンビヒラーは、大天使ラファエル兄弟会の活動を、ドチリナ・キリシタン教育、宗教的儀式、祝祭と献身、行列、説教、遊びと気晴らし、演劇、音楽、美術に分類しているが、青少年兄弟会の基本はドチリナ・キリシタン教育であり、他の活動はすべてここに収斂するといっても過言ではない。アントニヌス大司教自ら青少年のためにドチリナ・キリシタンを執筆した。また、ヤコポ・アンサルディは、大司教アレッサンドロ・デ・メディチ（後の教皇レオ一一世）の要請でイエズス会士ジャコモ・レデズマのドチリナ・キリシタンを校訂し、青少年に歌いながらドチリナ・キリシタンを暗唱する方法を説いた。大天使ラファエル兄弟会で育った絹織物商人のイッポーリト・ガランティーニは、青少年のためにドチリナ・キリシタン兄弟会 Congregazione della Dottrina Cristiana（Vanchetoni ないし Bacchetoni）を創設した。(131)

青少年兄弟会でドチリナ・キリシタン教育の一環として特に重視されたのは、説教と演劇と音楽である。万聖節、待降節、四旬節には、フランシスコ会、イエズス会、セルヴィ会の説教師が招かれて説教が行われた。アンジェロ・ポリツィアーノ、ジョヴァンニ・ネージ、ジョヴァンニ・コッキ、ジョヴァン・マリア・チェッキらは、青少年兄弟会のために説教を書いた。大人による説教以上に重要なのは、青少年自身による説教である。これは説教する本人と聞き手双方にとって、作文や弁論の能力を鍛錬する好機となった。青少年が一人で説教する他に、十戒、三つの対神徳、四枢要徳、七つの根本悪など一つの共通テーマを決めて、複数の青少年が順番に説教する場合もあった。(132)演劇は、総合芸術として作詩、作曲、弁論、歌唱、演技、舞台装置や衣装の制作、上演企画のマネージメントを青少年に実地で習得させるいわばワークショップであった。大天使ラファエル兄弟会ではキリスト降誕劇の他、大天使ラファエルとトビア、マグダラのマリアの物語などが上演された。ロレンツォ・デ・メディチは、一四九一年の謝肉祭で息子ジュリアーノが祭りの王に選ばれた時、福音書記者聖ヨハネ兄弟会のために《聖ヨハネと聖パウロの劇 Rappresentazione di San Giovanni e Paolo》を書いた。(133)J・W・ヒルによれば、チェッキは四つの青少年兄弟会のために二八本の宗教劇を書いている。チェッキの《十字架礼讃 L'esaltazione della Croce》は一五八九年のフェルディナンド・デ・メディチとクリスティーナ・ディ・ロレーナの婚礼の時にも上演された。(134)

大天使ラファエル兄弟会で演劇がドチリナ・キリシタン教育の一環として行われたことを示す事例を二つだけみることにしたい。一五八二年六月、トビアと大天使の物語が演じられた後、二人の天使から皆に紙が配られたが、そこには一二の信仰箇条、クレド、十戒、七秘蹟、三枢要徳、聖霊の七つの賜物、慈善の一二の掟、精神的な七つの慈悲の業と身体的な七つの慈悲の業、七つの根本悪、キリスト教徒であるために記憶すべき四つの事柄、五つの感覚、教会の掟、善きキリスト教徒として守るべき事柄、聖霊に対する六つの罪、八つの至福、そして最後に「神を讃えよ Laus Deo」と書かれていた[135]。一六二四年一月には、ヤコポ・チコニーニ作《天の案内人 La celeste guida》が上演された。チコニーニはトビアがアザリアに変装した大天使ラファエルの案内で帰還し、父の健康が回復し、めでたくサラと結婚するという物語を演出した。絹の幕があがると、ニネヴェの美しい街が現れ、正面に塔のある城壁があり、その周囲に田園と森が広がり、遠くに高い山並みがみえる。中央の古代風の祭壇には香が焚かれ、その前に〈祈り〉が跪いている。彼女につき添っているのが〈慈愛〉と〈七つの身体的な慈悲の業〉で、均整のとれた服を着て各々の役割を表す所持物を手にしている。様々な楽器によるシンフォニアの後に、彼女たちは慈愛を讃える曲を歌った。ついで〈祈り〉が、祈りと慈悲の業（神への愛と隣人愛）が一つになることが神の嘉したもうことであることを甘美な声で歌った。ヤコポ・ペーリがアザリアと〈慈愛〉と大天使のアリアを作曲し、すべて息子のアルフォンソが歌った[136]。

大天使ラファエル兄弟会の催しにおいて特に際立っていたのは青少年による音楽活動である。ルカ・デッラ・ロッビアのカントリーアの通称《アレルヤ・パネル》には楽しげに歌う少年たちの姿が彫られているが、その浮き彫りは、教皇エウゲニウス四世が創設した大聖堂の聖歌隊ではなく、大天使ラファエル兄弟会の青少年をモデルに制作された可能性が高い[137]。一五八四～九一年の七年間楽長代理を務めたラッファエッロ・グッチは、ハープシコードの弾き語りで独唱したり合唱と応唱したりするのが得意で、しばしばジュリオ・カッチーニと共演している。カッチーニをはじめヤコポ・コルシ、ヤコポ・ペーリ、オッタヴィオ・リヌッチーニなど、のちにジョヴァンニ・デ・バルディ伯のカメラータの成員でオペラの誕生に寄与することになる音楽家や詩人たちが大天使ラファエル兄弟会で活動している。

一五九八年に上演されたペーリとコルシ作曲の《ダフネ Dafne》(台本O・リヌッチーニ)が最初のオペラであると言われるが、覚書によれば、一五八五年二月二日に大天使ラファエル兄弟会で上演された、チェッキ作《イエスの神殿奉献 La presentazione di Gesù al Tempio》は最初から最後まで歌われていた[138]。ピエトロ・デ・バルディは、ジョヴァンバッティスタ・ドーニ宛ての手紙の中で、ヴィンチェンツォ・ガリレイが聖週間のために哀歌と応唱を書き、それらは「敬虔な兄弟会 devota compagnia」で歌われたと書いているが、この兄弟会は大天使ラファエル兄弟会のことであろう[139]。ヴィンチェンツォの息子ガリレオ・ガリレイも父の影響を受けて音楽に関心をもっていた。一五九二年頃ガリレオは、留学先のパドヴァで購入したオルガンをフィレンツェに持ち帰り、カッチーニに相談して誰かに売却するよう依頼した。翌年大天使ラファエル兄弟会のためにバッチョ・コーミがこのオルガンを購入した。ガリレオのオルガンは、その後しばらく兄弟会に置かれて、カッチーニやマルコ・ダ・ガリアーノによって弾かれた[140]。

ヤコポ・コルシは、ルカ・バーティから歌唱と音楽理論を、クリストーフォロ・マルヴェッツィから鍵盤楽器を、ヴィンチェンツォ・ガリレイからリュートを学んだ。コルシと音楽家との関わりはこうした師弟関係にとどまらず経済生活面にも及んでいる。バーティには金銭や贈り物を貸し与え、カッチーニには食事代や治療費を支払っている。ガリレオ・ガリレイには二〇〇スクーディを貸し、ジャコメッリ・デル・ヴィオリーノには給料と穀物、ぶどう酒、薪代を与えている。その他コルシから経済的援助を受けた芸術家は数多い。カルロ・ジェズアルドやトルクァート・タッソがフィレンツェを訪問した時、コルシ邸で歓待された。コルシが亡くなると、仏王アンリ四世などから弔辞が寄せられ、大天使ラファエル兄弟会で葬儀が執り行われた。ネーリ・アッチャイウオーリが追悼演説を述べ、マルコ・ダ・ガリアーノらのマドリガーレが演奏された[141]。

(4) 青少年兄弟会の変質——貴族化、子どもから大人へ、大司教による統制、オラトリオ

聖母マリアのお清め兄弟会の一四三四〜四四年の八〇七名と一四八三〜一五二八年の八七七名の会員名簿を調査し

たタッデイによれば、織物業、皮革業と中・下層の職人が多数を占めているが、小間物商や薬種商、金銀細工師や木工師など他の職種、大組合から下層労働者まで多様な階層の者が共存していた。また会員の居住区をみると、集会所のあるサン・ジョヴァンニ市区が多いが、他の市区からも等しく受け入れている。しかし、一五世紀後半から一六世紀初めにメディチ家の庇護下に会員が増加するにつれて貴族化し、兄弟会の主導権が青少年から大人に奪われていく。同兄弟会の会員の社会的地位は、一五世紀前半と一五世紀末～一六世紀初めとではその比率が変化している。七大同職組合の成員は一二％から二二％、一四の中小同職組合の成員は九％から三四・五％、同職組合の小従業員と下層労働者は七四％から三六・五％、同職組合外の者は四％から七％になった[142]。

一六世紀後半以降、大天使ラファエル兄弟会の評判が高まり、会員数は着実に増加した。一五六三～八六年には毎年平均七九・二名ずつ増加し、会員数は一八二一名を数えた[143]。一五九〇年にトスカーナ大公の子弟が入会すると他の市民もこぞって自分の子弟を入会させた。しかしながら、こうした兄弟会の発展は従来の兄弟会の役割と性格を大きく変えた。政治的には君主制が強化され、宗教的にはトレント公会議を受けて大司教によって青少年兄弟会の活動が厳格に統制されるようになる[144]。大司教アントニオ・アルトヴィーティは一五七三年に兄弟会を視察し、大司教の関係者五名を入会させた。また同年、司教区会議を開催し、兄弟会は行列に際して大司教の指示を厳守すること、大司教の視察を受け入れること、信仰と宗教に関わる事項について説教しないこと、礼拝所内で飲食しないことを布告した。ついで大司教アレッサンドロ・デ・メディチは一五七七年、一六一〇年、一六一九年に司教区会議を主催し、ドチリナ・キリシタン教育は兄弟会ではなく教区教会で行うこと、聖史劇は大司教の許可なしに上演しないこと、兄弟会の礼拝所ではいかなる劇も上演しないことが布告された。一六一九年には説教は前もって監督の承認を得、少なくとも二回リハーサルを行うことが決められた。一六三四年には大司教ピエトロ・ニッコリーニが兄弟会を視察し、三六年に規約を改訂した。同大司教は一六四五年には俗人による説教を禁止した。一六三六年の改訂規約によって、大人による監督が強化され、兄弟会の運営の主導権が大人の手に握られることになった。改訂規約によって二人のパードレの選出方法が変更された。監督の選出にあたって、一二名の三〇歳以上の保護者conservatoriが、兄弟会の多数決で選ばれた三名の候補者の中から一名を任命することになり、祭りや劇は彼らの承認なしに行うことができなくなった。また聴罪司祭の選出にあたっては、選挙委員会が設置され、そこで選出されるようになった。聴罪司祭の謝礼は、彼が所属している修道会ではなく、直接本人に支払われるように変更された。この変更によって聴罪司祭と青少年の関わりがより密接になり、在任期間もより長くなった。聴罪司祭による俗人の説教に対する監督も強化された。(145) 選挙委員会の構成は、一三名の大人（監督と一二名の保護者）と二名の青少年（代表と書記）であった。

こうして一七世紀半ば以降、大天使ラファエル兄弟会ではドチリナ・キリシタン、説教、宗教劇、宴会などが自由に行われなくなり、朝晩の聖務日課、故人や賛助会員の死者ミサ、二名の嫁資を与える娘の選定と給付、守護聖人祭でのオラトリオの上演に制限されるようになった。兄弟会でオラトリオが盛んになるのは一六九〇年代であるが、これにはザクセン選帝侯の宮廷で、カストラート歌手として活動したドメニコ・メラーニが関わっている。メラーニは一六八五年サン・ガッロ通りに巡礼の救護所を建て、その運営をメラーニ兄弟会Congregazione ed Ospizio di Giesù, Maria, e Giuseppe e della SS Trinità [del Melani] に任せた。一六八八年からは年三回のオラトリオの上演が始まった。一六九〇年の遺言でメラーニは、魂の救済のため巡礼や貧者に対する慈善を行う他、会員に精神的な慰めと喜びを与えるためオラトリオの上演を行うことを明記した。一七～一八世紀のフィレンツェの音楽生活においてオペラよりもオラトリオの方が大きな比重を占めていた。兄弟会のオラトリオでは、幕間にヴァイオリンのマルティーノ・ビッティ、アントニオ・ヴェラチーニ、ピエトロ・ナルディーニ、チェロのルイージ・ボッケリーニらがソナタを演奏した。(146) オペラがメディチ家や宮廷関係者、外国からの賓客、アッカデミア・デッリ・インモービリの会員でペルゴラ劇場にボックス席をもつ貴族など少数の聴衆によって鑑賞されたのに対して、オラトリオは中小の商店主、職人からなる兄弟会の会員と女性を含む多数の市民によって聴かれた。メディチ家宮廷の華やかなオペラは、フィレンツェの一般市民の音楽生活において傍流をなしていたにすぎなかった。

（5）　聖フィリッポ・ネーリとオラトリオ会

喜びの聖人フィリッポ・ネーリは、一五一五年フィレンツェで公証人セル・フランチェスコと指物師の娘ルクレツィアとの間に生まれた。父がサヴォナローラの信奉者であったことから、少年フィリッポはサヴォナローラの記憶がまだ新しいサン・マルコ修道院へ通った。生来快活な彼は「よい子のピッポ」と呼ばれて、皆に愛された[147]。当時サン・マルコ修道院には、聖母マリアのお清め兄弟会や慈愛（大天使ミカエル）兄弟会 Carità（Arcangelo Michael）の会員が集まっていた。ピッポ少年はここでドチリナ・キリシタンを学び、詩人のセルヴァティオ・ミーニの指導で少年聖歌隊の一員としてラウダを歌ったと推測される。彼は後に、ローマのミネルヴァ教会のドミニコ会士に「私に何かよいところがあるとすれば、それは主にフィレンツェのサン・マルコのあなた方パードレたちのおかげです」と語っている[148]。一五二七年にローマ劫掠が起こり、フィレンツェでも政変が起こってメディチ家が追放されると、サヴォナローラを信奉するピアニョーニ（泣き虫派）が台頭し、サン・マルコ修道院が再び注目をあびた。フィレンツェ包囲戦中にピッポ少年が何を考え、何をしていたかは不明である。包囲戦下のフィレンツェでは、例えば梳毛工のピエルッチョ・ディ・ポーヴェリの率いる赤帽団 Capi rossi の青少年たちが、飢饉と疫病に苦しむ人々の救護活動をしていた[149]。一五三二年頃フィリッポはフィレンツェを離れ、モンテ・カッシーノ近くの叔父の家で働いた後、三四年頃ローマへ出た。ローマで彼はフィレンツェ人同郷団に加わり、教皇庁で働いていたガレオット・デル・カッチャと知り合い、彼の息子たちの家庭教師をする報酬として部屋と食事を提供された[150]。

フィリッポがイグナチオ・デ・ロヨラと出会ったのは、おそらく一五三九年冬の厳寒と飢饉のさなかであった。フィリッポはイエズス会士と親しく、フランチェスコ・ボルジアから青少年の教育のために協力を求められたこともあった。しかし、彼自身はイエズス会など修道会へ入ることはなかった。イグナチオは、フィリッポのことを召集の鐘に譬えて「彼は人々を教会へ集めたが、自身は鐘楼にとどまった」と語っている[151]。フィリッポは禁欲と祈りの生活を送り、サン・ジャコモ施療院に通った。おそらくここでフィリッポは、彼の聴罪司祭となるペルシアーノ・ローザと出会い、慈愛の聖ヒエロニムス兄弟会の会員と知り合った。フィリッポは彼らと協力して一五四八年に、聖三位一体兄弟会を創設し、五〇年の聖年で巡礼者の世話に尽力した。一五五一年に聖職者の叙階を受け、サン・ジローラモ教会に居を得、これ以降キエーザ・ヌオーヴァに移るまで三〇年余ここに住み続けた。彼の話を聴こうと信徒たちが、初めは彼の部屋、ついで信徒が多くなると広めの礼拝堂に定期的に集まるようになった。集会は沈黙の祈りから始まり、読書と説教が行われた。読書は一時間ほどで宗教書や聖人伝などが読み上げられ、フィリッポが質疑応答し解説を加えた。説教は聖書や教父について、三名によって三〇分ずつ飾らない簡素な口調で行われた。その後、疲れた気分をほぐすためラウダが青少年によって歌われた。そして最後はまた祈りでしめくくられた[152]。日曜・祭日には、女性や子どもにも開放され、各教会への行列、ラウダ歌唱、青少年による説教、施療院の訪問が行われた。フィリッポはまた、〈世俗的な謝肉祭〉に対して〈宗教的な謝肉祭〉としてローマの七大教会への巡礼も始めた。水曜日の夜サン・ピエトロ大聖堂に人々が集まり、翌日ラウダと祈りを歌いながら、サン・パオロ・フオーリ・レ・ムーラ教会からサン・セバスティアーノ教会など長い道程を経て、ヴィッラ・マッテイの庭で休憩して音楽を聴きながら軽食をとり、最後にサンタ・マリア・マッジョーレ教会に到着した[153]。

一五六四年にフィリッポは、サン・ジョヴァンニ教会の司祭職を引き受けるように要請された。彼はサン・ジローラモ教会を離れず、弟子のチェーザレ・バロニオ、ジョヴァンニ・フランチェスコ・ボルディーニ、アレッサンドロ・フェデーリを代理人として派遣した。一五六七年にはサン・ジョヴァンニ教会で一八名が共同生活をするようになり、フィリッピーニ Filippini と呼ばれた。翌年にはフランチェスコ・マリア・タルージが加わり、指導的な役割を果たすようになる。聖年の一五七五年七月、教皇グレゴリウス一三世は、フィリッピーニをオラトリオ会 Congregazione dell' Oratorio として認可し、サンタ・マリア・イン・ヴァッリチェッラ教会を与えた。フィリッポはこれを取り壊して建てかえることにした。同年九月、大司教アレッサンドロ・デ・メディチが礎石を祝福し、建設が始められた。二年後に身廊部分がほぼ完成し、キエーザ・ヌオーヴァで同大司教によって最初のミサが挙行された。フィリッピー

ニはサン・ジョヴァンニ教会からキエーザ・ヌオーヴァへ移り、七九年にはカルロ・ボッロメーオ枢機卿が訪問してミサを行った。教皇の厳命を受けてフィリッポが住み慣れたサン・ジローラモ教会からキエーザ・ヌオーヴァへ引っ越すのは、一五八三年一一月のことである[154]。

オラトリオ会では青少年によるラウダ歌唱とオラトリオの上演が活発に行われ、アニムッチャ、パレストリーナ、フェリーチェとジョヴァンニ・フランチェスコ・アネリオ、ビクトリア、ソート、ジョヴェナーレ・アンチーナなどの音楽家が活動した[155]。聖年にあたる一六〇〇年の謝肉祭ではキエーザ・ヌオーヴァで、エミリオ・デ・カヴァリエーレ作曲の宗教オペラ《魂と肉体の劇 Rappresentazione di Anima e di Corpo》（台本アゴスティーノ・マンニ）が上演された。カヴァリエーレは、オルシーニ家やデッラ・ヴァッレ家と姻戚関係にある由緒正しいローマ貴族で、フェルディナンド・デ・メディチが兄の死後トスカーナ大公となってクリスティーナと結婚した時、芸術総監督としてフィレンツェに招聘された。父トンマーゾはミケランジェロの愛弟子で、《最後の審判》のキリストのすぐ近くに聖トマスとして描かれた。W・カーケンデイルによれば、《魂と肉体の劇》の舞台は天国と地獄と現世の三構造からなっており、この作品は父の師ミケランジェロの《最後の審判》を音楽的に表現したものと言える[156]。

フィリッポはイグナチオと違って自伝や書物を書き残さなかった。しかしその代わり彼の言動については、諸謔聖人と言われるように、様々な逸話が伝えられている[157]。カヴァリエーレは、一五九四年一月一八日付けの手紙の中で、晩年の聖人について興味深い一齣を伝えている。「ヴィットリアはフィリッポ師の部屋におり、（アゴスティーノ・――筆者注）クザーノ枢機卿もそこにいました。彼女はベネディクトゥスを歌いましたが、彼らはスパニョーレやギャラントリーを所望しました。そこには沢山の人がおりましたが、最後にフィリッポ師はヴァッリチェッラの聖職者にダンスを踊らせました。彼はカナーリオとペドロリーノを踊りましたが、ヴィットリアは私に、彼の踊りはすごい、きっと始終練習しているのでしょうと話しました。フィリッポ師は、それから幾人かとりわけヴィットリアに祝福を与え、彼のことを覚えておくようにと彼女の頬を平手打ちし、彼の所にまた来ることを約束させました[158]」。このヴィットリアイのことである。とは、一五八九年のフェルディナンドの婚礼のためフィレンツェに呼ばれたソプラノ歌手、ヴィットリア・アルキレ

おわりに

本章では、兄弟会における女性と青少年の役割に注目し、女性蔑視の風潮の強い中近世キリスト教社会にあって女性がその特性と能力を発揮することのできる場が兄弟会であったことをみてきた。また、フィレンツェの青少年兄弟会においてドチリナ・キリシタン教育の一環として奨励された音楽や演劇の活動が、メディチ家の宮廷におけるオペラの誕生に寄与したが、一方ではフィレンツェの伝統的なラウダ歌唱や宗教劇が聖フィリッポ・ネーリを通じてローマに移植され、オラトリオ運動の一翼を担ったことをみてきた。兄弟会と音楽との関わりを探っていくと、コンセルヴァトーリオ Conservatorio の起源も兄弟会にあるという事実に行き当たる。コンセルヴァトーリオとは、元来捨て子や孤児など恵まれない子どもたちを収容して保護する conservare 施設であった。サンタ・チェチリア音楽院の起源もローマの音楽家の兄弟会 Compagnia dei Musici di Roma（一五八四）に遡る。今後、兄弟会研究を通じて音楽史の新たな展望が広がっていくように思われる。

第二章　フランス

池上俊一
坂野正則

はじめに

ヨーロッパ中近世の人々にとっては、兄弟会はどの国・地域においても、社会的結合関係のもっとも基礎的な細胞のひとつであった。とりわけフランスでは、カトリック教会の設定する多様な目標に対する補助的な役割をはたしてきた点が際立っている。とは言っても、兄弟会と教会とは、一筋縄ではいかないアンビバレントな関係にあり、コミューン運動や都市内の自由な結社の胎動、あるいは異教・異端・プロテスタントへの対策をめぐって、協力面ばかりでなく、対立する面もあったことを見落としてはならない。

また、中世フランスの兄弟会の柱は、あくまで「宴会」と「葬儀」を中心とした相互扶助と会員同士の絆の強化におかれており、ミサや共同の祈り、兄弟会内外での慈善活動をのぞけば、信心業の高まりは稀にしか見られなかった。ところが一六世紀以降になると、対抗宗教改革の潮流の中で、兄弟会をカトリック信仰の牙城とする方策が採られ、信心業を核とする兄弟会が叢生する。とくに悔悛苦行兄弟会や聖霊兄弟会などがその代表である。一方、この雅なる美《うま》し国では、第二節で紹介する「レナージュ」に見られるような遊興の社会的結合関係が、兄弟会の中に根強く残ったことも、他国にはない大きな特徴であったのである。

まず第一節では、フランス兄弟会の歴史の概要を見ていこう。(1)

第一節　概観

研究史

フランスの兄弟会 confrérie に関する歴史研究は、一九四〇／四一年の、G・ル・ブラによるものをその嚆矢とする。彼は、兄弟会には公権力や聖職者と信徒とを媒介する社会的機能があると考え、宗教社会学的分析を行った。また彼は、組織内部の構成にも注目し、規約（会則）の存在、入会志望者に対する宗教的・道徳的・社会的諸条件の呈示、ならびに会員の選考方法などを分析して、兄弟会が外部世界への一定の閉鎖性を保つと同時に、成員間の連帯性を高める組織原理をもつことを明らかにした。(2) ル・ブラはヨーロッパにおける兄弟会の発展期を一三世紀と一七世紀においたが、しかし彼自身を含めその研究手法を継承する研究者の多くが中世史を専攻していたため、その後ル・ブラの研究視角はもっぱら中世史に限定される結果となった。(3)

両大戦間には、ル・ブラのもの以外にも中世の兄弟会についての一群の研究がフランス（語圏）で登場したが、それらの多くはドイツ社会学の影響下にあった。そのうち一九四二年に重要な書物を出版したG・エスピナは、一一世紀から一三世紀の北フランス・フランドル諸都市における宗教と職業団体の関係、すなわち職能別兄弟会についてパイオニア的な研究を行った。(4)

しかしながら、フランス兄弟会の総合的な研究は、中世についてはまだほとんど進んでいないのが現状である。上記ル・ブラの論考のほかに、一九三九年のJ・デュールの論文が、古代およびビザンツと西洋世界とに分けて兄弟会を考察している。彼は聖ベネディクトゥスに遡る修道生活に兄弟会の源泉を見いだしており、また教会制度の中にそれを位置づけようとしている点が特徴的である。(5) それから一九五八年に公刊されたJ・デシャンの博士論文『中世の兄弟会』は、ローマ・ゲルマンの異教世界とキリスト教双方に兄弟会の起源を見いだすとともに、その社会学的構造と法的な諸形態を探り、機能の複数性を剔抉していて、中世兄弟会の多様性を教えてくれる。だが、あくまで概説的で、地域に根ざした兄弟会の実態を知るには不向きである。(6)

今日、中世フランス兄弟会に関する唯一のまとまった研究は、C・ヴァンサンの『フランス王国における中世の兄弟会、十三―十五世紀』(一九九四年)である。これは、多くの地域史的研究を総合したもので、簡単ながら、兄弟会のあらゆる側面について触れられていて、研究の出発点としては便利至極である。(7)

このように、中世の兄弟会に関しては、総合的な研究はまだごく少ないのだが、翻って地方研究・地域史研究に目を注げば、おびただしい業績がある。地域により、調査・研究の進展度合いは異なるが、早くも一九世紀末に、フランス各地の文書館の調査の過程で、兄弟会規約などの史料が発見・公刊され、それはその後も継続している。とくに近年、とりわけ一九八〇年代から九〇年代にかけて、あらためて古文書館調査がなされ、それにもとづく論考がつぎつぎと出されている。

研究の数・密度としては、これまでどちらかといえば、南フランスに関するものが主体であった。たとえばN・ルメートルによるロデーズ司教区内の兄弟会研究、J・シフォロ、N・クレ、P・アマルジエ、L・ストゥフらによるアルルやエクスをはじめとする南仏各地の職能別兄弟会研究などがある。(8)だが、ロワール川以北についても、最近では地域史的な兄弟会研究が盛んになる兆しがある。(9)

目を近世に向けると、欠かすことのできない兄弟会研究者は、ソシアビリテ概念を提唱した歴史家として名高いM・アギュロンである。彼は、南仏プロヴァンス地方における「悔悛苦行兄弟会」confrérie de pénitents とフリーメイソン会所の分析から、この地方特有の社交形態の連続性を論じた。(10)彼の研究視角は、歴史学に加え社会学や民俗学を含む隣接諸科学の分野の研究を刺激する一方、フランスのみならず日本の歴史学界にも多大な影響を及ぼした。(11)

ところで、アギュロンの問題関心の重心は、兄弟会そのものより近世・近代における結社の世俗化にあった。したがって、アギュロン以降の「ソシアビリテ論」の隆盛とは対照的に、近世フランスの兄弟会への関心は、歴史家の周縁部にかかれてしまったのである。[12]それでも、アギュロン以降、フランス兄弟会研究が、徐々に活発化したことはたしかであろう。中世フランスとおなじく、近世フランスの兄弟会についても、一九八〇年代より研究が本格的に開始するが、近世については、宗教史的視点にもとづくものが主流であった。[13] この研究動向を牽引した主要な歴史家の一人がM＝H・フレシュレ＝ショパルである。[14] 彼女の学問的貢献は、第一に多様な史料の活用にある。すなわち彼女はフランス国内のみならずローマ教皇庁の史料も渉猟する一方、これまで兄弟会研究で参照されてきた兄弟会内部史料（団体の規約・会員の遺言状）以外に、司教巡察記録に代表される団体外部の史料から規約・祈禱書に挿入された図像や聖堂内の祭壇画を含む視覚史料に至るまで、広く考察の対象とした。彼女の第二の貢献は、近世における兄弟会の派生を空間的に把握しようと努めたことにある。すなわち、司教巡察記録から兄弟会の類型と数量を分析し、フランス南東部における兄弟会の地理的分布を明らかにしたのである。[15] ところで、彼女が研究対象とする地域はプロヴァンス地方であるが、複数の研究プロジェクトを組織することで、兄弟会の比較類型論や国民的枠組みを越えた団体の編成という、新たな研究領域を開拓した。これが第三の貢献にあたる。[16]

これら一連の研究を通じて、彼女は、カトリック刷新運動の影響の下での兄弟会の性格の変容を解明した。すなわち、成員の連帯による集団的信心業を実践し、宗教行事・各種儀礼を重視する結社としての兄弟会から、個人的信心業や祈禱を軸とする宗教結社への転換である。言い換えれば、近世の兄弟会は「兄弟」の要素のみならず「篤信」dévotion の要素が占める割合が高い。もちろん、中世に起源をもつ兄弟会や「職能別兄弟会」confrérie de métier は、消滅したわけではない。むしろ一七世紀に規約の改正が行われ、そこでは信心業や道徳的修行に関する条項が加えられて、懇親活動を含むより世俗的と判断される行為に関する条項が削られているのである。このことは、フレシュレ＝ショパルの主張してきた兄弟会の性格の移行を裏付ける。[17]

とはいえ「兄弟会」と総称される宗教結社は、名称も活動も非常に多様であり、一般的特徴を即座に把握することはできない。さらに、時代的・地域的差異も非常に大きい。したがって、フレシュレ＝ショパルの先駆的研究は、時代別・地方別の研究により深化・補完されなければならない。代表的な研究の一部を列挙するならば、Ph・グジャルのノルマンディ地方に関する研究、A＝M・ギュトンのリヨネ地方に関する研究、S・シミズのシャンパーニュ地方に関する研究、M・ヴナルの都市ルアンに関する研究が該当する(18)。地域的に多様な兄弟会の実態が明らかにされると同時に、団体の性格を考察するための論点も広がる。組織の次元では、兄弟会とカトリック教会の階層構造(司教区・小教区)との関係や兄弟会と修道会との関係が議論される。霊的次元では、聖体崇敬や聖母マリア崇敬に代表される新たな信心業の兄弟会への導入や、愛徳業と相互扶助に関する活動形態の変容が考察される。成員の次元においては、聖職者と信徒会員との関係、女性会員の有無、会員と社会階層との関連が分析される。たしかにル・ブラが当初から指摘してきたように、一七世紀のフランスは、近世における兄弟会の開花期であるが、その前後の時代における兄弟会の役割も小さくない。たとえば、宗教戦争期における悔悛苦行兄弟会の発達や「啓蒙の世紀」のパリにおける兄弟会を核とした信徒の自律的行動に関する研究は、そのことをよく示す(19)。近年フランスでは、宗教社会史的分析による兄弟会研究がいちじるしく進展し、歴史家の関心の中枢を占めるに至っている(20)。

主要史料

フランス中近世の兄弟会は、組織の性格も活動内容も多様であるため、各団体を理解するのにふさわしい史料は、個別に探索しなければならない。したがって本節では、研究を進めるための主要な史料の概要を紹介するのみにとどめる。もちろん史料の残存状況は個別の兄弟会ごとに異なるため、ここに紹介する史料類型は、あらゆる兄弟会に適応できる訳ではない。兄弟会に関する史料は、主に三つの類型から構成される。すなわち、(1)団体内部の文書史料、(2)団体外部の文書史料、(3)文書以外の史料である。

まず(1)「団体内部の文書史料」について、もっとも基本的な史料として参照されるのが規約 statuts である。規約は、早いところだと一三世紀から残っているが、多くは一五世紀以降のものである。いくつか例を挙げれば、ボルドーについては、A・ルルーが、一三五七年から一七七一年までの一八編の兄弟会の規約を集め、トランスクリプトして公刊している。[21] 南フランスのエクス、マルセイユ、アプト、ドラギニャン、タラスコンなどの兄弟会の規約もよく知られており、J・ビリウーはプロヴァンスの一四〜一六世紀の職能別兄弟会の規約リストを作っている。そのうち中世にまで遡るのは一五ほどである。[22] さらにN・ルメートルは、ロデーズ司教区について、一四八七〜一五三七年の二八の規約を洗い出して、内容を検討している。[23] もちろん他にも数多くの規約があり、各地の県立古文書館などに所蔵されているが、それらは、地域史的な兄弟会の研究論文の多くに、付録として公刊されていることを申し添えておく。

こうした規約の中には、団体の目的・守護聖人ならびに崇敬対象に対する信心業、組織の運営体制、入会資格や入会方法、活動内容、会員の宗教的義務などの規定が含まれることが多い。したがって、組織の理念から内部構成、さらには会員の日常的な宗教生活にいたるまで、規約を分析することで把握できる。

ところで、兄弟会の規約は一六〇四年以降、団体の所在する教区裁治権者(大司教・司教)の同意を得るよう定められた。[24] したがって、規約は、団体内部の文書である一方、公的性格をもつことになる。たしかに、この種の史料の参照が、組織・制度の静態的分析に集中する傾向があることは否めない。しかし、おなじ兄弟会でも規約を改訂することはしばしば見られるため、規約の変更箇所を追跡することによって、団体の求める信心業や会員の共有する理念の変容を考察できる。また、時間と空間を共有する兄弟会同士の規約の比較が、各組織の社会的役割を理解するのに役立つ場合もある。

規約と並び兄弟会の基礎史料となるのが会計簿である。帳簿の記載事項は収入と支出に大別でき、収入の細目としては、会員による入会金や年会費、祝日に行われる寄進、定期金、また所有する不動産がある場合には地代などが登場する。他方、支出の細目には、守護聖人の祝日に行われる祭礼や宗教行列の諸経費、聖職者への報酬、葬儀費用、祭壇画の購入や灯明代に代表される兄弟会付礼拝堂や祭壇の装飾ならびに維持管理の費用が含まれる。もちろん、一般的に、この種の史料から兄弟会の資産規模、収支の状況、信心業の実施規模を把握することもできる。

一方、この史料群からまったく異なる視角に属する歴史的現実を読み取れる場合もある。たとえば、一五世紀に起源をもつルアンの染物職人兄弟会の一六六四年から六五年の会計簿の項目から、カルヴァン派信徒が兄弟会の宴会に招かれたことが分かるのがその例である。ルアンの職能別兄弟会における異宗派接触を示す珍しい史料である[25]。

規約・会計簿以外には、兄弟会への寄進目録や会員の遺言書が残存している場合もある。遺贈を含む兄弟会への寄進行為に際しては、会計簿の中に名前・身元・金額が記載されるケースもあり、その場合、この情報をそれぞれの人物誌と照合することにより、会員やその周囲の人物が及ぼす社会的影響力を測ることができる。

また兄弟会の社会的背景を考察するには、会員名簿も有用である。たとえば、レンヌには「手芸材料商人の書」Livre des Merciers de la Ville de Rennes があり、一四三七年から一五世紀末までつづいている浩瀚なものだが、市《いち》についての規定や会員相互の義務などのほか、その多くが会員に関する情報で、毎年の新会員の名前、出身地、姻戚関係、死亡・退会者名、などをそこから詳しく知ることができる[26]。また、イエズス会系学院（コレージュ）の優等生を集めた「マリア信心会」congrégation mariale の類型に属し、一七世紀前半にパリで設立された「貴顕信心会」Congrégation des Messieurs では、入会式で読み上げる「聖母への奉献の誓願」式文への署名義務があり、この団体の会員は恒常的に会の活動に参加しなければならないと定められていたため、入会時の署名は網羅的な会員名簿の機能をもつ[27]。

中世兄弟会に関する例外的な重要史料として、アラスの「アルダン（壊疽性麦角中毒）の聖母マリアの愛徳兄弟会」Carité de nostre dame des ardents では死者台帳（点鬼簿）La Nécrologie (1194–1361) が存在しており、二巻本として出版されている。これからは、当兄弟会に所属していた人物の名前や職業、居住地などが知られる[28]。

さらに兄弟会の年代記が残っている場合もある。一七世紀中葉にフランス全土で精力的な活動を広げた「聖体会」Compagnie du Saint-Sacrement は、秘密結社という組織の性格上、史料の残存はきわめてかぎられているため、役職経験者が団体消滅後に、各種史料を含めてまとめた『聖体会年代記』Annales de la Compagnie du Saint-Sacrement は重要な史料に位置づけられる。[29]

つぎに(2)「団体外部の文書史料」としてまず挙げなくてはならないのは、団体設立に関する開封王書であり、それは団体の法的地位を保証する。[30] 他方、高等法院裁決に代表される司法文書は、兄弟会内外に関わる法的紛争の争点や当事者の宗教的主張、あるいは司法機関の意向を示す。

カトリック教会内部で作成された文書の中で、兄弟会研究の基礎史料の一つを構成しているのが、司教巡察記録 procès-verbal de la visite pastorale である。司教巡察は、カトリック刷新運動の中で司教主導の司牧改革における重要な一翼を担っていた。フランスでは、すでに一三世紀から、司教区内の巡察が断続的に実施されてきた。しかしその実施を明記し、普及させたのは、一六世紀に発布された一連の王令である。[31] ところで、司教巡察記録の中には、管轄司教区内部における教会の数や信徒数と並んで、小教区の現状や信徒の信仰維持のための方策（宗教教育・カルヴァン派信徒の改宗など）が記された。また一七世紀以降、記録方法は徐々に定式化されてくる。その中に、兄弟会に関する記録も残される。具体的には、訪問した兄弟会の種類・教区内の兄弟会の数・付属の教会堂の状態などである。[32] 各司教区の巡察記録を照合することにより、特定の聖人崇敬や信心業を行う兄弟会の展開過程の追跡が可能になる。[33] ただし、この史料が系統的に残存する以前の一六世紀の兄弟会については、当該史料の分析だけでは不十分である。

ローマ教皇庁の発行する文書の中で、兄弟会設立および入会者に関する内面的理解に資するのは、教皇が兄弟会に与えた「免償の小勅書」brefs d'indulgence である。兄弟会入会の宗教的動機の一つは、在世の霊的支援と死後における魂の救済を得ることにある。トレント公会議においても免償（すでに赦された罪に伴う有限な罰の免除）の正統性が主張され、免償を得るための信心業は兄弟会の重要な活動の一つであった。[34] したがって、免償の小勅書を獲得することは、入会者の増加や団体の名声にとって非常に重要であると同時に、修道会が兄弟会を設立する場合や「大兄弟会」archiconfréries が自らの統括下に団体を加入させる場合に、この小勅書が霊的権威の源泉となった。[35] しかし、この史料の残存状況も一定ではないことに注意を傾けなければならない。いずれにせよ、この史料から、兄弟会創設や組織の刷新に関する動機、新たな信心業の採用、ローマ教皇庁の権威の活用を読み取ることができる。また小勅書を統計的に分析すると、この時代に生まれた新たな信心を実践する兄弟会の分布の状況や展開の規模を明らかにできる。(36)

(3)「文書以外の史料」として、とくに近世の兄弟会については、図像史料が主要な位置を占める。なぜなら、近世には、各兄弟会が活動の発展のために積極的に図像を活用したからである。たとえば、祈禱書や規約集の表紙画には、会員が守護聖人、祝祭日、定期的勤行、信心業に伴う免償を視覚的に記憶させる効果が期待された。他方、祭壇画は会員の祈禱を補助する機能をはたす。さらに、兄弟会により守護聖人を讃える図像が印刷・頒布されることもあったが、これは新会員の募集や祝祭の告知にもちいられた。したがって、図像の作成には相応の資金力や人脈も必要であり、図像の活用は兄弟会の規模や社会的影響力を直接反映する。(37)他方、描かれた図像そのものを分析することから、団体の理念や特徴を理解することができる。たとえば、崇敬対象や信心業をおなじくする兄弟会の図像の描かれ方を比較することも可能である。(38)

兄弟会の分類

中近世フランスにおける兄弟会の多様性はすでに指摘してきたが、「兄弟会」を意味する団体の呼称も多彩である。confrérie 以外に、中世では、frarie, frairie か charité また carité、さらには luminaire などと呼ばれたし、南フランスでは、confratria ないし coffrayria との呼称が広まっていた。アヴィニョンでは、caritas, elemosina などとも呼ばれた。また近世になると、広義の団体を意味する société, compagnie、さらに宗教的含意をもつ congrégation がもちいられる場合もある。(39)

名称の多様性にとどまらず、実際の兄弟会の内実も、じつにさまざま、かつ融通無碍で、はっきりとしたタイプに分類するのは困難である。ル・ブラによる古典的な分類は、篤信兄弟会 confréries de dévotion, confréries pieuses

と、職能別兄弟会 confréries de métier に分けるやり方であるが、中世の兄弟会については、さしあたり、それを分類作業の出発点に据えることができよう。そして、いわゆる愛徳兄弟会 confrérie de charité は、篤信兄弟会の変種と考えてよいだろう。

ただ篤信兄弟会と職能別兄弟会は、しばしば融合していて、多くが双方の特徴を有しているし、また「シャリテ」charité というのは、ある都市や小教区内の愛徳兄弟会を指示するだけでなく、おなじ職業に属する労働者を集めた兄弟会を指すこともあった（ノルマンディや南フランス）ので、注意が必要である。

まず篤信兄弟会は、守護聖人への崇敬とともに、兄弟会内外での慈善行為、死者追悼儀礼、共同でのミサや祈禱・信心業などの励行で特徴づけられる。基本的に、あらゆる出自・職業の者が加入可能で、出身地区や社会階層の別を超えて人々を結合させ、市内に漲る社会的緊張を緩和させる効果があった。篤信兄弟会では男女ともに受け容れられ、聖カテリーナ、聖アガタ、一万一〇〇〇の処女などに捧げられた兄弟会では、とくに女性が多かった。兄弟会の守護聖人には、あらゆる聖人が登場するが、聖人のうち随一で圧倒的な支配力を示したのが、聖母マリアであった。たとえば、ラングドック地方の兄弟会の四分の一近くが聖母マリアの名の下にあった。ついで「信仰の神秘」関係に守護された兄弟会も数多く、具体的には、聖霊兄弟会、聖体兄弟会、聖三位一体兄弟会、煉獄兄弟会などであった。

すでに中世から、聖霊兄弟会 confréries du Saint-Esprit と聖体兄弟会 confréries du Saint-Sacrement, confréries du Corpus Christi は、非常に目立つ存在であった。アルル、モンプリエ、マルセイユをはじめとする南フランスでは、一三世紀以降、聖霊兄弟会が非常に数多く創られたことが知られている。しかし、この兄弟会は南フランス諸都市のみならず、南東フランスや中部フランスでも多く設立され、一四～一五世紀には大いに発展したことが徐々に分かってきている。アルプス地方には早期にでき、サヴォワとフランス語圏スイスでは、少なくとも二五〇の聖霊兄弟会があった。この兄弟会は、村の住民全体を包み込んだ小教区を単位とし、聖霊降臨祭の日に、貧者も富者も、農村住民すべてが集まって食事を取り、連帯強化を図った。(40)

ちなみに、中世の聖霊兄弟会と対抗宗教改革後に叢生したおなじ名前を有する兄弟会とでは、その性格が大きく異なっている。後者は、信仰強化やドグマ強化を目指し、当時の政治生活とも関わっていたが、中世のものにはそうした特質はなく、一般の篤信兄弟会であった。

聖体兄弟会も、一四世紀に各地に広まった。とくにブルゴーニュ地方のものがよく知られている。この兄弟会では、すべてのメンバーは、聖体の祝日のあらゆる聖務日課に参加する義務を負い、またその際、自分の蠟燭を持参しなくてはならなかった。

中世の愛徳兄弟会は、臨終に際しての慈愛の行為が主要な役目で、亡くなった仲間のために立派な葬儀をし、祈りを捧げるほか、病気になったり困窮した仲間への物質的・霊的な相互援助も定められている。ただし、一定年限（たとえば五年）会員をつづけてからでないと、その介護や世話は受けられないという場合もあった。さらに入会志願者に心身の健康や貧困でないことを誓わせる兄弟会もあった。愛徳兄弟会では、通常、内部の慈善と外部の慈善を組み合わせ、仲間の葬式には外部の貧者にパンを配ったし、また守護聖人祭に、貧者の足を洗ったり、お金やパンを配ったりするケースもあった。一四～一五世紀には、絶え間ない飢饉・疫病・戦争によって、死者が埋葬もされずにあちこちに横たわっていた。したがって、この兄弟会が多数設立されたのは、そうした悲惨な状況を改善するためだったのだろう。このタイプの兄弟会では、聖セバスティアヌス、聖ロクス、聖ハドリアヌスをはじめとする病気や死から守ってくれる聖人を団体の名前に戴くことが多かった。

ノルマンディには長い活動を誇った愛徳兄弟会がある。これらは一四、一五世紀に誕生し、とくに疫病蔓延などの危急時に、各教区の遺体埋葬をする役割を期待された。また、この種の兄弟会は、南フランスにもあった。たとえばラングドック地方の大多数の村にすべての住民を集合させてある聖人の礼拝を行わせる「シャリテ」charitéと呼ばれた兄弟会ができたのが、その代表例である。この兄弟会のもっとも大きな役目は小教区の貧者を支えること、その死に際しては葬儀を行うことであった。後にはこれらの愛徳兄弟会は、職能集団（メチエ）のメンバーを集めて構成され、キリスト昇天祭の日には食べ物を配った。ところで、ヴナスク伯領でこの役割をはたしたのは、「施物兄弟会」helemozina（aumônes）であり、この団体にはおなじ街区の住民や同業種の職人が集められ、彼らは貧者に食べ物を配るなどの活動をしていた[41]。

悔悛苦行兄弟会が発展するのは近世に入ってからだが、その起源は、中世末、一四世紀初頭に、プロヴァンスのマルティグやマルセイユに見出されると考えられる[42]。

以上のように、篤信兄弟会にもいくつかの種類があるが、その多くにおいては、身分職業の別なく会員が集められた。しかし特殊な資格が要求されるものもあった。たとえば「パリの司祭と市民の聖母マリアの大兄弟会」Grande Confrérie de Notre-Dame aux prêtres et aux bourgeois de Paris がそれで、一一六八年にできたとされる。そこには有力市民のほか、王や王妃・大諸侯らも加わったが、二年間の単位で聖職者と信徒がカップルをなして、それぞれの立場で支え合うのであった。定員は、もともと七二名だったが、一二二一年と一二二五年には聖俗五〇名ずつの一〇〇名にふえた。後にサン・ドニにも支部ができた[43]。また聖職者だけを集めた兄弟会もあり、中世末に発展した。都市の小教区司祭を集めた兄弟会は、ランス大司教管区の諸都市、アミアン、ボヴェ、ノワイヨン、サンリス、ソワソン、ラン、ランスなどにとくに頻繁に見られた[44]。規模は概して小さく集められた司祭はせいぜい十数名だったようだ。

一方、職能別兄弟会として分類されるタイプの兄弟会は、毛皮業者、薬種商、仕立屋、皮鞣し職人、庭師、刃物職人といった、おなじ職業の者が集まって、より良き労働・正義・慈愛を目標に活動する団体であった[45]。これは同職組合（ギルド・メチエ）とはちがって、加盟・登録は義務ではなかったし、また同職組合では親方のみが正式会員であるのに対して、職能別兄弟会では、そこに職人も含まれた。原則として上も下もない、平等原理で人々は結ばれていた。ただ職能別兄弟会といっても、別の職業を営む者を受け容れるケースも少なくなかった。漁師の兄弟たちの傍らに農夫がいたり、仕立て職人の兄弟会に剪毛工がいたりということが間々あった。だが時代が下るにつれそうした寛容さは薄れていき、異業種の排除が目立つようになっていく。[46]

ノルマンディ地方では非常に早く、一二世紀には漁師の兄弟会など、海事を生業とする者を集めた兄弟会ができていたが、[47]一般に、職能別兄弟会は篤信兄弟会にくらべて後発で、ほとんどのところで一四世紀以降成立し、とくに一五世紀に大きく発展した。たとえばトゥルーズで同職組合が兄弟会になった確実な証拠は、一三六八年の菓子職人の規約と一三七三年の蹄鉄工の規約を俟たねばならない。またエクスでは、職能別兄弟会は一四世紀末に初めて登場し、一五世紀に最盛期を迎えるが、これはおそらく北方からやって来た職人たちの移民の効果だろう。彼ら余所者を在地の職業構造に統合する必要があったからである。[48]中世末には、兄弟会というものが同職組合と一体化する傾向があったため、職能別兄弟会がふえたという事情もある。

以上の篤信兄弟会および職能別兄弟会に大別される兄弟会以外に、サン・ジャック（サンチャゴ）巡礼兄弟会を、特殊な兄弟会として取り出すことができよう。これは、トゥルーズ地域に一二世紀末にできたのではないかと考えられている。だが確実な史料上の言及は、一二七五年になってからである。サン・ジャック巡礼兄弟会は、基本的には巡礼を完遂した者たちのみが入会できる決まりであったが、他人に巡礼を代行してもらうとか、より時代が下ると巡礼の旅行代とおなじ金額を納めればよいとされるようにもなった。さらに巡礼とは無関係な、旅行者・貧者・困窮者に対する慈善事業をこととする、兄弟会（＝愛徳兄弟会）に変じていった巡礼兄弟会も多い。D・ペリカール＝メアによると、フランスにはサン・ジャック巡礼兄弟会が数百あった。メーヌやアンジュではサン・ジャック巡礼熱が高く、巡礼兄弟会はことに盛んであった。存在を証拠立てる帳簿は一四世紀からあり、とくに一五、一六世紀に多くなる。[49]

ほかに巡礼・聖地との関係では、聖墳墓兄弟会が、一四世紀初頭にパリに二つでき、フランス革命まで存続したことが注目される。聖地エルサレム巡礼から帰ってきた者たちを集めて始められた兄弟会である。[50]

最後に、小教区との関係について述べておくと、多くの篤信兄弟会には地理的な限定はなかったが、小教区を枠組みとするものも少なくなかった。とくに農村では、村と小教区が同範囲なので、兄弟会もそれらと一体化した。さらに、小教区より小さな街区を範囲とする場合もあった。これは都市によっては小教区が二つとか、非常に少ない場合があるからである。一例を挙げると、エクスの「街区会」Comitiva quarterii である(51)。

ところで、近世フランスについて、時代と地域を限定した分類法として人口に膾炙しているものは、アギュロンによる南フランスの兄弟会に関するものである。彼は、主に小教区教会の主祭壇と祭礼の管理を担当する「制度的兄弟会」confréries-institutions と、自発的意思にもとづき加入し、霊的救済や信心業のほか懇親活動・相互扶助を行う「結社的兄弟会」confréries-associations とを区別し、さらに後者を職能別兄弟会と悔悛苦行兄弟会の二種類に分類した(52)。

しかし、この分類法を即座にフランス全土に拡大して適応することは難しい。たとえば、北フランスと南フランスでは職能別兄弟会のもつ役割が異なる。アギュロンの分類によれば、職能別兄弟会は自発的意図にもとづく「結社的兄弟会」に属するが、北フランスの一部では、この種の兄弟会への加入は、ほとんど強制的な性格をもっていた。なぜなら、ほかの地域に見られるような同職組合が存在しなかったため、同職者による基金の管理をはじめとする職業生活を維持する役割は、兄弟会が担っていたからである(53)。したがって、この場合、職能別兄弟会は、活動の次元では「制度的兄弟会」に近い。

他方、アギュロンの二分法は、その構成員の性格は考慮しない。多くの場合、兄弟会は信徒団体であるとの所与の前提が存在するが、近世においては必ずしもそのように一般化できない。たとえば、ノルマンディ地方では、もっとも早い時期に成立した信心業を核とする兄弟会は、聖職者会員が多数を占める場合も多かった(54)。したがって、兄弟会を分類する際、構成員の入会条件も考慮に入れなければならない。

さらに、兄弟会の宗教的性格に着目すると、類型化はより困難な作業となる。たとえば、これは中世についてすでに指摘したことだが、職能別兄弟会、愛徳兄弟会、篤信兄弟会の間に、活動上の区別は存在するが、宗教的実践に関する差異を見いだすのは難しい。なぜなら、どの兄弟会の成員も、祭壇の維持管理、崇敬対象への集団的祈禱、祭日の懇親活動を通じて、団体の行動と慣習を共有し、その団体への帰属意識と連帯感を高めるというカトリック友愛空間を経験するため、崇敬対象や活動内容の重心に差異があったとしても、宗教生活全般については共通性が高いからである。

そこで、近世の兄弟会については、フレシュレ＝ショパルの定義に従い、成員間でたがいに「兄弟」と呼び合い、懇親活動・相互扶助・慈善活動をはじめとする社会的活動を担うと同時に、信心業の実践や宗教儀礼・祭礼の執行、霊性の深化を含む宗教的実践を営む団体を兄弟会と定義する。[55] この定義にもとづき、アギュロンの分類法をそれ以降の諸研究が解明してきた団体の性格に即して再検討してみると、制度的兄弟会と結社的兄弟会の両者とも、(1)その構成員、(2)霊的救済方法、(3)団体の閉鎖性の三つの座標軸の中に位置づけられることが分かる。

第一の座標軸である構成員としては、聖職者と信徒、男性と女性について検討しなければならない。カトリック宗教改革の時期におけるフランス・カトリック教会は、中世の兄弟会以上に、活動と入会者に関する開放性を求めた。したがって、職能別兄弟会は別として、男性と女性の信徒が入会できる兄弟会は珍しくない。[56] 他方、聖職者や男性に限定される兄弟会も存在する。たとえば、ボヴェ地方では、聖職者兄弟会が一七世紀における司祭職の養成を牽引した。またトゥルーズやパリで発達したイエズス会系兄弟会である「友人会」Amicorum associatio（＝Aa）は、精選された聖職者により構成され、新会員の募集は現会員からの指名にもとづく。また、聖体会では、在俗聖職者と男性信徒は入会資格がある一方、女性信徒と修道聖職者の入会は禁じられていた。他方、女性に限定された兄弟会は存在しないが、一八世紀に成員の多数を女性が占める団体は珍しくない。[57] たとえば、「聖心兄弟会」confrérie du Sacré-Coeur はこれに該当する。

第二の座標軸、会員の霊的救済は、大きく「執り成し」intercession 型と「信心」dévotion 型に区別される。前者は守護聖人に対して祈禱を行い自らの救済の取り次ぎを求め、後者は頻繁な告解や聖体拝領、毎日の宗教的勤行、霊的集会に代表される自らの信心業に重点をおく。

前者の兄弟会には中世に起源をもつ職能別兄弟会も多い。その団体は、守護聖人を名称に掲げ、後には複数の守護聖人名を組み合わせた名称をもつ団体も生まれた。たとえば、ルアンにある一四世紀に設立されたもっとも古い職能別兄弟会の一つは、一七世紀には「帽子職人と下着製造業者の聖ペテロ・聖パウロ・聖バルバラ・聖ジュヌヴィエーヴ兄弟会」という名称を有していた(58)。

ところで、団体の構成員は、守護聖人に捧げられた聖堂の維持管理や守護聖人に関わる祭礼への参列を義務づけられた。したがって、複数の守護聖人への崇敬を表明する兄弟会は、それに対応して複数の聖人への霊的勤行をはたす。また葬儀費用の分担に代表される相互扶助や会員同士での救済行為の実施も、この型の特徴である。さらに毎年恒例の懇親を深めるための宴会では、成員間、あるいは貧者への施し物の配布が行われる。こうした「執り成し」型の兄弟会は、トレント公会議以降のカトリック刷新運動の中で変容を求められるが、団体の慣行そのものは存続しつづけた(59)。

「執り成し」型兄弟会は集団的な霊的・物的救済を一つの特徴とするため、過度な経済的負担や特別な宗教的勤行を求められることは少なく、しばしばその組織の構成員の規模が大きくなることもある。たとえば、ノルマンディ地方のカンやシェルブルには、一〇〇〇名を超える会員が所属する団体もあった。これに対し、「篤信」型兄弟会は、より個人的な霊的救済を求めるため、団体の規模はさほど大きくない。この型の兄弟会は一七世紀後半から徐々に浸透・普及する。代表的な団体には、聖母マリア崇敬に属するマリア信心会やロザリオ兄弟会 confrérie du Rosaire、一七世紀フランス霊性運動の中で発達してきたキリスト中心主義思想の影響を受け、イエス・キリストの身体や受難を重視する聖体兄弟会や聖心兄弟会、さらに臨終における魂の救済を求めるイエスの臨終兄弟会 confrérie de l'Agonie de Jésus や臨終平安兄弟会 confrérie de la Bonne-Mort が含まれる。

マリア信心会は、イエズス会系学院の優等生を集めて形成されたが、その後、卒業生の社会的エリート層を含み組織は拡大した。活動としては、頻繁な聖体拝領が重視され、団体で行う信心業の活動にも厳格に参加することが求められた。その結果、この団体は、社会生活と宗教生活との間を媒介して、イエズス会の精神や宣教方針を伝達する役割をはたした。他方、この団体はローマの母会を核に国民的枠組みを超えた組織の連関を有していた[60]。

ロザリオ兄弟会は小教区を基盤に活動を行い、その構成員の社会的背景も多様であり、しばしばその内部に女性会員を含む。構成員は、月に一度小教区で行われる兄弟会のミサと小教区と墓地を回る宗教行列に参加すること、週三回ロザリオの祈りを唱えること、年に五日ある聖母マリアの祭日の儀礼に参加することが求められた。頻繁な告解や聖体拝領は、個人的活動にゆだねられた[61]。

おなじく小教区を基盤に活動する兄弟会として、聖体兄弟会が存在する。この兄弟会の類型はすでに中世に見いだすことができるが、プロテスタンティズムによるカトリシズムの秘蹟実践に対する攻撃が強まって以降、聖体崇敬をより重視するようになる[62]。ところで、先述のロザリオ兄弟会と聖体兄弟会は、それぞれが異なる崇敬を実践する一方、小教区内部で相互補完的役割をはたした[63]。

聖心兄弟会は、一六七〇年代から八〇年代にかけて、マコン近郊のパレ＝ル＝モニアル修道院のマリ＝マルグリット・アラコクが聖心に関する神秘体験をしたことを契機に誕生した聖心への信心業を実践する兄弟会である[64]。イエスの臨終兄弟会や臨終平安兄弟会は、マリア信心会と同様に、ローマの母会を統括団体とすることで、各娘会の活動と調和を保ちながら、規模を拡大した[65]。

団体の閉鎖性という第三の座標軸に関しては、兄弟会の内部的凝集力を高めるために、外部世界に対する一定の閉鎖性を保つ団体も複数登場してきた。すでに先に言及した聖体会では、団体の活動や構成員の氏名を外部に漏洩しないことを求められた。同様の原則が適応された団体として、悔悛苦行兄弟会が該当する。北イタリアで成立し、一五世紀末から南フランスを中心に広まったこの兄弟会は、個人の自発的加入にもとづき、会員には幅広い社会層が含まれた。この団体は、宗教戦争と対抗宗教改革の動きの中で発展し、異端との闘争と、苦行信心業の励行と悔悛のための宗教行列を通じた霊的高揚に貢献した。彼らの実践した愛徳業と相互扶助の活動の中で、特徴的なものとして、囚人に対する愛徳業として行われた日用品の提供や処刑への立ち会い・埋葬、ならびに葬送儀礼に関連する愛徳業や相互扶助(会員への葬儀資金の援助・無縁者の埋葬など)が挙げられる。宗教戦争以降の悔悛苦行兄弟会は、組織外部に対してカトリック信徒のエリート集団との意識を強める一方、組織内部では、全会員がおなじ粗衣をまとい、秘密投票による役員選出に代表される平等主義的性格を有していた(66)。

組織・役職者・構成員

兄弟会は、中近世の身分制社会の中では、珍しく「平等」を志向し、身分の別なく相互扶助する会員の集まった団体であったが、それでも、内部には、一定の階層性があった。その頂点には、二ないし四名の代表がいるのが一般的で、bayles, mayeurs, prieurs, procureurs, recteurs, prévôts あるいは syndics などと呼ばれた。代表を補佐する副代表がいることもあった。代表は、ふつう毎年、会員によって直接選ばれた。彼(ら)は役職を象徴する棒ないし帽子を手にした。兄弟会代表は一年任期だが、しばしば再選された。彼(ら)は兄弟会の代表であり、あらゆる面でメンバーの物的福利を保護するとともに、宗教的には会員の行動を見張り、儀式の然るべき展開を気遣い、守護聖人祭をまちがいなく準備し、モラルと名誉を守り、違反者を叱責し、罰して正しい道に導いた。すなわち財政・倫理・宗教を含む多様な紀律を遵守する責務を負ったのである。とくに、財政面での責任は大きく、彼(ら)は、兄弟会のあらゆる財産、権利、利益をしっかり守ることを誓い、書類、帳簿、お金の入った金庫の鍵を預かった。したがって兄弟会代表は、会計係 trésoriers の役割をもはたすことになったが、代表とは別に、会計係がいる場合もあった。ほかには、宴会を調達し、食卓を整える責任者として「祝宴係」bayles, baiuli が、二名ないし数名いた。もし二名のときは、司祭と信徒が選ばれた。

代表や祝宴係以外で重要な役職には、「旗持ち」bâtonniers があった。彼は行列や祭りのときに旗(棒)をもつ役割を担い、古株の兄弟から選ばれるのが普通であったが、逆に子供に任せるという兄弟会もあった。旗持ちが選ばれるときは、すべての兄弟たちが出席して、皆が蠟燭をもたねばならなかった。名誉な職であるので、旗持ち自身が、饗応したり、お金を納めたりするというケースもあった。職能別兄弟会では、この旗持ちが、職業に必要な道具を守る義務も負った。たとえばソミュールの被昇天の聖母マリア兄弟会では、旗持ちが樽職人の仕事道具を保全した(67)。他にも役職者は、兄弟会によってじつにさまざまで一般化できないのだが、秘書、募金係、聖具室係、会計検査係、聖歌隊員、担架運び、などがいるところもあった。

兄弟会の最高決定権は全体集会にあり、年次集会は守護聖人祭かその翌日に行われ、財政問題、あるいは宗教領域の懸案事項を話し合った。また特別な全体集会は、代表ないし少なくとも六名の兄弟会会員の要請や、その他の兄弟会の規定に従って行われた。集会の場所は教会か礼拝堂または兄弟会会員の家であった。参加は義務で欠席すると罰金を科された。しかし全体集会は、まれにしか開かれないので、実際には代表など役職者と評議員 élus によって構成される評議会で、兄弟会の運営事項が決められることのほうが多かった。

つぎに、収入と支出について考えてみよう。

中近世の兄弟会では、会員の入会金と年会費がその収入の大半を占めた。しかし、場合によっては、兄弟会のもっとも重要な収入源が家屋や農場に課される賃租で、過半はこれによって占められる、というケースもあった。ほかに寄進・寄贈・遺贈や、年数回集められる募金箱からの収入、旗持ち就任費、罰金なども、貴重な収入源であった。

一方、支出については、蠟燭購入や灯明とその維持費用が非常な金額に上り、宴会代ともども、もっとも大きな割合を占めた。また場所によっては、雇い入れた礼拝堂付司祭の給金が半分を占めることもあった。ほかにも多様な支出があった。守護聖人祭の費用や死者供養、建物の維持、家具・生活小道具の購入・修繕、暖房、祭服の調達・手直し、公的書類の作成、楽師・聖史劇俳優への支払いなどの出費もあった。

つぎに、兄弟会にはさまざまな入会要件があった。すでに述べたように、会員がある特定の同職組合とか、高い身分の者に限られる兄弟会もあれば、逆に誰にでも開かれた兄弟会もあった。女性がほとんど排除されている兄弟会もあれば、半数以上が女性という兄弟会もある。多くの兄弟会で女性の参加は許されたが、代表や祝宴係にはなれなかった。また、定員数がある兄弟会もしばしばあった。中世のラングルでは、聖ペテロ・パウロ兄弟会は八〇名、聖ディディエ兄弟会は六〇名が定員とされた。すべての村人が同一兄弟会の会員になる、小教区と一体化した兄弟会もあったことは既述した。

一三八三～九五年に、トゥルーズの聖体兄弟会は、一四一二名のメンバーがいて市内のあらゆる小教区から市民が加わっていた。[68] しかしこれは例外で、一般には兄弟会の規模はより小さくて、数十名、せいぜい一〇〇名前後といったところであり、最大でも三〇〇名くらいが普通だったようだ。たとえばアルルでは一四四一年、「ブールの聖霊兄弟会」が一二六名、「シテの聖霊兄弟会」が一八三名で、とくに大きな部類であった。[69] 小さな兄弟会では、二桁、いや一桁の会員しかいない場合もあった。

時代的・地理的展開分布とその要因

一般に、フランスの兄弟会の起源と発展については、多くの研究者によってつぎのような見通しが立てられてきた。すなわち、カロリング期にはあらゆる種類の、聖俗の入り交じった団体があったが、これらの多くは、集まった者同士が死者の魂を祈念して、献酒と誓約を行うアソシアシオンで異教的な色彩が強く、カピトゥラリアや教会会議決議などによって非難が浴びせられた。だがこうした中世初期の兄弟会的な信仰でつながる団体をモデルに、後に、同職組合が盛んに作られるようになる点は、注目すべきであろう。

ついで中世盛期になると、兄弟会は一大発展する。聖セルニヌス兄弟会が一〇九六年にできたトゥルーズは、本来の兄弟会誕生の非常に早い例を示しており、一一二〇年代からは、多くのところで同様な兄弟会が創られた。またこの時期には、一二世紀後半のノルマンディで見られたように、教会建設などを目標に、いわば時限性で、数年間のみ存続する兄弟会もあった。[70] 兄弟会は、一三世紀に入るとかなりの数成立したと思われるが、つづく一二五〇～一三五〇年は、その空白期とされている。というのも、この時期、倫理的刷新運動を進める教会は、カロリング期の当局者や教会と同様、当初、それを酒盛り・不節制の危険、スキャンダルの懼れのある団体であり、敬虔の仮面の下に不敬虔を隠しているとして、公会議や司教区教会会議で、非難・禁止したからである(ルアン一一八九年、トゥルーズ一二二八年、コニャック一二三八年、ボルドー一二五五年、アヴィニョン一二八二年など)。だが他方で教会は、兄弟会を、異端との対決のためにいわば政治利用し、カトリック信仰の牙城としようとしたことも事実である。アルビジョワ十字軍時に、異端討伐のため、トゥルーズ司教が設立した「白色兄弟会」la confrérie blanche はその代表である。[71]

その後、教会は教会法で厳密に統制され、前キリスト教的な残滓の一掃された兄弟会ならば、公的に認可し、自分たちの方針に従わせようとした。遺言書や他の史料によると、都市生活の成熟と托鉢修道会の展開を背景に、一四世紀後半から兄弟会は大きく盛り返し、とくに一四世紀後半から一五世紀前半が、その絶頂期であったようだ。[72] さまざまな種類の篤信兄弟会が設立されたのはもちろんだが、それとともに、職能別兄弟会が創られたことが大きかった。中世初期の異教とキリスト教の入り交じった、諸種の兄弟会的な団体から、中世盛期には同職組合(ギルド、メチエ)が生まれ、そのギルド・メチエを枠組みとして、また教会当局の眼鏡に適った職能別兄弟会が叢生した、という流れであろう。

ついで一六世紀には、プロテスタンティズムと闘うカトリック勢力の礎石として兄弟会にふたたび注目が集まった。さらに兄弟会の連盟である「大兄弟会」archiconfréries ができたのも、この時代である。この政治性と宗教性の混在、国家と教会の体制への取り込みが、近世の兄弟会の特徴だろう。フランスの兄弟会は、ル・ブラが慧眼にも指摘したように、一七世紀に発展を遂げ、「啓蒙の世紀」を経由し、フランス革命後の一七九二年に廃止された。ただし一部はその後も存続した。

これまで一般に、中世の兄弟会は、南フランスにとりわけ多く、それは当地の社会的結合関係の特質に呼応していると考えられてきた。しかしこれは、史料の残存状況や、研究の進展にもっぱら拠った見取図であり、最近の研究では、ノルマンディ地方のほか、ブルゴーニュ地方にも、シャンパーニュ地方にも、アンジュ地方にも、そしてパリ周辺にも、きわめて多くの兄弟会が存在したことが分かっている。ということで、中世に関しては、どの地域が特権的な兄弟会展開地域か、ということははっきりとは言えないようである。(73)

中世フランスに、どれほどの数の兄弟会が存在したのか、これは各地方における研究の進展を待たないと分からず、現在確言することはとてもできない。目安になる数字を挙げてみよう。たとえば、遺言書研究によれば、トゥルーズでは、八九の兄弟会が(市内に)定着し、それ以外に一四二の兄弟会が(司教区の)七七の小教区に存在していたことが窺われる。人口と兄弟会の数はかならずしも比例せず、M・C・マランデによると、人口一万のカストルには一つしかないが、三〇〇〇〜四〇〇〇人のロトレックには七つあったという。ごく小さな村に、十数個もあることも稀ではないのである。(74) ヴナスク伯領の遺言書調査では、一三〜一五世紀に一六九の兄弟会の痕跡が見つかった。(75)

近世になると、より確実な史料が現れ、兄弟会の数の推定が可能になる。J・ド・ヴィギュリの推計に依拠すると、一八世紀初頭までに、フランスでは一万五〇〇〇の兄弟会が存在し、都市部の兄弟会の規模は農村部を上回るが、都市と農村を平均すると、一つの兄弟会に所属する会員数は一〇〇名に及ぶ。したがって、延べ一五〇万のフランス人が兄弟会に加入していた計算となる。(76) もちろん複数の兄弟会に加入する場合も珍しくないため、この数字は延べ人数であることを念頭におかなければならない。

また近世フランスでは、兄弟会の活動には地域的偏差も確認される。南フランス、特にプロヴァンス地方とラングドック地方は、中世以来の伝統を引き継いで、近世にも、兄弟会の設立数が多い地域である。たとえば一七八九年のトゥルーズ司教区では、二一五の小教区に二二八の兄弟会が存在した。ただし、この現象は南フランスに留まらない。ノルマンディ地方も中世末から兄弟会の活動が盛んな地域にあたる。さらに、フランスの大都市には兄弟会が集中する。一例を挙げれば、一六二一年のパリには三三七の兄弟会が存在しており、一八世紀半ばには約五二〇の兄弟会が活動している。(77) これに対し、シャンパーニュ地方では、全般的に兄弟会の設立数は少ない。またアンジュ地方北部は都市部の小教区における兄弟会の数は多いが、農村部では格段に少ない(78)。

ここまで、近世における兄弟会の概数を静態的に観察してきたが、兄弟会の発達過程や活動の時間的経過を動態的に捉える必要がある。

フレシュレ゠ショパルは、司教巡察記録の記述から兄弟会の活動に関する興味深い統計を提示する。すなわち、現存する司教巡察記録を分析すると、一五五〇年から一六一〇年頃までは、司教による兄弟会への関心は、ほぼ南フランスに限定され、北フランスの司教団はこの団体に関心を示さない。しかし、一六一〇年から七〇年にかけて、兄弟会の活動に関する記録は、フランスのあらゆる巡察記録の中に登場する。すなわち、南北を問わず司教が兄弟会に関心を抱いていることをそれは示している。さらに、一六七〇年から一七三〇年には、一六世紀の状況が反転する。すなわち、北フランスでは巡察記録の中で兄弟会に関する記載が増加し、司教の関心がきわめて高い一方、南フランスの司教の関心は相対的に目立たなくなるのである(79)。

この分析結果は、近世における兄弟会が、一六世紀に南フランスで活発な活動を始め、その後、カトリック刷新運動の中で全国に伝播したことを裏付ける。ただし、この明瞭な展開には三点の留保を加えなければならない。まず分析素材となる司教巡察記録は、全国一律に残存している史料ではない。とくにパリ周辺の巡察記録に欠如している部分があることは、この兄弟会の展開図の不完全さを示す。第二に、巡察記録の記載法が定式化されるのは一七世紀後半以降であるため、それ以前の兄弟会に関する記載の有無と活動の有無とは必ずしも対応しない。第三に、本節でも繰り返し指摘しているように、兄弟会には多様な形態と活動の実態があるため、より分節化した考察が必要である。

M・ヴォヴェルは、フレシュレ゠ショパルの編纂した司教巡察記録を資料としてもちいたが、兄弟会を類型化した上で、とくに職能別兄弟会と悔悛苦行兄弟会との展開過程の差異を強調した。

まず前者は、一六世紀後半には巡察記録が残る司教区の一割で確認されるが、一七世紀初めには二割弱の司教区で確認され、一七世紀後半から一八世紀半ばにかけての時期には、二割五分の司教区で言及が見られる。ところが、一八世紀の半ば以降には、二割弱に減少する。他方、悔悛苦行兄弟会は、一六世紀後半には〇・五割の司教区でのみ言及されるが、一七世紀末までに継続的な上昇をつづけ、三割弱の巡察記録に登場する。その後、一八世紀にもその数を維持する。したがって、一七世紀の上昇率と一八世紀に活動を維持した点が、職能別兄弟会と大きく異なる。

近世の兄弟会の地理的分布を検討してみると、職能別兄弟会に関する記載は、教皇領であるヴナスク伯領を出発点に、一七世紀にローヌ川河谷地方、ロワール川上流地域、ノルマンディ地方、フランドル地方の司教区にわたり、大西洋沿岸ではブルターニュ地方やアキテーヌ地方にある司教区でも見られ、その後一八世紀には発展の規模は縮小する。したがって、フレシュレ＝ショパルの示した兄弟会の発展過程にほぼ対応する。

これに対し、悔悛苦行兄弟会の分布はほぼ南フランスに限定される。もちろん一七世紀初めには、ル・ピュイやグルノーブルの司教区においても記録が認められ、一七世紀末から一八世紀にかけて、オタン、リモジュ、モントバンでも団体の存在は確認される[80]。ただし一八世紀以降は、ヴナスク伯領とプロヴァンス地方を核としてラングドック地方、リモジュ地方、ロワール川上流地域、サヴォワ地方にまたがる地域で、悔悛苦行兄弟会は分布する。すなわち、悔悛苦行兄弟会は職能別兄弟会に比べ地域的偏差の度合が高い[81]。

近世フランスにおける兄弟会活動の揺籃の地が南フランスであることは、ほぼ歴史家の間で共通の見解を得ている。しかし、ここで考察してきた二つの異なる兄弟会に関する分布の特徴が生まれた要因として、二つの点を考慮しなければならない。まず、職能別兄弟会の展開と司教区内部での司牧改革の進捗には親和性がある。じつは一六〇四年に発布された教皇クレメンス八世の教皇勅書により、司教が兄弟会の設立を承認し、団体の運営を監督することとなる。その結果、司教は兄弟会を監督する一方、この団体を自身の管轄する司教区における信徒の信仰維持に活用しようとする。他方、既存の兄弟会が規約を刷新するにあたり、小教区主任司祭の助力を得ることも多く、その場合には活動の内容は伝統的な社交より霊性や愛徳業を重視する方向に転換する[82]。したがって、司教区における信仰刷新運動が進展するのに呼応して、各地で聖職者の職能別兄弟会への関与が強まった。

ところで悔悛苦行兄弟会の地理的展開は、南フランスにおけるプロテスタンティズムの地理的な広がりと重なる部分が多く、そのことは偶然ではない。なぜなら、この兄弟会は改革派信徒の拠点を包囲することで「異端」(カルヴァン派)の撲滅を実現しようとしたからである。また、この団体が中・小規模の都市が密集する地域で拡大したのは、この団体を支持するのに適した規模のエリート層が存在したからである。さらに付け加えれば、ラングドック地方のような地方三部会地域を含め王権からの直接の影響力が相対的に低い地域で活動したことにより、この特殊な組織原理と活動の実態をもつ団体が一八世紀まで存続できた(83)。

教会組織、とりわけ小教区を活動の基盤とする兄弟会の場合、展開過程とその要因は基本的に職能別兄弟会に準ずる。他方、修道会を基盤として発達した団体の場合、その修道会の展開地域と兄弟会の進出が時間的・地理的に合致する。たとえば、マリア信心会はイエズス会の学院の展開に沿って活動空間を拡大させる(84)。聖心兄弟会の展開過程は、より複雑な宗教事情を反映する。この団体は、一七三〇年まで小教区教会より修道院付教会堂を活動の基盤とする数が圧倒的に多い。とくに女子修道会と結びついた兄弟会が八割を超える。その大多数をウルスラ会と聖母訪問会が占める(85)。それゆえ、この二つの女子修道会と聖心兄弟会の地理的な分布は、一定の親和性をもつ。他方、この兄弟会がフランスの周縁部で活動を展開したことが、もう一つの地理的特徴である。具体的には、ノル地方、ノルマンディ地方、ブルターニュ地方から北東部国境地帯、フランシュ゠コンテ、ローヌ川河谷地方から中央山塊の東端部にかけての地域である。

この地理的展開の要因を考察するためには、一八世紀初頭におけるイエズス会士とジャンセニストとの教義上の論争を想起しなければならない。一七世紀後半よりブルターニュ地方をはじめとする複数の地方で、聖心信心業はイエズス会士により積極的に評価されてきた。他方、一七一三年のウニゲニトゥス教勅によりジャンセニスム運動が弾劾され、一七三〇年にこの教勅がフランスの国法となる。これ以降、聖心信心業は教区空間におけるジャンセニスムに対抗する信心業として、一部の司教により支持される。その結果、聖心兄弟会は、ジャンセニスム運動の地盤が強固でない地域に拡大した(86)。要するに、一六〜一七世紀における兄弟会の地理的分布の主要な要因となったのは、プロテスタンティズムとの宗派対立であったが、一八世紀初頭には、むしろカトリック教会内部の軋轢が兄弟会の進出に影響を及ぼすのである。

活動の諸相

兄弟会の活動は、それが篤信兄弟会であれ、職能別兄弟会であれ、ほぼ共通している。宗教的なものとしては、守護聖人祭での大ミサ、宴会と行列が、最大の行事・義務であり、罰則をもって全会員に参加が命じられた。守護聖人祭は、二四時間ないし三日間つづく。前夜には教会あるいは礼拝堂での晩課に出席し、またその日は断食して貧者に布施を与える。祭り当日の行事はいろいろあり、ミサ、晩課が行われるほか、一度ないし複数の宴会＝食事がある。そして翌日は、死者の記念、思い出に捧げられるのである。宗教面では、ミサや祈禱以上に、蠟燭や松明を守護聖人に捧げることが重要であり、決められた教会の照明を気遣った。兄弟会ごと、しばしば固有の蠟燭で典礼儀式を盛り上げた。蠟燭の重さ・数などが几帳面に記録されているのも、その重要性を示している。

仲間の葬儀への出席も重要な義務であった。葬儀当日に家から墓へ向かう行列への付き添いや、死者の魂のための祈り（主禱文と天使祝詞）だけでなく、その後のミサや記念の祈りにも参加が強いられた。また兄弟会の会員でない者が、兄弟会の死者ミサを期待して遺贈するケースもあった。さらに毎月の行列を定めている兄弟会もある。

兄弟会は多かれ少なかれ、さまざまな慈善活動をした。その対象は、まず誰よりも、おなじ兄弟会の仲間であった。兄弟会の会員たちは、葬儀の際にとどまらず、破門や訴訟のときにもたがいに助け合ったし、病気や貧しい者には経済的援助もした。もちろん兄弟会によっては、外部の貧者や病人への慈善行為も行った。愛徳兄弟会として分類されるものが、とくにこの活動に熱心であったことは既述した。聖人祭には貧者に食料を配ったし、また兄弟会の会員とともに貧者が食事することもあった。

しかしこの貧民救済という点は、兄弟会の活動としては、じつは副次的であった。慈善の対象となる貧者は、選択的に選ばれ、社会問題としての貧困を兄弟会が解決しようという目途はほとんどなく、むしろ会員自らの救済のための霊的な善行として貧者への関わりがあった点に注意したい。もちろん、施療院と提携する兄弟会では、より積極的な貧民救済への志向が見られることは否定できない。

兄弟会では、宴会出席は義務であり、食事内容や給仕方法も、きわめて平等である。兄弟会の皿が用いられ、貴族であっても従僕の帯同は禁じられた。徐々に飲食の度合いが贅沢になるケースもあったが、その反動として、質素と抑制が求められ、パン、ワイン、チーズが一定のものに決められ、メニューも決まり切ったものとなるケースもあった。いずれにせよ、宴会準備には何週間もかかり、大変なエネルギーを要したし、その出費も相当なものであった。宴会をとり仕切る祝宴係が重要役職であったことは、すでに述べたとおりである。

兄弟会には、飲めや歌えの宴会のほかにも、さまざまな娯楽がありえた。兄弟会の中には、五月の記念樹植樹や聖ヨハネの火の祭り、その他の生命の横溢の露な異教的な行事などに積極的に参加して興じることもあった。これらはもちろん教会当局の制裁対象となっていった。一四世紀末からは、こうした遊興の多くが、できるかぎり無害な方向へと導かれ、聖体祭の公的な宗教行事に合体されていくだろう。ただし、フランスの場合は、第二節で見る「レナージュ」とそれに付随する慣行、あるいはクリスマス週間の愚者祭やロバ祭などから窺われるように、兄弟会の遊興的要素が近世においても非常に濃厚に残ったことが、大きな特徴だろう。

これに関連して、フランス中世には都市演劇に積極的にかかわる兄弟会があったことを指摘しておこう。たとえば一四世紀には、アミアンなどに、ピュイ Puy と呼ばれる、聖史劇ないし喜劇を上演するための一種の兄弟会が作られたし、またパリ（一四〇二年に開封王書で認可）やルアン（一三七四年設立）その他の町でも、聖史劇を上演する、受難 Passion の兄弟会があった。[87] しかしながら、こうした劇の上演は、他の兄弟会にもしばしば任せられたし、祭の際の、音楽や花々で飾り立てられた行列自体が、演劇と組み合わさっているような場合もあったので、聖史劇上演というのは、かならずしも受難の兄弟会の専権ではないことに注意すべきである。

長期持続と外部勢力との関係

フランスにおける兄弟会は、組織存続の危機をたびたび経験したにもかかわらず、この団体のもつ柔軟性と環境への適応力が継続を保証し、それのみか、固有の社会的意義をもつにいたった。最後に、この団体が外部の政治権力や教会勢力とどのような関係を築いたかを考察する。

中世においては、兄弟会と教会との関係は密接であった。そもそも、教会は兄弟会の繁殖が支えている、という考え方もあり、異教的要素を免れた兄弟会には、教会は好意的であった。しかし、あらゆる悪は、「自由」から来るということで、司祭や司教に厳格に服従することが求められたのである。一二一四年のモンプリエ、一二三四年のアルル、一四〇三年のソワソンの公会議でも、あらかじめ司教によって認可されない兄弟会は認められない、としている。

教会との密接な関係から、教会の中に兄弟会が入り込む、教会の建物を借りるということがよくあった。たとえば一二～一五世紀のバイユーには小教区と結びついた兄弟会が一七あって、すべて小教区教会の中にその座を占めている。兄弟会は集会場として使用する小教区教会に年間使用料を払うのだが、料金は一〇スーから一〇〇スーまで変化した。ほかには毎年贈り物を主任司祭に贈呈するなどした。またこうした兄弟会は、教区司祭に依頼して、聖務日課を執り行ってもらった。さらに兄弟会は、その財産や書類の保管を教会に依頼する。一般に兄弟会は、小教区教会の礼拝堂の一つを割り当てられた。同一小教区に複数兄弟会があるときには、どの教会に世話になるかは決まっており、棲み分けられたが、担当教会を替えることも兄弟会の自由であった。

中世後期の都市では、兄弟会は小教区教会ではなく、托鉢修道院と結びつくことが頻繁になった。たとえばルマンのサン・ジャック巡礼兄弟会は、一五世紀末から一六世紀初頭に、その本部を托鉢修道院内に定めた。また一五世紀のアヴィニョンでは、九五の兄弟会のうち五四団体がドミニコ会、フランシスコ会、カルメル会、アウグスティノ会に礼拝堂をおき、二二団体が小教区教会、一九団体が他の律修教会に本部をおいた[88]。同様に、エクスでは仕立屋・靴直し・織り工がアウグスティノ会、パン焼き職人がカルメル会と結びつき、他にフランシスコ会などに結びついている職能別兄弟会もあった[89]。

托鉢修道会が、その地域に特徴的な兄弟会の成立を決めることもあった。たとえばアルザス地方には一五世紀末からさかんにロザリオ兄弟会が設立されたが、これはドミニコ会の布教・教化活動の成果であった[90]。ほかに施療院と結びつき、施療院の中に専用の礼拝堂をもっている兄弟会もあった。聖霊降臨祭（その前日の土曜から火曜まで）に、施療院の貧者に食事を与えることにした、アルルの聖霊兄弟会などがその例である[91]。

中世末になると、今度は王権との関係が重要になる。兄弟会は、中世末にはますます王権の緊密な統制に服し、新たな兄弟会を設立するにはその許可が必要になり、また年次集会を監視する国王役人が配置されるなどした。

さて、意外なことに、近世におけるカトリック刷新運動と兄弟会とは、当初から協調を前提とする関係ではなかった。一六世紀前半には、むしろ兄弟会の活動は王権や教会側から、宗教的不節制と浪費に耽溺するものとして否定的に捉えられたのである。その結果、国王フランソワ一世は、一五三九年に職能別兄弟会と南仏で発展し始めていた悔悛苦行兄弟会を廃止した。他方、カルヴァンの宗教改革運動は、兄弟会にさらに強い敵意を示し、この団体の廃絶を進めた。したがって、一六世紀半ばには、この団体はすでに深刻な衰退状況にあった[92]。

しかし、八回の宗教戦争が断続的に継続した一五六〇年代初めから一五九〇年代にかけて、フランス各地で兄弟会の活動が復興する。なぜなら、兄弟会が「異端」としてのプロテスタンティズムに対する防波堤の役割を担ったからである。そこでは、信徒が主導し、新旧の団体がカルヴァン派勢力に対抗するために動員された。この動きに貢献した代表的な四つの団体は、聖霊兄弟会 confrérie du Saint-Esprit、ロザリオ兄弟会、悔悛苦行兄弟会、イエスの御名兄弟会 confrérie du Saint Nom de Jésus である。

とりわけマコンの聖霊兄弟会は兄弟会復興の先駆的存在であり、カトリックとプロテスタント両勢力の武力衝突が深刻になる中で、都市行政を司るカトリック陣営のエリート層により都市内部の自警団的役割を担わされた。したがって、サン＝バルテルミの大虐殺以降、当市で改革派勢力が弱体化するのに応じて、この団体の活動も弱まる。

悔悛苦行兄弟会の成立は、宗教戦争以前であり、この内戦が団体設立の直接的な原因ではない。しかし、この兄弟会が活発に展開したマルセイユでは、シャルル・カゾの独裁期（一五九一〜九六）に、都市官職と悔悛苦行兄弟会の構成員との間に、強い関連性が認められる。(93) W・カイザーが指摘するように、カゾの支持党派は、小売商や手工業者をはじめとする中下層ブルジョワにより構成される。したがって、この時期に悔悛苦行兄弟会の構成員は、エリート層からより下位の社会層に浸透し、急進的な政治要求を掲げる。(94) ところで、この都市では、兄弟会の活動は、カルヴァン派信徒への攻撃よりむしろ、カトリック信徒内部の相互扶助や紀律強化に重心がおかれる。カゾの独裁体制はカトリック（旧教）同盟派に依拠して成立する一方、カゾにより実施された一連の篤信政策は、フランス全土の運動とは無関係であった。(95)

ロザリオ兄弟会は、聖霊兄弟会や悔悛苦行兄弟会の政治的・社会実践的な活動と比較して、より思弁的・神秘主義的な性格を有する。しかしディジョンやアミアンでは、都市官僚や市評議会からカトリック同盟派の扇動的団体として告発された。

イエスの御名兄弟会は、一五九〇年にパリとオルレアンのみに出現した、スペインとパリ十六区総代会を支持する自警団的組織であり、とくにパリの兄弟会はマイエンヌ公やパリ高等法院と鋭く対立した。(96) 彼らは、教区聖職者を異端の跋扈を許しているとして批判し、司教を強制的に追放するように都市住民を扇動した。この兄弟会は、宗教戦争の最末期の複雑な諸勢力の対立状況の中で登場した団体であり、カトリック内部における司教をはじめとする教区聖職者への敵意を表明する。

これまで検討してきた四兄弟会は、活動地域・構成員の社会背景・活動の主軸は異なるが、宗教戦争という特異な時代状況の中で、支配層からより広範な社会層に活動を浸透させ、カトリック同盟との接近や乖離を経験する。その中で、これらの兄弟会は、「信心の団体」であると同時に「異端やカトリック内部の弛緩と闘う団体」として、カトリックの擁護とカルヴァン派の排除、内戦で乱れた秩序の回復や相互扶助に関するなんらかの社会的役割を担った。カトリック同盟の最終的な挫折と国王アンリ四世の勝利は、兄弟会に暴力を伴う「闘う団体」としての役割を放棄させ、信心業・愛徳業・社会内部でのモラルの維持に集中させることになる。(97) したがって、一七世紀のフランスでは、前世紀とは異なる性格をもつ兄弟会が発展する。そこでは、小教区が団体発展の苗床となり、多様で個人的な信仰の実践が追求される。

ところで、一六世紀の急進的政治党派に人材を供給した兄弟会の多くが、カプチン会やフランシスコ会をはじめとする修道会を基盤に形成された。しかし、宗教戦争後も兄弟会設立にはたす修道会の影響力は継続する。なぜなら、カトリック刷新運動がフランスで本格的に開始した一七世紀初頭には、司牧改革を主導するはずの司教の活動や教区聖職者の養成も未発達で、新たに設立された修道会や改革を経験した旧来からつづく修道会がその代役を担ったため、こうした修道会が兄弟会の設立を促すのであった。一七世紀中葉以降、司教を頂点とする教会制度が整うのに比例して、小教区を基盤とする兄弟会も増加した。(98)

近世における兄弟会の存続に対する第二の危機は、「啓蒙の世紀」に訪れる。ヴォヴェルはプロヴァンス地方の「非キリスト教化」を分析する中で、兄弟会の衰退過程がこの問題の重要な指標の一つとなることを示した。(99) たしかに、宗教的無関心を含む当時の民衆心性に加え、都市行政の「世俗化」や、職能別兄弟会のもつ労働環境を擁護する役割に対する当局からの懸念や制限も影響した。(100)

しかし一八世紀パリの兄弟会は、複数の危機の中で信徒の自律的基盤として存続した。当時の聖職者は兄弟会のもつ信仰上の教導的役割を認識していた一方、信徒は団体規約を維持する行為を通じて歴史的継続性の中に団体の自律性を見いだし、聖職者の監督が及ばない社交空間におかれることを望んだため、しばしば両者の軋轢は表面化する。

他方、貴族や上層エリートのみならず、弁護士に代表される法曹、親方や職人を含む中・下層都市住民が兄弟会の役職者に就任するようになり、彼らの間にはジャンセニスム思想が浸透する。彼らはしばしば、ジャンセニスムに共鳴する司祭の祭務執行をめぐり小教区主任司祭やパリ警視総監と軋轢を惹き起こし、高等法院主席検事に告訴する場合もあった。

要するに、一七世紀には兄弟会の活動に少なからず不信感を抱いていた「エリート主義」的ジャンセニスム運動は、一八世紀には、自らの主張を擁護するために兄弟会という装置をも活用する「民衆的」ジャンセニスム運動に変容する。[101] もちろん、この種の兄弟会は少数派に属する一方、聖心兄弟会は、パリ大司教、複数の小教区主任司祭、聖母訪問会の修道女の支援を受けながらも、教皇権至上主義 ultramontaine の兄弟会と看做され、信徒の間でその活動を発展させられない。すなわち、パリでは、公会議主義と信徒主導を掲げる兄弟会が多数派を占める。[102] 一八世紀パリの兄弟会は、長期的持続を団体の正当性の源泉としながら、教会制度の外部で信徒によるソシアビリテの舞台を提供しつづけたのである。

第二節　兄弟会の遊興的側面、とくにレナージュについて

はじめに

本節では、中世末からアンシャン・レジーム期にかけて、フランスとりわけ中部フランス地方に広く見られた、兄弟会に付随する「レナージュ」という制度について取り上げてみたい。

レナージュ reinage というのは、もともとプロヴァンス語であり、フランス語でそれに対応する言葉は royauté（王権）ないし royaume（王国）である。しかし兄弟会と結びついたレナージュは、年毎の兄弟会の守護聖人祭の中で行われる「王」や「王妃」をはじめとする顕職の「競売」をとくに指し、さらにその競売が行われる「祭」をも意味するようになった。「王」や「王妃」ら「王国」の権力者および役人の主たる職務は、兄弟会や小教区の守護聖人祭を司る

ことである。もちろんこれらの職は、純粋に名誉職であり、現実の王国とその宮廷の、一種のパロディーでもあった。一時的とはいえ、町や村の小教区で「王」や「王妃」たることは名誉なことだった。だが同時に彼らは、個人財産を拠出して、それで小教区全体の利益のために贅沢で華やかな祭を催し、灯明の維持や教会建築の修復に役立てようとしたゆえ、それは「公共奉仕」の一種だとも看做せよう。

レナージュについて最初にまとまった論考を書いたのは、L・ド・ニュサックで、今から一〇〇年以上前（一八九一年）に、リムザン地方コレーズ県の地方誌に寄稿している。[103] その半世紀後、一九四二年に、民俗学者のA・ファン・ジェネップが、オヴェルニュ地方とヴレ地方の民俗研究の中でレナージュに言及しているが、彼は先行研究を読んでおらず、コレーズ県やクルーズ県のレナージュを知らないようだし、その一般化も時期尚早の感を否めない。[104] 一九四四年になって、H・ボーティエが、史料をより博捜して——とくにクルーズ県について——詳細な研究を行った。[105] このボーティエの論文が、これまでのところ唯一の本格的研究である。もちろんほかに数多くの地域史的研究が古くからあり、近年でも、フランスの兄弟会研究、とりわけリムザン地方などフランス中西部の兄弟会研究では、かならずレナージュにも触れられ、いささかなりとも新たな知見が付け加えられているし、[106] また若者組の遊興との関係で言及されることもある。[107] しかし、真に総合的な研究はまだなされていない。

レナージュの歴史と組織についての研究の遅れは、関連する断片的な古文書史料が、各地に散らばっており、まとまった史料が存在しないということにも起因している。さらに、史料のほぼすべてが味気ない小教区の帳簿や公正証書・会計記録であって、なかなか実態を摑むのが難しいという事実も、研究の進展を妨げているのだろう。

本節では、これまでの研究を参照しつつ、中世から近世にかけての祝祭文化と宗教的な儀式の歴史の狭間にレナージュを位置づけ、それを兄弟会の本質と連関させてみたい。

レナージュの起源と発展

レナージュは、いつ誕生したのだろうか。ド・ニュサックは、それを古代の太陽崇拝に洗礼者聖ヨハネへの礼拝が取って代わったときだと考えたが[108]、ボーティエが批判しているように、太陽崇拝とレナージュとの結びつきはほとんどないし、ましてやレナージュが、ことさら洗礼者聖ヨハネを崇敬したという証拠もない。だから、古代末期や中世初期というよりも、おそらく中世最末期、一五世紀末に、その起源があるとすべきだろう。その時期には、思想・宗教・芸術の各分野で、西洋世界は新たな活気を帯び、とりわけ宗教的感受性が再燃するとともに、ファルスへの嗜好が高まったのだから[109]。こうしたボーティエの判断は、けっして間違いではあるまいが、レナージュ盛行の説明としては不十分であろう。

ド・ニュサックが発見し紹介している一四九八年の史料は、最初期のレナージュの姿を忠実に映し出している。それは、同年、ルイ一二世によってコレーズ県のベイサック Beyssac 住民に与えられた赦免状で、その写しがポンパドゥール家古文書所蔵目録に記されていたのである。すなわち、当地のジャン・カルトンという仕立屋が、聖体祭のレナージュの際に司祭と喧嘩になり、勢い余って彼を殺してしまったというものである。これは孤立した史料だが、それでもそこからは、たしかにこの地域においてレナージュが本格的に成立していることが分かる。そしてレナージュの構成要素として、「ミサ」「行列」「レナージュ（競売）」「祝宴・遊興」の四点が、すでに揃って登場している[110]。

その後、一六世紀から一七世紀にかけて、レナージュは中部フランスに広がっていき、とりわけリムザン地方のクルーズ県とマルシュ地方のコレーズ県およびその周辺の県に集中的に展開した。だが、ボーティエが詳細な古文書・地方史誌探索で明らかにしたように、かつてド・ニュサックが説いたほど、それはリムザンやマルシュの諸小教区にまんべんなく広まっていたのではない。同一地方内でも密度の偏差が大きく、もっとも集中度が高かったのは、マルシュ・オヴェルニュ・リムザンの「境界地域」であるようだ。またポワトゥにもレナージュがあった証拠があるし、フランス南東部のドフィネ地方にも、一七世紀初頭から数多くのレナージュの存在が認められるという[111]。

ボーティエの調査では、一一四のレナージュが発見され、そのうち三三はコレーズ県、三一はクルーズ県であった（いずれにせよ不完全なリストだが）。ファン・ジェネップは、オヴェルニュ地方を発祥地としているが、根拠薄弱で、むしろマルシュやバ・リムザンが起源ないし中心地で、それがオヴェルニュやヴレにまで広がり、中部フランス全般に濃淡の差を抱えつつ広まっていたと考えられる[112]。H・ジェルムティは、一九四五年に公刊したオヴェルニュのレナージュに関する論文で、一七、一八世紀のオヴェルニュには、多くの小教区にレナージュがあったことを示したが、精確なリストアップはなされていない[113]。より最近のJ-P・ギュトンの研究は、リヨン地方にもレナージュがあったことを指摘し、しかもそれは早期に信心深い兄弟会になったとしている[114]。だが逆にルエルグ地方では、レナージュは長い間きわめて世俗的な性格を留めたようだ[115]。

ボーティエに従えば、一六世紀後半以降、裁判記録や小教区の帳簿にレナージュの登場が頻繁になり、一七世紀には決定的にこの制度が確立して、関連史料も多くなるという。この盛況は、その時期に開花した対抗宗教改革が、人々の宗教感情を再燃させ、多くの兄弟会や信仰団体の設立につながったことと関係する。ことにリムザンやより一般には中部フランスに広まった悔悛苦行兄弟会が重要である。では遊興やファルスへの愛好の高まりと、敬虔で真率な信仰心の高揚と、どちらがレナージュ発展をより促したのだろうか。両傾向は対立しないのだろうか。

フランスでは、一七世紀半ばに聖体会が、教会での騒がしい競売と「国王」への聖水撒布などを非難したため、レナージュは大きな打撃を蒙った。おそらく、レナージュは最初期から一六世紀半ばまでは、楽しいお祭りの様相を呈していたが、トレント公会議（一五四五～六三年）後は、性格が一変して、小教区の必要に貢献する信心の業になっていったのだろう。だが生真面目なレナージュに興味を失う住民も徐々にふえ、一七世紀後半には、古い慣習として見放されていく趨勢も窺われる。つまり、競売しても誰も落札せず、「王国」の統治者となりたがらなくなるケースが現れたのである。

しかしながらその後レナージュは、革命期まで都市にも農村にもどんどん広まり、一説では、一八世紀半ばに落札額がもっとも高くなったという。だが、その数量的な高揚は、精神の衰弱と裏腹であった。その証拠に、ルイ一五世時代（在位一七一五〜七四年）の末期になるとレナージュは一気に衰退し、ルイ一六世（一七七四〜九二年）のときには完全な頽廃に陥って、競売される「顕職」の数や落札額、競売参加者の数が大きく低減したのである。そしていくつかの家系のみが競売に参加して「顕職」を独占するにいたるのである。

レナージュはフランス革命が最後の打撃になって消滅するが、その後、多くの兄弟会とともにレナージュも復活、一九世紀に入ると新たに発展の兆しをみせ、一九世紀半ばに第二の頂点を迎える。しかしその後ふたたび退潮が始まり、第一次世界大戦後はまったく消え去るのである。

「顕職」の数々とレナージュの諸タイプ

レナージュの最初期、中世末の史料は上記のベイサックのもののみだが、アンシャン・レジーム期の史料も含めると、およそ以下のような姿が浮かび上がってくる――

多くの小教区には複数のレナージュがあった。そして兄弟会ごとにレナージュを形成したケースが多い。もしある小教区に複数の兄弟会があれば、そこには同様に複数のレナージュがあり、複数の王・王妃がいた。二つがもっとも多いが一〇近くも抱える小教区もあった。レナージュは一般に、それぞれ小教区（または兄弟会）の守護聖人に献げられるが、べつの聖人に献げられることもあった。

レナージュはつぎのように進行した。競売（レナージュ）は大きな祝祭の日に行われるのが原則であった。とりわけ兄弟会や小教区の守護聖人祭である。一年に何回か競売が行われる兄弟会もあった。「顕職」の競売が教会内で行われることは稀で、通常、町や村の中心広場とか、教会前広場がその会場となった。それは、ある程度の厳かな式次第に従って行われ、司祭が競売執行人となることも多かった。しばしば公証人および兄弟会と無関係の証人が立ち会って、公証人署名の契約書が結ばれた。

競売では、もっとも多くの蠟の提供を申し出た者が「王」と宣言される。新王は、旗と太鼓が先導し、兄弟会のメンバーが付き随う中、自分の家に導かれる。家の前では彼に敬意を表して音楽が演奏される。「王妃」についても同様である。この「王」や「王妃」選出に伴い、仮装行列や騎馬行列が組まれるとともに、ダンス・宴会、その他さまざまな遊興行事が行われた。M・タントゥーという研究者が言及している、リムザンのグリグィユ・レネ小教区の守護聖人、聖マルシャルに献げられた兄弟会では、オーボエ、トランペット、太鼓の音の中での行列や王の主催する昼食会のほか、王が与えた手袋の取り合い競技などの遊びがあったという。(116)

翌年の祭の日には、兄弟会は一体となってその——前年の——王と王妃をそれぞれの家に訪ね、教会の大ミサへと連れて行く。ミサの後に行列を作って教会の周りを回る。旗が先導し太鼓・喇叭が音曲を奏でる中、蠟燭と花束を手にした王と王妃が進み、その後に聖遺物が運ばれる。会員は二列になって後に従う。そして行列の途中、競売で最高値を付けた新任の「王」「王妃」の家の扉の前にくると、前任者は新任者に統治権を譲るのである。こうして一年を経て、新たなレナージュ（「王国」「王権」）と「王」「王妃」が誕生する。王や王妃は、王冠・王笏・玉座やマントなど、その地位を象徴する権標を受け取る。

以上のように、レナージュの基本となるのは、四つの要素、すなわち「ミサ」「行列」「レナージュ（競売）」「祝宴・遊興」であったが、宗教的要素と世俗的・遊興的要素が入り交じっていたことが、大きな特徴である。

競売の元手は、上述のように一般に蠟であり、ときにそれにワイン、小麦が加わることもあった。現金での競りになるのはかなり遅くなってからである。顕職は、後述のように、じつに多数のものがありえたが、その中では当然、「王」「王妃」がもっとも人気があり、落札額も一番高かった。ボーティエの調べた範囲では、一五八二年のエヴォで、「王妃」が（お金に換算して）六五リーヴルで落札されたケースが、最高額である。「王」の最高額は、一六六六年レ・ザングルで、四九・五リーヴルであった。兄弟会によって落札額はさまざまだが、平均するとざっと（王や王妃は）〇・五～一〇リーヴル、よりしばしば一～五リーヴルの範囲内だということである。(117)

レナージュの顕職を競り落とす者の身分としては、一般に農民、職人が多かったが、しかし小ブルジョワ、大ブルジョワ、いや貴族まで登場することがあった。とくに都市では、富裕な社交界を彩る男女、地方の名士、政界・法曹界を代表する者が、多く参加することもあった。落札者の貴族化・エリート化は、時代が下るほど顕著になる。

たとえば、S・ルイの研究によると、リムザンの御宿りの聖母マリア兄弟会 la Conception Notre-Dame では、二人の退任する「代表」bayles のうち、一人が「王」に、もう一人は「王太子」になる決まりであった。[118] 王、王妃、王太子は、事情によってはコンシュル(統領)たちが秩序立った統治をするのを助け、またなにより彼らは、多くの資金を提供した。その出費とは、宴会や教会の装飾・音楽のための費用、司祭などの祭服の維持、さらには鐘を打ってくれる教会管理人への手当ともなった。[119] だからこのケースでは、「王」「王妃」「王太子」らは、兄弟会の有力者、顧問的な存在であり、おそらく彼らは同時に、当該地域の有力者ということでもあっただろう。

ではつぎに、レナージュのいくつかのタイプについて考えてみよう。

最近、上記のタントゥーは、リムザン地方のレナージュについて、何種類かに分けて捉える見方を示した。[120] すなわち——

(1) まず第一に、唯一人の「王」のみを戴くレナージュ。つまり「王妃」も他の顕職も存在しないレナージュである。それはたとえばテュルのサン・ジュリアン教会に出来た恩寵の聖母マリア兄弟会 Confrérie de Notre-Dame de Grâce の場合である。当兄弟会の規約には興味深い規定がいくつもある。たとえば、兄弟たちは、ミサと晩課の前に「王」を探しに行き、彼を自宅へと連れ戻すべきであり、また「王」がもし町中で踊りたければ、兄弟たちは彼と同行しなくてはならない。それから「王」が選出されて王国の標章たる花冠か花飾り付帽子を授けられたとき、兄弟たちは彼の家まで付き従うべきだった。だが御宿りの聖母マリア兄弟会では、逆に、レナージュの「王」が各会員に、ツルニチニチソウとローズマリーの帽子を渡すのがしきたりだった。[121]

(2) 二つ目は、顕職が子供のために売却されるレナージュ。この種のレナージュにまつわる行列では、四〜五歳の二人の子供が主役である。彼らは、九月八日ないしつぎの日曜に、「洗濯篦」の「王」と「王妃」として、豪華な衣装と王冠を身につけ、「洗濯篦の聖母」像を先導する。その王と王妃に付き随うのが町の洗濯女たちであり、彼女らは、洗濯業につきものの道具、すなわち洗濯物・洗濯石・洗濯篦・水が一杯入ったバケツなどを持って行列した。それは善き助けBon Secoursの聖母マリア兄弟会の名前で行われた。じつは行列の数日前に、彼らの「王国（の顕職）」が当兄弟会の「代表夫人」baylesses（バイル夫人）によって競売に掛けられたが、実際は、上記の子供たちのために彼らの母親に譲渡（売却）されていたのである。

(3) 三つ目は、競売されるのが――「王」「王妃」以外には――もっぱら宗教的役職にかぎられる場合である。つまり、行列のための十字架、天蓋、松明、旗、紋章付高札などを捧持する権利を買うのである。たとえばラ・ジョンシェールでは、聖体兄弟会、聖マルシャル兄弟会、聖ロクス兄弟会、聖マウリキウス兄弟会の四兄弟会に結びついたレナージュがあったが、それぞれが、「王」一人、「王妃」一人、「天蓋運び」四人、「紋章付高札持ち」四人、「十字架捧持者」一人、「旗持」一人の職だけを競売にした。

(4) 四つ目は、「王」が多少とも重要な混成部隊に付き従われ、そこにはファンタジーが羽ばたいているケースである。一五九八年にリモジュ近くのサン・クリストフ小教区の同名兄弟会の規約は、「代表」baile（バイル）と「王」の義務を綿密に定めているが、そこには食べ物のほかリボンや花帽子を配る役目まである。[122] 翌年の聖アンナ兄弟会は、ラ・シャペル・サン・ロベールに出来たものだが、そのレナージュの状態はこの種の代表であり、王、王妃、王の寵臣、王の代官、隊長、隊長代理、軍旗持ち、兄弟会道化、道化代理、ブドウ栽培者、剣持ち、自分流儀人、塩漬け豚肉味見係、鷹匠、司教、司祭、怠け者、寵臣代理、大執達吏、軍旗持ち代理、国王酒倉係らが、競売に付された。

ところでC・ルロワによると、ヴェルトンとその近隣の村々には、毎年四人の「王妃」が宰領するレナージュがあるという。[123] これは、「王」がおらず「王妃」のみという偏頗なケースであり、一般に良家の娘が選ばれた。彼女らは四年間、教会の祭壇を花で飾ったり、ミサの間に募金を募ったりする役目を負い、また日曜や教会の儀式のときには空色のスカーフをまとわねばならないのだという。宗教行事への参加や宴会など兄弟会のレナージュと似ている面もあるが、とくに兄弟会との結びつきは認められない。

さて、上にリムザン地方のレナージュで売買される「顕職」に触れたが、他の地方のケースも総合してみると、さらに多様な「役職」が競売に掛けられたことが分かる。

大きく(1)王宮、(2)軍隊、(3)裁判所、(4)教会という、中世末からアンシャン・レジーム期の四つの制度・組織のパロディーとしての、顕職である。

まず(1)王の宮廷に関連する役職者としては、王、王妃、副王、副王妃、反王、反王妃、王太子、王女、国王摂政、尚書部長官、国王秘書、王太子秘書、財務総監、財務官、国王財務官、国庫財務官、大使、国王評定官、大式部官、地方長官、地方長官夫人、警察監察官、道路管理官、侍従、第一貴族、国王寝室長、国王寝室係、国王寝室付小姓、名誉姫君、姫君、布類整理係、王妃蠟燭係、司厨長、国王料理人、料理人、酌係、ワイン係、肉切り係、出入り商人、鷹匠、建築家、仕立屋、国王外套持ち、剣持ち、剣持ち代官、杖持ち、羽根飾持ち、天蓋持ち、旗手、軍旗手、香炉持ち、聖像捧持者、十字架捧持者、旗持ち、松明持ち、巾着持ち、伝令官、道化師、国王気晴らし役、侍臣、小姓、門番、寵臣、副寵臣、寵姫、副寵姫、寵児、王妃評定官、侍女、王妃警護係、総督夫人、寝室付夫人、女官、小間使い……などである。彼らは宮廷で王と王妃に服し、行列でもその後に従う。また係りによっては一名のみでなく複数いることもある。

(2)軍事部門では、つぎのような役職が現れる――最高司令官、海軍元帥、海軍提督、元帥、国王代官、国王大将、フランス歩兵大将、歩兵隊長、フランス騎兵隊長、隊長、隊長代理、少将、衛兵隊長、衛兵隊長代理、衛兵代理、軍曹、騎兵旗手、騎兵旗手代理、大軍曹、戦闘軍配置指揮将官、兵団軍曹、伍長、ラッパ手、鼓手、軍旗手、軍旗手代理、旗手、旗手代理、国王射手、身辺警護係、スイス兵、近衛騎兵、小銃兵、矛槍持ち、監視騎士、宮廷裁判官、宮廷裁判官射手など。

(3) 裁判所に関係する役職としては、裁判官、調査官長、セネシャル、セネシャル代官、副セネシャル、プレヴォー、バイル、刑事代官、代官、女代官、王室検事、王室弁護士、書記などである。

そして(4) 教会関係では、王の聴罪司祭、大司教、司教、司教代理、司教代理判事、大司教料理人、大修道院長、礼拝堂付司祭などが登場する。

こうした中に、自分勝手な行為者、王の前で最初に踊る人、王につづいて踊る人、好きなとき踊る人、酒味見役、賢者の王、王の髭剃り人、第一指輪投げ人など、より巫山戯《ふざけ》た、面白可笑しい役職が入ってくることがある。

競売の慣行

レナージュが競売によって行われるというのは、兄弟会が宗教団体であるゆえに、いささか奇妙な印象を与える。いかにして両者は結びついたのだろうか。

西洋世界における競売についての最古の資料的証言としては、ギリシャのヘロドトスの『歴史』の中に、紀元前五〇〇年頃のバビロニア人の習慣で、男性が美少女たちを競りに掛けて妻にしたという記録がある。(124) またローマ時代には、競売が商取引にさかんに利用されていたことが知られる。競売専用の建物があり、その中央のホールで競りが行われたのである。競りに掛けられるのは家具や装飾品、また被征服民から略奪して手に入れた大量の戦利品、さらには捕虜などであった。

競売は、ローマ帝国滅亡で一時下火になっていたが、中世のパリで復活したとされる。これは王権が、いわば自由な商品取引の間に割り込んで中間搾取しようとする企みでもあった。つまりその売買自体に税を掛けるとともに、それを任された人物に、そこからの上がりを効果的に国庫に納めさせようというのである。さらに、この裁判権の行使に結びついた特別な官職をフランス王権は「売る」ことにしたのであった。

一二五八年には、聖王ルイが王令で、パリと地方双方に執達吏の役職を設置、彼らに、裁判の権威にもとづく競売に携わる特権を与えた。中世においては、土地が価値の源であったが、中世末からルネサンス期にかけては貨幣、および貨幣とともに容易に移動・回遊する動産が、価値を増してきた。それが、競売をますます盛んにしたのである。

ついで一五五六年には、アンリ二世の勅令が、競売執行吏 maîtres priseurs-vendeurs de biens meubles の役職を創った。その後、フランスでは、貴族・市民たちの財産の上下変動、破産、死亡、損失などが競売の好機となって、土地・屋敷、家財道具、宝飾品などあらゆるものが競売の対象となっていく。そして一七世紀には本や美術品が競売の対象として定着して競売が人々の生活に馴染んでいき、一八世紀になると競売は大発展する。

こうしてみると、レナージュが増殖していった時代には、競売はすっかり人々の生活に馴染んでいたことになる。したがって、兄弟会の仮想王国（レナージュ）の顕職が競売されたとしても、不思議はない。だがそれでも、レナージュの競売においては、通常、司祭が競売執行人になったわけだし、このような商慣行が、教会の掟、道徳と背馳しないのか、気に掛かる。

おそらく、フランス絶対王権がアンシャン・レジーム期に、その国庫収入の赤字を補うべく始めた「官職売買」が、非常に広く展開して、いわば社会システムの一部に組み込まれていたことが、レナージュの顕職競売を促したのだろう。アンシャン・レジーム期には、国王役人の大部分は、その地位を金銭で購入したのである。ルイ一四世期には厖大な数の官職が売り買いされ、それは四万五〇〇〇以上に上った。それは、名誉な職を自分のもの、ひいては、自分の家族のものとして、社会的な上昇を果たそうというブルジョワたちの願望に叶っていた。であるなら、レナージュの顕職の競売も、そうした官職売買の戯画と捉えられるのではなかろうか。

若者組とバシェルリ

レナージュの直接的起源が、おそらく一五世紀にあり、それ以前にはなかったと思われることは既述したとおりである。ただし、その性格については議論が分かれよう。

たとえばボーティエは、レナージュにも楽しい遊興的側面があること、ならびにレナージュ普及地域のうち辺境部分では、堕落傾向があることは認めているが、レナージュは、兄弟会そして聖人崇敬と結びついているゆえに、その本質は宗教的なものである、との立場を採っている。さらにレナージュは、いつでも教会のコントロール下にあり、あらゆる付属する儀式は聖職者の指導下に行われ、そこにはほとんどつねにミサと宗教行列が伴っている。そして集められたお金や蠟は聖人崇敬や教会建築・維持管理にもちいられた。これらの事情も、その宗教的性格を裏付けていると彼は考えている。

だからボーティエは、ファン・ジェネップの説いたごとく、レナージュが若者組のように性的な性格をもっているとする考えを拒否し、また、ド・ニュサックが取り上げた「キクイタダキの王」および「コナール団」については、あえてその関連を否定する。

しかしどうだろう、ボーティエ説が間違っているとは言わないまでも、レナージュを「疑いなく宗教的性格のもの」と断じて、遊興的な側面の増進を堕落であり頽廃であると、両者を分離してしまうのは納得しがたい。そもそも兄弟会という団体は、世俗と宗教の中間にある社会的結合関係を有することを本質としているのであり、レナージュには、兄弟会に不可欠の宴会ともども、そうした兄弟会の本質がもっとも典型的に表れている、とすべきではないだろうか。ボーティエ自身認めているように、レナージュはファルス全盛の時代に生まれ、そこには遊戯・パロディー要素がタップリ含まれているし、そうした要素は、敬虔な宗教的要素と背馳するものではかならずしもない。むしろ、あまりに生真面目になったレナージュは、生命力の涸渇・衰亡を余儀なくされたのである。

ところで、後段で検討する若者組もそうだが、ほかにも、中世末からアンシャン・レジーム期には、さまざまな祝祭に際して束の間の「王国」が多数作られて、遊戯王・祝祭王が選ばれたのである。同職組合の王、宴会の王はいたるところに見られたし、ベリー公領には「刈り入れ人の王」や「手芸材料商人の王」などもいた。

こうしたフィクショナルな役職の多様性と遊戯性は、レナージュと、同時代の若者団体を峻別することに意を用いるよりも、むしろ両者の共通の指向性、境界面に着目してみるよう促しているように思われる。中世・近世都市に叢生した、若者修道院、若者王国、若者公国その他の風刺的組合・団体とレナージュとは、異なる次元に位置し、両者の活動は別の社会的要請に応えるものであったことは確かだろうが、しかしきわめて似ていることも疑いないからである。

J・ロシオによる中世末南東フランスの「若者組」fraternités de jeunesse 研究によると、当時、大半の若者は「修道院」とか「王国」と呼ばれる遊興団体に加わっていた。これは、喜悦に満ちた自発的団体でありながら、じつは、ヒエラルキー、父権主義的ないしイデオロギー的な締めつけが厳しいところで、重要な役割を果たしたという(125)。たとえば「若者修道院」の「修道院長」は、僧帽を被り、杖を持ち、ソーセージを振り回して参事会を開き、面白可笑しい裁判集会を開いて、辛辣で滑稽な判決を下すのであった。これは若者が、大人の権威主義的社会をパロディー化しているのだろう。

ところで「若者」jeunesse というのは曖昧な概念で、一六・一八歳〜三五・四〇歳までの年代を指し、結婚は、かならずしも「若者時代」jeunesse を終わらせない。親方になれない、父権から解放されない、そうした男子が「若者」であった。一人前の大人の世界に組み込まれない「若者」は、仲間同士集まって、世渡りと生活の智慧を学ぶのであるが、彼らは夕方になると禁忌を破り、フラストレーションを発散させる。彼らの存在は、社会における波乱要因だったが、そうした中、彼らにポジティブな役割を与える「若者修道院」「若者王国」が出来たのである。これらの団体は、祭りを組織し、結婚を規制し、スキャンダルを鎮め、若者を楽しくまた誠実に統括し、人々の平穏を確保する役目を負っていた。その「修道院」の修道院長選出は、クリスマス前とか、聖霊降臨節とか、カーニヴァルとか、五月とか、地域によってさまざまな時期に、都市の多くの主要役人・名士の前で、裁判所の許可の下に行われた。修道院長には、しばしば貴族・富裕商人の良家の息子が選ばれた。修道院長の下には、代官、執達吏、衛兵、手下たちがいた。

だがこの団体は恒久的存在ではない。おそらく各若者修道院には、祭壇と守護聖人があり、いや、兄弟会となっていたものもあっただろう。そうでなくても、彼らには、たしかに兄弟会に類した宗教的側面があった。そして祭日などには、キリスト教的な敬神・信心業と、喇叭や太鼓を鳴らしながらの異教的な酒宴やダンス、遊び・巫山戯た談論、さらには軍事的デモンストレーションが混ざり合い、それが一週間もつづくことがあった。

「若者修道院」の全盛時代は短く、一六世紀の間に徐々に民俗化し、公的なシーンからは追いやられる。それは、若者が大人の世界に入るための馴化と教育の機能をそれなりに果たしていたのだが、宗教戦争、あるいはその後のカトリック、プロテスタントそれぞれの支配の中で、道徳への要請が高まると、「若者修道院」が広めた世俗的価値がスキャンダルとされるようになった。家から外に出た若者たちが集う社会集団の力は、キリスト信仰の源泉と位置づけられた家族の力の前に脆弱化し、道徳規範を覆そうとする若者の集まりは、人々に不安を与えるものとなったのだ。

時代を遡って、この若者修道院のルーツを探してみると、一三世紀以来の愚者祭・聖嬰児祭における、逆さまの世界の現出、そこでの少年司教の活躍に行き当たる(126)。愚者祭は、中世初期の一二月の放縦から由来するが、それ自体サトゥルナリア祭の古代の伝統に起源を有している。これは、農業労働の必要が最小限になる冬の季節であり、またクリスマス——これも異教の祭日を衣替えしたものなのだが——とも時期が近い。キリスト生誕との関連で、この冬のサイクルには、子供への気遣いがなされ、子供を称賛する多くの儀式が挙行された。クリスマスのほか、聖嬰児祭(一二月二八日)、ロバ祭(割礼日)や助祭ないし副助祭の祭り、そして助祭にして最初にキリスト信仰に殉じた聖ステファヌス祭(一二月二六日)などだが、それらはやがてすべて混同していき、しばしば一二月六日の聖ニコラオス祭、さらには公現祭(三王礼拝の祭日)、公現祭の八日目(オクターヴ)たる一月一四日なども含めて、全体が「愚者祭」としてまとめられる傾向があった。

これらの愚者祭は、まずもって聖職者の祭りであり、とくに北フランス、イングランド、ドイツの諸都市では、一二世紀末～一三世紀に多数の証拠がある。聖職者といっても、主人公は若き聖職者、助祭、副助祭らであった。この祭りは一時的にのみ若者のレクリエーションとして認められ、束の間、逆転するヒエラルキーが許された。若い聖職者は衣服を裏返しに着たり、女装したり、野人のふりをしたり、顔に煤を塗ったりした。残余の時期には、聖職者の儀礼・ヒエラルキーに厳格に従わねばならなかった。

若者組、とくに若者修道院や若者王国は、その逆転の実践や面白い活動を、愚者祭から学んだ可能性は大いにあるだろう。

上にレナージュの四つの要素として、「ミサ」「行列」「レナージュ（競売）」「祝宴・遊興」が基本だと述べたが、兄弟会の中には、祭の日、騎士階級の娯楽のような趣で、レナージュを落札した王や王妃たちを先導する派手なお祭り騒ぎが行われることもあった。またレナージュの行事に付随して、ダンスのほか、カンテーヌ競技や馬競技の一種の輪競走——最初に槍で輪を吊り上げられた騎士は、そこにいる娘たちすべてを抱くことができた——など、騎士の遊びに似せた遊びを行うこともあり、まさに若者組の遊興王（国）と見紛うばかりの、娯楽を楽しんだレナージュもあったのである。[127]

かように、若者組とレナージュはよく似ているケースがあり、当時から混同されることがあった。たとえば場所によっては、レナージュの王は一年のある日、特定の犯罪（姦通など）を裁く権利があったが、それは若者修道院の「修道院長」の裁判権を思わせる。

＊

だが、レナージュとの比較の意味でより興味深いと思われるのは、ロシオの研究した南東フランスの若者修道院を形成した若者組ではなく、「バシェルリ」bachelleries である。N・ペレグランの詳細な、歴史民俗学的な研究によると、一五世紀から一八世紀にかけてフランス中・西部には、バシェルリと呼ばれる若者組と彼らが主宰する祭の伝統があったという。(128) この結社は、男性中心だが女性も加わり、男性の若者がバシュリエ bacheliers、その儀礼上の相方（女性）がバシュリエール bachelières ないしバシュレット bachelettes と呼ばれた。彼らの長は「バシュリエの王」である。「バシュリエ」の語は、アンシャン・レジーム期には、じつにさまざまな意味で用いられたが、ここで問題になっているアソシアシオンは、結婚適齢期の若者たちの団体ということだろう。

ペレグランの調査で判明したいくつか重要事項の随一は、バシェルリは現在の中・西フランス全域に広まるが、しかし北はロワール川には達せず、南はガロンヌ川には達しないという、はっきりした境界があることである。旧体制下の州でいうと、アングモワ、ポワトゥおよびそのブルターニュとアンジュ地方寄り境界地域、そしてベリーが主要な展開地だが、ベリーでは、西部のみに見られる。それは、すべての社会層にわたって「オイル語圏」で広まり、またそれらの土地は、領主的賦課がもっとも重い諸地方であった、という際立った特徴がある。

これは、まさに同時代に栄えたレナージュと比べてみると、非常に興味深い。というのは、バシュリエが広まったオイル語圏には、レナージュはほとんどなく、また逆に、リムザン地方はじめオック語圏には、バシュリエのような若者組が存在しないからである。しかしともに小教区を舞台として広まる擬似的な団体であり、また「領主支配」に服している、つまり領主の許しを得て、束の間活動が許されるという点で共通している。レナージュにしても、もともとは領主がその家臣に、自分たちで一時的な王国の顕職 honneurs と権標を選ぶことを許すという慣習、一種の懐柔策であっただろう。いわば領主と家臣・領民の間の調整弁という意味ではバシュリエと同一であった。

バシェルリのメンバーになるためには、それが存在する小教区に生まれる必要があった。基本的に男のみであるが、それとは別個に娘たちの団体があることもあった。そして彼女らも儀礼的役割を果たすのである。すなわち表敬、行列、式典、ダンスなどである。一五世紀末にはきわめて栄えたようだ。バシェルリの独身の規定はゆるやかであった。原則として一般には二十代前半が中心であり、結婚したら団体から抜ける決まりだが、そうでないケースもあった。内部に序列が小教区や領地のある年代の若者すべてがバシュリエになるが、実際にはそこから排除される者もいた。内部に序列があり、多くの場所で、その長は「王」と呼ばれ、ときに「隊長」capitaine と呼ばれることもあった。

レナージュとの共通性は、「王」のような役職名だけではなく、バシェルリが、しばしば宗教的な祝祭の担当者になった点にもある。バシェルリも若者組の一種として、祭の準備、その活性化に努めたのは当然で、守護聖人祭、カーニヴァル、聖ヨハネ祭、一二日 Douze Jours などのキリスト教暦の儀式を担当したり、また婚礼や、地域共同体にとって好ましくない人物を制裁する――シャリヴァリのような――活動などを行った。彼らが主催する祭では、飲み食いしたり花束を授与したりダンスをしたり、ミサに与ったりもするが、また仲間によって「王」が選出され、「王国」が宣言されるところが、レナージュと非常によく似ている。各小教区や会衆ごとに選ばれた王は王国を治め、そのバシェルリの蠟燭や灯明の管理をし、また、しばしば教会内の磔刑像の前で燃えているランプを維持する役目を負うこともあった。

ただし、つねに兄弟会と表裏一体で宗教的色彩の濃いレナージュと、もともと世俗的で教会から独立していたバシェルリとは、似て非なる団体だろう。この点バシェルリは、たしかに若者組の一種なのであり、ボーティエの言うように、若者組とレナージュを混同すべきでないとするならば、バシェルリとレナージュも同一視してはならないのである。さらに競売という商慣行の有無が、決定的な違いとして挙げられよう。しかし若者修道院や若者王国がどちらかといえば都市で非常に発展したのに対し、バシェルリは都市よりもむしろ村の小教区と結びつき、農村的性格が濃厚であった。レナージュは、まさに農村的な現象であったので、バシェルリとレナージュとの並行性は、より際立っている。

兄弟会の遊興的側面

最後に、レナージュがその一面をまざまざと表現している、兄弟会の遊興的側面について、より広い視野で考えてみよう。

兄弟会が結成される目的は、死者の弔いや慈善活動、守護聖人崇敬などの宗教的なものだが、当初よりそこには「遊興的」な側面が伴っていた。というよりも、相互扶助・相互親睦を重ねていく社交の付き合いの中で、会員相互の一体性を確認する機会として、娯楽・遊興が兄弟会と不可分なものとして成長していったのである。とりわけ、中世末以降の都市においては、定期的な宴会、そして祝祭の準備・実行が、兄弟会会員の大きな仕事になった。これは都市当局に、祝祭や演劇の手配、準備を任されるのが、同職組合とともに、兄弟会であったことからも裏付けられよう。

「宴会」のない兄弟会はない、とはフランスの俚諺である。守護聖人の祝祭日など、一回のみならず、何日にもわたる連続的な宴会になることも多かった。そこでは、ふだん食べられないような贅沢なご馳走が供されることもしばしばであった。(129) 中世末のように飢饉が頻発し、人々が食糧不足に苦しんでいるときでも、いやそのようなときだからこそ、会員らは丸一日ずっとつづくような宴会で、大量の食事を平らげることを望んだのだ。

フランスの兄弟会の宴会では、あらゆるメニューに、野菜、豆、パンがあったが、牛、羊、豚などの肉も——安楽・ゆとり・悦びの徴として——大量に食べられた。牛、子山羊、鶏肉などがローストされ、あるいはパテになった。兄弟会の兄弟たちは、チーズタルトや甘いタルト、シナモン・ショウガ・クローブなどの香りを利かせたタルトも大好きであった。そして食事の最後を飾るのが、生や乾燥させたフルーツであった。それらのメニューすべてに、ワインが付随していた。酒を飲み過ぎた兄弟同士で、諍い、罵り合い、殴り合いになることもあった。

このようなご馳走が振る舞われる宴会は、兄弟会の世俗的側面のもっとも代表的なものであり、宗教的な側面を代表するミサと並び立つ重要な行事であった。また出費という観点からも、これら二つは最大の費目であった。二つは時間・空間においても結びついていた。守護聖人のための荘厳なミサや、キリストやマリアの生の神秘を記念したミサが、祝祭の始まりを画し（前夜は晩課があったが）、その後、宴会がある、という連続性が存在したし、また宴会のすぐ前にも短い祈禱があるほか、食後にはまた教会に行って感謝と第二の晩課をする慣わしだった。だから兄弟会にとっては、世俗的な要素と宗教的な要素は峻別されず入り組み合い、支え合っていたというのが正しいだろう。

兄弟会によっては、宴会の途中でその年の死者の名前が読み上げられたり、あるいはすべての死んだ兄弟たちの魂のために、食事の前に皆で主禱文と天使祝詞を唱える、というケースもあった。貧者に食事が供される慈善行為も、宴会中になされた。いくつかの兄弟会は、食事の最中に沈黙を課されたり、聖書や聖人伝の一節などの教化的な文章の朗読を聞かされたりしたが、これはまさに修道院的である。

だが兄弟会の顕著な世俗性は、宴会以外の場面にもあった。たとえば、兄弟会の行列にはピトレスクな性格が伴うときがあり、太鼓やヴィエール、レベック、トランペット、バグパイプなどの演奏に先導され、またマスケット銃の一斉発砲で歓迎されることもあった。模擬的騎馬槍試合であるカンテーヌ競技が行われたり、さらにダンス——おそらく素朴なファランドール——や世俗的歌謡も、司教による禁令にもかかわらず、しばしば踊られ歌われたのである。だからレナージュの遊興性は、兄弟会にとってけっして特別なものではなかったのである。

おわりに

フランスでは、兄弟会は何世紀にもわたって、都市でも農村でも、ほとんど唯一の、誰でも参加できるアソシアシオンの形態であった。それは俗人たちに、彼ら独自の信心を表現させてくれる、特有の社会的結合であった。兄弟会の会員たちは、守護聖人の祝祭の盛儀に貢献し、その崇敬の維持に気遣い、病気の兄弟を見舞い、死者の埋葬に立ち会い、死後の祈りを確保したが、それと同時に、同朋と兄弟のごとく親睦し遊興を楽しんだのである。

兄弟会にとっては、敬神、信心の業と、遊興（祝祭・宴会・レナージュ）は緊密に結びつき、両者は裏表の関係にあって、遊興は遊興でありながら、そこに同時に宗教的な意味があったことを見落としてはならない。だから遊興時にも、羽目を外したりいかがわしい境地に陥るのではなく、真剣で誠実な心持ちはつねに持っているべきであった。

競売としてのレナージュは、まったく金銭づくの商行為のようだが、いくつかの小教区では、王と王妃の聖別式は、宗教的な趣を帯びることがあった。退任する前任者がその権標を新任者に渡す際に、参列者によって「マニフィカト」

Magnificat の歌が歌われる。とりわけ重要な歌詞は、「権力のある者をその座から引き降ろし、身分の低い者を高く上げ」Deposuit potentes de sede et exaltavit humiles であった。別の場所では、Deposuit の歌のときに、新たな王が祭壇の足元まで前進してきて、司祭は彼の頭上にストラをおきつつ祝福する。その間、鐘が激しく鳴り渡る。一般に司祭は「グロリア・パトリ」Gloria Patri とその日の祈禱で儀式を締めた。こうした宗教儀礼は、かならずしも巫山戯たパロディーではなく、真摯な心持ちで行われたのだろう。

兄弟会とは「死」の問題に常住取り憑かれている集団ではあるが、だからこそ、信心業や葬儀をめぐる協働が、死後の救いを確保させてくれると「安心」できたのだろう。だが、かたや宴会や遊興も、この世での生命の勝利を確認させてくれるものとして、やはり「安心」を求める兄弟たちには、必要だったのであろう。その意味で、レナージュのあり方は、兄弟会の本来の姿の逸脱ではなく、その本質の独特な現象形態であった。

第三節　近世における聖体崇敬と兄弟会

はじめに

本節は近世フランスにおける聖体崇敬と兄弟会との関係を論じる。カトリック教会における聖体は、聖餐式で聖別されるパンを意味すると同時に、その内部にイエス・キリストが現存すると考えられてきたため、祈禱と崇敬の対象となり、信徒の霊性と信仰生活に重要な意義を有してきた(130)。とりわけ聖体への信心業は、教会内部で聖体の「実体変化」の教義（化体説）が確立された一三世紀以降に一定の発展を遂げる。具体的には、聖体の祝日（三位一体の祝日後の木曜日）が教会暦として制定される。また聖体は聖体顕示台と呼ばれる器によって祭壇の上に顕示され、昼夜絶えず礼拝するという信心業も盛んに実践される。さらに「聖体賛美式」と呼ばれる祭儀が発展する一方、教会堂の外部において「聖体行列」と呼ばれる聖体礼拝の形式が生まれる。そこでは、聖職者と信徒が教会から聖体顕示台などを用いて聖体を奉持して屋外を巡回する。[131] また、こうした一連の聖体信心業を支える兄弟会はフランスにおいてすでに中世期から存在してきた。[132]

しかし、宗教改革の時期に、カトリック教会とプロテスタント諸派を含むキリスト教の各派の間で新たに聖餐論争が発生する。トレント公会議の聖体に関する決議の中で、カトリック教会は聖体の実体変化を教義とする立場を明確に貫いたため、聖体の象徴説や共在説を主張するプロテスタント諸派との教義的対立は決定的となった。[133] したがって、一六～一七世紀におけるカトリック(対抗)宗教改革運動において、聖体礼拝およびミサにおける聖体拝領はプロテスタンティズムとの差異が明確に現れる重要な儀礼と認識された。こうして近世における聖体信心業は、西ヨーロッパ世界の宗教改革運動の文脈の中で隆盛を迎える。また聖体崇敬は、神学的・思弁的次元に留まらない。実際、一六世紀後半から、フランスにおいても新たな聖体への崇敬を示す兄弟会が誕生し始める。そこでは、カトリック信徒は聖餐を軸に霊的教化・高揚を共有するための団結力を形成する一方、聖体行列は、彼らの精神的紐帯を都市空間内部で可視化する。[134]

ところで、聖体崇敬を行う兄弟会は、活動時期と団体の組織原理の観点から大きく三つの類型に分類できる。すなわち、一六世紀に新たな形態の団体として刷新され、教区制度を活動の基盤とする「聖体兄弟会」Confrérie du Saint-Sacrement、近世期を通じて存続する一方、特異な組織原理を有する「聖体悔悛苦行兄弟会」Confrérie de pénitents du Saint-Sacrement、一七世紀フランスで短期間に急成長して消滅したエリート層の秘密宗教結社である「聖体会」Compagnie du Saint-Sacrement である。本節では、この三類型に属する兄弟会の組織原理・団体理念・活動を比較し、各団体のもつ特徴を明らかにする一方、団体越境的視点から兄弟会の相互関係を論じる。なぜなら、近世フランスの信仰生活とそこでの兄弟会の役割を復元するには、個々の団体の動向のみならず、団体間の思想的相互作用や異なる団体の構成員による日常的な接触・交流に着目しなければならないからである。

しかし、聖体崇敬を共有する兄弟会の相互連関については、未解明な部分が多い。とりわけ聖体会については、団体の呼称もconfrérieではなく、compagnieであり、史料の中では聖体兄弟会との明確な差異が強調される。たとえば、聖体会の主要史料である『聖体会年代記』では、聖体会は単に聖体崇敬を目的とする「兄弟会」とは別に、「どこでも聖なる聖体を他者へ崇めさせる」役割を担うと主張する[135]。ただし、この史料の記述は聖体会自身の自己表明であり、そこから即座に聖体信心業を実践する兄弟会の類型から除外することはできない。また、聖体会と悔悛苦行兄弟会との関係については、歴史家の間に見解の相違がある。M・ペケは、聖体会が秘密主義を採用する悔悛苦行兄弟会の一種であると定義する[136]。これに対し、A・タロンは、この定義を過度な誇張と評価し、悔悛苦行兄弟会の行う贖罪を目的とする宗教実践やそれを誇示する姿勢は聖体会には見られないと反論する[137]。両者の主張には一定の根拠があるが、カプチン会修道院が両者の運動の主要な発信源であったこと、ならびに団体の性格として選良的・閉鎖的集団の構築や団結心の高揚を含むことは類似する。さらに聖体会内部で構成員はたがいに身分や役職を問わない「仲間」confrèreと呼び合い、慈善活動や信心業を行う[138]。したがって、第一節で指摘したフレシュレ＝ショパルの兄弟会に関する定義に従い、本節では聖体会も三類型の一翼を担う兄弟会に含める。

展開過程

近世フランスで聖体崇敬を営む兄弟会は、先述の三つの類型のいずれかに連なるため、それぞれの形成過程と地理的・時間的展開を検討する。

聖体兄弟会の内部はさらに三つの系譜に分けられる。まず近世ヨーロッパにおける先駆的団体として、ローマにあるドミニコ会のサンタ・マリア・ソプラ・ミネルヴァ教会にて聖体兄弟会が設立され、一五三九年にローマ教皇から公認を受けた[139]。この兄弟会は、大兄弟会として他の聖体兄弟会を統括する役割を担う。さらに、一五四九年に教皇パウルス三世は、ミネルヴァ兄弟会に授けられたものと同等の免償を、この兄弟会の傘下に置かれたすべての聖体兄弟会に与える。第一の系譜は、この兄弟会に連なる。その後、一七世紀の教皇パウルス五世とインノケンティウス一一世の小勅書は、教皇あるいは教区長の認可により、新たに設立された聖体兄弟会は、特別な手続きを経ることなく、ミネルヴァ兄弟会に授けられたものと同等の免償を享受できるよう定めた。しかし、実際には、統括団体であるミネルヴァ兄弟会に加入する団体は継続し、一六世紀半ば以降、イタリア・イベリア両半島の八割以上の聖体兄弟会がこの加入方式を採用する。

他方フランスでは、一六世紀前半には、中世に起源をもつ団体を含め多様な形態が併存しており、ミネルヴァ兄弟会を上位団体とする兄弟会は目立たない。また、この世紀の半ばには団体数の増加がみられるが、イタリア・イベリア両半島に比べて少なく、聖体兄弟会全体の一割に満たない。

ところで、ミネルヴァ兄弟会の系譜に属する団体は、フランスでは主に二つの地域で普及する。一つはブルターニュ半島・パリ盆地・ソーヌ川河谷・リヨネ・プロヴァンスの各地方、およびトゥルーズ周辺地域であり、これらの地域では、カトリック同盟の影響力が強い。もう一つは、フランス王国とハプスブルク「帝国」との境域地帯に属するアルトワ・フランドル・フランシュ＝コンテ、南仏ルシヨンの各地方である。この類型に属する兄弟会の設立数は、減少の一途をたどるが、団体の設立そのものはフランス革命前夜まで続く。

つぎに一七世紀以降、ミネルヴァ兄弟会の統括を受けず、教皇から直接に免償小勅書を受領する兄弟会の活動が盛んになる。この種の団体が第二の系譜に連なる。この団体が一七世紀中葉にもっとも普及した地域は、パリ・ブルターニュ半島、プロヴァンス地方であり、世紀末にはカンブレ Cambrai 大司教管区に及ぶ。さらに、一七二〇年以降、トゥル Toul を中心とする北東フランスの司教区で普及し、一七四〇年代にはストラスブール・ブザンソンの各司教区、リヨン・オシュの大司教管区において確認できる。(140)

第三の系譜は、統括団体も免償小勅書も持たず、教区長の公認の下に設立される兄弟会である。この団体は、設立にあたってローマ教皇やフランス国外の統括団体からの影響を受けないため、司教団をはじめとするフランスの教会組織は、団体設立を推進した。また、一七世紀末には修道会により設立された聖体兄弟会が小教区教会に移管されることもあった(141)。

聖体悔悛苦行兄弟会は、聖体崇敬を実践すると同時に悔悛苦行兄弟会の類型の一部に属するため、その展開過程も一六～一七世紀に南フランスを中心に発達し、その活動は一八世紀に至るまで続く(142)。南フランスで聖体悔悛苦行兄弟会の呼称をもっとも古く採用した団体は、一六一七年に創設されたロアンヌRoanneの聖体悔悛苦行兄弟会である(143)［図1］。この団体は、イエズス会士フランソワ・ソテロの「助言」にもとづき設立された(144)。同年に初の役職者の選出が行われ、一六二〇年に団体の規約がリヨン大司教により認可され、同年教皇からの免償小勅書も獲得する(145)。その後、この兄弟会は、統括下に置く団体を発展させ、その範囲はリヨン、クレルモン、マコン、ル・ピュイの各司教区に及ぶ(146)。

一六三二年にグルノーブル司教区内に二つの聖体悔悛苦行兄弟会が別のイエズス会士により設立された一方、一六五二年にル・ピュイ司教区では、小教区主任司祭の抗議にもかかわらず、イエズス会士を招聘して聖体悔悛苦行兄弟会を設立する。しかし、ロアンヌ兄弟会を統括団体とする兄弟会は、イエズス会の影響下でのみ成立したわけではな

図1　ロアンヌ兄弟会およびその統括下の聖体悔悛苦行兄弟会が用いる規約・聖務・祈禱集成の口絵（1627年リヨン作成）

この口絵の上部には，最後の晩餐の場面が描かれ，使徒たちは円卓につき，中心にイエス＝キリストが描かれ，その頭上には聖体の所在を示す天蓋と2つの蠟燭が描かれる．下部では，「悔悛の衣」をまとった2名の会員が，十字架・ロザリオ・鞭といった主の受難を示す信心業の道具を持っている．前者の主題が聖餐（聖体）にあり，新たな崇敬を象徴する一方，後者の主題は主の受難にあり，悔悛苦行兄弟会の歴史的連続性を暗示する．

い。たとえば、一六六〇年代にリヨン司教区で設立された二つの兄弟会は、カプチン会士の尽力による。[147] 彼らは、一六〜一七世紀に聖体信心業に熱心に取り組み、とくに聖週間に実行され、全免償を得ることができるとされた、四〇時間にわたる聖体礼拝を信徒に励行した。[148]

聖体会は一六二七年から一六三〇年の間に、カプチン会士フィリップ・ダングモワとラングドック国王代官ヴァンタドゥル公アンリ・ド・レヴィの提唱によりカトリシズムによる社会秩序の再構築を目指して設立された。[149] この結社の最初の会合は、一六三〇年にパリのサン＝トノレ城外区にあるカプチン会修道院で開かれ、そこには先述した二名に加え、後にサン＝ポール＝トロワ＝シャトー司教に就任するジャック・アデマル・ド・モンテイユ・ド・グリニャンと宮内府長アンリ・ド・ピシュリが参加する。[150] さらに、この団体には、聖界では国王ルイ一三世と母后マリ・ド・メディシスの王室付司祭を務めるイエズス会士ジャン・シュフラン、オラトリオ会総長シャルル・ド・コンドラン、彼の霊的指導を受けたサン＝シュルピス会のジャン＝ジャック・オリエ、後のモ Meaux 司教ジャック＝ベニニュ・ボシュエなどが加入し、信徒会員の中には大貴族層にあたるコンティ親王アルマン・ド・ブルボンやヌムル公アンリ一世からパリ高等法院筆頭評定官を務めるギヨム・ド・ラモワニョンに代表される法服貴族層まで含まれる。この団体は、その創設において国王ルイ一三世の黙認を得たとされるが事実上非公認の宗教団体である。また、この団体からはパリ聖体会を母会として三〇年の活動期間に約六〇都市に地方聖体会（子会）が成立する。したがって会員の拡大と子会の展開は同時に進む。たとえば、一六三〇年代には、パリに近接するオルレアン、アンジェ、ラ・フレシュからリヨン、また南仏のエクス・アン・プロヴァンスやマルセイユに子会が設立される。[151] さらに、一六四〇年代から五〇年代にかけてフランス国中に子会が拡大した結果、一六五九年において各子会は、パリで開催される集会に代表者を送る。ところで、聖体会におけるパリ聖体会（母会）と子会との関係は、パリが地方の聖体会を監視する形で王国内における緊密な組織網作りが意図され、[152] そのためにパリ聖体会（母会）を中心に文通による通信網が整備された。しかし、一六六一年にパリ聖体会は、その秘密主義の組織原理により、「陰謀」集団として告発され、この団体自体が解散させられる[153]。そして一六六六年には団体としての聖体会の活動は停止する。

組織原理

ここでは、ミネルヴァ兄弟会、ロアンヌ兄弟会、パリ聖体会の三団体を各類型の代表例として取り上げ、それぞれの団体の規約史料をもとに組織的特徴を考察したい。

まず入会条件について、ミネルヴァ兄弟会は、入会希望者に性別・職業を含む特定の条件を付けることなく、あらゆる信徒に開かれた団体であった[154]。フランスにおいても、この原則が基本的に適応される[155]。組織の開放性を特徴とする聖体兄弟会に対し、聖体悔悛苦行兄弟会には閉鎖性を帯びた入会条件が存在する。すなわち、ロアンヌ兄弟会では、入会は全会員による投票で決められた。また一六五四年に、入会予定者は入会決定後三ヵ月間の志願期を過ごし、その後に再度投票が行われ、正式な入会を認められた。さらに、入会に際しては、倫理的な素行が重視された[156]。聖体会の入会条件は、より高い閉鎖性を示す。すなわち、入会志願者は会員によって推薦されねばならず、その人物の品行・身分・行動に関して入念に調査され、役員会での審査を経て、会員全体の合意により入会が許可される[157]。

次に聖職者の関与について、ミネルヴァ兄弟会では、必ず無記名投票で選ばれた枢機卿が団体の保護者となる一方、役職者のうち一名は聖職者に割り当てられた。フランスでは、聖体兄弟会が設立された地域を管轄する司教が団体の規約を承認することで団体の活動が始まる。なかには南仏ニームのように司教が入会する場合もあった[158]。聖体兄弟会は小教区主任司祭とはおおむね良好な関係を築く。たとえば、パリのサント・マルグリット小教区にある聖体兄弟会の規約では、小教区主任司祭は兄弟会の「監督と指導」をすることとされ、兄弟会のミサ聖祭を執行する聖堂付司祭を選任し、小教区財産委員と共に役職者の選出をはじめとする団体の各種投票に立ち会い、予算の承認を行う[159]。

これに対し、聖体悔悛苦行兄弟会と小教区主任司祭との関係は、主任司祭が兄弟会の集会に参加するような融和的対応を保つ場合がある一方、兄弟会の行う儀礼の時間帯や信心業の実践場所、さらに教会堂の使用を主任司祭が制限するような日常的緊張状態に陥る時もあった。とりわけ、一七世紀後半に兄弟会が入会者の選抜や出納管理について自律性を高め、内部の組織化を進める過程で、両者の軋轢は深まる。しかし一八世紀に入ると、兄弟会の活動は徐々に小教区の宗教生活と調和を保つようになる。すなわち、会員は小教区の宗教的勤行に皆勤し、小教区主任司祭に対する尊敬の念を示すことが求められた(160)。

他方、聖体会では、指導司祭と団体内部の司教には特別な立場が与えられる。指導司祭は会員内の聖職者から選出され、彼の代理も他の役職に就く聖職者が務める。また司教は「聖体会の生まれながらの長上にして保護者」という特別な立場を与えられ、集会時の席次も会長・指導司祭と並ぶよう指定されている。なお聖体会は設立当初には修道聖職者の入会を認めていたが、『聖体会年代記』によると、すでに一六三三年には彼らの入会を拒否し、決議においても「在俗聖職者しか受け入れない」と規定されるが、これはおそらく会員たちが特定の修道会の影響下で、行動が規制されるのを防ぐ措置であろう。

以上の考察は次のようにまとめられる。聖体兄弟会の人事と財務は小教区の監督下に置かれた。他方、聖体悔悛苦行兄弟会は小教区主任司祭の団体内部への介入を回避するよう努める一方、兄弟会の活動を団体外部の小教区の宗教生活と共存させる。また聖体会は団体内部に属する聖職者を重視し、修道聖職者を団体内部から排除する。

兄弟会は、たがいに「兄弟」である構成員の平等を前提として目標と美徳を共有する。この組織原則は団体役員の選挙制と任期制により表現され、それは三者に共通する。聖体兄弟会の役職者は、一名もしくは数名選ばれ、団体の日常業務・財産管理・会議の招集・聖体の取り扱いや病者への聖体の運搬を含む各地区の活動の監察を担う。彼らの選出は、会員による投票の多数決により、その任期は聖体の主日を起点とする一年間であった(161)。聖体悔悛苦行兄弟会の役職者は、代表 recteur、顧問 conseillers、聖歌隊長 maître du Chœur、聖具室係 sacristains、書記 secrétaire、会計係 trésorier から構成され、成員による選挙と任期については聖体兄弟会と同じである(162)。聖体会の役職者は、代表 supérieur、顧問 conseillers、書記 secrétaire から構成され、彼らも会員による投票の多数決で選ばれるが、その任期は他の類型の兄弟会に比べ三ヵ月と短く、最長でも六ヵ月であった(163)。

団体理念

聖体兄弟会・聖体悔悛苦行兄弟会・聖体会の三者に共通する理念は、もちろん聖体への崇敬と聖体の称揚にある。たとえば、聖体兄弟会の規約の中には、聖体を敬い、称揚する文言がしばしば含まれ、団体の図像史料には「聖体を讃えよ」Loué soit le Très-Saint Sacrement de l'Autel との表現が記されることもある(164)［図2］。また、ロアンヌ兄弟会の規約の中にも後に検討するように聖体信心業に関する詳細な規定が含まれることは、この理念を共有することを示す。さらに聖体会は「神の栄光のため、とりわけ聖体への特別な敬意、崇敬、畏敬を示すために」活動を行うと規定される(165)。

同時に、この三団体の基本理念の中には、聖体の「実体変化」教義に反論する「異端者」との闘争も含まれる。ミネルヴァ兄弟会は、一五六一年に「聖体に反対する邪悪な方法について語る今生きている異端者達の傲慢なる狂気を抑える」との姿勢を明確にする(166)。またロアンヌ兄弟会およびその統括下の諸団体が用いる共通冊子は、聖体の実体変化の教義を採用することを宣言し、カルヴァン派信徒との対決姿勢を示す(167)。また聖体会は、「改革派と自称する異端者たちは、教会の他の敵以上に聖体を攻撃する輩であるので、聖体会はつねに彼らと闘い、その企てを阻止するようおおいに意を尽くしてきた」と述べている(168)。

兄弟会のもつ内面的理念として、聖体悔悛苦行兄弟会は、団結精神を強めることにより、自身の宗教的完徳を目指す。そのため、この団体は、成員に「選良的」エリート意識を喚起する。たとえば、ロアンヌ兄弟会の規約の第一条には以下のような文章が見いだされる。

聖体の秘跡は、団結・愛・純粋の秘蹟である。したがって、特別な規則の下でそれを崇め拝領する人々は以下の

図2　サン＝ブノワ小教区教会（パリ）の聖体兄弟会の銅版画（上部のみ）（1731年）

この銅版画の下部には免償小勅書と規約が印刷され，会員に頒布された．画面中央にある囲まれた雲の間からは後光が差しこみ，聖体顕示台はケルビムに持ち上げられ，聖人は神秘的恍惚状態にあり，全体に「バロック」的雰囲気が漂う．同時に伝統的な聖体崇敬のモチーフ（聖体顕示台とその内部に主の受難を象徴する磔刑図，天使，黙示録の上に横たえられたいけにえの子羊，「聖体を讃えよ」の標語）も描かれる．中央の祭壇を左右からパリの守護聖人であるサン＝ドニと小教区教会の守護聖人であるサン＝ブノワが囲んでいるが，これは都市・小教区空間と聖体兄弟会との強い結びつきを示す．

ような人々でなければならない、すなわち、この上なく優れている人々であり、普通のキリスト教徒ではないのである[169]。

すなわち、この兄弟会会員は「選ばれた」信徒であり、その意識を共有することで会員の団結を目指す。この団結精神を支えたものの一つが、聖体悔悛苦行兄弟会の「悔悛者の粗衣」le sac du pénitent である。これは全会員が「謙譲と世間からの離脱」を示すために身につける上衣で、これを会員として授与されるには、聖務を暗誦しなければならない(170)。この上衣の着用と組織の団結が結びつくことは、一六二七年のロアンヌ兄弟会規約の中で、「皆で上衣を着用することで、恩寵がこの団体と教会の活動に与えられる」との記述からも確認できる(171)。

閉鎖的性格をもつ団体内部での「選良的」精神の醸成と団結精神の向上は聖体会においてもみられる。たとえば、『聖体会年代記』の中に収められた一六六〇年に書かれた文書がその動機を示す(172)。

団結はそれ自身神の恩恵をもたらしてくれるものであり、その結果複数の人々の意見によってある愛徳活動をなすことは、自分が一人で行うよりも、より容易で、より確かであることが分かる(173)。

ただし、聖体会では、この団結精神は成員の団体に関する守秘義務を前提としている。同じ文章で団結に関する記述の直前に次のような文章が置かれる。

秘密を守るために、この会について会員以外の人々に全く話さないこと、この会の活動や統制について何も言わないこと、この会を構成する特定の人物について決して名前を挙げないこと、そしていかなる方法によってもこの会の存在を外部に知らせないようにしなければならない。

そしてこの秘密の目的は、優れた愛徳行為を、より慎重に、成功を求めずに、妨げを少なくして取り組むための手段を与えることにある。というのも、これまでの経験から、輝ける功績は愛徳行為を破滅させ、そして名声を得ることは自らの徳とその向上を破壊するのである(174)。

ここでは、団体の内外の人間を明確に区別し、外部に団体の構成員や活動に関する情報が流失しないように警告する。

他方、「成功を求めずに」あるいは「名声を得ることは自らの徳とその向上を破壊する」に代表される一連の文言は、より内面的な動機を示す。すなわち、彼らは聖体の中に隠れたるイエス＝キリストの生涯に倣い、自分たちも人目から離れ、名声と社会的成功を断ち切り、深い沈黙と謙遜の実践を求めたのである(175)。したがって、聖体会における聖体崇敬は、秘密主義による個人的信仰の救済手段となる一方、集団的恩寵と異端との闘争の源流となって結社の団結を強める(176)。

兄弟会の活動

ここでは、三類型の兄弟会の活動を論じる(177)。兄弟会の活動は各団体の設立動機や理念にもとづく一方、この三種の団体は聖体信心業を共有するため、その活動には共通点も多い。そこで、「成員による集会」、「信心業の実践」、「善行」、「他者の教化」の四つに分類して検討したい。

まず集会について、聖体兄弟会は団体運営のために年に複数回の集会を開催し、そこには小教区主任司祭と役職者が参加する。複数の聖体兄弟会の規約の中で、役職者の選出を行う集会は、重要な位置づけをなされる(178)。

聖体悔悛苦行兄弟会の場合、ロアンヌ兄弟会の統括下に属する全団体の代表が集まる会議がもっとも重要であり、三年に一度開催される(179)。兄弟会が順番で会議を開き、各団体は代表者三名を派遣し、投票権は一団体につき一票とされた。この会議への出席が、統括団体への加入維持の表明を意味する。なぜなら会議に欠席した兄弟会は、統括団体に釈明を行わなければならず、再度欠席した場合には、統括団体であるロアンヌ兄弟会から除名されるおそれがあるからである。同時にこの会議は、規約の維持を確認し、活動のもつ特性が会員相互に理解される契機を与えるため、兄弟会のアイデンティティを保持する結果をもたらす(180)。

これに対し、聖体会では、秘密を重視するという組織の性格上、パリ聖体会を中心とする全国規模での会議が開かれることはなく、各団体内で毎週木曜日に会員の家など任意の場所に集まり、午後に二時間、活動や団体に関する提案・議論を中心に定期的集会が持たれた。聖体会の集会は、他の二つの団体に比べて集会の開催数は多いが、その背景にはこの団体の活動が多岐にわたることがある。

つぎに信心業について、ミネルヴァ兄弟会は、個人的信心業と並んで聖体礼拝を団体外部の信徒へ示すことを重視した。したがって、この団体の規約では、会員が週五回ずつ主禱文と天使祝詞を唱えることと同時に、毎月第三日曜日に聖体拝領と聖体行列が行われるよう定められた。この原則はフランスの聖体兄弟会にも継承されるが、一七世紀前半には、より頻繁な聖体拝領が求められる。具体的には、年に六回の祝祭日に聖体拝領およびそれを準備するための告解を受けることが、一六三〇年代から多くの兄弟会の規約の文面に共通して登場する。その信仰的意図は、イエス＝キリストとの結びつきを強め、この兄弟会にかかわっていない人々に聖体拝領を促すことにある。他方、毎朝夕の祈禱が会員に求められるようになるのも同時期である。したがって、一七世紀中葉のフランスでは、会員の祈禱の種類が増えるのに応じて、多様な祈禱の形態が誕生し、その中には、信心業の手引書 livre de dévotion の読書や図像を用いた祈禱、さらに聖体の永久礼拝も含まれる[181]。

聖体悔悛苦行兄弟会の信心業の骨格は、ロアンヌ兄弟会規約の中に現れる。すなわち、聖体の祝日や復活祭後の二週間など「厳粛な祝祭日」に聖体礼拝を行い、聖体兄弟会と同様に、毎月第三日曜日に聖体拝領と聖体行列を実施する一方、聖体兄弟会と異なり、聖体を讃える聖歌の「舌もて語らしめよ」Pange lingua を毎日暗唱しなければならない。また、聖木曜日の夕刻と聖体週間の日曜日には聖体大行列を実施することが定められた[182]。ところで、聖体悔悛苦行兄弟会は、小教区で行われる信心業を尊重し、そこに協力する姿勢を保つ。たとえば、ロアンヌ兄弟会は、一六五八年の聖体週間において、小教区教会内部で顕示される聖体を交代で守った。また、小教区の行事と重ならないよう毎月の聖体拝領と聖体行列を第三日曜から第四日曜に変更する配慮を示す場合もあった[183]。信心業において聖体兄弟会と明確に異なる行動様式は二つあり、一つは団体の礼拝堂や団体専用の座席で聖務日課を共同で叙唱することであり、もう一つは「悔悛の衣」を着用して信心業を行うことである[184]。

聖体会における信心業は、日常的な実践としてミサ聖祭の参加や夕刻の祈禱があり、祝祭日の信心業に関しては、聖体の祝日の聖体行列から聖木曜日と聖体の祝日の聖体拝領に至るまで、聖体崇敬の実践が団体の規約類で詳細に規定されている。それらはおおよそ聖体兄弟会の実践に準ずる。(185)

善行と他者の教化は、他者の魂の救済への配慮であり、信心業を通じた自身の宗教的完徳への志向と同様に、一七世紀フランスのカトリック刷新運動が重視した活動分野である。たとえば、病者への聖体の運搬や会員の死去に伴う葬送儀礼は、三類型の兄弟会に共通する主要な善行の一部をなす。また一六六二年のシャンパーニュ地方のシャロン司教区の聖体兄弟会規約には、病者の訪問や貧者への救済が義務付けられている。同時にこの規約では、他者の教化として、不信心な信徒の信仰的躓きからの回復に尽力するよう求められる。その目的は、「会員たちは、会員以外の人々を真のキリスト者としての生活に導き、その境地を伝え、我らが主イエス＝キリストの栄光を手に入れさせなければならない」からである。(186) これに対し、聖体悔悛苦行兄弟会では、会員以外の信徒への教化の活動は顕著ではない。聖体会について、彼らの善行としては、複数の慈恵施設への寄進と祈禱、貧者への喜捨と牢獄への慰問が挙げられる。またこの団体は、積極的な他者の教化とモラルの監視を進める団体と指摘できる。すなわち異端の改宗、プロテスタントからの改宗者や公教要理（カテキスム）について集会で議論し、不品行・不信心な信徒や異端の矯正に気を配る。また家族や隣人のみならず、小教区単位での教化と監視、周辺地域の秩序維持や典礼暦の行事の管理など具体的に議論・規定される。

近世フランスの聖体兄弟会では、宗教的実践の種類や行事が増えるのに対して、中世以来継続されてきた団体の主催する宴会は減少する。たとえば、一七世紀末におけるパリのサント・マルグリット小教区の聖体兄弟会規約では、「兄弟会の資金を使ったあらゆる宴会は禁じられるため、会員はいかなる宴会も兄弟会の費用でまかなうことはできない」と規定される。(187)

最後に、兄弟会における女性の活動を検討する。聖体兄弟会の場合、女性は入会資格を持ち、役職者に就任する場合もありうる。しかし、聖体に関する儀礼においては一定の制限を受ける。すなわち、女性会員は祭壇を含む教会堂の内陣へ近づくことは禁じられ、男性会員による病者訪問時には、教会堂内で聖体への祈禱を行うことで霊的補佐の役割を果たす[188]。聖体悔悛苦行兄弟会においても、日常的諸活動に性差が影響を及ぼす。この団体においても女性の入会は認められるが、「悔悛の衣」を身につけることはできない。また聖体行列において、女性会員は男性会員の後方に分かれて行進する。また、この兄弟会においても女性会員が教会堂の内陣に立ち入ることは厳しく禁じられた[189]。他方、聖体会では女性の入会そのものが禁じられていた。しかし、そのことから即座に聖体会の活動に女性がまったく関与しなかったと結論付けることはできない。聖体会が秘密結社の性格を有し、入会には会員の推薦が必要である以上、会員の内部には血縁・婚姻関係で結ばれた人物も多い。したがって、彼らの築く人脈や日常的交際の中では女性は重要な結節点をなす。また、団体相互の関連を考察することを目的とする本節では、聖体会とその他の兄弟会との関係を考察する上で女性の果たした役割も検討しなければならない。それは団体間の接触を人物誌的視点から考察する次項の課題となる。

人物からみる兄弟会の相互関係

フレシュレ＝ショパルは、一七世紀における聖体兄弟会と聖体会の規約を比較し、両者は信心業の実践内容については共通点が多いが、聖体礼拝の目的は異なると結論付けた。すなわち、前者は本人の成聖のために礼拝を行うのに対し、後者は他者の聖化を助けるために礼拝を行う[190]。たしかに彼女の考察は、本節の冒頭に指摘したペケとタロンとの論争とは異なる視角を兄弟会の関係性に与えた。しかしこの三名の歴史家は、規約・会則史料にもとづいた静態的分析に集中している。そこで、本節の最後に動態的分析を行い、兄弟会の内外に形成された人間関係が団体設立と伝播に及ぼした影響を検討し、近世フランスにおける聖体崇敬の広がりと兄弟会の役割を考察する。三種の兄弟会の相互関係を把握するという本節の課題に応えるためには、聖体悔悛苦行兄弟会と残りの兄弟会との関係も検討しなければならないが、本節では全国規模で活動した聖体会と聖体兄弟会との関係のみを取り上げる。なお、聖体会については網羅的な会員名簿等は残されていないため、断片的情報から両団体の関係を考察することとなる。

まず聖体会と聖体兄弟会との関係が顕著にみられるのは、両団体の活動が交錯する空間である。ここでは、パリのサン＝シュルピス小教区（サン＝ジェルマン城外区）を考察対象とする。なぜなら、この小教区では、一七世紀中葉に不治病者救護院 l'hôpital des Incurables やパリ外国宣教会本部神学校 Séminaire des Missions étrangères をはじめとする宗教・慈善施設が聖体会会員の支援により設立される一方、一七世紀前半にこの小教区の主任司祭は聖体会会員のジャン＝ジャック・オリエであり、小教区司牧とサン＝シュルピス会の神学校運営に尽力したからである[191]。すなわち、この小教区は、聖体会の主要な活動の舞台であった。他方、この小教区教会で設立されたもっとも古い兄弟会は聖体兄弟会であり、その起源は不明であるが少なくとも一六世紀半ば以前には設立されており、一六三〇年代初頭には役職者の運営体制が確立されていた[192]。こうした環境から、聖体会とサン＝シュルピス小教区の聖体兄弟会との間で、人材が共有されることが予測できる。そこで、一八世紀初頭に刊行されたサン＝シュルピス小教区における聖体兄弟会に対する会員の寄進記録簿を出発点とした人物誌研究を行う。なお、この史料には、女性に関する情報も複数含まれており、聖体会をめぐる人脈の実態を知る上では有用な史料である[193]。このなかでは、夫妻の場合も含め計八名の人物について、聖体会との何らかの関係を確認できる。

まず聖体会の役職者本人またはその寡婦が兄弟会に寄進を行っている場合を検討する。たとえば、一六四一年四月に寄付を行ったシャルダンヌ・コランは、トマ・ドゥヴォの寡婦であり、トマ・ドゥヴォは一六三九年九月の段階で聖体会の役職者を務めていた[194]。同様の事例は、一六六六年九月に兄弟会が聖体行列で用いる複数のチボリウム（聖体容器）の準備費用を寄進したロワゾについても確認できる。彼の場合には、一六五六年から翌五七年にかけて聖体会の代表職を務めていた[195]。またこの事例は、単にサン＝シュルピス小教区の聖体兄弟会の成員に聖体会の会員が含まれていたことのみならず、聖体会役職経験者が一六六〇年代の団体が解散の危機に瀕していた時期に、聖体兄弟会へ経済支援を行っていたことを示す。それゆえ、聖体会会員がこの時期から活動の比重を小教区の兄弟会に移しつつあるとも考えられる[196]。

つぎに、一六四四年九月にはリシュリュ枢機卿の姪にあたるエギュイヨン公夫人マリ・コンバレの名前を寄進者として確認できる。彼女は、一七世紀フランスを代表する篤信家女性であり、聖体会に所属していないにもかかわらず、この団体に対する経済的援助とその慈善活動の促進に貢献した[197]。

最後に、ガブリエル・バシュリエとマルグリット・ド・プランタディ夫妻およびマルトラン・ピカルとエリザベト・ペリション夫妻の二組について検討したい。前者について、この史料から、夫人が一六五二年四月にチボリウム準備費用を聖体兄弟会に寄付したことが分かる。ところで、同時期に、この夫人が聖体会に対し経済支援を行っていたことも確認できる。したがって、夫のガブリエルはすでに一六四八年に他界しており、生前に聖体会の成員であったかは直接確認できないが、聖体会と何らかの関係を持っていた。後者については、前者の夫妻以上に聖体会との直接の関係を確認することは難しい。夫であるマルトランが一六七八年に亡くなった後の一六八〇年代と九〇年代に、夫人から聖体兄弟会への寄進を確認できる。エリザベト・ペリションは、ピカルの再婚相手であったが、サン＝シュルピス小教区の病者への救護活動において会計係を務めていた。また一六九二年以前に、彼女はこの小教区の貧しい女性のために無償で教育を行う共同体を主催していた[198]。実はここで言及した二組の夫妻に共通してみられる特徴は、ブルボン王家の一族であるコンデ公アンリ二世との関係である。コンデ公アンリ二世は、一七世紀フランスのカトリック刷新運動に積極的に関与したことで知られており、彼が政治的に庇護してきた社会的エリート層の中には篤信家も多く含まれる。とりわけ、一六三〇年代から新たにコンデ公の影響下にある官職に就任する人物は、聖体会と深い関わりをもつ場合が複数ある[199]。ガブリエル・バシュリエ夫妻はその人脈の一翼を担う。他方、マルトラン・ピカルは、一六六〇年代から七〇年代にかけてコンデ公の家政を監督する任を引き受けていたため、彼自身が聖体会会員であったかは定かでないが、彼は複数の聖体会関係者と日常的に接触していたと考えてよい。さらに、コンデ公夫人シャルロト＝マルグリット・ド・モンモランシは、ジャン＝ジャック・オリエの改革運動を支援し、六〇〇〇リーヴルを彼の神学校に遺贈する。

聖体兄弟会と聖体会との関わりは、パリの都市空間内部にとどまらない。一七世紀中葉には、パリでの聖体崇敬の隆盛が地方へも伝わるが、その触媒的機能を果たしたのが司教である。たとえば、フランス・スペイン国境地帯のピレネ山脈に位置するコマンジュの司教を務めたドナディウ・ド・グリエは、パリ聖体会の会員であったが、一六二五年から三七年にかけて司教職を務めていた時期に、イエズス会の宣教師ジャン・フォルコに司教区内での聖体兄弟会の設立を任せ、この団体にもっともふさわしい土地や教会堂の選定を命じた。そこでフォルコは、一六三七年にルダンヴィエイユ小教区に聖体兄弟会を設立し、この兄弟会はローマのミネルヴァ兄弟会の規約を受け入れ、その統括下におかれた[200]。グリエを引き継ぎ一六四四年から七〇年にかけてコマンジュ司教であったのが、ジルベル・ド・ショワズルである。彼は、司教巡察を通じて自らが管轄する司教区内のあらゆる小教区に聖体兄弟会を設置することに尽力した。また聖体兄弟会には習俗に関する倫理的審判を行う役割が与えられ、小教区主任司祭や都市コンシュラと並び聖体兄弟会成員の小教区財産管理委員が「良俗」を順守する役割を担う[201]。カトリシズムにもとづく社会の倫理的秩序の強化は、聖体会の活動目標とも共通する。ショワズルによる一連の施策と聖体会の理念との親和性の一部は、彼とパリを中心とする聖体会との人脈から説明できる。彼自身が聖体会の会員であったかは不明であるが、彼の交際範囲には聖体会会員が含まれることが確認される。たとえば、彼は聖体会役職者を務めたリアンクル侯ロジェ・デュプレシがパリのサン＝シュルピス小教区にある居館で開催する貴族サロンに出入りしていた。一六五〇年代後半にパリ聖体会の集会場所になったこの場所には、ショワズル以外にもサンス大司教をはじめとする高位聖職者や「彼らと和みながら楽しむためにやって」くるイエズス会士ルネ・ラパンが集う[202]。

ところで、ジルベル・ド・ショワズルやロジェ・デュプレシは、一七世紀フランスにおける主要な神学・思想潮流の一つであるポール・ロワヤル運動（ジャンセニスム）の推進者であるサン＝シランやアルノー族との結びつきをもつ一方、イエズス会をはじめとするこの運動に敵対する勢力との調整・交渉を行っており、リアンクル館のサークルは、その舞台を提供した。また、この神学運動においても聖体論は主要な議論の一部を構成し、司教の活動にも影響を及ぼす。たとえば、一六六一年から九三年までラ・ロシェル司教を務めたアンリ・ド・ラヴァルは、イエズス会士クロード・シャスタンが一六八三年にフォントネに聖体の永久礼拝のための兄弟会を設立することを認め、この司教の死後には、同種の兄弟会がこの司教区内部のラ・ロシェル、マラン、ブレシュイルで設立された[203]。クロード・シャスタンは、ラ・ロシェル司教区以外のポワティエ・ボルドー・アジャンをはじめとするフランス南西部で、司教の認可の下に、この兄弟会を設立しており、この団体における信心業の特徴は、月に一度二四時間にわたり、会員が交代で聖体に対する祈禱を絶やさず実践することにある[204]。他方、アンリ・ド・ラヴァルは、ポール・ロワヤル運動の代表的神学者であるアントワヌ・アルノとピエール・ニコルの共著『聖体の秘蹟に関するカトリック教会の信仰の永続』*La Perpetuité de la foi de l'Eglise Catholique touchant l'Eucharistie*（一六六九年改訂版）のために賛辞を寄せ、そこで、この著作の旧版がラ・ロシェル司教区内部でのカルヴァン派信徒のカトリックへの改宗に効果的な作用を及ぼしたと述べている[205]。したがって、ラ・ロシェル司教は、ポール・ロワヤル運動への好意的評価とイエズス会士を活用した聖体兄弟会設立の方針を両立させた。

おわりに

本節は、近世フランスの聖体崇敬を核とする兄弟会を三つに類型化し、組織・理念・活動を比較したうえで、相互の関係性を考察した。その結果、解明できたことを三点にまとめたい。

まず、開放性を特徴とする聖体兄弟会から閉鎖的団結を求める聖体悔悛苦行兄弟会や聖体会に至るまで、複数の組織原理をもつ兄弟会がフランスで展開したことで、聖体崇敬そのものが多様な宗教的要請に応えることができた。他方、会員の社会的背景についても、聖体会に属する王族・貴族から地方都市の聖体兄弟会に属する小教区信徒の民衆層に至るまで、多様な社会層を三種の兄弟会に取り込むことを可能にした。

つぎに聖体兄弟会の活動に関して、明確な経年変化が見いだされる。とりわけ、一七世紀中葉から後半の時期に、中世以来の宴会的要素が除かれ、病者への聖体の運搬や聖体行列に加えて、聖体拝領に代表される個人的信心業の種類や頻度が増える一方、団体内外を問わずカトリシズムにもとづく良俗やモラルの強化が打ち出される。司教を媒介とする聖体会と聖体兄弟会との関係に着目するならば、この現象に対する聖体会の影響力が強かったと考えられるが、パリのみならず地方の状況もより精緻に検討する必要がある。

最後に、本節で試みた人物研究、とりわけリアンクル館での交際やラ・ロシェル司教の態度は、一七世紀フランス宗教史の伝統的な解釈の枠組みから理解するのは難しい。なぜなら、これまでの研究ではイエズス会とジャンセニスムとの対立局面が強調されてきたからである。人物誌から兄弟会を考察することには、一七世紀フランスのカトリック刷新運動について、団体・組織・思想の静態的理解を超えた新たな社会史的アプローチの可能性が秘められている。

第三章　ドイツ・スイス

長谷川　恵
鍵和田　賢

第一節　概観

研究史

一二世紀以降、中世、近世を通じて、特に都市部を中心に結成、運営された兄弟会は、その信心・慈善活動や、仲間団体的な性格について、教会史、宗教史、社会史、法制史など、様々な文脈から研究がなされてきた。特にドイツにおいては、俗人の信心活動の一形態として、聖人崇敬や巡礼とともに、歴史学のみならず、民俗学、とりわけ宗教民俗学 religiöse Volkskunde の立場からも積極的に論じられてきている(1)。これらの研究は、二〇世紀に入って以降、基本的に、都市史、地方史の枠組みで行われてきたが、この理由として、兄弟会が都市的な現象であるとともに、後述するように、名称からその活動内容にいたるまで地域的差異が大きく、実証的な研究の成果が特定地域に限定されてしまうためと考えられる。このように、兄弟会は、多様な問題関心から研究がなされてきたが、その問題関心は、おおまかには、都市と教会との関係や都市の俗人信仰、また、都市の社会構造と都市集団の内的分節化・体制化 Binnengliederung、などに分類することができる(2)。E・イーゼンマンの『中世におけるドイツ都市（一一五〇〜一五五〇）』は、兄弟会について、都市と教会の項目、そして社団の項目で、それぞれ解説しているが、これは、こうしたドイツの現在の兄弟会研究の潮流を端的に表しているといっていいだろう[3]。以下、ドイツにおける兄弟会研究史を概観していきたい。

（1） ドイツ語圏の中世兄弟会研究——一九八〇年代まで

上記のように、兄弟会研究は現在、様々な研究領域において行われているが、教会史においてはすでに一八世紀からなされてきた[4]。その際、ある特定の地域における教会史 lokale Kirchengeschichte、もしくは修道院史で研究が行われてきたが、その成立や発展の過程にはあまり注目されなかった。二〇世紀に入っても研究の多くが聖職者主体の兄弟会を扱っており、俗人兄弟会については司教区史もしくは教区史において民衆の信仰活動の一形態として注目されるにとどまった[5]。その一方、兄弟会の信心、慈善活動は教会史の中でも、教会と都市とをつなぐ現象として一定の関心をもたれていた[6]。

一方、一九世紀以降、経済史や社会史の枠組みにおいて、仲間団体研究の文脈で、兄弟会が注目されるようになった。その端緒となったのがW・E・ヴィルダによる中世の「ギルド」Gilde についての研究である[7]。ヴィルダは、商人ギルドや「ツンフト」Zunft、職人共同体、そして兄弟会など、中世の仲間団体全てを包括する概念として「ギルド」を設定し、これらに共通する要素として宗教的要素を重視した。O・ギールケもヴィルダの理解を継承している。一九世紀後半に入ると、ギルドやツンフト、職人共同体などの社団類型との関係を中心に兄弟会についての議論が進み、その研究はもっぱら社団的側面に注目したため、信仰主体の兄弟会や慈善をその活動の中心とする兄弟会研究はなされなかった[8]。また、兄弟会の信仰活動そのものに対する関心も低かった。

戦間期（一九二〇～三〇年）以降は、兄弟会は、主として都市史、都市社会史の枠組みから取り組まれるようになった。都市史の枠組みで行われた研究の早いものとしては、特にハンブルク、リューベックの兄弟会研究が挙げられるが、これらの研究がその後のドイツにおける兄弟会研究に与えた影響は大きい[9]。後述するように、両都市とも、当時の神聖ローマ帝国内において、ケルンと並び、唯一、八〇を超える兄弟会がその豊富な史料から確認されており、また、その類型も聖職者を主体とする兄弟会や慈善目的の兄弟会から、同業者の兄弟会や職人兄弟会まで多様である。そのため両都市の兄弟会のあり方は、ドイツにおける都市の兄弟会理解に大きな影響を与えた。後にレムリンクが批判するように、ドイツの兄弟会理解が北ドイツの事例に偏っている主な原因ともなったと考えられる。(10) 邦語によるドイツの兄弟会を扱った研究がもっぱらハンブルク、リューベックを事例としているのも、こうした研究動向と全く無関係ではないだろう。(11) 一方で、都市ごとの兄弟会数が一〇に満たないような地域における兄弟会研究はほとんどなされてこず、地域ごとの研究蓄積の偏りが大きいことも指摘しておきたい。以上の研究は兄弟会を特定の都市社会における現象としてあくまで個別・限定的に扱っており、その研究成果を整理し、体系付けるような包括的研究が行われてこなかった。

「兄弟会」の定義についても、個々の研究で別個の定義が用いられたため、複数の「兄弟会」概念が並立し、比較検討を困難なものにした。(12) この背景として、後述するように、兄弟会を表す史料用語が多様であることも挙げられる。分析の出発点となるような兄弟会の基本的な理解も、研究によってばらばらであった。例えば、修道院史では、修道院と俗人の関係や、兄弟会による修道院霊性の受容が兄弟会形成における主なファクターとして取り上げられるが、都市史は、その形成の動機付けを都市当局もしくは領邦君主との関係や当該地域の教会組織との関係においている。(13) 兄弟会は、また、トレント公会議において初めて公式に教会組織に組み込まれた後、現在にいたるまでの数度の教会立法によって、確固とした定義を与えられた。(14) この近代の兄弟会定義がこの時代の兄弟会研究にも強い影響を及ぼしており、中世後期の兄弟会にもその定義を当てはめようとする傾向があった。このことが、兄弟会の定義をさらに困難なものにしていた。

こうした中、O・G・エクスレは、一九世紀にヴィルダやギールケが提唱した包括的な仲間団体理解を継承した自身のギルド論において、理念的ギルド像（自発的意思による会員の加入、誓約と定期的な会食、会員の平等、独自の法領域の創造などの要素を持つもの）を設定し、兄弟会もこの上位概念としてのギルドに含めるとした。[15]エクスレの法制史的な兄弟会の定義は、とりわけ中世後期に増大した職能別兄弟会には対応しているものの、様々な兄弟会を包括する概念として用いられることは難しかった。

逆に、フランケン地方の兄弟会について社会史的な観点から研究を行ったL・レムリンクは、通時的に適用可能で、史料上の名称だけに囚われずに実際の活動に基づいて設定された兄弟会定義を目指した。彼は、兄弟会が、「主に宗教的な、しばしば慈善的な活動を伴う、自由意志に基づいた長期にわたって存続する社団」であり、「教区内あるいは教区と並行して存在し、それへの加入によって個々人の教会法上の地位や私的な生活領域が変化することが無いもの」とした。[16]レムリンクは、この定義について、宗教活動を中心的なものとすることで他の世俗的社団と区別され、教会法上の地位や普段の生活のあり方が変化しないとすることで、修道会などの教会の社団と区別されるとした。こうしたレムリンクの定義については、包括的すぎる一方全ての兄弟会的現象に必ずしも対応していないとの批判があるが、[17]一九九〇年代以降の兄弟会研究は、基本的にエクスレ、特にレムリンクの定義を出発点とし、批判的に継承しているといっていいだろう。[18]

レムリンクは、フランケン地方における兄弟会の状況について、時代別、地域別に比較分析を行い、兄弟会の時代に応じた位置づけの変化を明らかにした。その際、レムリンクの関心の中心は中世後期に叢生した、俗人による自立的兄弟会におかれており、そのような自立性を喪失した近世兄弟会は、関心がもたれなかった。しかし、レムリンクによって指摘された、中世後期から近世にかけての兄弟会の位置づけの変化と兄弟会の「改革」という視点は、その後の近世兄弟会研究における問題関心の基礎におかれることになる。

（2） 一九九〇年代以降の中世兄弟会研究——社会史的アプローチの隆盛

一九八〇年代以降のドイツにおける兄弟会研究の興隆は、レムリンクの功績に負うところが大きい。彼の研究に刺激される形で、ドイツにおいても社会史的アプローチによる兄弟会研究が活発に行われるようになる。その中でも特に注目されるのが、K・ミリツァーによるケルンの俗人兄弟会の一連の研究、そして一九九七年から二〇〇〇年にかけて次々に刊行された四巻に及ぶ中世の俗人兄弟会を中心とした史料集である(19)。これは、証書、兄弟会規約、会員名簿など兄弟会に関係する史料を各兄弟会ごとにまとめており、一一七を数えるケルンの諸兄弟会の比較研究、さらには他地域との比較をも容易にした。

ツンフト史の枠組みでは一九九〇年代以降、中世後期の都市社会において手工業ツンフト、そして一四世紀以降、その政治活動の単位となった政治ツンフト politische Zunft それぞれについて、より明確な区別、定義がなされるようになった(20)。それまで政治ツンフトは手工業ツンフトの発展形もしくは変化と捉えられていたが、近年の研究では政治的ツンフトの結成に伴って職業ツンフトが政治的になったわけではなく、職業ツンフトは経済団体として、政治的ツンフトは市参事会に選出される権利を持つツンフトとして両者並んで存在し続けたことが明らかとなった(21)。さらに政治ツンフトの実際の活動母体としてのツンフト単位の「酒房寄合」Trinkstube Gesellschaft も、都市社会史において、新たな研究の焦点となりつつある(22)。特に「酒房寄合」については、その成員に聖職者、女性を含めた幅広い社会層が確認できること、またツンフト結成を許可されない職人によって「酒房寄合」が結成されている事実から鑑みても、中世後期の俗人兄弟会との比較において重要な仲間団体として注目されている。G・フーケによって二〇〇三年にまとめられた『中世末期・初期近代における門閥社会、ツンフト酒房寄合、および兄弟会』やS・ホイジンガーの『中世のツンフト』は、こうした最近の仲間団体の研究成果の文脈における兄弟会把握という意味において重要である(23)。

最後に、最近の兄弟会研究の中心として二〇〇一年から二〇一二年まで続いたA・ハーヴァーカンプによって指揮されたトリーアのSFB600プロジェクト「余所者と貧者。古典古代から現代にいたるまでの包摂と排除の変遷」を挙げておきたい(24)。その主題から、特に慈善を主な活動とする都市部の兄弟会に関する論稿がプロジェクト研究員によって多く発表されているが[25]、二〇〇九年にプロジェクトの一環として刊行された『西欧都市における中世の兄弟会』は、こうした問題関心にとどまらず、多様な兄弟会を、地域横断的に取り扱っており、ドイツ中心ではあるが兄弟会研究の現状を概観することができる[26]。昨今の兄弟会研究は確かに他地域の状況をふまえた研究が多いが、基本的には今日にいたるまで、ある特定の都市、地域に限定された事例研究である。都市史の分野においても、近年では、例えばエアフルトとニュルンベルクを比較分析したA・レターの行列研究 Prozessionsforschung や、アウクスブルク、バーゼル、シュトラースブルクの都市の諸社団を取り上げたM・グルーアの研究などがあるが、こうした複数地域の実証的比較考察が兄弟会研究においても待たれる[27]。

(3) 近世兄弟会研究と「宗派化論」――その意義と限界

近世ドイツ語圏（スイス含む）の兄弟会を扱った研究は、中世のそれに比べ少ない[28]。それは、トレント公会議（一五四五～六三）によって俗人兄弟会が明確に教会の傘下組織として認定され、それ以降の兄弟会がもっぱら教会史の枠組み内でのみ扱われたことによる。従って、一九七〇年代までの研究は、兄弟会を対抗宗教改革期の信心形態の一種として考察したものがほとんどであった。これらの教会史研究の一つとして、教会史家H・イェディンは、一九七九年刊行の教会史概説書において、近世ドイツ兄弟会の基本的特徴を提示した。彼は、トレント以後カトリックにおいて中心となる民衆信仰の諸形態（祈禱 Volksandacht、宗教行列 Prozession、巡礼 Wallfahrt）が主に兄弟会によって担われていたことを強調し、近世カトリック文化の発展に果たした兄弟会の役割を高く評価した[29]。さらにイェディンは、近世兄弟会の特徴として、様々な身分の構成員を含む開放性をあげ、中世の身分閉鎖的な兄弟会と対比させたのである[30]。この定式化は、前述したようにレムリンクの実証研究に取り込まれ、これ以後、現在にいたるまで近世ドイツ・スイス兄弟会の基本的特徴として受け継がれている。しかし、イェディンを始めとする教会史研究においては、兄弟会がより幅広い社会的文脈のなかに位置づけられることはなかった。同時期に、中世ドイツの兄弟会研究においては、前述したようにレムリンクを中心として、兄弟会を社会的結合（ソシアビリテ）の観点から考察する社会史的アプローチが隆盛するが、これらの近世兄弟会研究に対する影響は限定的であった。[31]

近世ドイツ語圏の兄弟会研究が、より広範な歴史研究の文脈で注目を集めるようになるのは、一九八〇年代後半以降の「宗派化」Konfessionalisierung 論の導入以降である。宗派化論は、近世における宗派教会と世俗権力の密接な連携と、それらによる社会全体への公認宗派の浸透政策のなかに「近代国家」形成の萌芽を認め、この関連で近世兄弟会にも新たな視点から着目したのである。[32] 近世のトリーア選帝侯領の兄弟会を考察したB・シュナイダーは、「宗派化」を推進するカトリック教会が、信徒を紀律化し、彼らにカトリックの正統教義を植え付けるための「道具」として兄弟会を活用していたことに注目した。対抗宗教改革期のドイツ兄弟会は、一般に俗人会員の発言力が弱まり、教会による統制が増した結果、中世兄弟会が有したような社会的結合としての機能を弱めたとされる。[33] しかし、シュナイダーによれば、そうであるからこそ兄弟会を通じた紀律化・教化の効果は大きなものがあったという。[34] こうして、宗派化論の近世兄弟会研究への取り込みにより、近世社会のダイナミックな展開のなかに兄弟会を位置付ける視点が提示され、近世兄弟会研究の活性化が生じたのである。ただし、シュナイダーは同時に近世ドイツにおいては中世以来の形態を受け継ぐ兄弟会も一定数存在し、継続して会員を集めていた点に注意を促し、近世ドイツの兄弟会の歴史はこれら新旧兄弟会の緊張関係のなかで読み解かれるべきことを指摘した。[35] この「改革カトリック兄弟会」reform-katholische Bruderschaften と「伝統的兄弟会」traditionelle Bruderschaften の二分法は、現在のドイツ近世兄弟会研究における基本的視角となっている。[36]

一九九〇年代においては、近世兄弟会研究は基本的に宗派化論に基づく形で行われた。しかし、二〇〇〇年代に入ると、兄弟会を「宗派化の道具」と捉える見方に疑念が呈されるようになる。そのような研究の代表例が、R・マリンクロットによるものである。マリンクロットは、二〇〇五年の著書において、近世ケルンの兄弟会を題材に、兄弟会を通じた「宗派化」の実効性を検証した。その結果彼女は、「改革カトリック兄弟会」による「宗派化」の効果は、ケルンにおいては限定的だったという見解を示した(37)。すなわち、一七世紀のケルンに存在した一一三の兄弟会のうち、その性質が明確に明らかになる七〇のものに関して、「伝統的兄弟会」が三七であり「改革カトリック兄弟会」の三三を上回っていた。さらに、「伝統的兄弟会」の約半数はトレント公会議以後に設立されたものであるという(38)。また、二種類の兄弟会の会員名簿を分析した結果、両タイプの兄弟会に同時に加入している例がしばしば見られるという。これは、ケルンの一般信徒は二種類の兄弟会の差異をあまり認識していなかった、すなわち「改革カトリック兄弟会」の改革思想を理解していなかったことの証拠とされた(39)。このようなマリンクロットの見解は、「宗派化」モデルの兄弟会研究への無批判の適用に対して注意を促すものである。

このような「宗派化」モデルの短絡的応用への批判は、兄弟会研究に限らず宗派化論を用いた近世ドイツ史研究のあらゆる分野で近年活発になされているものである。これらの批判は、「宗派化」概念そのものの捉え直しへと結びつき、現在は従来型の紀律化・教化に特化した「宗派化」モデルの修正を目指す議論が盛んになっている(40)。近世兄弟会研究においても、「宗派化」モデルの捉え直しのなかで、研究上の視点が多面化していく傾向にある。以下では、そのような現時点での近世兄弟会研究の新たな潮流について述べる。

（4） ポスト「宗派化論」の兄弟会研究

現在のドイツ・スイス近世兄弟会研究は、多面化しつつあるとはいえ、基本的には従来の「宗派化」モデルの修正という観点から進められている。それは、近世ドイツの宗教現象を考察する際には、やはり宗派教会の形成という視点を取り込むことが不可欠であるためだろう。まず、紀律化・教化型の「宗派化」モデルの有効性を引き続き主張する研究が挙げられる。近世ハプスブルク世襲領 Erblande の兄弟会を分析したT・ヴィンケルバウアーは、「改革カトリック兄弟会」に対抗する「伝統的兄弟会」の根強い存続という事実は認めつつも、中世後期において兄弟会の設立が不活発だった農村部にとりわけ「改革カトリック兄弟会」が進出したことに注目する。これらの兄弟会は、ハプスブルク家の後援の下で在地の司教・貴族によって設立されたものが多く、ハプスブルク家世襲領の統合の機能を担ったという。特に、ハプスブルク家は、聖ヨセフを一六五四年にベーメン・オーストリア諸邦の守護聖人に認定すると、臣民に聖ヨセフ崇敬を浸透させるため各地に聖ヨセフ兄弟会Josephsbruderschaftenを設立していく[41]。同家の聖ヨセフ崇敬の奨励には、聖家族の父親たる聖ヨセフを「国父」たるハプスブルク家の象徴として用い、臣民を統合していく戦略があったという。そして、ヴィンケルバウアーは、これら農村部の「改革カトリック兄弟会」が農村住民へのカトリック信仰の浸透において大きな成果を上げていたことを述べ、農村部では兄弟会の紀律化・教化機能が有効であったことを論証する[42]。彼の研究が示唆するのは、従来型の「宗派化」モデルの実効性の検証が、農村部までをも視野に入れれば未だ不十分であるということである。

従来型の紀律化・教化型「宗派化」モデルに代わる枠組みを用いた兄弟会研究としては、M・R・フォースターのものが挙げられる。フォースターは、近世シュヴァーベン地方の兄弟会を取り上げ、教会・世俗権力と民衆の「相互作用」モデルを提示した[43]。すなわち、近世シュヴァーベンにおいても、カトリック教会によって「改革カトリック兄弟会」が設立されていたものの、それらは一般信徒の支持なくしては継続的な活動が難しかったため、しばしば一般信徒の趣向に配慮した特徴を敢えて採用したという。例えば、その地方で民衆たちによって古来より崇敬されていた地方聖人を敢えて兄弟会の名前に冠するなどしていた[44]。この過程で、「改革カトリック兄弟会」のなかにも民衆の趣向に合った世俗的要素がしばしば混入し、俗人会員のイニシアティヴが強化されるなどの事態も生じた。こうして、「上から」と「下から」の影響が混ざり合うなかで、兄弟会を通じたカトリック信仰の浸透が進行していったのだという。これが、フォースターによる「相互作用」モデルであり、この見方に立てば、従来型の「宗派化」モデルが修正され、シュナイダー以来の定説となっている近世兄弟会の二類型も相対化されることとなる。このモデルは、近世兄弟会に統治権力と民衆の間の媒介者という新たな位置づけを与えるものであり、今後のさらなる研究の枠組みの一つとなるであろう。

また、宗派の問題からある程度距離を取ったアプローチも存在する。先述のマリンクロットは、近年の論稿において、近世都市の兄弟会が持った都市支配階層の非公式コミュニケーションの場としての機能を検討している。[45] 彼女によれば、近世都市ケルンの兄弟会は同時期のイタリアの兄弟会などとは異なり、自身の会館を有したり芸術のパトロネージ活動を行ったりすることがなかった。それは、建前上、民主的市制であるものの実態としては寡頭制であった近世ケルンにおいて、ケルン支配層が自身の権力を可視化させない形で相互の連絡を保つ場として兄弟会を利用していたためであるという。実際に、ケルンの都市参事会員はたいてい複数の兄弟会に加入しており、兄弟会を介した参事会員のネットワークが網の目のように存在していたという。[46] マリンクロットのこのアプローチは、中世後期の兄弟会研究で行われているような、社会的結合としての兄弟会理解を近世にも敷衍するものであるといえる。

最後に、「宗派化」モデルの相対化との関連で、「多宗派性」と兄弟会の問題を取り上げておきたい。「多宗派性」Multiconfessionalism とは、ポスト宗派化論の近世社会解釈モデルを模索するなかで近年注目を集めている概念であり、近世の複数宗派併存体制の偏在のなかに、近代的「寛容」Toleranz や政教分離思想の培養器を見るものである。[47] すなわちこの概念によれば、近世のとりわけドイツのように政治的分極化の傾向が強かった地域では、異宗派の信徒が隣り合わせで暮らしているような状態が常識であり、日常生活における宗派間の接触・交渉の蓄積こそが後の宗教的「寛容」の基盤となった、つまり複数宗派併存体制の成立と維持という現象こそ宗派形成が近世社会にもたらした最大の帰結であったという。近世兄弟会をめぐる様々な側面、すなわち兄弟会を通じた教会による紀律化・教化、同じく兄弟会を通じた民衆による宗教的欲求の表現、さらに兄弟会による社会的結合関係の構築などが、基本的に異宗派の隣人の存在を前提としたものであったことを考えるならば、以上で述べた兄弟会研究の諸動向もまた、「多宗派性」の視点を取り入れて考察する必要があるであろう。

「多宗派性」を明示的に取り入れた近世兄弟会研究は、現時点では未だ現れていないが、この概念との関連を示唆するものとして、R・エブナーのものが挙げられる。近世フランケン地方の兄弟会を分析したエブナーは、近世兄弟会の特質として過剰なまでの可視的典礼への傾倒を確認した上で、それらがすべてプロテスタントに対する差異化を意識したものであったことを強調する。(48) フランケン地方が、カトリック聖界諸侯領やプロテスタント都市などが混在する複数宗派併存地域であったことを考えるならば、兄弟会の実践した差異化の戦略の影響も大きなものがあったであろう。エブナーの研究は未だ萌芽的なものにとどまるが、今後は同様の視点に立った実証研究の蓄積が望まれる。

規約および他の主要史料

中世の兄弟会に関わる史料としては、まず、兄弟会規約が、詳細で最も包括的な史料として挙げられるだろう。(49) さらに、兄弟会の会計簿、また会員名簿も兄弟会に直接関わる史料として挙げられる。レムリンクは、会計簿およびリストを、同時期の納税リストを中心とした都市側の史料（その他、裁判記録や賃貸記録など）と比較分析し、その結果、ヴュルツブルク司教区の諸兄弟会に所属する会員の九〇％以上の職業や居住地を明らかにすることが可能となった。(50) 以上に挙げた中心的な兄弟会関係文書は、例えば、各兄弟会の所属する教会の聖具室内におかれた兄弟会の櫃に収容されたり、もしくは兄弟会の代表によって保管された。(51) さらに、兄弟会に直接関わる史料群として遺言状も挙げておきたい。ケルンではまた、都市の会計簿に兄弟会が購入した都市が発行した借入金 städtische Rente の領収書などが収められているが、これらの書類には兄弟会代表の印章と並んで、兄弟会の印章が散見され、一五世紀後半のケルンにおいて、兄弟会が印章を有していたことなどがわかる。(52) 都市側の記録としてさらに、都市の不動産登記簿における兄弟会所有の家屋などの記載が確認できることも指摘しておきたい。そのほかの個別の史料としては、書簡や裁判記録、また兄弟会による祭壇の寄進状などを挙げることができよう。逆にほとんど兄弟会が取り上げられていない史料としてミリツァーは年代記および参事会議事録を指摘している。(53) これらの史料は、現在、司教区文書館や都市文書館を中心に収められているが、例えばシュトラースブルクのツンフト条例集や、G・シャンツによって編纂されたドイツの職人組合に関する史料集、またリューベックやマクデブルクの文書集など、地域ごと、研究テーマごとに兄弟会史料が刊行されている例もある。[54] 俗人兄弟会の包括的な刊行史料としては、前述のミリツァーの『ケルンの俗人兄弟会史に関する史料集』を挙げておきたい。

一方、近世の兄弟会が遺している史料は、「改革カトリック兄弟会」と「伝統的兄弟会」でその内容に違いが見られる。「改革カトリック兄弟会」に特徴的な史料が、「兄弟会の書」Bruderschaftsbuch〔図1〕と呼ばれる印刷本である。これは、各兄弟会が作成していたもので、内容としては規約、兄弟会の簡単な来歴、会員が唱えるべき祈禱文、会員に与えられるべき免償の情報などが記載されていた。「兄弟会の書」の用途は、第一に会員の手引としてのものであった。「兄弟会の書」を用いることによって、会員が個人的に兄弟会の活動に従事することができ、概して会員規模が大きかった「改革カトリック兄弟会」の活動を円滑化する効果があったのである。ただし、「兄弟会の書」は、会員に無料で配布していたイエズス会のマリア信心会 Marianische Kongregation のような例外はあるものの、大半の兄弟会

図1　ケルン・イエズス会の「死への恐れ兄弟会」兄弟会の書の挿絵（1681年）
兄弟会員の立会のもとで死を迎える会員．この挿絵は，ケルンで活動した銅版画家ヨハン・ハインリヒ・レフラー（1604頃–80以後）の作品を転載したもの．ケルン大学図書館所蔵．

では会員に購入させる形を取っており、会員にとっては大きな経済的負担となったであろう。[55]「兄弟会の書」の第二の用途として、外部への宣伝がある。「兄弟会の書」は、会員以外に対しても広く販売され、兄弟会の活動の正当性を外部にアピールする役割を担った。特に近世においては、宗教改革期に兄弟会の諸活動が激しく非難された経験をふまえて、兄弟会が聖書に適った組織であることを常にアピールする必要があったのである。[56]また、「兄弟会の書」に記載された免償の情報は、兄弟会に加入した際に得られる恩恵の宣伝にもなり、新規加入者を獲得するための有力な手段となったのである。「兄弟会の書」は、大量に印刷されたため伝来状況が良好であり、近世の「改革カトリック兄弟会」を研究する際の最も基本的な史料となっている。

「改革カトリック兄弟会」における「兄弟会の書」以外の史料は、会員名簿や会計簿等であるが、伝来状況はあまり良くない。また、大半が手書文書であり、刊行されているものも少ない。

「伝統的兄弟会」については、「兄弟会の書」のような印刷物を作成していた例はほとんどない。「伝統的兄弟会」は、「改革カトリック兄弟会」のように大規模に会員を集めることを想定しておらず、教会によって正統信仰の普及の任務を担わされることもなかったため、敢えて外部への宣伝を行う必要がなかったのであろう。[57]従って、「伝統的兄弟会」においては、規約以下史料のほとんどは手書文書となる。ただし、近年まで存続していたような兄弟会については、記念刊行物の形で大部の史料集が刊行されている場合がある。例えば、ヴェストファーレン地方ラーティンゲンの聖セバスティアヌス兄弟会 Sebastiani-Bruderschaft（一四三三年設立）については、史料集が刊行されており、規約の変遷や時々の活動の実態などを詳細に跡付けることができる。[58]

また、兄弟会自身が遺したもの以外にも、兄弟会の活動を伝える多様な史料が存在する。それらの大半はカトリック教会によるものである。一般に兄弟会設立にいたる具体的な過程、すなわち兄弟会をめぐる教会関係者の交渉の模様などは、規約からは見えづらい。これに関して情報を与えてくれるのが、教皇大使 Nuntius の書簡や各修道会管区の年報などである。教皇大使は、トレント公会議以降ドイツのカトリック地域で活発に活動したが、彼らは該当地域の対抗宗教改革運動の展開に関して、教皇庁に詳細な報告を送っていた。ケルンの場合、一六一〇～二一年に在任したアントニオ・アルベルガティがとりわけ兄弟会を用いた伝道に熱心であり、彼の報告のなかで、彼が関与したケルンの兄弟会に関する証言が豊富に見出される。[59] また、兄弟会を用いた活動に熱心だったイエズス会の年報は、兄弟会の日常的な活動実態を伝える史料である。[60] ただし、これらの史料は、ほとんどが「改革カトリック兄弟会」を対象としたものである。「伝統的兄弟会」に関する情報は、教会巡察記録に見出される。とりわけ一七世紀後半以降、教化の「道具」としての兄弟会の需要が高まるのに応じて、巡察記録における「伝統的兄弟会」への言及が増加するとされる。[61]

兄弟会の名称・類型

（1）　中世兄弟会の名称

レムリンクは、ラテン語由来の名称が、ドイツ語圏全体で見受けられるのに対し、ドイツ語由来の兄弟会の名称は、地域に限定されていることが多いと指摘しているが、例えば、ラテン語由来のKalandも、ヴェストファーレン、ニーダーザクセン地方および、北ドイツに限定的に使われ、中央ドイツ以南（ラインラント、フランケン、バイエルン地方、現在のオーストリアやスイスなど）での使用は見当たらない。[62] 地域限定的な用語の使用としては他に、例えばザルツブルクではZecheが使用されている。[63] ドイツ語の兄弟会を意味するBruderschaftは、北ドイツではbroderscopと表記されることが多いが、[64] ライン川上流域の都市のシュパイヤーやシュトラースブルク、フライブルクではBruderschaft、Brůderschaft、Brüderscheff、レーゲンスブルクではBruderscheftと中世低地・高地ドイツ語に準じて表記される。[65]

地域的な差異だけではなく、同一地域においても兄弟会は様々な名称が用いられた。ハーヴァーカンプは一二世紀の北ドイツのマクデブルクの兄弟会について、communio, societas, officium, fraternitasというラテン語由来の名称とともにドイツ語由来のinnige（Einung）という名称が史料に現れていることを紹介している。[66] また、一三六七年に北ドイツのロストク市参事会がシュヴェリーンの司教に宛てた手紙の中では、兄弟会に対応する多様な呼称として、conuenticula, broderscop, susterscop, ghilde, kaland, graal が併記されている(67)。

呼称の時代による変化も指摘しておきたい。ハーヴァーカンプは、バーゼルの例を挙げ、一三世紀半ば当時、毛皮加工業者、肉屋や仕立屋のツンフトが兄弟会という呼称でも呼ばれていたことを明らかにしている(68)。また、レムリンクによれば、ケルンやトリーアでは、一四世紀にいたるまで兄弟会 broderschef, fraternitas はツンフトの意味で使われたという(69)。そのため、中世盛期において、これらの呼称が兄弟会の意味で使われていたのか、それとも職業組合であったのかについては、その実際の活動や目的に従って判断するより他ない(70)。ドイツにおける兄弟会研究が中世末期に集中しているのは、その史料状況もさることながら、何よりこの時代に、信心、慈善活動をその中心に据えた仲間団体の呼称に例外なく兄弟会が使用されるようになったことに影響している(71)。

(2)　中世兄弟会の諸類型

兄弟会の類型は研究者によって様々になされているが、ここではレムリンクを参考に、以下の三つに分類していく(72)。

(1)　まず、修道院間、もしくは高位の聖職者や俗人との間で結ばれた祈禱兄弟盟約に端を発する団体である。その主な活動はミサや祈禱、断食、贖罪の実践などへの参加である。兄弟会会員が共同で行う行事は基本的に想定されていない。中世後期に増加する信心実践型の兄弟会もこのカテゴリーに含むことができるだろう。

(2)　二つ目の類型として、修道院、教会の援助や慈善活動などを目的に結成された兄弟会である。この兄弟会の特徴としては、個々の会員へ課される責務の少ないことや、地域に限定されない超域的な性格を持つことなどが挙げられる。兄弟会の入会は寄付によってなされ、兄弟会会員間の結びつきは弱い。

(3)　三番目の類型は、地域に限定され、ゲノッセンシャフト的性格を強く持つ兄弟会である。この兄弟会は選出された指導者の下で運営され、独自の財産を所有し、その入会の際には宣誓を必要とする。会員は兄弟会が執り行う共同行事（ミサ、死者追悼や会食）への参加、そして会員同士の祈禱と相互扶助が義務付けられている。以上の区分はあくまで便宜的なもので、以下、見ていくように必ずしもその区分に一致しない兄弟会も存在する。

第一の兄弟会形態として、まず、中世初期に結ばれた祈禱兄弟盟約に遡るが、これは大きく分けて三つに分類される。修道院の間で結ばれた盟約、司教間もしくは司教と司教区の聖職者など在俗聖職者間で結ばれた盟約、そして修道院と俗人の間で結ばれた盟約である。このうち、特に在俗聖職者間で結ばれた盟約は、後の聖職者主体の兄弟会の源流の一つとみなされている[73]。修道院と俗人の間で結ばれた盟約の数が増えるのは一一世紀以降だが、すでに九世紀から俗人の兄弟会加入を確認できる[74]。祈禱兄弟盟約的な兄弟会の独特な形として、レーゲンスブルクの聖ヴォルフガンク諸兄弟会を挙げておきたい。この兄弟会は大聖堂のみならず、レーゲンスブルクの全ての修道院、そしておそらく教区教会においても結成され、個々の兄弟会は聖ヴォルフガンク諸兄弟会の名の下で一つのまとまりをみせていた例である[75]。

中世末期に増大するのが、特定の聖人への崇敬や聖体信仰をその核として結成された兄弟会である。これは、当時の俗人の信心熱の高まりを背景にしていると考えられる。フランケン地方では、聖体や聖セバスティアヌス、聖アンナの名を冠した兄弟会の数が他の兄弟会を圧倒しており、これらの崇敬や信仰の当該地域での人気を物語っている[76]。ハンブルクではこれらに付け加えてマリア兄弟会や聖十字架兄弟会などが多く設立された。ヤーコブ・シュプレンガーによって広められたロザリオ兄弟会は、こうした兄弟会の一つに数えられる。このロザリオ兄弟会は、入会金も会食の義務づけなどもなく、聖俗、男女、社会層を問わないものであった。そのため会員数も膨大な数にのぼり、一五〇〇年ごろのコルマールにおける同兄弟会の会員数は六〇〇〇を超えたとされるが、ミリツァーは、一四七五年に結成されたケルンのロザリオ兄弟会もおそらくその程度だったと推測している[77]。

第二の類型に当てはまる兄弟会として、まず、各教会施設の建設のために設立された兄弟会を挙げたい。一一世紀から聖堂の建設のために司教座教会から教区教会、修道院単位でも兄弟会が設立されたが、特に大聖堂建設のために結成された兄弟会については、バーゼルやシュトラースブルク、アウクスブルク、ヴュルツブルク、シュパイヤーからケルン、ブレーメンにいたるまで、広く確認できる。[78] 大聖堂や教会などのほかに、施療院や橋の建設などのいわゆる公共事業の寄付を募るためにも兄弟会は結成された。

この類型に該当するもう一つの形態として、貧者や病者、巡礼者への世話や物資の援助といった慈善活動を目的として設立された兄弟会が挙げられるが、以下、その活動に従って三つに分類したい。まず、施療院の運営に携わった兄弟会 Spitalbruderschaft、貧民救済のために結成された兄弟会 Elendenbruderschaft、そして巡礼者の援助のために設立された兄弟会 Pilgerbruderschaft である。[79] これらの兄弟会は都市の発展と巡礼熱の高まりを背景に、一二世紀以降、都市を中心に創設された。施療院兄弟会は、施療院の他、ハンセン氏病患者のための施設も運営した。貧民救済兄弟会として規模の大きなものに、ザルツブルクのツェッヒェ Zeche がある。この兄弟会は貧者救済と祈禱をその設立動機にしているが、聖職者、修道士、修道女、男女の俗人や全ての階層を受け入れ、ザルツブルク司教区の四七以上の会から組織され、その会員数は一〇〇〇を数えた。[80] 中世末期には、施療院や救貧院は都市の福祉政策の一環として都市当局の管轄下に置かれていく。巡礼兄弟会は多くの場合、サンティアゴ・デ・コンポステーラやトリーアの聖マタイ修道院のような有名な巡礼地にちなんで名付けられている。しかし、例えばチューリッヒやフランケン地方の聖ヤコブ兄弟会の主な活動が聖人崇敬や死者追悼であったように、都市によっては聖ヤコブ兄弟会が必ずしも巡礼者保護のために設立されたわけではなく、その活動実態は必ずしも一様ではない。[81]

第三の類型に該当する兄弟会として最も典型的なのは、同業者の間で結ばれた職能別兄弟会であろう。さらに、職人 Gesellen の間で結ばれた職人兄弟会 Gesellenbruderschaft もこのカテゴリーに含めることができる。職人兄弟会については、その形成の原因として、同職組合（ツンフト）の成員になることのできない職人が職業意識と団体帰属意識を形成する、もしくはそれを強化する機会であったと理解されており、こうした兄弟会の政治性は、すでに邦語の諸研究でも指摘されている通りである。[82] 設立の直接の動機として、G・デルナーは、チューリッヒの事例を挙げ、職人が自身の葬儀の遂行を確実なものにするために結成されたことを示す史料を紹介している[83]。当時のチューリッヒにおいては、同職組合（ツンフト）の親方は、基本的には規約によれば職人の葬儀を遂行する義務が課されたが、富裕な同職組合（ツンフト）では親方は支払いによってこの義務を免除された。一方、経済的に苦しい同職組合（ツンフト）ではそもそも職人の死者追悼のために出費する余裕がなかった。職人兄弟会の結成は、自身の葬儀、追悼が行われない可能性があるという切迫した状況の中で行われたのである。これはチューリッヒの事例だが、他の都市でも直接の設立の契機にこうした状況があったことは十分に考えられる。職人兄弟会はしかしその政治性ゆえに、同職組合（ツンフト）や市参事会から不安視されることが少なくなく、実際シュトラースブルクでは解散させられた例もある[84]。

概して、職能別兄弟会は地域に限定された会であるが、チューリッヒの例では、画工と金細工師および皮職人によって共同で結成された兄弟会である聖ルカおよび聖エリギウス兄弟会 St. Lux und St. Loyen Bruderschaft の会員として、一六世紀初頭の会員名簿に、コンスタンツ、ウルム、ヴィリンゲン、ハイデルベルク、といった他の都市の同業者の名前が確認され、兄弟会組織の多様性を物語っている[85]。

聖職者主体の兄弟会は、中世末期においては、特に下級聖職者主体の兄弟会に見られるように、ゲノッセンシャフト的な俗人兄弟会とほぼ同様の組織形態を持ち、その構成員数もしばしば俗人が聖職者を凌ぐほどであったが、聖職者の利害が第一義的に考えられたこと、俗人が指導的な立場につくことがなかったことなどが違いとして挙げられる[86]。聖職北ドイツにおいてカラントと呼ばれる兄弟会は一般的にこの聖職者兄弟会と同一視されるが、B・マイスターによるアルテンブルクの事例研究にみられるように、その構成員や組織が俗人兄弟会に分類できるものもカラントと呼ばれるなど、必ずしもその形態は一様ではない[87]。

（3） 近世兄弟会の名称・類型

ここでは、近世ドイツに存在した兄弟会の名称の類型について記述する。近世の兄弟会は、トレント公会議において教会法上で規定されたにもかかわらず、史料上の名称は一定しない。ラテン語ではsodalitas, congregatio, confraternitas, fraternitasといった名称が併用され、ドイツ語でもBruderschaftが職能団体の名称として用いられることがあった[88]。sodalitas, congregatioがほとんどもっぱらイエズス会系の兄弟会で用いられるなど一定の法則性は見られるが、概ね中世同様の多様性が継続したといえる。以下では、より下位の名称区分に着目し、各々の兄弟会が名称に冠したパトロン（聖人、信心形態）の類型について見ていきたい。なお、組織・活動上の類型については、大まかに「改革カトリック兄弟会」と「伝統的兄弟会」に分類されるが、これらについては前述した。各兄弟会タイプ内の特殊な類型については、兄弟会の活動内容を論じる箇所で取り上げたい。

近世ドイツの兄弟会も、中世のそれと同様パトロンには非常な多様性が存在する。ただし、大まかに分類すると「改革カトリック兄弟会」と「伝統的兄弟会」で傾向の違いを見出すことができる。従って、以下の叙述も右の二類型ごとに行われる。

「改革カトリック兄弟会」は、トレント改革の影響を受けて、プロテスタントに対する「差異化」を強く意識し宗派教会としてのカトリックを強調する傾向が強い。従って、その名称は、中世後期のような地方聖人を冠したものが減少し、トレント改革以後重視されるようになった信心形態や、カトリック教会全体で地位が向上した聖人の名を冠したものが主流となる。

まずマリア崇敬に関するものが挙げられる。聖母マリア崇敬は、トレント公会議以降、プロテスタントへの対抗もあり、教会の主導により改めて高揚を見せる。マリア崇敬に関する兄弟会の代表的なものは、イエズス会のマリア信心会である。マリア信心会は、いわゆる「改革カトリック兄弟会」の先駆者的組織であり、原型は一五六三年にローマで設立された神学生の祈禱社団である。ドイツでは、一五七六年にケルンで設立されたものが最初であり、学生の兄弟会を主体に市民、若者、徒弟と職人、兵士など年齢・職業ごとに特化した同名の兄弟会が複数設立され、それらが相互に結びついていた点に特徴があった[89]。マリア崇敬に連なる代表的兄弟会の第二のものが、ロザリオ兄弟会Rosenkranzbruderschaften である。マリアへの祈禱（「ロザリオ」）の実践を目的とするロザリオ兄弟会は、先述したように中世後期からすでに存在していたが、トレント以後にイエズス会・ドミニコ会による組織的導入が図られる。[90] ロザリオ兄弟会は、一五世紀末の段階ですでに、「改革カトリック兄弟会」の諸特徴を備えていた。[91] 第三のものとして、肩衣兄弟会 Skapulierbruderschaften があげられる。これは、一二五一年に当時のカルメル会総長が幻視のなかで、庇護と救済の徴としてマリアから授かったとされる肩衣 Skapulier にちなむ兄弟会であり、カルメル会の指導下で一七世紀後半から一八世紀半ばにかけてドイツのカトリック地域で人気を博したものである。[92] 肩衣兄弟会の近世における隆盛の背景として、救済の可視的な徴である肩衣が、宗教改革者の予定説によって不可知の領域へと遠ざけられた救済を、信徒の身近な領域へと引き戻したためであるとされる。[93]

続いて、トレント以後奨励されるようになった信心形態に関する兄弟会である。トレント以降のカトリック信仰において重視されたものの一つが、「良き死」gute Tod の想起である。カトリック教会は、信徒が「良き死」を迎えるために、彼らがキリスト教的な生活を実践し常に自身の死を想起して生きることを奨励した。さらに、トレント公会議で改めてその正統性が確認された「煉獄」Fegefeuer の教義に基づき、死者の「良き死」を完全なものとするための生者の執り成しの祈禱も重視された。この「良き死」という観念を一般信徒に浸透させる役割を担ったのが、主にイエズス会によって推進された、死への恐れ兄弟会 Todesangstbruderschaften である。[94] この兄弟会は、とりわけ死者のための祈禱を重視するとともに、会員に対しては病者の訪問と、病人が「良き死」を迎えられるための配慮を要求した。

イエスの「聖体」信仰もまた、トレント以後のカトリックを象徴するものである。宗教改革者の神学に抗して化体説 Transsubstantiationslehre を正統としたカトリック教会にとって、「聖体」の信仰と秘蹟としての聖体拝領を振興することは、プロテスタントとの「差異化」を図るうえで重要であった。「聖体」信仰奨励の任務は、聖体兄弟会 Corporis-Christi-Bruderschaften/Sakramentsbruderschaften によって担われた。[95] この兄弟会は、「聖体」の宗教行列など信仰の「可視化」にとりわけ力を入れていた。

その他、「イエスの心臓」信仰を掲げ、一八世紀初頭よりフランスの影響を受け隆盛したイエスの心臓兄弟会 Herz-Jesu-Bruderschaften[96] や、バロック期に本格的に隆盛した三位一体信仰を掲げた三位一体兄弟会 Dreifaltigkeitsbruderschaften[97] などが、典型的な「改革カトリック兄弟会」として挙げられる。

聖人の名を冠した「改革カトリック兄弟会」も多く見られたが、選択された守護聖人の顔ぶれが中世後期の兄弟会と異なっており、カトリック教会が組織的に崇敬を奨励した聖人や、世俗君主が領邦の守護聖人として設定した聖人などが好まれた。そのような聖人の一人として、ネポムクの聖ヨハネが挙げられる。ボヘミアの地方聖人であり告解の秘密厳守の聖人として知られるヨハネは、近世に入るとカトリックの信仰告白を圧力に抗して守り通した聖人として、カトリック地域全体で崇敬が奨励されるようになる。[98] ヨハネが一七二九年に正式に列聖されると、ドイツにおいても各托鉢修道会によってネポムクの聖ヨハネ兄弟会 Johannes-Nepomuk-Bruderschaften の設立が相次いだ。[99] また、先述した聖ヨセフのように、領邦君主による領邦統合の手段として新たに崇敬されるようになった聖人もいる。

他方で、「伝統的兄弟会」の名称の傾向については、中世後期のそれと大きくは異ならない。すなわち、職能別兄弟会については、該当する職業の守護聖人が選ばれることが多く、当該地方でよく知られた地方聖人も好まれたため、「改革カトリック兄弟会」に比して多様性が大きい。以下、近世ケルンの「伝統的兄弟会」を例に、名称の傾向を見ていく。一七世紀のケルンに存在した三七の「伝統的兄弟会」のうち、聖母マリアを冠したものが八つあり最も多い。それ以外は、「諸死者」Allerseelen を冠した二つを除き、全て別々の名称を選択している。[100] 職能別兄弟会については、金細工師は聖エリギウス、船員は聖ニコラウス、床屋外科は聖コスマスと聖ダミアヌスといったように、自身の職業の守護聖人を名前に冠している。また、聖ウルスラや聖セヴェリヌスといったケルンにゆかりのある聖人の名を冠したものも見られる。さらに、ペストの救難聖人として知られる聖セバスティアヌスなども引き続き人気を博した。

兄弟会の規模・組織・役職・構成員

(1) 中世兄弟会の規模

規模や会員数は当然その都市の規模によって異なるが、兄弟会の類型による差異もある。例えば、一五世紀のハンブルクでは確認できる多くの兄弟会が三〇から八〇の会員数であるが、信心主体の兄弟会であるハンブルクの聖十字架兄弟会の会員名簿では七六五を数え、またリューベックでは信心主体の兄弟会の会員数がそれぞれの兄弟会で一二五〇から一七〇〇ほど確認できるし、前述したコルマールのロザリオ兄弟会は六〇〇〇を超えるなど、その組織のあり方はいくらでも大規模になり得た。(101) ブラウンシュヴァイクでは、聖マタイ・カラントの会員数は一五世紀前半で一四〇だったが、一六世紀初頭には二七五にのぼるなど、時代が下るに従って大幅に増加する場合もあった。(102) その一方で会員の死亡時に新会員を受け入れることを定めているために、会員数の増加があまりみられない兄弟会もあった。(103) ケルンの事例では、時代を下るに従って会員数の減少が確認できる兄弟会は概して入会金や罰金が高く閉鎖的であったことが確認されている。(104)

(2) 中世兄弟会の組織・役職

兄弟会の組織は兄弟会規約に基づいており、そこには、設立の目的から、入会金や定期金の金額、罰則規定、さらには金銭もしくは蠟燭の形で支払う罰金にいたるまで詳細に記されている。(105) 退会の場合には、入会金は戻されず施療院に寄付されたり、兄弟会によっては罰金が義務付けられており、再入会の場合には退会から再入会までに発生したと想定される定期金を払うことが義務付けられることもあった。組織を実際に運営する役職者は地域によっても組織によっても様々であるが、選出された兄弟会代表が組織の長を務めた。(106) 代表は複数人で二人から場合によっては四人を数え、毎年新たに選出された。兄弟会には入会金や定期金その他の兄弟会財産を管理する会計係 Büchsenmeister が別にいる場合もあるが、規模の小さな組織では兄弟会代表が会計係を兼ねた。(107) そのほか、総会の議事録のための書記も存在した。ただし、会計簿は多くの場合、兄弟会代表自らが書き込んだ。これらの役職につくのはいずれも男性であり、聖職者兄弟会の場合は聖職者に限られた。

（3）　中世兄弟会の構成員

会の性質によって、その構成員は当然異なる。聖職者に限定された兄弟会や、同業者中心の兄弟会もあれば、都市参事会員や政治エリート同士で組織された兄弟会などその構成員の社会層や職業は兄弟会によって様々であるが、統計的な分析が行われているケルンやフランケンで明らかなように、兄弟会に所属する会員の多くが社会の上層、中層出身者である[108]。ケルンの場合、成人の一〇から二〇％が兄弟会に所属していた。女性の会員数は都市、また兄弟会によって異なる。例えばリューベックの信心主体の兄弟会では女性は男性の会員数の三分の一であるが、ブラウンシュヴァイクの聖マタイ・カラントでは一六世紀初頭の女性数は全体の五一％と過半数を占めたケースもある[109]。特にブラウンシュヴァイクでは、女性が夫と異なった兄弟会に所属した例や、寡婦になって後に兄弟会に所属したケースなどが散見され、女性の自立的な兄弟会参加を見ることができる。職能別兄弟会の女性参加は、チューリッヒの職能別兄弟会である聖ルカおよび聖エリギウス兄弟会にみるように、主として会員の妻や寡婦としての参加が多いが、例えばシュトラースブルクの織物工の兄弟会や浴場主兄弟会の規約では、親方の妻のみならずその業種に従事する女性の参加が想定されている[110]。

（4）　近世兄弟会の組織構造――「改革カトリック兄弟会」の場合

近世ドイツ兄弟会の規模・組織・役職・会員構成については、先述の名称・類型と同様に、新旧兄弟会で別個の傾向が存在する。まず、「改革カトリック兄弟会」の事例から紹介したい。

「改革カトリック兄弟会」の組織形態を特徴づけるのが、教会の統制強化と「開放性」である。まず、中世後期の兄弟会とは異なる組織形態上の特質として、兄弟会の「ネットワーク化」が挙げられる。近世の「改革カトリック兄弟会」においては、しばしば修道会の本部都市や司教座都市に「親兄弟会」Erzbruderschaften が設立され、そこから派生して各地域に「子兄弟会」Tochterbruderschaften が作られた。「子兄弟会」は、「親兄弟会」の規約や組織、免償などの特権を継承し、「親兄弟会」の功徳に与ることができた。こうして、親子兄弟会の広域的なネットワークが構築されるとともに、「子兄弟会」は「親兄弟会」すなわち修道会本部・司教座の強い統制下におかれることとなったのである。[111] 例えば、一六三〇年にヴュルツブルクでヴュルツブルク司教が設立した聖体兄弟会は、ローマに存在した同名の「親兄弟会」と密接に結びついており、様々な特権を共有していた。[112] このシステムは、兄弟会の会員にとっても、「親兄弟会」の免償に与ることができ、兄弟会ネットワーク全体の祈禱の功徳にも与ることができたため、魅力あるものであった。

このように、兄弟会の広域化が進むとともに、個々の兄弟会の大規模化も生じた。「改革カトリック兄弟会」は、中世後期の兄弟会に存在したような、入会金や各種分担金、身分・性別に基づく加入制限を撤廃していった。[113] それは、「改革カトリック兄弟会」にとっては、閉鎖的なエリート集団の権威を可視化させることが目的なのではなく、できる限り多くの信徒をカトリック信仰の下に統合することが重要だったためである。このため、「改革カトリック兄弟会」には大きな会員規模を持つものが多い。例えば、ニーダーシュレジエンのグリュサウに存在した聖ヨセフ兄弟会は、一六六九～九六年の間に約六万の会員を擁した。[114]

「改革カトリック兄弟会」の運営体制については、一般に俗人会員の地位が従属的であり、監督教会組織や聖職者会員の権限が強まったとされる。[115] 一例として、ケルンのマリア信心会の運営体制を取り上げる。兄弟会のトップにはイエズス会から派遣される代表 Präses がおかれ、その下に一般会員（俗人信心会の場合は俗人）から選ばれる監督 Präfekten 一名、補佐役 Assistenten 一名、書記 Sekretären 二名からなる執行部がおかれた。さらにその下にイエズス会によって設定された一二の管区 Quartiere が設けられ、各々に相談役 Konsultoren 一名、助手 Adjutor 一名、病者訪問係 Krankenbesucher 一名が任命された。[116] 兄弟会の基本的な活動方針は、代表を通じてイエズス会から上意下達式に伝達され、役員たちはイエズス会の意志の執行機関という側面が強かったとされる。また、執行部の役職候補者は、前任者によって推薦される形であったため、役職に就ける会員集団も非常に閉鎖的であったと想像される。[117] すなわち、「改革カトリック兄弟会」は、確かに「開放性」が増したものの、必ずしも「民主的」になった訳ではないといえる。

会員構成については、「開放性」が増した分、多様化したとされる。ケルンの死への恐れ兄弟会については、一七六〇～六一年の物故会員名簿から、会員構成がある程度明らかになる。それによると、五八％が女性であり過半数を占めていたことがわかる。[118] また、同名簿の男性会員の職業を見ると、聖職者（二七％）、手工業親方（九％）、都市門閥（八％）となっており、幅広い層を取り込んでいたことがわかる。このように、会員構成については、「開放性」という特性がある程度当てはまるものと思われるが、個々の兄弟会でかなりの偏差が見られるため一般化は難しい。例えば、マリア信心会のように、女性の加入を明確に禁じていたものもあった。

（5）　近世兄弟会の組織構造――「伝統的兄弟会」の場合

「伝統的兄弟会」の組織形態については、中世後期のそれと大きく異なるところはない。職能別兄弟会は特定職業と結びつき、それ以外の兄弟会も限定的な社会階層や特定教区と強く結びついていたため、組織の閉鎖性が非常に大きい。これらの兄弟会においては、兄弟会への所属を通じて、限定的な社会集団への帰属をアピールすることに大きな意味があったのである。従って、会員規模は概して小さい。例えば、ケルンの聖マリア・イム・カピトール聖堂参事会に存在したサルヴェ・レジーナ兄弟会 Salve-Regina-Bruderschaften について見ると、一七世紀を通じて会員数は三〇～五〇名の間を推移している。さらに、一七世紀に在籍した会員のうち市長経験者が一八名を占めるなど、都市指導者層の占める割合が非常に高い。[119] この兄弟会は、都市支配階層による非公式コミュニケーションの場の典型例といえる。

（1）宗教改革以前の時代的・地理的展開

すでに兄弟会の分類において、兄弟会の類型によって時代的な差があることを明らかにしたが、全体としての数的な変化を、ここでは指摘しておきたい。例えば、一二～一六世紀前半の間のケルンにおける兄弟会の設立数は、一二、一三世紀では全体の五・五％なのが、一四世紀では全体の二一・三％、そして一五世紀前半、後半でそれぞれ一六・五％、三三・〇％、一六世紀の前半に二三・七％と変化する。すなわち、実に四分の三が一四〇〇年以降に設立されており、その中でも特に一五世紀後半から一六世紀にかけての割合が多いことが明らかである。ホイジンガーやJ・ゲルヒョー、H・ホーベルクなどは、ライン川上流域の兄弟会について同様の傾向があったことを明らかにしている[120]。フランケン地方、チューリッヒでも、一五世紀後半、兄弟会の増加が確認される[121]。

以上のように、兄弟会の増加が一五世紀、特に一五世紀半ばから確認できるのはドイツ語圏地域に共通しているが、兄弟会の数自体は、その都市、地域によって非常にばらつきがある。ケルンの兄弟会は一一九以上が確認されているが、ラインラントのほかの都市、例えばノイスでは二〇、デュイスブルクでは九、ボンではわずかに六を数える[122]。一三世紀の段階ですでに三五から四〇を数えたメッツの例は例外的といえよう。ケルンの兄弟会の多さは何より当時の人口（約四万人）に関係しているといえるが、例えばケルンより人口の少ないリューベックにおいて七〇、ケルンの三分の一に満たない人口であるハンブルクでは九九を数えており、その兄弟会の数の多さが際立つ[123]。同じ北ドイツで、ハンブルクと都市の規模が変わらないブラウンシュヴァイクでも三五、マクデブルクでは六、ゴスラーは四と少ない。ドイツ中南部のトリーアは五〇の兄弟会を数えるが、フランケン地方のヴュルツブルク、ニュルンベルク、バンベルクでは七、さらに南のアウクスブルクも同様に七である[124]。チューリッヒは一三の俗人兄弟会が設立されている[125]。こうしたドイツ語圏南部の状況に鑑みると、バーゼルにおいて三〇の俗人兄弟会が確認されるのは、例外的に多いといえるだろう[126]。

（2）　宗教改革から一七世紀まで

近世兄弟会の歴史は、まずもって宗教改革より始まる。ルターは、兄弟会の酒宴や蓄財などに代表される道徳的退廃や、利己的に功徳を追求する姿勢、そしてキリスト教徒共同体のなかに閉鎖的な個別共同体を作ろうとする「非キリスト教的精神」などを激しく非難した[127]。宗教改革者らによるこのような非難を受けて、宗教改革が導入された地域では、一六世紀半ばまでに兄弟会は姿を消したとされる[128]。カトリック地域においても、兄弟会に対する非難の高まりを背景として、この時期に大規模な停滞が生じた。ケルンを例とすると、一五世紀末から一六世紀半ばの間に活動が確認される一〇七の兄弟会のうち、一六四五年にも存続が確認されるのは五七にとどまる[129]。すなわち、ケルンでは一六世紀中に既存の兄弟会の約半数が消滅しており、兄弟会の大規模な衰退が例証される。

しかし、対抗宗教改革の始まりとともに、兄弟会は教会によって新たな役割を担わされ、再興が図られる。トレント公会議は、それまで教会法上の地位が曖昧だった俗人の兄弟会を、活動地域の司教の監督下に置かれる組織として明確に規定し、各兄弟会には当該地域の教会裁治権者に対して毎年活動報告を行うことを義務付けたのである[130]。さらに、教皇クレメンス八世（位：一五九二～一六〇五）は、一六〇四年に勅書“Quaecumque”を発し、兄弟会の設立においても教会裁治権者に大幅な権限を与えるとともに、兄弟会への免償や特権の付与、規約の承認に関して彼らに包括的な審査権を付与した[131]。この勅書によって少なくとも教会法上では、兄弟会はそれまでの俗人による自発的な組織としての性格を喪失し、教会によって設立され運営される組織へと移行したのである。

一六〇四年の勅書以降、ドイツのカトリック地域においても「改革カトリック兄弟会」の設立が始まるが、一七世紀前半に関しては兄弟会設立のペースは緩慢である。兄弟会設立の本格的な波が到来するのは世紀半ば以降である。このことの理由として、一六四八年の三十年戦争終結により、ドイツの聖俗のカトリック君主が、漸く本腰を入れて領内の教会改革に取り組む余裕を手に入れたという点を指摘できる[132]。例えば、ケルンの例では、一七世紀中に確認される一二三の兄弟会のうち、世紀前半に設立されるか再興されるかしたものは二三であるのに対し、世紀後半のものは三九であり、世紀後半の兄弟会の隆盛が証明される[133]。

ドイツにおけるこのような展開は、ドイツ語圏スイスにおいてもあてはまる。スイスにおいても、宗教改革を導入した地域では兄弟会はほぼ完全に解体され、カトリックにとどまった地域においても一時的な衰退を経験した[134]。しかし、一七世紀後半のバロック期に入り、スイス内部の宗派紛争が沈静化すると、カトリック地域で兄弟会の設立ブームが生じる。

(3) 一八世紀から現代まで

バロック期を通じて繁栄した兄弟会は、一八世紀後半に入ると再び停滞し始める。啓蒙主義のドイツへの浸透と並行して、教養市民層は「民衆的」な兄弟会の信心から距離を置き始める。この時期の市民層は、読書クラブや各種の啓蒙的協会などを手にしつつあり、非公式コミュニケーションの場としての兄弟会の意義も薄れつつあったのである[135]。さらに、救貧・教育活動の国家への集権化圧力も兄弟会を圧迫した。オーストリアのヨーゼフ二世(位:一七六五〜九〇)が一七八三年に国内の兄弟会の廃止を命じ、その没収財産を国家による救貧基金の元手としたことなどは、その象徴である[136]。ただし、啓蒙主義が一般の民衆層にまで及ぶことはなく、カトリック地域における兄弟会の設立も続いた。続く革命期は兄弟会にさらなる打撃を与えた。革命期にフランスに併合されたライン左岸では、兄弟会の廃止が徹底された。その他のカトリック地域においても、世俗化の圧力の下で兄弟会の衰退が生じ、バイエルンでは経済的基盤の喪失と修道会の廃止に伴う活動拠点の消滅により、多くの兄弟会が解散した。ただし、厳しい状況にもかかわらず、チロル地方などでは革命期を通じて兄弟会の新設が確認されるという[137]。

ウィーン体制下のドイツ・カトリック地域では、後期啓蒙主義の影響および革命期に強化された国家による教会支配の影響により、兄弟会の活動は概して停滞した。しかし、一八三〇年代になると、「教皇至上主義」Ultramontanismus の影響で民衆層にカトリック回帰の傾向が強まり、兄弟会の活動が再び活発化する。特に、ウィーン体制下でプロイセン領となったラインラントでは、プロテスタントの政府に対するカトリックの抵抗として政治的カトリシズムが高揚するが、この思潮の担い手たるカトリック・エリートたちが、民衆たちを政治運動に動員するための手段として兄弟会を利用したのである。(138)

一九世紀半ば以降は、急増する工場労働者をカトリック教会に結びつける手段として兄弟会が用いられるなど、兄弟会の活況は継続する。ただし、この一九世紀の兄弟会の活況を通じて、兄弟会はより強く教会の統制下に置かれ、より宗教活動に特化した組織へと変貌していった。このことから、レムリンクは、一九世紀末の兄弟会を、対抗宗教改革以来の兄弟会の性格変化の完成型と見なしている。(139) 兄弟会は、その後も存続し、現在においても多様なカトリック系団体の一種として一定の役割を担っている。

（4）近世における地理的分布

地理的分布については、近世においてカトリック教会が教区組織を維持できていた地域では、ほぼ例外なく兄弟会が存在していた。そのなかでも活動が活発だったのは、都市としてはケルン、領邦ではケルン(140)、トリーア(141)、マインツを始めとするライン川流域大司教領、ヴュルツブルク司教領(142)やバイエルン大公領、ザルツブルク司教領(143)、オーストリア世襲領(144)などの有力カトリック領邦、南西ドイツの中小カトリック領邦(145)などである。また、オスナブリュック司教領(146)や旧プファルツ選帝侯領のオーバープファルツ(147)、ベーメンなど再カトリック化が強力に推し進められた地域でも、教会の主導により兄弟会の活動が活発化した。

スイスについても、カトリック地域においては全般的に兄弟会の活動が確認される。近世以降の新たな傾向としては、中世以前には兄弟会があまり普及しなかった内陸スイスの農村邦や東部スイスの農村地帯でも兄弟会活動が活発化したことである。(148) これは、対抗宗教改革期以降に初めて農村部にも兄弟会が進出したとされるドイツの状況と符合する。また、ザンクト・ガレン修道院領では、一八世紀までに全ての教区にロザリオ兄弟会が設立されるなど、対抗宗教改革理念に則った兄弟会の組織的導入が確認される。[149]

兄弟会の対内的・対外的諸活動

（1）中世兄弟会の宗教的・社会的活動

兄弟会の活動は、その設立の動機により多様であるが、その本質は死者記憶共同体にあるという点については共通する。[150] 従って兄弟会の活動としてまず第一に、死者追悼を挙げておきたい。その遂行のために、兄弟会は自身の儀礼への参加はもとより、兄弟会が拠点とする教会や修道院に寄進を行い、定められた日の死者祈念ミサ Seelgedächtnismesse や、兄弟会の守護聖人の祝日の祝祭的な典礼の挙行を確実なものとした。[151] また、同様の理由により、祭壇や祭壇付司祭の寄進も行われた。

職能別兄弟会では葬儀・埋葬やその他の死者祈念の参加は義務であり、不参加の時は罰則が科せられる場合もあった。[152] 会員の葬儀や埋葬費用は兄弟会に支払われる入会金や定期金によって確保されていた。そのほか、特に会員間の相互扶助は、祈禱にとどまらず、困窮する会員の経済的な援助にまで及ぶ場合もあった。共同儀礼の参加のほか、共同の会食や総会への参加もまた義務付けられたが、このうち集会の中では、年に一度行われる総会が最も重要であった。[153] この総会の当日かその前後に、新たな役職者の選出が行われ、総会において、役職者の正当性が承認され、新会員の受け入れや規約に新たに付け加えられる条項などが議論され決定された。そのほかの兄弟会の活動としては、宗教行列や聖史劇への参加が挙げられる。特に聖史劇ではしばしば主導的な役割を果たした。

貧民救済の具体的な活動としては、最も重要なものとして貧民の埋葬とその葬儀への参加、さらには貧民への食事の提供や貧民に対する喜捨が挙げられる。[154] 巡礼者のために設立された兄弟会の主な活動としては、巡礼者用の宿泊所 Pilgerhospiz の運営や巡礼者の埋葬と並び、病気の巡礼者の世話があるが、通常収容されるのは巡礼者だけとは限らず、都市の貧民や高齢の独身者などが収容されることが多かった。[155]

（２）　中世都市と兄弟会

中世後期の兄弟会の中には市参事会員が会員の半分以上を上回るところもあり、兄弟会はそうした政治的エリートの非公式の集会の場ともなった。実際、ブラウンシュヴァイクでは、中世末期になると少数の門閥による政治を避けるために彼らの集会が許可されなかったが、兄弟会の集会において接触が可能であった。また、ブラウンシュヴァイクでは、兄弟会加入によって社会的上昇を可能にした例もある[156]。こうした人的紐帯のレベルにおいて、都市当局と兄弟会は、団体としても、例えば中世後期の兄弟会規約に市参事会と市長が兄弟会規約を承認した旨が記されている例があったり、施療院に市参事会によって施療院代表者がおかれる一方で実際の運営は兄弟会が携わった事例もあるなど、様々な形で結びついていた[157]。そのため都市当局は兄弟会に対して必ずしも反対する立場を取るわけではないが、兄弟会への不動産譲渡の禁止や、上述のような、職人兄弟会の解散命令など、兄弟会に対する一定の規制的な措置も散見される[158]。その一方、都市社会の平和創出のための都市参事会による兄弟会の積極的な活用も見られた[159]。教区単位では、兄弟会が教区共同体においてその共同体長を選出したり、教区単位の貧民救済活動における長を任命するなど、指導的な役割を果たした例もある[160]。

兄弟会は都市社会において、俗人の自発的な信仰活動の受け皿であったが、さらに女性や職人など、それ以外の社団への参加ができなかった人々の社会的紐帯を可能にした意義は大きかったといえるだろう。その一方で、兄弟会の参加は社会の上層・中層に限られていたことや、地域による差異はあるが、兄弟会員の割合が成人人口の全体の一割から二割程度であったことを考えると、当時の都市社会における兄弟会の影響が実際どの程度であったのかについては、精査していく必要がある。また、貧者救済や施療院の運営も、兄弟会員の霊魂の救済が究極的な目的であったために、必ずしも当時の社会の要請に応える形で組織されたとは言い難く、一六世紀以降、組織的になされる都市当局の福祉事業との連続性については慎重に検討されるべきである。

（3）「改革カトリック兄弟会」の活動――教理教育

以下では、近世兄弟会において特筆すべき活動を紹介する。ただし、「改革カトリック兄弟会」の一般的な活動のあり方については第三節で詳細に触れるため、ここではこの種の兄弟会の特殊な活動形態である教理教育について述べ、続いて「伝統的兄弟会」の活動に触れる。

信徒に正しいカトリック信仰を学ばせる教理教育は、信徒の紀律化・教化を目指すカトリック「宗派化」の中核に位置づけられるものである。これを担ったのが、教理教育兄弟会 Christenlehrbruderschaften である。この兄弟会は、一五六〇年にミラノで設立され、ミラノ司教聖カルロ・ボッロメーオによって規約を与えられたのが始まりである。同種の兄弟会がすぐにローマでも設立され、一六一〇年に教皇パウルス五世（位：一六〇五〜二一）によって「親兄弟会」に昇格された(161)。その後ドイツに「子兄弟会」が設立されるようになり、一七世紀半ばより隆盛を迎える。教理教育兄弟会の活動の中心は、毎週の集会のなかで行われる教理問答 Katechese であり、教師による講義や典礼歌の歌唱、教理問答書の朗読などが行われた(162)。教理教育兄弟会は主に修道会によって運営され、トリーア大司教区とその周辺ではイエズス会が中心となった。とりわけ、一七世紀後半に活動したイエズス会司祭フィリップ・ド・スクーヴィルは、ルクセンブルク大公領やトリーア大司教領のみならずロートリンゲンやケルン大司教領でも教理教育兄弟会の設立に邁進し、彼によって同地域に五〇以上の兄弟会が設立されたという(163)。そのケルン大司教区では、一六四六年にケルン大司教が全ての教区に教理教育兄弟会の設立を命じており(164)、この兄弟会が「改革カトリック兄弟会」のなかでもとりわけ教化・紀律化の目的に適うものとして重視されたことがわかる。

（4）「伝統的兄弟会」の活動――慈善と相互扶助

「伝統的兄弟会」の活動については、中世の兄弟会と似通ったものが多いが異なる点もある。以下では近世に特有の「伝統的兄弟会」の活動について触れたい。まず、巡礼における活動である。中世後期においても、サンティアゴ・

デ・コンポステーラへの巡礼者のための聖ヤコブ兄弟会がドイツにおいても活動していたが、[165] 近世に入ると近傍の巡礼地へ向けて宗教行列のような形態で行う団体巡礼を組織する兄弟会が現れる。オーストリアでは、宗教改革期に廃れていたマリアツェルへの巡礼が、一七世紀以降団体巡礼として再編成される。ウィーンでは、ロザリオ兄弟会が一六三二年以降マリアツェルへの毎年の巡礼を挙行し、オーストリアの他の都市にも一七世紀半ば以降マリアツェル巡礼のための兄弟会が叢生した。[166] これらの巡礼者兄弟会は、教会や世俗権力によって奨励されていたことから「改革カトリック兄弟会」とも見なし得るが、中世後期の巡礼者兄弟会からの影響が強く、俗人会員のイニシアティヴが強かったとされ、位置づけが曖昧である。[167]

近世の「伝統的兄弟会」の活動について今ひとつ指摘すべき点が、救貧活動への重心移動である。例えば、中世後期から活動していたケルンの聖セバスティアヌス兄弟会は、中世後期において年間四〇日に四〇人の貧民へ各々一アルブス分の肉、二アルブス分のパン、および現金二アルブス（年間総計七〇グルデン）を施していたが、一七世紀半ばには年間二九〇グルデンを救貧のために支出するまでになった。[168] この額は、自兄弟会の会食に支出する額の二倍にあたる。同様の傾向は他の兄弟会にも見られる。この傾向の背景としては、近世の「伝統的兄弟会」にとって、宗教改革期の非難を克服して自身の活動の正当性をアピールするために、救貧活動へシフトすることが必要だったという点を指摘できる。また、スイスのフライブルク（フリブール）の聖霊兄弟会 Heiliggeistbruderschaft の事例では、一五世紀末から宗教改革期を経る過程で、兄弟会が仲間団体的な要素を喪失し、都市参事会によって管理される純然たる慈善機関に変貌していく現象が見られた。[169]

フライブルクの聖霊兄弟会は極端な例であるが、兄弟会の救貧機関化という傾向は一八世紀に入るとさらに強まり、共同金庫兄弟会 Cassa Bruderschaften なる形態が登場するにいたる。これは、明文化された契約に基づき出資を通じて兄弟会に加入し、危急の場合に契約で定められた額を受け取れるというものである。ケルンの共同金庫兄弟会の場合、平均して四〇から一六〇アルブスの入会金を支払い、その後六〇アルブス程度の分担金を支払うと、寝たきりの病気の場合週六〇アルブス、より軽い症状の場合四〇アルブスを一年と六週間受け取れるというものである。[170] この兄弟会には入会金以外の加入条件も存在し、高リスク者は排除される仕組みになっていた。共同金庫兄弟会は、同職組合の相互扶助のように身分閉鎖的ではなく、それまでの兄弟会の救貧事業と異なり援助額が格段に高額で、規定された額を必ず受け取れるという利点があった。共同金庫兄弟会叢生の背景として、当時の厳しい経済状況とともにケルンの職業人口の変化を指摘できる。一八世紀のケルンでは、既存の相互扶助システムから排除された手工業職人や、その他の多様な職業従事者の著しい増加が見られた。共同金庫兄弟会は、中世的な同職組合的相互扶助が機能しなくなるなかで、身分包摂的な兄弟会の利点が活かされた注目すべき事例である。

第二節　中世末期ドイツの職能別兄弟会——シュトラースブルクを事例に

はじめに

シュトラースブルク（仏　ストラスブール）はライン川上流域に位置するエルザス地方の中心都市である。一三世紀以降は司教の直接支配を排除し、とりわけ特に一四、一五世紀にフランドルとイタリアの交易の中継地として、ワインや織物、穀物の取引を中心に経済的な繁栄を誇った。また、一四世紀以降、バーゼルやフライブルク、ヴォルムス、シュパイヤーといった諸都市や、さらにはスイス誓約同盟、マインツ首都大司教やハプスブルク公等と積極的に同盟を結び、政治的にも、エルザスの中心都市というだけでなく、ライン上流域の重要な都市の一つとみなされていた。[171] 一四四四年当時、シュトラースブルクの人口は一万七〇〇〇人程度だったとされ、間違いなく当時の神聖ローマ帝国における大都市の一つに数えられる。[172] また、中世神秘主義のマイスター・エックハルトやタウラー、セバスティアン・ブラントなどの人文主義者の活躍、さらには、宗教改革運動導入前夜にも教会刷新の運動が盛り上がるなど、文化的、宗教的な中心地でもあった。[173]

前節では、様々な兄弟会組織を取り上げ、その活動の多様性や、組織のあり方について、時代的、地域的な差異を比較して概観したが、本節では、中世末期の神聖ローマ帝国における文化的な先進都市の一つであったシュトラースブルクを事例に、兄弟会が都市社会の中でどのような役割を負ったのか、またその社会的位置づけについて、規約が残存するツンフト兄弟会および職人兄弟会を中心に、考察を行っていきたい。

シュトラースブルクの兄弟会

本節は同職者の兄弟会をその分析の中心とするが、その前に、同市における様々な兄弟会を、前節における分類に従って概観していく[174]。

ア)　まず、祈禱兄弟盟約的な兄弟会としては、聖トーマス聖堂参事会員同士で結ばれた兄弟会が挙げられる。一三三三年の聖堂参事会会員の遺言状では、兄弟会員の死後六度ミサをあげることを会員同士の義務としたことが記されている[175]。さらに、一二九一年に司教座聖堂参事会会員同士で結ばれた兄弟会の設立が確認されるが、この兄弟会が果たして祈禱兄弟盟約的な兄弟会であったかは史料から明らかではない[176]。この設立に伴い四〇日間の贖宥が付された。

聖人崇敬や信心をその主な活動とする俗人の篤信兄弟会としては、まず一四四一年に、フランシスコ会内に設立された聖母マリアと聖フランチェスコを崇敬する兄弟姉妹達の誠実なる兄弟会 ehrliche Bruderschaft von Brüdern und Schwestern zu Ehren Mariä und des hl. Franziskus が挙げられる[177]。会員は毎日、主禱文や天使祝詞をお互いのために祈禱することが義務付けられた。また教会の暦では、一年が四旬節の最初の日曜日、聖霊降臨祭、十字架賞賛祝日（九月一四日）、聖ルチアの祝日（一二月一三日）によって四つに区切られていたが、これらの祝日の次の月曜日には、必ず物故会員のための死者ミサが、そして土曜日には説教が行われた。さらに、フランシスコ会が行う様々な活動への参加が会員に促された。その他、フランシスコ会士マルティン・シュタウフェンベルガーの年報の中には、聖セバスティアヌス兄弟会の活動が記されており、おそらくこの兄弟会もフランシスコ会にその活動拠点をおいていたと考えられる[178]。年報によると、兄弟会は、聖セバスティアヌスの祝日に会食を行ったが、その参加者は一一〇人にのぼったという。それ以外の同兄弟会の活動については伝えられていない。他、一四七七年には聖ウルスラ兄弟会がカルトゥジア会修道院に設立された[179]。この兄弟会は、宗教改革運動導入後も唯一残った兄弟会として知られている。さらに、一四八四年に聖職者と男女の俗人からなる巡礼者によって設立された聖ヤコブ兄弟会がドミニコ会内にその本拠をおいた[180]。聖ヤコブ兄弟会の主な活動は物故会員のための祈禱などで、施療院や巡礼宿の運営などは行っていなかったようである。一五〇〇年ごろにはまた、聖母崇敬を目的とした聖職者と俗人による兄弟会が聖ヨハネ騎士修道会において設立された[181]。その他、前節でも紹介したドミニコ会修道士によって設立されたコルマールのロザリオ兄弟会にもシュトラースブルクから多数が会員として参加した[182]。

イ）　第二の類型として教会への援助や慈善活動をその活動の中心においた慈善型兄弟会を挙げる。最も大規模なものとしては、大聖堂内に一二七五年に設立された聖母マリア兄弟会 fraternitas beate marie virgines が挙げられる[183]。聖母マリア兄弟会は大聖堂建設費を募るために設立され、寄付を行った者は誰でも兄弟会会員となり、贖宥やミサ、祈禱などの恩恵に与った。L・プフレーガーによれば、シュトラースブルクでは一四世紀以降、修道会内に会の活動を支援するような信者の慈善活動の一環として、兄弟会が設立されたという[184]。例えば、一三六五年の遺言状には、様々な教会建築事業団（fabrice ecclesia）と並んでドミニコ会内の兄弟会への寄進が記載されており、同兄弟会がドミニコ会の活動を支える兄弟会として機能したことを表している[185]。また、一四世紀末には聖ヨハネ騎士修道会内に二つの兄弟会が設立されたが、いずれも修道会への財産寄進、毎年の寄付や遺言状による財産の寄与の約束によって兄弟会加入がなされ、修道会の活動を支持するものであった。他、特に都市の管轄下に置かれた大施療院 das große Spital の運営のために設立された兄弟会に対しては、一四〇〇年に司教ヴィルヘルムによって、そして一四四三年にもバーゼル公会議において贖宥状が出されている。[186]

興味深い例としては、一四一一年設立の乞食たちの兄弟会が挙げられる。[187] この兄弟会は聖アンドレアス教会において組織されたが、兄弟会会員は自分たちがもらう喜捨のうちから蠟燭を教会に寄進し、日曜や祝日の荘厳ミサの際に、聖母マリア祭壇に蠟燭をともした。アンドレアス教会の司祭は毎年、灰の水曜日の次の週の火曜日に、六名の司祭とともに死者のための徹夜課を行い、翌日には死者ミサを行うことが義務付けられた。会員が死亡した場合、他の会員は追悼ミサと葬儀を行い、一〇〇回、主禱文と天使祝詞を唱えることとされた。

ウ）　ゲノッセンシャフト的兄弟会としては、同職者ごとに設立された職能別兄弟会や職人兄弟会が挙げられる。この兄弟会類型については次項でより詳細に規約をみていくので、ここでは史料上、その存在が確認できる兄弟会を列挙するにとどめておく。同職組合単位では、船舶業者が隠者聖ヴィルヘルム修道院に、[188] 石工が大聖堂に、[189] 浴場主が一四七七年に大施療院に、[190] 鍛冶屋が聖バーバラ施療院に、[191] 大工が一五〇八年にフランシスコ会修道院に、[192] 一六世紀初頭に皮なめし工がドミニコ会に、[193] それぞれ兄弟会を設立した。その他、エルザス地方全体に及んだ楽師兄弟会 Pfeiferbruderschaft の五つある下部組織の一つとして、シュトラースブルクにも楽師兄弟会がカルメル修道会内に組織された。[194] 楽師兄弟会は一四三五年に枢機卿ユリアヌスによって、それぞれの教区で聖体拝領をする許可を得ており、その設立は遅くとも一五世紀前半と推測される。

職人の兄弟会は、後述するように、一四二六年に都市参事会に解散させられており、それ以前に結成されたものとしては、唯一、一四〇四年にドミニコ会内に結成された毛皮加工職兄弟会が規約により確認される。[195] その他皮なめし工の職人が一四七七年にアウグスティノ修道会に、[196] 兄弟会を設立している。また、亜麻布織工職人は一四七九年に大施療院内に兄弟会を再設立した。[197] パン職人による兄弟会も大施療院内に確認される。[198] さらに、鍛冶・拍車職人 Schlosser, Sporerknechte は一四八四年に聖マルティン教区教会に兄弟会を設立した。[199]

シュトラースブルクの兄弟会は、他の都市と同様、全体として祈禱兄弟盟約的兄弟会や慈善型兄弟会の設立が比較的早く、篤信兄弟会や、職能別兄弟会は一五世紀以降、特に後半から一六世紀初頭にかけて増加する。ケルンにおいて史料上確認できる兄弟会の四分の三が一四〇〇年以降に設立されているが、S・ホイジンガーはシュトラースブルクでの状況も同様であったのではないかと推察している(200)。

ただし、シュトラースブルクにおいて聖職者の間で結ばれた兄弟会については、確かに史料上、司教座聖堂参事会、および聖トーマス教会参事会の二例しか確認できないが、当時の状況を鑑みると、他の参事会にも設立されたことが推測される。同市には、司教座聖堂参事会のほか、聖トーマス教会参事会を筆頭に、新聖ペーター教会参事会、旧聖ペーター教会参事会の三つの教会参事会があった(201)。司教座聖堂参事会員の多くが高貴族であったのに対し、教会参事会の構成員は都市の上層市民が中心であり、さらに会員の中には複数の教会参事会の聖職禄を同時に保持する参事会員、また教会参事会を移動する会員をも確認することができ、教会参事会同士の緊密なつながりが見受けられる。司教座聖堂参事会や聖トーマス教会参事会で結ばれたような参事会員同士の兄弟会は、以上のような教会参事会間の関係を考えると、新聖ペーター教会参事会でも、また一四世紀末以降加わった旧聖ペーター教会参事会においても結ばれたであろうことは十分に考えられる。

他の都市と同様、シュトラースブルクでも兄弟会の設立の多くが、托鉢修道会内でなされたが、同市に特徴的なのは、大施療院内の兄弟会設立が多くみられる点であろう。シュトラースブルクの大施療院は、大聖堂の建築監督権と並んで、一四世紀初頭（一三一五年）から都市参事会の監督下に置かれた(202)。外科医療従事者やパン職人はおそらく大施療院に従事していたことが兄弟会を同院に設置したことの主な理由と推測されるが、同時に教会施設としての大施療院の全市的に高い人気も背景にあったのではないかとも考えられる。

以上の兄弟会がシュトラースブルクの社会においてどのような位置づけにあったのかについて、次に、ゲノッセンシャフト的兄弟会に焦点を絞り、その兄弟会規約から会の活動やその構成員について、より詳細な検討を加えていきたい。

職能別兄弟会

前述した職能別兄弟会および職人兄弟会のうちいくつかの規約が、ブルッカーによって編纂された一四、一五世紀の『シュトラースブルクのツンフトおよびポリツァイ条例集』Strassburger Zunft- und Polizei-Verordnungen、およびシャンツの『ドイツの職人団体史』Zur Geschichte der deutschen Gesellen-Verbände に収められている。[203] 本節では、以上の規約を手がかりに職能別の兄弟会と職人兄弟会の性格を比較していきたい。

シュトラースブルクでは、政治参加のために同職組合 *antwerk* が単独ないしは複数の業種から政治的ツンフト *einung* を結成した。[204] こうした政治ツンフト間のヒエラルキーは、参事会内の席次やツンフトごとの軍役リストに反映された。[205] また、宗教儀礼ではあるが、行列内の序列も重要である。都市の行列は、都市当局と聖堂参事会の共同主催で挙行されたが、都市参事会の公布した行列条例に参加者の序列が記されており、参加者のその時々の社会的ヒエラルキーが如実に反映された。ツンフトの順序を詳細に記載した史料としては、一四四九年の条例が唯一の史料として挙げられる。この条例は通常の都市行列の条例ではなく、司教の入市式の次第であるが、おそらく通常の都市行列においても、同様の順序で並んだであろうことが推測される。[206] 同次第にはそれぞれのツンフトの名前はもとより参加者の人数まで詳細に記されており、ツンフト成員が各々、旗と蠟燭を持っての参加が記載されている。このうち、聖体顕示台近くに位置したのが、最も有力なツンフトであった。

参事会内の席次、軍役リスト、そして、行列内の序列を比較すると、一四七〇年以前の参事会内の席次は一四世紀半ば以降大きな変化をみせていない一方で、一四四九年の行列の上位三つのツンフト――船舶業者、貿易業、肉屋――の序列が二〇年後の一四七〇年の参事会内の席次に呼応していることがわかる。[207] また、一五世紀半ばの軍馬供出リストと、一四四九年の行列の序列は、特にその上位ツンフトの順序が同じであることが指摘される。[208] M・アリオートは、一四二八年から一四九四年の間に選出された市長の出身ツンフトをリストにしているが、ここでも上記の三つのツンフトおよび酒屋、織物など一四七〇年の参事会リストにおいて上位とみなされるツンフトが頻出している。以上のそれぞれのリストのずれは、行列内の序列や軍役がその時々の社会的・政治的情況をいちはやく反映したことを示す。一方、参事会内の席次がより慎重に行われたことを伺わせる。[209]

船舶業者のツンフトは、政治ツンフトのヒエラルキーにおいて頂点に位置した。ここで特に、行列の序列リストや一四七〇年のリストにおいて船舶業者のツンフトが、貿易業、肉屋ツンフトと並び、酒房寄合 Trinkstube Gesellschaft の名前で記載されていることを指摘しておきたい。それぞれ、その酒房 Trinkstube の名にちなんでエンカー Trinkstube zum Encker、シュピーゲル Trinkstube zum Spiegel、ブルーメ Trinkstube zur Blume と名づけられた。これは、政治ツンフトの代表者として選出される参事会員が、特定の酒房寄合から選出されたことに起因している。[210] シュトラースブルクにおいては、中世を通して、政治ツンフトの総数が二〇から二八の間であったのに対し、酒房寄合は一五世紀半ばでは四七から四九を数えた。これは一つの同職組合に対して、場合によっては複数の酒房寄合が存在したためである。[211] 船舶業者同職組合には、四つの酒房寄合が対応し、そのうちエンカーと呼ばれる酒房寄合から常に参事会員が選出された。[212]

一方、浴場主の同職組合は理髪師同職組合とともに政治ツンフトを形成した。一四七〇年以前に二八あった政治ツンフトのうち、その参事会内の席次は二〇番目、行列の際の序列は二二番目である。[213] 一四七〇年以降の参事会内の席次は一六に上がったものの、全体の数が二四に減っているため、大きく上昇したとはいえず、浴場主同職組合は政治的にも社会的にもそれほど影響力のない同職組合であったといえるだろう。こうした二つの異なるタイプの職能別兄弟会を比較し、考察を行っていく。

ア）　船舶業者兄弟会[214]

まず、一番最初に目に付くのが、この兄弟会が四つの酒房寄合によって、共同で設立されている点である。各酒房寄合から一名ずつ会計監督 Büchsenmeister が選ばれたが、この四人の会計係たちが兄弟会の監督としての役割を負ったことが規約から明らかとなっている。

各会員は、四半期 Fronfasten ごとに、三ペニヒ（すなわち一年で一シリング）払うことが義務付けられた。[215] この金は四人の会計監督からヴィルヘルム修道院に寄進され、毎週月曜日に死者ミサを行わせた。会費は金庫にしまわれたが、その金庫には四つの鍵がついており、四人の会計係がそれぞれ鍵を管理し、この鍵を他の者に渡すことは禁じられた。蠟燭などの死者ミサに必要な品々の注文や保管も彼らに任されていた。

病気により貧困に陥った会員に対しては、四人の会計監督と、さらに二人ないし四人の会員の承認により、金庫から必要な金額だけ貸付がなされた。[216] 貧困の内に死去した会員の埋葬、葬儀ミサや蠟燭等の諸費用を兄弟会として共同で負担することが記されている。また、もし会員が他の都市や村で亡くなった場合、もしくは都市内であっても他の教会や修道院で埋葬される場合にも、その教会もしくは修道院でミサが行われるべきだが、同時に聖ヴィルヘルム修道院においてもその亡くなった会員のために死者ミサを捧げ、会員たちが参加することが義務付けられた。[217] すなわち、どの会員も、どこで葬られるのであれ、聖ヴィルヘルム修道院にて特別な送葬が行われ、ミサがなされたのである。修道士に兄弟会のための儀礼の遂行を求める一方で、兄弟会員も、修道院の聖人である隠者聖ヴィルヘルムの祝日の徹夜課と死者ミサの出席が義務付けられた。

兄弟会は、また公然と婚外関係にある者などを受け入れることを禁じた。ある会員が一年もしくは一年半以上会費を払わなかった場合も、会計係たちは彼を兄弟会から退会させた。もし、この会員が再入会を望んだ場合は、未支払いの会費を全て払うことが条件であった。

以上の規約からは、まず、船舶業者兄弟会では、四人の会計監督が、会員への貸付金の多寡から会員の退会の判断まで、幅広い範囲での自由裁量を行使したことが明らかである。こうした権限は、おそらく、会計係が各酒房寄合からそれぞれ選出され、その公平性が担保されていたという認識があったためと思われる。病気に罹ったり、貧困に陥った会員に対する規則は書かれているが、上述したように、船舶業者は当時のシュトラースブルクにおいて最も影響力のある業者であり、実際こうした事例がどれほどあったのかについては慎重に考える必要があるだろう。規約では会計監督の任期には触れられていない。また、規約には日付が入っておらず、いつこの兄弟会が設立されたかについてはわからない。

イ) 浴場主兄弟会(218)

一四八七年に結成された浴場主兄弟会の規約は、市長、市参事会および二十一人委員会に対する宣誓から始まる。これはおそらく、同兄弟会が市参事会の監督下にある大施療院において設立されたことが関係していると考えられる。規約には、同施療院の監督の同意の下、浴場主が兄弟会を設立したことにも言及されている。以下、規約に沿って、浴場主兄弟会について見ていきたい。まず、同兄弟会の代表はマイスター Meister と呼ばれる二人から構成されたが、代表は、聖ステファヌスの祝日(一二月二六日)および洗礼者ヨハネの祝日(六月二四日)と半年ごとにそれぞれ選出された。これは、先任のマイスターが新たに選出された代表にその職務を教えるためであった。同兄弟会には、大小からなる金庫があり、先任マイスターは大型の金庫を、新マイスターは小金庫をそれぞれ監督すべきとされた。マイスターの下には会計係 *büchsenkneht* / Büchsenknecht がおり、会費の徴収はこの会計係が実際に行ったが、彼はマイスターのみならず兄弟会の男女会員に対しての恭順を要求された。会費は、船舶業者兄弟会と同様、四半期ごとである。マイスターおよび会計係のほかに、四人の会計監督が、聖ステファヌスの祝日、および洗礼者ヨハネの祝日の八日後に半年ごと、二人ずつ交互に選出されたが、これも、マイスターと同様、先任者が新任者に職務を教えることを可能にするためであった。この四人が、大型金庫の四つの鍵をそれぞれ管理した。規約のその後の三項目は、会費の不払い、ミサの欠席などに対する罰金の支払いについての規定である。これは蠟燭の寄進という形でなされたが、女性の職人は男性職人よりも半分の量の蠟燭の寄進で許された。

次の三項目は、男女の職人に対する規約である[219]。蠟燭の寄進の例でも明らかなように、親方の妻のみならず、女性の職人も兄弟会の入会が許可されたことがわかる。親方のほか、共に暮らす親方の妻、浴場で働いたり火の見張り番を務める女性職人 ryberin, hüterin などの職種が具体的に言及されている。また、特に女性職人への援助として、出産した女性職人に対しては、六週間の間、会費を免除するなどの特別措置も取られた。病気の秘蹟を預かった男女の職人は再び仕事ができるようになるまで、会費の支払いは免除された。

会員が、病気のため兄弟会から金を借りる場合は、兄弟会の金庫から担保付きで借りることが可能であった。次からは延々と兄弟会の様々な振舞いに対しての罰則、罰金が続く[220]。まず、金庫管理役に対する不従順、他の会員への冒瀆、会員同士での喧嘩に対しては、それぞれ蠟燭の寄進が課された。また、水差しから直接飲むなどのマナー違反に対しても、そしてまたカードやさいころ遊びについても罰則を科しており、兄弟会員の生活態度にまで規約が及んでいる。

規約は、兄弟会が全能なる神と聖母の崇敬と、霊魂の救済を求めて結成されたこと、集金された会費は兄弟会員たちの間で分配されることなどを確認し、市長、参事会および二十一人委員会への言葉で締めくくられる。

船舶業者兄弟会規約と比べて明確なのが、この兄弟会が酒房寄合ではなく、また、政治ツンフトとしてでもなく、同職組合の兄弟会として結成されていることである。その構成員には、親方と親方の妻のみならず、男女の職人を含んでおり、その成員の出身社会層はおそらく、政治エリート層で構成された船舶業者兄弟会に比べてより広範であったであろうことが推測される。代表、会計監督、さらには会計係と役職が細分化している点も確認しておきたい。また、会員それぞれの振舞いについて詳細かつ具体的な罰則が書かれているが、これは浴場主兄弟会が、兄弟会員としての規律を会員に求めていたことを示している。

また、逆に兄弟会の本質的な活動であると考えられている死者追悼や埋葬について、この兄弟会の規約で特に言及されていないという点も注目したい。浴場主兄弟会で、会員の死者追悼がなされなかったとは考えられないが、おそらく、それより会員同士の経済的援助や、親方から職人までの包括的な共同体的兄弟会組織の結成そのものがより重要視されたと考えられる。一方で、船舶業者の兄弟会規約は、物故会員、会員の埋葬や儀礼についてのみ詳細に書かれており、会員にとっては兄弟会の意味は限定的なものであったと考えられる。その意味で、浴場主兄弟会は、船舶業者兄弟会と比べ、より仲間団体的性格を強く持っていたといえるであろう。こうした仲間団体的性格は、これまでの兄弟会研究において職人兄弟会においてより顕著であったことが明らかとなっている。次にシュトラースブルクの職人兄弟会を取り上げたい。

職人兄弟会

一四二六年、毛皮加工職人兄弟会が市当局によって解散させられた。記録によれば、彼らの財産のうち半分は都市への喜捨に、他半分は救貧院 Platternhaus に寄付されたという。[221] こうして一四〇四年に設立された毛皮加工職人兄弟会は一旦解散させられるが、一四二八年に同兄弟会は再び設立を許可された。その際に兄弟会が市参事会に宛てて兄弟会設立を訴えた手紙が、現存している。[222] この手紙には、市参事会による兄弟会解散命令は、毛皮加工職人兄弟会だけではなく、他の職人兄弟会にも出されたことが記されている。一四世紀以降の市参事会における同職組合の政治ツンフトとしての政治参加についてはすでに述べたとおりであるが、市参事会と都市門閥の対立の激化と、それに続くダッハシュタイン戦争（一四一九年～一四二二年）の後、シュトラースブルクの市参事会はもう一度刷新され、参事会におけるツンフトの発言権はそれまで以上に強力になった。[223] シュトラースブルク市参事会は、すでに一四〇〇年に同市の鍛冶屋組合が職人に対してエルザスの他の都市の鍛冶屋組合と同盟を結ぶことを許可しているが、以上の状況を背景として、一四二六年前後に行われた都市当局による職人兄弟会の解散が、同職組合側に立って行われたことは明らかである。

一四二八年の手紙において、職人は組合の親方に対して配慮した新たな兄弟会を設立することを訴えている。例えば、兄弟会は、（おそらく会員に対しての）審判権を保持するためには、審理の際に毛皮加工の親方が二人出席すること、そして、この二人の親方に対して従順であることを前提とした[224]。また、どちらの親方も、病気その他の理由で審理遂行が不可能な場合は、他の親方がその役を引き継ぐことが決められた。また、この手紙によると、それ以前には親方は毛皮加工職人兄弟会に入会ができなかったが、再設立に際しては、親方の職人兄弟会加入が可能とすることを記している。手紙の内容はほぼこの二点であり、例えば兄弟会としての活動内容の正当性などについては、全く触れられていない。職人兄弟会の再設立には、親方の事実上の介入なしには、市参事会からの許可を得られなかったであろうことがこの手紙から明らかとなる。

この一連の事件は、おそらくこの時期に、市参事会および親方の影響の下、職人兄弟会の性格に一定の変化が見られたであろうことを推測させる。一四二六年以前の職人兄弟会規約として確認できるのは、一四〇四年の毛皮加工職人兄弟会の規約のみであるが、この規約と一五世紀後半の職人兄弟会の規約を比較検討することで、一五世紀の間に職人兄弟会のあり方がどのように変化したのかについてみていきたい。

（1） 毛皮加工職人の兄弟会規約（一四〇四年）[225]

一四〇四年の規約には、まず規約の最初には兄弟会に参加する四七名の職人の名前が記載されている。設立宣言がその後に続き、同兄弟会が神の恩寵と聖母の慈悲の下、会員の霊魂の救済のために設立されたことが記されている。次に、この規約が職人および徒弟たち自らの手で作成されたこと、そして、ツンフトの親方たちによって承認されたことを確認している。承認した親方たちのうち、五名の名前が書かれている。その後に、兄弟会がドミニコ会修道院の教会内に設立されることや、そこでのミサへの参加、蠟燭の寄進などが主な活動として挙げられている。寄進された蠟燭は毎日曜日、および祝日の荘厳ミサの間燃やされたという。

実際の規約は、これらの叙述の後にようやく始まる。[226] ここでも以下の決定が、兄弟会員たち自身によってなされたことが繰り返されている。兄弟会は、それぞれ二つずつ鍵のついた、大小二つの金庫を所持したが、これは四人の職人によって管理された。それぞれの会計監督の名とともに、彼らが任命に際して宣誓を行ったことが書かれている。入会費は三ペニヒで、これは蠟燭購入の費用とされた。他、毎週会費として半ペニヒが徴収された。その際、稼ぎが三グルデン（おそらく年収）もしくはそれ以下の徒弟は、二ペニヒが入会費とされ、四半期ごとに二ペニヒを払うことで良しとされた。

四人の会計監督の任期は四半期で、それぞれ三週間の間、自分の職場、もしくは住居において小金庫を管理した。[227] 会費の支払いはその期限も決められており、冬の間、すなわち、聖ミカエルの祝日（九月二九日）から五月一日までの冬の間は教会の鐘が午後の一時を鳴らす前、そして五月一日から聖ミカエルの祝日までは、毎日曜日午前九時から一時の間に、支払うことが義務づけられた。[228] もし支払いが遅れた場合は、職人もしくは徒弟は、罰金として半ポンドの量の蠟燭を購入しなくてはならなかった。会計監督が支払いが遅れた場合の罰金はより重く、一ポンド分の蠟燭の購入を義務付けられた。会員がシュトラースブルク市不在の場合は会費の支払いは免除されたが、市に戻り次第、不払い分を速やかに支払うことを義務付けられた。

それぞれの受け持ちの三週間が終わると、四人の会計監督が集まって小金庫を開け、徴収された会費の金額を確かめた後、再び施錠した。[229] さらに四半期が過ぎると、四人の会計監督は、他の会員とともに集まり、一同の前で、金庫を開錠し、金額を確かめた後、大金庫に収めた。これが終わった後、次の四半期のための会計監督を会員の間で選出した。大金庫の開錠は会計監督のみで行ってはならず、必ず会員全員、もしくは大多数の会員の前で開けなくてはならなかった。会計監督が死去した場合、もしくは市を離れることを余儀なくされた場合には、即時、会員の中で選挙がなされ、新たな会計監督として三週間の金庫保管を務めることとされた。もし、金庫の中の金額が多くなった場合には、蠟燭や、蠟燭立て、祭服、祭壇の飾りの購入にあてられた。

会員は、毎週日曜日、そして四半期ごとの祝日前の水曜日から金曜日の三日間、ドミニコ会修道院でのミサ参加が、そしてその際、一ペニヒをミサごとに献金することが義務付けられた[230]。欠席した場合は、職人や徒弟は半ポンド分、会計監督は一ポンド分の蠟燭の購入が課された。都市にいない場合はその限りではないが、戻れば速やかに欠席した分のミサ献金を金庫に支払わなくてはならなかった。会員の埋葬はドミニコ会修道院内でなされたが、船舶業者とは違い、会員が他の教会内で埋葬されることは許容されていなかった[231]。この項目では、貧しい会員の埋葬および葬儀費が金庫から可能な分だけ支払われるべきことも書かれている。この他、互助的な機能としては、生活費の貸与が挙げられる。怪我や病気で働くことができない職人は、担保と引き換えに金庫から生活費を借りることができた。もし借入金を返さない場合は、質草は売られた。

最後の項目では、もとから同市に住む職人や徒弟だけでなく、他所からシュトラースブルクにやってきた職人や徒弟も誓約の上、兄弟会に受け入れられることが示されている[232]。一方でこれは、他所から来た職人や徒弟が同市で働く際の条件でもあり、同市で仕事をしたいと考えている職人は、兄弟会に加入し、入会金と定期的な会費を支払うことを求められた。規約の最後には、この規約が親方たちによって彼らの印章とともに承認されたことがもう一度繰り返されている。

以上、毛皮加工職人兄弟会の規約を内容別に見てきたが、規約や組織が自分たちの手で書かれ、運営されていることを強調している点、また、内容紹介では特に訳出しなかったが、しばしば兄弟会全体を示す言葉として、兄弟会員ではなく「我々、職人および徒弟」*wir die knehte und gesellen* としている点などがまず、職能別兄弟会と比較したときの職人兄弟会の特徴として挙げられる。また、親方による承認を最後にもう一度繰り返していることからも、職人兄弟会の結成は、親方の承認なしにはなされなかったことが明らかである。項目のほとんどが、会費の管理などに費やされているが、特に最後の項目において、兄弟会の活動以外の、職人としての活動についても規定を設けている点は、兄弟会が、職人組合としての性格を明確に持っていたことを示唆している。また、兄弟会設立時の会員全ての名前の記載、さらに親方たちの名前および印章などは、他の兄弟会の規約と比較して誓約書としての特徴がより強調されているように見受けられる。

(2) 一五世紀後半の職人兄弟会規約

次に、一五世紀後半、すなわち一四二六年に一旦兄弟会が解散されて以降に設立された兄弟会の規約をみていきたい。刊行されている一五世紀後半の職人兄弟会規約は、一四七七年の皮なめし工職人兄弟会[233]、一四七九年の亜麻布職工の兄弟会[234]、一四八四年の鍛冶・拍車職人兄弟会[235]があるが、うち一四八四年の規約は途中で切れているため完全ではない。これら三つの規約を比較しつつ、考察を行っていく。

まず、その規約が最初から明確に親方の影響を受けたとおぼしき亜麻布織工職人兄弟会の規約から紹介したい。一四七九年に出されたこの規約は、親方によって市長、市参事会および二十一人委員会に宛てて書かれている点がまず注目される[236]。この兄弟会は大施療院におかれたが、規約ではまず最初に、兄弟会が他の施設に移らず大施療院にとどまることを約束している[237]。これはやはり、教会施設であると同時に、都市参事会の施設であるという大施療院の性格が、特別な意味を持つことに由来するのであろう。こうした文言は、他の兄弟会の規約には見当たらない。兄弟会員は職人で構成され、その会計監督は、四名が半年ごと、クリスマスおよび聖霊降臨祭の時に二人ずつ選出されたが、これを断る場合は半ポンドの蠟燭を寄付することが定められた。そのほか、一四日ごとの会費の徴収、支払い遅滞の際の罰金についての項目が続くが、四半期ごとの祝日ミサの出席と寄進の義務、不在の場合の支払いの免除や、貧しい会員への貸付けが担保と引き換えに行われるなど、先の毛皮加工職人兄弟会規約と比較して、こうした個々の基本的な罰則や義務に大きな違いは見当たらない。また、他所から来た職人に対して兄弟会加入を義務付けている点も同様である[238]。この兄弟会規約には言及されていないが、同じ大施療院を本拠としたパン職人兄弟会は、会員が施療院へ入った際の振舞いについて記録を残している。[239] おそらく亜麻布職工兄弟会も、同様の基準で病気の会員を扱ったと考えられるので、ここで短く紹介しておきたい。会員は施療院に入るとまず告解を行った。兄弟会の支払いにより、ワインやパンそして毎日一度温かな食事を提供された。もし食事が必要でない場合は、他の者に譲ったり売ったりしてはならず、施療院に戻さなくてはならなかった。また、週に三度、兄弟会によって選ばれた係が、会員がちゃんと振舞っているか確かめ、場合によってはその行いをたしなめ、回復の際はその退院を指示したという。

亜麻布職工職人の兄弟会規約に戻ると、一方で、例えば職人が親方を相手取って法廷に立つような場合、そこでかかる費用は兄弟会の金庫からは支払われないことなどがはっきりと書かれている。[240] また、暴力や暴言、その他、仕事中の飲食など、各会員の振舞いや仕事中の態度に対しても罰則が科されており、この箇所はむしろ、浴場主兄弟会の規約と類似するが、浴場主兄弟会が、その罰則の対象者として、兄弟会員の誰をも含んでいること、特に職務中の振舞いについての罰則を設けていない一方で、亜麻布織工職人兄弟会の規約は、罰則の対象者としてほぼ例外なく「職人」*gesell* / Geselle と記載している点は指摘しておきたい。[241] ここから、罰則規定に関しても、規約を承認した親方の明らかな影響下で作成されたことを窺わせる。規約の中で、もう一つ特徴的な項目として指摘しておきたいのが、聖体行列への参加である。[242] 規約によれば、会計監督が職人に対する行列参加の申し出を怠った場合、二ペニヒの罰金が科された。また、蠟燭を担ぐものには、四ペニヒを渡すこととしている。[243]

一四七七年の皮なめし職人兄弟会の規約は、最初に、四半期ごとの四ペニヒの会費、ミサにおける一ペニヒの献金についての規則で始まる。[244] 会員は四半期ごとの集まりにおいて、会計監督の決定に従って座ることが定められており、ここから、兄弟会内にそれなりの序列が存在したことを推測できるが、これは他の兄弟会規約には見当たらなかった要素である。その他、四人の会計監督が半年ごとに二名ずつ選出されるべきこと、会費の遅れなどによる罰金などは、他の兄弟会規約でもみられるとおりである。特に、会員の暴言や、暴力といった振舞いに対しての罰則は亜麻布織工職人兄弟会の規約と非常に似ている。一方で、親方から追い出された職人は兄弟会への会費の支払いを免除されていることも指摘しておきたい。この兄弟会規約でも、聖体行列、さらには、聖ルカの祝日に行われた祈願行列への参加が記載されている。

一四八四年の鍛冶・拍車職人兄弟会の規約は冒頭で、「親方であれ職人であれ兄弟会に入りたいものは、以下の規約を守り、会費を払うこと云々」という文章で始まっており、親方の兄弟会加入が可能であったことが最初に宣言されている。(245) この兄弟会規約では、一度退会した者が再入会する場合の規定が一番初めに書かれている。その場合は、退会から再入会までの週ごとの会費分の支払いが求められた。他に目につく特徴としては、会計監督以外に、蠟燭管理役 Kerzenmeister も置かれたことである。この役職は、他の職人兄弟会にも、同職者兄弟会にもみられない。この兄弟会規約でも、毛皮加工職人兄弟会や、亜麻布織工職人兄弟会と同様に、他所の職人がシュトラースブルクで仕事をしたい場合、まず職人兄弟会への入会を求められた。親方の入会が認められている一方で、例えば、会費の支払いや罰則については、その対象者として職人や使用人（Knecht）が明示されており、こうした罰則は、基本的に職人や徒弟に対してのみ適用されたのではないかと推測できる。規約は途中で途切れているが、その前の最後の項目において、鍛冶屋親方と職人が一時期、緊張関係にあったこと、市参事会が介入し、参事会員が審問を行ったことなどが書かれ、兄弟会の古い規約を認めながらも、この兄弟会が市長および参事会の監督下にあることを明記している。

以上、一四〇四年の毛皮加工職人兄弟会の規約および、一五世紀後半の三つの職人兄弟会規約をみてきた。皮なめし工職人兄弟会を除くいずれの規約においても、職人がシュトラースブルクで職を得る場合に兄弟会に入ることが条件とされている点については、職人兄弟会が一五世紀後半においても、宗教活動に限定された団体ではなく、社団的な性格をある程度保持していたと理解することもできる。その一方で、一五世紀後半の規約では、その介入の仕方は様々であれ、親方の強い影響力が明らかである。親方の兄弟会への加入や、裁判費用への供出の禁止は、兄弟会が職人にとっての仲間団体的な役割を果たすことを難しくした。一五世紀後半において、職人兄弟会が同職組合の下部組織的な共同体に変質していったとみることも可能であろう。一四〇四年の兄弟会規約の主語である「我々、職人およいえる。

次項では、皮なめし工職人兄弟会と亜麻布職工職人兄弟会の両者で確認できる行列の参加について、都市儀礼における職人兄弟会の位置づけについて考察していきたい。

行列条例と職人兄弟会

一四七二年に聖体行列についての詳細な条例が公布された[246]。条例には、司教座聖堂参事会会員以下の在俗司祭、都市参事会員、ツンフトやフランシスコ会、ドミニコ会、さらに俗人男性と俗人女性の参加が、その順序ごとに記載されている[247]。条例には、職人が親方とその息子たちとともに、ツンフトの蠟燭を掲げるなどして参加したことが記されており、職人は同職の共同体 antwerck gesellschafft、すなわち同職組合ごとに参加したであろうことがわかる[248]。

他の都市における職人の行列参加の状況はどうであっただろうか。ライン川上流域に位置しシュトラースブルクに近いフライブルクでは、一五世紀後半には、職人兄弟会の行列参加は見当たらないが、一五一六年に、樽職人兄弟会、仕立職人兄弟会、靴職人兄弟会、鍛冶職人兄弟会が、兄弟会として行列に参加することを認められている[249]。フライブルクの職人兄弟会はしかし、行列の際、蠟燭を持つことが許されていなかった。一方、シュトラースブルクから三〇キロほど離れたエルザスの都市であるコルマールでは、一四九五年に、パン職人兄弟会は行列順序を巡って、他の職人兄弟会と争っており、この記録から、職人兄弟会としての参加が確認される[250]。同市のパン職人兄弟会は、伝統的に聖体行列において聖体顕示台の最も近くに位置したが、それは行列の際に掲げる高価な蠟燭のためと理解されていた[251]。一四九五年に、教会参事会が同じように高価な蠟燭を行列で持ち運ぼうとした他の職人兄弟会を、パン職人兄弟会と同様、聖体顕示台近くに並ばせようとしたことが、騒動の発端となった。パン職人兄弟会の主張によれば、行列内の位置は、コルマールにおいて最も古い兄弟会であるという兄弟会としての序列に起因しており、蠟燭の値段の多寡は関係がなかったという。パン職人兄弟会は、行列の配置換えは、同兄弟会の名誉を著しく傷つけたとして、教会参事会および都市参事会に不服を申し立てる。この争いは、都市参事会、教会参事会そしてパン職人兄弟会の間で解決を見ることなく一〇年続き、両者の訴えは最終的にフランクフルトの帝室裁判所 Reichskammergericht にまで持ち込まれた。コルマールの例は、有力な職人兄弟会が聖体行列において最も良い位置を占めたこと、一四九五年の段階で、行列の序列を巡って争いが起きるほど、複数の職人兄弟会が行列に参加していたこと、そしてその変更を名誉の毀損と受け取るほど、兄弟会にとって行列の序列が重視されていたことなどを物語っている。

シュトラースブルクに立ち返ってみると、同市の事例でも、行列の序列については条例において度々言及されており、その重要性は明らかである。特に、一五世紀の間には、市長と副市長の配置の変更がみられたり、一五世紀半ばから影響力を増してきた二十一人委員会が参加するなど、行列の配列において、その時々の政治的、社会的状況があまりタイムラグをおかずに反映されたことも、こうした序列の意義が十分に認識されていたためと考えられる(252)。一四四九年の行列儀礼において政治ツンフト内の序列が、参事会の席次に先んじて当時の政治ツンフト間の経済的、社会的影響力の大きさを映していたことはすでに述べたとおりである。このような状況を鑑みると、皮なめし工職人兄弟会や亜麻布織工の職人兄弟会の規約において、聖体行列、および聖ルカ行列の際に蠟燭をもって行列に参加することが定められているのは、非常に興味深い(253)。

一四七二年当時では職人は政治ツンフトごとに、所属する同職組合の親方とともに行列に参加しているが、一四七七年には、皮なめし工職人兄弟会のみならず、おそらくいくつかの職人兄弟会が独立した仲間団体として、そしてその参加を象徴する蠟燭を掲げて参加することを公に認められたことの社会的意義は大きいのではないか。同市の行列を、シュトラースブルク社会の理想化された表象とみなすことができるならば、職人兄弟会は、この参加をもって、都市当局にとって秩序を乱す危険な不満分子としてではなく、社会の一員として認められたとみることができよう。

おわりに

シュトラースブルクの職能別兄弟会は、他都市と同様、会員の埋葬や死者追悼など宗教的な目的のために設立されたが、成員にとっての兄弟会の意義は、団体ごとに異なった。例えば、船舶業者兄弟会のように、ツンフトや酒房寄合としての活動が活発で影響力があり、仲間団体として十分に機能しているような場合には、兄弟会の役割は比較的限定的であった。一方で、浴場主兄弟会のように、有力な同職組合ではない場合、兄弟会の役割はより大きかった。成員に男女の職人がいたというのも、船舶業者兄弟会との大きな違いであるが、浴場主業に従事する人々を、兄弟会という枠組みにおいて包摂し、彼らの帰属意識の形成を促したという意味で、その仲間団体的性格がより明確である。

職人兄弟会は、こうした仲間団体的性格がさらに強かった。同職組合や都市当局からの規制は、職人兄弟会の社団としての影響力がそれなりに効果を持ったことの表れである。一五世紀後半の規約においては、こうした状況に危機感を抱いた同職組合や都市当局からの積極的な介入がみられた。その結果、職人兄弟会の社団としての意味は薄められ、またその独立性も弱まった。その一方、一四七二年までは同職組合単位での行列参加しか認められていなかった職人が、遅くとも一四七七年以降、兄弟会として行列に参加したことが、史料から明らかとなった。シュトラースブルクにおいて、大規模な行列は、常にいち早く、時々の政治、社会状況を反映したことが明らかとなっている。各団体の行列への参加は、当時の市参事会によって綿密にコントロールされており、単に宗教儀礼の参加ではなく、公的な場における計算された演出に加わることを意味していた。そうした都市当局による祝祭への職人兄弟会の参加は、この時期までに職人兄弟会が、一方でその社団的性格を弱められ、他方で仲間団体としてシュトラースブルクの社会に認められ、そして受け入れられたことを表象した演出と理解できるのである。

第三節　近世ケルンの「改革カトリック兄弟会」

はじめに

本節では、近世ドイツで活動した兄弟会について、具体的な事例を用いて紹介したい。第一節で述べたように、この時期の兄弟会は「改革カトリック兄弟会」と「伝統的兄弟会」に大別できる。ここでは、近世特有の事例の紹介を企図して、中世後期の兄弟会との共通点の多い「伝統的兄弟会」ではなく、「改革カトリック」兄弟会に的を絞って取り上げたい。

ここでは、都市ケルンで活動した「改革カトリック兄弟会」を二つ取り上げる。一つめは、フランシスコ会会則厳守派 Franziskaner-Observanten の聖体兄弟会 Sakramentsbruderschaft である。これを取り上げる意義は、この兄弟会がいわゆる「改革カトリック兄弟会」の典型例を示しているからである。すなわち、第一節で指摘したように、「聖体」信仰は、トレント以後のカトリック教会によってとりわけ重用されたものであり、これを名前に冠した聖体兄弟会は「改革カトリック兄弟会」の主要類型の一つであった。さらに、ケルンの聖体兄弟会については、「兄弟会の書」『きわめて尊ぶべき聖体のいとも賞賛すべき親兄弟会の手引書』Handbüchlein Der Hochlöblichen Erz＝Bruderschaft Deß Hochwürdigen Sacraments（一六八一年刊）〔図2〕が伝来しており、活動の具体相を明らかにすることができる。

二つめに取り上げたいのが、カプチン会による十字架兄弟会 Kreuzbruderschaft である。この兄弟会も「改革カトリック兄弟会」の分類に含まれるものであるが、これを取り上げる意義は、「多宗派性」との関わりである。十字架兄弟会は、一般的な「改革カトリック兄弟会」とは異なり、その活動の目的として異宗派信徒（＝プロテスタント）の改宗者獲得と改宗者の支援を掲げた珍しい兄弟会であった。近世ドイツ兄弟会の研究史の部分で触れたように、現在のドイツ「宗派化」研究は「多宗派性」の研究へとシフトしつつあり、「多宗派性」と兄弟会の関わりを探る上でも、異宗派信徒との日常的な接触を前提とした十字架兄弟会を検討する必要がある。また、この兄弟会についても「兄弟会の書」『我らが主イエス・キリストのいとも苦しき受難の栄誉のための兄弟会の、使徒座による設立および規約』Apostolica Institutio et Regulae Confraternitatis ad honorem acerbissimae Passionis D. N. Iesv Christi（一六一五年刊）が伝来している。

フランシスコ会会則厳守派の聖体兄弟会

（1）聖体兄弟会の来歴

聖体兄弟会の設立は、一六一〇～一一年と推定される。「兄弟会の書」には、兄弟会の規約の認可日として一六一一年六月二〇日と記載されており、[254] さらにそれ以前にも、ケルン駐在教皇大使アルベルガティの同年一月一六日の書簡

図2　聖体兄弟会「兄弟会の書」の挿絵（1681年）
祭壇上の聖体顕示器に収められた聖体を示す．下部の文句は「真理が暗闇に光をもたらす」と読める．ケルン大学図書館所蔵．

に聖体兄弟会への言及が見られる。この書簡では、フランシスコ会会則厳守派が聖体を名前に冠する兄弟会を設立し、それをアルベルガティが支援していることが記されており、[255] 同兄弟会が一〇年末から一一年初頭にかけての時期に設立され、しかも教皇大使が設立に関与していたことがわかる。ただし、設立の具体的経緯および教皇大使が果たした役割などは、同時代史料が伝来していないため不明である。同兄弟会が活動拠点としたのは、ケルンに所在した会則厳守派の修道院（通称「オリーヴ修道院」）であった。フランシスコ会会則厳守派は、一五八一年にケルンのフランシスコ会修道院を改組する形でケルンに進出し、八九年には自前のオリーヴ修道院を完成させて、ケルンでの対抗宗教改革・「宗派化」の一翼を担った修道会であり、聖体兄弟会の他にもアンナ兄弟会 Annenbruderschaft（一六二四年設立）、フランチェスコ兄弟会 Franziskusbruderschaft（一六〇七年以前設立）、無原罪の御宿り兄弟会 Bruderschaften der unbefleckten Empfängnis（一六四七年以前設立）を運営した。[256]

聖体兄弟会の最も基本となる活動目的は、「兄弟会の書」の冒頭に記載されているように、キリスト教信仰の真理を一般信徒にまで浸透させることであり、兄弟会はそのための「学校」Schul として位置づけられている。[257] ここからは、信徒の教化・紀律化のための「道具」としての兄弟会の役割を明確に読み取ることができ、「改革カトリック兄弟会」の特徴を明瞭に示している。

（2）　聖体兄弟会の規約と組織構造

聖体兄弟会の規約は、全九条からなる。まず目立つのは、規約の分量の少なさである。比較対象として中世後期の兄弟会を引き合いに出せば、ケルン大聖堂で活動したヤコブ兄弟会の規約は全三一条であり、聖体兄弟会の規約の簡素さが際立つ。しかし、同じく「改革カトリック兄弟会」として設立されたケルン・イエズス会の死への恐れ兄弟会が、聖体兄弟会と同様に一二条の規約しか持たなかったことを考慮すれば、これが「改革カトリック兄弟会」の平均的な姿であったと考えられる。すなわち、世俗的なものも含めて多様な活動を展開した中世後期の兄弟会とは対照的に、宗教的な活動への特化を特徴とし、俗人会員の主体性が減退したとされる「改革カトリック兄弟会」においては、その分規約が質素になることも頷けるのである。以下、この規約の分析を通じて、聖体兄弟会の組織構造を明らかにしていきたい。

まず、聖体兄弟会への入会条件であるが、財産などによる入会制限は規約中には見出されず、入会金に関する言及もない。また、規約中で女性会員への言及（第九条）が見られることから、性別に関する入会条件も存在しなかったことがわかる。このような会員受入における「開放性」は、「改革カトリック兄弟会」の一般的特徴と合致するものである。入会の際の具体的な手続きについて規約中で言及されていないことは、新入会員受入に関する業務をフランシスコ会会則厳守派が代行していたことを示唆する。

続いて聖体兄弟会の運営体制であるが、役員の数は少ない。まず、兄弟会のトップには、フランシスコ会から任命される代表 Praeses がおかれた。代表の下に一般会員から選ばれる役員が存在した。すなわち、監督 Praefectus 一名、会計係 Thesaurarius 一名、補佐役 Assistens 二名であり、これらは毎年会員全体の選挙により選出された（第四条）。各々の役員の分掌は、規約からはあまり明らかでないが、修道会から任命される代表と会員によって選出されるその他の役員という点で、先述したケルンのマリア信心会の組織を踏襲していることがわかる。すなわち、トップに修道会から任命される人物が立つことにより、兄弟会の活動が修道会の強力な統制下におかれることとなる。このような組織面での教会による統制の強化もまた、「改革カトリック兄弟会」の特徴を例証するものである。

（3）　聖体兄弟会の活動内容

聖体兄弟会の活動を特徴づけるのは、宗教的活動への特化である。会員が定期的に集団で挙行することが義務づけられていた活動として、まず毎週木曜の歌ミサ Ampt が挙げられる（第三条）。さらに、毎月の第三日曜には、兄弟会の礼拝堂で行われるミサへの参加が義務づけられた（第二条）。このミサの際に、会員は告解を行い、聖体拝領を受けることも命じられていた。ミサの後には修道会士による説教が行われ、その後、松明を持っての宗教行列を行うこととされた。これらの活動への参加に対しては、完全免償が与えられた(258)。また、毎年諸聖人の祝日（一一月一日）後の最初の木曜に、兄弟会の物故会員のための死者ミサ Seelmeß への参加が定められていた（第七条）。その他に、不定期に行われるものとして、会員が死去した際の葬儀への参列がある（第六条）。会員たちは遺体とともに葬列を組み、埋葬に参列するとともに、死後一〇日間は物故者の魂のために「深い淵から」De Profundis を唱えることとされた。

以上のような集団的な活動の他に、会員各自が自主的に行うことを命じられた活動が存在する。すなわち、会員各自は、キリストが受難の際に受けた五つの傷を記念して、毎日主禱文 Pater Noster と天使祝詞 Ave Maria をそれぞれ五回ずつ唱えることとされた（第九条）。このように、兄弟会の集団的活動への参加を要求する以外にも、各会員に日常生活における規範を課していくことを目指す姿勢は、「改革カトリック兄弟会」に共通するものである。無論、兄弟会がこのような個人的活動の遵守を厳密に監督することは不可能であったが、これらの活動の見返りとして免償の付与が約束されており、会員各自に義務の自主的な履行を促す仕掛けになっていた。例えば、会員のなかで病者が出た際には、監督の指示の下、会員は病者のために物質的・精神的支援を与えることが義務づけられていたが（第五条）、会員各自が一人の病者のために主禱文または天使祝詞を一度唱えるたびに完全免償が与えられるとされた。また、会員各自が病者の下を訪問する度に七年間の免償が与えられるとされた(259)。このような、兄弟会の活動と免償付与との強い結びつきもまた、トレント以後のカトリック教会が信徒の取り込みのために多用するようになる。

このように、免償付与と結びついた宗教的活動が活発に行われた反面、世俗的な活動は規約中では一切規定されていない。それどころか、会員に対しては「いかがわしい集会やつまずき」を避けるべきことが命じられ、模範的生活態度を保つべきことが義務づけられていた（第八条）。ここから明らかなように、聖体兄弟会への参加を通じて、信徒の生活全般のモラル管理が企図されていたのである。

（4） 聖体兄弟会の会員規模および会員構成

聖体兄弟会の会員規模および会員構成については、会員名簿が伝来していないため、詳細は不明である。ケルンの民衆信仰を研究したJ・クレルシュは、同兄弟会の一六六〇年時点での会員数を七〇〇人と見積もっているが[260]、典拠を示していないため信頼できない。ただし、入会制限を撤廃し「開放性」が増した「改革カトリック兄弟会」は会員規模が増大するのが一般的傾向であり、上述のグリュサウの聖ヨセフ兄弟会（三〇年間で六万名）の例を考え合わせれば、七〇〇名という規模は有り得ない数字ではない。もっとも、聖体兄弟会においては活動への欠席に対する罰則は設けられていなかったので、たとえ数百名の会員がいたとしても、その全てが毎回の活動に参加していたわけではないであろう。

会員構成についても詳しくはわからないが、一六八一年時点の役員名については、「兄弟会の書」に記載されているため明らかになる。すなわち、監督ペーター・グメルスバッハ、会計係オットー・フンメラー、補佐役レオンハルト・コッホとハインリヒ・ケーニヒスホーフェンである。彼らの社会的出自について見てみると、グメルスバッハは薬種商で一六八一年当時、参事会員を務めていた。フンメラーはパン屋ガッフェルに所属し一六八六年に参事会員に就任している。コッホも一六八三年に参事会員となった[261]。これらのことから、聖体兄弟会の役員は都市の指導層で占められていたことがわかる。すなわち、同兄弟会の俗人会員のトップには、参事会員というケルン市民の指導層が座を占め、その他により下層の市民の会員が所属していたとしても、彼ら上層市民によって実質的に支配されていたものと思われる。すなわち、一見「開放的」に見える兄弟会の内部では、対抗宗教改革の担い手たる修道会と都市の世俗権力が上層において結託し、兄弟会に大量に取り込まれたより下層のカトリック信徒が彼らによって指導されていた構造が明らかになる。この点も、聖俗の上位権力による一般信徒の「宗派化」を担った「改革カトリック兄弟会」の特徴をよく示している。

以上、「改革カトリック兄弟会」の典型例として聖体兄弟会を取り上げ検討してきた。聖体兄弟会の分析から明らかになることは、組織構造・活動内容を見る限り、聖俗エリートによる、「改革カトリック兄弟会」を通じた信徒の紀律化・教化の傾向は疑い得ないということである。もっとも、これらの試みがどの程度一般のカトリック信徒の紀律化・教化において成果を上げたのかについては、明らかではない。また、同兄弟会が会員に課した活動も、会員の全生活を統制するほど強いものではなく、活動への欠席に対する罰則も存在しなかったことから、紀律化・教化の側面を強調し過ぎることには注意する必要がある。むしろ、カトリック教会が聖体兄弟会を通じて目指したことは、複数宗派が併存するものの個々人の宗派的アイデンティティが未だ不明瞭な一七世紀前半当時の環境において、できる限り多くの人びとをカトリック教会・信徒の人的なネットワークに取り込み、相互の信仰を支えあうことだったと思われる。一方、兄弟会に加入する一般信徒にとっても、兄弟会を通じた生者・死者の広範なネットワークに帰属することは、各人に安心感と教会への帰属意識を与え、自身の救済を確かなものとする有効な手段であった。兄弟会を通じて付与される免償も、そのための重要な要素であった。このように、諸個人が互いに結びつくことで、相互の信仰を守り、支え、強化するという兄弟会の機能は、中世の兄弟会にも共通するものであり、近世においてもこの基本的な原則は「改革カトリック兄弟会」・「伝統的兄弟会」を問わず存在し続けたのである。

カプチン会の十字架兄弟会

(1) 十字架兄弟会の来歴

カプチン会の十字架兄弟会は、聖体兄弟会とほぼ同時期の一六一二年に設立された。十字架兄弟会の設立においても、先述の教皇大使アルベルガティが関与している。しかし、十字架兄弟会の場合は、アルベルガティがケルン着任時(一六一〇年)からすでに構想を練っていたもので、設立計画の中心は彼でありカプチン会の役割は副次的であった。(262)アルベルガティがこの兄弟会に託した目的は明確であり、異宗派信徒のカトリックへの改宗支援である。

十字架兄弟会の活動目的たる改宗活動の必要性と意義については、アルベルガティ自身が兄弟会設立に際して著した回状のなかで詳細に語っている。この回状は、十字架兄弟会の「兄弟会の書」に収録されている。それによれば、まずドイツの現状は、真実の信仰であるカトリックと異端たるプロテスタントが併存している由々しきものであり、憂慮すべきことはカトリック教会が真実の教説を伝えているにもかかわらず、異端から正統信仰に立ち返る者が非常に少ないことであるという。[263] この改宗者の少なさという問題の原因として、アルベルガティは、異端者たちはカトリック信仰の正しさを理解するにもかかわらず、改宗の結果それまでの地位・職業・財産を失い貧困に陥ることを恐れるあまり、異端信仰にとどまらざるを得ないことだとする。[264] すなわち、異端者に対して、彼らの改宗後の生活を保障するような物質的支援を与えることができれば、改宗者の数は格段に増加するはずであるという。そして、アルベルガティは、この目的のために、改宗者を獲得し、改宗者の生活を支援し、これらの活動のために喜捨を集め管理するという活動を、集団的に担う組織として兄弟会を構想した。[265] すなわち、十字架兄弟会は、聖俗エリートの「宗派化」政策の実現手段という点では他の「改革カトリック兄弟会」と同様であるが、対内的な紀律化・教化にとどまらず対外的な宗派戦略を担ったという点で特徴的である。

アルベルガティの兄弟会設立計画は、それが露骨な宗派主義的組織であったことも災いして、ケルンの教会諸組織の満足な協力が得られず難航するが、[266] アルベルガティが新たにケルンへ招聘したカプチン会の協力を得て一六一二年に正式に設立される。活動拠点は、ケルンにおけるカプチン会の伝道拠点であった聖セルファティウス教会である。以下では、十字架兄弟会の規約を元に、兄弟会の組織・活動を再構成していく。

（2）　十字架兄弟会の規約

十字架兄弟会の規約は、二二条からなり、さらにそれぞれの条には下位項目が設けられており、全てを合わせると一七七条項からなる。まず目を引くのは、条項数の多さと分量の厚さである。これは、全九条からなっていた聖体兄弟会などとは対照的であり、中世後期の兄弟会にも見られなかったような数である。これは、十字架兄弟会の、他の「改革カトリック兄弟会」とは異なる特殊性を示している。すなわち、後述するように、十字架兄弟会では他の兄弟会にはない改宗活動という複雑な任務を担い、さらに個々の活動において一般会員が主体的に判断を下さねばならない場面が多く見られた。規約の詳細さはこの点を反映している。

さらに、十字架兄弟会の規約は全てラテン語で記されている。これもまた、規約がドイツ語で記されていた他の「改革カトリック兄弟会」と大きく異なる点である。これは、後述するように、十字架兄弟会が一般的な「改革カトリック兄弟会」と異なり、組織の「開放性」よりも「閉鎖性」を志向していたことの表れである。

(3) 十字架兄弟会の入会条件と入会手続き

「閉鎖性」を志向する十字架兄弟会の姿勢は、兄弟会への入会条件と入会手続きに明瞭に示されている。規約においては、「あらゆる身分のそして位階の人間」が、性別にかかわらず受け入れられることが明言されており、財産および性別による入会制限がなかったことがわかる（第一条一項）。しかし、入会の条件として、ラテン語の識字能力が求められた（第一条一項）。当時のドイツの識字率、特にラテン語のそれを考えれば、これは入会者の枠を相当程度狭める規定であり、一般的な「改革カトリック兄弟会」の「開放性」とは正反対の傾向である。

次に、入会の際の具体的な手続きを、規約に即して見ていこう。まず、兄弟会への入会希望者には、事前に規約を読み学習することが要求された（第一条三項）。兄弟会の規約は、カプチン会の司祭を通じて入手することとされたが（第一条三項）、入会希望者には恐らく「兄弟会の書」が渡されたのだろう。その後、入会希望者は、兄弟会へ入会請願書を提出し、それにより入会手続きが正式に開始された（第一条三項）。

入会請願書を提出した者に対しては、二度の面接が行われた。まず、兄弟会の役員による面接が行われ、その後、会員全員による面接がなされた。そして、最終的な受入の決定は日没後まで延ばされ、その間に会員の誰からも異議が唱えられなかったならば、受入が承認された（第一条四項）。さらに、新入会員に対しては一～三ヵ月の試験期間 tempus probationis が設けられ、その間は兄弟会の活動には参加するものの正規会員と同等の権利は認められず、兄弟会の規則・慣習について学ぶことが命じられた（第一条五項）。

以上のように、この兄弟会においては、他の「改革カトリック兄弟会」とは異なり、会員を厳しく選別し訓練していた。十字架兄弟会の会員には、一定程度の知的水準と他の会員から仲間として認められるに足る人格が要求されたのである。十字架兄弟会においては、兄弟会上層の指針に受動的に従う会員ではなく、兄弟会の活動を主体的に担えるようなカトリック・エリートを必要とし、そのような人物を養成することを目指していたことがわかる。このことは、会員各人に新入会員の受入可否を判断する権限が与えられていたことからも読み取ることができる。

（4）　十字架兄弟会の組織構造

十字架兄弟会の運営体制について見てみよう。兄弟会の運営を担う役員は、監督 Praefectus 一名、副監督 Vice-praefectus 一名、補佐役 Assistentes 六名、第一書記 Secretarius Primus 一名、助手 Adiutores 六名、第二書記 Secretarius Secundus 一名、会計係 Eleemosynarius 一名、入会請願書係 Magistri Libellorum Supplicum 二名、祝祭係 Magistri Caerimoniarium 二名、救霊司祭 Pater Spirituali 一名である。救霊司祭はカプチン会によって任命され、その他の者は毎年一月一日に行われる集会で会員各自の投票によって選出された（第七条一・四項）。ただし、補佐役と助手のうちのそれぞれ二名は、業務の円滑な引継ぎのために、前任者が留任することとされた（第七条三項）。ただし、いかなる役員も二年以上留任することは禁じられた（第七条三項）。

各役員の役割について付言すると、監督は兄弟会の活動を全体的に統轄し、役員選出やその他の審議の際に二票の投票権を有した。また、会員に対する懲罰や追放なども、監督が補佐役との協議の上で行った。副監督は、補佐役の経験者の中から選出され、監督不在時にその代理を務めた。補佐役は、半数が聖職者、半数が俗人とされ、監督・副監督とともに兄弟会の最高評議会 supremus Fraternitatis Senatus を構成した。補佐役は、この最高評議会を通じて、兄弟会のあらゆる業務に関与するとともに、監督・副監督の専断を防止した。助手もまた聖俗で半数ずつ占めることとされ、十字架兄弟会の主要任務である改宗活動を担当した。また、書記・入会請願書係・祝祭係は、その名の通り兄弟会の文書管理および祝祭を担当した。会計係は、兄弟会への喜捨の受入と兄弟会が与える施しを担当した。救霊司祭は、兄弟会の集会の際に祈禱を捧げ、集会の場で説教を行い、会員の葬儀等を司式した。

ここで、他の「改革カトリック兄弟会」との関係で問題となるのは救霊司祭の地位であろう。先述のマリア信心会などの場合は、修道会から任命される代表が、会員間で選出される役員よりも上位を占め、兄弟会が修道会によって支配される構図が見られた。しかし、十字架兄弟会の救霊司祭の場合は、その権限が純粋に霊的な側面に限定されていたようである。すなわち、規約のなかで、救霊司祭（およびその他のカプチン会士）が兄弟会の審議に介入することが明確に禁じられており（第八条六項）、救霊司祭は兄弟会の最高意思決定機関である最高評議会からも排除されていたのである。十字架兄弟会においては、カプチン会からの統制は弱く、一般会員の自律性がかなりの程度存在したものと思われる。

（5） 十字架兄弟会の一般的活動

十字架兄弟会の活動については、改宗活動とそれ以外に大別することができ、ここでは改宗活動以外のものをまとめて取り上げる。改宗活動以外のものについては、この兄弟会においても他の「改革カトリック兄弟会」と大差ない。宗教的活動については、定期的に集団で参加するものとして、まず毎週金曜のカプチン会が主催するキリスト受難のミサへの出席である（第五条二項）。また、兄弟会が定める祝祭日に際しても、会員全員が教会に集合し、宗教行列を行うこととされた。最も重視された祝祭日は、聖十字架発見の祝日（五月三日）と称賛の祝日（九月一四日）であり、その他にもキリスト、聖母マリア、聖ペテロ、聖パウロ、そしてフランシスコ会に関係する聖人の祝日など、年間二〇日余りが兄弟会の祝日として定められていた（第五条三項）。また、都市ケルンでは年に四度マリア信心会の主催による「ローマ詣で」Römerfahrtなる宗教行列が行われていたが、十字架兄弟会はこちらにも参加していた（第五条九項）。これらの祝日の宗教行列参加に際しては、会員が身につけるべき服装が定められており、頭から全身を覆う粗布をまとい、縄帯を締め、手には十字架を持つことが定められていた（第五条七項）。このように、特徴的な制服を着用し集団でもって行う宗教行列は、信仰の可視化を重視したトレント以後のカトリック信仰に一般的なものであるが、ケルンの場合はとくに、市内に一定数居住するプロテスタントへの示威と威嚇という目的も加わり、非常に頻繁にそして物々しく行われたのである。(267)

兄弟会の会員から死者が出た場合には、会員全員に葬儀・葬列への参列義務が課された。その際にもやはり粗布と縄帯の着用が命じられた（第五条一三項）。物故会員のための死者記憶も重要な活動であり、死者が出る度に一〇〇回のミサが寄進され、毎年諸聖人の祝日後に会員全員による物故会員および兄弟会の保護者・援助者のための祭礼が執り行われた（第五条一四項）。この際にも粗布と縄帯の着用が命じられている。

十字架兄弟会の会員には、個人的に行うべき様々な宗教的活動も課せられた。まず会員各自は、自宅に小礼拝堂を設け十字架を設置し、毎日そこで祈禱を捧げることが命じられた。さらに、就寝前にはその日の自身に対する自己省察conscientiam examinoを行い、主禱文と天使祝詞をそれぞれ五回ずつ「十字架にかけられたように腕を広げて」唱えることとされた（第五条一項）。また、各自は最低でも二週間ごとに聖体拝領に与り、必ず自身の聴罪司祭を持つことも定められた（第五条三・四項）。救霊司祭は、各会員が聖体拝領に与っているかどうかを監督し、各自の聴罪司祭の氏名は救霊司祭に報告されなければならなかったため、個人的活動とはいっても兄弟会の監視下に置かれていた。このように、会員の私的空間に対しても規範を課していく姿勢は、他の「改革カトリック兄弟会」と共通するものであるが、十字架兄弟会においては規範の詳細さが際立っている。

会員間の相互扶助も行われていた。会員の誰かが病に倒れた場合には、監督によってその氏名が公表され、介護担当者が任命されるとともに、会員各自には病者の訪問と援助が促された（第五条一〇項）。会員の病が感染性のものであっても、介護を怠ってはならないことが明記されている。規約においては、会員間の相互扶助を通じて、カトリック信徒の隣人愛・兄弟愛の模範を示すべきことが謳われている（第五条一二項）。

会員間の兄弟愛が謳われる一方で、会員による会食などの社交的活動は厳に戒められていた。すなわち、兄弟会の財産を用いて会食を行うことは禁止され、違反者に対しては判事的破門 excommunicatio latae sententiae が科されるとともに、使用された金額の四倍が罰金として科されるなど厳しい制裁が存在した（第一八条六項）。この制裁の対象となるのは、会食に直接関与した者にとどまらず、事実を知りつつ黙認した者も含まれており、兄弟会が会食に対して相当に神経質になっていたことを物語る。改宗者の支援のために巨額の活動資金を必要とし、それを喜捨によって賄っていた十字架兄弟会にとって、会食などの社交的活動のために、カトリック信仰のために禁欲的に闘う兄弟会というイメージが壊れることを何よりも恐れていたのであろう。[268]

（6）　十字架兄弟会の改宗活動

改宗者支援は、十字架兄弟会の最も基本となる活動である。改宗者の獲得は、宗派対立期の各宗派教会が最も力を入れた活動の一つである。すなわち、改宗という行為は、改宗者を受け入れた側の宗派にとっては、自己の信仰の正しさを外部にアピールする恰好の宣伝となり、敵対宗派の結束を揺さぶる有効な武器にもなった。[269] そのため、各宗派教会は聖職者の改宗者の説教を出版して宣伝し、改宗者のエピソードを演劇化して上演するなどのプロパガンダを盛んに行った。[270] さらには、異宗派信徒に対して金銭や仕事などの世俗的な見返りを与え、改宗に導くことも度々行われていたのである。[271] ただし、改宗の事例を宣伝したり改宗者を勧誘したりする行為は、敵対宗派の眼には「挑発」と映り、改宗という行為も敵対宗派による信徒の「誘拐」と捉えられたことから、暴力的な宗派紛争の原因にもなった。[272] 従って、改宗者支援という活動は、この時代においては宗派教会によって重要視された反面、かなりのリスクを伴うものでもあったのである。十字架兄弟会の活動を見ていく際には、この点を意識しておく必要がある。

ちなみに、改宗志願者をカトリック教会に受け入れる具体的手続きについて確認しておくと、まず志願者には教理教師 Katechet（イエズス会やカプチン会などの修道士が務めた）による準備教育が施され、その後行われる信仰告白によって教会へと受け入れられた[273]。信仰告白の儀式は、当地の政治情勢に応じて教区教会にて公開で行われることもあれば、秘密裏に行われることもあったが、十字架兄弟会の場合は後述するように兄弟会全体の前での信仰告白が義務づけられた。

十字架兄弟会で改宗活動を担ったのは、六名の助手であった。諸侯会員（名誉会員）と役員を除いた兄弟会の全ての会員は、それぞれ一名の助手をトップとする六つの班 pars に編成され、実際の改宗活動はこの班単位で行われた（第一二条四項）。それぞれの班は同人数で編成され、各班には必ず聖職者会員と俗人会員両方が含まれていなければならなかった。また、ケルン市外に居住する会員であっても、必ずいずれかの班に組み込まれた。班員の人数は時々の会員数によって増減したものと思われるが、規約中では各班一二名程度の規模が想定されている（第一二条四項）。班員の割り振り方法については、助手に選択権が認められ、助手各自が順番に一名ずつ希望する班員を指名していくこととされた（第一二条八項）。この班の編成作業は、恐らく毎年の役員選出の際に行われたのだろう。こうして出来上がった班は、助手の統率の下、緊密に連携し合い改宗者の獲得・支援に努めることとされた。市外居住の班員も文書によって密に連絡を取り合い、各々の居住地域で改宗活動に従事した。こうして、聖職者・俗人が混合した班が独自に行動することを通じて、より機動的な活動が企図されていたのである。十字架兄弟会の会員に要求された一定程度の知的水準も、こうした活動を各自が独力で担えることを想定したものであると考えれば納得がいく。

各班は基本自主的に活動したが、班同士の連携や指導部への連絡も要求された。六名の助手は、毎月最終週に会議を開き、改宗活動の進捗状況や活動に関わる諸問題を討議した（第一二条九項）。この会議には兄弟会の書記も同席し、その月に獲得された改宗者の記録が作成された。然る後に、助手のなかの一名が最高評議会に出席し、当該月の改宗活動に関して指導部に報告することとされた（第一二条一〇項）。

それでは、実際に改宗志願者が現れた場合に、各班はどのように行動したのか。第一に行われたのが、改宗志願者の身辺調査である。すなわち、班員に対しては、志願者の両親、年齢、性格、職業、生活ぶりに関する入念な調査が求められ、志願者に関する周囲の風評を収集し検討することも可能な限り要求された（第一九条二項）。また、志願者が改宗を希望した理由、きっかけなども調べられた（第一九条三項）。このように、志願者に対する微細なまでの身辺調査が行われた背景としては、偽装改宗者を取り除くため、すなわち物質的な援助を目当てにその場では回心したように装い、また直ぐに再改宗してしまうような者を事前に排除する必要があったのであろう。規約のなかでは、そのような偽装改宗者は「信仰の見せかけの下で主のブドウ畑を荒らす狐」と呼ばれ注意が促されている（第一九条一項）。

志願者に対する身辺調査が班員により一通り行われた後、各班の助手は志願者の受入可否を決定しその者の保護担当Cura（教理教師に相当）を任命した（第一二条一二項）。保護担当は、改宗志願者に教理教育を施した上で、兄弟会全員の面前で信仰告白を行わせ、改宗を完成させた（第二〇条二項）。規約には明記されていないが、保護担当のこのような職務から推察して、この役職は班員のなかの聖職者会員によって務められたのであろう。すなわち、保護担当は、できることならば改宗者と同居し、聖体拝領と信仰告白が定期的になされているかどうかを監督することが義務づけられたのである（第二〇条三項）。また、改宗者は他の会員と同様自身の聴罪司祭を持つことが義務づけられたが、聴罪司祭は兄弟会の救霊司祭もしくは監督によって指名され、改宗者が独断で選んだり変更したりすることは禁じられた（第二〇条六項）。

この保護担当は、改宗者と最も密接な関係を取り結んだものと思われるが、規約のなかでは保護担当以外の者が許可なく改宗者と接触し、教化を試みることを禁じている（第一九条八項）。このことは、兄弟会が改宗者と会員との接触に対して一定の制約をかけようとしていたことを物語る。すなわち、兄弟会は、未だ異端の思考・慣習を引きずっている改宗者と会員が無秩序に接触することにより、プロテスタントの影響が兄弟会内に混入してくることを警戒していたのであろう。改宗活動においては、逆に自身の陣営から改宗者が生じてしまうリスクも常に存在したのである。

改宗者に対しては、兄弟会を通じて物質的援助も与えられた。この支援の対象となったのは、兄弟会を通じて改宗させられた者と、兄弟会の保護者・寄進者によって保護を委託された者である。与えられた援助の内容や分量については、規約では各々の必要に応じて決定するとされているため詳細は不明であるが、貴族や高位の者に対しては、生活費も高額になるとの配慮から、他の者よりも多くの援助が与えられるべしとされた(第二一条四項)。また、援助は年額で決定されるが分配方法は未確定で、各人の必要に応じて一週間ごとから三ヵ月ごとまでの頻度で支給された(第二一条五項)。

このようにして、十字架兄弟会を通じて改宗した改宗者たちは、霊的・物質的な保護の下におかれたが、その代償として厳しい管理下にもおかれた。まず、改宗者は、住居や職場を自ら選ぶことはできず、救霊司祭もしくは監督によって指定された(第二〇条七項)。また、改宗者が兄弟会から物質的援助を受け取る際には、改宗者は自身がカトリック信徒としての義務を果たし、問題ない生活を送っていることを、教区司祭、聴罪司祭、さらに親方・家主がそれぞれ証明した文書を提出しなければならなかった(第二〇条五項)。この証明書は、兄弟会から求められる度に提出しなければならず、改宗者は長期に亘り潜在的異端者として厳しい監視下におかれていたのである。

最後に、改宗者の性質に応じた個別の配慮についても見ていきたい。まず、聖職者・知識人の改宗者に対しては、積極的に説教し、教理問答を行い、著作を著すことが奨励された(第二〇条九項)。これは、先述したように、改宗者の説教および著作をプロパガンダとして利用するための規定であるが、兄弟会の承認を得ない書物の印刷・刊行は禁止された(第二〇条一〇項)。また、当時の社会的弱者に該当する女性・子供・貧民の改宗に関する規定も設けられている。まず女性や子供については、魔術 magus の誘惑に陥りやすいが故に、特別な配慮が必要とされる。女性の改宗者は、敬虔な処女もしくは主婦の下に預けられ、そこで年齢に応じた教育を受けることとされた。男子については、将来の生業を身につけるための教育も兄弟会によって世話され、学問を修めるにせよ手工業・商業に従事するにせよ、適切なカトリックの教師もしくは親方に預けられることとされた（第一九条六項）。定職に就かず、犯罪にも関わっているような貧民については、たとえ改宗を誓っていても無分別に受け入れてはならないし、ましてや軽率に金銭を与えてはならないとされ、慎重な姿勢を示している。ただし、そのような者についても、長期の経過観察の上で判断を下すべしとされ、完全に排除されていたわけではない（第一九条七項）。このように、社会的には大きな力を持ち得ないような人びとであっても、基本的には受け入れる方針を示していることが特徴的である。このことは、当時の社会における改宗者の社会的価値の大きさを示していよう。

（7） 改宗活動の成果および改宗者の顔ぶれ

十字架兄弟会による改宗活動は、実際にはどの程度の成果をあげていたのだろうか。十字架兄弟会による改宗者の詳細な名簿は残念ながら伝来していない。よって、改宗者の人数を示唆するものは、兄弟会の設立者である教皇大使が兄弟会に関して言及した書簡と兄弟会から教皇庁に送られた成果報告のみである。これらによると、一六一二年の設立から一六一五年九月までに二三〇名、一六一六年には三七〇名、一六一九年には一〇〇名、設立から一六三六年までに総計で三〇〇〇名という数字があげられている。[274] もちろん、これらの史料は教皇庁に対して兄弟会への支援を訴えるために書かれているものであるため、誇張が含まれている可能性が高い。ただし、同時期のケルンの潜伏プロテスタント共同体では構成員の減少が深刻な問題となっていたことなどから考えると、[275] 十字架兄弟会の活動はある程度順調に推移していたものと思われる。このことを傍証するものとして、兄弟会は一六二一年までにケルンに改宗者向けの学寮 Konvertitenkolleg を建設・経営しており、一五名の神学生を養っていたことがわかっている。[276] すなわち、十字架兄弟会は、改宗者用の学寮を恒常的に維持する程度には、改宗者を受け入れていたといえる。

改宗者として十字架兄弟会の下で保護されたのが、具体的にどのような人びとであったのかについても、はっきりしたことはわからない。ここでも教皇大使による書簡が手掛かりとなるが、ここでは話題性のある人物の改宗事例しか紹介されていない。こちらを見てみると、まず一六一五年二月一日にはハイデルベルクの説教師、二月八日にはブランデンブルクの船長、二月一五日にはイングランドの貴族と彼に従う二二名の若者、二～三月にはイングランドの俳優ジョン・スペンサーと彼の率いる劇団といった具合に、出身地・職業も多様である[277]。そして、これらの個別の改宗事例の報告の合間に、「多数の改宗者」といった表現で語られる人びとがおり、ケルン市民の改宗などはこれらのなかに含まれているものと思われる。

このように、十字架兄弟会の活動は一七世紀前半については順調に推移していた。しかし、世紀後半に入ると改宗者の報告は急激に減少する[278]。このことの直接的な理由は判然としないが、改宗という行為のドイツ全体での潮流には合致している。近世ドイツの複数宗派併存体制を考察したE・フランソワによれば、一七世紀後半に入り、各々の宗派アイデンティティが確立していくに従って、改宗や異宗派婚といった宗派の境界を曖昧化させる行為の「タブー化」が進行していくという[279]。十字架兄弟会の活動の低調も、このような変化を反映してのものであろう。一八世紀初頭には、改宗者の数が再び上昇し、一七一四年には八六名との報告がなされている[280]。この再上昇は、同時期のケルンにおけるプロテスタント抑圧の強化に起因する。すなわち、一七一四年にケルン都市参事会は市内プロテスタントによる交易活動を大幅に制限する条令を発布し、打撃を受けたプロテスタントが大量に市外に流出するという事態が生じた[281]。この過程で、市内に残りカトリックに改宗するプロテスタントが多く生じたのであろう。

（8）　十字架兄弟会の会員構成

最後に十字架兄弟会の会員構成について検討しよう。十字架兄弟会には、一七世紀の会員名簿が伝来しているが、これは一八世紀初頭に転記されたもので、不正確な部分がある。一七世紀の同時代史料としては、断片的に残されている役員名簿のみである。両者の情報を総合すると、一七世紀を通じて四四六名の会員名が明らかになる[282]。ただし、この数字だけでは、ある時点で存命会員が何名程度所属し活動していたのかは明らかにならない。規約のなかでは、改宗活動のための班編成について規定している箇所で、七二名の会員を六分割し一二名ずつの班を作るという例が示されている(第一二条四項)。これはあくまで仮定の会員数であるが、ここから規約作成者が兄弟会の実働会員として七〇～一〇〇名程度を想定していたことがわかる。これは、「改革カトリック兄弟会」の規模としては非常に小さいが、十字架兄弟会の活動内容を考えれば、この程度の(実働)会員数が限度であったろう。

名前が明らかになる会員の顔ぶれであるが、一七世紀前半については諸侯会員の名前しか伝来していない。ここには、対抗宗教改革を担ったカトリック諸侯の著名な名前が並んでいる。例えば、皇帝マティアス(位:一六一二～一九)、フェルディナント二世(位:一六一九～三七)、フェルディナント三世(位:一六三七～五七)や、スペイン王フェリペ三世(位:一五九八～一六二一)およびフェリペ四世(位:一六二一～六五)、オーストリア大公アルブレヒト七世(位:一五九八～一六二一)などのハプスブルク家君主が多数所属していた。また、プロテスタントからカトリックに改宗した諸侯の名前も見られ、プファルツ・ノイブルクおよびユーリヒ・ベルク公ヴォルフガング・ヴィルヘルム(位:一六一四～五三)や、一六五二年にカトリックに改宗したヘッセン・ラインフェルス・ローテンブルク方伯エルンスト一世夫妻などである。高位聖職者では、ケルン大司教フェルディナント・フォン・バイエルン(位:一六一二～五〇)とその後継者マクシミリアン・ハインリヒ(位:一六五〇～八八)、バンベルク、オスナブリュック、レーゲンスブルク、ヴュルツブルクの各司教、さらに教皇パウルス五世、グレゴリウス一五世(位:一六二一～二三)、ウルバヌス八世(位:一六二三～四四)らの名前が見える。(283) これらの諸侯会員は、実際に兄弟会の活動に参加することは少なかったであろうが、兄弟会の権威づけと、財政的・政治的後ろ盾として大きな価値を持ったのである。

それでは、兄弟会で実働会員となったのはいかなる人びとであったのか。一七世紀後半に入ると、諸侯会員以外の会員名も明らかになる。一六五二～九八年間の三三七名の会員を検討すると、まず目立つのは聖職者の多さである。聖職身分の会員は、全体の五三%を占める。聖職者会員の内部では、ケルンに所在した七つの聖堂参事会の参事会員および助任司祭が多かった。彼らは大半が周辺地域の貴族家門の出身であり、ケルン市内の聖職者のなかでも上層に属する。そして、それよりも人数は少ないが、ケルン市内小教区の教区司祭も加わっていた(284)。俗人会員については、法律家の数が多く全体の九%を占める。また、都市参事会員の名前も目立ち、名簿のなかではっきりと参事会員と表記されている者が一六名を数える。そして、一六名のなかには三名の市長の名前も見られる。また、断定はできないものの、姓名や職業などから高い確率で参事会員に同定できる会員が六名存在する(285)。これら参事会員の人数を総計すると、全体の約一〇%、俗人会員のなかでは約二一%に達する。すなわち、俗人会員の五人に一人は参事会員ということになり、都市指導層の割合の高さが際立つ。ちなみに、十字架兄弟会には性別による入会制限はなかったが、一七世紀後半の会員名簿には諸侯会員の妻を除いて女性の名前が見られない(286)。やはりラテン語の識字能力という条件によって、女性会員は実質的に排除されていたようである。

十字架兄弟会の会員として名前が残っている参事会員は、ほとんどが兄弟会の役員に就任していた。すなわち、先述の聖体兄弟会と同様に、都市の指導層が兄弟会内部でも指導的役割を果たしていたことが読み取れる。さらに、十字架兄弟会の場合は、その閉鎖性の故に会員数が少なく会員の階層が上層に偏っていたため、兄弟会への所属が自身の階層をアピールする手段にもなったであろう。この点において、十字架兄弟会もまた、エリートの自己顕示の手段として存在していた「伝統的兄弟会」と共通する性格を持っていたといえる。ただし、十字架兄弟会において独特なのは、世俗の指導層だけではなく聖界のエリートも多く含んでいたことである。十字架兄弟会は、必ずしも利害が一致するわけではない聖俗エリートにとっての、貴重な非公式コミュニケーションの場として機能していた可能性がある。

最後に、十字架兄弟会のその後の展開について付言すると、一八世紀半ば以降になると、会員数・改宗活動ともに大きく停滞する。会員数について見ると、一七五一年から一七九三年の間に新入会員がわずか二五名である(287)。それと並行して改宗者獲得の報告も減少し、五〇年代以降は毎年ゼロが続いた[288]。このことは、一八世紀後半になると社会的背景が大きく変わり、もはや戦闘的宗派主義が人びとを引き付けることがなくなっていったことを示していよう[289]。一八世紀末になると、ケルンを含めたライン川左岸地域が革命フランスに併合され教会施設の世俗化が行われる。ケルンのカプチン会の伝道拠点も一八〇二年に閉鎖されるが、十字架兄弟会もこれをもって解散させられたものと思われる[290]。

以上、「改革カトリック兄弟会」の特殊な事例として、十字架兄弟会を検討してきた。以上の考察から明らかなように、十字架兄弟会は、その設立経緯や活動目的などは、「改革カトリック兄弟会」の枠組みで理解できるものであるが、反面、会員の自律的地位や組織の排他性などは「伝統的兄弟会」の特徴を想起させる。ここからいえることは、対抗宗教改革期の聖俗権力は、確かに兄弟会を通じて「宗派化」を図ったものの、その利用の仕方には大きな多様性が見られたことである。聖体兄弟会と十字架兄弟会は、その形態には大きな差異が認められるものの、設立時期はほぼ同じでありどちらも教皇大使アルベルガティが設立に関与していた。教皇大使は、その目的に応じて様々な形態の兄弟会を使い分けていたのである。そして、十字架兄弟会においては、中世後期の兄弟会の特徴を踏襲することを敢えてしたのである。

また、「多宗派性」との関連で、十字架兄弟会の活動を評価するならば、兄弟会はその改宗活動を通じて宗派間のコミュニケーションを促進したといえる。もちろん、この場合のコミュニケーションには、対立的な側面も多分に含まれているが、このような宗派間の頻繁な接触を通じて、一部の信徒は改宗へと導かれ、それ以外の信徒は自身の信仰を再認識させられたであろう。フランソワによれば、宗派アイデンティティの強化を通じて、「多宗派性」は暴力的側面を薄めていき、安定化していくという[291]。こうした意味では、十字架兄弟会も、逆説的ではあるが「多宗派性」の安定化に寄与したといえるだろう。そして、改宗を選択した信徒にとっては、兄弟会によってその後の生活を保障され、兄弟会を通じてカトリック信徒のネットワークに参入することができた意味は非常に大きかったといえる。

おわりに

本節では、近世ドイツの兄弟会の具体的事例を、「改革カトリック兄弟会」を主な対象として考察してきた。以上の検討からいえることは、近世ドイツにおいて聖俗権力によって奨励された兄弟会は、その形態に差異はあれど、信徒の紀律化・教化へ向けた強い傾向を持っていたということである。ただし、それが有した社会的インパクトについては、測定することが難しい。兄弟会が聖俗権力による信徒統制の「道具」であったという場合に注意しなければならないのは、それがあくまで信徒の自発的意思による入会に依存していたということである。すなわち、いかなる形態の兄弟会であれ、そこに集う俗人信徒たちは、自らの意思で入会する兄弟会を選択することができたのであり、そうした意味で彼らが全くの「客体」になることはなかったであろう。従って、「改革カトリック兄弟会」を検討する際にも、それを紀律化・教化という側面のみで捉えることは正しくない。フォースターが主張するように、近世の兄弟会を聖俗権力と一般信徒の「相互作用」から読み解いていく必要がある。

また、以上の考察から明らかになったことは、「改革カトリック兄弟会」といえども、中世後期以来の兄弟会の特徴を必要に応じて踏襲していたということである。これをふまえるならば、「改革カトリック兄弟会」と「伝統的兄弟会」という二つのモデルを対立的に捉えて考察したシュナイダーの見解には議論の余地がある。この点では、これらの兄弟会への重複加入の事例から、対立関係を疑問視するマリンクロットの見解がより説得力を持つ。ただし、重複加入の存在でもって、当時の一般信徒は両者の兄弟会の差異、すなわちトレント以後のカトリック改革思想をほとんど理解していなかったとするマリンクロットの主張は受け入れがたい。なぜなら、聖俗権力が、兄弟会の設立に際して目的に応じて兄弟会の形態を選択していたのと同様に、信徒の側でも自身の趣向・目的に沿って加入する兄弟会を選択することができたからである。信徒が、社交の場としての兄弟会と、禁欲的な信仰実践の場としての兄弟会を使い分け、両者に個別の用途を見出していた可能性を考慮する必要があろう。

第四章　ネーデルラント

河原　温

はじめに

本章では、中近世ネーデルラント（オランダ・ベルギー）都市における兄弟会の活動とその意義を論じる。兄弟会は、カトリック圏のイタリア、フランス、スペインなど南ヨーロッパにおいてとりわけ繁茂したが、ネーデルラントにおいても、中世以来さまざまなカテゴリーの兄弟会 confraternitas, broederschap, confrérie が叢生した。宗教改革期以降もカトリックにとどまった南ネーデルラントとカルヴァン派のプロテスタントが主流を占めた北部ネーデルラントでは、宗派的な分裂を通じて兄弟会の盛衰はさまざまなプロセスをとったが、その違いはどのような局面に現れていただろうか。以下では、近世における状況を含め、南北ネーデルラントにおける兄弟会の変遷と研究状況をみていこう。(1)

第一節　概観

ネーデルラントの兄弟会の成立

本節では、ネーデルラントの兄弟会の形成過程をみていこう。中世ネーデルラントにおいて兄弟会 broederschap,

guildとは、P・トゥリオの定義によれば、「宗教的活動の実践に重点をおく人々（聖職者・俗人）の集まりから成る自発的団体」である。[2] 宗教的活動の内容は多様であり、守護聖人の崇敬活動、礼拝堂や祭壇の寄進・設置、祈りやミサを通じたメンバー相互の霊的救済などを挙げることができる。また、救貧活動や、教会・都市当局による宗教行列・祝祭行列（プロセッション、オメガング）への参加なども都市における市民の活動として重要であった。

ネーデルラントでは一〇世紀末から一一世紀にかけて「祈禱の共同体」としての兄弟会confraternitasがベネディクト会系修道院において生まれていた。最古の事例は、一〇八五／一〇九二年にエナム修道院の下で創設されたマリア兄弟会とされているが、修道院の兄弟会として正式な組織となったのは、シント・トルイデン修道院の聖体兄弟会（一一九二年）であり、後の都市の兄弟会の成立への前段階を示すものであったといえる。[3] 北部ネーデルラントでは、南部に比べ都市化のプロセスが遅れて進行したため、カランド兄弟会など聖職者中心の兄弟会が創設されるのは一三世紀のことであった。カランド兄弟会は、本来ドイツのザクセン地方を中心に設立された聖職者の兄弟会であり、ネーデルラントでは、フロニンヘン、ティール、ユトレヒトなどでその活動が知られている。[4]

南ネーデルラントでは、一二世紀以降、都市の急速な発展の下で、同職組合（商人ギルドや手工業ギルド）による守護聖人の崇敬とメンバーの相互扶助活動など、修道院の祈禱兄弟盟約団体に極めて似通った宗教的、社会的活動が俗人の団体によって担われるようになった。アラス（一一一六年）などで知られるこうした都市の職能集団を中心とした兄弟会は、それぞれの守護聖人に捧げられた祭壇を教区教会にもち、修道院や律修参事会とはかかわらない教区単位の組織となっていった。さらに、一三世紀に入ると、托鉢修道会の拡大に伴い、教区教会のみならずフランシスコ会やドミニコ会の教会・修道院に守護聖人の祭壇をおく兄弟会も増加していった。

一二世紀以来の西欧全域における民衆宗教運動の流れの中で、サンティアゴ・デ・コンポステーラやエルサレムをめざす巡礼のための兄弟会もネーデルラントの各地で誕生した。特に、サンティアゴへの巡礼のための聖ヤコブ（サン・ジャック）兄弟会は、ユトレヒト、メヘレン、ヘントをはじめとするネーデルラントの主要な都市において組織され、一三世紀から巡礼のための救護施設としての施療院 hospice を備えるようになる。聖ヤコブ兄弟会は、ヨーロッパ各地の巡礼路に沿って立地することで、巡礼者のための旅のネットワークを形成することになったのである。[5]また、ネーデルラントでは、一四世紀後半から射手ギルド shuttersgild、一五世紀には修辞家集団 rederijkerskamer といったそれぞれ専門的な技量に特化した仲間団体が各地に現れる。名称は異なるものの、いずれの団体もそれぞれの守護聖人と規約をもち、マリア兄弟会のような宗教兄弟会と重なるさまざまな活動を行なったことが注目される。[6]本章では、兄弟会として機能したそうした仲間団体も含め、宗教的絆とその実践的活動によって結ばれた多様な社会的結合関係をもつ組織として兄弟会を位置づけていくことにしたい。

ネーデルラントの中近世史研究の中で、兄弟会に関する研究は長らく停滞していた。その理由の一つとして、オランダ・ベルギー学界においては、教会史研究の中での民衆宗教への関心が薄かったことが指摘されてきた。むろん、各都市における個別の兄弟会の存在が知られていなかったわけではないが、一六世紀の宗教改革期以降、プロテスタントが中心となった北部ネーデルラント（オランダ）はもとより、カトリックにとどまった南ネーデルラント（ベルギー）地域についても、近代の歴史研究においては、もっぱら政治史、経済史、教会史などが中心となっていた。また一九世紀から盛んになった都市史研究においても、二〇世紀前半までH・ピレンヌに代表される制度史、社会経済史的研究が中心となっていたことは否定できないところである。[7]

ネーデルラントでは、一六世紀後半（一五六六〜八五年）におけるカルヴァン派の支配とハプスブルク・スペインの専制的支配、そして一八世紀後半のフランス革命期におけるフランスの支配下で、兄弟会の多くが廃止され、あるいは活動の停止を余儀なくされることになった。こうした状況は、カトリック勢力が一七世紀以降も存続した南ネーデルラントにあっても、兄弟会研究の障壁となったといえよう。[8]

ネーデルラントにおける兄弟会の叢生のピークは、中世末期の一五世紀半ばから一六世紀前半（一五〇〇〜二〇年）にかけてであったと言われている。実際、近世以降も存続していった兄弟会の多くがこの時期に成立しているからである。とはいえ、一六世紀後半のスペインによるネーデルラント侵攻は、兄弟会にとって甚大な変容ないし解体をもたらすものとなったことは否定できない。とりわけ一五六六年の聖像破壊主義者たちの運動により、ヘントをはじめとする南ネーデルラント都市の兄弟会は、守護聖人の祭壇がおかれていた市内のカトリック教会が内部の装飾や文書の略奪、破壊、破棄にあうことで大きな打撃をこうむった。カルヴァン派の都市支配は、地域によりその影響力が異なっていたが、ヘントやアントウェルペンなど大都市の兄弟会は、その活動を停止せざるを得なかったとされている。しかし、少数の兄弟会は規模を縮小してその後も存続していった。一五八五年のスペイン軍の侵攻によるアントウェルペンの陥落の後、カトリックの再興がはじまり、兄弟会もその多くが再び活動を再開する。しかし、一六世紀後半の騒乱は多くの兄弟会の文書を散逸させることになり、散逸した文書の一部は、ベギン会、施療院、修道院といったカトリック教会以外に兄弟会が関係を保っていた宗教施設によって保存され、後に教区教会の文書庫などで再発見されることになった。(9)

その後二世紀を経た一八世紀後半に、兄弟会は、フランス革命の浸透により二度目の打撃をこうむることになる。それ以前にも、オーストリア・ハプスブルク家(ヨーゼフ二世)によるネーデルラント支配のもとで兄弟会を廃止させようとする動きがあったが、その試みは成功しなかった。しかし、一七九七年に兄弟会は、カトリック教会やベギン会などを含む半教会諸組織の廃止の動きの中に組み込まれ、再び多くの兄弟会関連の文書が失われることになったのである。ただし、一部の史料は、個々の兄弟会の会員によりカトリックの復興による再興の時期まで私的に保存されたケースもあった(イプルの聖ニコラウス兄弟会の関係文書)。(10)

このような状況下ではあったが、一九世紀に入って最初の本格的な兄弟会研究がブルッヘについていち早く行なわれたことは、偶然ではなかったろう。後に述べるように、中世後期にヨーロッパ有数の国際商業都市として繁栄したブルッヘは、南ネーデルラントの都市の中で、一六世紀半ば以前の兄弟会に関して最も豊富に史料が残されていたからである。(11) 例えばブルッヘへの「乾木の(マリア)兄弟会」の活動について論じたC・F・クスティスとC・カルトンの論稿（一八四三年）はその嚆矢である。[12] ブルッヘの兄弟会全体についての包括的研究は未だなされていないが、現在最も注目される研究対象の一つといってよいだろう。[13]

一九世紀後半には、南ネーデルラントにおける聖人崇敬や教区教会に関する研究も進められ、イプルやナミュールなどの都市の教区兄弟会についてその規約の刊行がなされた。[14] 二〇世紀前半においては、聖母マリア信仰のみならず聖母マリアを守護聖人としたマリア兄弟会に対する研究が注目された。一三〇〇年以前にさかのぼるマリアに捧げられた兄弟会の多くが当初は聖職者による団体であったが、そうしたフランドル・ブラバント地方のマリア信仰と崇敬に関する研究集会が、初めて一九二一年にブリュッセルで開催されている。[15] また、この流れとは別個に、教会史の領域から、ベネディクト修道会に属する兄弟会研究がU・ベルリエールによりなされた。[16] しかし、総じて、この時期まで南ネーデルラントの兄弟会についての関心は高かったとは言えず、ヨーロッパの他の国々との比較史的な文脈での研究もみられない。

一九五〇年代に入ると、南ネーデルラントの教会史・宗教史研究は再び活発になったが、先述したように、民衆信仰に対する教会史家の関心がみられなかったこと、またフランドル地方の歴史研究の拠点であったヘント大学がH・ピレンヌとその弟子であるF・L・ガンスホフやH・ファン・ヴェルフェーケら社会経済史家の甚大な影響の下で長らく教会史や宗教史そのものに対する関心を欠いていたことは否めない。そうした状況が改善されることになったのは、ようやく一九八〇年代以降のことであった。

他方、一五八一年以来オランダ共和国として独立した北部ネーデルラント（北部七州）において、宗教改革は兄弟会活動に打撃を与えることになった。スペイン王国に対する反乱に参加し、反乱勢力による支配を受けることになった年代にもよるが、おおよそ一五八〇年以降、カトリックの公的な礼拝と活動がホラント、ゼーラントなどの北部ネーデルラントやリムブルフ、ブラバント北部などにおいて禁止され、一二世紀以来生まれていた多くの聖職者と俗人双方による兄弟会が廃止ないし改変されることになったからである。それにより、多くの兄弟会関係文書が破棄され、失われる結果となった。カルヴァン派をはじめとするプロテスタントの支配を通じて、兄弟会への関心は大きく低下したのである。(17)

一六世紀における兄弟会の解体の一つの事例として北ブラバント都市ベルヘン・オプ・ゾームのマリア兄弟会broederschap van Onze Lieve Vrouwを取り上げてみよう。同兄弟会は、一五世紀初頭に教区兄弟会として設立され、一四九〇年には一〇〇五名の会員を擁していた。(18)一五六九年においてもなお、半数を超える五五一名の会員を維持していたが、一五七七年にプロテスタント勢力がベルヘン・オプ・ゾームを支配したのち廃止された。同兄弟会が再建されるのは、三七〇年を経た二〇世紀半ばの一九四七年のことである。このような突然の兄弟会組織の廃止によって、兄弟会文書は多くが失われたが、時に個々の会員により私宅に保存された。兄弟会が保有していた土地や家屋等の資産は、多くの場合、プロテスタントの都市当局や州政府Provinciale Statenにより没収されたが、兄弟会が特に施療院の運営に関わっていた場合、その資産は、しばしばプロテスタント都市当局による救貧事業のために用いられ、当該兄弟会の文書も都市当局によってその後も保存されたのである。ユトレヒト、アーネム、ズットフェンなどでは、兄弟会文書がそのような経緯で一九世紀以降まで残されることになったといわれている。また、ベルヘン・オプ・ゾームでは、中世後期以来、聖ヤコブ（サン・ジャック）兄弟会が巡礼者の世話のため、施療院を運営していたが、同兄弟会は、上述したように宗教改革期（一五七七年）に廃止され、その資産は都市当局に移管されることになった。しかし、ベルヘン・オプ・ゾームの都市民はヤコブ兄弟会のメンバーとして活動し続け、以後もサンティアゴ巡礼行を止めることはなく、同兄弟会の資産の都市への最終的な移管は、その後一世紀以上も経た一七一四年のことであったという。(19)このように、北部ネーデルラントにおいては、プロテスタント勢力の優越により、多くの都市で、兄弟会が一六世紀後半から一七世紀にかけて廃止されたり、組織を改変されることで資産を没収されたが、それでもいくつかの兄弟会は、一八世紀に入っても実質的に存続し続けたのである。

第二節でも取り上げる北ブラバント都市スヘルトーヘンボスのマリア兄弟会の場合をみてみよう。この「輝かしきマリア兄弟会」Illustere Lieve Vrouwenbroederschap は、一四世紀にマリア崇敬のための教区兄弟会として聖職者により創設され、ほどなく俗人を会員に加えて、一五、一六世紀にその活動の頂点を迎える。しかし、一六二九年にオランダ共和国の支配下に入ることで、組織の変容を余儀なくされたが、ベルヘン・オプ・ゾームのマリア兄弟会のように実質的に廃止されることはなく、以後スヘルトーヘンボスの有力者（名望家）から選ばれたカトリックとプロテスタントの宗派に属する一八名ずつの会員によって運営されるハイブリッドな組織となった。一七世紀以降、この兄弟会の活動の中心は、都市の救貧活動と都市内のプロテスタントとカトリック両派の反目を宥和することに向けられることになり、カトリックからプロテスタントに移行したネーデルラントの兄弟会の変容の一つの姿を示すことになった。[20]

北部ネーデルラントで存続した兄弟会の別のケースは、南ネーデルラントと同様、聖セバスティアヌスや聖ゲオルギウスを守護聖人とした射手ギルドや、修辞家集団である。リムブルフ、ホラント地方などにおいては、多くの射手ギルドがその宗教的性格を保ちつつ、軍事的性格に特化することでプロテスタント支配下の都市においてもその存在を継続することができた。また、対抗宗教改革の導入された地域では、逆に射手ギルドは教会の監督下で宗教的役割を中心とする活動に専念することによって存続しえたといわれる。しかし、総じて一六世紀から一八世紀にかけての北部ネーデルラントにおける兄弟会関係史料の喪失は大きく、聖十字架兄弟会やロザリオ兄弟会など、近世以降の都市で活動した個別の兄弟会についての研究は今後の史料発掘にゆだねられている状況である。[21]

一九五〇年代以降、ネーデルラントの兄弟会研究に新たな刺激を与えたのは、G・メールゼマンによるイタリアを中心にヨーロッパ全体に視野を広げた一連の著作であった。メールゼマンは、聖職者、俗人を問わず広く西欧キリスト教世界において展開された兄弟会について、規約を中心にカロリング期以来の広範な史料を集成し、その後の中世兄弟会研究の基礎を築いたのである。[22]

また、一九五〇年代後半以降、これまで個々の教会や教区に残されていた教会関係文書の多くが国立文書館に移管されるようになり、信頼に値する史料目録の編纂が行なわれる中で、フランドル地方の民衆信仰を対象としたフランスのJ・トゥセールの宗教人類学的研究（一九六三年）が現れた。彼の研究は、G・ル・ブラの宗教社会学的アプローチに倣いながら、アナール派の影響のもと、統計的データを駆使して、中世フランドルの民衆が十分にカトリック的ではなかったとする結論を導き出したのである。(23) 彼の見解は、教会史的枠組みを越えた人類学的方法にもとづいていた点、統計的データを利用した点などにおいて斬新であったが、データの扱いが粗雑であるとして近年特にオランダ語圏のベルギー学界において厳しい批判の対象となっている。(24)

フランドル地方をはじめとする中世南ネーデルラントの兄弟会の本格的研究は、一九八〇年代を待たねばならない。まず、音楽史の領域から一五世紀ブルッヘのマリア兄弟会によるポリフォニー音楽発展への寄与を明らかにしたR・シュトロームと一五、一六世紀のリエージュの教区兄弟会（マリア兄弟会）を分析したD・ディートリヒ、(25) および中世ヘントの兄弟会を網羅的に取り上げて分析したP・トゥリオの研究などがその代表である。(26) 一九九〇年代以降は、ルーヴェン・カトリック大学を拠点に、P・トゥリオとその弟子の研究者たちがイプル、ヘント、ブルッヘ、アントウェルペン、アウデナールデなどのフランドル、ブラバント都市の事例を中心に南ネーデルラントの兄弟会研究を牽引してきたといえるだろう。

他方、北部ネーデルラント（オランダ）では、既述のごとく、一六世紀の宗教改革に続くオランダ共和国（北部七州）の独立とプロテスタント（カルヴァン派）勢力の確立の中で、一七世紀には宗派対立が続き、カトリック信仰にもとづく兄弟会の活動の多くが都市当局により廃止され、あるいは新旧両宗派による論争の末に休止に追い込まれたケースが多かった。(27) しかし、一八世紀以降、オランダにおいてもカトリックが再興され、兄弟会も再生されることになった。とはいえ、二〇世紀前半までのオランダ学界では、一六世紀以前の中世カトリックの宗教生活や兄弟会研究へ関心が向けられることは少なかったようである。また中世末期の文化史研究において多大な影響を及ぼしてきたヨハン・ホイジンガの『中世の秋』（一九一九年）においても、中世末期の人々の心性について鋭い考察がなされているが、民衆宗教を担った宗教的、社会的組織としての兄弟会についてはそれほど言及されているわけではない。

一九五〇年代以降、『ネーデルラント一般史』（*Algemene Geschiedenis der Nederlanden* 全一二巻）などの通史の刊行と共に、教会史、宗教史の研究は再び増加しはじめたが、本格的な兄弟会研究は最近まで限られていたと言えよう。その中で、一九七〇年代から例外的に史料の豊富な北ブラバント都市スヘルトーヘンボスや、ユトレヒト、ドゥスブルフなどについて、フランスのアナール派の影響も受けた本格的な研究が刊行され始め、[28]一九八〇年代以降、レイデン、ドルトレヒト、ホウダ、アムステルダム、ネイメーヘン、ブレダ、ハールレム、マーストリヒトなど北部ネーデルラント（オランダ）各地の主要都市について兄弟会関係史料の探求と研究が進められてきている。

主要史料

ネーデルラントの兄弟会研究のための残存史料は、イタリア、南フランスなど南ヨーロッパに比べると決して多いとは言えない。しかし、近年史料調査が進められる中で、複数の史料類型を利用することが可能となってきた。これまでの研究史においてもすでにふれたところであるが、代表的なものを挙げておこう。

（1）　規約

兄弟会は、自発的宗教団体であり、会員相互のさまざまな義務と活動について規約 statute, ordinancie が定められていた。規約は時に大きく改変されながら、近世、近代まで存続していった場合もあった。規約は、本来創建文書の中で言及されているが、別個に定められて残されているものも多い。刊行されている規約で最も古いのは、シント・トルイデンのマリア兄弟会の一二六五年の規約である。[29]一四世紀以降では、ヘントの聖ニコラス教区のマリア兄弟会 broederschap van O.-L.-Vrouw-op-de-rade の規約（一四世紀前半）がトゥリオにより刊行されている。この規約は七条からなり、会員が出席するべき各種のミサ（マリア賛歌のミサ missa de sancta Maria、追悼ミサ missa de requiem など）や兄弟会内の聖歌隊長 cantor の活動、会員の死亡の際に全員が集まって行なわれる追悼の儀式など教区兄弟会の一般的な活動を伝える格好の史料となっている。[30] その後一五世紀に改訂された規約（中世オランダ語）では、物故した会員のための追悼ミサをはじめとする男女の会員 broederen ende susteren による追悼活動が追加されている。[31] 一四世紀のマリア兄弟会の規約としては、他にナミュール（一三三七年）、ハセルト（一三四八年）の規約が刊行されている。[32] 一五世紀には、兄弟会の数が増大するため、残されている規約も多い。未刊行であるが、一五世紀後半（一四五七年）のリエージュのサン・マルタン・アン・イル教区のマリア兄弟会の規約、[33] ユトレヒトのブール教会に属したいくつかの兄弟会の規約（哀れな魂の兄弟会、聖十字架兄弟会、聖アントニウス兄弟会）などが、地縁的な教区兄弟会の活動を知るうえで重要であろう。刊行されているものとしては、唯一ドゥスブルフのマリア兄弟会の規約（一四五八年）が詳細な内容を含んでいる。[34]

巡礼兄弟会の規約については、ヘント（一二七〇年頃、一四九七年）、[35] メヘレン（一三二九年）、アウデナールデ（一四一七年）、[36] リエージュ（一四七九年）、[37] ユトレヒト（一五世紀）で残されている。特に、ヘントの聖ヤコブ兄弟会の規約は、三つの小教区にそれぞれ別個の写本として存在し、会員の活動について詳細な情報をもたらしてくれる点で貴重である。[38]

（２） 会計簿

兄弟会は、法人格を持つ組織となる場合も多く、寄進、遺贈、定期金購入などを通じて団体として資産を所有し、会員から入会費、年会費、死亡時の死亡金等を受け取って活動の資金とした。兄弟会の収支を記録した会計簿 rekening については、イタリアの兄弟会ほど豊富ではないが、[39] ヘント、ブルッヘ、ユトレヒト、ドゥスブルフ、ホウダ、スヘルトーヘンボス、ベルヘン・オプ・ゾームなどネーデルラント各地の都市の兄弟会において一四世紀半ばから会計簿が断続的に残されている。時期的には、多くの会計記録が一五世紀後半から一六世紀前半に集中している。先述したように、宗教改革後の宗派対立などを背景に、兄弟会文書が破棄されたり、散逸した事例も多く、地域により、都市により史料の残存状況は大きく異なっている。例外的に長期的な時系列で会計記録が残存しているのがスヘルトーヘンボスの「輝かしきマリア兄弟会」である。すでにその大半が刊行されている同兄弟会の会計簿は、一三三〇年から一六二〇年代まで二九〇年にわたっており、兄弟会の長期的な活動の動向を窺うことを可能としている。[40]

また、兄弟会が運営していた施療院(救護院)の会計簿が残されているケースがある。たとえばパリのサン・ジャック(ヤコブ)兄弟会の施療院の長期にわたる収支記録(一四世紀前半から一六世紀前半にかけて残存)が知られている。[41] ネーデルラントでは、ヘントのヤコブ兄弟会の施療院の会計簿が一五世紀前半から一六世紀前半(一四一六～一五四〇年)まで、断続的ながら一世紀以上にわたって残されており、S・メールゼマンによりヤコブ兄弟会会員のプロソポグラフィックな研究が行なわれた。[42]

(3)　会員名簿、過去帳

ネーデルラントの兄弟会では、年度ごとの会員名簿 ledenlijst や、追悼のための物故者のリストである過去帳 doot-boek などが残されている場合、現存会員と物故者のリストが合わせて記録されている場合、現存会員と物故者が別個に記録されている場合などさまざまな形式であるが、兄弟会の生没会員の記録が残されている。しかし、会計記録と同様、ネーデルラントでは、北部、南部を問わず会員のプロソポグラフィーが可能なのは、一五世紀から一六世紀にかけての二世紀間にほぼ限定されると言ってよく、中世、近世を通じた長期的な会員の数量的変動や社会構成の変化を読み取ることは、スヘルトーヘンボス等いくつかの都市の兄弟会を除いて困難である。[43]

(4)　教会文書

兄弟会が教皇や所属する教区の司教などから得た許可状や贖宥状、兄弟会への寄進文書などが、散逸しなかった兄弟会の帰依する教区教会や修道院に残されている場合がある。ヘントでは、教区教会に残されたマリア兄弟会関係の文書が一七世紀まで長期的に残されているが、二〇世紀初頭以降、多くの教会文書が国立文書館 Rijksarchief に移された。ブルッヘでは、教区兄弟会に関する文書の多くは、現在、市立文書館 Stadsarchief と国立文書館 Rijksarchief に分かれて保存されている。ユトレヒトでも、教区教会の文書は大半が公立文書館 Gemeente Archief に移管された。しかし、いずれの場合も、近世以降の教会文書は、断片的なものが多いことは否めない。(44)

（5） 都市文書（参審人文書、会計簿、遺言書）

一四世紀以降、多くのネーデルラント都市では、市長や参審人を中心とする都市当局（都市参事会）が、兄弟会に対して発給した文書を保存していた。また、都市の財政・収支を記録した都市会計簿 Stadtsrekening にも兄弟会との直接的関わりを示す記録がみられる。一四世紀のヘントの都市当局による特定の兄弟会へのワインや泥炭の給付の記録は、その一例であろう。(45) 都市と兄弟会の結びつきの一端が、都市当局の側から明らかになるといえる。ただし、残されている中近世ネーデルラントの都市会計簿については、一五世紀以降の時期は未刊行の場合が大半であり、都市会計簿を通じた兄弟会の数量的な分析はまだ十分行なわれてはいないと言わねばならない。(46)

また、聖職者や市民の遺言書 testament は、同時代人の生と死をめぐる来世観や宗教意識の変化を知る上で貴重な史料としてこれまで多くの研究がなされてきた。(47) 兄弟会活動の支えとなった礼拝堂や祭壇の改修、兄弟会への土地や建物の寄進など兄弟会の物的基盤を知る手がかりを与えてくれる点でも重要であるが、中世ネーデルラント都市の遺言書の大半は、都市参審人帳簿に登録される形をとっていた。ヘント、ウイ、リエージュなどいくつかの南ネーデルラントの都市については、中世後期（一三～一五世紀）の遺言書が部分的に刊行されているが、包括的な研究はまだない。(48) 今後の利用が期待されるところである。

（6） 図像・彫像・写本

マリア兄弟会をはじめとして多くの兄弟会は、彼らの守護聖人のイメージを彼らの寄進した礼拝堂の祭壇に飾る彫

図1　スヘルトーヘンボスの聖ヨハネ教会の聖母子像（1280/1320年）

刻や絵画を発注することで視覚的に表現した。また、宗教行列（プロセッション）の際に使用された旗や崇敬されたマリア像にも彼らの信仰の表現をみてとることができるだろう。また、マリア信仰に関連して、スヘルトーヘンボスでは、一四〇〇年ごろに『聖母マリアの奇跡の書』（*Mirakelen van Onze Lieve Vrouwe 's-Hertogenbosch*）が編纂された。これは、スヘルトーヘンボスの聖ヨハネ教会に安置されているマリア像［図1］による奇跡の顕現記録を集成したもので、一三八〇年代から一四〇〇年までにマリアの加護によるとされたさまざまな奇跡譚（海難からの生還、怪我や病の治癒など）四六〇点とその後つけ加えられた奇跡譚が含まれている。中世後期のネーデルラント都市におけるマリア信仰の在り方がうかがえる記述史料と言えよう。(49)

ブルッヘやアントウェルペン、スヘルトーヘンボスなどにおいて知られているように、兄弟会の祝祭日に詠唱されたミサやモテット（ポリフォニー音楽）の楽譜写本もまた兄弟会のメンバーである音楽家により筆写され、一六世紀には広く流布した曲集もあった。(50)音楽史においては、近年、そうしたネーデルラントの兄弟会によるパトロネージの下で行なわれたポリフォニー音楽の楽譜写本制作や、音楽家（作曲家、歌手、オルガニスト）たちについて社会史的研究の進展が目覚ましいこともつけくわえておこう[51]。

兄弟会がパトロンとなって祭壇画や会員の肖像画を画家に発注し、守護聖人の祭壇に奉納するケースはイタリアにおいてと同様、ネーデルラントでも一五世紀から知られているが[52]、とりわけ一六世紀前半には、兄弟会の会員の集団肖像画が描かれるようになることも注目される。ユトレヒトのエルサレム兄弟会の会員の集団肖像画など、絵画史料から兄弟会会員のイメージを把握することも可能となるのである。

また、兄弟会がプロセッションやオメガングといった行列を行なった際、十字架と共に行列の先頭で兄弟会の旗が持ち運ばれた。ギルドの軍旗と同様、兄弟会の旗は、個別兄弟会のシンボル的意味をもち、その図案には兄弟会の宗教的、社会的アイデンティティが表現されていた。ミニアチュールなどに描かれて残されている例は数少ないが、興味深い図像史料と言えるだろう[53]。

以上のように、ネーデルラントにおける兄弟会研究は、教会史・宗教史的関心から、最近三〇年間に、社会史的、文化史的関心を取り込んで展開されつつある。P・トゥリオとB・ヴァン・デン・フォーヴェン・ヴァン・ヘンデレンによる近年の研究史的展望では、兄弟会の起源、死者供養と記憶の継承機能といった長年論じられてきた研究課題の他に、中近世の兄弟会の慈善活動（救貧事業）における役割の評価、兄弟会により用いられた音楽と典礼の機能とその「市民的宗教」への貢献、礼拝堂建築や祭壇画・装飾における兄弟会のパトロン的役割、兄弟会の社会的構成の変化とネーデルラント都市社会における近世以降の役割の変容、都市化の著しかったイタリアとネーデルラントにおける都市兄弟会の在り方の比較などが今後の課題として指摘されている[54]。また、中世と近世の断絶よりは、連続した局面をむしろ重視しながら、宗派的対立を超えて近代へと引き継がれていった兄弟会的心性、組織と伝統の存続と消失といった両面にも関心が向けられていると言える[55]。

それでは、中世ネーデルラント都市において組織された兄弟会は、どのようなものであったか。その機能からいくつかのタイプに分けて見ておくことにしよう[56]。

兄弟会類型

（1）　教区兄弟会

第一のタイプは、最も数が多い、都市の教区教会をベースに守護聖人の崇敬と死者供養を中心に活動を行なった教区兄弟会 parochie broederschap, parish fraternity である。教区兄弟会の多くは、当初、教区教会の聖職者を中心に組織されたが、まもなく俗人教区民が会員となり、中心的な存在となっていったものである。教区兄弟会は、聖母マリアをはじめ、洗礼者ヨハネ、聖バルバラ、聖ヨリス、聖ロクスなどさまざまな災厄の守護聖人や、キリストの聖体 Corpus Christi や、聖霊 Spiritus Sancti などに捧げられた祭壇を教区教会に保持した。とりわけ、一二世紀以来のマリア崇敬の高まりを背景に、聖母マリアを守護聖人としてその名を冠する教区単位のマリア兄弟会が急増したことは注目に値する。聖母マリアの祝日を中心に活動したマリア兄弟会は、実際には多くの名称と機能をもったさまざまな兄弟会を含んでおり、ネーデルラント都市におけるその活動は、イタリアや南フランスにおいてと同様極めて多様であったことが注目される。ハールレム、ヘント、スヘルトーヘンボスをはじめとして、ネーデルラントでは、一四世紀にマリア兄弟会の創設がピークを迎えることになる。[57] 他方、聖体兄弟会は、一五四五年のトレント公会議以降、イエズス会などを中心に新たな信仰中心の兄弟会へと変容をとげることになろう。

（2）　巡礼兄弟会

第二のタイプとして挙げられるのが、先述した巡礼兄弟会である。一二世紀以降、十字軍をはじめとする民衆宗教運動の隆盛を背景として、エルサレム、ローマ、サンティアゴ・デ・コンポステーラを三大霊場とする巡礼運動がヨーロッパ全域を席巻したが、そうした巡礼者のために、兄弟会がネーデルラント都市においても創建されていった。[58] とりわけ、聖ヤコブ崇敬にもとづくサンティアゴ巡礼のための聖ヤコブ（サン・ジャック）兄弟会が、ドイツ、フランス、ネーデルラントで相次いで生まれた。A・ジョルジュの研究によれば、一三世紀以降、フランスと南ネーデルラントだけで、二〇〇以上の聖ヤコブ兄弟会が成立している。ヘントではすでに一二五〇年代にその存在が知られ、またメヘレン、アウデナールデ、リエージュ、ユトレヒト、ハールレム、ベルヘン・オプ・ゾームなどネーデルラント各地の都市で一四世紀までに叢生した(59)。聖ヤコブ兄弟会は都市の全域から会員を集めた全市型兄弟会であり、多くの都市で、施療院 hospice を運営し、巡礼者を受け入れる救護所としての機能を果たした(60)。同様に、ローマやエルサレムへの巡礼者の団体としてエルサレム兄弟会やローマ兄弟会が、一五世紀から一六世紀にかけてネーデルラントの諸都市で相次いで創建されていったことも注目しておこう。

本来、聖ヤコブ兄弟会は、自らの意志で、サンティアゴへの巡礼行を果たした者が加入する相互扶助の団体であったが、巡礼を実際に行なわなかった者や代参によって巡礼行を果たした者なども受け入れられた。ヘントの聖ヤコブ兄弟会の事例からその活動を瞥見してみよう。ヘントでは、聖ヤコブ崇敬のための礼拝堂は一一世紀末以前に存在していたが、兄弟会の成立は、一三世紀半ばであったと考えられる。一二六〇／七〇年に編纂された最初の規約と一四九七年の第二の規約から、この兄弟会の活動がうかがえる。一二七〇年の規約の内容は大きく三つに分けられている(61)。

a　集会と組織に関する規定：同兄弟会は、「信仰上の営みを促進し、ひいては、すべての善良で敬虔な者たちとの兄弟愛、友情、一体性を保持するために」設立された。兄弟会の総会は、聖ヤコブの祝日である七月二五日後の最初の日曜日に開催され、ミサと行列、総会そして宴会の三つの行事への参加が会員に義務付けられていた。欠席者には罰金（六ドゥニエ）が科せられた。この総会において、ヘントの各教区から選ばれた代表者 deken 二一名が兄弟会の管理運営にあたることになっており、ヤコブ施療院の運営も、その中から選出された五名の管理者 meester によって運営された。

b　入会規定：原則的には、コンポステーラ巡礼を行なった者とされたが、まだ巡礼行を果たしていない者であっても、入会費（一二ドゥニエ）とともに、一年以内に巡礼に赴くことを条件として会員となり得た。また、女性も同額の会費の支払いと一年以内の巡礼行あるいは本人に代わる代参による巡礼の履行が条件となっている。

c　死者追悼と埋葬：会員は、仲間の死に際して主禱文（一〇〇回）、アヴェ・マリア（一〇〇回）を三〇日以内に唱えること、物故者の葬儀には、全市から会員が参列し、埋葬に立ち会う義務があった。死者の棺と蠟燭は、兄弟会により賄われた。また、会員ではない貧しいヘントの住民（「良き者」goedeliede）が死亡した際には、棺と蠟燭が会員により供出される旨が定められている。[62]

ヘントのヤコブ兄弟会の会員登録者数は、P・トゥリオによれば、一三世紀後半（一二六〇年代）に一〇〇名を超えて毎年一二〇名（うち女性は二〇名）前後に達しており、ペストによる大量死を経験した一四世紀後半にも一七〇名（女性は二五名）まで増加したが、一五世紀以降減少へと向かう。会員の社会的属性については、ヘントの主要な同職組合の構成員を中心に、都市貴族家系や女性を含めた広範な階層から構成されていた。ヤコブ兄弟会の運営した施療院（救護院）Sint Jacob hospitaal は、巡礼者に一夜の宿を提供した他、二〇名から三〇名の高齢（四〇歳以上）の受禄者 provenier を長期にわたって受け入れる「養老」施設としても機能していた。[63] 一二九〇年から一五四〇年までの二五〇年間に記録されている受禄者二〇九名のプロソポグラフィーを行ったS・メールゼマンによれば、その半数が女性であったという。[64] ヘントのヤコブ兄弟会は、そうした施療院運営を通じて、都市の救貧・慈善活動にも関わっていたのである。リエージュやユトレヒトのヤコブ兄弟会についても同様の活動が推定されるが、史料の不足により一般化はできないようである。[65]

（3）　社交兄弟会、全市的兄弟会

第三のタイプとして挙げられるのは、名士的クラブとして都市の上層市民を中心に、外国商人を含む広範な社会層から全市的に会員を集めた兄弟会である。とりわけ国際商業都市ブルッヘで活動した「乾木の（マリア）兄弟会」Ghilde van den Drogenboom や「雪の聖母マリア兄弟会」Broederschap van Onze-Lieve-Vrouwe der Sneeuw などがその代表といえよう。こうした兄弟会は特定の教区に限定されず、全市的な規模で会員を集めた点で、教区兄弟会とは異なっている。とはいえ、ブルッヘの「乾木兄弟会」や「雪の聖母マリア兄弟会」は、マリア崇敬の実践という点で教区のマリア兄弟会と共通する性格をもっていたといえよう。ブルッヘのマリア兄弟会は、聖母マリアの祝祭日には、祭壇がおかれたフランシスコ修道会や教区の教会でミサや行列を行ない、仲間同士の会食や、仲間の死の際には、葬送の儀礼を行なった。のみならず、都市の支配君主としてブルゴーニュ公が都市へ儀礼的に入場した「入市式」の儀礼の際には、修辞家集団や射手ギルドなどと共に、君主の入城ルート沿いに「活人画」の舞台設定や、詩や音楽による祝祭儀礼の演出を担っている。こうした社交兄弟会の活動は一四世紀後半から知られるが、一五世紀をその活動の頂点として一六世紀前半まで多くの会員を維持した。しかし、一六世紀後半以降、ネーデルラントでは、ハプスブルク家の支配下で、「入市式」の演出も修辞家集団が中心となっていくことで、マリア兄弟会は典礼中心の活動へと変化していくことになる。(66)

（4） その他

このほかにも、職能組合（メティエ／ツンフト）のメンバーが中心になって設立された職能別兄弟会（ブルッヘの靴職人兄弟会 Elsnaar broederschap など）も、都市のさまざまな職種ごとに組織されたが、ネーデルラントでは一般に職能別兄弟会の規模は小さく、会員の数も限られていたようである。他方で、ドイツ（行き倒れの旅人を埋葬する兄弟会 Elenden Bruderschaft など）や南フランス（聖霊兄弟会）、イタリアやスペイン（ミゼリコルディア兄弟会）などにおいて知られているような慈善・救貧活動に特化したいわゆる慈善兄弟会の活動はほとんど知られていない。救貧活動をめぐるネーデルラントの兄弟会の在り方については、後にスヘルトーヘンボスのマリア兄弟会の個別事例を取り上げる際に検討することにしたい。

兄弟会の時代的展開と属性

ネーデルラントの兄弟会の盛衰は、上述したように一六世紀の宗教改革を契機に、南北地域で異なっていくが、プロテスタントの優越した北部ネーデルラントにおいても兄弟会が消失したわけではなく、ユトレヒトをはじめ多くの都市でその存続が知られている。

兄弟会は、一三世紀にユトレヒトやヘントにおいて設立され始め、一四世紀から一六世紀前半にかけて最盛期を迎える。個別都市におけるその数は、ユトレヒト（八九）、レイデン（五五）、ヘント（四〇）を例外として、ブルッヘ（一八）、リエージュ（二一）など大都市でも二〇程度であった。

会員は、規約の上では、通常は三〇～四〇名前後（リエージュ、ドゥスブルフ、ヘントなどのマリア兄弟会）とされていたが、実際には一〇〇名を超える兄弟会も多かった。とりわけ、ヘントの聖ヤコブ兄弟会やブルッヘの「雪の聖母マリア兄弟会」などは数百名から一〇〇〇名、後述するスヘルトーヘンボスの「輝かしきマリア兄弟会」は、一万を超える会員を集めたのである。会員の数の点で、フランスやドイツの兄弟会とそれほどの差異は見られないと言えよう[67]。

兄弟会の会員の社会的属性についても、プロソポグラフィーが可能ないくつかの事例研究から、中世後期には多様であったことが知られている。例えば、北部ネーデルラントのドゥスブルフにおける「哀れな魂の兄弟会」会員二七九名（一四三六～一五二〇年）についてなされたH・A・M・ヨンゲリウスの研究によれば、会員のうち半数近くが市政役職者であったが、同時に会員の職種としては、さまざまな手工業職の他、商人、騎士、聖職者を含んでいた。会員のもつ資産についてみると、全体の七〇％が中産層に属していたことがわかる[68]。また、リエージュのサン・マルタン・アン・イル教区のマリア兄弟会（一四八〇～一五四〇年）の会計記録からD・ディートリヒは、女性も会員に含まれるとともに、会員の半数以上が、同職（手工業）組合（ビール醸造業、鍛冶匠、真鍮加工業、パン屋、織物業）のメンバーおよび専門職（公証人や法曹家など）から成っており、市政役職者は含まれていなかったことを明らかにした[69]。リエージュの教区兄弟会は、特権的な集団ではなく、教区民を広範にとりこんだ組織であったことが示されている。しかし、一五三〇年以降、会員がしだいに専門職や地代生活者といった、より富裕で選択された少数の集団によって占められていく「エリート化」の傾向が指摘されている。一六世紀以降の兄弟会の会員構成の変容は、多くの兄弟会において知られているところであり、南北ネーデルラントの大半の都市で、兄弟会は中世後期に果たしていた都市民の社会的絆とアイデンティティを示す仲間団体としての役割を減退させていくことになるのである。

第二節　ネーデルラントの兄弟会——スヘルトーヘンボスのマリア兄弟会の事例から

マリア崇敬・都市・兄弟会

本節では、中近世ネーデルラントの兄弟会の特質を反映していると思われる代表的な事例を取り上げたい。それは、都市の教区教会をベースに、一三世紀以来ネーデルラント都市において広範に広がっていった聖母マリア（ノートルダム）崇敬のための兄弟会である。中世ヨーロッパにおいてマリア崇敬は、典型的な都市型の聖人崇敬であった。マリアが都市の特性を備えた存在であることを、一二世紀のパリの神学者アラン・ド・リールが論じている。彼によれば、マリアの志操堅固は、都市の外壁のごとくであり、彼女の品行方正と節度、勇敢さ、賢明さは、外塁や堀に相当し、理性の力により自分の生涯を作り上げた点で都市との相関性を持つというのである。[70] 一二世紀から見られたマリア崇敬であるが、とりわけ一三世紀に入ると都市に定着して説教活動に専心したフランシスコ会をはじめとする托鉢修道会によってマリア崇敬が促進されたと言えよう。また、K・シュライナーが詳細に論じているように、中世において守護聖人としてマリアを崇敬した都市は、コンスタンティノープル、シエナ、ストラスブール、ヴェネツィアなど多くの事例を挙げることができる。[71] マリアを守護者に選んだ諸都市では、マリア崇拝が市民のアイデンティティの根源となり、マリア典礼が市民の連帯性を自覚するための場となったのである。[72]

一三世紀のネーデルラント都市においても、司教座のみならず多くの教区教会で司祭をはじめとする聖職者によっ

表1　ネーデルラントにおけるマリア兄弟会の成立（初出年）

都市名	初出年代（年）
ブリュッセル	1142
シント・トルイデン	1171
トンヘレン	1213
リール	1239
ザウトレーウ	1290
ティーネン	1291
ローン	1297
ディースト	1300
ハールレム	1307
ハセルト	1308
ユトレヒト	1309
スヘルト－ヘンボス	1318
ナミュール	1327
スライス	1329
ネイメーヘン	1332
リェージュ	1336
デインゼ	1354
アルクマール	1358
ロッテルダム	1366

出典：Van Dijck［1973］, pp. 19–20

て、マリア崇敬の兄弟会（マリア兄弟会）が設立されていった。マリア兄弟会は、各教区教会に集会と祈りのために祭壇ないし礼拝堂を設けた。当初マリア兄弟会の中心は聖職者であったが、一四世紀以降、俗人（教区民）も加わり、兄弟会の運営を担っていった。ネーデルラントでは、すでに一二世紀にブリュッセル（一一四二年）、シント・トルイデン（一一七一年）などでマリア兄弟会が創設され、一三世紀以後、その数は急増していった(73)［表1参照］。

本節では、中でも最も多くの会員を集めたスヘルト－ヘンボスのマリア兄弟会をケース・スタディとして取り上げ、その活動の特質をブルッヘのマリア兄弟会と比較して明らかにしよう。

スヘルト－ヘンボスの「輝かしきマリア兄弟会」

北ブラバント地方（現オランダ王国）の主要な都市（一四世紀の人口：八〇〇〇人、一五世紀末／一六世紀初頭：二万人）の一つ、スヘルト－ヘンボスにおいて、一三一八年に聖ヨハネ（シント・ヤン）教会の聖母マリアに捧げられた兄弟会が聖職者を中心に設立された。リエージュ司教の認可を受けたこの「輝かしきマリア兄弟会」Confraternitas nostrae dominae illustris, De Illustere Lieve Vrouwebroederschap は、聖母マリアの祝祭日と毎水曜日に聖ヨハネ教会の礼拝堂においてマリア崇敬のためのミサと詠唱を行ない、また会員による死者供養と記憶の永続化の典礼を遂行する主要な聖職者の団体 fraternitas clericorum として出発した。当初四〇名とされた会員は、一四世紀末以降、ブラバント地方のみならず広範囲な地域から俗人男女の会員を集めるようになり、一六世紀半ばには一万五〇〇〇人以上が登録するほどの大兄弟会に成長していた。会員の中には、ウィーン、ロンドン、ハンザ諸都市の市民の他、司教、ブラバント公をはじめとする王侯貴族も含まれていたのである。(74) その背景として、スヘルトーヘンボスの聖ヨハネ教会が、一四世紀後半から一五世紀にかけて奇跡の顕現で有名となったマリア像により、ネーデルラントにおけるマリア崇敬の中心的場の一つとなっていたという事情が与っていたと思われる。この時期に、ネーデルラントの諸都市において処罰を受け、悔悛のための巡礼行を命じられた犯罪者が赴く巡礼地としてスヘルトーヘンボスがしばしば指定されたこと、(75) それと並行して聖ヨハネ教会のマリア像がもたらした奇跡譚が一三八〇年以降急増し、『聖母マリアの奇跡の書』としてまとめられてネーデルラントの各地に流布していったこともその人気を物語っていると言えよう。(76)

「輝かしきマリア兄弟会」は、上述のようにマリア崇敬のための典礼およびそれに付随した音楽活動、死者の埋葬と供養および記憶の永続化、会食、救貧、都市における行列の実施など多様なジャンルにわたって活動したが、とりわけマリア崇敬のための賛歌（サルヴェ・レジーナ）をはじめとするポリフォニー音楽の促進、都市共同体を巻き込んだ宗教行列活動、都市貧民への救貧活動が特筆に値する。

以下では、このスヘルトーヘンボスのマリア兄弟会の主要な活動を見ていこう。

（1）　起源

スヘルトーヘンボスは、ブラバント公領の北部、ホラント伯領とライン都市を結ぶ交易ルート上に位置した商業都市である。この都市が属していたリエージュ司教区では、一二世紀以来、イタリアや南フランスにおけるマリア崇敬の高まりの影響を受け、毎土曜日をマリア礼拝の祝日として指定するマリア信仰が促進された。年間の典礼では、マリアの四大祝祭日（お清めの祝日：二月二日、お告げの祝日：三月二五日、被昇天の祝日：八月一五日、生誕の祝日：九月八日）に、さらに訪問の祝日（七月二日）などがつけ加えられてマリアの祝祭日が祝われた。ブラバント地方では、一三、一四世紀の間に六七の奇跡のマリア像と八〇のマリアに捧げられた修道院が創られたと言われているが[77]、同時にブリュッセルをはじめとして多くの都市でマリア兄弟会が設立されたのである。

スヘルトーヘンボスでは、聖ヨハネ教会が教区教会として一三世紀以来、都市の中心となっていた。この教区教会において鍛冶屋組合や肉屋の組合が四大マリアの祝祭日に仲間の死に際して蠟燭をマリアの祭壇に供えており、兄弟会の成立以前からマリア崇敬は市民のうちに浸透していたと考えられる。一三一八年に、都市の聖職者 clerici et scolares らが中心となり、リエージュ司教アドルフ・ド・ラ・マルクの同意を得て、聖ヨハネ教会の北陣に礼拝堂とマリア像をもつ「輝かしきマリア兄弟会」が創設されることになった[78]。

G・ヴァン・デイクによれば、中近世における「輝かしきマリア兄弟会」の発展は、一三一八年から一三八〇年、一三八〇年から一五一八年、そして一五一八年以後一六四二年までの三期に区分される。一三一八年にリエージュ司教から与えられた創建文書に含まれている規約は、一続きのテクストになっており、その内容は、役職と会計規定、典礼活動、死者供養、救貧、兄弟会内部の平和維持などを規定した一八項目に分けられる。

（2）　組織と構成員

当兄弟会では、二名の「代表」proost 職が聖職者と俗人から一名ずつ選ばれ、兄弟会の日常の活動を管轄した。二名の代表は、会計記録も担当しており、一五世紀末まで最も重要な役職であった。一五世紀半ばからは、兄弟会の財務に関わる一名の「会計係」rentmeester が加わるが、日常の兄弟会の収支は、代表たちによって管理された。また、一五世紀後半には、会員の増加のために、新たに複数の「管理者」provisor; procurator 職が導入され、スヘルトーヘンボスの都市外の会員の入会金や会費などを管理する職務を担うようになったようである[79]。また聖職者を中心に、「誓約兄弟」gezworen broeders と呼ばれる中核となるメンバーが形成され、彼らが中心となって祝祭日の典礼を行なったのである。彼らは、一四世紀を通じてマリアのお清めの祝日(二月二日)に蠟燭を祭壇に捧げるという特権を有していた[80]。

一四世紀半ば以降、「誓約兄弟」の他に、「外部成員」buiten leden と呼ばれた会員が多くを占めていくが、彼らは入会時に誓約の義務や都市内に居住する義務がなく、入会金 intredegeld と死亡金 doodschuld のみを支払えばよかった。女性も一三四四年以降、会員として受け入れられている。一五世紀初めまで会員の多くは、スヘルトーヘンボス市内とその近郊の出身者であったが、その後、一六世紀にかけて遠方の地からも会員となる者が増加していった。地域的にはスヘルトーヘンボスと商業的関係が密接であったフランドル、ブラバント、ホラント、ゼーラント、リエージュ司教領などネーデルラントが中心だったが、広くライン地方、さらにはリューベックやハンブルクなどの北ドイツのハンザ都市から加入する会員もおり、広範な広がりを見せていた。また、一五世紀後半には、ネーデルラントの各都市から集団で当兄弟会に加入する市民が増大する。例えばレイデン(一四七三年度)から三六名、ユトレヒト(一四七四年度)から三七名、ブレダ(一四七九年度)から四八名、ブルッヘ(一五〇〇年以前)から少なくとも二五名が加入している。ヴァン・デイクによると、実際、一四世紀後半に年平均六〇名、一五世紀には二五〇名、一六世紀前半には五〇〇名を超える数の入会者が記録されている(表2参照)。一五一〇年頃その数はピークに達し、会員総数が実に一万五〇〇〇人を超えるまでになるのである[81]。

会員には、一般市民層のほか、ネーデルラントの高位聖職者、在俗聖職者、貴族、都市貴族なども相当数含まれていた[82]。例えば有力貴族ヴァン・エフモント家 Van Egmond の場合、一四三四年から一五一四年までの八〇年の間に、二八名が当兄弟会の会員となっている。またヴァン・ナッサウ家からも一四八六年から一五一八年の間に八名が会員

表2　「輝かしきマリア兄弟会」の新入会員　1370–1569年

年代	新会員数	年平均加入数
1370–79	112	11.2
1380–89	292	29.2
1390–99	630	63.0
1400–09	617	61.7
1410–19	735	73.5
1420–29	1,126	112.6
1430–39	2,025	202.5
1440–49	2,699	269.9
1450–59	1,724	172.4
1460–69	3,506	350.6
1470–79	4,031	403.1
1480–89	3,019	301.9
1490–99	5,366	536.6
1500–09	5,940	594.0
1510–19	5,353	535.3
1520–29	3,474	347.4
1530–39	1,403	140.3
1540–49	852	85.2
1550–59	906	90.6
1560–69	456	45.6
(1610–19)	(65)	(6.5)

出典：Van Dijck［1973］, Bijlage I A,I B (pp. 410–411) より作成.

リストに記載されている。このように広範なメンバーをネーデルラント内外から惹きつけたスヘルトーヘンボスの「輝かしきマリア兄弟会」は、多くの在地的なマリア兄弟会の中で極めて特異な存在であったと言えるだろう〔図2参照〕。むろん、すべての会員が兄弟会の活動に直接参加したわけではなく、紙上だけの入会会員が多かったことは確かである[83]。ヴァン・デイクによれば、毎年の新規加入者のうち五〇名から一〇〇名程度が、兄弟会の運営に実質的に関わった「誓約兄弟」のメンバーとなっていたとみられる[84]。

また、兄弟会と都市当局との関係を考える上で、参審人 schepen と誓約人 gezwo-renen、都市参事会員、同職組合の代表者などから構成されていたスヘルトーヘンボスの市政役職者は、実際どの程度当兄弟会の会員に含まれていたであろうか。一五世紀については不明であるが、B・ロエル

図2　スヘルト－ヘンボスのマリア兄弟会の集会の家（16世紀）

ヴィングによれば、一六世紀前半（一五〇〇～五〇年）には、都市の参審人職の六〇%が当兄弟会の「誓約兄弟」として登録されていたと見積もられており、[85] 都市指導層が当兄弟会と密接な関係にあったことを示唆している。[86]

（3）　財政

当兄弟会の会計年度は、洗礼者ヨハネの祝日（六月二四日）から始まる。会員はこの祝日前の土曜日朝にヨハネ教会のマリアの礼拝堂に集まり、その後会計簿が作成された。ヴァン・デイクによれば、一四世紀前半の会計記録から、入会金 intredegeld が一ポンド（＝七 stuivers）、死亡金 dootschuld が二・九ポンド（＝三〇 stuivers）であったこと、当兄弟会の収入の三分の一以上が、ブラバント公を含む富裕層の兄弟会への寄進による都市内外の定期金や地代 rennten

表3　「輝かしきマリア兄弟会」の10年ごとの年平均収入（1380–1517年）

年代	収入額
1380–89	435.2
1390–99	437.0
1400–09	430.8
1410–19	492.4
1420–29	740.0
1430–39	986.8
1440–49	1,172.1
1450–59	1,308.8
1460–67	1,805.1
1468–77	1,006.4（2,868.2）
1478–87	917.0（2,613.4）
1488–97	1,142.3（3,255.6）
1498–1507	1,274.7（3,632.9）
1508–17	1,500.4（4,276.1）

1380–1467年まで，単位ポンド
1468–1517年まで，単位ライン・グルデン
（カッコ内はポンド換算額）
1 pond＝7 stuivers
1 rijngulden＝31 stuivers
1 rijngulden≒2.85 pond

出典：Van Dijck［1973］, Bijlage IV A, p. 421より作成.

en cijnzenから成っていたことが指摘されている。(87)年間の収支が明確になるのは一三八〇年以降であるが、一四世紀末には年平均四四〇ポンドであった収入額が、会員の数の拡大に伴って一五世紀には、その三倍（一二〇〇ポンド）から九倍（三六〇〇ポンド）にまで拡大し、一六世紀初頭（一五一〇年）には最大七一七一ポンド（二五一〇ライン・グルデン）にまで達していた（表3参照）。

支出について会計記録は一三三〇年から継続的に記録されているが、各年度の情報については、断片的であり、年度ごとの支出総額を見て取ることはできない。支出の内容は、各年度により異なるが、一四世紀半ばからすでに、典礼（各種のミサとそれに付随した音楽活動に関連する費用すなわち各種のミサ）の経費、歌手cantor,tenoristやオルガニストorganistへの支払い、楽譜作成の支払い、行列経費、礼拝堂・祭壇の修繕費などが記載されていること、個別の経費としては、祭壇や行列のために年に数千本が使用された蠟燭代、役職者報酬、年に一度の宴会に関する経費等の記載がみられる。(88)

（4）　典礼と音楽

聖ヨハネ教会の礼拝堂 Mariakapel が、当兄弟会の年間を通じた活動となっていたが、会員の第一の義務は、毎週火曜（晩課）と水曜のミサに集まり、マリア賛歌 Marialof を詠唱することであった。またマリアの四大祝祭日（八月一五日、九月八日、二月二日、三月二五日）に会員が礼拝堂に集まり、ミサが行なわれた。聖ヨハネ教会の助祭や副助祭らの補助の下で、ミサとマリア賛歌の詠唱が専属の歌手たちにより行なわれた。会計記録によれば、詠唱のために咽喉の乾きを覚えた会員のために一人当たり四分の一リットルのワインが兄弟会の費用で提供されている(89)。

また他の諸聖人の祝祭日として、洗礼者ヨハネの祝日（六月二四日）、マグダラのマリアの祝日、聖霊降臨祭後の水曜日に晩課とミサが行なわれた。当兄弟会によって典礼が行なわれた日数は、少なくとも年間六九日（マリア祝祭日：七日間、諸聖人の祝祭日：六日間、物故者のための追悼ミサを行なう祝日：四日間〔聖母被昇天の祝日後の最初の金曜日、万聖節後の最初の金曜日、四旬節の第四日曜の後の金曜日、洗礼者ヨハネの祝日前の金曜日〕、毎水曜日のミサ）に及んでいる(90)。こうした祝祭日の典礼の当初から音楽が重要な役割を演じていたのである(91)。

中世後期のスヘルトーヘンボスは、ブルッヘ、メヘレン、アントウェルペンなどと並んで、ネーデルラントにおける教会音楽の中心都市の一つとなっていた。一四世紀半ばにはすでに「輝かしきマリア兄弟会」の会員が、グレゴリウス聖歌を詠唱する他にポリフォニー形式のモテットやミサ曲の歌手、作曲者、楽譜製作者として典礼音楽に参加していたことが会計記録から窺える(92)。当兄弟会の代表 proost は、聖ヨハネ教会におけるマリアの祝祭日をはじめ多くの典礼において二名の専属歌手（一四二二年初出）を都市内外から雇用したのである。その一人レイムバウド・ヴァン・ブルッヘはブルッヘ出身の当時著名な歌手の一人であり、七年間にわたりスヘルトーヘンボスでポリフォニーの歌唱の技法を伝えた(93)。兄弟会の専属歌手は、その後一四四〇年には四名、一四七〇年代以降は七名に増え、その多くが、広くネーデルラント一帯から集められた技量のある歌手 cantor,tenorist であった(94)。また一五世紀初頭から八歳から一〇歳の少年からなる聖歌隊とオルガニスト一名が兄弟会の音楽活動に加えられ、ヨハネ教会におけるミサ典礼がさら

表4　「輝かしきマリア兄弟会」の聖歌隊長（zangmeester）1490年代–1550年

氏名	年代	備考
ニカシウス・ド・クリバノ	1493/94–97	1457年より兄弟会会員
マテウス・ピペラーレ	1498–1500	componist
ヤン・ヴェルネイ	1500–02	
ニコラス・クラーン	1502–07	componist
ヘンリック・ヴァン・デイースト	1507–10	
セバスティアン・ド・ポルタ	1510–37	
ヘーリット・ド・ホント	1539–47	componist；デルフトの聖歌隊長（1530–32）
ウィレム・クレイト	1548–50/51	ブレダの聖歌隊長（1543–45）

出典：Jas［1991］, pp. 45, 57–58.

に発展することになった。

一五世紀前半には、「輝かしきマリア兄弟会」の歌手zangerや聖歌隊長zangmeesterとして活動したヤン・ヴァン・ブルゴンディやワウテル、そしてヘラール・バルベ、アルノルドゥス・コールマンらが、多くのポリフォニーのモテットの写しをもたらした。[95] 一五世紀後半から一六世紀前半にかけて当兄弟会の専属歌手は八名へと増加し、典礼時の音楽は豪華さを増していった。また、兄弟会の会員によってポリフォニーのミサ曲やモテットが作曲されるとともに、それらの作品の写しが作成され、他都市や君主の宮廷へと流布していったことが注目される。[96] 著名なポリフォニー音楽の作曲家であったピエール・ド・ラ・リュ（一四五二頃～一五一八）、クリスピン・ヴァン・デル・スタッペンらも一四九〇年代以降、それぞれ短期間ではあるが、当兄弟会の会員となり、多くの歌曲を残しているのである。[97]

表4は、一五世紀末から一六世紀前半にかけて、スヘルトーヘンボスがポリフォニー音楽の一大拠点として繁栄した時期の、「輝かしきマリア兄弟会」の聖歌隊長zangmeesterの一覧であるが、中でもマテウス・ピペラーレ、ニコラス・クラーン、ヘーリット・ド・ホントの三名は、ミサ曲、モテット、オランダ語の世俗歌曲（Nederlands lied）など多数のポリフォニーの楽曲を作曲したことで知られている。彼らの作品（楽譜）は、一四九六年に当兄弟会のメンバーとなっていたニュルンベルク出身の音楽家ペトルス・アラミール（一四七〇～一五三六）によって、豪華な楽譜写本としてコピーされて広く流布することになり、

図3　ペトルス・アラミールによるA. ヴィラール作曲，ミサ・ベネディクタ楽譜写本（1530–31年）

一六世紀前半におけるヨーロッパ各地の宮廷や都市の音楽に多大な影響を及ぼしたのである。アラミール自身は、メヘレン、アントウェルペンを中心に、主にハプスブルク家の宮廷で活動したが、カール五世をはじめとする君主とならんで彼のパトロンとなったスヘルトーヘンボスの「輝かしきマリア兄弟会」からの発注を受けて数多くのポリフォニーのミサ曲、モテット、聖歌集 koorboek の豪華写本を制作したのであった(98)［図3参照］。

このように、一四世紀から一六世紀半ばまでの間、スヘルトーヘンボスの「輝かしきマリア兄弟会」は、マリアの祝祭日を中心に優れた歌手を雇用して、華麗なポリフォニー形式の楽曲を生み出し、演奏することで、多くの音楽家（歌手、作曲者、楽士）たちを惹きつけ、都市の名声を高めることに貢献したのである(99)。

（5） 宗教行列（プロセッション）

聖ヨハネ教会の礼拝堂で行なわれた典礼（音楽）と並んで「輝かしきマリア兄弟会」のいま一つの重要な対外的パフォーマンスが宗教行列（プロセッション）であった。[100] スヘルトーヘンボスでは、毎年少なくとも四回の定期的行列 processie general が当兄弟会を中心に組織されていた。なかでも、七月初旬（「マリアの訪問の祝日」〔七月二日〕後の最初の日曜日）の宗教行列は最大規模のもので、ケルミス kermis と呼ばれ、一四世紀後半（一三六七年初出）からすでに挙行されていた。当初は、洗礼者ヨハネの祝日（六月二四日）後の最初の日曜日（六月末）に行なわれたが、一五一四年以降、七月初旬に移されて行なわれるようになり、ブラバント公領における最大の祝祭イベントとなったのである。[101] この宗教行列は、都市当局によっても支援されており、一五世紀を通じて毎年一六ポンドが「行列の援助のために」《tot onser procession hulpe》当兄弟会の代表 proost に支払われていた。[102] このことは、宗教行列が都市当局により公認された活動であったことを示唆している。宗教行列には、ブラバント地方をはじめ、南北ネーデルラント全土から貴賤を問わず多くの見物人が訪れたという。ネーデルラント各地の音楽家（歌手）もまたこの時期にスヘルトーヘンボスに蝟集したのである。

宗教行列当日、当兄弟会の会員の他、都市当局、射手ギルド、修辞家集団や市内の修道士たちが、朝十時に聖ヨハネ教会に集まり、マルクト広場へと迂回路を取って行進した。会員は、ヨハネ教会の礼拝堂に安置されているマリア像を行列の先頭において持ち運んだ。広場へ着いたのち、行列は別のルートを通って再び聖ヨハネ教会へと戻った。会員たちは白服で手には杖をもち、頭には頭巾を被って行進した。四名から六名のメンバーは松明を掲げていた。兄弟会のメンバーに続いて、聖書や教会の諸聖人の意匠をまとった者たちが続いて行進した。十字架をもつキリスト、一二人の預言者、三人のマリア、一二使徒、子羊の皮をまとった洗礼者ヨハネ、王冠を被り、手には旗をもった東方三博士、肩に幼子イエスをのせた聖クリストフォルスなどである。最後列には、隠遁者と罪人の意匠をまとった者たちが続いた。[103] また、この行列には、スヘルトーヘンボスで雇用されていた喇叭手 Pijpers の他、ネイメーヘンやドルトレヒトなどネーデルラントの各都市からも多くの歌手、楽士たちが継続的に参加していた。[104] 宗教行列の間に、平和を祈念して鳩を放す儀式も行なわれた。こうした宗教行列の意匠からは、敬虔さと同時に祝祭を通じて、一都市を超えてマリア崇敬を盛り立てようとする民衆信仰の力強い表現が垣間見えるように思われる。

毎年組織された宗教行列としては、他に聖ヨハネ崇敬のための宗教行列が一四四五年以来五月六日に、また聖体（サクラメント）の行列がほぼ同じ時期（十字架記念の日である五月三日の後の火曜日と水曜日）に行なわれている。いずれの宗教行列もヨハネ教会の聖職者によって主導され、兄弟会メンバーが松明と共に都市を巡るものであったが、最後の聖体の行列（水曜日）は、スヘルトーヘンボス近郊のオルテンへ向かう市外への行列として行なわれた。[105]

このような定期的な宗教行列の他に、時の政治、社会的状況に応じた臨時の宗教行列も挙行された。会計記録からは、一五世紀後半に三回（一四七九、一四八八、一五〇〇年）、一六世紀前半に一六回、一六世紀後半に二一回の宗教行列の記載がある。[106] その目的として、ブラバント公やカール五世などスヘルトーヘンボスの上級支配者（君主）の戦勝・和解祈念、条約締結祝い（一四七九、[107] 一四八八、一五二九、一五三二、一五四四、一五五九、一五六五、一五八三年など）が最も多く、次いで君主の誕生・即位祝い（一五〇〇、一五一九、一五二五年、一五二七年など）やペストや悪天候の厄払い（一五二三、[108] 一五二九年）が挙げられる。[109] 一六世紀以降、臨時の宗教行列の頻度が高まっており、スヘルトーヘンボスの都市社会を取り巻く社会情勢の変動に対応した「輝かしきマリア兄弟会」の対外的パフォーマンスとして都市内外における当兄弟会の社会的威信を高める効果をもたらしたと言えるであろう。[110]

（6）救貧活動

イタリアをはじめとする南欧世界では一般的であったとされる兄弟会による貧者への慈善・救済活動は、ネーデルラントでは必ずしも活発ではなかったとみなされてきた。P・トゥリオは、中世後期のネーデルラントにおける兄弟会の救貧活動への関心の欠如を強調しているが、[111] スヘルトーヘンボスの事例はその点で例外的なケースと言わねばならない。この点については、W・ブロックマンスとW・プレヴニールによりなされたスヘルトーヘンボスの教区単位の救貧組織（「聖霊ターフェル」Heilig Gheesttafel）の活動に関する先駆的研究を含め、同兄弟会の救貧活動の実態の再検討が必要と考えられる。(112)

スヘルトーヘンボスでは、一三世紀から聖霊ターフェルと三つの施療院 gasthuizen が活動していたが、(113) これらの組織は特定の教区在住の貧者や旅人などを対象としており、市外から流入した貧民や物乞いの援助を行なっていたわけではなかった。一三四八年のペストの大流行を契機に、一四世紀半ば以降ネーデルラント全土において経済的貧困の問題が可視化され始める中で、兄弟会も実質的な救貧活動へと向かうようになったと考えられる。「輝かしきマリア兄弟会」は、一三七二年から小麦とライ麦を購入し、聖霊ターフェルのもとで焼かれたパンを年一回貧民に分配していたが、一三八〇年以降その量はライ麦五ミュト mud（約一〇二〇キログラム相当のパン）となり、年四回、兄弟会の物故会員のために行なわれた追悼ミサの日（マリアの被昇天の祝日（8／15）後の最初の金曜日、万聖節（11／1）、四旬節の第四日曜、洗礼者ヨハネの祝日（6／24））に貧民に分配された。(114) 一三八三～九〇年の時期には八ミュト、一三九六年以降は、六ミュトのライ麦パン（約一二二四キログラム相当）が毎年四回、合計二四ミュト（約四八九六キログラム）分配された。(115) この年四回の分配は、一六世紀においても変わらずに維持された。貧民は、上述の年四回の追悼ミサの日に、聖ヨハネ教会で行なわれた物故会員の追悼の儀式に出席し、その後パンを受け取ったのである。彼らは追悼ミサの間、教会内の聖歌隊席の仕切りの外にとどまり、兄弟会の礼拝堂に入ることはできなかった。すなわち、貧民はあくまでも兄弟会の会員の魂の救済のための対象でしかなかったと言えよう。かつて田中峰雄が指摘したように、中世後期の都市民の貧民観は、あくまでも富者の側の論理にもとづくものであり、「対象の側の現実的必要性より、行為者の側の宗教的（救済の）必要性によって行なわれた慈善、その故にその効果よりも行為そのものが重視された慈善」であって、貧民の貧困の実体を意識したものではなかったからである。(116)

他方、一五世紀から一六世紀初頭にかけて当兄弟会の会員が、遺言書や貧民のための寄進 armenfundatie により年

表5　「輝かしきマリア兄弟会」による貧民への靴の分配（1460–90年）

年度	靴（足）	年度	靴（足）	年度	靴（足）
1461–62	83	1471–72	93	1481–82	36
1462–63	89	1472–73	79	1482–83	10
1463–64	91	1473–74	83	1483–84	10
1464–65	87	1474–75	83	1484–85	30
1465–66	69	1475–76	85	1485–86	62
1466–67	77	1476–77	97	1486–87	12
1467–68	103	1477–78	118	1487–88	12
1468–69	86	1478–79	109	1488–89	18
1469–70	欠	1479–80	76	1489–90	欠
1470–71	72//757（足）	1480–81	29//852（足）	1490–91	62//252（足）

出典：Van Dijck［1973］, p. 166.

一回特定の記念日を設定して、一定数の貧民（七名や一三名など）のためにライ麦を寄進している事例が八件知られており、[117] 一六世紀を通じて年間一二回（各六ミュト）、合計七二ミュトのライ麦パン（約一四六八八キログラム相当）が実質的に兄弟会により貧民に分配されたことは少なからぬ意味をもっている。ブロックマンスとプレヴニールは、スヘルトーヘンボスの聖霊ターフェルの救貧活動を分析する中で、聖霊ターフェルによるパンの分配と並んで「輝かしきマリア兄弟会」による貧民へのパンの施与がその量を減じないまま一六世紀以降も変わらず継続されていったことの意義を同時期の聖霊ターフェルの活動と関連させて高く評価している。[118]

聖霊ターフェルが通常、教区の貧民に対して分配した物資としては、パンや肉などの食料品の他に泥炭（暖房用）や衣類、靴などがあったが、「輝かしきマリア兄弟会」の場合も、一五世紀後半以降靴や衣類を分配していたことが注目されよう。記録の残されている靴の分配について一四六〇年代から三〇年間についてみると表5のようになる。

スヘルトーヘンボスの聖霊ターフェルは、一六世紀前半（一五二四〜二六年）において毎年六〇〇足の靴の分配を行なっていた。[119] また、かつて筆者が検討を加えた一五世紀前半（一四〇〇〜三〇年）のフランドル都市ヘントの聖霊ターフェル（聖ニコラス教区）における靴の分配は、平均一五〇足であった。いずれのケースも、当兄弟会の靴の分配記録のある一五世紀後半とは三〇年以上のずれがあるものの、特にヘントの聖霊ターフェルによる分配のその約半分にあたる六〇足から七五足を、聖霊ターフェルという救貧組織ではない兄弟会が別個に分配していたという点は、スヘルトーヘンボスのマリア兄弟会の独自な活動として興味深い。(120) ただし、パンの分配と同様、兄弟会の会員が個々に寄進した基金を基に分配がなされており、兄弟会の資産から救貧事業として支出された訳ではないということを考慮する必要はあるだろう。(121) 七二ミュトという相当量のパンの分配も靴の分配もその意味で、当兄弟会の意図的な救貧活動とは言い難い側面をもっていたことも否定できないからである。

とはいえ、スヘルトーヘンボスにおける貧民救済の在り方を考える時、都市の教区単位の救貧活動の中核を担っていた聖霊ターフェルとともに一五～一六世紀における「輝かしきマリア兄弟会」の救貧への貢献は、同時期の他のネーデルラント都市では比肩する事例を見出せない規模のものであったことは確かである。(122) 当兄弟会のパンの分配が、一六世紀以降においてもその量を減じることなく継続して行なわれたとされたこと、一六世紀の聖霊ターフェルの「管理者」meester 職が、一六世紀（一五一九～六八年）の間、実質的に当兄弟会の中核を構成した「誓約会員」gezworen lid によって担われており、聖霊ターフェルによる貧民への分配自体も兄弟会成員の手によるものであったという事実は、(123) 当兄弟会が北西ヨーロッパでは数少ない「慈善兄弟会」としての性格を備えていたことを推測させる。このように聖霊ターフェルという救貧活動に特化した教区民の組織と、「輝かしきマリア兄弟会」の直接的関係が認められることから、当兄弟会の救貧活動が会員に対象が限定されるような内向きの方向性を志向していたわけではなく、聖霊ターフェルとも連携を保ったいわば外部に開かれた慈善組織として機能していたことを示唆しているように思われる。兄弟会による貧民への儀礼的なパンの分配は、スヘルトーヘンボス以外の中世ネーデルラント都市においてもヘント、ブルッヘ、ユトレヒトなどで知られているところであるが、その継続性と規模において、「輝かしきマリア兄弟会」の事例は、むしろイタリアやスペインのミゼリコルディア兄弟会の果たした役割に比肩するものであったと評価できるであろう。(124)

（7）　一六世紀半ばの変容過程

一六世紀半ば以降、宗教改革の波をかぶる中で、スヘルトーヘンボスのマリア兄弟会の会員は、急速に減少し、一五六〇年代以降は、少数の富裕な都市エリート（都市貴族）に限定される閉鎖的な団体へと変容していった。[125] そして一七世紀前半（一六二九年）には、ネーデルラント（オランダ）共和国の侵攻を受け、同兄弟会のカトリック的典礼活動は中断することになる。一七世紀における宗派論争を経たのち、同兄弟会は以後再び組織を継続させることになった。三六名の会員（プロテスタントとカトリックから各一八名）から構成されたハイブリッドな宗教団体としてその後も存続し、二〇世紀までその組織を残していったのである。[126]

（8）　ブルッヘのマリア兄弟会との比較

最後に、スヘルトーヘンボスのマリア兄弟会との比較の対象として、フランドル都市ブルッヘへのマリア兄弟会の一つ「雪の聖母マリア（ノートルダム）兄弟会」Broederschap van de Onze Lieve Vrouw der Sneeuw を取り上げよう。別稿ですでに述べたところであるが、一五～一六世紀にブルッヘで活動した「雪の聖母マリア兄弟会」の特質は、マリア崇敬のための典礼においてサルヴェ・レジーナをはじめとするマリア賛歌 Marialof のパフォーマンスを大がかりに展開し、多様な社会層（王侯貴族、外国商人、都市民、女性など）に開かれた兄弟会として、都市共同体のアイデンティティ統合に向けたさまざまな役割を果たした団体であったことである。[127] すでに音楽史においては、R・シュトロームによる先駆的研究、さらに近年のR・ノソウの一五世紀モテット研究がブルッヘ市民の信心 Piety の一側面として「雪の聖母マリア兄弟会」の音楽活動の重要性を強調し、[128] また都市儀礼の観点から一五世紀ブルッヘ市民の宗教活動を分析したA・ブラウンが、歴代ブルゴーニュ公（フィリップ・ル・ボンおよびシャルル・ル・テメレール）のブルッヘ入市式における同兄弟会の政治文化的貢献や、プロセッションを通じた都市統合機能を論じている。[129]

スヘルトーヘンボスの「輝かしきマリア兄弟会」との比較史的観点から「雪の聖母マリア兄弟会」を見るならば、共通点をいくつか指摘できるだろう。第一に、その会員数において、通常五〇人から一〇〇人程度の規模の兄弟会が多数を占めていたネーデルラントのマリア兄弟会の中で、両者が多くの女性を含め破格の人数の会員を集めていたことである。「雪の聖母マリア兄弟会」も、「輝かしきマリア兄弟会」と同様、一五世紀後半（一四六五〜九九年）の間に一〇〇〇人を超える会員を集めており、一五世紀のブルッヘに存在した一八の兄弟会のうちで最大規模を誇った。その会員に、諸侯や高位聖職者、都市貴族から一般市民まで都市内外の幅広い階層が含まれていたことも両者に共通している。第二に、ミサ典礼、宗教行列の際に両者とも、音楽家（歌手、オルガン奏者、作曲家、楽士等）が重要な役割を果たしていたことである。「雪の聖母マリア兄弟会」の典礼活動において、マリアの祝祭日をはじめとして年間を通じて専属の歌手とオルガニストによるサルヴェ・レジーナを中心としたポリフォニー音楽（マリア賛歌）の詠唱がその中心的役割を果たし、当兄弟会の祝祭的、儀礼的存在意義を示していたのである(130)。

他方、救貧活動の側面においてブルッヘの「雪の聖母マリア兄弟会」は、ヘントや他の多くのネーデルラントのマリア兄弟会と同様、十全な機能を果たすことはなかった。この点は、ブルッヘの教区貧民救済組織である聖霊ターフェルと「雪の聖母マリア兄弟会」の相互関係を考慮しなければならないが(131)、スヘルトーヘンボスに見られるような両者の協働関係は確認されていない。スヘルトーヘンボスの「輝かしきマリア兄弟会」がなぜ、他都市とは異なり、聖霊ターフェルとともに救貧活動へ継続的な関心を維持したのかについては、一六世紀スヘルトーヘンボスの社会史的文脈において今後さらに考察する必要があるように思われる(132)。

また、ポリフォニー音楽の拠点としての二つの都市の状況の差異にも触れておくべきであろう。スヘルトーヘンボスと異なり、ブルッヘは一五世紀に人口四万六〇〇〇人を擁した北西ヨーロッパ有数の国際商業都市であり、イタリア商人をはじめヨーロッパ各国から商人の集まる場であった。フィリップ・ル・ボン以来ブルゴーニュ公の主要な宮廷の一つがおかれ宮廷音楽の一大中心ともなっていたのである。また、ブルッヘのシント・ドナース参事会教会は、多くの音楽家が雇用された教会音楽の中心をなし、「雪の聖母マリア兄弟会」が属したマリア（ノートルダム）教会とともに、マリア賛歌（Marialof）をはじめとするフランドル・ポリフォニー音楽の担い手を数多く受け入れる場となっていた。その点で、スヘルトーヘンボスが、ブルッヘに比べ、よりローカルな都市社会であったことは否定できない。しかし、宗教行列やマリアの祝祭日における歌手やオルガニストらポリフォニー音楽の担い手たちの来訪と活動は、彼らが常に流動的な存在でありつつ、スヘルトーヘンボスの祝祭儀礼に関わり、他都市や君主の宮廷とスヘルトーヘンボスを結びつけた人的ネットワークの一端を担っていたことを示している。(133)「輝かしきマリア兄弟会」自体もまた、マリア崇敬という都市の主要な祝祭儀礼を担い、北ブラバント、さらにはネーデルラントという地域的枠組みの中で、スヘルトーヘンボスという都市のアイデンティティを表象する存在として中近世を通じてその役割を果たしたのである。

おわりに

以上、スヘルトーヘンボスの「輝かしきマリア兄弟会」を主たる事例として、ネーデルラントの兄弟会の活動を見てきた。一四～一六世紀にかけて物故会員の記憶とマリア崇敬のために行なわれたマリア賛歌を中心とするポリフォニー音楽の展開を支え、プロセッションをはじめとする都市の儀礼と祝祭を担う団体として機能した「輝かしきマリア兄弟会」は、一六世紀の宗教改革の変革の波に直面しつつ、一七世紀以降カトリックとプロテスタント双方の会員を含むハイブリッドな組織として存続していった。ネーデルラントという地域の有する境界性（カトリックとプロテスタント、フランス王国と神聖ローマ帝国の狭間という宗教的、政治的環境）を反映し、信心と慈愛のための団体として近世を生きのびていった中世兄弟会の一つのモデルを提示するものと言えるであろう。

第五章　イギリス

佐々井真知
唐澤　達之

第一節　概観

研究史

本節ではイングランドの兄弟会を中心に概観する。ブリテン諸島の他の地域の兄弟会については、巻末に挙げた文献を参照されたい(1)。

イングランド中近世の兄弟会については、一九世紀末から二〇世紀初頭の諸史料の整理刊行とそれに基づく研究を経て、一九八〇年代以降、多様な視点からの研究が増加し続けている。一九世紀末から二〇世紀初頭に特に注目されたのは、一三八八〜八九年の兄弟会調査報告書として現存している兄弟会規約である。J・トールミン＝スミスが英語で記された規約を転写、刊行しており、後にH・ウェストレイクがラテン語・フランス語で記されたものも含めて規約の一覧を作成し、イングランドの兄弟会の数や分布状況、また設立目的や活動内容を概観している(2)。

一九八〇年代以降は、対象、史料、テーマともに多岐にわたる研究が展開されている。その特徴は三点にまとめられる。

第一に、共同体内の一組織として兄弟会を位置づける試みが多く見られる。とくに都市部の兄弟会について、都市内での兄弟会の位置づけの検討が欠かせない視点のひとつになっている。この契機となったのは、一六世紀前半のコヴェントリの都市政府と兄弟会との関係を論じたC・フィズィアン＝アダムズの研究である。フィズィアン＝アダムズは、コヴェントリ市長は聖体兄弟会の代表の経験者であり、市長を務めた後には聖三位一体兄弟会の代表に就くことが一般的だったことなどを明らかにし、この二兄弟会が市政と密接に結び付いていたことを指摘した。(3) 小教区と兄弟会の関係も、G・ロッサーの研究以降、注目されている。ロッサーは、特別の結びつきがないと理解されてきた小教区と兄弟会の関係を再検討し、小教区教会が兄弟会の祭壇を安置する場所を提供した点、会員名簿が現存する兄弟会のうちほとんどすべてで小教区教会の聖職者が会員に含まれている点、兄弟会の専属司祭が小教区司祭を補助する例が見られる点、兄弟会が小教区教会の修繕費を援助している例が見られる点などから、兄弟会と小教区は相互補完の関係にあったと結論づけている。(4) 近年ではこのロッサーの見解が通説になりつつある。加えて、会員にとっての、また共同体にとっての、兄弟会の諸活動の意義の検討も行われている。たとえば兄弟会による相互扶助活動は会員を援助するためだけのものではなく、名声と兄弟会内の連帯のためのパフォーマンス的な手段でもあったとする見解がある。(5) しかしこの見解に疑問を呈する向きもあり、兄弟会の活動とその意義については個々の兄弟会についてのさらなる検討が必要だと思われる。(6) また、新会員の入会式、祝宴、守護聖人の祝日に行われる行列など兄弟会の諸儀式が、会員に、また共同体に及ぼした影響についても論じられている。(7)

第二に、大都市の兄弟会や大規模な兄弟会だけでなく、小都市や農村の兄弟会および小規模な兄弟会が、研究対象とされている。(8) 個別研究の蓄積により、個々の兄弟会の特殊性とともに中世イングランドの兄弟会の普遍性を考察することも可能になってきている。

第三に、宗教改革史研究の発展に伴い、宗教改革という視点から兄弟会を論じる動きもある。これについては本節「イングランド宗教改革と兄弟会」で取り上げる。

主要史料

（1）　全イングランドに関する史料

全イングランドに関する史料として、一三八八〜八九年の兄弟会調査報告書がある。[9] この報告書は、リチャード二世がケンブリッジ議会の請願を受けて一三八八年一一月に命じた調査にイングランド各地の兄弟会が回答し、大法官府で作成されたものである。[10] 各兄弟会は兄弟会設立時の状況と現状、組織の形態、集会や祝宴などの行事、規約や慣習、保有財産などについて、一三八九年二月二日までに回答するよう命じられた。この調査の意図として推測されているものは、対フランス戦争の戦費調達のために課税に代わる手段として兄弟会の財産を没収すること、兄弟会に課税すべく一二七九年の死手法が兄弟会についても適用されるべきかどうかを調査すること、一三八一年の農民反乱の素地となったと思われる団体を排除すること、の三点のうちのいずれかもしくは複数である。[11]

報告書は五一九の兄弟会について現存している。[12] 報告書の多くは兄弟会の規約だが、財産目録や会員名簿が付されているものもある。当然ながら、すべての兄弟会が報告書を提出したわけでもないだろうし、提出された報告書に実情がすべて記載されていたとは考えにくい。しかし、この兄弟会調査報告書が同時期のイングランドの相当数の兄弟会規約を伝えるものとして貴重な史料であるのは言うまでもない。

全イングランドに関する兄弟会関連の史料としては他に、一六世紀半ばに作成されたチャントリ報告書がある。これは、一五四五年および一五四七年のチャントリ解散法を受けて、一五四六年および一五四八年に実施された兄弟会の財産に関する調査の報告書である。詳細は本節「イングランド宗教改革と兄弟会」を参照されたい。

（2）　個々の兄弟会による史料

規約は、一三八八〜八九年の兄弟会調査の結果現存しているものの他に、兄弟会自体が作成・保管していたものもある。規約では、兄弟会の組織や運営方法、各種活動の内容や会員の義務、規約違反時の罰則などについて定められ

ている。(13)

法人化特許状を持つ兄弟会もある。(14) 法人化特許状を得ることで兄弟会は不動産の保有が可能になり、不動産賃貸料を兄弟会の財源とすることができた。

会計簿は、兄弟会の収支について、通常は一年度ごとに収入および支出の名目とその金額、合計金額、残高を記したものである。(15) 内容の詳細さや記載方法、会計期間や期首・期末の設定などは兄弟会ごとに異なっている。収入としては、不動産賃貸料、貸付金の利子、入会金、四季納入金、罰金、会員からの遺贈などが記される。支出項目は、専属の司祭の給料、灯明代、保有家屋の修繕費、救貧費、葬式費、祝宴費などである。兄弟会代表や会計係の氏名、各種納入金の納入者名、未納者名などが記される場合もある。ただし、現存する会計簿に、その兄弟会のすべての収支が記録されているとは限らない。救貧や祝宴の費用の集金や分配が会計簿に記されることなく行われた可能性もあるし、あるいは別個に項目別の会計簿が作成されており、それが現存していない可能性もある。(16)

議事録は、年に複数回行われる兄弟会の集会での決定事項などを記したものである。(17) 兄弟会ごとに体裁や記載項目は異なるが、おおむね、兄弟会の代表や各種役職者の選出結果、会員から徴収した罰金、新規入会者の氏名などについて記している。

会員名簿が現存している兄弟会もある。(18) ある時点での全会員名が記されているものもあれば、一年ごとにその年度の新規入会者名が記載されており、それが一定年度まとまって現存しているがゆえに研究上で「会員名簿」とみなされているものもある。会員名簿からは、会員の男女比、聖職者の加入の有無、場合によっては会員の居住地が明らかになるため、兄弟会の会員数や会員の属性、兄弟会が影響力を持った地理的範囲の検討に利用できる。(19)

会員名簿が、それが作成された時点で生存している会員の一覧であるのに対し、過去帳はいわば死者の名簿である。(20) 死亡した会員の氏名が一覧になっており、年一回の死者ミサや兄弟会ごとに定めるミサの際に読み上げられた。財産目録が会計簿などに付属している場合もある。(21) 祭壇布、兄弟会の専属司祭が使用する聖杯、ミサの本、宗教行列時に使用する蠟燭や旗（バナー）などの宗教活動に関するものから、祝宴で利用するテーブルクロスや食器、調理器具、また規約集などの書類まで、兄弟会ごとに多様な品が列挙されている。

兄弟会が関係する贖宥状も現存している。ノリッジ司教がビショップス・リンの聖ジャイルズ（エリギウス）および聖ジュリアン（ユリアヌス）兄弟会に発給した贖宥状や、ボストンの聖母マリア兄弟会が会員に与えた贖宥状、ロンドンの諸兄弟会が得たり与えたりした贖宥状が確認されている。(22)

（3）　兄弟会以外による史料

小教区委員会計簿も、兄弟会研究に有効である。これは小教区民の中から選ばれた二名程度の小教区委員 churchwarden が作成する会計簿である。(23) 小教区の活動に関する収支の記録だが、その小教区教会に拠点を置く兄弟会の活動や、小教区と兄弟会との関係が垣間見られる場合もある。(24)

都市当局の行政・司法文書に、兄弟会についての言及がある場合がある。たとえばビショップス・リンの場合、堤防の修繕費を提供した兄弟会名とその代表名の一覧が、一三七一年の都市当局の文書に記されている。(25)

遺言書も兄弟会研究において有効な史料である。遺言書に見られる兄弟会への言及や遺贈から、一三八八〜八九年の兄弟会調査の報告書や兄弟会独自の文書が現存していない兄弟会についても、その存在を把握することができる。(26) さらに、同一兄弟会に言及している遺言書が多く現存している場合は、遺言者の職業や兄弟会への遺贈額の多寡に注目することで、兄弟会の会員の、ひいては兄弟会の、経済的・社会的地位を検討できる。遺言者の居住地に注目すれば、兄弟会の影響力が及ぶ地理的範囲を推測することも可能である。(27) ただし、遺言書を作成できたのは遺贈すべき財産を持つ裕福な人びとのみであったことや、地域・年代によって遺言書の現存数に大きな差があることは認識しておかねばならない。(28)

兄弟会の名称および諸タイプ

（1）　名称

兄弟会一般を示す語は、英語ではギルド guild、フラタニティ fraternity、ブラザーフッド brotherhood、フェローシップ fellowship、ソサイエティ society など複数あり、これに相当するラテン語・フランス語のことばも用いられている。個別の兄弟会名は、さらにこれらに一人あるいは複数人の兄弟会の守護聖人名を冠したものが一般的である。兄弟会の守護聖人として最も人気があったのは聖母マリア Virgin Mary, Blessed Virgin Mary, Our Lady で、一三八八～八九年の報告書が残る兄弟会五〇〇あまりのうち三分の一が守護聖人に選んでいる。続いて一四％が聖三位一体 Holy Trinity を、一〇％が聖体 Corpus Christi を、同じく一〇％が洗礼者聖ヨハネ St. John the Baptist を、その守護聖人としている。(29)

（2）　諸タイプ

イングランドの兄弟会は、会員に注目すると、近隣住民から成るもの、同職者から成るもの、地域を限定せずに広く会員を集めるもの、の三つに大別される。

三タイプのうち最も多く存在したと思われるのは、小教区教会に兄弟会の祭壇を置いた、主に近隣住民から成る兄弟会、すなわち小教区兄弟会である。研究上は小教区ギルド parish guild や小教区フラタニティ parish fraternity と呼ばれている。このタイプの兄弟会では、会員に共通するのは同一小教区に居住しているという点のみで、さまざまな社会階層や職業の男女が入会していた。(30) ただし入会金や年会費の多寡により、ある程度は会員の社会階層が限定された可能性はある。

同職者から成る兄弟会は、同地域の同職者が集まって守護聖人の崇敬、相互扶助、死者の供養を行う団体である。(31)この職能別兄弟会は、小教区兄弟会と同じく小教区教会に祭壇を置くものが多かったと思われるが、修道院を選ぶものもあった(32)。職能別兄弟会は、やがて同職組合へと発展していく(33)。ロンドンでは、一三世紀後半から一四世紀にかけて、職能別兄弟会が品質の維持や生産の独占、徒弟の監督など職業固有の活動も行うようになっていく。これが同時代のことばで「クラフト craft」、「ミステリー mistery」、「ギルド guild」などと記される同職組合である(34)。ただし職能別兄弟会が商工業に関する活動を行うようになっても、聖人崇敬や死亡した会員の追悼、祝宴や相互扶助などの宗教的・社会的活動は引き続き行われていた(35)。

兄弟会の中には、会員を小教区民や同職者など地理的・職業的に限定しないものもあった。ヨークの聖三位一体修道院に拠点を置く聖体兄弟会は、一四〇八年から一五四六年までの会員名簿に一万六八五〇名の会員名が記されており、これにはのちにリチャード三世となるグロスター公リチャードや貴族、ジェントリ、ヨーク大司教など聖俗の有力者が含まれている(36)。一方でヨーク市内外の私設礼拝施設付司祭 chaplain や司祭などの聖職者や商工業者も入会している。当兄弟会の会員に聖俗の広範囲の人びとが含まれる理由のひとつは、当兄弟会が聖職者によって設立・運営されていたため、大勢の聖職者による死後の魂のための祈禱を求めて多くの人びとが入会したことにあると推測されている(37)。ほかにも、たとえばノリッジの聖ジョージ（ゲオルギウス）兄弟会やリッチフィールドの聖母マリアおよび洗礼者聖ヨハネ兄弟会も、規模は兄弟会ごとに多様だが、イングランド各地から聖俗のさまざまな階層の人びとを受け入れている(38)。

兄弟会の規模・組織・役職者・構成員

（1）　規模

兄弟会の規模すなわち会員数は、兄弟会によって大きく異なっている。一六世紀前半のイースト・アングリア地方の兄弟会は、一年度あたりの会員数が三四名のものから一一九名のものまで多岐にわたっていた(39)。コヴェントリの聖体兄弟会は一五二〇年の時点で二八二名の会員を抱えており、これはコヴェントリに居住する各種商工業の親方の四〇％に相当すると推定されている[40]。また、ロンドンの聖三位一体兄弟会の会員数は一三七七年に五五名であり、その後一四世紀末から一五世紀半ばにかけて会員が増加した結果、小教区の人口の半数弱がこの兄弟会の会員かその家族という状況になったという[41]。リッチフィールドの聖母マリアおよび洗礼者聖ヨハネ兄弟会も、一四世紀後半から一六世紀前半の会員数は最低でも二〇〇名、多く見積もれば一〇〇〇名と推測されており、人口一五〇〇名から二五〇〇名とされるリッチフィールドの多くの人びとが当兄弟会の会員だったことになる[42]。

（２）　組織・役職者・構成員

兄弟会は、規約に基づいて選出された俗人の役職者を中心に運営されていた[43]。役職者の人数と名称は兄弟会によって異なる。共通するのは一名の代表である。ほかに、兄弟会によって会計係、監査係、書記、祝宴係などの役職者が置かれた。役職者は、多くの場合は前任者による指名や兄弟会内の一〇名前後の有力会員による指名で決定された。任期は通常は一年で、兄弟会の集会にて引き継ぎが行われた。これら俗人の役職者に加え、裕福な兄弟会の場合は兄弟会専属の司祭 chaplain を置くこともあった[44]。

兄弟会は、多くの場合その会員が男性に限定されていた同職組合と異なり、男女両方を会員としていた。会員名簿が刊行されている兄弟会については、俗人の会員の半数が女性だったことが明らかにされている[45]。またイースト・アングリア地方の兄弟会では全会員のうち三分の一以上が女性だった[46]。夫婦で加入する場合は、兄弟会によっては一名分の入会金が免除されたり、妻の入会金と年会費が減額されたりした[47]。兄弟会から受ける恩恵は男女による違いはなく、創設者も男女両方が見られるが、女性が役職に就く例は見られないとされる[48]。聖職者を会員に含むことも一般的で、名簿が現存している兄弟会では、聖職者はその会員の一〇％以上を占めている[49]。

会員の社会的地位は、兄弟会ごとに、また兄弟会内部でも、多様だったと思われる[50]。ビショップス・リンの聖三位一体兄弟会や聖体兄弟会、コヴェントリの聖三位一体兄弟会の入会金は五ポンドであり、このような高額な入会金を納めることができたのは有力市民に限られていただろう[51]。一方で、前述のヨークの聖体兄弟会のように、多くの社会階層の人びとを含む兄弟会もあった。ただし入会金と年会費が必要になることを考えると、社会の最下層にある人びとが兄弟会に入会することは難しかったと推測される[52]。

時代的・地理的展開とその要因

イングランドでは、七世紀末から、主に俗人で構成され相互扶助を目的とした団体が存在していたとされる[53]。一〇世紀以降の団体については規約が現存している。一〇世紀初頭のロンドンの「フリス・ギルド frith gild（平和ギルド）」は司教や代官も含む団体で、ロンドンとその周辺の警備にあたることを主要な目的とするものだったが、祝宴や死亡した会員のための葬式の手配も行っていたとされる[54]。これに加えて一〇世紀から一一世紀については、イングランド南部の五つの兄弟会の規約が現存している[55]。規約には、死者のための祈禱、共同での礼拝、特定の聖人の崇敬、困窮した会員への援助、内部の秩序維持のための良きふるまい、規約違反者への罰則など、中世後期の兄弟会規約と共通する項目が見られることが指摘されているが、これらの兄弟会と中世後期の兄弟会との直接の連続性の有無を探るのは難しいとされる[56]。

一二世紀、一三世紀には、イングランドの経済発展を背景として兄弟会が増加していく。都市での雇用が増加し多くの人が家族や親族から離れて都市で働くようになると、地縁や血縁の薄い、とりわけ単身の都市居住者は、葬式や死者の魂のための祈禱を兄弟会に求めたのである。農村部でも一三世紀後半以降、土地市場の発展と出身地から離れて暮らす者の増加により、経済的・慈善的援助や埋葬に関して家族に頼ることのできなくなる人びとが出てきた。こうしてこの時期に兄弟会が多く登場することになる[57]。

兄弟会数が急増するのは、一四世紀後半である。D・クラウチによれば、一三八八〜八九年の兄弟会調査時に提出された五〇〇あまりの規約のうち二九八の規約が兄弟会の具体的な設立年代を記している。その二九八の兄弟会の八割が一三四九年から一三八八年の間に設立されたという[58]。一三四九年に設立された兄弟会は一四あり、年別に見た場合、最多である。一四世紀後半以降に兄弟会の新設が盛んになったことは、ロンドンについては、遺言書での兄弟会への言及の増加からも指摘されている[59]。この状況は、一三四八～四九年の黒死病の流行によりイングランド各地で人口の三分の一あるいは半数が死亡したことで、死者のためのミサを行うことを目的とした兄弟会の設立が盛んになったためと説明されてきた[60]。さらに、黒死病の流行後は、多くの地域で人口減少によって人びとの流動性が以前より増して家族が解体し始め、「疑似家族」である兄弟会を必要とする地域が増えたという指摘もある[61]。人びとの経済状況の変化も兄弟会増加の一因とされる。都市部では、黒死病流行後の労働力不足で賃金が上昇したために商人や手工業者の生活水準が上昇し、経済的余裕が生まれたことで兄弟会の設立や兄弟会への入会が盛んになったと見られている[62]。農村についても、一三八〇年代以降に好転した経済状況を背景に、農民間で貧富の差が拡大し、裕福な農民は兄弟会に加入できる程度の財産を持てるようになったと説明される[63]。

一四世紀後半以降の兄弟会増加の理由としては、一三〇〇年以降に小教区の境界が固定されたことも指摘されている[64]。人口の増減や流動性に対応できない小教区にかわり、兄弟会という柔軟性のある枠組みを持つことが社会生活を送るうえで必要になったということである。たとえば、小教区教会が遠方にあっても、兄弟会の礼拝堂で兄弟会専属の司祭による執り成しのミサに参加することができた[65]。

中世後期の兄弟会増加の要因や黒死病の影響の程度について決定的な答えを示すのは難しい。確実なのは、さまざまな社会的・宗教的・経済的要因が絡み合い、黒死病流行前後のイングランドで兄弟会の必要性が高まり続けていたということである[66]。一五世紀にはイングランド中におよそ三万の兄弟会が存在していたとされる。小教区の数が八〇〇〇から九〇〇〇とされることから、一小教区あたり平均して三の兄弟会があったことになる[67]。

一三八八～八九年の調査報告書から、この時期の兄弟会の地理的分布を見ておきたい。二五の州からの報告書が現存しており、州別の兄弟会数は、ウェストレイクに依拠すれば、ノーフォークが最多で一六四である。以下、リンカンシャーが一二三、ケンブリッジシャーが六〇、サフォークが三九と続く(68)。イングランド南東部のイースト・アングリア地方に集中していることがわかる。当然ながら当時存在したすべての兄弟会が報告書を提出し、そのすべてが現存しているわけではないが、この地方への顕著な偏りは注目に値する。ロッサーは、そもそも当時この地域に存在した兄弟会が他の地域に比べて多かったとする。その理由を、当該地域は人口密度が高かったため家族構成員の移動が多く、一三〇〇年までに家族が解体し始めていて、兄弟会という家族に代わる絆を提供する団体がイングランドの他の地域に比べて早い時期から求められたためと説明している(69)。

遺言書も加えた調査からは、兄弟会が特に都市部に多く見られたことが指摘されている(70)。兄弟会は、家族や地元の共同体から離れて流入してきた者が多い都市で、相互扶助の機会と政治や経済における人的つながりを築く機会を与えるものとして必要とされていた(71)。

一方で、人口の多寡にかかわらず経済活動の活発な地域で兄弟会が多く設立されたことも指摘されている。ノーフォークでは主要道路や河川、港、市場のある小教区で多くの兄弟会が設立されたという。特にビショップス・リンからウェルズ Wells-next-the-Sea までのノーフォーク北西部の沿岸地域は、ウェルズからヤーマスまでの沿岸地域に比べると富裕でもなく人口密度が高いわけでもないが、一小教区あたりの兄弟会数は多かった。この理由は、経済活動が活発であったこの地域で、地元以外からの商人たちが当地の小教区共同体と関係を保つために兄弟会に入会したことで、居住人口に比して多くの兄弟会が設立・維持されたことにあると推測されている(72)。

しかし、人口の多さや経済活動の活発さと兄弟会数の多さとの関連は、イングランド全土に共通するわけではない。ケンブリッジシャーについては、六〇の兄弟会について現存している一三八八～八九年の調査報告書のうち五八％が農村部の兄弟会のものだという。兄弟会は人口の多い地域に設立される傾向があるものの、兄弟会設立と経済活動の活発さとの関連は決定的ではないという指摘は重要である(73)。

最後に、黒死病以後のイングランドで兄弟会が盛んに設立されていく一方で、消滅していく兄弟会もあった点を指摘したい。たとえば、一三六八年にある人物がロンドンの聖ヒルダ兄弟会に不動産を遺贈したが、この兄弟会は一四〇七年までにはなくなっており、不動産は結局、個人の手に渡ったという(74)。当兄弟会は新規入会者が集まらず、消滅していったと思われる。兄弟会は、自発的団体ゆえに、新規入会者を一定数、継続的に確保できなければ消滅せざるをえなかったことも、その特徴として認識しておく必要がある。

諸活動

(1) 宗教活動

兄弟会の活動の中心を成すのは、守護聖人の崇敬と死者のための祈禱である。守護聖人の崇敬は、現世での安全を願い、また煉獄にある魂が責め苦に遭う時間を短縮すべく守護聖人に執り成しを求めるものである。各兄弟会は、小教区教会などに兄弟会独自の祭壇を設け、ときにはさらに聖人の画や像を祀り、守護聖人の祝日とおそらく毎週日曜日にその前に灯明をともした(75)。

死者のための祈禱は、煉獄にある死亡した会員の魂が煉獄の苦しみから早く逃れ、天国に入ることを許されるよう願う祈禱である。司祭にミサの司式を依頼し、会員がそれに出席して祈る。ミサは守護聖人の祝日の宗教行列の後に行われることが多かった。多くの兄弟会は、小教区教会の司祭や托鉢修道士、私設礼拝施設付司祭にミサの司式を依頼していたと推測されるが、経済的に余裕のある兄弟会は専属の司祭を配置することができた(76)。

(2) 守護聖人の祝日の宗教行列

守護聖人の祝日には、宗教行列が行われた。各兄弟会は、守護聖人を象徴する小道具を掲げたり、聖人伝の一場面を再現したりするなどして練り歩いた(77)。行列のルートの詳細は不明で、兄弟会によっても異なると思われるが、おそらく、兄弟会の祭壇を設置してある小教区教会や修道院と、兄弟会のホールを出発地あるいは目的地とするか、両者を往復したと推測される。[78] 会員全員が参加する行列は、守護聖人崇敬の一環であると同時に、会員間の連帯意識を強化し、兄弟会の存在を公的に示す道具ともなった。このため各兄弟会は宗教行列に積極的に取り組んでおり、宗教行列時に着用すべき制服や見世物の準備について規約で定める兄弟会もあった。[79]

兄弟会は、聖体の祝日に行われる聖体行列に参加することもあった。ベヴァリの聖体行列には、聖体兄弟会をはじめ複数の兄弟会と同職組合が参加している。[80]

(3)　祝宴

兄弟会の祭壇のある修道院や小教区教会で守護聖人の祝日のミサが執り行われた後、兄弟会の総会が開かれて財政状況の報告や新役職者の選出などが行われ、続いて会員の家や教会の集会所、兄弟会のホールなどで祝宴が行われた。[81] 兄弟会の祝宴には、ミサに準じた儀式性が認められる。そもそも兄弟会のホールが礼拝堂に似た造りになっていることに加え、守護聖人のタペストリーが飾られたり、大きな蠟燭がともされたりすることで宗教的な雰囲気が作られた。祝宴では死者と生者両方の会員のための祈禱が行われた。聖歌をもって祝宴を閉会する兄弟会や、聖体拝領のごとく共用の杯でワインを飲む兄弟会もあった。祝宴もまた、守護聖人の崇敬と会員のための祈禱という兄弟会の目的を実行する場だったといえる。

祝宴は、既存の社会関係をより強固にし、また新たな社会関係を築く機会を与えるという点で、会員にとって現実的な重要性を持っていた。兄弟会は出身地、職業、性別、社会的地位が異なる多様な人びとからなる団体であり、その会員が多く集まる祝宴は政治的・経済的なつながりを築き、固めるには理想的な場だったのである。ただし多様な会員が集まる祝宴はまた、緊張をはらむものでもあった。このため多くの兄弟会の規約が、祝宴時の騒動や暴力の禁止を定めている。

（4）葬式・埋葬

兄弟会は、個々の会員の葬式の実行とすべての会員による葬式への参加も重視した。[82] 死者の魂が煉獄での責め苦を受ける時間を短縮するためには、しかるべき葬式・埋葬とその際の会員の祈禱は不可欠であった。このため各兄弟会は、理由なく葬式を欠席した者に対する罰を規約で定めていた。貧しい会員には兄弟会が葬式・埋葬の費用を支払っており、また裕福な会員に対しても葬式時にともす灯明を提供している。

（5）慈善

多くの兄弟会は、高齢、病気、けがなどにより収入の手段を失った会員への経済的援助を規約で定めている。しかし近年の研究では、会計簿の分析から規約に記されたとおりの援助が行われてはいなかった可能性が指摘されている。[83] 高額の援助を定めることのできる兄弟会はおそらく会員の多くが富裕な人びとであり、実際には援助を必要とする会員がいなかったというのもその一因だろう。[84] ただし少数であっても、また少額であっても、援助を受けた会員がいたことは確認されており、兄弟会に属することが現実的な恩恵をもたらすものだったことは否定できない。さらに、会員への援助は兄弟会側にも意味があったとされる。[85] 困窮した会員に援助することで、当時品位に欠ける行為とみなされていた物乞いを防ぐなど、兄弟会の体面を維持する効果と、相互扶助活動により会員間の連帯意識を強化する効果である。もっとも兄弟会の体面の重要性は兄弟会ごとに異なっていたと思われ、兄弟会によっては、会員への援助が純粋に困窮者への対応として行われていたことも十分推測できるように思われる。[86]

個々の会員への援助の他に、救貧院の設立・運営、橋や道路など公共の設備の修繕などの活動も行われている。[87] また会員以外の貧者も兄弟会の慈善活動の対象となったが、その種の支出は葬式時や祝宴時の一時的な施しに限られており、会員外への恒常的な援助を活動の中心に据えていた兄弟会はイングランドには見られない。[88] このため、最も援助を必要としているはずの最下層の人びとは、兄弟会への入会金を支払うこともできないため、恒常的に兄弟会の慈善活動の恩恵にあずかることはできなかったと推測される。兄弟会の慈善活動は社会全体を対象とする救貧活動とはなりえなかったといえる。

イングランド宗教改革と兄弟会

周知のように、イングランドの兄弟会は、プロテスタント化が推進されたエドワード六世治下の一五四七年に制定されたチャントリ解散法によって、解散させられた。したがって、近世においてもカトリック教会が存続し、兄弟会が存続する余地のあった大陸ヨーロッパ諸国とは異なり、近世における兄弟会の活動を独自に論じることは難しい。とはいえ、イングランドの社会における兄弟会の役割や位置を検討するうえで、それが解散させられたことの意味を問うことは重要な論点となるであろう。そこで、本項では、イングランドにおける兄弟会の解散のプロセスと、その解散が、兄弟会と深い関係にあった同職組合、教区、都市自治体に及ぼした影響について整理したい。

イングランド宗教改革史研究においては、エリザベス一世の即位による国教会の再建をもって改革が完了したとする伝統的な見解に対して、修正論が登場して以降、イングランド宗教改革が長期間にわたる事象とみなされ、宗教改革前後における断絶面と連続面の絡み合いについて慎重な議論を進めることが要請されている(89)。兄弟会との関わりでいえば、下からの早期のプロテスタント化を唱えるディケンズ的な解釈(90)からすると兄弟会の早期衰退が指摘されるが、これに対して、民衆が上からの宗教改革を受容するには長い時間を要したとする修正論(91)からすると、兄弟会の活動の充実ぶりが高く評価される傾向がある。いずれにせよ、イングランド宗教改革が兄弟会を取り巻く人びとの社会関係に及ぼした影響について、単純に「兄弟会が解散させられた」ことをもって、断絶面を浮き彫りにするだけでは不十分ということになる。

（1）チャントリ解散法

チャントリ解散法は、すでにヘンリ八世治下の一五四五年に制定されていたが、ヘンリ八世の死去により施行にはいたらず、エドワード六世治下に改めて制定され施行された。[92] 一五四七年法が解散ないし廃止の対象としたのは、チャントリ（永代寄進礼拝堂）perpetual chantry、カレッジ college、自由礼拝堂 free chapel、兄弟会 fraternity, brotherhood, guild、有給聖職者 stipendiary priest、オービットおよびライト obits and lights であった。[93] これらが解散ないし廃止の対象となった理由は、教義面でのプロテスタント化の進展によって煉獄の教義が否定された結果、神に対して死者の魂の執り成しをするための諸制度（およびそれを支える物質的基盤）の存続が否定されたからである。ただし、一五四五年のチャントリ解散法において明白であるが、国王の財政基盤の強化のために行われた修道院解散による教会財産没収政策の延長線上に位置づけることもできる。

一五四五年法と一五四七年法が制定されると、それぞれ一五四六年と一五四八年にチャントリなどの所有する財産を調査するために委員会が設置された。当委員会は、教区役人に対して調査票を作成させ提出させたが、この際回収した調査票を整理したものが、チャントリ報告書 chantry certificate と呼ばれるものであり、解散直前のチャントリをはじめ兄弟会の実態を知るうえで重要な史料となる。ただし、法の施行を予期した人びとが財産没収の前に売却したり隠匿したりすることがあっただけでなく、地域の調査委員たちが地域住民の利益に配慮して、売却や隠匿を黙認することもあったので、チャントリ報告書がどの程度実態を反映しているのかについては慎重に判断する必要がある。[94] また、チャントリ解散法前夜に存在したチャントリの数として多くの研究で引用されているデータとして、ヘンリ八世治下の一五三五年にトマス・クロムウェルの監督のもとに作成された教会財産査定録 *Valor Ecclesiasticus* を基にしたデータがあるが、これによれば、二三七四のチャントリおよび自由礼拝堂、一一〇のホスピタル、九六のカレッジ non-university colleges があったとされる。しかし、この査定に際しては兄弟会の捕捉状況が悪いという限界がある。[95]

このようにチャントリ解散前夜に存在した兄弟会の正確な数をつかむことには限界があるが、神に対して死者の魂の執り成しを行う諸制度に対する人びとの関心の大まかな傾向をつかむことが必ずしも不可能というわけではない。一五三〇年代半ば以降、これらの制度に対する遺贈や寄付の件数は減少傾向にあった(96)。当時の人びとの信仰心を検討するための史料としては遺言書があるが、エドワード六世の治世の遺言人でミサのための遺贈に触れたものはほとんどない(97)。そしてまた、チャントリ解散法に対する大きな抵抗や反乱などが起きていないことも、これらの制度が衰退傾向にあったことを示唆する。

とはいえ、一五三〇年代以降の動向が、これらの制度に対する人びとの関心の低下、煉獄の教義に対する信仰心の変化を示している、と直ちに解釈することにも注意深くなければならない。というのも、一五三〇年代以降は修道院解散を背景に、教区教会への財産の遺贈や寄付が手控えられた可能性は否定できないし、また、チャントリ解散法以降は、そもそもミサのための財産の遺贈が違法になることを考えれば、仮に煉獄の教義が人びとの信仰心のなかに残っていたとしても、ミサのための財産の遺贈がなされなくなるのは当然のことだからである(98)。

（2）　煉獄の教義の否定と葬式・埋葬

魂の救済を活動目的のひとつとしていた兄弟会にとって、会員の葬式やミサは、生者と死者の双方を含めた共同体のアイデンティティを確認する場であり、共同体としての存在を支えるイデオロギーが煉獄の教義であった。宗教改革による煉獄の教義の否定は、葬式や埋葬にどのような影響を及ぼしたのか。確かに、煉獄の教義の否定によって、ミサ、灯明、鳴鐘などの死者の魂の執り成しに関連する儀礼は禁止されたが、ミサの代わりに説教が行われること（あるいは死者が説教のための寄付をすること）が多くなっただけでなく、弔いの鐘を鳴らすことは存続した。また、葬式の際には、大勢の貧民（お揃いの衣装を纏わせることもしばしばであった）に出席させたり、彼らに衣類や食糧をふるまったりすることは、宗教改革前後を通じて見られた光景であった(99)。

故人の記念碑は、宗教改革前後を通じてつくられたが、碑文の内容には明らかに変化が見られた。宗教改革以前は、記念碑には命日が刻まれず、魂の執り成しのための祈りを嘆願するメッセージが刻まれていることが多かった。というのも、宗教改革以前は、命日は故人にとって煉獄に向かう日ではあっても、魂が救済される日ではなく、自らの魂の救済のために現世の人間に祈りを捧げてもらうことの方がはるかに重要であったからである。これに対して、宗教改革以降つくられた記念碑は、故人の生前の事績を称揚するものとなっていった。[100] だが、教義の変化のみをもって、葬式や埋葬にまつわる変化をすべて説明しようとするのは問題がある。故人が生前に蓄積した富の大きさや、地域社会において築き上げた地位が、埋葬の際の場所取りや葬式の規模・演出と相関していたことは、宗教改革前後で変わりがなかった。

(3)　同職組合への影響

兄弟会の解散の影響の大きさを評価するには、中世後期以降イングランドの社会において取り結ばれたさまざまな社会関係全体のなかに兄弟会を位置づけつつ、その解散が、他の多様な社会関係の相互のバランスに及ぼした影響を考察する必要がある。しかし、あらゆる社会関係を取り上げて全体像の変化と連続を描くのは限られた紙幅のなかでは難しいので、ここでは、兄弟会との関わりが特に深かった同職組合、小教区、都市自治体 municipal corporation、以上三者との関係を検討することで、兄弟会の解散の影響を整理する。

中近世の同職組合に関する近年の研究は、その営業規制団体としての側面だけでなく、社会的・政治的機能にも注目してきた。中世の同職組合のほとんどの規約には、兄弟会としての機能（ミサ、祝宴、宗教行列など）に関する規定がある。この同職組合の兄弟会としての側面は、一五四七年のチャントリ解散法においてやや特別な扱いを受けた。すなわち、同職組合の場合、司祭、供養、年忌、灯明の維持にあてられてきた金額は、賃料として国王に支払われることになったものの、土地などの財産を没収されることはなく、またその兄弟会も解散されなかった。同職組合と関係のない兄弟会や寄進礼拝堂がそのすべての財産を国王に没収されたのとは大きく異なる。

こうした事情から、チャントリ解散法によって同職組合の兄弟会的＝カトリック的な側面が直ちに一掃されてしまった、と想定するのは難しい。チャントリ解散法実施直前の一五四三年に制定されたノリッジの同職組合に関する市条例には、市民ホールで同職組合の祝宴が開催されること、会員の葬式の際の蠟燭・供物の費用負担や、ミサの実施、祭壇維持費用などについての規定があり、少なくとも一六世紀半ばまでは、中世の兄弟会的な側面が存続していたことを想定させる[101]。また、ヨークでも絹商組合と関係のある三位一体ホールと、呉服商組合と関係のある洗礼者聖ヨハネ・ホールでも、中世以来の兄弟会の宗教的機能がチャントリ解散法以降も隠されたかたちで存続していた[102]。こうした側面が、メアリ一世の即位によるカトリックの復興とともに一時的に息を吹き返すことは珍しくなかった。カトリック的な要素が払拭されるのにはかなり長い時間を要したのであって、払拭されたことが明確になってくるのは、一六世紀末以降のことである。

近世の同職組合は、カトリック的な側面を失っていく一方で、その共同体的な構成にも変化が見られたことが研究史上指摘されてきた。一つの有力なイメージは、親方層の階層分解や同職組合の合同、都市化に伴う都市郊外部の発達——特にロンドンの場合には顕著に見られた——によって、同職組合の営業独占が解体するとともに、資本主義的な社会関係が顕著になってくるというイメージである[103]。しかし、近年の研究は、従来の説よりも同職組合が長期にわたって存続したことを指摘しており、同職組合内部における社会的流動性の高さや家父長制的支配が統治の安定をもたらしたとする[104]。

いずれにせよ、カトリック的な側面の消失が、同職組合の共同体的編成を直ちに解体に導いたとはいえない。Ｓ・ブリッグデンの研究によれば、ロンドンでは一六世紀前半からプロテスタントが浸透していったとされており、Ｃ・サマヴィルの研究によれば、チャントリ解散法によって同職組合の宗教的な側面は消失したとされているが[105]、共同体意識を確認するための装置としての祝宴や故人となった会員との関係も、新たな根拠づけを試みることによって存続した。一五七〇年代、ロンドンの食料雑貨商のカンパニーは、カンパニーの守護聖人であった聖アントニウスに捧げていた祝宴を、カンパニーの創立記念パーティとした。また、カンパニーに土地財産を遺贈した故人会員の氏名をカンパニーの会合で読み上げることも行われた[106]。そして、会員の遺贈による土地財産の蓄積（カンパニーに対する慈善信託 endowed charity）と、それを財源とした慈善事業は重要性を失わなかった[107]。

（4）小教区社会への影響

宗教改革期に、小教区教会の光景が大きく変わったことはよく知られている。特に、エドワード六世治下の宗教政策によって撤去された聖画像、キリスト磔刑像、内陣さじき、祭壇などは、カトリックのメアリ一世治下に一時的に復活したが、エリザベス一世治下に再び撤去され戻ってくることはなかった。こうした上からの宗教政策への小教区教会の対応を、直ちに小教区住民の信仰心の反映とみなすことは問題があるとはいえ、その対応はきわめて忠実であり、小教区教会の物的構成は確実にプロテスタント化されていった。また、チャーチ・エール（献堂を記念するこの祝祭では救貧や教会修繕のための募金が行われた）などの小教区教会を中心とした伝統的な祝祭も衰退していった。兄弟会の多くは小教区教会に祭壇があったので、当然兄弟会の解散は小教区教会の風景を一変させたといえる[108]。

近世には、小教区教会そのものだけでなく、それを取り巻く社会経済状況も大きく変化した。特に、一六世紀半ば以降、農村工業を原動力とする市場経済の浸透、人口の急増、激しいインフレーションを背景に、貧民問題が一大社会問題となった。この対応の過程で、救貧法が次第に整備され、小教区を単位として行われる強制課税を財源として、救貧手当を支給し、施療院やワークハウスを運営するシステムが確立していった。小教区の中産層が、小教区委員や貧民監督官となって救貧法の運営にあたり、救済の対象となる貧民の生活を管理する役割を担うようになったとされる。

従来の研究では、チャントリ解散法によって兄弟会が解散させられ、自発的な連帯を基礎とした救貧・慈善事業が解体させられる一方で、小教区単位の強制課税に基づく救貧システムが確立していくことをもって、救貧のあり方には中世から近世にかけて大きな断絶があると想定されてきた。しかし、近年の研究では、こうした断絶説的な解釈は相対化されつつある。もちろん、近年の研究は、中世後期から近世にかけての変化を完全に否定しているわけではないが、比較的富裕な市民・農民による救貧を目的とした遺贈や、小教区教会で催されるさまざまな行事の際に行われる募金などが、小教区民の救貧のための財源として、近世においても依然として重要性を失わなかったことを指摘している(109)。

また、救貧行政における小教区の役割にしても、一六世紀になって突如として小教区が新たな役割を担うようになったというよりも、中世後期以降、遺贈された財産や教会における募金の管理・運営、臨時税などの課税負担といった歴史的経験の蓄積による共同体としての成熟が前提としてあってはじめて、近世において救貧行政の単位となることができたのであった(110)。さらに、救貧行政の担い手となっていた小教区の中産層以上の階層に属する人びとのメンタリティについてもいまだ検討の余地がある。すなわち、中世の慈愛に基づく無差別的な救貧から、宗教改革期には、ピューリタニズムとの親和性を持ちながら社会統制とセットになった救貧へと転換するという断絶説的な見解も、近年の研究において相対化されてきている(111)。

(5)　都市自治体への影響

中世後期の都市統治において兄弟会が重要な役割を果たしたことは、フィズィアン＝アダムズによるコヴェントリの研究や、B・マクリーのノリッジの研究によって明らかにされている(112)。都市の支配層を中心に結成された兄弟会は、周辺のジェントリや貴族たちをも会員として取り込むことによって、対内的には支配層の社会的結束を固めるとともに、対外的にも都市のプレゼンスを高めるうえで大きな役割を果たしたとされる。また、自治権を持たない中小都市においては、兄弟会が都市政府的な役割を果たすこともあったとされる(113)。しかし、これらの都市の兄弟会は、基本的にはチャントリ解散法によって解散させられた。チャントリ解散法は兄弟会の所有する財産の没収に関わっていたので、コヴェントリの兄弟会——聖体兄弟会と聖三位一体兄弟会——のようにチャントリ解散法に対して強く抵抗したケースもあったが、最終的には解散させられた。[114] 兄弟会が事実上の都市政府の役割を果たしていたとされるリッチフィールドでも、兄弟会は解散させられた。

それでは、兄弟会の解散は、都市統治の破綻に結果したのだろうか。この点については、考慮しなければならない点がいくつかある。

第一に、中世後期の社会経済変動＝危機的な状況に直面しても、多くの中世都市で秩序の崩壊が見られなかった理由として兄弟会的な組織の社会安定機能が評価されることはあっても、兄弟会が解散されたことによって都市統治が破綻したとはいえない。フィズィアン＝アダムズなどは、むしろ宗教改革がさまざまな華美な祭典や儀式を取り除いたことによって市民の負担を軽減したとし、宗教改革のインパクトをむしろ都市復興の要因として積極的に評価している。[115] ただし、さまざまな儀礼が簡素化されていく傾向は否定できないとしても、都市共同体の崩壊の側面を強調する彼の見解は、その後の研究によって修正され、都市の共同体的編成の適応力は宗教改革以後の時期においても高く評価されている。

第二に、宗教改革期は、都市の法人化が大きく進展した時期でもある。すなわち、多くの都市が、解散させられた修道院の財産を取得することによって都市の財政基盤を拡充し、内外の権限関係を整理しながら国王から法人化特許状を獲得し、市政の寡頭的な編成を強化しつつ政治的な自律性を高めていった。[116] たとえばリッチフィールドでは、都市政府的な役割を果たしていた兄弟会がチャントリ解散法によって解散させられるものの、兄弟会の構成員が中心となって宗教改革期に自治権を獲得した。[117] また、ノリッジにおいては、例外的な事例ではあるが、都市支配層を構成員とする聖ジョージ・ギルドが、煉獄の教義を連想させる〝ギルド〟という名称に代えて、聖ジョージ・カンパニーと改称して一八世紀の初頭まで存続した。当カンパニーを結節点とした社交は都市統治にとっても重要な意味を持ち続けた。[118] 都市は、その自律性を高めると同時に、その政治文化を再編成していったとみるべきであろう。[119]

(6)　近世後期への展望

以上、近世における三つの中間団体——同職組合、小教区、都市自治体——と関連させながら、兄弟会の解散の意味を検討してきた。宗教改革期にこれらの中間団体に見られた長期的な傾向としては、一方でプロテスタント化の進展に伴いカトリック的な要素を喪失し、他方で団体内部の分極化が進み寡頭的な編成をとるにいたるが、少なくとも一七世紀初頭までは共同体としての枠組みを基本的に維持したといえよう。

ただし、こうした中世以来の共同体的組織が一七世紀後半以降どのように変貌するのかについては、今後検討すべき重要な課題である。この点について示唆に富むのは、近世におけるロンドンと国家の関係を整理した坂巻清の研究である。[120] 坂巻清によれば、一七世紀以降、リヴァリ・カンパニーでは分極化と職業混合が一層進展し、職能共同体としての性格が失われる一方、区や小教区では有力者・富裕者集団の支配が形成され、治安判事による貧民監督官や治安官の指名を通じて中央政府の権力が浸透していくとされる。そして一七世紀末以降は、都市行政における都市自治体の役割は相対的に低下し、それに代わって「特定目的のための法令団体 statutory bodies for special purposes」(議会制定法によって設置された改良委員会や救貧社など)が、地域社会の救貧行政や基盤整備に大きな役割を果たすようになったとされる。

したがって、中世以来の共同体的組織を土台とした国家の社団的編成および社会的上昇のチャネルは、名誉革命による議会主権の確立を背景として、議会を通じて地域の問題を解決するシステムへ、そして議会主権への参画という社会的上昇のチャネルへと転換していくことが展望されている。ところで、国家編成の変化に対応して、一八世紀以降、クラブやソサイエティといった自発的結社の新たな簇生が見られ、地域社会の抱えるさまざまな問題に対応していくことになるが、こうしたヴォランタリ・アソシエーションの起源を兄弟会に求める向きがないわけではない。しかし、両者は自発的結社であるという点に限っていえば共通する側面もあるが、異なる国家＝社会編成のもとでの現象であり、それらの間の類似性を強調することには注意を要する。[121] とはいえ、一八世紀における自発的結社の簇生も、初期の段階では兄弟会的組織の影響力があったことを無視することはできないし、また、議会制定法によって設置された改良委員会と都市自治体の関係は対立的なものとは限らず相互補完的な関係にあったことも指摘されている。ただし、これらの問題は、「長い一八世紀」の漸進的な変化の文脈において考察すべき問題であり、本節の射程を超えたところにある。

第二節　中世個別事例——中世後期ビショップス・リンの聖体兄弟会

はじめに

ビショップス・リン（現キングズ・リン）はイングランド東部の都市である。ウォッシュ湾に面した港湾都市として、海路を利用した対外貿易、また河川を利用した内陸部との交易で栄えていた。兄弟会研究の視点からは、多数の兄弟会が存在した点が注目に値する。本節では、このうちのひとつ、聖体兄弟会 Corpus Christi Guild を例に、都市における兄弟会の役割を考察する。

ビショップス・リン一帯は、セットフォード司教の所領であるゲイウッド・マナーの西の端に位置していた。[122] 一一世紀末、セットフォード司教ハーバート・ド・ロジンガが司教座をセットフォードからノリッジに移したため、以後ビショップス・リンの領主はノリッジ司教となる。[123] 小教区はひとつのみで、聖マーガレット（マルガリタ）小教区教会がその中心である。ほかに聖ニコラス（ニコラウス）・チャペルと聖ジェームズ（ヤコブ）・チャペルがあった。一三七七年の人頭税の課税対象者（一四歳以上の男女）は三一二七人で、これはイングランド内で八位にあたる。[124] 住民の保有財産の多寡に応じた課税の記録では、徴収額が一三三四年の時点で一一位、一五二四年の時点では八位であり、比較的裕福な都市と位置づけられる。[125] 中世後期を通じてビショップス・リンはイングランドの主要都市のひとつと呼びうる地位にあったといえる。

中世後期のビショップス・リンでは、非常に多くの兄弟会が設立された。一三八八〜八九年に行われた王権による兄弟会調査の報告書には、ビショップス・リンの五一の兄弟会の報告書が含まれており、これは都市別の報告書数としては最多である。[126] さらに都市当局の文書には、一三七一年に堤防の修繕費用を寄付した兄弟会一覧があり、六八の兄弟会名とその代表名が記されている。[127]

ビショップス・リンに他の都市よりも多くの兄弟会が存在していた理由は、A・グッドマンの推測が妥当と思われる。グッドマンによれば、ビショップス・リン特有の理由は二つある。[128] 一点目は、ビショップス・リンに暮らす人びとの多くが生計の手段を陸路・海路での遠隔地との交易に頼っていたことである。遠隔地への往復に際しての海難などへの恐れから、災難により困窮した会員および家族への援助やしかるべき埋葬規程を持つ兄弟会が人気を博したという。遠隔地交易従事者が多い都市、とりわけ港湾都市に同じような傾向が見られることは、たとえば、ヨークシャーに関する研究でも指摘されているところである。ヨークシャー内で特に多くの兄弟会が存在していたのは、中心都市ヨークのほかには遠隔地との交易の活発な地域、特に主要道路が通るドンカスターや港湾都市のスカバラおよびハルだったという。[129] 二点目は、ビショップス・リンは比較的人口の多い都市であるにもかかわらず、小教区教会がひとつしかなかったことである。このため、往々にして他の都市に見られるような生活密着度の高い小規模の小教区共同体がなく、したがって、兄弟会が小教区共同体のネットワークに代わるものを提供したとグッドマンは推測する。

ビショップス・リンの兄弟会の中で、先行研究で多く取り上げられてきたのは聖三位一体兄弟会 Holy Trinity Guild である。[130] この兄弟会は商人からなる兄弟会で、一三世紀初めには存在していたとされる。当兄弟会が注目されてきた理由は、議事録や会計簿など現存する史料が他の兄弟会に比べて豊富にあることに加え、当兄弟会がビショップス・リンの政治において重要な役割を果たしていたことにあると思われる。当兄弟会の代表は、市長と市参事会員とともに市政府を構成しており、さらに市長の不在時にはその代わりを務めることとされた。代表はまた、市政府を構成する二四名の市民の選出にも関与していた[131]。聖三位一体兄弟会は、市政との関わりにおいて他の兄弟会とは隔絶した位置づけにあったといえる。また、一般の都市民男女のみならず市長にも、さらには都市政府そのものにも、場合によっては一件で三〇〇ポンドに上るほどの多額の金銭の貸付を行っており、「都市の銀行」としても機能していた[132]。

聖三位一体兄弟会以外の兄弟会についても、同一兄弟会に関する複数の種類の史料が現存している例は少ないものの、兄弟会調査報告書および個々の兄弟会が作成した規約や議事録、会計簿、会員名簿などの史料がある。このため、中世後期ビショップス・リンの兄弟会は一八世紀以来注目されてきた[133]。しかしながら、いずれの研究でも、主に規約を参照してその設立目的を整理したり、史料紹介として一部の史料を引用したりすることに重点が置かれ、実際の活動内容を検討するには至っていない。多くの兄弟会が存在したビショップス・リンの社会を読み解くには、聖三位一体兄弟会以外の兄弟会にも注目し、その活動内容や都市における役割、兄弟会間の関係を検討することが必要と考える。

本節で取り上げるのは、聖体兄弟会である。当兄弟会は、後述するように、会員の多くはおそらく聖三位一体兄弟会と同様に都市の役職者など社会的地位の高い者であった。その一方で、聖三位一体兄弟会とは異なり市政との明確な関係は見られない。このため、聖体兄弟会の活動内容を明らかにし、聖三位一体兄弟会と比較することで、両兄弟会間の関係や上層の都市民にとっての兄弟会の意味、都市における兄弟会の役割を検討することができるだろう。

ビショップス・リンの聖体兄弟会の概要

(1) 史料

中世後期の聖体兄弟会については、規約、会計簿、議事録が現存している。規約は、一三八八〜八九年の兄弟会調査の際に大法官府に提出されたものである。[134] 保存状態が悪く判読が困難な部分が多いが、兄弟会の設立目的や活動内容が記されている。

会計簿は一三八八年度から一四六〇年度までの間の三二年度分が断続的に現存している。[135] すべてラテン語で記されている。期首は聖体の祝日である。[136] 現存する会計簿の中で最も間隔があいているのは一四一二年度と一四二五年度の間で、ついで一三九二年度と一四〇〇年度の間、一四五三年度と一四五九年度の間である。これらを除いては、一一回の空白期間があるものの三年度分以内であり、現存する年度が断続的であってもこの会計簿を用いて一四世紀末から一五世紀半ばの聖体兄弟会の活動を調査することに問題はないと思われる。記載の形式は、二つの会計簿が現存している一四三八年度を境に変化している。この年度の一方の会計簿とそれ以前の会計簿は、細部は異なるものの、項目ごとの担当者名が記されている場合はたいていは冒頭から、収入として家屋の賃貸料（会計係Aの担当）、倉庫などの賃貸料（会計係Bの担当）、支出として修繕費（Aの担当）、修繕費（Bの担当）、祝宴費用（Bの担当）、地代の支払いと蠟燭代（Bの担当）の順で記されている。修繕費の記載はおそらく、家屋の賃貸料を担当した者が家屋を、倉庫などの賃貸料を担当した者が倉庫などを担当したものと思われる。これに対して一四三八年度のもう一方の会計簿では、二名の会計係それぞれの担当分が、担当者ごとに分割して記されている。翌一四三九年度以降は、この、一人の会計係の担当分を最初にまとめて記し、続いてもう一人の会計係の担当分をまとめて記すという記載方法が定着したようだ。[137] ただし、一四三九年度から一四四六年度までの現存する会計簿五年度分には、それまで毎年度記されていた賃貸料収入や祝宴費用の支出の一部の記載がなく、冒頭の会計係の氏名も一名分が記されるのみである。冒頭の会計係の氏名欄に余白があるため、もう一名分記入する予定だったのだろう。つまり、これらの年度の会計簿は、一名の会計係の担当分は記載されたが、何らかの理由でもう一名分が記載されないままになったと考えられる。一四四七年度は会計係二名分の氏名があるが、内容は一名分と思われる。次に現存する一四五〇年度分以降は、一名分の記載しかない一四五一年度分を除き、二名の会計係それぞれの担当分が順に記されているが、記載項目が一部不足していると思われる年度もある。

議事録もラテン語で記されており、一四三三年度、一四三四年度、一四三六年度、一四三七年度分が現存している。[138]原則としては聖体の祝日の一週間後に行われた集会の議事録のようだが、一四三四年度のみ、他二回の集会も加えて全三回の集会の議事録が記されている。記述の分量は少なく、集会で選出された新役職者の氏名や会員から兄弟会への遺贈、金銭の受領や支払いについて若干の記載があるのみである。さらに一四九二年度から一五〇一年度までについては議事録と会計簿が一体となった冊子が現存しているが、記載内容は新役職者名と新規加入者名などに限られる。[139]

これらのうち、本節では主に、聖体兄弟会の活動内容を検討するという目的にかなう情報を得られる、一三八八年度から一四六〇年度までの会計簿を使用する。

（2）　設立の経緯と会員

聖体兄弟会は、名称から推測されるように聖体の祝日の諸行事の維持を目的として設立された。具体的な経緯は、規約に明示されている。それによると、「一三四九年に黒死病でビショップス・リンの多くの人が死亡したとき、聖体拝領が、本来であればよい蝋で作られた二本の蝋燭が適切であるのに、質の悪い蝋で作られた一本の蝋燭を用いて行われていたため、三人の男がこれは不適切だと考え、そのための蝋燭を準備した」とのことである。[140]

聖体兄弟会の役職者は、代表一名、会計係二名、書記一名、触れ役一名で、多くの兄弟会と同様である。[141]議事録によれば新年度の役職者は聖体の祝日の一週間後に行われた集会で選出されている。

正確な会員数は、現存する史料からは不明である。しかし、一四〇〇年度の会計簿の冒頭に三〇名の会員から何らかの納入金を受領した旨が記されている。[142]一四〇四年度にも、二九名がひとりあたり六シリング八ペンスを兄弟会に納入したことが、納入者の氏名を付して記されている。[143]ここから、三〇名前後が属していたと考えられる。ビショップス・リンの他の兄弟会については、聖エドマンド兄弟会の一三八八〜八九年の兄弟会調査報告書として現存する規約に二二名の氏名があり、これは調査時点での会員名簿と考えられている[144]。これと比較すると、聖体兄弟会はビショップス・リンの兄弟会の中ではやや会員数が多いのかもしれない。新規加入者の氏名は、五年度のみ会計簿に記されている。一三九二年度、一四〇二年度に三名ずつ、一四〇〇年度に二名、一四三八年度に一二名、一四四六年度に二名の合計二二名であり、すべて男性でこのうち五名は聖職者である[145]。他の兄弟会の中では聖三位一体兄弟会の新規加入者が一五世紀初頭の三年間について明らかにされており、男性二六名、女性二三名の合計四九名で平均すると一年度あたり一六名程度とされる[146]。新規加入者数から推測して、聖体兄弟会は聖三位一体兄弟会よりも会員数は少なかったと推測される。ただし聖三位一体兄弟会についても一五世紀の会員数がわかる史料は現存しておらず、ビショップス・リンの兄弟会の規模を把握するのは困難である。

会員はどのような社会的・経済的地位の人びとだったのか。これについても史料は十分ではないが、兄弟会の入会金が会員の社会的地位を判断する手がかりとなる。聖体兄弟会の入会金は当初は五ポンドで、一四三八年度までには三ポンド六シリング八ペンスに減額されてはいるものの、兄弟会の入会金としては依然として高額である[147]。おそらく裕福な市民が加入していたと思われる。

代表と会計係については氏名が明らかになるため、社会的地位が推測できる。代表は三二年度のうち一八年度についてのみ明らかになる。二年度、三年度を連続であるいは断続的に務めている者もいるため、一八年度を一二名が務めている。一二名のうち一一名は代表の前後あるいは同時期に市長を務めており、また議会代表に選出された者や市収入役を務めた者もいる[148]。会計係は大部分の年度について二名とも氏名が明記されているが、二人そろって二年度あるいは三年度連続で務めることもあれば、一方のみ代わることもあり、三二年度で合計三七名が登場する。このうち二四名は他の史料との照合が可能である。五名が会計係を務めた後に市長となっているほか、市参事会員や議会代表を務めた者もいた。このように、代表と会計係を務めた会員はビショップス・リンの市民の中でも上層にある者だと推測される。

さらに上述の五年度分の新規加入者のうち俗人は一七名だが、少なくとも一〇名は、入会前あるいは入会後に市長や市収入役、議会代表の選出人などの市の要職や、聖三位一体兄弟会の役職者などを務めている。さらに一四〇四年度に六シリング八ペンスずつ納入している二九名の会員のうち一〇名がその時点で市長経験者か、あるいはのちに市長を務めている(149)。これらの点から、聖体兄弟会への入会者は概して上層の市民が多く、およそ三分の一強が、いずれかの時点で市の要職を務めたものと推測していいだろう。

(3) 活動内容——一四三四年度に注目して

聖体兄弟会の活動内容を、議事録と会計簿の両方が現存している一四三四年度に注目して、必要に応じて他の年度の会計簿も参照しながら明らかにしていきたい。

一四三四年六月三日の集会の議事録には、選出された役職者の氏名と若干の納入金の受領以外の記載は見られない。この年度は、一〇月二一日と翌一四三五年三月一三日にも集会が開かれている。一〇月の集会の議事録には会員からの蓋付きの容器の寄贈が記されており、翌年三月の集会の議事録には若干の未納金の納入が記されている。

一四三四年度の聖体兄弟会の収入と支出は表に示したとおりである。収入の三分の二は、家屋、空き地、倉庫 cellar、階上室 solar の賃貸料が占めている。家屋の賃貸料には、兄弟会が保有していると思われる二艘の小舟の賃貸料も含まれている。その他には、前年度以前の分の未納金、材木の販売による収益などが含まれる。この年度に限らずすべての年度で、収入のうちの大部分を賃貸料が占めており、イングランドのほかの兄弟会と同様、不動産からの収益が重要な収入源だったことを指摘できる(150)。

支出を見てみよう。一四三四年度の全支出の約半分を占めているのが、家屋などの修繕費である。石灰や砂、タイル、材木などの建築材料、それらの運搬費用、タイル工や大工への賃金などが詳細に記されている。保有する家屋などの管理が重視されていた点にも、賃貸料が重要な収入源であったことが見て取れよう。ついで多いのは蠟燭代で、四ポンド四ペンスである。このうち四ポンドは燭台hercia用の大小の蠟燭代として、蠟燭工に支払われた。四ペンスは祭壇にともす蠟燭とある。蠟燭そのものの代金以外にも、蠟燭を維持する費用としてドミニコ会修道会へ一二シリング支払われており、ドミニコ会修道会の付属教会にも蠟燭を奉献していたことが明らかになる。蠟燭代の他には、祝宴のための食材の購入費、料理人やミンストレルすなわち芸人への支払いなども、支出の少なからぬ部分を占めている。

会計簿から、聖体兄弟会の活動内容が浮かび上がってくる。宗教活動については、聖櫃tabernacleの保有とそれを運ぶ聖職者の手配から、当兄弟会が聖体行列の実行を重視していたことが推測される。聖櫃とは聖体を保存する容器

表　中世後期ビショップス・リンの聖体兄弟会

聖体兄弟会の収入・支出
(1434年度)
史料：KL / C 57/22

	£	s.	d.
〈繰越金〉	9	2	11.5
〈収入〉			
家屋の賃貸料	5	16	11.5
空き地・倉庫・階上室の賃貸料	6	6	10
その他	6	0	8
合計	18	4	5.5
〈支出〉			
家屋等の修繕	9	10	6
蠟燭	4	0	4
祭壇布	0	4	8
教会の窓の清掃	0	0	8
祝宴(食材など)	1	8	2
ミンストレルへ	0	13	8
料理人へ	0	2	0
ノリッジ司教への地代	0	3	10
ドミニコ会修道会へ	0	12	0
国王への税	0	0	10
小教区教会の聖具室係へ	0	3	4
聖櫃の下で祈る司祭へ	0	1	8
兄弟会の触れ役へ	0	10	0
死者のための鐘	0	2	0
その他	0	1	11
合計	17	15	7

で、"tabernacle"は特に精巧な装飾が施された高価なものを指すようである[151]。少なくとも三年度分の会計簿に、明確に聖櫃の装飾や修繕のためとわかる支払いが確認でき、聖櫃の維持・管理が重視されていたことが推測される[152]。聖櫃は聖マーガレット小教区教会に保管されたようで、当小教区教会の聖具室係にその管理のための謝金が支払われている[153]。聖体行列の際には、一般的には一名あるいは複数の聖職者が聖櫃を掲げて練り歩くとされるが、当兄弟会は多数の聖職者が聖櫃を掲げる役目に充てられている[154]。一三八八年度は「複数の聖職者」に一二ペンスが、また一四三〇年度から一四三二年度までの三年間は「一六名の聖職者」に三シリング四ペンスが、聖櫃を掲げて歩くことに対する謝金として支払われている[155]。複数の、それも一六名という大勢の聖職者が充てられている場合、行列の途中で交代したのか、あるいは聖櫃の上に掲げる天蓋を支え持つ者もこの人数に含まれているのかは会計簿の記述からは不明である[156]。少なくとも当兄弟会が天蓋も保有していたことは会計簿から推測できる。一四二五年度には聖櫃の「周囲の布」が修復され、一四四四年度には、聖櫃を覆う「屋根」の布が購入されていることに加え、一四六〇年度には、「布」を運ぶ労力に対して四ペンス支払われている[157]。これらはみな天蓋に関する支出だと思われる。さらに当兄弟会は、聖マーガレット小教区教会に安置された聖櫃の下で、聖体の祝日から一週間、祈禱を捧げる司祭を配置していることが、多くの年度の会計簿から明らかになる。聖櫃と天蓋を維持・管理していたことと、聖櫃を運ぶために一六名もの聖職者を置いていたことから、聖体兄弟会は聖体行列の実行に重点を置いていたと考えられる[158]。

ビショップス・リンの聖体行列が都市を挙げての一大行事であったことが、他の史料から明らかになる。一四四九年のビショップス・リンの仕立商組合の規約では、市民ではない者の入会金のうち四〇ペンス、外国人の徒弟を雇った場合の罰金四〇ペンス、他の会員の製品を中傷した場合の罰金四〇ペンスが、聖体行列の維持に使われることと定められている[159]。また一四六一年の都市の会計簿によると、聖体行列の際の働きの報酬として、毛皮商組合と水夫組合にそれぞれ二〇シリングと四シリングが市から与えられている[160]。毛皮商組合と水夫組合の具体的な活動内容は不明だが、同職組合を単位として聖体行列に加わったと推測できそうである[161]。聖体兄弟会が聖櫃と天蓋を維持・管理していたことや、多数の聖職者を手配していたことを考慮すると、同職組合も加わる聖体行列の中で中心的な役割を果たした団体こそ、聖体兄弟会であったと思われる。

蠟燭代が当兄弟会の支出の多くを占めていることも、聖体行列の重視と関連づけられる。当兄弟会は、とりわけ燭台の維持とそこに立てる蠟燭の維持に意を用いている。この燭台は聖体行列で掲げられたようで、一四一二年度には、市内を練り歩く際に燭台を掲げる労力に対して八ペンス支払われている[162]。この燭台は、会計簿の現存する期間中に少なくとも三回、修繕されている[163]。

その他の宗教活動としては、死亡した会員の魂のために祈る専属の司祭の配置が見られる。一三八八年度はニコラスという名の司祭に、聖マーガレット小教区教会で当兄弟会の会員の魂のために祈ることに対する謝金として四ポンド一三シリング四ペンスを支払っている。その後も、司祭は代わっても一四〇五年度までは謝金として五ポンドが支払われている。しかし現存する会計簿の中では一四〇五年度の次にあたる一四〇七年度以降、専属の司祭と思われる人物の氏名やその手当についての記載は見られない。祈禱関連と認められる司祭への支出は、聖体の祝日から一週間、聖マーガレット小教区教会で聖櫃のもとで祈る司祭への謝金のみである。また、特定の会員の魂のための祈禱も、一三八八年度は二名の、一三九二年度は三名の死者の魂のためにフランシスコ会修道会の修道士が祈っていることしか確認できない[164]。このように一五世紀初頭以降は専属司祭の配置も個々の会員のためのミサも会計簿からは明らかにならない。しかし、聖マーガレット小教区教会の聖具室係への、聖体の祝日の祝宴時およびその一週間後の祝宴時に鐘を鳴らすことに対する謝金は一五世紀後半まで継続して見られる。これは祝宴に先立つミサで鳴らされた、死亡した会員の魂の追悼のための鐘と思われ、死者の追悼が兄弟会の活動のひとつであり続けたと考えられる。

祝宴も、聖体兄弟会の主要な活動のひとつだった。聖体兄弟会では、祝宴は聖体の祝日とその一週間後の二回行われており、このうち一週間後の祝宴は兄弟会の役職者を選出する集会時のものである。一四三四年度は、食材やエールの代金、ミンストレルや料理人の賃金を合計すると二ポンド三シリング一〇ペンスとなる。食材についてはかなり詳細に記されており、パンやエール、魚、肉、スパイス類など、豊富な食材を用いた豪華な祝宴だったことがうかがわれる。しかし祝宴費用が二ポンドあまりというのは当兄弟会の祝宴費用としては少なく、祝宴費用の記載のない四年度分を除くと二八年度中一四年度で四ポンドを超えている。最高は一四二五年度の七ポンド六シリング三ペンスである。年度によっては総支出の半分近くを占めており、祝宴が重視されていたことを示している。

以上、一四三四年度の議事録および会計簿を主な史料として、他の年度の会計簿も加えて聖体兄弟会の活動を明らかにしてきた。ここで同時期の聖三位一体兄弟会の会計簿からその活動を明らかにして、両兄弟会の活動内容を比較することで、聖体兄弟会の活動の特徴を考えたい。

聖三位一体兄弟会の一四三八年度の会計簿を見てみよう。[165] 収入源のひとつは聖体兄弟会と同じく不動産の賃貸料で、家屋に加えて倉庫や階上室、店舗が含まれている点も共通している。ただし、規模は聖体兄弟会よりも圧倒的に大きい。不動産賃貸料による収入は五〇ポンドを超え、聖体兄弟会のほぼ四倍である。加えて、石臼や墓石、大理石の販売で合計一二〇ポンドほどの収入がある。これらに、入会金などそのほかの収入と前年度からの繰越金を加えると収入は合計で二九〇ポンド近くとなり、一四三四年度の聖体兄弟会の収入一八ポンド四シリング五ペンス半の一六倍程度となる。聖体兄弟会の主な収入源が不動産賃貸料であるのに対し、聖三位一体兄弟会はさまざまな手段で多額の収入を得ていたことがわかる。

支出はどうか。聖体兄弟会と聖三位一体兄弟会に共通しているのは、保有する不動産の修繕費用である。ただし保有家屋の数の違いを反映して、聖三位一体兄弟会の修繕費は約二三ポンドで、聖体兄弟会の修繕費約九ポンドの二・五倍ほどである。しかしこれよりも顕著な違いのひとつは、宗教活動に関する出費である。不動産関連では、聖三位一体兄弟会は聖マーガレット小教区教会内の同兄弟会のチャペルの修繕に一〇ポンド以上を費やしている。さらに、聖職者への謝金が実に七〇ポンド近い。これは当兄弟会が、聖マーガレット小教区教会、聖ニコラス・チャペル、聖ジェームズ・チャペルに計一六名の専属司祭を配置していることによる。一年のうちの四分の一や半年の働きに対する謝金もあるが、多くは一年間の働きに対する謝金である。会員の魂のための祈禱が重視されていたといえる。一方で聖体兄弟会については、一四三四年度は聖櫃のもとで祈る聖職者への一シリング八ペンスの支払いが見られるだけであり、専属司祭への謝金は一四〇七年度以降は見られない。聖体兄弟会が積極的に取り組んだ宗教活動は、上述のように聖体行列や祝宴であった。

もう一点、支出に関して大きく異なるのは慈善活動である。聖三位一体兄弟会は一四三八年度に、四〇名もの貧者に合計一五ポンド以上を支給している。マクリーによると、聖三位一体兄弟会の援助金受給者の多くは会員以外の者で、一五世紀前半は平均すると一年度あたり三九名の貧者に援助金を支給しているという(166)。聖体兄弟会は規約には貧者への援助が記されているものの、困窮した会員への援助金の支給も、会員外の貧者へのエールやパンの分配も、救貧施設の運営も、会計簿からは確認できない。現存する会計簿に記載がないことをもって聖体兄弟会が実際にこのような活動を行わなかったと結論づけることはできないが、慈善活動をそれほど重視していなかった可能性がある。聖三位一体兄弟会ほど収入が多くないことから、会員外の貧者への施しは経済的に難しかったとも考えられる。また上述のとおり、入会金の金額などから考えて聖体兄弟会の会員は裕福な者だったと思われるから、会員が経済的援助を必要とすることは現実にはそれほどなかったと推測することが可能である。また仮に何らかの援助が必要になったとしても、兄弟会所属は排他的専属ではないから、兄弟会が多数存在したビショップス・リンでは別の兄弟会からの援助を期待できたかもしれない(167)。

聖体兄弟会の会計簿に見られ、聖三位一体兄弟会の会計簿に見られない項目もある。祝宴費用である。聖三位一体兄弟会は、少なくとも一四三八年度の会計簿には、祝宴のための食材やエールなどの支出は見られない。

聖三位一体兄弟会と聖体兄弟会の会計簿の比較から、聖体兄弟会の特徴として、聖体行列や祝宴という聖体の祝日の諸行事の充実を活動の中心に据えていたことが指摘できる。

聖体兄弟会の都市内での位置づけ

以下では、ビショップス・リンの中で聖体兄弟会がどのような位置にあり、どのような役割を果たしたのかを考えてみたい。

(1) 兄弟会間の関係

同一都市内における兄弟会間の関係は、フィズィアン＝アダムズがコヴェントリについて論じている。[168] コヴェントリでは、市民の社会的地位の上昇に兄弟会が重要な位置を占めていて、まずエリート市民の息子や同職組合の役職者などからなる聖体兄弟会に属し、その後、より年長でより社会的地位の高い市民からなる聖三位一体兄弟会に移ることが一般的な上昇の経路だったとされる。また、聖三位一体兄弟会の代表は年長者一二名を率いて聖三位一体兄弟会の運営を監督するが、この一二名のうち半数は聖体兄弟会の運営をも監督したという。二つの兄弟会間には明確な序列があり、フィズィアン＝アダムズの述べるとおり聖体兄弟会は"junior fraternity"だったのである。これを踏まえて、ビショップス・リンにおける聖体兄弟会の位置づけを考えてみたい。[169]

前項で見たように、聖体兄弟会の会員には社会的・経済的地位の高い者が多かったと思われる。ビショップス・リンの兄弟会の中では聖三位一体兄弟会もまた、裕福な商人から成る兄弟会とされる。[170] 両兄弟会の入会金がともに五ポンドであったことも、加入できる人びとが限定され、会員が重複している可能性を示唆する。聖体兄弟会の会員の経歴を詳しく見てみよう。

聖体兄弟会の代表の氏名が明らかになるのは、前述のとおり一八年度分一二名である。このうち少なくとも五名は、聖三位一体兄弟会の代表となっている。この五名は、コヴェントリの例のように聖体兄弟会を退会した後に聖三位一体兄弟会に移ったのではなく、同時期に聖体兄弟会と聖三位一体兄弟会の両方に属していたと考えられる。五名のうち一名は聖体兄弟会の代表の前に聖三位一体兄弟会の代表になっている。残り四名は聖体兄弟会の代表の後に聖三位一体兄弟会の代表を務めているものの、うち一名については聖体兄弟会の代表就任以前から聖三位一体兄弟会に属していたことが確認できる。残る三名も、聖体兄弟会の代表以前から市長を務めるなど市政府で重要な役割を果たしていたことから、聖三位一体兄弟会に属していたと考えることは妥当と思われる。

会計係の中にも、聖体兄弟会と聖三位一体兄弟会の両方に属していた者がいる。一四〇〇年度から一四一〇年度までに断続的に四期会計係を務めたトマス・プロケットは、一四〇六年に聖三位一体兄弟会の会計係となっている。また一四二九年の会計係の一人ジョン・ウェシンハム・ジュニアは、一四二一年に聖三位一体兄弟会に加入している。以上、代表と会計係の例のみからではあるが、聖三位一体兄弟会と聖体兄弟会の両方に属しているとみなせる会員がいたことを確認できた。その他の会員については史料の不足から調査できないが、ビショップス・リンでは上層の市民は聖三位一体兄弟会と聖体兄弟会の両方に属していた者が少なくなかったと考えられる。

しかし前項で取り上げたとおり両兄弟会の会員数や活動内容に違いが見られることを考慮すると、単に上層の市民が両兄弟会に属していたというだけでなく、聖体兄弟会は聖三位一体兄弟会の会員の一部が入会できた特別な兄弟会だったとまで考えることが可能だと思われる。理由は二点挙げられる。

第一に、前述のとおり聖三位一体兄弟会の方が聖体兄弟会より会員数が多かったと考えられるため、聖三位一体兄弟会の会員の一部が聖体兄弟会に入会することができたと推測されることである。

第二に、聖三位一体兄弟会が死亡した会員の追悼や救貧を重視していたと見られる一方で、聖体兄弟会はこれらには積極的に取り組まず、聖体行列の実行と、聖体の祝日およびその一週間後の祝宴に特化していたことである。聖三位一体兄弟会の会員の一部が聖体兄弟会の会員だったとすれば、「兄弟会的」な恩恵は聖三位一体兄弟会から受けることができるため、聖体兄弟会が聖体の祝日の諸行事に関する活動だけに取り組んでいたことも理解できる。また、聖体兄弟会は専属司祭を持たないにもかかわらず、聖櫃を掲げて練り歩くことに一六名の聖職者を配置しているが、これには、聖三位一体兄弟会が抱えていた多数の専属司祭が充てられたのかもしれない(171)。

以上の二点から、ビショップス・リンの聖体兄弟会はおそらく聖三位一体兄弟会の会員の一部からなる、都市の聖体行列を取り仕切る兄弟会だったと考えられる。コヴェントリの二兄弟会とは異なる形での、兄弟会間の関係を見て取れる。

(2) 不動産の貸し出し――商業都市の兄弟会

つぎに、不動産の貸し出しに注目して、商業都市であったビショップス・リンの兄弟会の特徴を考えたい。保有不動産の賃貸料が兄弟会の重要な収入源だったことは明らかだが、不動産の場所や賃貸のパターン、賃借人に注目すると、商業都市において兄弟会が果たした役割が浮かび上がってくる。

聖体兄弟会の会計簿には、家屋の賃貸収入について賃借人、賃貸期間、実際の納入額の一覧があり、続いて空き地や倉庫、階上室の賃貸収入について同様の一覧がある。家屋については通りの名称など所在地を示す記載や以前の賃借人を示す記載があり、場所が特定できるようになっている。空き地と倉庫、階上室は複数が数か所にまとまってあったようで、「埠頭の前」や「埠頭の北」、「港の近く」にある倉庫などと記されている。家屋の賃貸料収入は現存する会計簿のすべての年度で記されているが、空き地・倉庫・階上室の賃貸料収入については一四三九年度以降一四五三年度までは若干の例外を除き記載がない。これは賃貸を取りやめたのではなく、前述のとおり一四三八年度を境に会計簿の記載方法が変化し、会計簿の一部が現存していないことによるのだろう。一四五三年度分の次に現存している一四五九年度分と翌一四六〇年度分には「埠頭の南」の倉庫や「港の近く」の部屋つきの倉庫などの貸し出しの記録がある[172]。これらが一四三八年度以前の不動産と同一のものかどうかは不明だが、一四世紀末から一五世紀半ばまで、聖体兄弟会が家屋とともに空き地・倉庫・階上室も保有し貸し出していたのはほぼ間違いない。それぞれについて、詳しく見ていきたい。

家屋の賃貸期間はすべて一年とある。貸し出されている家屋の数は一三八八年度、一三九二年度はやや少ないが、一四〇〇年度以降一四六〇年度までは若干の変動はあるものの二〇戸前後であり、場所から判断すると同じ家屋で賃貸料もほぼ一定である。したがって賃貸料による収入も年度あたり合計四ポンドから六ポンドと大きな変化はない。家屋は、毎週火曜日に市が立った広場であるチューズデイ・マーケットに一戸、その南に延びる料理人通りに一戸、その南に続く服地商通りに三戸、さらにその南に続くブリッグゲイト通りに六戸ある。これら三つの通りは、チューズデイ・マーケットと聖マーガレット小教区教会をつなぐビショップス・リンのメイン・ストリートだったと思われる。[173] 加えて、「司教の橋の先にある」ダンプゲイト通りに二戸とある。この「司教の橋」は、ビショップス・リンの東から都市の北部を横断してウーズ川へと流れこむゲイ川からひいた水路がダンプゲイト通りと交差する位置にあり、この橋の付近は荷を積んだ船が内陸まで入って荷卸しできる場所だったという。[174] 同様に聖ジェームズ・チャペル（あるいは「水路の近く」）の一戸も、ウーズ川と内陸をつなぐ水路であるミルフリート沿いと思われる。その近くにあるのが諸聖人教会に至る角（あるいは「製粉場の近く」）の一戸で、ここもおそらく水路に近く、水路からの荷卸し・荷揚げに好都合だったと考えられる。その他、詳細な場所は不明だが、パン屋通りに一戸、パーカーズレーンに一戸、「大きな橋」の向こうに二戸、ストーンゲイト通りに一戸あり、一四〇九年度よりブリッグゲイト通りの二戸が追加されている。このように、聖体兄弟会が保有していた二〇戸前後の家屋の多くは、商業都市ビショップス・リンの中でも特に商業や交易に適した場所に位置していたと推測できる。

賃借人に注目してみると、聖体兄弟会の代表や会計係を除いては当兄弟会の会員か否かは調査できないが、多くは都市の役職者である。ビショップス・リンの役職者であれば、おそらく商人だろう。聖体兄弟会が保有していた家屋は、住居として利用されたものもあるかもしれないが、商人にとっては店舗や倉庫としての利用価値が高いものだったと推測される。

空き地・倉庫・階上室は、家屋のように一年単位での貸し出しが一般的だが、週単位で貸し出されている例もある。このため賃貸数に大きな変化はないものの、年度あたりの賃貸料合計が五ポンドから一一ポンドと変動している。倉庫などの場所は家屋ほど詳細に記されないため厳密にはわからないが、大部分が埠頭の周囲にあったことは会計簿の表記から判明する。いずれの埠頭かは記されていないが、埠頭の修繕が行われている年度もあることから、聖体兄弟会が埠頭を保有していて、そこにある倉庫などだったとも推測できる。一四三八年度には、倉庫や階上室に加え「店舗 shopa つきの階上室」や「埠頭の前の店舗」が貸し出されている。これらの空き地・倉庫・階上室・店舗がみな埠頭や港の付近にあったことから、船から荷揚げした商品あるいは輸出予定の商品を一時的に置いておいたり、一定期間収納したり、販売したりする場所として借りられていたものと考えられる。

週単位という短期の賃貸は、一一年度分の会計簿に見られる。一三八八年度は「ブラス・ド・ノーハンプトンと呼ばれる人物」から、ホールの賃貸料二七週間分として二七シリング受領している[175]。この「ホール」は、聖体兄弟会の集会などが行われるホールではなく、品物を保管したりするホールのことだろう。この人物はおそらく、ノーサンプトンから来た商人で、二七週間のみビショップス・リンで、あるいはビショップス・リンを拠点にして、商業活動を行ったと考えられる。またジョン・ド・ブランドンからは同じホール一週間分の賃貸料として一二ペンスつまり一シリング受領している。ほかにはロジャー・パクスマンから倉庫一一週間分の賃貸料五シリング六ペンスを、ジョン・バッカーから倉庫五週間分の賃貸料五シリングを受領している。パクスマンは倉庫一週間分を通常の半額の六ペンスつまり二分の一シリングで借りている。パクスマンはこの年に市長を務めているものの聖体兄弟会の会員かどうかは確認できないが、会員ゆえに賃貸料が減額されたのかもしれない。貸借人には外国人もいる。一四五九年度に、二名の“Duchman”が倉庫をそれぞれ七週間と三週間借りている[176]。倉庫が貸し出されていること、短期での貸し出しであることから、ビショップス・リンの港を商業目的で訪れた外国人商人への貸し出しと推測される。

しかし総じて、聖体兄弟会が貸し出していた家屋、空き地、倉庫、階上室は、短期貸し出しでも、年間貸し出しでも、賃借人の多くがビショップス・リンの市民であった。聖体兄弟会の不動産は地元の商人の商業活動を支えていたといえる。毎年、一名か二名に対して小舟の貸し出しが見られるのも、水路を使って倉庫などに商品を出し入れするためと思われる。週単位の不動産の貸し出しは聖三位一体兄弟会の会計簿にも見られ、商業用の不動産の貸し出しは聖体兄弟会固有の特徴というよりビショップス・リンの兄弟会の特徴といえるだろう(177)。兄弟会の商業都市における役割が見えてくる(178)。

おわりに

本節では、一四世紀末から一五世紀半ばまでのビショップス・リンの聖体兄弟会についてその会員と活動内容、都市内での位置づけについて検討してきた。聖体兄弟会の活動の中心は、聖体行列を滞りなく行うことにあった。加えて年に二回の祝宴も、兄弟会の主要な活動だったといえる。会員は上層の市民で、おそらく聖三位一体兄弟会の会員の一部から成っていたと思われる。聖三位一体兄弟会の会員であることで、多くの専属司祭による死後の魂のための祈禱が約束されたが、聖体兄弟会に属して聖体行列で中心的な役割を果たすことで、さらなる救済を期待できたと考えられる(179)。

聖体兄弟会が都市の中で果たした役割も指摘できる。当兄弟会は、おそらく都市を挙げての一大行事であった聖体行列を、装飾つきの聖櫃や天蓋、燭台を適切に維持したり、多数の聖職者を手配したりすることで、確実にかつ盛大に実行できるように準備していた。聖体兄弟会は都市の宗教文化の担い手でもあったのである。また、当兄弟会が保有する家屋や倉庫に注目すると、不動産の貸し出しという点で都市内外の人びとの商業活動を、ひいては都市の経済を支えていたことが読み取れる。

聖体兄弟会は、兄弟会が多数存在したビショップス・リンで独特の位置を占め、会員と都市の両方にとって他の兄弟会とは別種と思われる役割を果たしていた。中世後期のビショップス・リンを形作る団体として、聖三位一体兄弟会と並び重要な位置にあったと思われる。

第三節　都市支配層の社交と政治——近世ノリッジの聖ジョージ・カンパニーを中心に

はじめに

本節で取り上げる近世ノリッジの聖ジョージ・カンパニー Company of St. George は、一三八五年ごろに創設された聖ジョージ・ギルド Gild of St. George に起源を有する。ノリッジの有力市民を中心に結成されたこの兄弟会は、一四一七年にヘンリ五世の特許状によって法人格を獲得した後、一五世紀前半の市政上の党派抗争に決着をつける形で、一四五二年に当時市内で有力であったもう一つの兄弟会であるバッチェリ・ギルド Gild of Bachery を吸収合併した。その結果、当兄弟会は、都市自治体の市参事会員と市会議員を主要な会員とし、市外に居住する有力者をも含む兄弟会となった。兄弟会の代表であるオルダマン職には前年度の市長が就き、前年度のオルダマンと新オルダマンが指名する一二名の参事によって構成される参事会が兄弟会の運営にあたった。その主要な活動は、聖ジョージの祝日にあわせて行われる宗教行列と祝宴、故人の会員のためのミサ、困窮した会員に対する支援であり、兄弟会の基本的な機能を有していた。当兄弟会は、都市自治体の支配層を中心に結成された点で、同職組合と結びついていた兄弟会や小教区社会を地盤に結成された小教区兄弟会とは異なる。中世後期のコヴェントリにおいて市民が上級の都市役職へ上昇していくプロセスで加入した聖体兄弟会や聖三位一体兄弟会のように、市政と密接な関係を持ちながら有力市民層の社会関係を取り結ぶ社交の場を提供したのである[180]。

中世後期のイングランドに簇生した兄弟会と大きく異なるのは、ほとんどの兄弟会が宗教改革期に施行されたチャントリ解散法によって解散させられたのに対し、聖ジョージ・ギルドは、名称こそ聖ジョージ・カンパニーに改められるものの、市長就任式を運営する組織として、その後も一七三二年に解散するまで存続した点である。解散に向けての手続きを進めた都市自治体の市会に設置された調査委員会の報告によれば、解散の理由は、当カンパニーが元来兄弟会であったこと、そして、一五四七年のチャントリ解散法によって当カンパニーの諸権限が法的には無効になっていたこと、にあるとされた(181)。しかしながら、聖ジョージ・カンパニーの解散の法的根拠がそうだとしても、以下の二つの疑問が残る。第一に、一五四七年のチャントリ解散法によって諸権限が無効になっていたにもかかわらず、一七三二年まで二〇〇年近くも存続したのは何故か、という問題である。第二に、一八世紀前半という時期に当カンパニーが解散したのは何故か、という問題である。

本節では、これら二つの問題について、以下のような手順で検討したい。まず、宗教改革期に当兄弟会がチャントリ解散法をはじめとする国家の宗教政策にどのように対応し組織としての存続を図ったのかについて検討する。そして、中世後期と近世の間の連続と断絶の両側面とそれらの絡み合いを浮かび上がらせたい。次いで、カンパニーにおける社交が市政とどのような関係にあったのかを考察することによって、ノリッジの都市統治において当カンパニーにおける社交が構造的に不可欠な要素であったことを明らかにし、その近世における存続の理由を探る。最後に、一八世紀前半という時期に当カンパニーが解散されるにいたった事情について、王政復古以後の都市の政治文化の変質と関連づけながら論じる。

ノリッジの聖ジョージ・カンパニー（ギルド）は、議事録や会計簿をはじめとして史料が豊富に残存している点でも例外的である。会計簿は断片的にしか残存していないため時系列の変化を長期的に追うことは難しいが、特定の時点でのカンパニーの収支を記録しており、カンパニーの活動を財政面から知る手がかりを提供してくれる。また、ごく限られた年度については祝宴の会費徴収記録が残存しており、そこには会員の氏名と納入額が記録されており、カンパニーの規模や構成を知ることができる。一方議事録は、近世については途切れることなく作成され現存しており、毎年度の役職選出、新会員の登録、時々に制定された規程、さまざまなカンパニー内部の紛争への対応が記録されている。長期的な変化を把握するうえでも、また、カンパニーをめぐるさまざまな問題とそれへのカンパニーの対応のあり方を知るうえでも、有利な位置にある。こうした史料の残存状況を可能な限り活かして上述の問題に取り組んでいきたい。[182]

宗教改革期における存続のための戦略

イングランドの兄弟会は、教義の面でのプロテスタント化が進展するエドワード六世治下に制定された一五四七年のチャントリ解散法[183]によって解散させられたが、ノリッジの聖ジョージ・カンパニーが例外的に宗教改革後も存続することができた理由のひとつは、ヘンリ五世の特許状にあった。この特許状により、聖ジョージ・ギルドは、法人格を取得し、兄弟会の役職選出や統治のための条例制定の権限を獲得するとともに、財源確保のための財産所有（一〇ポンドを上限）を認められ、法人としての永続性が保障されていたことが、存続の大きな理由のひとつである。[184]

しかし、法人としての地位は、直ちに団体が果たす役割の永続性を保障するものではなかった。チャントリ解散法により、神に対して死者の魂の執り成しをするための制度やそれを支える物質的基盤は解体を迫られたのであり、聖ジョージ・ギルドも例外ではなかった。[185]一五四八年には、兄弟会としての性格を払拭するために、組織名称を聖ジョージ・ギルドから聖ジョージ・カンパニーへと改めただけでなく、宗教行列が廃止され、故人の会員のためのミサが行われなくなった。[186]一六世紀前半の会計簿に記録されていたオービット（故人を記念して行われる、死者のためのミサを含む儀式）への支出は、一六世紀後半のそれには見当たらなくなる。[187]カンパニーの祝祭は簡素化されただけでなく、守護聖人である聖ジョージとの結びつきを弱めていった。

メアリ一世がカトリックへの復帰政策をとると一時的にかつての祝祭が復活することになり、一五五五年の議事録によれば、組織の名称は再び聖ジョージ・ギルドに戻された。[188]しかし、それも束の間、エリザベス一世治下の一五五九年には再度聖ジョージ・カンパニーへと改称された。エドワード六世治下に廃止された宗教行列が、エリザベス一世治下に復活したが、宗教行列からは聖ジョージ伝説にまつわる聖ジョージも、聖ジョージに救出されるマーガレットも消え去り、退治されるドラゴンだけが残った。[189]

このように宗教改革期の聖ジョージ・カンパニー（ギルド）は、王権の宗教政策に忠実に対応しており、その限りにおいては、受動的であるように思われる。しかし、兄弟会のイデオロギー的基礎である煉獄の教義を失った聖ジョージ・カンパニーは新たな存在理由を模索することになるが、この点について決して受動的ではなかった。すなわち、カンパニーの年中行事の中核をなす宗教行列と祝宴の日程が、守護聖人である聖ジョージの祝日（四月二三日）から、最終的には市長就任式の日程（洗礼者聖ヨハネの祝日〔六月二四日〕の直前の火曜日）に合わせたものになっていった。(190)すなわち、当カンパニーは、市長就任式を運営する団体となった。

宗教改革前後を通じて組織運営の中心となったのは参事会であったが、当カンパニーの長であるオルダマン職に就任する前年度の市長が、前オルダマン——一五四九年以降は新市長も加わる——とともに、一二名の参事のうち半数を指名したことや、(191)都市自治体の市長、市参事会員、市会議員を核とした参事会の構成には変化がなかった。したがって、カトリック的な要素を払拭して世俗化されたという点を除くと、連続面が浮かび上がってくる。市長を核として都市支配層の結束を確認し、その威厳を可視的な形で都市住民に示すための宗教行列や祝宴などの儀礼は、宗教改革以後も都市支配層にとって欠かすことのできない重要性を持ち続けたのであった。

会員に対する救貧も、宗教改革前後を通じて一定の意義を持った。マクリーは、一六世紀前半の当カンパニーの会計簿を分析し、チャントリ解散法以前からすでに会員に対する救貧支出の規模が大きくなる事実を根拠として、宗教的な存在理由を失いつつあったカンパニーが、その存在理由の重心を移していくことによって組織の存続を目指したことを指摘している。(192)カンパニーの会計簿には、収入係 treasurer の管理するものと、会計係 surveyor の管理するものがあったが、救貧のための支出は、収入係が管理しており、財源は後に触れる祝宴係の役職免除金からの収入であった。(193)

以上のように、ノリッジの都市支配層は、宗教改革期の兄弟会を取り巻く状況の大きな変化、すなわち解散を迫る外部からの圧力にもかかわらず、解散しようとはしなかったのである。概して、当カンパニーの戦略は一貫していたと思われるが、政治的・宗教的状況の変化への対応のあり方をめぐって、カンパニー内部に対立がなかったとはいえない。そのことを示唆するのが、一五四八年に発生した祝宴係の就任拒否をめぐる紛争であった。祝宴係は、カンパニーの祝祭を取り仕切る重要な責任者であり、毎年四名が選出された。祝宴係四名のうち、トマス・クォールズ、リチャード・トムスン、アンドリュー・クォッシュの三名が祝宴係の就任を拒否したのであった。カンパニーの議事録を読む限り、彼らが祝宴係の就任を拒否した理由を特定することは難しい。(194) しかし、三名ともチャントリ解散法以前から市会議員として当ギルドの会員となっていたことや、(195) 就任を拒否した年代が、チャントリ解散法に対応するために当ギルドが組織変更を試みた時期にあたることなどから察するに、宗教上の理由から就任を拒否した可能性が高い。なかでも、クォッシュは急進的なプロテスタンティズムとの深い関わりを持っていたとされる。したがって、より急進的なプロテスタントであったクォッシュからすると、カンパニーの儀礼の中にカトリック的要素が払拭されずに残っていたことに不満を持っていた可能性が高い。(196)

この事件に関連して注意すべき第一の点は、祝宴係への就任を拒否した三名に対する当カンパニーの処分が、カンパニーから除名するだけでなく、市民権の剝奪を伴っていたことである。これが意味するのは、祝宴係の職務を引き受けることが、カンパニーの会員として果たすべき義務であっただけでなく、市民としての、少なくとも市会議員という支配層の構成員として果たすべき義務であったことである。祝宴係を引き受けることは、共同体成員が等しく負うべき義務であっただけでない。市長・市参事会員・市会議員を中心とした都市支配層の権威を称揚するためのセレモニーを司る役職であるから、この役職をつつがなくこなすことは、市長を頂点とする都市支配層の権威を、その階層秩序を受け入れることができるかどうかを試すと同時に、支配層の一員としての資格を認められるための試金石であった。

第二に注意すべき点は、祝宴係の職務遂行を拒否した三名はともに、儀礼の形式に対しておそらくプロテスタントの立場から反対したのであって、理由は不明な点が多いが、少なくとも前段で述べたような祝宴係選出の方式やカンパニーにおけるその役職の位置づけそのものに対して抵抗を試みたわけではないように思われる。このことは、三名とも最終的にはカンパニーに復帰し、市民権も回復されたことからわかる。クォールズとトムスンは、間もなく自ら非を認めて罰金を支払い、カンパニーに復帰して市民権を回復した。他方、クォッシュは、しぶとく抵抗したためにギルドホールの監獄に収監されたが、法律家ワトソンの助けを借りてサマセット公による調停を導き、ようやくカンパニーに戻り、やがて一五五八年にはシェリフに就任し、一五五九年から一五六三年まで都市自治体の市参事会員を務めた(197)。

クォッシュのケースに見られるように、国王の宗教政策の紆余曲折を背景に、宗教上・政治上の立場の違いが都市支配層の内部対立を増幅させる可能性はあったが、当カンパニーはそうした対立を最小限に抑えつつ、統治の安定に寄与したのであった。特に、一五六〇年代までは、支配層内部に宗派的な多様性が見られたので、支配層内部の対立が表面化する可能性はきわめて高かった。一五七〇年代になると、都市自治体の中核をなす市参事会員がプロテスタント化され、その意味では不安定要因は小さくなるといえるのかもしれないが、プロテスタントの支配層にとっても、チャントリ解散法以前のカトリックの支配層と同様に、カンパニーを通じた社交の重要性は変わらなかったのである(198)。

以上のように、聖ジョージ・ギルドが、チャントリ解散法によって兄弟会としての存在理由を失ったとしても、その後二〇〇年近くも聖ジョージ・カンパニーとして存続したのは、それが、中世後期に創設された組織の単なる残滓ではなく、支配層の結束を固め、また都市内外に対して支配層の威厳を顕示する機能を持っていたからであった。

社交と政治

さて、聖ジョージ・カンパニーを通じた社交が重要な意味を持つとしても、宗教改革期に著しく世俗化されて、市長就任式を運営する団体になっていくのだとしたら、兄弟会を解散して、都市自治体内部に独自の組織を作るという選択肢はなかったのだろうか。その選択肢を選ばなかったのは何故なのだろうか。当事者たちにとってみれば、当兄弟会は一五世紀以来存続してきた組織であったので、それを存続させることは至極自然な成り行きであったであろう。また、当兄弟会は、都市の支配層だけでなく、市外の有力者である地主や貴族たちをも会員としていたので、彼らとの関係を維持することが、都市の対外的なプレゼンスを高めるうえで必要とされたとも考えられる。さまざまな事情があったことが想定できるが、本項では、都市支配層の社交と政治の相互関係を探ることで、カンパニーが独自に存在したことの意義を検討したい。

中世の兄弟会研究において、祝宴の社会的機能の重要性はたびたび指摘されてきた(199)。

第一は、紛争回避・調停の機能である。祝宴において飲食を共にすることを通じて仲間意識を醸成することにより、会員同士の紛争を事前に回避する、あるいは、すでに起きてしまった紛争によって生じたわだかまりを消す、というものである。この機能についての具体的事例は、議事録などに記録される可能性が低いので、これを具体的に裏付ける事実を史料のなかに多く探し出すことは容易ではないが、一六七四年の当カンパニーの議事録には、会員に対して侮蔑的な言葉を発したロバート・ディモンドに謝罪をさせ今後同じことを繰り返さないように約束させた、という記録が残っている(200)。

第二に、祝宴は、服装に関するコードやテーブル・マナーなど一定の作法にしたがって執り行われたから、社交の作法を修得する場でもあった。当カンパニーの場合、祝宴や会合の際には指定された黒のガウンの着用が義務付けられており、未着用の場合は罰金が科せられた。一六二八年、一六三一年、一六三三年に繰り返し規定が確認されている(201)。

第三に、祝宴の席順などは、出席者の社会的地位にしたがって決められたので、祝宴は、社会における階層序列が可視化される場として機能した。一六一五年の当カンパニーの議事録には、祝宴の際に年下の会員が先に宴会場に入り、最後に市長が入場するまで、市長のテーブルの方を向いたまま起立していなければならない、という規定が定められている(202)。

第四に、祝宴という社交の場を利用してさまざまなねらいから人的なコネクションをつくることを目的として会員になる者も多く、地域社会におけるネットワークを構築する場としての社交的な機能があった。したがって、より広い社会的文脈のなかに当該集団を位置付けつつ、当該集団の結束を固めるうえで、祝宴は重要な役割を果たしたといえる。

一般論として祝宴の社会的機能は以上のようなものだとしても、実際にどの程度これらの機能を発揮することができたのか、という問題に答えるためには、集団内外でどのような紛争が起こりうる可能性があり、あるいは実際にどのような紛争が起こり、どのように解決されていくのか、というプロセスを検討する必要がある。兄弟会の規約だけを見ると、集団の結束はとても固いもののように見える傾向があるので、規約だけでなく、議事録も分析することが必要となる。また、祝宴を執り行うこと自体が多くの時間と大きな労力を必要とし、会員にとっては大きな負担でもあったので、祝宴係の選出や祝宴の運営をめぐって対立が生じることがあった。祝宴係の選出は、当カンパニーの存続にとって、きわめて重要な位置にあった。そこでまず、祝宴係選出の手続きや役職忌避に関する問題を切り口として、当カンパニーが、カンパニー内外における政治的・宗教的対立にどのような対応をしたのかについて検討する。

一六世紀後半には、当カンパニーの祝宴係は毎年他の役職とともに四名選出されたが、その選出方法は、一二名の参事が前年度の四名の祝宴係と相談して二名の祝宴係を指名し、この二名がさらに二名の祝宴係を指名することになっていた。しかし、一六〇六年には、一二名の参事が次年度の祝宴係をすべて指名することとなった。祝宴係を指名する会合に次年度の祝宴係候補者が欠席する場合が多かったため、祝宴係に指名された者は、欠席の場合であっても就任を承諾しなければならないことが確認された。指名された後に就任を拒否した者は四〇ポンドの罰金が科せられた[203]。

祝宴係は、祝宴を実施するうえで経済的負担が大きかっただけでなく[204]、準備や当日の進行など祝宴全体を取り仕切らなければならなかったから、祝宴係に就くことは会員にとって必ずしも気の進むことではなかった。カンパニー自体も、このことについて一定の理解を示しており、会員登録の際に数年間の役職免除期間を認めたり、高額の免除金の納付を条件に永久に免除したりするなど、柔軟な対応をとっていた。(205)その結果、祝宴係に指名された後に就任を拒否するというケースはきわめて少なく、祝宴係のリクルートは、少なくとも一七世紀末までは、かなり順調であったということができる。

しかし、指名後に就任が拒否されるケースは少なかったとはいえ、そのうちのいくつかのケースは、都市における社交と政治の関係を検討するうえで、重要な材料を提供してくれる。たとえば、ウィリアム・サーストン（一六〇九年に指名）とロバート・ポール（一六一〇年に指名）は、いずれも指名された後に経済的困窮を理由に就任の拒否を申し出たのであるが、カンパニー側が、経済的に困窮している事情に配慮して、資金を貸し付ける対応をとった結果、最終的には二名とも祝宴係を引き受けたのである。(206)カンパニー自らが二名を経済的に支援してまで祝宴係の就任を拒否させなかったことからわかることは、まず、役職を選出する会合における指名はいかなる理由があっても拒否できないというルールを厳守しようとしたことである。また、指名された当人の事情に可能な限り配慮することによって、上からの強制・支配という印象を可能な限り緩め、共同体の一構成員の義務として祝宴係の職務を主体的に遂行することを求めていたことを意味する。

それにしても、どうして祝宴係の選出がこれほどまでに厳格に行われたのだろうか。指名後に就任が拒否されたケースのなかには、ノリッジ市制の構造的な不安定さを解消する装置としてカンパニーの社交が必要とされていたことを示唆するものがある。一六二四年に祝宴係への就任を拒否したジョン・ケトルのケースであり、カンパニーの議事録に記録された特定の個人に関する記事としては、異常なほどに詳細で分量も多い。

ジョン・ケトルは、一六〇九年にかご製造工として市民権を取得したが、一六一七年と一六一八年には市場広場での行動をめぐって市長裁判所から警告を受けたことに対して公然と抵抗したり、さらに二年後には救貧税の納入を拒否したりするなど、都市当局にとってみるとトラブルメーカーであった。一六二〇年代になると、ケトルは市長裁判所に対して直接の攻撃を開始した。すなわち、都市自治体は、その財政収入が年三〇〇〇ポンドもあるのにもかかわらず、市民に対して課税するだけでなく、市参事会員たちが毎年一〇〇ポンドに及ぶ横領をしていると批判した。このように都市自治体を攻撃するケトルが、都市自治体にとって大きな脅威となったのは、折しも当市が伝染病の流行によってダメージを受けており、また、チャールズ一世への貸し付けのための徴収が行われていたことを背景として、市民たちの不満を味方にする危険性があったからである。そして実際、ケトルは、一六二七年にはシェリフ職に立候補するにいたったのである。まさに、ケトル個人の問題に留めておくことができなくなったのである。(207)

ケトルのような不満分子が、都市自治体の重要役職であるシェリフの選挙において立候補できた背景のひとつは、ノリッジの市制そのものにあった。他の多くのイギリス近世都市において重要な都市自治体の役職の選出が互選によって行われ、閉鎖的な支配者集団が形成されていったのに対して、ノリッジの市制は、他の都市と比較してかなり「民主的」・「開放的」な性格を有しており、そのため市政を攪乱する分子を制度上排除することが難しかったのである。(208)一四一七年の特許状によってその骨格が確定されたノリッジの都市自治体は、一名の市長、二名のシェリフ、二四名の市参事会員（うち一名は市長職を兼ねる）によって構成される市長裁判所と、六〇名の市会議員によって構成される市会が都市統治における中心的な役割を果たしていた。市会議員（任期一年）、二名のシェリフ（任期一年）のうち一名、市参事会員（終身職）は、市民権を有する市民、すなわちフリーメンによる選挙によって選出された。フリーメンが都市人口に占める比率は、フリーメンの人口規模を直接知ることのできる史料がないため推計によらざるを得ないが、ノリッジの場合、成人男性の約三分の一を占めていたといわれる。(209)したがって、制度的な枠組みとしては、支配層の流動性が高まる可能性や、市民間の政治的対立が都市自治体の運営を不安定にさせる可能性があった。

そうした構造的な不安定さの解消を目的として、一七世紀前半には、市長（任期一年）の候補者を市参事会員のなかのシェリフ職経験者に限定し、その候補者の中で最年長者が市長となるように制度変更がなされた。また、市参事会員の選出においても、シェリフ職経験者に候補者を限定するように制度変更がなされた。しかし、シェリフの選出方法については変更がなされず、二名のシェリフのうち一名がフリーメンによる選挙で選出されることになっており、まさにケトルはその制度的な脆弱性につけこんだのであった。

ところで、こうしたケトルの動きに対する聖ジョージ・カンパニーの対応として注目すべきなのは、一六二四年にケトルをカンパニーの祝宴係に指名したことである。問題のある市民にあえて祝宴係を任せようとしたのは、彼が祝宴係への就任を承諾することを想定してのことではなく、その逆であったとみるべきであろう。祝宴係に就任することは都市自治体の権威に服従することを意味するのであり、それまでのケトルの行動をみれば就任を承諾するはずはなかった。したがって、ケトルを祝宴係に指名したのは、ケトルを支配者集団から結果的に排除することができるだけでなく、就任拒否の罰金として四〇ポンドを奪い取り、彼に対する一定の報復措置をとることができたからであった。以上のことから、聖ジョージ・カンパニーにおける社交は、市制の構造的な不安定さを解消するうえで一定の役割を果たしていたということができる。

しかし、こうしたカンパニーの対応に対して、ケトルは祝宴係への就任を拒否し続け、また四〇ポンドの罰金を不当としてなかなか支払おうとはしなかった。そうしたなか、一六二七年のシェリフ選挙が行われたが、対立候補のトマス・アトキンに僅差で敗北したケトルは、選挙の不正を訴え、不満を持つ市民を扇動してアトキンの就任を力ずくで阻止すると都市当局を脅したのであった。事が大きくなる前に市長裁判所が枢密院へ助けを求めた結果、アトキンの当選が有効であることが確認されただけでなく、ロンドンに召喚されたケトルはフリート監獄に収監され、祝宴係就任を拒否した罰金として四〇ポンドの支払いを命じられた(210)。

ケトルの件は、カンパニーの社交が、「民主的」・「開放的」な性格を持つノリッジの市制の構造的な不安定さを解消するうえで一定の役割を果たしていたことを示すと同時に、結果として枢密院の介入によってはじめて紛争が解決されたという点では、カンパニーの社交の限界をも示唆している。他方、当カンパニーが、都市支配層内部のさまざまな対立関係——都市自治体の権威の正当性そのものを否定する動きでない限りは——に対する緩衝材となっていたことを示す事例が、内乱期の当カンパニーの議事録には記録されている。

内乱期の一六四八年四月に議会による課税に対する民衆の不満を背景に自然発生的な暴動が起きるが、この事件は議会の介入を招き、この暴動を幇助して市政における勢力挽回を図ろうとした王党派と長老派の市参事会員や市会議員たちは都市自治体の役職を解任された[211]。これに対応して、暴動の直後に開催された一六四八年六月のカンパニー総会でカンパニーのオルダマンに就任していたジョン・ウッティング、評議員に就任していたウィリアム・ゴスリン、監査係に就任していたジョン・クロスホールド、収入係に就任していたジョン・サッカは、いずれもこの暴動を幇助したために都市自治体の役職を解任されたので、一六四九年四月には、それぞれ後任としてアドリアン・パーメンタ、リチャード・ベイトマン、リチャード・ウェンマン、バーナード・チャーチが就任した[212]。

しかし、注意すべきは、一六四九年六月のカンパニーの会合において、都市自治体の役職を解任されたジョン・ウッティングの役職への復帰を求める請願に関わった者たち――議会の介入により市民権を剥奪された――が、引き続き会員としてカンパニーに留まることが決議されたことである[213]。すなわち、政治の世界において都市自治体の役職から排除されても、社交の世界から排除されることはなかったのである。社交の場を提供する兄弟会と、厳密な意味での政治の場である都市自治体という組織を切り分けることによって、政治的対立がエスカレートして支配層の結束を解体させることに対する緩衝材になったということができる。都市自治体とは別箇に社交の場が存在したことの意義のひとつはここにあるように思われる。

カンパニーの解散

王政復古以降の都市社会は、ホイッグとトーリの党派抗争を背景に、統治エリートの一体性の喪失によって「分裂した社会 fractured society」へと変貌を遂げるとされている[214]。本項では、そうした背景のもとで、中世以来の共同体的組織である当カンパニーがどのように変質し、最終的にどのような事情で解散にいたったのかを検討する。

一般にアン女王治下の国政はホイッグとトーリの間で党派抗争が激化した時代とされているが、ノリッジの地方政治もそうした国政の情勢を反映しており、トーリが相対的に優勢な立場に立ちつつ、党派抗争が繰り広げられた[215]。その詳細についてここで検討する紙幅の余地はないが、都市における党派抗争を背景に、聖ジョージ・カンパニーを中心とした社交が党派性を帯び始めることに注目しておきたい。一七〇四年の当カンパニーの議事録によれば、アン女王と夫ジョージの肖像画の制作を委託すること、そしてそれらを市庁舎（ギルド・ホール）の会議室に飾ることが決定された。ジェームズ二世の直系で国教会に深く帰依していたアン女王に対するノリッジのトーリの思い入れがここには反映されているように思われる。また、翌一七〇五年の議事録には、トーリの市長であったウィリアム・ブライスに対して、市長としての市政と当カンパニーへの貢献を称えて剣とその鞘を贈呈することを決定したことが記されている[216]。

国王の肖像画が制作され、トーリの市長が称えられたのとほぼ同じ時期、一七〇五年四月には、オーヴァー・ザ・ウォーター区から会員が選出されていないことに関して調査が実施された。一八世紀初頭の時点では、会員の候補者のリストが区ごとに作成されカンパニーの書記に提出されることになっていたが、会員として選出されることを避けるために、このリストに氏名を載せない者が現れるようになる[217]。そうしたケースが最も多かったのが、ホイッグを支持する勢力が支配的なオーヴァー・ザ・ウォーター区であったのである[218]。したがって、一八世紀初頭のトーリが優勢な市政のもとで、当カンパニーが党派性を帯びていったことによって、カンパニーからウィッグが離反していったように思われる。王政復古以前に見られた、都市の政治とカンパニーの社交とを切り分けるというスタンスは、一七世紀末以降は見られなくなったのである。

ただし、カンパニーの共同体的結束の解体の要因を、単に党派抗争のみに求めることには注意を要する。王政復古以降、カンパニー会員の登録者数は増加していく傾向にあり、一七世紀末と一八世紀初頭にかけての時期は、例外的に会員のリストが残存しており、それらによれば、会員数は四〇〇名を超えた[219]。会員のプロフィールをみると、現職の市参事会員や市会議員だけでなく、それらの役職の経験者、都市自治体の下級役職経験者も含んでおり、社交の範囲はかなり広がっていた。カンパニーの役職就任者のプロフィールをみても、一六〇〇年代には市会議員が参事の職をほぼ独占していたが、一六九〇年代になると市会議員は参事の総ポストの約三分の一を占めるに過ぎなくなったことも、カンパニー会員構成の多様化が進んだことを示唆している。[220] カンパニーの会員構成の多様化の進展は、カンパニーの求心力を相対的に弱くしたと考えることができ、カンパニーの廃止の遠因となったことは否定できない。

カンパニーの求心力の低下は、祝宴係の忌避にも表れた。期限を決めて免除されるケースは一七世紀末以降増加する傾向にあったし、また、高額の免除金を支払って無期限で免除されるケースは一八世紀になると急増する。さらに、一七一五年六月には、市参事会員のトマス・ヴィアとトマス・ハーウッド、シェリフのジョゼフ・バートンらを含む六七名の会員がそれぞれ五ポンドずつ拠出して総額三三五ポンドを支払うことによって、祝宴係を永久に免除されている。[221] ヴィアもハーウッドもトーリであり、祝宴係の選出方法そのものに対する不満は、党派に関係なくあったようである。[222] 従来祝宴係の職は免れることが基本的には許されなかった。確かに、役職の負担がとても大きかったという実情に合わせて、カンパニーは期限付きで免除を認め、それでも負担することが困難な場合は、祝宴係がカンパニーの祝宴で個人的に負担する額を上回る額を免除金として支払わせることで、その祝宴係就任のルールを厳守してきた。そこまで厳格なルールを設定したのは、支配層の権威に対する絶対的な服従を誓わせるとともに支配層の一員として負担しなければならない義務を課すことが目的であった。一八世紀初頭に見られた祝宴係の選出・免除のルールの弛緩は、単なるルールの弛緩以上の意味があるように思われる。すなわち、支配層の権威の正当化のあり方や、支配層の一員として認められるための資格が変質し始めたのである。

こうして、一八世紀初頭に展開した党派抗争と支配層の共同体的結束の弛緩は、カンパニーの結束の原理そのものを危うくしていったが、カンパニーの存続に決定的な影響を与えるような市制の変更が一七三〇年に行われた。すなわち、一七三〇年の地域特定法によって市会議員の選出方法が大きく変更され、これ以前はすべての市会議員がフリーメンによる選挙によって選出されていたが、これ以降四つの区ごとにフリーメンによって選出された三名の市会議員が、残りの四八名の市会議員を選出することとなったのである。[223] この変更は、一七世紀末以来のノリッジにおける党派抗争の歴史のうえでは、ホイッグの寡頭支配を確立する制度的基礎を提供したのであり、したがってまた、都市統治の構造的な不安定さはひとまず克服されることになったのであり、従来不安定な制度的枠組みを解消するための装置として重要な役割を果たしてきた聖ジョージ・カンパニーの存在理由は失われたのである。

一七三〇年は、ホイッグの市参事会員であるウィリアム・クラークが中心になって、市会のなかに当カンパニーの権限に関する調査委員会（市参事会員六名と市会議員六名によって構成）が設置された年であり、この委員会が当カンパニーの諸権限の法的根拠について最終的な結論を導き、カンパニーを解散に導いたのであった。[224] ホイッグ寡頭支配の確立と、カンパニーの解散の時期がほぼ一致しているのは、偶然ではない。

おわりに

最初に設定した問題に立ち返り、これまでの議論を整理しよう。

聖ジョージ・ギルドが、チャントリ解散法にもかかわらず、聖ジョージ・カンパニーとして近世においても存続したのは、法人としての地位を取得していたことにもよるが、カンパニーにおける社交がノリッジの支配層にとって都市統治の観点から必要とされていたからであった。他の近世都市と比較して相対的に「民主的」・「開放的」な市制を持つノリッジにとって、支配層の結束と支配層に対する服従を確認するために、当カンパニーにおける社交は必要不可欠のものであった。確かに、宗教改革期における煉獄の教義の否定によって集団形成のイデオロギー的基礎を失いはしたものの、市長を頂点とする支配層の結束を確認するうえで、宗教行列や祝宴といった装置は重要であり続けた。こうした点では、チャントリ解散法の適用を免れた同職組合と同じような状況にあったといえるかも知れない。[225]

都市支配層の結束を確認する場が、ひとまず政治の場から切り離された社交の場において提供されたことは、政治の場における支配層内部の対立が都市統治の基礎を揺るがす危険を回避するうえで一定の意義を持った。しかしながら、王政復古以降、とりわけ一八世紀初頭の党派抗争の時代になると、聖ジョージ・カンパニーにおける社交にも党派性が侵入していった結果、市政とカンパニーにおける社交とを切り分けて都市統治の安定を図る戦略は機能しなくなった。他方で、支配層の一員として求められる資格――その重要なひとつの資格が祝宴係という役職を務めることであった――についても変化が見られ、祝宴係への就任を会員に強制することはもはや説得力を持たなくなった。こうして、聖ジョージ・カンパニーは三〇〇年以上にわたる活動を停止し、市長就任式は、都市自治体から独立した別個の団体ではなく、都市自治体が自ら主催する行事へと性格を変えていったのである。

ただし、一八世紀前半に聖ジョージ・カンパニーにおける社交が解体されたことは、都市社会における社交そのものがすべて否定されたことを意味するものではない。むしろその逆であって、長い一八世紀のイギリス都市では、新たにアソシエーショナルな文化が全面的に開花するのである(226)。したがって、新たなアソシエーショナルな文化の開花が、都市の政治文化とどのように関わっていたのかは、別に検討を要する大きなテーマである。

第六章　スペイン

関　哲行

第一節　中近世イベリア半島の兄弟会

はじめに

中世スペイン社会は、ユダヤ人（ユダヤ教徒）やムデハル mudéjar（キリスト教徒支配下のムスリム）、バスク地方やカタルーニャ地方など、言語と宗教、エスニシティを異にする多様な地域と住民から構成される典型的なモザイク社会であった。コロンブスの「アメリカ発見」を機に、ヨーロッパ、中南米、アジア、アフリカに跨る広大なスペイン帝国が構築されると、スペイン社会のモザイク性が一層強化された。強いモザイク性を帯びた、このスペイン帝国を維持するには、カトリックによる政治・社会統合がぜひとも必要であった。ユダヤ人とムデハルに、改宗か追放かの二者択一を迫った一五世紀末〜一六世紀初頭のユダヤ人、ムデハル追放令は、カトリックによる政治・社会統合の一環に他ならなかった(1)。

中近世スペインのモザイク社会を統合する上で、重要な役割を担ったのが、宗教的目的をもつ俗人——一部に聖職者を含む——を中心に結成され、「擬制的家族」と称された兄弟会 cofradía,hermandad であった。中近世スペイン社会の「旧キリスト教徒」——四世代を遡って異教徒の「血」の混じっていないキリスト教徒——は、職業や階層、居住地、性別を問わず、兄弟会を介し、「神の恩寵を受けたスペイン帝国」への参入を許され、それへの帰属意識を強めた。こうした「旧キリスト教徒」の対極に位置するのが、宗教的マイノリティであるコンベルソ converso（改宗ユダヤ人）やモリスコ morisco（改宗ムスリム）、エスニック・マイノリティたる黒人やムラート mulato（白人と黒人の混血）、インディオであった。彼らもまた、「新キリスト教徒」として、兄弟会を介し、スペイン帝国の内部に組み込まれた。スペインやポルトガルの兄弟会は、中南米や日本を含むアジア地域にも扶植され、インディオや日本人などのアジア人、黒人の教化と支配の手段として機能した。「旧キリスト教徒」支配層のみならず、「旧キリスト教徒」民衆、マイノリティの全てが、社会的「基本細胞」である兄弟会を介し、スペイン社会ないしスペイン帝国への政治・社会的参画が可能となったのである。(2)

広大なスペイン帝国――一五八〇～一六四〇年にポルトガルとその植民地を併合――の構築を、「神の恩寵」によるものとする近世スペインの「「メシア帝国 imperio mesiánico」主義」は、スペイン社会の宗教的統合、帝国内に包摂された宗教的マイノリティやエスニック・マイノリティの教化・支配と不可分であった。帝国内における「呪われた種子」――異端者や異教徒をさす――の存在は、帝国への「神の恩寵」を途絶させるというコミュナリズム論が、その背景に伏在している。王権と教会は対抗宗教改革の手段としてのみならず、スペイン帝国維持のためにも、マイノリティ兄弟会を含む多様な兄弟会に強い関心を示さざるをえなかった。(3)

本章では、中近世スペインにおける「旧キリスト教徒」の兄弟会（マジョリティ兄弟会）を概観した上で、非ヨーロッパ世界の兄弟会も射程内に収めながら、マイノリティ兄弟会を中心に、中近世スペインにおける兄弟会の「全体史」を模索するという手続きをとりたい。マジョリティ兄弟会は、マジョリティ兄弟会の対概念であり、マイノリティ兄弟会の前提として、後者に関する分析が不可欠だからである。

概観

中近世スペイン社会の「基本細胞」ともいうべき兄弟会は、会員資格という点からみた時、開放的兄弟会と閉鎖的兄弟会の二類型に、機能論的には慈善型兄弟会、篤信兄弟会、職能別兄弟会の三類型に大別される。慈善型兄弟会と篤信兄弟会は、開放的兄弟会に属し、宗教儀礼を通じた会員の霊的救済と教化、病気や貧窮時の会員間の相互扶助と慈善を目的に、職業、階層、性別、居住地、エスニシティを異にする「旧キリスト教徒」住民から構成された。閉鎖的兄弟会は、特定の職種、階層、エスニシティ、宗教に帰属する人々を対象とした兄弟会で、職能型兄弟会やユダヤ人兄弟会、モリスコ兄弟会、黒人兄弟会などのマイノリティ兄弟会は、その好例である。しかし中近世スペイン社会では、慈善型兄弟会と篤信兄弟会は重層性が少なくなく、本章では両類型を一体化させ、篤信（慈善型）兄弟会——ユダヤ人兄弟会とモリスコ兄弟会では、慈善型兄弟会以外は確認できない——と表記する。(4)

兄弟会のこうした類型化が、中近世スペインの兄弟会分析に基本的に有効であるとしても、このモデルに限界があることは否定できない。例えばユダヤ人兄弟会や黒人兄弟会は、会員がユダヤ人や黒人に限定されているという点で閉鎖的であるが、同一都市のほぼ全てのユダヤ人や多数の黒人を含むという点では、開放的兄弟会でもあった。兄弟会の統廃合や、閉鎖的兄弟会から開放的兄弟会への転換も生じており、中近世スペインの全ての兄弟会が、二項対立的類型論によって分類できるわけではない。(5) 兄弟会モデルの限界と有効性を認識した上で、以下、中近世スペインにおける兄弟会の類型論を概観しておきたい。

聖人や聖母マリア、特に特定の聖人を崇敬対象とした兄弟会は、中世中期以来、スペイン各地で確認されるが、その多くは職能別兄弟会に代表される、閉鎖的兄弟会であった。職能別兄弟会の多くは、同職ギルドに属する都市在住手工業者の結成したものであるとはいえ、農牧民や海民の兄弟会が存在したことにも注目してよい。(6)

農牧業に従事した、スペイン中西部、グアダルーペ近郊の村落住民の兄弟会は、その一例である。一七世紀前半の兄弟会規約によれば、カスティールブランコ村の男女住民は、聖クリストフォルスを守護聖人とする兄弟会を組織し、病気と死に際しての相互扶助（罹患した会員の介護と物故した会員の葬儀）を実践した。聖クリストフォルス兄弟会 Cofradía de San Cristóbal は、毎年八月の第一月曜日に、宗教行列と祝宴、総会を執り行い、一年任期の役職者を選出した。秘蹟（聖体）を崇敬する、同村の聖秘蹟（聖体）兄弟会 Cofradía de Santísimo Sacramento に至っては、七台のベッドを有する施療院すら備えていたのであり、兄弟会の在り方に、都市と農村で大きな落差があったわけではない。(7)

バスク地方の小海港都市ベルメオには、一三五三年の海民兄弟会の規約が伝来する。それによればベルメオの海民は、聖ペテロ——ガリラヤ湖の漁師とされる——を守護聖人とする兄弟会を組織し、病気や怪我、貧窮時の相互扶助と兄弟会内部の平和維持などを誓約している。危険な海上での漁労や物資輸送に従事した海民が、兄弟会を結成するのは自然の成り行きであった。(8)

中世スペインを代表する騎士修道会（騎士団）の一つに、サンティアゴ騎士修道会があるが、これを軍事に特化した職能別兄弟会の一類型とみなすことも可能である。サンティアゴ騎士修道会は、カスティーリャ王国とレオン王国の対立が激化した一二世紀後半に、アンダルス（イスラーム・スペイン）との境域都市カセレスに創設された、カセレス兄弟会 Fratres de Cáceres に起源をもつ。十数名の下級貴族（騎士）と修道士によって創設されたカセレス兄弟会の主要目的は、ムスリムからのフロンティア地域の防衛とサンティアゴ巡礼者の保護にあった。一一七五年、同兄弟会は教皇庁の認可を得て、下級貴族（騎士）と修道士が共住——騎士の一部は結婚することができ、共住義務はなかった——するサンティアゴ騎士修道会へと発展した。聖ヤコブを守護聖人とするサンティアゴ騎士修道会では、清貧、服従誓願をした「俗人修道士（騎士）」が武力を担い、修道士は主禱文やミサ読誦、騎士の霊的救済に従事した。騎士修道会には、罹患したり高齢となった騎士や修道士を介護する施療院も具備されており、会員の相互扶助という点でも、兄弟会の基本的要件を満たしている。(9)

中世末期から近世になると、閉鎖的（職能別）兄弟会が再編される一方で、カトリック教義の民衆への浸透（教会による民衆教化）、トレント公会議や対抗宗教改革を背景に、聖体などの秘蹟、聖十字架、聖霊、聖三位一体、聖血崇敬が一般化する。プロテスタントに対抗するため、多くの兄弟会において、会員資格もより開放的なものとなり、開放的篤信（慈善型）兄弟会の台頭が顕著となる。しかし、このことはスペイン全域で、特定の守護聖人崇敬を基本とする閉鎖的（職能別）兄弟会が、衰退したことを意味するものではない。スペイン北部都市のビルバオやバルセローナでは、職能別兄弟会の比重は相変わらず大きなものがあった(10)。

サンティアゴ王立施療院 Hospital Real de Santiago――聖ヤコブの加護によるグラナダ陥落を記念して、一五世紀末にカトリック両王が建設に着手――と密接な関係をもつ、サンティアゴ施療院兄弟会 Cofradía de Hospital de Santiago は、その一例である。サンティアゴ王立施療院は、慈善活動の大規模化と効率化、医療の「社会化」を目指した近世スペイン有数の総合施療院 hospital general として知られる。その運営母体となったのが、サンティアゴ施療院兄弟会であった。一五〇四年の施療院創建文書によれば、サンティアゴ施療院監督官が兄弟会代表を兼ねる一方、職業、身分、性別、出身地（出身国）を問わず、所定の入会金を支払えば、カトリック教徒の誰でも同兄弟会の会員になることができた。聖ヤコブの祭日に、兄弟会総会――開催場所はサンティアゴ王立施療院の礼拝堂――と宗教行列が行われ、一一月二日には、昇天した巡礼者のための死者ミサが執り行われた。会員が施療院で没したときには、市内在住の全ての会員が、葬儀への参列義務を負った(11)。

スペインを代表する篤信兄弟会の一つで、イエスの受難の追体験を目的とした、アンダルシーア地方の聖週間兄弟会 Cofradías de Semana Santa も、開放的兄弟会の一類型に属する。一五世紀初頭の聖ビセンテ・フェレールの民衆説教に起源をもち、聖十字架捧持と鞭打ちで知られる同兄弟会の最盛期も、一六～一七世紀、とりわけ一七世紀のバロック期であった。トレント公会議以降、兄弟会への教会や王権の統制が強化される一方、対抗宗教改革の一環として、多数の篤信兄弟会が創設され、創設兄弟会数は一六世紀後半が最多となる。一七世紀に入ると、兄弟会の紀律弛緩や財政難を背景に、教会による兄弟会の再編・統合が更に進む(12)。

一八世紀後半の啓蒙改革期の改革派官僚は、兄弟会を民衆信仰の牙城、スペインの「近代化」を阻害する要因として指弾していた。その上で一八三〇～六〇年代、自由主義運動の余波を受け、教会・修道院財産が解放され、ギルドと奴隷貿易が廃止された。これらの自由主義政策は、トレント公会議以上に兄弟会に深刻な打撃を与え、多くの兄弟会の消滅と再編を招来した。慈善活動や相互扶助の主たる担い手が、次第に国家に移行したことも、その一因として指摘されなければならない。セビーリャの黒人兄弟会はその一例で、存続のため規約の転換を余儀なくされ、一般の白人会員の加入を認可することとなった。一九世紀後半以降、兄弟会の多くは、会員の居住地を基盤とした、より開放的な街区兄弟会 hermandad de barrio として再編された。それらは、第二共和政とスペイン内戦、フランコ体制という激動の時代を経て、今なお存続している。多様な人々と制度に支えられた、柔軟で強靱な生命力があればこそ、兄弟会は歴史の荒波を乗り越えることができたのである。(13)

以上のようなスペイン兄弟会の類型論とクロノロジーを踏まえ、またスペインの地域間格差——スペインの北部と南部、カスティーリャ王国とアラゴン連合王国、都市と農村、有力都市と中小都市の格差——にも配慮しながら、マイノリティ兄弟会を含む、中近世スペインの多様な兄弟会について、具体的に検討していきたい。マイノリティ兄弟会とマジョリティ兄弟会は、表裏一体の関係にあるので、本論（マイノリティ兄弟会）に先立ち、第一節でスペイン北部の中小都市と有力都市のマジョリティ（「旧キリスト教徒」）兄弟会を概観しておくこととする。レオン地域の中小都市（アストルガ）と、旧カスティーリャ地域の有力都市（ブルゴス）のキリスト教徒兄弟会を選択したのは、それらが中近世スペインにおけるマジョリティ兄弟会としての代表性を有するからに他ならない。

研究史

スペインでは早くも一九世紀後半に、史料集『旧アラゴン王国のギルドと兄弟会』が公刊され、兄弟会研究の礎石が据えられた。現在の兄弟会研究につながる、実証的な研究としては、一九〇八年のA・サン・ロマンによる『アストルガ慈善史』が注目に値する。同書はアストルガ市の「五つの聖痕兄弟会」史料に基づくもので、中近世を中心に一九世紀までの兄弟会と慈善活動を扱った浩瀚な研究である。その上で一九四二年、A・ルメウ・デ・アルマスが、中近世の兄弟会と慈善活動を含む『スペイン社会保障史』を発表する。「擬制的家族」、「生者と死者」の社会的結合という表現こそみられないものの、兄弟会の相互扶助と連帯、慈善活動、宗教的機能、海民や盲人などを含む多様な類型の兄弟会に言及し、サン・ロマンの研究と共に、中近世スペインの兄弟会と救貧研究の嚆矢をなすものであった(14)。

一九七〇年代に入ると、中世末期カスティーリャ北部地域の兄弟会と慈善活動を扱ったJ・サンチェス・エレーロの研究が公刊され、兄弟会への関心も高まる。しかしそれが本格化するのは、フランコ体制が崩壊してスペインの民主化が進み、アナール派やB・ゲレメク、フランスの社会史家M・モラ——中世フランスの貧困や慈善、死についての研究で知られる——などの研究が流入する一九八〇年代以降である。一九八一年のL・マルティネス・ガルシアの研究『中世末期のブルゴスにおける貧民救済』、一九八四年のA・ルビオ・ベラの研究『一四世紀のバレンシアにおける貧困、病気と施療院での慈善活動』、一九八〇〜八二年のM・リウ編の論文集『中世カタルーニャにおける貧困と貧民救済』、一九九二年に出版されたG・カベーロ・ドミンゲスの『中世アストルガの兄弟会』は、これを代表するものである。兄弟会のもつ「擬制的家族」としての性格、「生者と死者」を包摂した社会的結合で、宗教的・社会的機能が重要であること、トレント公会議を契機とした中世的兄弟会から近世的兄弟会への転換、兄弟会への統制強化などの視点が、明確に打ち出されてくる。中世ポルトガルの兄弟会を概観したM・Â・ゴディーニョ・ヴィエイラも、一九九〇年の著書『中世ポルトガルの兄弟会』の中で、同様の側面を指摘している(15)。

一九八〇〜九〇年代には、中世スペイン全体の救貧と兄弟会の関係を展望した、C・ロペス・アロンソの研究『中世スペインにおける貧困』に加え、サンティアゴ施療院兄弟会を含む、サンティアゴ王立施療院での救貧を長期的視点から論じた、D・ガルシア・ゲーラの『サンティアゴ王立施療院（一四九九〜一八〇四年）』、中世カタルーニャ地方を対象とした、J・W・ブロッドマンの『慈善と福祉』も公刊されており、実証的な地域研究を踏まえた、中近世スペインの全体像が模索され始める(16)。

サンチェス・エレーロ編の『聖十字架兄弟会』にみられるように、ヨーロッパと中南米の兄弟会の比較研究、非ヨーロッパ圏を含む兄弟会の「全体史」への関心が浮上してくるのも、一九九〇年代以降である。これをさらに敷衍させたのが、二〇〇六年に出版されたC・ブラック、P・グレイヴストック編の『ヨーロッパとアメリカにおける近世的兄弟会』で、ヨーロッパ、中南米のみならず、日本や中国を含むアジア地域の兄弟会も視野に収め、グローバルな視点で兄弟会を論じている。[17] しかし同書には、ヨーロッパ・キリスト教徒兄弟会の相対化に不可欠な、マイノリティ兄弟会への視点が希薄である。中近世スペインの、多様なマイノリティ兄弟会を取り上げた理由が、ここにある。

宗教的マイノリティやエスニック・マイノリティに関する兄弟会研究が本格化するのは、スペインの民主化が進んだ一九八〇年代以降である。A・ブラスコ・マルティーネスによる、サラゴーサ市のユダヤ人やコンベルソ兄弟会研究が出されたのは一九八八～九〇年、文化人類学者I・モレーノによる、セビーリャ市の黒人兄弟会研究の刊行は一九九七年である。一九九八年にはM・ベニーテス・ボロリーノスが、特殊な兄弟会の一例として、中世末期バレンシア市のコンベルソ兄弟会に言及している。[18] 二〇〇〇年以降になると、モリスコやムラートの兄弟会研究も、少しずつ蓄積されるようになるが、ユダヤ人とモリスコ兄弟会については、伝来史料は極端に少ない。一四九二年のユダヤ人追放令と一六〇九～一四年のモリスコ追放令により、ユダヤ人とモリスコ兄弟会関係の史料が破壊もしくは散逸したことが、その主要因であった。

巡礼路沿いの中小都市アストルガの兄弟会

サンティアゴ巡礼の盛行を背景に一一世紀末、都市的発展を開始した、レオン西方の巡礼路都市アストルガは、一五～一六世紀に囲壁内面積約一二ヘクタール、人口約二五〇〇人を擁した巡礼路沿いの典型的中小都市であった。農業的性格が強く、経済基盤の脆弱な中小都市であったが、アストルガ市には司教座教会、アストルガ公（オソリオ家）の邸館、城塞、市場が配置され、またさまざまな商業と手工業が展開されて、アストルガ地方の政治・経済・社会・

宗教的中心地機能を担った。アストルガ市の裁判権下に置かれた属域アルフォス alfoz との関係も緊密で、属域住民が都市兄弟会へ参加する一因ともなった。[19]

一四世紀後半以降、アストルガ市の市政を掌握したのは、一部の有力商人と下級貴族から構成される都市寡頭支配層であり、小売商業や手工業、農牧業に従事する多数の都市民衆――属域出身者を含む――は、その支配下に組み込まれた。サンティアゴ巡礼と都市経済の停滞が生じ、多数の貧民が「構造化」された中世末期には、多くの兄弟会が組織され、有力巡礼路都市ブルゴスに次ぐ施療院数を誇った。「施療院の都市」アストルガの慈善活動を支えたのは、これらの兄弟会に他ならなかった。中世末期に一六とも二四ともいわれたアストルガ市の兄弟会は、特定の守護聖人と規約、財源を持ち、施療院などで財源に応じた慈善活動を展開した。聖ステファヌス兄弟会 Cofradía de San Esteban のように、都市寡頭支配層や聖堂参事会員を中心としたエリート兄弟会――入会金も高額であった――も見られたが、多くは都市と属域のさまざまな職業、身分、性別の人々に開かれており、開放的で水平的な社会的結合を目指した。[20]

（1）　兄弟会の理念と統廃合

アストルガ市の兄弟会の研究者カベーロ・ドミンゲスによれば、同市の全ての兄弟会規約に、会員の物的・霊的な相互扶助と連帯、兄弟会内部の平和に関する規定（自治規定）が含まれている。病気で貧窮した会員への介護や食事給付、結婚・出産時の会員への祝福、総会や会員の葬儀、宗教行列への参列義務、総会後の祝宴規定は、物的・霊的相互扶助と連帯の表明であったし、兄弟会代表 juez の有する下級裁判権や規約に違反した会員への罰金、総会での秩序維持規定は、兄弟会内部の平和（自治）と深く関わっていた。アストルガ市の兄弟会もまた、会員の物的・霊的相互扶助と連帯、内部の平和に支えられた「擬制的家族」に他ならず、物故した会員への死者ミサに見られるように、死者をも兄弟会の一員とする、「生者と死者の共同体」であった。[21]

アストルガ市の兄弟会は、兄弟会の起源、会員の職業・身分構成、労働規約の有無、救貧活動の内容により、職能別兄弟会、篤信（慈善型）兄弟会、聖職者兄弟会、ハンセン病患者を対象とした特殊兄弟会の四類型に区分された。これらの中で最も重要なものは、民衆教化と「慈善活動のために存する」とされた篤信（慈善型）兄弟会であり、職能別兄弟会と異なり労働規約をもたなかった。篤信（慈善型）兄弟会の職業・身分・居住地・性別構成は、同職者を中心に組織された職能別兄弟会以上に多様であり、カトリック教義の内面化を目的とした宗教儀礼と慈善関連の規約が兄弟会規約の大半を占めた。これら四類型の兄弟会は、統廃合を繰り返し、トレント公会議の影響下に、一六世紀後半〜一七世紀には特殊兄弟会と、都市エリートの兄弟会である聖ステファヌス兄弟会を除き、全てが篤信（慈善型）兄弟会に統一された。一六三五年に発足した五つの聖痕兄弟会 Cofradía de las Cinco Llagas が、それである。一五三九年以降、この篤信（慈善型）兄弟会も、王権と教会の要請を受けて、兄弟会統合による効率的な慈善活動を模索し、トレント公会議後の一五九〇年には、「偽貧民」——健常者でありながら慈善活動に頼る貧民——と「真の貧民」を区別した上で、「真の貧民」のための施療院を二つに統合した。それは兄弟会統合による効率的な救貧活動の展開、「貧民」の差別化、王権と教会の積極的介入によって特色づけられる近世的救貧制度が、アストルガ市でも定着し始めたことを意味するものである[22]。

（2）　兄弟会組織

都市住民であれ属域住民であれ、兄弟会への入会希望者は、入会金を支払い、役職者の前で規約順守を誓約し、総会で承認された後に、会員として認知された。ミサへの参列、聖母マリアの無原罪の御宿りの擁護も、入会の要件として求められた。新会員は会員名簿に登録され、会員としての様々な義務を負担した。全ての兄弟会において、会員は正会員と免除会員から構成され、その他に少数の施療院管理人 hospitalero や、会員を総会や葬儀に招集する触れ役 corredor,llamador など有給の下級専従職を含んでいた。正会員は病気などの場合を除き、総会や祝祭、会員の葬儀に参列しなければならず、違反者は罰金を科せられた。免除会員は、正会員より高額の入会金や会費などの支払いを条件に、職務の一部を免除された会員であり、聖職者に加え、属域の会員も含まれていた。会員が罹患もしくは貧窮したときには、施療院で食事や衣類、看護サービスが提供され、金銭も貸与されたし、貧窮した会員が死去した場合は、兄弟会の負担で葬儀が執り行われた。会員へのこうした物的・霊的サービスは、会員の家族や奉公人にも適用された[23]。

総会は兄弟会の守護聖人などの祭日に、兄弟会本部の置かれた施療院などで開催され、女性や病気の会員を除く全ての会員が、参加しなければならなかった。総会は兄弟会代表が司宰し、そこで役職者の選出、新会員の承認、規約改正、会計報告が行われると共に、総会終了後に、会員の親睦のための祝宴が催された。会員数については、一四一五年に約一〇〇名の会員を数えた聖ステファヌス兄弟会を除けば、不明である。会員の中には都市寡頭支配層を中心に、複数の兄弟会に加入する多重所属が広範にみられたが、それは多重所属が、彼らの政治・社会的地位の強化に寄与したためであった[24]。

一般に兄弟会役職者は、兄弟会代表、会計係 mayordomo、書記から構成され、任期は一～三年であった。兄弟会代表（一名）は会員への下級裁判権を行使し、兄弟会の平和を担った執行部代表で、兄弟会自治の体現者であった。兄弟会代表は総会招集権や違反会員からの罰金徴収権をもち、祝祭日の宗教行列では、兄弟会の旗を捧持した。聖ステファヌス兄弟会では、兄弟会代表の任期は一年とされたが、名誉職であったため、一定期間をおいて再選される場合も少なくなかった。任期三年の会計係（一名）は兄弟会財産の管理と施療院の監督などに従事する一方、書記は会員名簿や総会議事録の作成・管理にあたった。これらの兄弟会役職者は、都市寡頭支配層によってほぼ独占されたが、それは水平的結合を目指したアストルガ市の兄弟会が、現実には、封建制社会の構成原理である垂直的結合との交点の上にしか成立しえなかったことを意味している[25]。

（3） 兄弟会財政と慈善活動

アストルガ市の兄弟会は会員の物的・霊的相互扶助、祝宴や祝祭、慈善活動、あるいは役職者や下級専従職などへの俸給支払いのため、一定規模の財源を必要とした。財政状況は兄弟会により異なったが、聖ステファヌス兄弟会を除き、大半の兄弟会の財政基盤は貧弱であり、一六～一七世紀の兄弟会統廃合の一因ともなった。主要財源となったのは、入会金や会費、寄進財産、罰金収入、都市内外の不動産からの家賃や地代収入であったが、兄弟会収入の多くは、役職者や下級専従職の俸給や祝祭関連費用に充当され、施療院での慈善費用にあてられたのは、兄弟会収入の一割程度にすぎなかった。そのため施療院での慈善活動も、大幅な制約を受けた。(26)

財政状況が比較的よくわかる、一五世紀末～一六世紀初頭の聖ステファヌス兄弟会を例にとると、同兄弟会は都市と属域に小麦畑八八ヘクタール、果樹園八ヵ所、家屋一九軒、水車二などを所有した。聖ステファヌス兄弟会は、これらの不動産を会員に優先貸与し、地代と家賃収入を得ていた。この他に聖ステファヌス兄弟会には、入会金や会費、罰金収入、免除会員の支払う免除金収入などがあり、一五世紀末の兄弟会収入は約三万五〇〇〇マラベディに達した。(27)

アストルガ市の兄弟会はほとんどが施療院を所有・経営し、そこで各兄弟会の財政状況に応じた、慈善活動を展開した。兄弟会にとって慈善活動は、福音書の実践、「富の社会的還元」の表明であり、兄弟会は「天に富を積む」ことにより、会員への「神の恩寵」を期待した。施療院での慈善活動の対象となったのは、第一義的に都市内外の兄弟会会員、次いで会員の家族と奉公人であり、その延長線上に病人や貧民、巡礼者を含む外部の「貧民」が救済された。(28)

兄弟会の脆弱な財政状況を反映して、施療院の建物と寝具類も貧弱であった。建物は質素な二階建てで、一階に台所と暖炉、男性と女性宿泊客のための部屋各一、施療院管理人家族の部屋一が配置されていた。一部屋のベッド数を数台、一台のベッドを二人で共用したとしても、男女合わせた最大収容人数は、十数人程度であったろう。二階の大部屋は総会時に利用され、そこに礼拝堂と兄弟会本部が置かれるのが一般的であった。ベッドや毛布などの寝具類についていえば、大半が会員からの寄進によるもので、古く傷んでいるものが少なくなかった。寝具類の他に施療院は、少数の家具と食器、埋葬用備品（遺体運搬のための戸板や棺、鋤やシャベルといった墓掘り用具）、宗教・祝祭用備品（祭服、聖杯、十字架、聖体顕示台、典礼書、ロザリオ）、会員名簿と会計簿、規約を収めた文書箱、兄弟会のシンボルである旗などを備えていた(29)。

施療院を直接管理したのは、夫婦で住みこんだ下級専従職の施療院管理人で、多くの場合、総会や葬儀の日時を会員に通知する、触れ役を兼ねていた。施療院管理人は兄弟会から貨幣と現物の混合給の他に、兄弟会のマーク入りの服を支給され、施療院の一室を無料で使うことができた。施療院管理人は夏場は夜の九時まで、冬場は夜の七時まで施療院の門を開けておかなければならない一方、妻は部屋の掃除やベッドメーキング、寝具類の洗濯、宿泊者への食事提供に従事した。職務違反の施療院管理人には罰金が科せられたが、宿泊者に料金を請求するという「重罪」を犯した場合は、罷免された。慈善施設としての施療院の性格は、ここからも窺うことができる(30)。

施療院での慈善サービスの内容は、質素な宿泊・食事サービス、医療サービス、宗教サービスが主たるものであった。貧民の宿泊日数は、原則として二日以内に限定され、食事サービスはパン、ワイン、野菜を基本とした。一六世紀末の一日平均の食事代は、二〇～三〇マラベディといわれ、子連れの貧民や病人の場合は、食事代が増額された。祭日には施療院の貧民に、貨幣やイワシも配られた。病人に対しては薬草や軟膏が給付され、兄弟会に雇用された医者が兄弟会の負担で、施療院の病人を治療することもしばしばであった。宗教サービスとしては、兄弟会が教区司祭を雇用して、貧民の救霊にあたらせたり、施療院で死去した貧民の葬儀を、兄弟会の費用で執り行ったことが知られている。トレント公会議後の一五九〇年、アストルガ市の施療院は男性用と女性用の二つに集約され、教会巡察官visitadorによる監督も強化されて、慈善活動の質が高められた(31)。

羊毛貿易の拠点都市ブルゴスの兄弟会

旧カスティーリャ地方の中心都市ブルゴスは、サンティアゴ巡礼の影響下に都市的成長を開始し、一二～一三世紀にはレオンやサンティアゴ・デ・コンポステーラと並ぶ、有力巡礼路都市へと発展した。アンダルシーア地方の開発が進んだ一四～一五世紀、カスティーリャ経済の主軸は、東西軸（巡礼路）から南北軸（アンダルシーア地方、旧カスティーリャ、バスク地方を結ぶ軸）へと大きく転換し、それに中世末期の政治・経済・社会的危機が重なって、巡礼路都市の多くは衰退した。両軸の交点に位置するブルゴス市は、その数少ない例外ともいうべき都市で、西ヨーロッパとの羊毛貿易に支えられて、一五八〇年代まで比較的順調な発展を続けた。一五～一六世紀のブルゴスは、羊毛や鉄、オリーブ油、とりわけ羊毛をフランドルやイングランド、フランスに輸出する一方、西ヨーロッパ産の毛織物製品その他を輸入する、カスティーリャ王国有数の国際商業都市であった。市内にコンスラード consulado（商業裁判権を有する商人ギルド）が配置され、ブルゴス商人のコロニー（居留地）がブルッへやロンドン、ナントなどに樹立されたことから、北西大西洋商業ネットワークの結節点の一つとなった。一五世紀末～一六世紀末の人口は、一万～一万一〇〇〇人と推定され、教区数は一五であった。一五～一六世紀のブルゴス市では、ほとんどの市民が何らかの兄弟会に加入し、多数の兄弟会と施療院が樹立されたのみならず、複数の兄弟会への多重所属も稀ではなかった[32]。

以下では、篤信（慈善型）兄弟会に属する、二つの兄弟会たるガモナールの聖母と聖アントニウス兄弟会 Cofradía de Nuestra Señora de Gamonal y Abad Antonio と、聖カタリーナ兄弟会 Cofradía de Santa Catalina を例に、中世末期～近世のフランドル貿易の拠点都市ブルゴスの兄弟会の一端を探りたい。

（1）　ガモナールの聖母と聖アントニウス兄弟会

ガモナールの聖母と聖アントニウス兄弟会は、篤信（慈善型）兄弟会で、比較的低額の入会金を支払い、総会の同意があれば、階層、性別、年齢、居住地、俗人か聖職者かを問わず、誰でも入会できた。同兄弟会は、ブルゴス市郊外の教区教会ガモナールの聖母教会に本部を置き、属域のガモナールとカスタニャールの二ヵ所に施療院を所有した。一五二九年当時の会員数は、数名の聖職者会員（書記など）を含め三〇名弱で、財政基盤も貧弱であったが、民衆教化を目的とした、こうした兄弟会こそが、一六世紀ブルゴス市の典型的兄弟会であった[33]。

一五〇二年のガモナールの聖母と聖アントニウス兄弟会規約は、全二一条から構成され、第一条において、会員は誠実なキリスト教徒たるべきこと、会員の兄弟愛と兄弟会の平和（自治）が規定される。第二条は役職者に関する規定で、一年任期一名の兄弟会代表（prior ないし abad）、一名の書記――基本的に聖職者――、二名の会計係の選出方法に言及する。兄弟会代表は総会を司宰し、自治権をもつ兄弟会の平和維持にあたり、違反者に罰金を科すことができた。兄弟会代表は俗人である必要はなく、一五二九年には聖職者が代表に選出されている。第三条～第五条は貧窮した会員の会費免除、罹患した会員の介護、入会規定であり、第六条と第七条は会費と灯明料、第八条と第一〇条は兄弟会の自治権、第九条は兄弟会の祝祭に関する規定である。第一一条～第一六条が、非会員の埋葬、総会と物故した会員への死者ミサに言及する一方、第一七条と第一八条は、会員の葬儀規定にあてられている。特に第一七条は葬儀時に、主禱文と天使祝詞各三回――埋葬当日は各三〇回――の朗唱を会員に義務づけており、民衆教化の役割も担った。第一九条～第二一条は、属域にある施療院での慈善活動、祝宴費の徴収に関する規定である[34]。

ガモナールの聖母と聖アントニウス兄弟会の主要祭日は、聖母被昇天の祭日（八月一五日）と聖アントニウスの祭日（一月一七日）、聖ヤコブの祭日（七月二五日）の三つで、いずれも全会員が灯明を持って参加しなければならず、物故した会員への死者ミサと祝宴が執り行われた。総会は一月、五月、七月の年三回開催され、五月の総会時に前述した役職者の選出、新会員の承認、祝宴などが行われた。祝宴の食事は豪華で、一七世紀後半には、教会巡察官が、質素な食事への変更を要請しているほどである。例えば聖アントニウスの祭日のメニューは、パンとワイン、羊肉、子豚と子山羊の肉、ベーコン、チーズ、干しブドウ、オレンジなどで、当時にあっては贅沢な食事であった[35]。

兄弟会の財源は、会員からの寄進財産、家屋や土地といった不動産の賃貸収入、会費、罰金収入が主であり、それを基本財源として、属域にある二つの施療院での慈善活動が展開された。施療院での慈善対象となったのは、病気により貧窮した会員や家族、巡礼者、貧民であり、兄弟会の負担で彼らにパンと野菜スープを基本とする、質素な食事サービス、医療・宿泊・宗教サービスなどが提供された。二階建ての施療院の部屋数は二～三で、各部屋にベッドが一台置かれ、冬場は暖をとることもできた[36]。

（2） 聖カタリーナ兄弟会

聖カタリーナ兄弟会は、絵師や彫刻家、銀細工師、金箔師、ガラス細工師などの職能別兄弟会として、一五世紀初頭に発足したが、会員数や会費確保の必要などから、職業や階層、性別などを問わない開放型兄弟会（篤信〔慈善型〕兄弟会）へ移行した。教会の認可を受け、聖職者を含む篤信（慈善型）兄弟会へ転化しても、一六世紀前半まで、絵師や彫刻家、銀細工師、金箔師、ガラス細工師が、六〇名に限定された会員の大半を占めた。会員数が二三〇名に増加するのは、一六世紀半ばのトレント公会議以降である[37]。

最古の同兄弟会規約は一四一三年のものであるが、一六～一七世紀に三度、規約の追加や改変がなされている。聖カタリーナ兄弟会は、ブルゴス市内のサン・レスメス教区教会に本部を置き、ラ・プエブラ街に女性専用の施療院を所有した。総会は年四回以内とされ、一一月の年次総会で一年任期の役職者（一名の兄弟会代表、二名の会計係など）が選出された。兄弟会代表と会計係の職務内容や権限は、ガモナールの聖母と聖アントニウス兄弟会と大差ないが、聖カタリーナ兄弟会にあっては、会計係経験者が兄弟会代表就任の前提となっている。例えば一五七五年の兄弟会代表のドミンゴ・デ・パラシオスは、一五七二年の会計係であったし、一五七六年の兄弟会代表のファン・デ・セアも、一五七一年の会計係であった。これらの役職者の下に、総会や葬儀の日時・場所を会員に通知する下級専従職の「触れ役」一名と女性施療院管理人一名が置かれた[38]。

主要祭日は、聖カタリーナの祭日（一一月二五日）で、前夜（一一月二四日の夜）、全会員が手に灯明を持って施療院に集まり、施療院に安置されている聖カタリーナ像を、本部のあるサン・レスメス教会に移動させた。同教会の晩課に参列した後、再び施療院に戻ると、全会員に食事が振舞われた。翌日、全会員がサン・レスメス教会でのミサに参列し、楽師を伴って、聖カタリーナ像を施療院に戻した。聖カタリーナ像を神輿に乗せ、施療院と教区教会間の宗教行列を行うにあたり、二列に並んだ行列の先頭に立ち、旗を掲げたのは、会計係であった。宗教行列終了後、貧しい会員や会員の寡婦、貧民に金銭や食事が振舞われ、会員の自己負担で祝宴が催された(39)。

兄弟会の財源は会費や入会金収入、不動産の賃貸による家賃や地代収入、会員からの寄進が主であり、一六世紀後半――価格革命により貨幣価値が急落した――の平均年収も、二万九〇〇〇マラベディと貧弱であった。そうした乏しい財源の中から、ベッド数六、質素な二階建ての施療院の維持費、女性施療院管理人の俸給を捻出しなければならなかった。聖カタリーナ兄弟会の施療院は、女性専用の施療院で、一階に台所と六台のベッドの置かれた寝室、二階には総会用の大部屋、女性施療院管理人の部屋が配置された。聖カタリーナ像や十字架、神輿、蠟燭収納箱、文書箱も、施療院の二階に保管された。六台のベッドのうち一台は女性巡礼者、もう一台は女性疥癬病患者のためのものであった。ベッドはカーテンで仕切られ、「医療の個別化」の萌芽はみられるものの、シーツ、毛布、枕などの寝具類は古く傷んでいるものが多く、一六世紀の教会巡察官は、ベッド備品の新調を提言したほどである。施療院での慈善対象となったのは、病気で貧窮した会員の妻や寡婦――ハンセン病患者は除く――、外部の女性巡礼者や貧民で、食事・医療・宿泊・暖房・宗教サービスが提供された。日常的に食事・宿泊・暖房サービスを提供したのは、女性施療院管理人であったし、宿泊日数も一泊が原則であったと思われる。女性専用の施療院であったことから、教会巡察官は男性の施療院への受け入れ禁止を厳命している。聖職者会員を含み、教会の統制下に実施された宗教行列と慈善活動が、民衆教化、カトリック教義の内面化の上で重要な意味を有したことは言うまでもない(40)。

第二節　マイノリティ兄弟会

中近世スペインの宗教的マイノリティとしては、ユダヤ人とコンベルソ、ムデハル、モリスコがよく知られている。

これらの宗教的マイノリティの中にあって、ユダヤ人とムデハルは、王権や領主権力の保護下に、信仰の自由と自治権を認められた異教徒であり、旧約聖書とコーランを根拠に独自の兄弟会を組織することができた。他方、コンベルソとモリスコ――多くは強制改宗者であった――は、異教的習俗保持者を多数内包した「新キリスト教徒」であり、「旧キリスト教徒」から絶えず不信の目を向けられた。一三九一年の大規模な反ユダヤ運動直後に、バレンシア市内で組織された二つのコンベルソ兄弟会は、「旧キリスト教徒」の不信払拭を目的とした、早期のマイノリティ兄弟会の一例である。(41)

一六世紀後半に、「血の純潔規約 limpieza de sangre」がスペイン社会に浸透・定着する中で、「汚染された血」に繋がるコンベルソとモリスコの多くは、「旧キリスト教徒」の兄弟会からますます排除され、独自の兄弟会を創設せざるをえなかった。トレント公会議が兄弟会を対抗宗教改革の手段として重視する中で、「旧キリスト教徒」のみならず、コンベルソやモリスコも、マジョリティ社会への同化と相互扶助、慈善活動を目的に、次々と兄弟会を結成した。ブラスコ・マルティーネスとA・ガルシア・ペドラーサによれば、兄弟会結成にあたりコンベルソがモデルの一つとしたのは、伝統的なユダヤ人兄弟会であったし、モリスコ兄弟会とスーフィー教団（タリーカ tarīqa）との連続性も、完全には否定しきれないのである。一六世紀のグラナダ市のモリスコ兄弟会と施療院が、ナスル朝時代のスーフィー教団や施療院と同じアルバイシン地区に創設されたのは、単なる偶然ではあるまい。(42)

エスニック・マイノリティを代表するのは、黒人とムラートであり、セビーリャ市をはじめとする近世スペイン諸都市で、同様に兄弟会を結成した。アメリカ貿易の拠点都市セビーリャでは、一五八〇年のポルトガル併合後、多数の黒人奴隷が流入し、黒人奴隷価格も低落して、奴隷現象の「民主化」が生じた。貴族や官僚、有力商人のみならず、小売商人や手工業者、貧民すら黒人奴隷を所有したのである。一部に解放奴隷（自由人）を含むものの、黒人の多くは家内労働や手工業に従事した奴隷であり、サン・ロケ教区、サン・イルデフォンソ教区、トリアナ地区などの貧民街に集住した。教会や修道院、「旧キリスト教徒」にとって、黒人やムラートは、知的にもモラルの面でも劣るエスニック・マイノリティであり、兄弟会による家父長制的保護が必要とされた。言語や宗教、親族関係を暴力的に奪われた黒人やムラートにとって、「疑似親族集団」としての兄弟会は、自らのアイデンティティを保持しつつ、マジョリティ社会への同化を促す不可欠の社会的装置として機能した(43)。

このように中近世スペインには、多様な類型のマイノリティ兄弟会が存在した。以下では、宗教的マイノリティであるユダヤ人とモリスコ兄弟会、エスニック・マイノリティとしての黒人兄弟会に焦点を絞り、中近世スペインにおける、マイノリティ兄弟会について具体的に論究したい。

中世末期サラゴーサ市のユダヤ人兄弟会

内壁と外壁という二重囲壁で囲まれたサラゴーサ市は、エブロ川中流に位置するアラゴン連合王国の主要都市の一つで、一五世紀初頭の都市人口は約二万人と推定される。このサラゴーサ市に、ユダヤ人が定住するのは三世紀以降であり、中世末期にはバレンシア、バルセローナ、セビーリャ、トレードと並ぶ、スペイン有数のユダヤ人共同体(アルハマ aljama ないしカハル kahal)——自治権をもつ、一定規模以上のユダヤ人街をさす——を擁した。一五世紀初頭のサラゴーサ市では、都市南東部、内壁内のサン・ヒル教区と内壁外のサン・ミゲール教区に、新旧二つのユダヤ人街 judería が組織された。主要ユダヤ人街は、内壁南西部の旧ユダヤ人街で、ユダヤ人街の総面積は約七・五ヘクタールである。旧ユダヤ人街には、大小二つのシナゴーグ、タルムード学校、アルハマの運営する施療院——部屋数五、ベッド数九、トイレ数二——があり、内壁外には沐浴場、外壁外の都市南西部に、ユダヤ人墓地を維持した。一四〇六年当時のユダヤ人人口は三四七世帯であった。家族係数を五とすると、サラゴーサのユダヤ人人口は、約一七五〇人と推算される(44)。

中世末期サラゴーサ市のユダヤ人の中には、カバリェリーア家やアラサール家のように、金融業や徴税請負に従事する有力ユダヤ人家門が一部にみられるものの、多くは手工業と小売商業に従事し、貧民も少なくなかった。サラゴーサ市のユダヤ人の主たる手工業職種としては、鍛冶職、靴職、皮なめし職、馬具職、轆轤職などが知られており、慈善活動と密接に関わる医者も、ユダヤ人の伝統的職種の一つであった[45]。

前二世紀のユダヤの「義人 zadik」シメオンによれば、慈善と信仰はユダヤ人社会の重要な基盤であり、ユダヤ法やタルムード Talmud も、神が病床のアブラハムを見舞った故事に倣い、病人の介護や貧民救済を敬虔な行為として推奨している。キリスト教とユダヤ教が慈善活動を、敬虔な行為として重視する姿勢に大きな違いはないが、ユダヤ人とキリスト教徒は、神と安息日、宗教儀礼、暦法、食文化を異にしており、またキリスト教徒民衆の間に「神殺しの民」としてのユダヤ人像が浸透し、反ユダヤ運動が続発する中で、キリスト教徒とユダヤ人を同一の施療院に収容し、そこで慈善活動を実践することは不可能であった。中世末期に多数のユダヤ人兄弟会が組織された主要因が、ここにある。中世末期サラゴーサ市のユダヤ人街は、アラゴン連合王国のみならず、スペイン有数のユダヤ人街であったことから、多様な類型のユダヤ人兄弟会が編成され、スペインを代表する「慈善空間」を形作った[46]。

ブラスコ・マルティーネスによれば、中世末期のサラゴーサ市のユダヤ人兄弟会は、自治権をもつユダヤ人共同体の運営する兄弟会を含め一六あり、スペインで最も多くの兄弟会が組織された都市とされる。ラテン語とロマンス語(中世スペイン語)による兄弟会規約も比較的多く伝来しており、中世スペイン都市のユダヤ人兄弟会を考察する上で、格好の素材を提供する。しかし会員名簿や会計簿は伝来せず、兄弟会の規模や財源については、不明な点が少なくない。一四九二年のユダヤ人追放令により、改宗を拒否したユダヤ人は、僅かな動産のみを携行してスペインを離れざるをえなかった。シナゴーグや施療院、墓地が破壊され、ユダヤ人兄弟会関連の史料も失われた。そうした中にあって、サラゴーサ市のユダヤ人兄弟会規約は、破壊を免れた数少ない史料の一つである。ユダヤ人兄弟会規約がラテン語やロマンス語で表記されたのは、ユダヤ人が国王隷属民とされ、兄弟会の設立や規約制定に王権の認可を必要としたことによる[47]。

サラゴーサ市のユダヤ人兄弟会は、特定の職種を母体とし、会員の相互扶助や慈善関連規約を有する職能別(閉鎖的）兄弟会と、職業や階層――ラビを含む――、性別を異にする多様なユダヤ人に開かれた、慈善型（開放的）兄弟会の二つに大別された。キリスト教徒の職能別兄弟会と異なり、サラゴーサ市のユダヤ人のそれに、労働規約が欠けているのは、ユダヤ人が国王隷属民とされ、王権の強い統制下に置かれたことと関わっているのかもしれない。職能別兄弟会と慈善型兄弟会の双方にあって、会員資格は市内在住のユダヤ人に限定されたが、前者の場合、ギルド成員という要件が加わり、より閉鎖的な兄弟会であったということができる(48)。

一六のユダヤ人兄弟会のうち、五つは職能別兄弟会に属し、一〇は慈善型兄弟会であった。この他にユダヤ人共同体の運営する、公的兄弟会 cofradia oficial が存在した。往来者のためのユダヤ人共同体の兄弟会 Almosna de la Aljama del Cahal de los Yentes et Venientes がそれで、サラゴーサ市在住のユダヤ人貧民と一時滞在者（貧民や巡礼者）の救済を目的とした。大シナゴーグに本部を置いた公的兄弟会では、アルハマ当局者が役職者を務め、アルハマ当局から財政支援を受けつつ、シナゴーグ付設の施療院で慈善活動を展開したものと思われる。公的兄弟会の実態については、不明な部分が多いが、それが、トーラー（モーセ五書）Torah やタルムードに根拠をもつ社会的結合であることは、注目してよい(49)。

一四世紀末の埋葬 Cabarim 兄弟会――二名のラビを含む――の例にみられるように、兄弟会の規模は、一般的に数十名を超えるものと推定される。兄弟会の主要財源を構成したのは、入会金、会費、罰金収入、兄弟会が都市内外に所有する不動産からの地代・家賃収入、アルハマ当局からの財政援助、会員からの寄進などであった。ユダヤ人兄弟会の農地を賃借し、地代を支払う保有農の中には、キリスト教徒も確認される。中世末期サラゴーサ市のユダヤ人は、こうした多様な類型のユダヤ人兄弟会に多重所属しながら、兄弟会の有する施療院やシナゴーグで、慈善活動と相互扶助を実践した(50)。

以下では、職能別兄弟会である靴職兄弟会と、慈善型兄弟会に属する病人介護 Sombreholim 兄弟会、慈善 Rotfe-cédech 兄弟会、タルムード・トーラー Talmud Torah 兄弟会を例に、中世末期サラゴーサの職能別兄弟会と慈善型兄弟会の実態について、具体的に検証したい。

（1）　靴職兄弟会

一三三六年、アラゴン王ペドロ四世は、全六条からなるサラゴーサ市のユダヤ人靴職兄弟会規約を認可した。第一条は結婚と男子誕生に関する規定で、会員が結婚する場合、全会員を結婚式に招待しなければならず、会員に男子が誕生した時も、割礼式に参列する必要があった。

結婚式と共に重要であったのは、病気の際の相互扶助である。それ故、靴職兄弟会規約第二条は、病気と葬儀時の会員の行動規範に言及している。第二条によれば、「また前掲兄弟会のある者（会員）が罹患した場合、（複数の）兄弟会役職者 adelantados は、その間、毎週二日、月曜日と木曜日に、彼を慰問すべし。（病気のため彼の）金銭が不足し、明らかに融資が必要な場合、前掲兄弟会から五ソリドゥスを借り受けることができる。……同様に、全ての会員は（安息日にあたる）土曜日に、前掲病人を見舞わなければならず、違反者は、その度ごとに、前掲兄弟会に一ディネーロ（の罰金）を支払うべし(51)」。

第三条は、葬儀の際の相互扶助に関する規定である。「さて、たまたま前掲兄弟会の誰か（ある会員）が没した場合、全ての会員は埋葬に参列しなければならず、違反者は（通常の罰金の倍額にあたる）二ディネーロを前掲兄弟会に支払わなければならなかった(52)」。そればかりではない。第六条によれば、靴職兄弟会の会員は、物故した会員の出棺時、死者の家の前で見送らなければならず、葬儀後八日間、物故した会員の親族に付き従って、シナゴーグで（死者のための）祈りを捧げる義務を負ったのである(53)。

第四条と五条は、兄弟会規約の周知方法と兄弟会の平和（自治）に関するものである。「さて会員は、年二回これらの条項を読み聞かせなければならない。その目的は、各人（会員）が為すべきことを知るためである(54)」。第五条では、会員相互の争いを禁止し、他の会員を侮辱した場合は、罰金に加え一ヵ月の会員資格停止とされた(55)。

靴職兄弟会の運営にあたったのは、総会で有力会員の中から選出された複数の役職者で、他のユダヤ人兄弟会の事例から類推して、任期は一年前後、就任時に誠実誓約、退任時に後継役職者への報告書の提出を義務づけられたものと思われる。会員名簿と会計簿が伝来しないため、靴職兄弟会の規模と財源については不明だが、財源に関しては他の事例から推察して、会費、入会金、寄進財産の運用などで賄われたものとみて大過あるまい。兄弟会役職者は兄弟会財産の管理・運用、会員の相互扶助、とりわけ罹患ないし死没した会員とその家族への慈善活動に意を用い、兄弟会の平和維持にもあたった。靴職兄弟会は、本部の置かれた固有のシナゴーグを備えており、そこで総会や慈善活動、葬儀などが執り行われた[56]。

（2）　病人介護兄弟会

一三八七年、王太子マルティンは、サラゴーサ市のユダヤ人からの請願により、旧ユダヤ人街の大シナゴーグに本部を置く、病人介護兄弟会の設立を認可した。兄弟会総会や神への祈りは、本部の置かれた大シナゴーグで行われたものと思われる。同兄弟会規約によれば、設立目的は、「健常者であれ病床にある者であれ、貧しい人々を対象に……神への愛と彼らの生活維持のため、また病気療養中の彼らを昼夜を問わず介護し、病気療養中に必要な物品を彼らに給付する[57]」ことにあった。病人介護兄弟会は、「他のユダヤ人共同体でも、その創設が一般化していることに鑑み」、「余は汝ら前掲ユダヤ人に対し、汝らが前掲の理由と神への奉仕のため、日夜、貧民と病人を介護する、ヘブライ語でSombre olim と呼ばれる前掲兄弟会を、合法的に何らの疑念なく創設することについて、全権を与えるものである[58]」。

王太子により同兄弟会が認可された以上、「前掲兄弟会の会員である、あるいは加入する、もしくは加入を希望する全てのユダヤ人は、同兄弟会の会員として留まることができた[59]」。役職者について同兄弟会規約は、「さて彼ら（ユダヤ人会員）は、前掲兄弟会の全ての業務を取り扱う一部の者（役職者）を選出する[60]」ことができる一方、「彼ら（役職者）は前掲兄弟会のために、前掲兄弟会に委ねられた全ての財産その他を……管理し……保持する[61]」ことが可能であった。

兄弟会役職者とは、兄弟会により選出された一名の兄弟会代表 regidor と、複数の兄弟会役職者 administradores を指したが、彼らは王太子から、兄弟会会員たるサラゴーサ市のユダヤ人への下級裁判権の行使（自治権）を認可された。同兄弟会会員の居住地についていえば、「前掲兄弟会には、サラゴーサ市のユダヤ人以外の者は、加入してはならない」[62]と規定されていた。

（3） 慈善兄弟会

一三三〇年、慈善兄弟会の会員は、禁止されている外部の貧しいユダヤ人の埋葬をめぐり、カトリック教会から告発された。その告発文書の中で埋葬兄弟会は、兄弟会設立の目的と経緯について言及している。「同兄弟会は、敬虔な死者と貧民を（死衣で）被い、埋葬するという慈善活動を委ねられた（目的としている）。というのも、かつてアルハマの多く（の住民の遺体）は、貧困の故に埋葬されないという恥ずべき行為により、路上で腐敗したからである」[63]。係争事件の具体的内容は不明だが、告発されたユダヤ人会員は貧しく、応訴できないため、慈善兄弟会の役職者が、三十人評議会（役職者会議）の助言を得つつ、問題の解決にあたった[64]。

一四二五年、アラゴン王アルフォンソ五世は、サラゴーサ市の慈善兄弟会に、施療院の財源確保のため、ユダヤ人街で義捐金を集める特権を認めた。その特権状によれば、「一般に慈善兄弟会、ヘブライ語で Rotfe cedech と呼ばれる、サラゴーサ市のユダヤ人兄弟会は、巡礼者や異邦人であれ、その土地の者であれ、また放浪者、貧民、病人であれ、全てのユダヤ人男女を受け入れる施療院を建設した。彼らに飲食物を与え、病気や貧窮時に必要な物品を給付し、七つの慈善活動を行うためである」[65]。しかし「前掲施療院を訪れる貧民や巡礼者は多く、前掲兄弟会の財源も乏しいので……前掲施療院を維持できず、前掲貧民に必要な物品を与えることもできない」[66]。そのため「余（アルフォンソ五世）は、前掲兄弟会の全てのユダヤ人に対し……二人のユダヤ人を選出し、前掲都市（サラゴーサ市）のユダヤ人街で、一五日に一度、前掲施療院の貧民救済のために義捐金（義捐物資）を集める権限を認め、与える」[67]ものとした。

慈善兄弟会の本部は、旧ユダヤ人街の小シナゴーグに置かれ、そこで総会や神への祈りが行われる一方、同兄弟会の運営する施療院で、貧民や病人、巡礼者、異邦人――外部のユダヤ人への慈善活動は一四二五年以降である――への慈善活動が展開された。会員の多くは、貧しい中下層のユダヤ人であったが、役職者は有力ユダヤ人の中から選出された。一三三〇年の告発文書で、兄弟会を代表した二名の役職者に、ドン don という敬称が付されていることは、それを窺わせるものである(68)。

（4） タルムード・トーラー兄弟会

病人介護、貧民救済、埋葬兄弟会と並び、ユダヤ人社会において重要な位置を占めたのは、子供たちの初等教育振興を目的とした、タルムード・トーラー兄弟会であった。宗教的マイノリティであったユダヤ人にとって、旧約聖書の言語であるヘブライ語と宗教教育は、アイデンティティの根幹をなすものである。中世末期スペインのユダヤ人は、オーラル言語としては主にロマンス語を使用していたが、宗教儀礼や法文書などにはヘブライ語が使われた。そのためユダヤ人民衆ですら、単婚小家族の家長・祭司として、最小限のヘブライ語能力を必要とした。セム系の言語に属するヘブライ語は、スペイン語を含むインド・ヨーロッパ系の言語と全く異なる言語体系をもっており、その習得には相当期間の初等教育が不可欠であった(69)。

初等教育の対象となったのは、民衆層の子供たちを含めた、六〜一三歳の学齢期のユダヤ人男子であり、女子は対象外とされた。女子が排除されたとはいえ、中世末期にすでに民衆向けの初等教育が実施されていたことは、注目してよい(70)。スペイン全土のユダヤ人共同体に適用された、『一四三二年のバリャドリードのユダヤ人共同体条例』は、初等教育について、次のように規定する。「聖書を教えるにあたり、いかなる教師といえども、二五人以上の子供を有してはならない。子供たちを教える（優等生から選ばれた）助手がいれば、タルムードの規定に従い、四〇人まで教えることができる(71)」。

初等学校は、アルハマの中心部に位置するシナゴーグの内部もしくは近くに置かれ、教室は椅子と机を並べただけの、黒板もなければ間仕切りもない質素な大部屋であった。採光や衛生状態への配慮は乏しく、トイレは中庭に設置された。教室の片隅には教師が家族と共に住みこみ、教師不在時には妻や助手が子供たちの授業を受けもった。教師は薄給のため小売商人や手工業者を兼ねざるをえず、顧客からの注文があれば、商売のため教室を不在とした。初等学校では、安息日と祝祭日を除き、子供たちが毎日登校する通年連日制がとられた。初等教育の対象は、前述したように六〜一三歳の男子で、宗教教育とヘブライ語の読み書き、算術が初等教育の基本であった。最も重視されたのは、ヘブライ語の初等教育で、一年生は教師の後について、何度もアルファベットを読み、ヘブライ語二二文字の習得に努めた。子供たちが多少ともヘブライ語に習熟するには、四年以上の教育期間が必要であった(72)。

中世末期の社会・経済的危機、反ユダヤ運動を背景に、アルハマ当局が財政難に直面したばかりか、窮乏したユダヤ人民衆の中には、初等学校の教師への授業料を支払えない者が続出した。タルムード・トーラー兄弟会は、貧しい家庭の子供たちへの教育支援を目的とした兄弟会で、サラゴーサ市を含め多くのアルハマに設立された。ユダヤ人社会にあって教育支援は、貧民救済や病人介護、埋葬と並ぶ重要な慈善活動とされ、中世末期のサラゴーサ市に教育支援兄弟会が設立されたのは、当然のことであった(73)。

初等教育がユダヤ人アイデンティティに密接に関わることから、アルハマ当局は食肉とワイン、結婚式、割礼式、葬儀などに課税し、初等教育税を徴収した。『一四三二年のバリャドリードのユダヤ人共同体条例』によれば、「彼ら（ユダヤ人）の間で、彼ら（ユダヤ人）により、ユダヤ法に則って屠殺された大型家畜に関しては、五マラベディを初等教育税として支払うべし」。「結婚する者は誰であれ、結納の日に一〇マラベディを支払うべし。割礼については、子供が流産しないと考えられた時点で、初等教育税として、一〇マラベディを支払わなければならない(74)」。このようにして徴収された初等教育税は目的税で、初等教育税の大半が、教師の俸給に充当された(75)。

初等学校の教師とその俸給について、前掲共同体条例は次のように規定している。サラゴーサ市のように「世帯数一五（以上）の全てのアルハマは……子供たちに聖書を教える高潔な（初等学校の）教師を雇い、世帯数に応じて教師に然るべき俸給、食料、衣服を提供しなければならない。前掲教師の下に子供を預けている両親は、その財産に応じて授業料を支払うべし」[76]。

アルハマ財政が逼迫する中で、タルムード・トーラー兄弟会は、アルハマ当局に代わり、貧しい子供たちへの教育支援を行い、同兄弟会へのアルハマ当局の債務も膨らんだ。一三八〇年に、サラゴーサ市のアルハマ当局とタルムード・トーラー兄弟会の間で取り交わされた貸借契約書は、これを裏づけるものであろう。「前掲兄弟会（タルムード・トーラー兄弟会）と前掲アルハマの間で、（以下のように）合意された。前掲アルハマは、前掲兄弟会に今後一〇年間で二五〇〇ソリドゥス、一〇年の間毎年二五〇ソリドゥスを支払わなければならない」[77]。多額の債務の存在は、タルムード・トーラー兄弟会が、初等教育支援に大きな役割を担っていたこと、初等教育と流通税収入との密接な関係、したがってタルムード・トーラー兄弟会のもつ半ば「公的性格」を示すものである。貧しい子供たちの初等教育にまで踏み込んだ、ユダヤ人兄弟会の存在は、教育史の視点からも評価されてよい。

近世都市グラナダとムルシア地方のモリスコ兄弟会

カスティーリャ王国では一五〇二年、アラゴン連合王国では一五二五年に出されたムデハル追放令により、大多数のムデハルは事実上、改宗を強要されモリスコとなった。一五六〇年代のグラナダ地方のモリスコ人口は約一五万人と推定され、そのうち二～三万人がアルバイシン地区を中心にグラナダ市内――一五三〇年代のグラナダ市の人口は約七万人――に居住した。改宗したとはいえ、ムスリムとしての長い歴史と伝統をもつモリスコにとって、言語、宗教、食文化を異にするマジョリティ社会への同化は容易ではなかった[78]。

それればかりではない。モリスコは同質的なマイノリティ集団ではなく、地域間格差や社会・経済的格差、ジェンダー差を内包しており、貧民やアウトローも多数包摂していた。都市在住で金融業や国際商業に従事したり、都市役人や国王役人、聖堂参事会員となる、あるいは下級貴族身分を保有するモリスコも一部にみられたが、多くはグラナダ、ムルシア地方の農山間部――第二次アルプハーラス反乱（一五六八～七一年）後の強制移住政策により、グラナダ市とグラナダ地方のモリスコは激減した――で、領主権力に従属しつつ、小規模灌漑農業を基礎とした農牧業、果樹栽培、養蚕を営んだ。これらのモリスコ農民は、領主権力との農業契約――重い運搬賦役と短期小作契約、分益小作契約を基本とする――によって、かろうじて生計を維持することのできた貧しい「新キリスト教徒」で、村落住民の大多数がモリスコから構成される、モリスコ村落に定住した。農山間部に孤立し、「旧キリスト教徒」との接点もほとんどなく、スペイン語も理解できないモリスコ農民、とりわけ外部との接触を大きく制約されたモリスコ農民の妻女にとって、マジョリティ社会への同化は、都市在住のモリスコ以上に困難であった。「汚染された血」をもち、悪魔儀礼を行う「ムスリムの同盟者」とみなされたモリスコは、「旧キリスト教徒」の強い差別と偏見に晒されながら、マジョリティ社会の底辺に放置されたのである。「旧キリスト教徒」の兄弟会から排除されたモリスコの多くが、コンベルソと同様に、固有の兄弟会の結成を目指したのは当然のことであった。[79]

兄弟会規約、会員名簿、会計簿といった、モリスコ兄弟会に関する直接的史料は、全くと言っていいほど伝来しておらず、モリスコ兄弟会の実態については、不明な点が多々残されている。モリスコ兄弟会の直接的史料の欠如は、一六〇九～一四年のモリスコ追放令と密接に関わっている。フェリーペ三世の追放令により、同化の進んだ敬虔なモリスコ、あるいは「旧キリスト教徒」と結婚した一部の有力モリスコを除き、モリスコの大多数（約三〇万人）が、主としてマグレブ地方に追放された。その際に兄弟会の直接的史料――マグレブ地方で発見される可能性も皆無ではない――も、大半が失われたものと思われる。史料的限界はあるが、以下では、ロマンス語による初代グラナダ大司教タラベーラ（在位一四九三～一五〇七年）のモリスコ教化指示書、モリスコ兄弟会への寄進文書や公証人文書、モリスコ兄弟会に関するガルシア・ペドラーサの研究を手掛かりに、近世グラナダ市とムルシア地方のモリスコ兄弟会について検討したい。[80] グラナダ市とムルシア地方に焦点を合わせたのは、前者は都市在住モリスコ兄弟会、後者は農村在住モリスコ兄弟会の典型だからであり、比較的多くの史料が伝来しているからに他ならない。

（1）近世都市グラナダのモリスコ兄弟会

グラナダ地方のムデハルの改宗、モリスコ教化に取り組んだ、初代グラナダ大司教タラベーラは、一六世紀初頭のものと推定される覚書の中で、「汝ら（モリスコ）は存命中も死去に際しても相互扶助すべく、キリスト教徒と同様の兄弟会を有すべし」、「汝ら（モリスコ）は、それ（施療院）を必要とする貧しい病人が治療され、また慰められる、一ないし二の施療院を有すべし。それら（施療院）は汝らの間でなされる、あるいは求められる施しによって支えられるべし」[81]と述べている。モリスコ教化ないしマジョリティ社会への同化、王権と教会による社会統合の一環として、タラベーラはモリスコに、兄弟会の結成と慈善活動を推奨しているのである。こうした兄弟会と施療院での救貧活動は、差別と偏見に晒されたモリスコの相互扶助、社会的結合装置として機能したであろうし、ムスリム的慈善活動の伝統をもつモリスコにとって、違和感なく受容されたものと思われる。慈善活動を介した現世利益と霊的救済という点で、ムスリムと「旧キリスト教徒」に、大きな差異は認められないのである[82]。

モリスコ兄弟会関連の直接的史料がほとんど失われる中で、興味深いのは、一五四二年のグラナダ市の有力モリスコ、ゴンサロ・フェルナンデス・エル・セグリの遺言状である。ゴンサロ・フェルナンデスは、ナスル朝時代のムスリム貴族でマラガ城代の息子であったが、グラナダ陥落後の一四九九年に改宗し、スペイン王権のグラナダ統治に積極的に「協力した」。モリスコ教化や貧民、孤児の救済にも関与し、その功績を認められて、一六世紀初頭、グラナダ市の上級都市役人であるレヒドールに任命され、都市寡頭支配層の一翼を担った。下級貴族の称号を許され、マジョリティ社会への同化とそこでの社会的上昇に成功した、最有力モリスコの一人である。そのゴンサロ・フェルナンデスが残した、一五四二年の遺言状には、次のように記されている。「私の埋葬当日、前掲サン・ミゲール教区の聖職者が、蠟燭を持って私の棺に付き従うことを望む。私が属するイエス・キリストの聖なる慈善兄弟会 Cofradía de la

Santa Caridad de Ihesucristo と聖体兄弟会 Cofradía de Corpus Christi、前掲グラナダ聖教会の二〇人の合唱隊付き司祭が招聘され、慣習に従ったものが、支払われるべきことを欲する」[83]。

ゴンサロ・フェルナンデスは、モリスコとして希有な社会的上昇を遂げ、グラナダ市の有力「旧キリスト教徒」の閉鎖的兄弟会である、イエス・キリストの聖なる慈善兄弟会への加入を認められた。同時に、会員数一〇〇名の都市エリートの閉鎖的兄弟会である、聖体兄弟会とも緊密な関係を維持することができた。「旧キリスト教徒」の閉鎖的兄弟会への所属は、敬虔なキリスト教徒としての彼の社会的威信を強化し、異端審問所の追及をかわす上でも重要であったに違いない。このようにモリスコの一部に、「旧キリスト教徒」の閉鎖的兄弟会への加入を許される者がいたにしても、それはあくまでも例外であり、大多数のモリスコは、差別と偏見に晒されながら、独自の兄弟会を模索しなければならなかった。グラナダ市のモリスコ集住地域である、アルバイシン地区のモリスコ男性を主要会員として結成され、多様な階層のモリスコ男性を含む、我らが救世主イエス・キリストの聖なる復活兄弟会 Cofradía de la Santa Resurrección de Nuestro Redentor Ihesucristo——以下、我らが救世主兄弟会と略記——は、その典型である[84]。

我らが救世主兄弟会は、一五六〇年に有力モリスコ商人を中心に組織され、アルバイシン地区の多数のモリスコ民衆が参加したことで知られる。同兄弟会は、グラナダ地方のモリスコ教化に尽力し、教皇パウルス三世の要請でトレント公会議に参加したグラナダ大司教ペドロ・ゲレーロ（在位一五四六～七六年）の承認を得て、一六世紀末に発足した。モリスコの同化、社会統合の一環として組織されたものであるが、「旧キリスト教徒」はほとんど参加せず、モリスコの「閉鎖的兄弟会」という一面を有していた[85]。

一五六二年の公証人文書によれば、「この文書を見る者は、（以下のことを）知るべし。私ロレンソ・フェルナンデス・エル・カライ、ダニエル・サンチェス・エル・シネーティ……アロンソ・サルキィ（計二六名）。（これら）全てがグラナダ市民で、アルバイシン地区に新設された我らが救世主兄弟会の会員であり、（同兄弟会付設の）施療院兄弟会の会員でもある。慣習に従い、兄弟会の会員である我々とその他の会員を含む我々全員が、前掲施療院で総会を開催した。その際、我々は全権を、前掲兄弟会代表の汝ファン・フェルナンデス・モファダールと会計係であるヘロニモ・ヒメーネス・エル・カティンに与えるものとする」[86]。

ファン・フェルナンデス・モファダールは、我らが救世主兄弟会の初代代表でもあり、同兄弟会は、併設した施療院で病人や貧民を対象とした慈善活動を展開する一方、施療院に本部を置き、そこで年一回の総会を開催した。復活祭の時期に開催された総会で、兄弟会代表――施療院兄弟会代表を兼任――や会計係などの役職者が選出され、会員の親睦のための祝宴と宗教行列が行われたものと思われる[87]。

一五六二年の公証人文書に名を連ねた二六人のモリスコは、我らが救世主兄弟会の創設に深く関わった有力モリスコであり、一六世紀末の創設後、アルバイシン地区の多数のモリスコ民衆が同兄弟会に加入した。同兄弟会創設に関わった二六人の有力モリスコの一人ダニエル・サンチェス・エル・シネーティは、同兄弟会の他に、教区教会に本部を置く聖秘蹟兄弟会にも所属していた。複数の兄弟会への多重所属は、一六世紀の有力モリスコにあってすら一般的な現象であった[88]。

モリスコ兄弟会会員はミサや祝祭への参加、毎月一回の信仰告白、主禱文や天使祝詞、使徒信経の読誦を義務づけられ、モリスコの同化と社会統合に重要な役割を担った。第二次アルプハーラス反乱に、アルバイシン地区のモリスコがほとんど参加しなかったのは、前掲兄弟会を介した都市在住モリスコの同化の進展と無関係ではあるまい。我らが救世主兄弟会――会員数は不明――を管理・運営したのは、有力商人の中から選出された、一名の兄弟会代表と基本的に一名の会計係であった。初代兄弟会代表のファン・フェルナンデス・モファダールは、多くのモリスコから尊敬された商人であったし、最後の兄弟会代表エルナン・ロペス・エル・フェリーも同様である。他の兄弟会の例からみて、兄弟会代表は下級裁判権を行使して、兄弟会の平和維持にあたり、違反者からは罰金を徴収したものと思われる。財務担当は施療院を含む兄弟会財政の管理者で、兄弟会代表を補佐した。エルナン・ロペス・エル・フェリーのように、会計係を経験した後に、兄弟会代表に選出された事例も確認される。その他に総会の開催日時などを会員に知らせる、「触れ役」などの下級専従職も存在した可能性が大きい(89)。

我らが救世主兄弟会の運営した施療院は、ムスリム時代の施療院を改変したもので、アルバイシン地区の多くのモリスコの強い要望を受けて維持された。ムスリム時代の施療院との連続性、イエスの名を冠した兄弟会名――イエス(アラビア語でイーサー)はムスリムにとって預言者の一人である――は、注目すべきである。兄弟会代表と会計係が、施療院の管理・運営に携わる一方、施療院で病人や貧民への慈善活動に直接従事したのは、住み込みで有給の男女看護師、医者、薬剤師であった。このように我らが救世主兄弟会は、モリスコ教化と慈善活動に大きな役割を担ったが、第二次アルプハーラス反乱が勃発した一五六八年、解散を命じられた。王権はモリスコ兄弟会への疑念を強め、アルバイシン地区のモリスコの多くを追放したのみならず、最後の兄弟会代表エルナン・ロペス・エル・フェリーも国外へ放逐した(90)。

グラナダ大司教ペドロ・ゲレーロは、アルバイシン地区のモリスコ教化策の一環として、イエズス会による初等学校の設立を認可した。モリスコの子供たちにスペイン語教育と宗教教育を行うことが、初等学校設立の主目的であった。同時にペドロ・ゲレーロは、イエズス会による兄弟会結成を承認し、それを御宿りの聖母兄弟会 Cofradía de la Concepción de Nuestra Señora と命名した。同兄弟会にはアルバイシン地区の主だったモリスコが加入し、同化の進んだモリスコは信仰告白を行い、聖体拝領に与り、他の兄弟会と同様教会内での祝祭に参加したのであった(91)。

(2) 近世ムルシア地方のモリスコ兄弟会

農村部のモリスコ兄弟会については、寄進文書から断片的な情報が伝来するにすぎない。ムルシア地方北部のリコーテ渓谷のモリスコによる、兄弟会への寄進文書がそれである。モリスコ追放令が出された、一六一三年当時のリコーテ渓谷には、六カ村、計二五〇四人のモリスコが定住していた。リコーテ渓谷は、人口の大多数をモリスコが占める「モリスコ渓谷」で、例えばリコーテ村ではモリスコ三七四人に対し「旧キリスト教徒」は四人、オホス村ではモリスコ二六九人に対し、「旧キリスト教徒」は司祭を含め僅か三人にすぎなかった。しかしムルシア地方のモリスコは、一三世紀以来、カスティーリャ王権の支配下に組み込まれており、そのためリコーテ渓谷のモリスコは、他の農村在住モリスコに比べ、比較的同化が進んでいたといわれる。リコーテ渓谷のモリスコによる兄弟会結成、兄弟会への寄進行為の背景でもある(92)。

一六一三年当時のリコーテ村では、追放令に伴う旅の安全を祈願し、同村のモリスコで、「ロザリオの聖母」を崇敬するゴンカロ・ロホが、ロザリオの聖母兄弟会 Cofradía de Nuestra Señora del Rosario などに土地を寄進している。ゴンカロ・ロホは「同村にあるロザリオの聖母兄弟会の会員で、同兄弟会を尊崇していた(93)」。オホス村にはロザリオと聖アウグスティヌス兄弟会 Cofradí del Rosario y de San Agustín があったし、一五八四年には近郊村落のモリスコ、ゴンサロ・ローペスも、ロザリオの聖母兄弟会に財産を寄進している。農村部のモリスコ兄弟会については、不明な点が圧倒的に多いが、聖母マリアを守護聖人とする兄弟会が多いことは、注目してよい。ムスリムにとってマリア（アラビア語でマリアム）は、神によって選ばれ純化された処女、アイーシャやファーティマと並ぶ崇敬対象とされたが、こうした肯定的なマリア像が、影響している可能性は否定できない(94)。

近世都市セビーリャの黒人兄弟会

一五八〇年のポルトガル併合は、スペイン帝国を肥大化させ、言語や宗教、エスニシティを異にする多様なマイノリティをスペイン南部諸都市に流入させた。スペイン帝国の結節点にして、アメリカ貿易の拠点都市セビーリャも例外ではなく、一五六五年の人口調査によれば、セビーリャの都市人口約八万人に対し、奴隷人口は約六五〇〇人であった。奴隷の大多数を占めたのが、黒人奴隷であり、一六世紀～一七世紀前半のセビーリャ市は、近世スペイン最大の黒人奴隷所有都市に他ならなかった。ポルトガル併合による黒人奴隷の大量供給、奴隷価格の低下が、黒人奴隷の広範な存在を説明する。奴隷価格の低下に伴い、貴族や官僚、聖職者、有力商人、自由業従事者のみならず、手工業者や小売商人などの都市民衆の多くも黒人奴隷を所有することができた。近世都市セビーリャにあっては、多くの市民が黒人奴隷を所有していたのであり、黒人奴隷所有は日常的景観と化していた。黒人女奴隷を側妾とするセビーリャ市民も少なくなく、黒人の増加と共に、ムラート数も増大した(95)。

近世都市セビーリャにおける黒人奴隷の主たる労働形態は、都市型労働であった。貴族、官僚、聖職者、有力商人は黒人奴隷を下男、下女、乳母、従者などの家内労働に使役する一方、手工業者と小売商人は生産、小売りに必要な補助労働力として利用した。セビーリャ市の黒人奴隷は、サン・ロケ教区、サン・イルデフォンソ教区、サン・ベルナルド教区、アレナール地区、トリアナ地区といった特定地区に集住した。これらはアウトローがたむろし、悪臭の漂う都市周辺の貧民地区であった。解放後も黒人の多くは、貧しい生活を強いられ、「野蛮な周縁民」「汚点をもつエスニシティ」として、差別と偏見の対象となった。正業に就けず、物乞いや慈善に頼る者、アウトローやアルコール中毒患者、売春婦が続出し、貧民地区に集住せざるをえなかった。奴隷か自由身分の解放奴隷かを問わず、黒人は言語や宗教、親族関係、地縁関係などを暴力的に奪われ、「母社会」から切り離された「強制移民」に他ならない。「アトム化された個」として、セビーリャ社会への同化を強いられた、「新キリスト教徒」の黒人奴隷と解放奴隷にとって、「擬制的家族」ないし「疑似親族集団」としての兄弟会は、アイデンティティを保持しつつ、マジョリティ社会を生き抜く上で不可欠の社会的結合であった(96)。

黒人奴隷が急増する一六世紀後半に、セビーリャ市では三つの黒人とムラート兄弟会が組織された。サン・ロケ教区、トリアナ地区、サン・イルデフォンソ教区に本部を置く天使たちの聖母兄弟会 Cofradía de Nuestra Señora de los Angeles、ロザリオの聖母兄弟会、聖母奉献祭兄弟会 Cofradía de Presentación de Nuestra Señora がそれで、聖母マリアを介した黒人・ムラート教化と黒人・ムラートの兄弟愛的結合（相互扶助）を目的とした兄弟会である。セビーリャ市で最も多くの兄弟会が組織された一六世紀後半は、対抗宗教改革の時代であり、王権や教会にとって、黒人やムラート兄弟会は、「新キリスト教徒」である彼らの教化と社会的紀律化を促す、効果的な手段でもあった。黒人奴隷が大幅に減少し、黒人とムラート兄弟会が衰退し始めるのは、ポルトガルが分離・独立する一七世紀後半以降である。[97]

その一方で、一六〜一七世紀のアメリカ植民地では、インディオの代替労働力として輸入された黒人奴隷の教化のため、多くの黒人兄弟会が創設されたが、そのモデルとなったのは、セビーリャ市の黒人兄弟会であった。一六世紀にペルー副王領の主要都市リマで組織された最初の黒人兄弟会が、セビーリャ市のそれと同名であったことは、象徴的である。セビーリャ市の黒人兄弟会は、一七世紀後半〜一八世紀に深刻な危機に直面したが、それはアメリカ植民地に継受され、同地の黒人教化に重要な役割を担った。[98]

前述した三つの黒人ないしムラート兄弟会――聖母奉献祭兄弟会はムラートの兄弟会として知られる――のうち、一五五四年とされる規約写本が伝来し、現在も存続しているのは、天使たちの聖母兄弟会だけである。以下では、モレーノの研究と一六世紀半ばの同兄弟会規約を素材に、近世都市セビーリャにおけるエスニック・マイノリティたる黒人兄弟会の実態を検討したい。

（1）　兄弟会組織

天使たちの聖母兄弟会は年三回（三月、五月、九月の第一日曜日）総会を開催したが、最も重要なのは、会員の選挙により一年任期の役職者を選出した五月の総会であった。総会は男性会員だけで開催され、役職者が選出された。黒人が大多数を占めるエスニック兄弟会とはいえ、一般の黒人会員は、経済的負担の重い役職にほとんど関心を示さず、比較的経済力のある黒人が、役職者に再任されるケースが頻発した。[99]

主要役職者を構成したのは、二名の兄弟会代表と一名の会計係である。様々な役職を経験した、名誉ある敬虔な黒人男性会員の中から選出された兄弟会代表は、モラルの面での最高権威であり、下級裁判権を行使し、会員間の係争事件の解決（兄弟会の平和維持）にあたった。兄弟会代表が二名置かれたのは、奴隷会員と自由人会員への裁判権行使と密接に関わっている。会計係は兄弟会財産の管理・運営に従事した役職者で、欠損が生じた場合、弁済義務が生じたことから、比較的経済力があり、社会的上昇を求める自由身分の黒人の中から選出された。その他に礼拝堂で宗教儀礼を司った司祭、議事録や会計簿の作成・管理に当たった書記などがいたが、この二人は識字能力のあるスペイン人（白人）に限定されており、純粋に黒人だけの兄弟会ではなかった。スペイン人聖職者と書記の存在は、教会による兄弟会統制の一環とみてよい。トレント公会議以降、教会は民衆教化の手段として兄弟会を積極的に活用する一方、巡察を行い、兄弟会の規約や財政状況のみならず、教会内でのダンスや飲食など不適切な行為を厳しく取り締まったのであった。(100)

（2）　会員資格と会員の権利・義務

一七世紀前半まで、天使たちの聖母兄弟会の会員資格を有したのは、聖職者と書記を除けば、黒人であった。入会金や年会費を支払うことのできる黒人であれば、自由人（解放奴隷）でも奴隷でも加入を認められた、開放的兄弟会であったが、奴隷の場合は、奴隷所有者の承認が必要とされた。この点について兄弟会規約第一条は、次のように定めている。「第一に我々は、（以下のように）命ずる。自由身分の黒人は、この兄弟会に入ることができるが、奴隷 cautivo が入会する場合は、その所有者の認可状を持参すべし……」(101)。小売商人や手工業者など奴隷所有者の多くは、奴隷の兄弟会加入が怠業や命令違反の温床になることを恐れ、奴隷の兄弟会への加入を嫌った。しかし多数の奴隷を所有する、一部の貴族や聖職者は比較的寛容で、自らの霊的救済と教化を目的に、あるいは教化による奴隷価格の上昇を期待して、黒人奴隷の兄弟会参加を積極的に推奨した(102)。

史料の欠損のため一六～一七世紀の会員数は不明だが、黒人兄弟会が衰微し、多くのスペイン人（白人）の参加が承認された一八世紀においてさえ、会員総数は一九五名（黒人一三二名、スペイン人六三名）に達した。黒人会員一三二名のうち、奴隷の比率は三五％にすぎなかったが、黒人兄弟会の最盛期ともいうべき一六～一七世紀前半にあっては、奴隷の比率と黒人会員数は、いずれもより大きなものであったろう(103)。

天使たちの聖母兄弟会には黒人男性のみならず、女性も加入できたが、兄弟会規約第二二条によれば、「女性は総会に参加する義務はなく、たとえ（総会への）参加を望んでも認められない。また女性は毎月、第一日曜日のミサに参列する必要もなかった(104)」。復活祭の宗教行列への参加を制限され、また役職にも就けず、二次的会員にすぎなかった。女性が「公的世界」から排除され、「私的世界」に封印されたのは、近世スペイン社会の一般的現象であり、それはマイノリティである黒人兄弟会でも同様であった。その一方で、女性会員間の係争事件の調停や女性会員からの会費徴収は、有力女性会員に委ねられたのであり、兄弟会の中に「女性の世界」が存在したことも否めない。会員の男女比率については、一八世紀からの推定によらざるをえないが、一八世紀の会員数一九五名のうち、男性が一一六名、女性は七九名であった(105)。

黒人兄弟会の会員となるには、入会金と年会費の支払いが必要であった。入会金は蠟燭一本と二〜三レアル、年会費は一・五レアルと定められていた。入会金は、役職者などの免除会員（二レアル）と一般会員（三レアル）で、若干の差が設けられていたが、入会金と年会費は低額であり、入会を阻害する要因とはならなかった。一六世紀半ばの手工業者の平均年収は約三〇〇レアルと推定されており、黒人解放奴隷や奴隷が年間数レアルを蓄えるのは、さほど困難ではなかったであろう。入会金と年会費を支払い、総会の承認を得て、入会希望者は正規の会員として認知された(106)。

会員は前述した年三回の総会に参加する義務があり、病気など正当な理由なく欠席した場合は、一レアルの罰金を科せられた。その一方で会員は、病気や貧窮時の相互扶助義務を負い、結婚や葬儀といったライフサイクルの節目にも深く関与した。会員や直系親族が病気になった場合、二名の会員が当該会員の家を訪ね、看病しなければならなかった。「我々の中の誰かある会員が病気になった場合、（役職者に指名された二名の会員が）彼（病気の会員）を見舞い、彼と共に夜を過ごすべし。重篤な状態であれば、彼に信仰告白を行わせ、聖体拝領を受けさせるべし。（二名の会員に）その資格があれば、彼に終油（の秘蹟）を授けるべし(107)」。病気の会員や貧窮した会員は、兄弟会の運営する施療院に収容され、慈善活動の対象とされた。施療院は、会員への慈善活動を第一義的目的として設立されたからである[108]。

会員や直系親族が死去した場合には、全会員が葬儀と死者ミサへの参列義務を負い、死去した会員の妻ないし息子が、会員資格を継承した。「誰かある会員、その妻もしくは息子が物故した場合、全会員は死者の葬儀に参列する義務を負い、正当な理由がなければ（葬儀に参列しなかった会員は）、一レアルの罰金を支払うべし[109]」。黒人兄弟会は死者（祖先）の執り成しによる、生者（現会員）への「神の恩寵」を期待しており、正当な理由のない葬儀への欠席を、兄弟会への重大な違反行為とみなした。近世スペインの他の兄弟会と同様、黒人兄弟会も埋葬兄弟会（生者と死者の共同体）としての性格を強く帯びており、世代や性別、職業、身分を超えた社会的結合に他ならなかった[110]。

それればかりではない。会員はミサへの参加や聖体拝領を義務づけられ、泥酔、瀆神、窃盗行為などの悪弊を禁止された。「二度勧告されても悪弊を是正できない場合、（当該会員は）その是正が明確になるまで、兄弟会から除名さるべし[111]」。対抗宗教改革時代を特徴づける、民衆（黒人）教化と社会的紀律化の一端を、ここにみることができる[112]。

（3）　財政基盤

一七世紀の天使たちの聖母兄弟会は、入会金、年会費、寄進、罰金収入の他に、セビーリャ市内に幾つかの家屋と土地を所有し、そこから家賃や地代収入を得ていた。復活祭などの主要祭日が近づくと、会員の家や店舗、居酒屋に募金箱が置かれ、役職者が街頭で募金活動をした。広場でのギターやシンバルを伴ったダンス、闘牛も、募金活動の手段として利用されたが、財政基盤は脆弱であった[113]。

主要支出項目となったのは、葬儀と祝祭、とりわけ復活祭、聖木曜日の宗教行列である。復活祭の宗教行列はコースが定められており、出発点となったのは、本部兼礼拝堂の置かれた施療院であった。ここを起点に市内各地を練り歩いたのち、セビーリャ教会を経て、礼拝堂へ戻るというのが、所定のコースであった。宗教行列には、全ての男性会員が参加する義務を負い、役職者を先頭に全男性会員が、兄弟会のシンボルである「天使たちの聖母像」や大十字架、青いダマスク織りの旗を捧持して、市内を練り歩いた。蠟燭代、祭服の賃料、教区司祭やトランペット奏者、歌手への支払いなども加わり、当然ながら兄弟会の支出は増加した。一六四一年度会計を例にとれば、兄弟会収入一三五九レアルに対し、支出は二二一五レアルで、約八〇〇レアルの欠損は、会計係が負担した。この他に礼拝堂に安置されている聖母像やイエス像、大十字架の維持費用、施療院での慈善活動費用も嵩み、財政状況は慢性的な赤字状態にあった。それゆえ自由身分の黒人会員（役職者）は一六五三年、自らの身体を売却し、無原罪の御宿りのための祝祭費用を捻出した。当時のセビーリャ市の年代記作者オルティス・デ・スニーガによれば、「ある高潔な自由身分の黒人が、英雄的決断をして、（兄弟会の）資金集めのために、その自由を質入れし、それ（資金）を提供した者の奴隷になるとさえ申し出た」のであった[114]。自らの意思による身体売却は、マリア信仰が「野蛮な周縁民」として蔑まれた黒人の間に、定着した証しでもある[115]。

（4）　慈善活動

「セビーリャの天使たちの聖母兄弟会は、現在のロサリオ街（サン・ロケ教区）に、貧民のため施療院を維持した」[116]。施療院内に兄弟会本部でもある礼拝堂があり、そこで兄弟会規約、会員名簿、会計簿が保管された。年三回の総会は同所で開催され、物故した会員は、礼拝堂の付属墓地に埋葬された。一七世紀の黒人兄弟会では、聖母マリアと聖ベニート崇敬が盛んで、礼拝堂には、黒人兄弟会のシンボルともいうべき「天使たちの聖母像」と並んで聖ベニート像が安置されていた。聖ベニートはスペイン領であったシチリアの黒人奴隷の息子で、一六四三年に列福されたフランシスコ会士である。一六世紀末に没した後、多くの奇跡譚が流布し、一七世紀初頭、彼の聖遺物がスペインに持ち込まれたばかりか、一六一一年初演のローペ・デ・ベガの戯曲『黒い聖人ロサンブコ』で取り上げられたことから、セビーリャの黒人の間に聖ベニート崇敬が浸透した。ここに天使たちの聖母兄弟会は、同じエスニシティに属する、固有の聖人（福者）を有することになった。それは差別された「野蛮な周縁民」でも、列福されうることを意味するものであった[117]。

近世スペイン社会では黒人への差別が根強く、病気の黒人とスペイン人を同じ施療院に収容できなかったため、黒人専用の施療院が不可欠であった。天使たちの聖母兄弟会は、乏しい財源の中から施療院を維持し、病気の会員への限定された医療サービスを提供した。一六〜一七世紀のスペインでは、施療院の統廃合による慈善活動の合理化が進行していたが、黒人兄弟会の脆弱な財政基盤をもってしては、医者や薬剤師などを雇用することは困難であり、医療サービスや貧民への慈善活動は、大きく制約されざるをえなかった[118]。

おわりに

兄弟会の類型論とクロノロジーに着目した時、中近世スペインの兄弟会と西ヨーロッパのそれとの間には、大きな断絶は認められない。中世中期以来、閉鎖的兄弟会の典型ともいうべき職能別兄弟会——聖ヤコブ、聖ヨハネ、聖ペテロなどを守護聖人とする——が維持される一方、中世末から近世、とりわけ一六世紀後半に、開放的兄弟会である篤信（慈善型）兄弟会が各地に創設された。篤信（慈善型）兄弟会では、職能別兄弟会のように個々の聖人ではなく、聖体などの秘蹟、聖十字架、聖三位一体といったカトリックの根本教義と聖血や聖母マリア崇敬が強調されるが、それは王権とカトリック教会による政治・社会・宗教統合の一環でもあった。宗教改革を背景に、王権と教会は兄弟会への統制を強める傍ら、民衆の支持を集める兄弟会を保護・活用して、カトリック教義の教化・内面化に努めた。トレント公会議後の一六世紀後半に、兄弟会数が最大に達したのは、その当然の帰結である。しかし一七世紀に入ると、兄弟会の紀律維持と財政難回避のため、教会による兄弟会の統廃合が更に進むことになる。

言語や宗教、エスニシティを異にする多様な人々を包摂した中近世スペイン社会では、「旧キリスト教徒」の兄弟会だけではなく、様々なマイノリティの兄弟会も組織された。ユダヤ人やコンベルソ、モリスコ、黒人、ムラートなどの兄弟会がそれであり、一部に例外はあるものの、彼らの多くはスペイン社会の底辺に放置された周縁民であった。

中世末期のサラゴーサ市のユダヤ人は、「旧キリスト教徒」と同様に閉鎖的兄弟会と開放的兄弟会に多重所属しつつ、兄弟会の有する施療院やシナゴーグで、病気や貧窮時の相互扶助と慈善活動を展開した。ユダヤ人としてのアイデンティティに関わることから、ユダヤ人兄弟会は民衆層の子供たちを対象とした、ヘブライ語初等教育と宗教教育にも携わった。こうしたユダヤ人兄弟会の歴史的伝統の上に、コンベルソは「新キリスト教徒」の閉鎖的兄弟会を組織したのであった。コンベルソと同様にモリスコも、ムスリム時代以来の兄弟会と慈善活動の伝統を保持していた。それを踏まえてカトリック教会は、モリスコ教化策を実施し、モリスコの同化と社会的紀律化を図った。一六世紀グラナダ市のモリスコ兄弟会会員に、毎月一回の信仰告白、主禱文や天使祝詞などの読誦を義務づけたことは、その表れである。「旧キリスト教徒」からの差別と偏見に晒されたモリスコにとっても、相互扶助と慈善活動を担う兄弟会は、マジョリティ社会を生き抜く上で、不可欠の社会的結合であった。

教会と王権は、「新キリスト教徒」である黒人の同化と社会的紀律化、カトリック教義の内面化にも意を用い、そのための手段として兄弟会を積極的に活用した。「母社会」から暴力的に切り離された「強制移民」にして、セビーリャ社会の周縁民でもあった黒人は、自らのサバイバルのためにも、「擬制的家族」としての兄弟会を必要とした。政治・社会的統合を求める王権と教会による「上からの」紀律化、マイノリティ自身の相互扶助——霊的救済を含む——という下からの要請。こうした二つのベクトルの交点に立地した社会的結合が、兄弟会に他ならない。

セビーリャの黒人兄弟会をモデルとして結成されたのが、中南米植民地の黒人とインディオ兄弟会であった。ペルー副王領の鉱山都市ポトシのコパカバーナのマリア兄弟会 Cofradía de Nuestra Señora de Copacabana は、後者の一例である。コパカバーナは、インディオの聖地を擁するチチカカ湖岸の集落で、先インカ期の巡礼投宿地であった。征服後の「上からの」カトリック化の推進とインディオの宗教的伝統の維持（シンクレティズム）の中で、一六世紀末、インディオの教化・支配策の一環として、コパカバーナ教会に聖母像が安置された。一七世紀初頭、ポトシ銀山の落盤事故で、インディオが二週間以上にわたり坑道内に閉じ込められた時、彼らを奇跡的に救済したとされるのが、「コパカバーナの聖母」であった。聖母マリアによる、敬虔なインディオ民衆の救済を目の当たりにして、ポトシの多くのインディオが、マリア崇敬を強め、閉鎖的なコパカバーナのマリア兄弟会に加入した。一六世紀末のペルー副王領の主要都市リマのヤナコーナ（スペイン語能力をもつ都市在住インディオ）についても、同様の事例——聖母像の涙の奇跡と、ヤナコーナによるコパカバーナのマリア兄弟会結成——が、報告されている。それればかりではない。一六世紀半ばにリマ市内で組織された最初の黒人兄弟会は、セビーリャの黒人兄弟会の支部として成立しているのであり、セビーリャとアメリカ植民地のマイノリティ兄弟会の連続性は否定できない(119)。

兄弟会による教化運動は、中南米植民地のみならず、日本でも確認される。日本の兄弟会についての詳細は、第七章に譲るが、一六世紀後半、ポルトガルのミゼリコルディア兄弟会をモデルとして、長崎や平戸、府内などに慈悲の組が組織された。特に重要なのは、「日本のローマ」と称された長崎の慈悲の組で、一六〇九年当時、一五〇人の会員を擁し、二つの施療院を備え、マカオと同一の兄弟会規約を有した。一六一八年、長崎を追われた、ポルトガル人イエズス会士ジェロニモ・ロドリゲスも、長崎のキリシタンが組織していた被昇天の聖母兄弟会について多くの記述を残している。兄弟会役職者の職務、病気や貧窮・埋葬時の会員の相互扶助と慈善、会員の宗教的義務、会費や祝祭などが具体的に記されており、日本においても兄弟会は、民衆教化に不可欠の社会的装置であった。兄弟会はスペイン本国のみならず、中南米を含むスペイン帝国各地や日本で、在地の民衆教化に重要な役割を担ったのである(120)。

中近世スペイン社会のマイノリティは、閉鎖的な兄弟会を介して、スペイン社会の一部に組み入れられたばかりではない。「神の恩寵」による「メシア帝国（スペイン帝国）」が、帝国各地の在地住民の改宗・教化を天命としていたことから、そのための効果的な手段として、中南米や日本で閉鎖的な兄弟会が結成された。スペイン帝国の寡頭支配層も、神の恩寵を期待し、また自らの権力を正統化すべく、閉鎖的な兄弟会を組織した。中近世スペイン社会の底辺に位置するマイノリティと在地住民、その頂点に君臨する寡頭支配層は、閉鎖的兄弟会会員として、皮肉にも「対等」となった(121)。

兄弟会は職業・階層・居住地・性別、エスニシティの如何を問わず、全ての人々の「生老病死」に寄り添う「擬制的家族」であった。病気と貧困、死が半ば一体であった前近代社会にあって、会員の相互扶助と慈善活動を担う兄弟会は、決定的な社会的意味を有し、中近世スペイン社会、スペイン帝国の「基本細胞」と化した。宗教儀礼を介して、会員――物故した会員を含む――の現世利益と霊的救済を図る兄弟会は、現世と来世を繋ぐ社会的結合としても機能し、それゆえ葬儀や死者ミサへの参列は、正当な理由なしには欠席を許されない、会員の義務とされた。

これらの点において、キリスト教、ユダヤ教、イスラームの兄弟会に、根源的差異があるとは思われない。地中海世界の三つの一神教は、いずれも旧約聖書を唯一の聖典、あるいは聖典の一つとし、アブラハム（アラビア語でイブラヒーム）をはじめとする共通の預言者や族長を有した。アブラハムの墓所があるとされた、ヘブロンの「マクペラの洞窟」には、キリスト教徒、ユダヤ人、ムスリムが共に巡礼ないし参詣したし、マリアとイエスはムスリムにとっても崇敬対象であった。三つの一神教が対立しながら「並存」し、一六～一七世紀には、広大な帝国――中南米、アジア、アフリカ世界を内包する――を樹立した中近世スペイン社会を参照系の一つとしつつ、キリスト教やユダヤ教の兄弟会のみならず、スーフィー教団（タリーカ）も含めた、兄弟会の「グローバル・ヒストリー」が模索されてよい。

第七章　地中海から日本へ

川村信三

はじめに

本書はこれまで、ヨーロッパ中世に起源をもち、その後、近現代に到るまで大きな発展をみせた「兄弟会」を、ヨーロッパという土壌で限定的に考察してきた。「兄弟会」運動がヨーロッパの社会的および地域的な特徴の上に成立し限定を受ける組織であるなら、これ以上の叙述は不必要であろう。しかし、「兄弟会」概念の重要性は、ヨーロッパに限定されないその特徴のゆえに世界史的意義をもつものとして把握できる。つまり、「兄弟会」の発想と実践はヨーロッパに限定の現象ではなく、全世界的なキリスト教民衆共同体成立と実践の展開に大きく関与しているためである。ヨーロッパ外での移入と変容のプロセスを見ることなしに、「兄弟会」の本質を描ききることにはならない。およそキリスト教が伝えられたすべての地域、たとえば、ゴア、ホルムズ、マラッカ、マカオ、(1)メキシコ、ペルー、ブラジルなどには、ヨーロッパの「兄弟会」の概念と実践を基礎とした「信徒組織」の一類型である慈善事業型「ミゼリコルディア」（慈悲の組）の存在が認められる。これらの地域への広がりは、イエズス会の宣教活動およびリスボンのミゼリコルディア・ネットワークの拡大に基づくものと思われる。その全世界規模のキリスト教成立に果たした役割は多大である。それは日本の一六、一七世紀のキリシタン史においてもあてはまることである。「兄弟会」の発想が、いかに現地の民衆を一つの意思につなげる共同体の成立に関与したかは、兄弟会（コンフラリヤ）が、日本独自の「組」組織へと変容していく事例において極めて鮮明に示される。ここに日本事例の考察を加えることは、ヨーロッパの「兄弟会」が本質的に有する、普遍的でグローバルな潜在能力を証明することになるだろう。

一六世紀、キリスト教は大航海時代の潮流にのって全世界に広まった。その際、ヨーロッパの兄弟会の発想は、「キリシタン時代」と呼ばれる日本キリスト教宣教史においても導入されている。日本における「組」が、ヨーロッパのミゼリコルディアと連続的にとらえうることは明らかである。これまで、日本キリシタン史の専門家たちは「コンフラリヤ」の存在を認め、その重要性については漠然と記述してはいたが、そのヨーロッパの原型とのつながりを問題にすることはなかった。イエズス会歴史研究所のヨーゼフ・シュッテは史料の発掘と紹介に貢献した。(2) キリシタン史の碩学海老沢有道も、日本の社会事業史の一面として「慈悲の組」を扱いはしたが、それは日本における結果を示したにすぎなかった。(3) 日本の「組」、すなわち「ミゼリコルヂア」をヨーロッパの起源から解説した研究はわずか十数年前にはじまったばかりである。それは日本における、ヨーロッパ兄弟会研究をふまえた「こんふらりや」とそれに類する日本の「講」組織の比較研究であった。(4)

「兄弟会」をキーワードとして日本とヨーロッパの比較をして気付くことは、ヨーロッパの「兄弟会」と日本の「こんふらりや」の間には、「連続性」ばかりではなく「非連続性」も存在するという事実であった。日本において「こんふらりや」として展開する信徒集団が、ヨーロッパの「兄弟会」の理念やシステムに基づいて模倣的に導入されたのは事実である。しかし、一方で、日本に展開する集団は、日本独自の社会的背景や民族性、地域性によって大きく変容したことも事実である。その最も重要な社会的背景とは、日本が、ヨーロッパや南米とちがって、キリスト教が決して社会の大勢を占めない少数派（マイノリティー）として存在した社会であったという点である。とくに為政者からの抑圧と「迫害」は、民衆の共同体形成にとって日本ならではの重要な特徴を加えた。すなわち、日本における「兄弟会」理念に基づく組織の種は、慈善事業団体から相互扶助団体へ、そして最終的には潜伏する団体へと受け継がれていった。結果として、日本以外の他の世界では類例をみない迫害準備型とか潜伏遂行型とでも呼ぶべき特別な集団が形成されていくのであった。ここに「非連続性」が示されている。

さらに、宣教地である日本では、ヨーロッパのキリスト教世界とはかなり異なった形態をとっていた事実を考慮することも必要となる。一五五〇年代、大友宗麟の膝下に、豊後府内（現大分）の教会共同体が誕生するが、それはある意味で小教区・教区のような体裁をとったものではなかった。すなわち、ヨーロッパの教会位階制度による司教が着任したわけではない。一五九八年のマルティンス司教の着任まで、日本のキリスト教世界は、イエズス会宣教師によって構成された「布教地」（ミッション）という位置づけであった。つまり、ヨーロッパの「兄弟会」が、小教区の中で、聖職者の活動ではなく、信徒によって自発的に組織された後、教会公認を受けた信徒組織とされた事情と、日本への兄弟会移入の事情はかなり異なっている。

もう一つの「非連続」的な特徴は、日本のコンフラテルニタスの枠組みを利用した組織が、もちろん活動においては信徒の自主性を尊重したものの、成立と運営の重要な局面では在住の修道会の性格に大きく依拠していたという事実である。言い換えれば、各地に成立した集団は、その地域を指導している宣教師たちが属する修道会の性格から大きな影響を受けていた。一五四九年のイエズス会の来日以後、「兄弟会」の発想はすぐさま豊後府内で導入された。後に、イエズス会系と呼ばれる「組」が成立し、もっぱらイエズス会員が指導にあたった。一五九〇年代に来日したフランシスコ会（アルカンタラの聖ペトロに起源をもつ跣足派）は、「コルドンの組」と称する集団を日本の信徒間に紹介した。徹底した清貧集団の性格を信徒に与える点で、フランシスコ会系の集団はイエズス会系の「兄弟会」組織とは区別される。一六〇二年来日したドミニコ会にも同じような発想があった。ヨーロッパで信徒の自主運営組織として機能した「兄弟会」は、日本においては「宣教」（ミッション）を担当した、それぞれの修道会の性格に準じた活動を行っている。その際、後にみるとおり、フランシスコ会の「第三会」系の活動すら「こんふらりや」の様相を呈することとなった。これらは日本的特徴であり、日本が布教地であったという事情を反映させている。いずれにせよ、日本において展開された「兄弟会」（こんふらりや）は、ヨーロッパにはない「修道会主導型」とでも呼びうる性格をもつにいたった。

以上の「非連続性」に常に留意しながらも、ヨーロッパで誕生した「兄弟会」の発想が日本キリシタン時代の信徒共同体の骨格形成に不可欠な要素であったことに留意したい。

第一節　創設期のイエズス会とヨーロッパの「兄弟会」

日本のキリシタン時代の「兄弟会」を語るために、一五四九年以後、半世紀にわたって日本宣教を主導したイエズス会について、とくに、その「兄弟会」との関わりについて概略することからはじめたい。イエズス会の性格と活動はジョン・オマリーの著書『初代イエズス会』(5)の他、多くの書に解説されているため、ここでは、本書のテーマである「兄弟会」との関係についてのみ、イエズス会の性格をみていく。

一五三四年、パリ大学の七名の学生が、後にイエズス会へと発展するグループをモンマルトルのサン・ドニ聖堂における誓願によって成立させた。これはイグナチオ・デ・ロヨラを筆頭とし、後に日本に赴くフランシスコ・ザビエルらも含んだ者たちの「私的誓願」であり、その時点ではまだ教会の公認を獲得したわけではなかった。彼らは、神学課程を履修する前段階の学生であり、イグナチオ・デ・ロヨラの導きに従って「霊操」と命名された、特別な祈りの修養期間を同様に体験した仲間であった。「霊操」とは、体を鍛えるのが「体操」であるように、「精神」（霊）も、ある特別の方法によって鍛え、磨き上げることで、人間が「神によって創造された」目的に最も適した状態を保ちうるというイグナチオ自身の内的体験に基づいたものであった。このグループが結成される十数年前から、イグナチオは、自己の内的状態についての記録をつけはじめた。

若き日のイグナチオは、騎士道に強いあこがれをもつごく普通の青年として成長し、将来は、宮廷で国王級の支配者やその后に忠誠をつくして戦う騎士になることを夢見ていた。一六世紀の初頭のことであるゆえ、「騎士道」はすでに懐古趣味、時代遅れの妄想ともいえるが、明治日本において「武士道」が特別の意味をもち、その精神にあこがれをもつ若者がいたのと同様、「騎士道」は当時のイベリア半島の貴族社会の若者にはなおも理想的な人生の道であった。一五二一年、バスク地方のパンプローナにおけるフランス軍との戦闘により重傷を負ったイグナチオは、瀕死の状態で故郷のロヨラ城に運び込まれた。生死の境をさまよい、激痛をともなう外科手術を二度体験した後、イグナチオは精神的な回心をとげる。これまでのように「この世の君主」に仕えるという目的ではなく、永遠の「神の国の主」に仕えることを選ぶことのほうがより有意義であると考えるようになった。ここから、イグナチオは、常に「心」（精神）の充足と人々の「魂の救い」を勝ちとるキリストの国の「騎士」の生活へと変貌をとげた。その回心以後、毎日のように、自己の内面について書き留めたのが後に『霊操』という出版物の形をとる記録であった。イグナチオは自分の精神的体験を詳細に書き留めることで、他者が同じ手順を踏めば同様の精神的結果を得ることができると考えた。パリ大学の仲間たちは、その「霊操」の結果、この世の栄誉ではなく、神の国の栄誉をもとめる、精神的「騎士」となる決意をしていた。イグナチオ・デ・ロヨラのめざしたグループの目的と在り方は、ある見方をすれば、「テンプル騎士団」のような十字軍的な性格を帯びているようにも見える。しかし、決定的な違いは、イグナチオが、「この世」ではなく「神の国」のゆえにそうしたグループを結成したということにある。そこでは、デヴォティオ・モテルナ（新しい信心）の伝統に示されたような、徹底的に精神的な成果がめざされた。イグナチオは、若き日より培った「騎士精神」の枠を保持しつつ、「キリスト道」をうちたてようとしたのである。

イグナチオ・デ・ロヨラらのグループが「イエズス会」として教皇パウルス三世に認可され、正式な修道会となったのは一五四〇年のことである。その数年前、この若者のグループは、パリでの勉学を中断し、聖地エルサレムをめざし巡礼の準備をしていた。しかし、聖地の状況が疫病など様々な要因で悪化したため、この一団は、「神の国」のこの世での代理であるローマ教皇との謁見の機会を得、自分たちの将来の道についてアドバイスを受けるつもりでローマをめざした。

「イエズス会」（ラテン語 Societas Iesu、イタリア語 Compagnia di Gesù）という名称には、一三世紀以来の「兄弟会」の理念と実践を意識したこの会の基本方針がみてとれる。グループ結成直後、イグナチオらが、既存の「修道会」を意味する Ordo の語を用いなかったことに注目したい。イグナチオたちがめざしていた「グループ」は、一三世紀に起源をもつフランシスコ会 Ordo fratrum Minorum やドミニコ会 Ordo fratrum Praedicatorum などの既存修道会とは違った、「兄弟会」的な交わり、活動を想起させる意味合いをこめていたことがわかる。「コンパニーア」を軍隊の師団の意味ととることもできるが、それはあくまでも比喩的にすぎない。「コンパニーア」は「師団」「傭兵隊」を意味するイタリア語である一方、「兄弟会」に近い「同業組合」「職人組合」の意味も有している。兄弟会運動が盛んとなった後期中世のヨーロッパのなか、しかも、デヴォティオ・モデルナ運動に大いに感化されたこの若者の集団は、イエス・キリストに結びつく友愛の絆を意識していた。「コンパニーア」は、「兄弟会」confraternitas を意識していたとみることが妥当であろう。イエズス会はプロテスタント宗教改革に対抗した軍隊的組織であるとするのはあまりに皮相的な解釈にすぎない。それは結果論である。イグナチオをはじめ、この「コンパニーア」に属した初期の若者たちは、後期中世の伝統をひきずった人々である。現在の研究では、プロテスタント宗教改革とは別に、教会はみずからの「改革」の熱意を、ルターに先立つこと一〇〇年も前から、すでにもっていた。それがデヴォティオ・モデルナ運動などの信徒運動、兄弟会の活動などでさらに敷衍されていた。その証拠は、このグループが結成されて間もなく従事した数々の慈善活動のうちにみいだすことができる。

一五三八年冬にローマに到着したパリ大学出身の若者たちは、「慈善事業型」兄弟会のような活動に従事している。その冬は極寒であり、多くの人々が寒さと飢えのために命をおとしている。そうしたなか、イグナチオたちは、貴族たちから寄付を集め、それをローマの貧しい市民へと分配する役割を積極的にかってでた。またパンテオン周辺にたむろする孤児を集め保護する場所を確保したり、更生売春婦たちを保護するための寄宿舎を設立した。それは、当時ローマにあって活動していた複数の「兄弟会」との協働によって実現した成果であった。「イエズス会」は、このように、「兄弟会」の行為にインスピレーションを受けた「新しい修道会」Societasという意識で動いていた(6)。「慈悲の業」opera misericordiaeの実践は、このグループの不可欠な「行動様式」noster modus procedendiの根幹にあるものである。それが「コンパニーア」の意味することであり、そこには「軍隊的」「世俗的」特質は比喩的に用いられているにすぎない。すなわち「同じ意志をもつ集団」の意ととらえることが正しい。

イエズス会の創設者イグナチオは各地に存在する「兄弟会」の活動をどのようにみていたのであろうか。やはり、イグナチオがまだ故郷にあった一五二〇年代半ば、彼は貴族身分を放棄し、故郷のロヨラ城を退去した。そして、故郷アスペイティアの街はずれにある「施療院」に住み、そこで貧者とともに過ごし、子供たちを相手に基本的なキリスト教の教理を説いた。また、ローマへ向かう直前、ヴェネチアに滞在したとき、イグナチオの勧めでザビエルら仲間たちは、当地の「不治の病の病院」（所在地：Zattere allo Spirito Santo 423）で病人の看護を手伝っている。一五二二年、この病院を設立したのは二人の女性信徒であり、一五三一年から翌年にかけてジローラモ・ミアーニが運営し、病者の家と同時に孤児や女性患者の避難所としていた(7)。この病院も兄弟会運動の伝統を受け継ぐものである。当時のヨーロッパは、新大陸からもたらされた「梅毒」蔓延の恐怖の渦中にあり、「不治の病」とは当時はもっぱら梅毒を意味した。一六世紀の「病院」は、それまでのハンセン病者を保護した「施療院」と同様、あるいはそれ以上の献身的活動を求められていたといえよう。こうした「病院」や信徒組織はいうまでもなく「兄弟会」の枠組みのなかで成立したものであった。

イグナチオ・デ・ロヨラ自身も、ローマ滞在中、まだ会が正式な修道会としての認可を得る前は、サンタ・マリア・ソプラ・ミネルヴァ教会の信徒たちの手によって設立された「聖体の会」Compagnia del Sacramento Corpo di Christoに参加していたことが名簿から知られている。サンタ・マリア・ソプラ・ミネルヴァ教会の「聖体の会」は、「聖体」への崇敬と信心業を強調する「兄弟会」であり、一五三八年に創設された(8)。現在、ローマのカサナテンセ図書館に所蔵されている『会則』（一五三四年）によれば、この会の創設者はドミニコ会司祭トンマーゾ・ステッラという説教によって人気を博した人物であり、その小教区の信徒を中心に兄弟会を組織した。教皇パウルス三世はこの活動に関心と愛情を示し、一五三九年一一月三〇日、勅書「ドミヌス・ノステル」*Dominus Noster* において、この兄弟会を公認した。さらに、一五四九年、その創設一〇周年にあたり、同教皇は「聖体」への崇敬の重要性を再度強調すべく、サンタ・マリア・ソプラ・ミネルヴァ教会に与えた特権を、「聖体への信心」を尊重するすべての兄弟会に拡大すると宣言した。また、教皇グレゴリウス一三世は、勅書「パストーリス・エテルニ」*Pastoris Aeterni* をもって、聖体信心のための兄弟会すべてに、それまで賦与された特権と免償を再交付した。ゆえに、サンタ・マリア・ソプラ・ミネルヴァの「聖体会」は、全世界の「聖体会」の模範であり、起点であったといえる(9)。

ただし、イグナチオ・デ・ロヨラは、「イエズス会」が公認を得たのち、修道会としての姿を整えていくにしたがって、「兄弟会」の活動と会員の活動の間に一線を引こうとしたようである。イグナチオが執筆したイエズス会の会憲に、次のような一項が挿入されている。

しかし、本会自体およびその家と学院が、他の信徒信心会と渾然一体となることは望ましくない。また、わが主なる神への奉仕に該当する目標でなければ、信徒信心会の集会は本会の家と学院で行わない(10)。

イグナチオ・デ・ロヨラが、会憲執筆の際、このように書かなければならなかった背景には、やはり「イエズス会」と「兄弟会」の間に、非常に似通った、引き離しがたい共通点が存在していたという事実があり、「修道会」としての特徴をより際立たせたいという意図が働いていたようである。この項目の直前には「慈悲の業」を彷彿とさせるような諸活動を、「体力を十分備えている」かぎり行うのが「イエズス会」だとも語っている。それらの活動は「霊的事業を果たした上」で慎重に長上との相談の上で決定すべきことをイグナチオは強調している。これは、「兄弟会」の活動が全身全霊をうちこむことによって成果をあげうることを知っているがゆえの、イグナチオの実体験からの訓告であったととるのが妥当であろう。つまり、イエズス会が、兄弟会の理想を追求しながら、それだけではないことを、イグナチオは兄弟会の効果をはっきりと踏まえた上で、イエズス会の会員に忠告しているのである。

初代イエズス会員のなかでもザビエルほど遠隔地まで宣教の足跡を残した人物は他にいない。そのザビエルは、一五四〇年三月一五日、ポルトガル国王ジョアン三世の特命を受けたローマ在住ポルトガル大使マスカレニャスとともに、ローマを出発し、植民地ゴアへの旅路についた。イエズス会が教皇パウルス三世に公認されたのは、その半年後のことであり、ザビエルはその知らせを遠くゴアで受け取ることとなる。ザビエルがポルトガル植民地ゴアに派遣された最大の理由は、当地のポルトガル人植民者をカトリック教徒として正しく導くことであった。つまりザビエルに対しては、植民地のヨーロッパ人たちを相手にすることがもとめられたのであって、後に赴くインド南部の漁師海岸の民や遠くマラッカやモルッカ諸島の現地民を相手にすることは布教保護権を行使するポルトガル王の想定外の出来事であった。実際、ザビエルは、ポルトガル入植者たちの霊的な荒廃、生活の乱れなどに何度となく言及し落胆を隠しきれないでいた。しかし、このザビエルが、ヨーロッパ人の活動のなかで唯一賞賛しているのが、ゴアやホルムズ、そしてマラッカなどに、ザビエル以前に入植したヨーロッパ人たちの「ミゼリコルディア」の活動であった。ザビエルが「慈悲会」Misericordiaを信頼し、絶えず心に留めていたことはホルムズにあった慈悲会を名指ししながら現地のイエズス会員へ「あなたがた（イエズス会員）はできるだけ慈悲会に奉仕し、会員と親しくなり、すべてにわたって彼らを援助しなさい」といい、さらにインドのバサインの新学院にいたメルキオール・ヌネス・バレトに宛てて「説教すること、告解を聞くこと、病院や（牢獄に）捕らわれている人を訪れ、慈悲会を訪れることを実際に行うように、大いに努力しなさい」などと書き残していることからも明らかである。また、一五四八年の国王ジョアン三世宛の書簡では、慈悲会から国王になされた要請をザビエルは献身的に取り次いでいる。また、「物質的に困窮している貧しい人がいるとき、何か施す必要がある貧者の願いをかなえてやるために、慈悲会や信心会の兄弟たちに助けをもとめなさい」という言葉も、ザビエルがどれほど慈悲会を尊重し信頼していたかをうかがわせるものである。ジョセフ・ウィッキの研究によれば、ゴアの「慈悲会」は、ポルトガル人入植直後から、おそらく一五一六年ないし一五一七年には活動をはじめたとする説がとなえられているが、その正式な成立の根拠は、会の文書上の初出が一五一九年ないし一五二〇年であるため、この頃と特定されている。(11) おそらく、信徒組織である慈悲会は、リスボンにあるよりも多くの課題に直面していたであろう。ポルトガルのミゼリコルディアは一五一六年頃、すでに多くの傘下団体をもつ「大兄弟会」Archiconfrarias の制度をもっており、ポルトガル王室の後ろ盾により、ポルトガル植民地に積極的に投入された。この場合、イエズス会とは全く関係のない、本来の「信徒組織」の意味での兄弟会がインド・ゴアに設立されたのである。

ザビエルは、インド南部のケラーラ地方のコチンにおいて、一五五二年四月二四日に、アントニオ・デ・エレディア神父へ与えた教訓のなかで、「フランシスコ会の修道者たちと神の御母の信心会の役員たちと親しくしなさい。あなたは彼らの意向を行い、神の御母の信心会の役員 mordomos da Madre de Deos の信仰を増やすこと以外に何も意図していないことをあらゆる手段によって理解させなさい」と述べている。この発言で問題となるのは、ポルトガル系「慈悲会」ばかりでなく、フランシスコ会の後押しする兄弟会がすでに当地に存在していたことである。フランシスコ会系兄弟会が、従来の「第三会」形式で運営されていたのか、それとも「第三会」がかぎりなく「兄弟会」化していたのかは、この記述からは知ることができない。また、植民地においては、信心会間でなんらかの対立があったとみえ、後に日本宣教地において、イエズス会とドミニコ会のそれぞれの「こんふらりや」が会員獲得のために対立していたり、教皇庁からの免償状の獲得競争に走っていたりする前例とも考えられる。いずれにせよ、植民地のキリスト教会の経営において、「コンフラリヤ」系統の組織が、極めて有効に機能し、何事につけ無視できない存在であったことが判明している。

第二節　日本のコンフラリヤの概観

日本におけるコンフラリヤ成立の歴史的背景

一五四九年のフランシスコ・ザビエルの来日にはじまり、一六三九年のポルトガル船来航禁止にいたる約一〇〇年間の日本キリスト教史を理解する上で、異なる特徴を有する七つの時期を分割することが有効である。

第一の時期はザビエル来日の一五四九年から、一五六九年、すなわち、ザビエルとともに来日し、あるいは、直後に日本宣教に加わったイエズス会日本宣教の第一世代の時期である。この期間、「無からの創造」にも似た、日本での西洋文化とキリスト教の紹介がマイノリティーとしての新宗教としてなされた時期である。

第二の時期は、一五七〇年の宣教第二世代とでも呼びうるフランシスコ・カブラルやオルガンチノらの来日から、イエズス会巡察師アレッサンドロ・ヴァリニャーノの来日にいたるおよそ一〇年間である。この時期は、「上からの宣教」と呼ばれるように、豊後や畿内（高槻）など、キリシタン領主の下、領民が集団で改宗することが盛んに推進された時期である。この間、キリスト教人口はおよそ一五万にまで膨れ上がる。

第三の時期は、一五七九年、巡察師ヴァリニャーノが来日したのち、一五八七年豊臣秀吉による「伴天連追放令」の発令までである。この時期は、日本のキリシタンの全盛時代と呼ぶにふさわしく、長崎の教会領化、キリシタン大名の増加などに加え、天正遣欧少年使節団が派遣された時期である。キリシタンの繁栄は、伴天連追放令によって頓挫する。

第四の時期は、一五九〇年代である。天正遣欧使節とともに離日したヴァリニャーノは、一五九〇年、使節をともなって再来日を果たした。このとき、秀吉の追放令の下、宣教師の来日が許されなかったため、ヴァリニャーノ一行はインド副王（総督）の名代として秀吉に謁見を果たした。追放令以後、それまでのキリシタンの諸活動はすべて公の場から姿を消した。しかし、キリシタン人口はこのときにこそ増加するという一種逆説を抱えた状態となる。一五九二年の段階でキリシタン人口は二二万五〇〇〇を数えた。公の活動から潜伏活動への移行期と考えてよい時代である。それまで日本の宣教を独占的に指導していたイエズス会に加えて一五九三年にフランシスコ会が来日した。

第五の時期は、一六〇〇年から一六一二年の時期であり、この時期に際立った特徴が認められる。関ヶ原の戦いを境に徳川勢力が全国支配を完成させ、ついに江戸幕府を開いた一六〇三年以後、家康の全国統治は整備途上の段階にあり、キリシタン嫌いであった家康といえども、この集団に対する確たる政策を実行できずにいた時期である。この小康状態のうちに、キリシタンはさらに増加し、四〇万人とも五〇万人ともいわれた。

第六の時期は、一六一三年に徳川幕府が駿府周辺に禁教令を出して後、それが全国に拡大される一六一四年から、一六四〇年までを区切ることが妥当であろう。しかし、キリシタン側からすれば、一六一〇年代、二〇年代、そして三〇年代にも、異なる特徴があった。「禁教令の徹底」「迫害の徹底」「棄教の推進とキリシタンの最終的壊滅」の三段階を経て、江戸幕府はキリシタン禁制を完成させていく。江戸幕府はキリシタンを弾圧し、信徒を処刑することに専念する一六二〇年代の方策が、キリシタン信徒の間に、徒に「殉教者崇敬」の機運を助長させることに気づいた。したがって三〇年代に徹底されたことは、影響力のある指導的人物に「棄教」を迫る方法であった。竹中采女が考案したとされる「穴吊るし」は、指導者の「棄教」によって教団を最大限に揺さぶり、切り崩しをはかろうとしたものであった。

第七の時期は、一六四〇年以後の江戸時代全般と考えてよいだろう。キリシタン共同体は壊滅したとされ、宗門改帳、類族帳の作成が旦那寺の下に徹底されていく。ただし、キリシタン共同体が壊滅したわけではない。その証拠は、一六五〇年代末から八〇年代にかけて、豊後、郡、濃尾などの潜伏キリシタン露見事件が相次いだ。すなわち、キリシタン共同体の潜伏は、部分的には成功していたことの証左である。そのほか、外海や五島、天草といった九州各地にも共同体は存在し続けた。一例をあげれば、一八〇五年の天草（大江・崎津・今富・高浜）における五〇〇〇名もの

「異宗」（キリシタン）の露見に関しては、幕府は徹底した対処を実施せず、改宗を前提として全員が許されている。世に「隠れキリシタン」とされる、「潜伏キリシタン」の根が深いことを示した。

日本キリシタン史上の「信徒組織」（「コンフラリヤ」から「こんふらりや」へ）の独自の展開

キリシタン研究は主として在外の史料によって構築されてきたことはよく知られている。江戸幕府の二五〇年以上にも及ぶ禁教は、日本に残るすべてのキリシタン文書の破棄へと向かわせた。しかし、ヨーゼフ・シュッテ、松田毅一、海老沢有道、フーベルト・チースリクらの尽力によって、日本では消滅してしまったような文書が外国の諸文書館から発見されるケースも少なくなかった。「コンフラリヤ」の史料については、まさにそうした偶然が大きく作用したケースが存在する。たとえば、イエズス会と宣教地においてたびたび争っていたフランシスコ会やドミニコ会の宣教師たちが、ローマ教皇庁に対してイエズス会を訴える場合、日本で用いられていた「こんふらりや」の規則を証拠として提出した場合などがある。この場合、日本にあれば完全に破棄されたであろう史料が、万里の波濤を越え、ローマの文書館に偶然残ることとなった。

さらに、ルイス・フロイスの『日本史』や、イエズス会の残した『年報』にも、各地の状況を伝える、当地の「コンフラリヤ」の存在が断片として語られる場合もあった。そうした史料群を総合した上で日本の「コンフラリヤ」の実態が明らかとなっている。

（1）　史料と主な研究

a　史料

日本におけるキリスト教は、秀吉の伴天連追放令以後、公の立場を失い、徳川幕府は国是として、その禁教を謳った。したがって、日本語でのコンフラリヤについての史料で、残されているものはごくわずかである。

〈イエズス会系〉

①さんたまりやの組の規約「こんふらりやの人々心得るべき條々の事」（ローマ・カサナテンセ図書館蔵[12]）

一六二〇年（元和六）頃に、イエズス会宣教師ジャコモ・アントニオ・ジャノネの指導の下成立したキリシタンの民衆組織の組規約であり、島原半島の「おぬき村」で実際に存在した組織（こんふらりや）の規約である。ドミニコ会日本宣教師ディエゴ・コリャードは、日本宣教を独占状態にしているイエズス会を訴えるため、その証拠としてイエズス会系の「こんふらりや」規則を訴状に添付した。その結果、ドミニコ会系のローマ・カサナテンセ図書館に残ったものである。

②「世須々乃組のれいから須」（ローマ・カサナテンセ図書館蔵[13]）

「れいから須」とはReglas（規則）の日本語転訛標記。

イエズス会ジョヴァンニ・バティスタ・ゾーラが創立した「コンフラリヤ」の規則。一六二一年一二月一六日の日付がある。イエズス会の司祭以外が来ても、「組親」の許可なく訪問してはならないこと、ゾーラ神父以外、迫害の間は、いかなる司祭からも秘跡を受けてはならぬこと、巡回してくる司祭（イエズス会）以外とは接触しないこと、などが規則として取り決められている。そうしたイエズス会の排他的なやり方を、ドミニコ会のコリャード、フランシスコ会アントーニオ・ブエナヴェントゥーラなどが署名をもって訴えようとし、イエズス会系コンフラリヤの規則を証拠として提出した。その添え状がともに残る。

③「世須々の御組の礼から須」（②にほぼ同じ。マドリード王立図書館蔵[14]）

②と同じ趣旨でコリャードがローマに送った別の規則本。

④被昇天の聖母の組の規則（抄本、ポルトガル語、ローマイエズス会古文書館蔵[15]）

「被昇天の聖母のこんふらりやの規則」および「被昇天の聖母の組についての二三の覚書」の二つの部分から成る。日本に存在していた「コンフラリヤ」の典型的な規則を知らせるために、イエズス会宣教師へロニモ・ロドリゲスが要約してローマに送りつけた。第二部において、イエズス会とドミニコ会の信心会間にあった軋轢が反映されている。イエズス会の組は、ドミニコ会の組同様聖座から免償をうけるであろうことが力説されている。これは、すでに免償をうけとったドミニコ会系コンフラリヤから発せられたイエズス会への批判（免償なしのコンフラリヤの無効）への反駁を内容とする。

〈フランシスコ会系〉

①コルドンの組に与えられたシスト五世の教書およびコルドンの規則（徳川圀順侯爵家蔵本、「諸聖人御作業書抄及宗門諸抄」『珍書大観』〈吉利支丹叢書〉所収）

②勢数多講の定め（江戸）（『大日本史料』一二之一二、三一六〜三二三頁所収）

〈ドミニコ会系〉

①尊きゼススの聖名のコフラヂアのさだめの條々

b　主な研究

①シュッテ「二つの古文書にあらわれたる日本初期近世時代における『さんたまりあの御組』について」（『キリシタン研究』第二輯、一九四四年）

②海老沢有道らの研究『キリシタンの社会活動及び南蛮医学』（冨山房、一九四四年）

③チースリク『キリシタンの心』（聖母の騎士社、一九九八年）

島原の乱における「こんふらりや」の役割

史料については早くから知られていた。しかし、これをヨーロッパの兄弟会につなげて考える論考は皆無であった。史料の分析においても多くの誤解と誤記がめだった。

④川村信三『キリシタン信徒組織の誕生と変容』（教文館、二〇〇三年）、『戦国宗教社会＝思想史――キリシタン事例

からの考察』（知泉書館、二〇一一年）

ヨーロッパの兄弟会との関連で日本の組織を扱ったものとして拙著を参照のこと。一九九〇年代のアメリカ史学界の潮流は「社会史」であり、民衆運動の叙述が盛ん。ヨーロッパ中世史家たちは、一三世紀起源の「兄弟会」に集中していた。一九六〇年代にペルージアで開かれた「鞭打ち集団」の研究会がその発端。そうした研究動向を知り得た筆者が、その組織づくりの「応用」として、これまで知られていた「ミゼリコルヂア」研究に適用してみようとしたのが、ヨーロッパ起源の兄弟会を日本の展開として扱う最初の試みとなった。

従来、社会事業史の枠で特殊問題の中に埋没していた日本の「こんふらりや」が、伴天連追放令以前の組織運営はもちろんのこと、その後の潜伏時代の組織継承に力があり、やがては徳川禁教令下における「かくれ」キリシタン共同体へと継承される組織であったことを解明しようとした。

（2）　日本のコンフラリヤの類型

「兄弟会」の理念を受け継いだ日本の「コンフラリヤ」の形成・発展史的な観点から、七つの時代区分のなかで最も重要な転換点は、一五八七年の「伴天連追放令」の発令である。先に、ヨーロッパ各地の「兄弟会」が後期中世を通じて発展したプロセスを見たとき、「兄弟会」（コンフラリヤ）には、同じ意志をもつ信徒の自主運営集団という特徴から導き出される「類型」が重要であったことがわかった。イタリアに発生した「鞭打ち苦行」をもっぱらとする団体disciplinati、病者の世話に奔走する施療院hospital、賛歌を共に合唱して練り歩く団体laudesi、同職組合guild、死刑囚のための世話をもっぱらとする青少年の団体や、聖体信心やロザリオの共唱を中心とする団体、南欧地域では、「異端審問所」に積極的に協力し、異端排除に熱意を燃やす団体crocesignatiすら組織された。そうしたヨーロッパにおける諸類型を踏まえながら、日本における「コンフラリヤ」を、三つの類型的特徴を通して考えてみたい。すなわち「鞭打ち苦行実践」型、「慈善事業」型、「信心業実践」型である。

一五八七年の「伴天連追放令」を前後として、日本のコンフラリヤの環境は激変する。すなわち、公の場で活動を推進していたミゼリコルヂアなどの「慈善事業」型コンフラリヤが影をひそめ（後にみるように「病院」は一六二〇年代まで存続したが）、逆に「苦行型」や「信心業実践型」のコンフラリヤが各地で組織される傾向となった。そして、世界に類例を見ない、潜伏活動の共助団体としての性格が付け加わる。これは、便宜上、迫害準備型コンフラリヤと呼ぶことも可能な、日本独自の発展形態である。それは、ヨーロッパ「兄弟会」の系譜を受け継ぎながらも、日本において全くユニークな発達を遂げた信徒組織の誕生を意味する。この意味で、一五八七年以前の日本の信徒組織を「コンフラリヤ」と片仮名書きし、外国からの影響を示唆し、それから後の日本的特徴を十全に展開する組織を「こんふらりや」とひらがな書きで示し、純粋に日本的特徴をそなえるものとして、区別する。

（3）日本の「コンフラリヤ」概観

a　イエズス会系「慈善事業型」こんふらりや（「慈悲の組」ミゼリコルヂア）の系譜

①山口の救貧活動

一五五〇年の暮れから翌年の春まで、フランシスコ・ザビエルは都に上り、将軍足利義輝や後奈良天皇との謁見を試みたが、当時の都は三好長慶の統治により小康状態となっていたものの、細川晴元、三好らの対立、さらには法華宗、一向宗（浄土真宗）をまきこんだ戦乱（天文法華一揆）の傷跡は深く、中央政庁の機能をほとんど果たしていなかった。ザビエルはわずか一〇日の滞在後、都を去り、往路に知遇を得た山口の守護大名大内義隆の保護の下、山口での活動を、コスメ・デ・トルレス神父、ファン・フェルナンデス修道士、および日本人のロレンソとともに始めた。

明確に「兄弟会」の発想をもつ「コンフラリヤ」とはいえないものの、信徒による「慈善事業型」集団の起源はこの山口において確認できる。イエズス会員らは、山口においてうち続く戦乱で食料の枯渇に直面していた民のため、まだ余裕のある人々から施しの形で米を集め分配する活動をはじめていた。このとき、貧者が大挙して押し寄せ、食料配給のために用意された家屋に人々を収容しきれなかったと、一五五四年に書かれたペドロ・アルカソヴァの書簡は証言している。

さらに、コスメ・デ・トルレスの報告によれば、救貧活動を指揮したのはアンブロジオと名乗る日本人信徒とその妻であり、食料分配プロジェクトを実施していた。配給は月一回のペースで行われ、信徒集団の協力により、月四回の割合で「炊き出し」が行われていた。彼らは「コンフラリヤ」をまだ意識していなかったかもしれないが、イエズス会宣教師たちが、信徒集団を組織し、信徒のなかの民間指導者をたて貧者救済に当たらせていた事実は、すぐ後に急速に発達する「ミゼリコルヂア」（慈悲の組）の原型であると考えてまちがいない。新約聖書マタイ伝二五章にある「キリストの友」（隣人）のための行いを実践する団体として結成されているからである。飢えている人に食を与え、渇いた人に飲ませ、裸の人に着物を着せ、病人を見舞い、監獄にいるものを慰める。これらの「義人」の行為を、キリシタンたちは率先して実行していく。これが、日本のキリスト教共同体のはじまりであり、そこには、イタリアのフィレンツェやポルトガルのリスボンにあった兄弟会の精神が見事に再現されている。

ヨーロッパの「兄弟会」あるいはミゼリコルディアなどにみられるような、純粋な信徒組織というよりは、宣教師たちの援助をしていた団体であることが日本の特徴である。これは小教区内で成立するヨーロッパ「兄弟会」と、日本の「コンフラリヤ」は、全く異なった宗教・社会的土壌からスタートしたためである。イエズス会宣教師たちのより積極的な介入は、キリシタンになりたての日本人信徒たちにとっては不可欠であった。

山口の信徒集団は、貧者への施しとは別に、毎日曜日のミサの後、独自の定期集会を開いていたことがわかっている。その会合の終わりに貧しい人のための寄付を募る習慣をもっていたという。また、行動指針を共有し、同時に基本的な要理（「十戒」の各項目）の講義なども行っていた。会合の参加者は同じ食卓につき、親睦を深めることにも意を注いだ。「コンフラリヤ」に特徴的な信徒のリーダーシップが存在し、信仰共同体としての自発性、相互扶助の要素をはっきりとみてとることができる。

②平戸の信徒共同体

平戸に初めて上陸したヨーロッパ宣教師は、フランシスコ・ザビエルである。一五四九年鹿児島に上陸した後、一五五〇年の夏には平戸での宣教が開始された。領主松浦隆信の家臣団の中心にいた籠手田安昌がザビエルを厚く迎えいれた。この籠手田氏のサークルから平戸キリシタンが組織されていた。後に、この平戸信徒団の形成において大きな働きを残したのはイエズス会のガスパル・ヴィレラである。一五五四年、東アジアのイエズス会宣教地域を巡察したメルキオール・ヌネス・バレトに付き添って来日したヴィレラは、一五五九年に都に上り、ザビエルの果たせなかった夢を実現しようと奮闘し、高山右近の父、高山図書飛騨守らの改宗や堺でのイエズス会拠点づくり、京都の教会づくりに活躍した。都で活動を開始する前、平戸にあってヴィレラは、「ミゼリコルディア」の信徒組織を意識した「コンフラリヤ」を成立させている。一五五九年、松浦隆信や当地の仏教徒から批判を受け平戸追放処分となったヴィレラは、その際、次のような報告を残した。

平戸から追放されたとき、（初代教会の――引用者注、以下同）七人の執事にちなんで、司祭の代役をする七名を選んだ。日曜毎に教会堂に全キリスト教徒をあつめるよう務めることと、死者の埋葬をすることが彼らの主な任務であった。わたしはその七名に「慈悲役」という名をあたえた。それは「慈悲の業」の兄弟という意味である。この習慣は（平戸において）キリスト教徒のいるすべての地域に導入した。毎年、七名の慈悲役が改選された。皆非常に熱意に燃えており、七名の中から二名が当番となり、二ヶ月交代制で任務についた。慈悲役は毎年交代した。その（当番となったものの）主たる任務は、祝日と日曜に会堂を掃除し、樹木で飾り、キリスト者の集会の準備をし、教会において罪に陥った人に訓戒を与えることである。誰かが亡くなれば、慈悲役はすぐに司祭に知らせる義務をもった。そして彼ら自身は墓穴を掘り、死者の埋葬を手伝う。信徒の間に仲違いがあれば仲裁役をはたす。(16)

「慈悲役」majordomsという語が、ヨーロッパ「兄弟会」の「ミゼリコルディア」を範にとって使われたことは明らかである。ここで重要なのは、平戸のすべての地域に同様の組織が成立したという指摘である。ヨーロッパ「兄弟会」の発想とシステムは、日本においてはキリスト教共同体成立の鍵を握っていた。さらに、「慈悲の業」をはっきりと意識した団体であることがわかる。また、この団体が、イエズス会宣教師の指導下にあるとはいえ、会のリーダーを任期付きの選挙で選んでいたという重要なことがある。一五六五年のファン・フェルナンデス書簡には、その選挙の様子が詳しく記載されている。

その日の午後（十字架の発見の祝日、すなわち五月三日）、彼らはミゼリコルヂアの慈悲役（majordomos）を選出した。この役は、貧困者や病人を訪問し、極貧者に集めた寄付金をわける。罪に陥った人々を諭すのも彼らである。罪人を見いだしたなら、司祭がその人を助け導くことができるよう、司祭に報告しなければならない。また臨終の床にある人の側につきそう。死を迎えたものがいれば、全ての信徒を教会堂に集め、埋葬を手伝う。四人の慈悲役がいる。その一人が頭である。次にいかに選挙が行われるか。教会堂におおくの信徒が集合する。この人々は、この役職に任命される人の精神的な心構えを説教によって聞かされる。一同、聖霊への祈りをして、各人がふさわしい人物を選出できるよう聖霊のとりなしを願う。その後、一人ずつ司祭のところに赴き、慈悲役としてふさわしいと思う人物の名を密かに告げる。司祭は多数者のなかから四名を選んで慈悲役とする。(17)

平戸の信徒団は、明らかにポルトガル「ミゼリコルディア」の焼き直しであった。その精神の根底には「慈悲の所作」を実践しようとの拘りが確かにあったといえる。

③豊後府内の信徒組織（慈悲の組）の葬儀と埋葬

一五五一年九月、ザビエルは豊後領主大友義鎮の招きに応じ、山口から日出を経由し、別府湾を横切って豊後府内に入った。豊後府内の沖の浜に停泊中のドゥアルテ・ダ・ガマを義鎮に取り次ぐことがその第一の目的であった。まだ二四歳の若き大友義鎮は、二階崩れの変と称されるお家騒動の末、家督を継いだばかりであり、領国経営に着手した直後である。沖の浜は一六世紀末の大地震の際、別府湾に水没したが、義鎮の頃はこの沖の浜を貿易港へと発展させるためにも、ポルトガル船入港は豊後の命運を握っていた。そうして、大友宗麟との会見後まもなくザビエルが離日したため、山口での戦乱から逃れたコスメ・デ・トルレスおよびファン・フェルナンデスが大友義鎮を頼って豊後にわたり、直後にバルタザル・ガーゴらが合流した。五六年には豊後府内病院開設に尽力したルイス・デ・アルメイダも加わった。豊後に医療施設が造られたのは、一五五七年とされるが、五五年頃にはガーゴやイエズス会入会前のアルメイダらが、すでに豊後府内に施薬所のような施設と孤児の世話に奔走していた記録が残る。こうした簡素な施設が豊後府内病院へと発展する。教会共同体はまさに、この医療施設に集う信徒たちによって成立した。

豊後府内で「コンフラリヤ」として認知される最初の共同体は、豊後府内病院の活動に協力した一二名の信徒グループである。その信徒団を取りまとめるために、コスメ・デ・トルレス神父は、一五一六年のポルトガルはリスボンのミゼリコルディアの規則を与えた。彼らは病院の協力と同時に、葬儀と死者の埋葬などに従事した。ここに豊後の「ミゼリコルヂア」が誕生した。ファン・フェルナンデスが、「慈悲の役人達は抽選によってえらばれるべきであるというのがポルトガルのミゼリコルヂアの「規則」Compromisso にかならず規定されていることである」と書いていることからも、宣教師たちはポルトガルの「兄弟会」を強く意識していたようである。[18]

豊後府内病院は、単に我が国初の西洋式医療施設であっただけではない。「慈悲の業」の実践団体は、日本社会ではマイナスの印象をもたれることも多かったはずである。つまり、この団体の最も大切にした活動とは、病者の世話と死者の埋葬であったからである。「穢れ」に触れることは極力避けられる傾向にあった。そういった忌避の感情を交えず、豊後最初のキリシタンたちは宣教師とともにヨーロッパで尊重される「慈悲の業」を粛々と実行に移した。

「触穢」という概念を、歴史学的に初めて解明したのは横井清であった[19]。その触穢思想が浸透した日本社会へのキリシタンの慈善活動のインパクトは別の機会に論じたのでここでは詳細を割愛するが[20]、ここで思い起こしたいことは、「穢れ」の規定のうち、とくに「死穢」「病穢」の二つに、日本人はとくに忌避観念を抱いていたということである。「穢れ」とは、ある期限付きで発生するものであり、時間とともに消滅する。しかし、なかには「穢れ」自体が永続化してしまうような状況が生じる。たとえば、死者の埋葬や葬儀に携わる人々は常に「死穢」と隣り合わせに生活することを余儀なくされる。また、当時として「重い皮膚病」は治り難い病とされ、たとえ完治してもその痕跡が残ってしまうことから人々にはそれが消滅したと考えられなかった。死者にまつわるさまざまな仕事も「不治の病」の看護も、常にその対象者を相手にするかぎり、「穢れ」が永続化したとされた。鎌倉後期（一三世紀末）頃からこうした観念は、あらゆる社会的「差別」に結びついたことは網野善彦の指摘するところでもある。死者を埋葬するもの、「不治の病」と関わりをもつ人々が社会の最下層へ追いやられる事実があった。一六世紀、そうした社会のなかで、率先して貧しい死者の埋葬に従事し、さらに行き場をなくした「重い皮膚病」の人々を匿い、看護したキリシタンたちは、そうした社会の一般常識を覆すほどの「特異」な行動をとっていたことになる。ここに、心ある人々がキリシタンの教えを聴聞しようと押し寄せた理由が説明できる。この世における「救い」の見える形を、慈悲の組の会員たちが示して見せたということである。トルレス神父が書いた一五五七年の豊後府内病院についての記述は以下のとおりである。

> 病院は二つに区分し、ひとつは当地に多数ある「重い皮膚病」患者の用に充て、また一つはその他の病気のために用いる。同病院には治療の天才を有するイルマン（アルメイダ）がいて、一日二回治療を行っている。またイルマンに等しき良き日本人一人（パウロ）は郊外ならびに市内において治療し、夫も窮乏せる者に救恤を行い、病人に薬をくばった。かれらは甚だ貧窮である[21]。

この記述から判明する事実は、豊後府内の「病院」が、第一病棟と第二病棟に分けられていたことである。一般の外科・内科にあたる治療をもっぱらとする病棟と、「重い皮膚病」の患者たちを別に収容していた。現在でいう主としてハンセン病と、その他の皮膚病（そのなかには「ペスト」のような病気も含まれていた）を含んでいた。当時、これらの病には特効薬はなく、豊後府内の病院施設は「治療」cure 目的というよりは、「療養」care のために、古代・中世の悲田院のような、行き場を失った人々の避難所となっていた。それを管理・運営したのが「慈悲の組」の信徒たちであった。西欧において中世を通じて多くの「施療院」が果たした同じ役割をこの施設はもったことになる。

ヨーロッパのミゼリコルディア同様、豊後の「慈悲の組」は、死者の埋葬と葬儀に格別の力を注いだ。一五五五年、ドゥアルテ・ダ・シルヴァの報告が日本において最初のキリシタン葬儀の記録となっている。すくなくとも三〇〇〇人の見物客を集めて荘厳に葬儀と埋葬が行われた。日本人たちは「十字架を掲げ、嘆願の祈禱を唱えて、多数のキリシタンとともに死者を葬ったが、日本人は貧窮なる者を犬のように一切儀式なしに埋葬する習慣があったためにこのような葬式を見て感激した」という[22]。その葬儀は、やはりポルトガルのミゼリコルディアを模範として行われた。同じことは、一五七四年、高槻領を支配していた高山飛驒守と息子右近が、キリシタン領民とともに頻繁に行っていた貧者の埋葬と同じである。

> 日本には、このような貧しい兵士や見捨てられた人々が亡くなると、聖（ひじり）と称せられたある（種の）人たちが彼らを運んで行って火葬にする習慣がある。聖たちは非常に賤しい階層の者とみなされ、通常寄る辺のない人々である。キリシタン宗門が高槻で繁栄し始めた時のこと、この地で二人の貧民が死亡した。ダリオ（高山飛驒守）は早速、我らのミゼリコルヂアで作るような一台の棺を制作させ、真中に白い十字を付した黒緞子の棺布（で掩い）、貴賤男女のキリシタン全員を招集し、死者たちを葬るため、一同、自宅から蠟燭を点した提灯を持参するようにと言った。そしてダリオと城主であるその息子右近殿は、あらたなキリシタンたちの許で、棺を担う敬虔な

行為が習慣になるようにと、この蔑視されている賤しい聖の役を自らひきうけた。それは、日本人の高慢不遜な性格に鑑みて珍しい模範であり、居合わせた一同も、後でそのことを耳にした異教徒たちも、大いなる驚愕と感嘆にみたされた。貴人たちは、主君たちがこのような範を垂れたのを見るに及び、手にしていた蠟燭を手放し、死者たちのために穴を掘り、埋葬しようとして誰もが真っ先に鋤をとろうとあらそいあった(23)。

フロイスの日本史には、領主みずから、その任にあたっている姿を見たとき、領民たちは感涙を流したといわれている。日本人がキリシタンの葬儀によって受けたインパクトは、豊後の「慈悲の組」についてのファン・フェルナンデスの報告からもわかる。

キリスト教の埋葬はキリスト教と異教徒を区別なく、啓発するきわめてよい機会である。この任務を主におこなっていたのはドゥアルテ・ダ・シルヴァである。人々をきわめて荘厳に埋葬すると莫大な費用がかかる。それゆえ、ミゼリコルヂアの家では貧しい人々のためにその出費をまかなって助けた。葬儀は次のように行われた。まず、ヨーロッパの葬儀の手順にならい、遺体は白布でつつまれ棺におさめられる。その棺には黒い絹布がかけられた。その布には白の十字架が縫い付けられている。棺の四方には蠟燭台がおかれ蠟燭に火がともされる(24)。

貧しい人々への葬儀の出費を寄付でまかなった記述は他所にも散見する。

病院にはこの目的（寄付）のために箱が設けられていた。ミゼリコルヂアの兄弟たちが寄付を募り、それをこの箱の中に収めた。毎週日曜日のミサの後、彼らが箱を開いた。その大半は病院のために用いられた。指導者（major-domos）は「まち」から一乃至二レグア（一レグアは四キロ）はなれた山沿いに住んでいる病人たちを訪問する任務についている。そこでより貧しい人をみつけだし、彼らは「まち」のミゼリコルヂアの箱からえた寄付を与えていた。[25]

豊後のミゼリコルヂアは、定期的会合をもち、「慈悲の業」の実践の場を設けていた。

毎週日曜日の午後、みなが一人の会員の家にともに集う慣わしがあった。そして三つの「慈悲の業」を行うことが常であった。第一は、その日ミサの最中に会堂で耳にした説教の要約と解説を施すこと。通常ドゥアルテ・ダ・シルヴァか私（フェルナンデス）がその会合に出席し、説教の要点を説明し、説教中よく理解できなかったことを明らかにするために質問に応じるという形であった。このように、豊後においては、キリストの教えをよく理解していない信徒はほとんどいないほどになった。彼らはなおも会合を続けた。第二の慈悲の業は、貧しい人の葬儀と埋葬のための出費をまかなうため小銭を寄付すること。その募金は病院のためにも支出される。第三の慈悲の業は、その集会所となった家の主人が集まってきた人々に宴席をもうけること。しかし、それはアスエロ王（エステル記）のような宴席ではなく、質素なものであり、いくばくかの野菜と米が供されるのみのものであった。[26]

豊後ミゼリコルヂアが力を注いだもう一つのことは、青少年への宗教教育（要理教育）である。これは「すぴりつにあたる七つの事」（精神的な慈悲の所作）の一つで「無知なる者に道を教える事」に相当する。豊後の「慈悲の組」は、当時普及しつつあった「どちりな」（キリシタン教理）教育と青少年の志操教育を同時に行っていた。つまり、集団で教えを学び、祈りについて分かち合ったということである。カテキズモ（要理教育）は一つの順序に従って教えられた。

日曜日のミサに参列したのち、子供たちは「どちりなきりしたん」を復唱する習慣をもっていた。少年たちの一人が先導役となって、どちりなの「主」の部分（「どちりな」は師弟間の問答形式となっている）を唱える。他の参加者がそれに応唱する。「主」の役は毎回別の少年に回ってくる。彼らは「主の祈り」、「アヴェ・マリヤ」、「使徒信経」、「サルヴェ・レジナ」をすべてラテン語で声を出して唱える。また、「十戒」を唱え、大罪の箇条を読み上げ、罪にたいする諸徳を口にだし、「身体と精神の慈悲の業」の諸項目を唱える。これらはすべて日本語で唱えた。（中略）正午ごろ、彼等は再び聖堂にもどり、（午前中のミサの後で集まったときと同じように）、再び同じ手順を繰り返す。というのも、すべての「どちりな」は一度唱えるにはあまりにも長すぎたためである。彼らはそれを三つに区分し、一時にその三分の一を唱えるのである。これによって、彼らは「どちりな」の内容を忘れることがなかった。復唱の最後に、指導役が討議のために箇条のなかのいくつかを選び出す。それについて参加者全員で深めるのである。この討議はキリスト教の教義をよりよく知るために有益である。通常、この集会には四〇ないし五〇人が参加していた。(27)

④大坂・堺の病院共同体

信徒集団の協力を得た病院活動は豊後に限られたものではなかった。宣教師が赴き信徒団が成立した地では、とくに大都市部において、当地の有力者を巻き込んだ「病院」の存在が報告されている。大坂と堺の地に小西行長周辺の病院の記録が残る。大坂の市では幾多の慈善事業がなされたが、とりわけオルガンチノ師の請願によって、ドン・アゴスチノ（小西行長）が行った二つの事業があげられる。第一のそれは、レプラ患者の病院であった。（中略）この病院の維持にドン・アゴスチノは毎年、生前に堺の市で別の病院を設立した父親のジョアキン（小西隆佐）の例にならって、必要な施しをした。その息子でドン・アゴスチノ・ベント（如清）が（奉行職を）継承し、父に代わってその一を同じくおさめている。第二の事業は、捨て子たちの救済のため、毎年一〇〇クルザードに相当する米一〇〇石を供出したとされる。キリシタンたちは月に一定の日に告白する良い習慣や、皆が一緒に我らの教会で行う鞭打ちの苦行や、霊的書物の勉強、またさらに互いに助け合い、敬虔さと我らの聖なる教法をなすために催す講話（その後、貧者の必要のために若干の施物を出し合う）を続けている。

四旬節にも同様のことを行い、この市にある四軒のレプラ病院の患者たちに食物を与えた。（ここではこの世のものと同様に霊的な世話をおこなっていた）そこには一つの礼拝堂と故人たちの墓地があった。これら患者は二〇〇名を超える。（中略）我らの聖なる教えの信用はその市の異教徒たちの間でますます高まりつつある。(28)

キリシタン慈善活動は、豊後同様、いずれの地においても、「重い皮膚病」患者を中心としたものであった。

⑤長崎のミゼリコルヂア

当然のことながら、キリシタンの町として栄えた長崎においても、キリシタン信徒集団の活躍は存在している。現在、長崎を訪れると、歴史的修復を終えて往時のたたずまいを現した「出島」の境界線から長崎県庁にいたる地域が、長崎港に突き出した、いわゆる長崎港発祥の「六ケ町」にあたる。県庁脇には「長崎ミゼリコルヂア跡」の石碑が建てられている。この長崎ミゼリコルヂアについて、ルイス・フロイスが二つの異なった報告を残している。どうやら、長崎には種類の異なるミゼリコルヂアが一五八三年と一五八五年の二回に分けて設立されたようである。長崎二十六聖人記念館の元館長であった故結城了悟神父と故フーベルト・チースリク神父への生前インタヴューを総合すると、一五八三年に設立されたのは長崎在住のポルトガル人たちの手になるものであり、八五年は日本人のみの団体であったのではないかとのことである。その真相の詳細は判明しないが、とにかく、日本人のみでつくられた長崎ミゼリコルヂアは病院を併設し、いわば日本の「慈善事業型コンフラリヤ」の最も完成度の高い団体であったといえる。フロイスの記述をみてみよう。

ミゼリコルヂアの組員たちは貧しい身分であったが慈悲の業や慈善事業を好んでいたので村落の外れに「重い皮膚病の病者」(現在のハンセン病)のための家を作った。ミゼリコルヂアの二人の組員がその家を世話した。この病気に冒された者に対して、人々はあまねく嫌悪と拒否の感情をいだいていたから、そのような仕事に従事することは、日本人の性質から言って、この上もなく忌まわしいこととみなされていた。それゆえその家は特別に清潔さを保ち、病人たちは、組員たちが毎週集める寄付金によって何不足なく、(品々を)支給され、患者たち自身がそれに驚くほどであった。(29)

長崎においてポルトガルのミゼリコルヂアに倣って慈悲の組を設けたことは、今より二年前に尊父(イエズス会総長)に報告しました。この団体には「兄弟たち」irmãos が百人と「団長」Provedor が一人あって、礼拝所には慈悲をもって甚だ立派な装飾をほどこし、また人をシナ(中国大陸)に派遣し、マカオのポルトガル人が有すると同じミゼリコルヂアの旗と規則を取り寄せ、この規則によって事務を処理することとした。聖母が聖エリザベトを訪問した日(旧教会暦の七月二日)を祝日とし、荘厳に儀式をおこない、諸所の葬儀ならびに行進に参列した。また貧困者のため町にでて喜捨を請うた。我々ヨーロッパの間において同団体が行うところと少しもおとるところがない。(30)

このように、日本のキリシタン教会はミゼリコルヂアのような信徒組織を巧みに組み込みながら成長、発展していたことが明らかである。この組織の要素を考慮しないキリシタン史の記述には、何か重要なものを欠く印象がつきまとう。

b 「信心業実践型」コンフラリヤの系譜

一五八七年、秀吉による「伴天連追放令」が出たのち、ザビエル以来のキリスト教共同体は大きな変質を余儀なくされた。これまでの「慈善事業型」コンフラリヤによる病院経営や地域共同体の役割が大きく変化する。この時、秀吉にはキリシタンを壊滅させようとの意図はまだなかった。というのも、秀吉配下の諸将の間には、高山右近や黒田孝高をはじめとするキリシタン大名が活躍し、さらにそれらの領民を加えたときの規模は、さすがの秀吉といえども緊急に一掃することはできなかったからである。秀吉が下した結論は、他宗を認めず、領民を強制的に信者にしたと疑われた、指導者としての「伴天連」(宣教師)のみの追放であった。領主の宗教は領民の宗教という原則は、秀吉の全国統一国家の理念上ありえず、領主は一時的に秀吉の領土を預かっているだけであり、いつ転封になって入れ替わるかわからないが、領民は常に土地に緊縛されているため、領主の強制を受けないということが、天正一五年の「伴天連追放令」の「覚え」に明記されている。その記述はキリシタン関連法であると同時に、天下人秀吉の全国統一理念の表明でもあった。伴天連追放令には、天下経営の基本が同時に示されている。

一五八〇年代にもなると、各地の「コンフラリヤ」の組織上の理念は、各地のキリシタン共同体に生かされるようになっていた。つまり、宣教師以外のキリシタン信徒のなかから共同体の指導者を選び、村落共同体ぐるみでキリシタン信仰を維持していこうとする試みが各地に根付いたのである。たとえば、豊後府内の病院から八キロ以内の周辺に、府内の「慈悲の組」から定期的にメンバーが派遣され、その行く先々に一〇〇名規模のキリシタン共同体が五ないし六ヵ所形成されていった。その共同体は各地の村落リーダーが「慈悲の組」の組織づくりを学ぶことによって、ネットワークのように地域共同体が形成されていった。そうしたネットワークづくりは全国的に共通するものであった。

一五八七年、宣教師らが追放令に従って各活動地から退去し、ある者は渡海し、ある者たちは平戸に集結した。その間、各地の共同体は宣教師の指導を受けられない状況に陥った。しかし、各地域共同体の根本は「コンフラリヤ」から受け継いだ、信徒のみによる自主独立共同体の形成であった。つまり、宣教師は各共同体に定期的に巡回し、それ以外、日常的に共同体を管理運営したのは信徒指導者であった。したがって、「伴天連追放令」によって宣教師が一時撤退したとしても、キリシタンの日常は大きな影響を受けずにすんだ。実際に、各地に宣教師が復帰する一五九〇年代には、地域共同体はさらに堅固な組織へと成長している。一五九二年のキリスト教信者の統計によれば、全国二〇〇ヵ所にのぼるキリシタン共同体が存在し、総数は凡そ二一万五〇〇〇人であった。再び宣教活動をした司祭数はわずか四三名であり、イルマン(修道士)や同宿を含めたとしても一〇〇名規模のイエズス会関係者しか存在していなかった。現実的に考えれば、各共同体の信徒指導者と信徒団が大きな役割を果たしていたことがわかる。

伴天連追放令以前、日本キリシタンのコンフラリヤは「慈善事業型」と呼ばれるものであり、病院経営や社会福祉活動系の団体であった。しかし、そうした公の活動に歯止めがかかったのち、日本の信徒組織の役割は、「外部へ」の広がりではなく「内向的」になった事実は否定できない。そこに、各地域共同体が既存のメンバーたちの信仰を共同で育み維持する組織として、すなわち「相互扶助組織」としての性格を強くしていった。とくに、「聖体礼拝」や共同の祈り、カテキズムの相互授与などを通じてグループ形成をする「信心業実践型」と呼ぶべき「コンフラリヤ」の形が主流となった。彼らは、夕暮れを待って集会し、なかば秘密裡に組織運営する道をみいだした。ここに、後の江戸幕府禁教令の際の「潜伏共同体」あるいは迫害に対応する共同体への準備も整えられていく。その際、キリシタン共同体の指導者と、地方三役としての村落代表者とは重複するケースが多々あり、そうした地域では、比較的容易にキリシタン「潜伏」が可能となった。

こうした「信心業実践型」コンフラリヤは、一五九〇年代に各地に成立している。これらの共同体をヨーロッパの信徒信心組織からその理念を受け取った、カタカナ書き「コンフラリヤ」から、世界に類例のない日本独自の類型をもつという意味から、ひらがな書き「こんふらりや」に区別することで、その性質を明らかに示せるだろうと思う。一五九二年の大村領における報告には、そうした「こんふらりや」に属しているものが三〇〇〇名いたとある。また一五九六年、天草二江には「聖母のこんふらりや」Cofradia de Nossa Senhora と呼ばれた集団名が記録されている。一五九九年の終わりごろ、こうした「こんふらりや」は地区の新たな改宗者の信仰を鼓舞する意味で増設された。

一六〇三年および一六〇四年の『日本年報』には、「御聖体」Santissimo Sacramentoと「お告げの聖母」Nossa Senhora da Anunciadaと名付けられた二つの「信心業実践型」コンフラリヤが長崎に作られたとある。また、長崎および大村周辺には「イエスの御名」、「聖母」、「御聖体」のような信心業の名を関する団体のほか、「聖ミゲルの組」Compagnia di S. Micheleなどが誕生している。この際、「組」にcompagniaがあてられていることに注意したい。

先に史料として掲げた、一六一八年一月一〇日にマカオで作成されたイエズス会準管区長へロニモ・ロドリゲスによる「規則」には、この時期の島原、天草周辺の集団の状況が詳細に記録されている。ロドリゲスは当地に繁栄した「こんふらりや」について、ローマのイエズス会本部への報告を兼ねて記述している。残念ながら、この記述が既存組織の報告なのか、それともいずれ完成するであろう予想図なのかは定かではない。ただし、他の報告の断片から、そうした完成された形に向かって、実際にいくつかの組織が存在した事実は確認できる。

この集団では、会の指導者が「親」mordomos、役員が「慈悲の奉行」despositario、代表者を「惣代」Sollicitador、実働部隊を「慈悲役」と呼ばれていた。また、組織ネットワークの図式も残されており、数十人規模の「小組」が、五〇〇人ないし六〇〇人単位でその上部概念の「大組」となり、その大組をまとめるさらなる上位概念として「親組」が形成されていた。つまり、親組となると数千人規模の大組織となった。その際、「小組」には諸聖人の名を冠し、「大組」は祝日の名称（御聖体やイエスの御名など）を付し、「親組」は地名をとっていたとされている。長崎周辺の「こんふらりや」について断片的に言われていることは、こうしたネットワークの観点から理解可能である。たとえば、天草のある地に「聖ミゲル」の会という数十人規模の「小組」があり、それは同時に複数の隣接小組の連合としての「御聖体の組」となり、それは天草二江の「こんふらりや」とされていたと推測することができる。

ちなみに、一六三七年から翌年にかけて生じた「天草・島原」の乱において、有馬および小西の旧臣たちに先導されてたちあがった地元の民が「一揆」の旗としてもちだした「陣中旗」〔図1〕は、当地に存在した「聖体の組」Santissimo Sacramentoの「こんふらりや」の旗であった。「聖体の会」の紋章は、ローマのサンタ・マリア・ソプラ・

図1　天草四郎陣中旗（有馬・天草周辺にあったこんふらりや「聖体の組」の幟）　天草市立天草キリシタン館所蔵

ミネルヴァ教会の兄弟会（聖体会）に見られるように、その図柄は統一されている［図2］。中央に聖盃と聖体（ホスチア）を置き、その両脇に天使が礼拝姿として描かれるものである。まちがいなく、島原、天草にあった「聖体の組」の名残が、一揆の際にもちだされている。

このように、日本のキリシタン史において、ヨーロッパを起源にもつ「コンフラリヤ」の伝統は、その最初期には、教会共同体成立の鍵を握り、やがて地域共同体の根幹づくりに利用された。また信徒の独立経営という性格が功を奏して、イエズス会宣教師が追放された後にも地域の内的相互扶助の要となり、禁教以後は「潜伏共同体」の性格を発揮した。以上が、イエズス会系のキリシタン「コンフラリヤ」である。

以下、「さんたまりあの御組」の規則からの抜粋である。当時の集会の様子を伝えるものである。

集会のはじめに御影（絵に書いた聖像）の前で跪き、「主の祈り」三回、「アヴェ・マリヤ」三回を唱え、いまから行う相談が、神の名誉と参加者の精神の徳となるよう聖母マリヤの援助を頼む。最後の祈り（廻向）が済み次第、会合に入る。議題はすべての人が聞き取れるように、一人の担当者が皆に読み聞かせる。あまり早口で読んではいけない。ここですべての箇条を読み聞かす必要はない。その理由は、会合の時間が少ないにもかかわらず、多

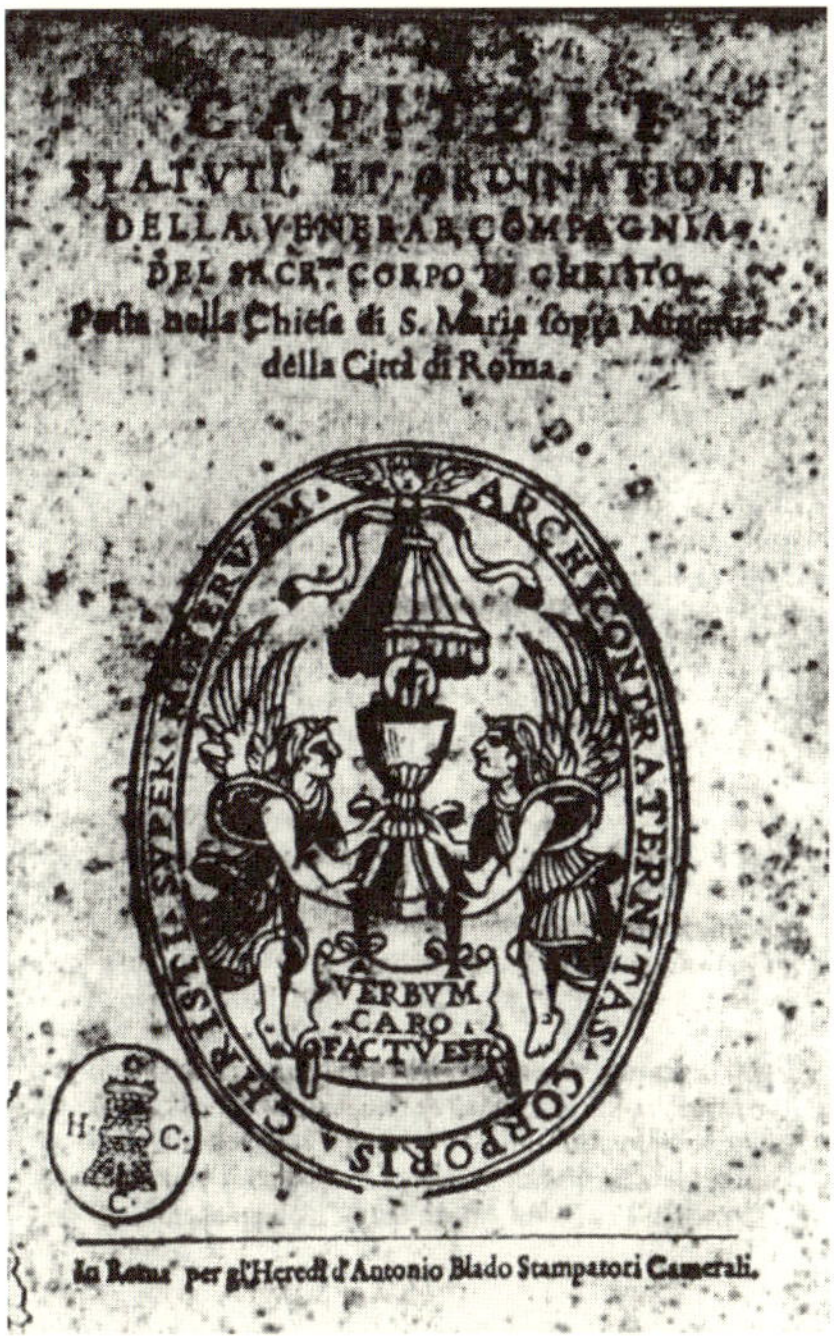

図2　サンタ・マリア・ソプラ・ミネルヴァの聖母教会　聖体会会則（1543年）表紙
図1・図2のように「聖体会」は世界中でほぼ同じ意匠（中央の聖体と杯および両脇の天使）を用いていた.

くを読み聞かせることは差しさわりがあり、また、それについて深く熟考することも期待できないからである。ゆえに、多くの題材をあたえるより、すくないものをしっかりと熟考し、心にとどめるようにすべきである。会合の終わりには「信経」と「聖母の連禱」を唱えたのち静かに退席する。(31)

また、「さんたまりあの御組」には、入会と同様、退会させるべき人の行状についても、いわば「罰則規定」のようにして示している。次のような行為はこの会の除名対象とされる。

一、子供を堕胎したり、(間引きして)殺すもの。
二、夫婦のちぎりをむすびながら離婚するもの。
三、子供の同意なしに、婚姻の縁をむすばせること。
四、婚姻の秘跡(まちりもにお)を授からずに夫婦となること。
五、人身売買すること。
六、妾をもつこと。
七、三割以上の利息をとること。
八、泥酔することが頻繁であること。(32)

以上の罰則規定は、キリシタンについていわれたものである。つまり、キリシタンであってもこうした諸悪を抱え込むことが大いにあったということである。とくに、「人商い」(人身売買)に従事したり、高利貸しをして暴利をむさぼろうとした人々が、島原半島のキリシタンのなかにも存在していたことを示すものである。これらの社会的背景については別に考察した。(33) 一七世紀になると、キリシタンの共同体は、生活共同体として機能したことが読み取れる。

c　フランシスコ会系の「コルドンの組」および「勢数多講」

一六世紀のキリシタンの信徒組織成立にイエズス会が果たした役割は大きい。しかし、信徒組織には、イエズス会とは別にフランシスコ会やドミニコ会の要素も散見する。イエズス会に遅れること半世紀、フランシスコ会などの托鉢修道会も、信徒の組織については、ヨーロッパや南米、ルソンなどでの体験をふまえた活動を実施した。一五九三年にはルソンから、ペドロ・バウチスタをはじめとするフランシスコ会（跣足派）が来日し、さらに一六〇〇年にはアウグスティノ会、一六〇二年にドミニコ会が来日して日本での活動を開始した。

フランシスコ会においては、「兄弟会」confraternitasとは別に「第三会」tertiariusという組織が重要である。托鉢修道会系修道会に依拠しながら生活する信徒身分の会である。第一会が男子会員の組織する母体修道会としての位置づけをもち、第二会はその女子部門、第三会は、第一会および第二会と同様の精神を信徒身分のままで生きようとする男女から成立した。「第三会」が、ここでいう「兄弟会」と異なるのは、修道者に準じた誓願を立てることであり、母体修道会と緊密な関係を築くことであった。「兄弟会」は、特定の修道会霊性に直接結びつくことは想定されていない。どこか特定の修道会霊性を受け入れないことが、その団体の「開放性」を保障したともいえる。イタリアの「兄弟会」では、やがて信徒と活動を共にする聖職者身分の参加もありうることであったが、修道会の戒律や固有の行動様式を持ち込むことは一切ない。そう考えると、キリシタン時代のイエズス会系「コンフラリヤ」は、どちらかというと「第三会」的な性格に似ていなくもないが、やはり、信徒はなんら誓願に結びつけられないことに変更はなかった。

フランシスコ会には、「第三会」とは別に、「コルドンの会」という兄弟会運動が付随していた。「コルドン」とは「帯」のことであり、アッシジの聖フランチェスコの精神を愛する信徒たちが、第一会の修道士たちの装束を模倣し、白い帯をまいて活動したところにその名の由来がある。「コルドンの規則」[34]に明記されていることは、数多の「コンフラリヤ」と異なることはない。

「コルドンの組」の史料としては、水戸藩寛永没収教書の中の「諸聖人御作業書抄及宗門諸抄」が残されている。実際にどの程度機能した組織かは定かではないが、フランシスコ会でも独自に信徒を組織しようとした形跡がうかがえる。一五八六年、教皇シクストゥス五世によって全世界の「コルドンの組」に与えられた教書は、日本にももたらされ、フランシスコ会の「コルドンの組」の活動指針となっていた。以下はその「コルドンの組」の規則の一部である。この文書の特徴は、歴代の教皇からの認可を組のメンバーに繰り返し周知する目的で書かれていることである。とくに、教皇からだされた「免償」（「贖宥状」Indulgentia）の授与が強調されている事実に注目したい。

シスト五世がさだめることとは、男女の別なく、この組の成員になることができる。ゆるしの秘跡をうけ、聖体を授けてもらうよう願い、名簿に登録され、（フランシスコ会の）神父が着用しているのと同じ帯を身にまとうことで、その希望どおり「魂」への許しが与えられる。（中略）

この組のものが死者を□□（二文字解読不可。「埋葬」か）すれば、□（一文字解読不可）年の免償を与える。慈悲を示し（喜捨、施し）、人を助ける業をなすか、どんなことでも（貧しい）人のためになすことは□（一文字解読不可。「百」か）日の免償をうける。（中略）

コンフラリヤの参加者は、右の月毎の「要求」のほかに、別の機会に課せられる「要求」、またフランシスコ会においで執り行われるべき尊い勤行をなし、病人のもとで秘跡をなし、臨終の枕元に座し、葬礼に参加するなど、いずれも力を尽くし、慈悲の業をもって仕えるか、□□（二文字解読不可）する度に、百日の免償を授けられる。

また、フランシスコ会の信徒運動として知られるところでは、江戸の「勢数多講」の存在が知られている。「せすた」とは、ポルトガル語の「金曜日」（週の第六の日のこと）であり、キリスト教国では、伝統的に、イエスが十字架上で苦しみを受けて死んだ金曜日に端を発する「苦行の日」という位置づけをもつ日である。みずから鞭打つことや、なんらかの犠牲の業を行う習慣があった金曜日であるが、フランチェスコの霊性につよく感化を受けた信徒たちがその日を集団での苦行活動の日と定めて参集した。月に一度のミサ参加、月最後の金曜における「告白」、すくなくとも年五回は聖体拝領すること、相互扶助、臨終の配慮、愛徳の勧め、悪習の矯正、貧者の世話、教会奉仕、年頭の役員選挙などを定めた規約が残っている(35)。

「勢数多講」規則は「コルドンの組」規則よりも、さらに詳しく組員の活動が詳細が記されており、それによれば、より「コンフラリヤ」的であったのは「勢数多講」のほうであると判断できる。名簿が付記されていて、その総数は一四七名である。「講」とは日本の伝統宗教における「寄合」の呼称であり、一六世紀にはとくに浄土真宗の道場における定期集会の意においても用いられていた。キリシタンたちも、自分たちの組織する信徒団体が、既存の宗教共同体に似通っていたことをかなり意識していたことがわかる命名である。「コンフラリヤ」と「組」そして「講」は同義に用いられていた。

江戸の信徒組織の存在は、のちにルイス・ソテーロによって企画、実行された支倉常長を代表とする遣欧使節の渡欧の際、日本文をラテン語に翻訳して紹介された。それが、バチカン文書館に保存され、のちに日本史料の編纂過程の中で、『大日本史料』に掲載された。ラテン語は詳細にわたり、いかなる組織が活動したかを示しているが、日本文として残されているものだけでは、その組織の詳細を知るのは極めて困難である。しかし、「コンフラリヤ」がもつ必要不可欠な条件は整えていたように思える。『大日本史料』を編纂した際の担当者はキリスト教についての知識が全くなかったか、曖昧であったようで、日本文に注釈を施す際、多くの思い違いをしている。たとえば、「きりえ」のオラシオの解説として、これはミサ中に挿入される「キリエ・エレイソン」（主よ・あわれみたまえ）の祈りであるとしているが、実際は、「きりえ」とは「主」をさし、「主禱文」のことであろう。また、「アチリサン」attritio 不完全な痛悔）を、人名のように解説しているなどである。

「勢数多講」規則は、イエズス会の残した九州島原半島付近の「さんたまりあの御組」の活動と内容的に大差はない。ここでもリーダーが互選され、違反者への接触の仕方は「慈愛」に富むものである。また「貧者」(貧人)に配慮し、自分たちの共同体のみでなく、広く周辺の人々への慈悲の心を喚起している点も同様である。(36)

フランシスコ会と同様に、ドミニコ会も来日後、信徒組織を使いながらキリシタン集団を導こうとした形跡がある。その証拠は、ドミニコ会系の「ゼススの聖名のクフラヂアの規約」である。序文に、一六一二年九月一八日、教皇パウルス五世が、イエスの御名(聖名)の祝日(現行一月三日)をとくに大切にする兄弟会に与えた免償を記録したものであり、これを日本において同様の趣旨で集う信徒たちの規約としたのである。一六二二年マニラで刊行された『ロザリヨの修行』および、一六二三年の同書の改訂増補版『ロザリヨの記録』に掲載されている。ロザリヨは、ドミニコ会によって広く普及したカトリックの最も代表的な信心業である。

○身分の隔てなく、老若男女を問わず、いかなる地位にあろうとも、この組に参加することができる。(後略)
○この組に入る人は、デウスの御名を尊ぶべきであること。(後略)
○主の御名にかけて、自然誓文するか、あるいはその尊き御名を悪く言うことあれば、その過失の償いとして、(貧者に)慈悲を施すか、なんらかの祈りを唱えるかして、自罰を与えるべきである。(中略)
○月の第二の日曜日ごとに、在世および帰天した組の会員のために、皆でミサに参加し、適切な慈悲の業を行う。
○会員のなかで亡くなる者が出た場合、その葬儀に参加すること。その亡くなった者のために、組の全員がミサに参加すること。
○この組の、役を担う者は、二人であるべきである。ただし、会員の人数に合わせて、責任者の数においても、多少の変更はありうる。責任者の役目は、主の割礼の日(すなわち一月一日)に、新しく二人の責任者を選び、過年度の支出と収入を、新しい責任者に伝えること。

d　『マテウス・デ・コウロス徴収文書』にみるイエズス会系「日本各地の信徒代表名簿」と殉教者

一六世紀から一七世紀の日本において、コンフラリヤは確かに存在した。それは、慈善活動の母体であるとともに、信仰共同体、生活共同体、ひいては、ともに潜伏するための地下共同体への道も開いた。各地に残る「コンフラリヤ」の痕跡を、より確実にするための史料が存在する。その貴重な史料とは『マテウス・デ・コウロス徴収文書』と呼ばれる一群の文書資料である。

一六一〇年代の半ば頃、日本におけるイエズス会の宣教責任者であったマテウス・デ・コウロス神父が、全国の信徒組織の代表に宛て、ある証言文に同意する署名を付して返送するように願った。その結果、全国六九ヵ所に近いキリスト教共同体から文書が署名を添えて送り返された。その証言内容とは、江戸幕府による迫害が開始されて数年たった頃、イエズス会とは宣教地で様々な軋轢を生じさせていたフランシスコ会宣教師の一部が、一六一四年の全国的迫害が始まってまもなく、イエズス会の宣教師たちが多くの信徒共同体を見捨てて逃げ去ったという噂を広めていたことである。この噂が本当に出回ったかどうか確かめる手立ては残っていない。イエズス会の退去が事実無根であり、未だに宣教地ではイエズス会員が滞在していることを、各地の信徒指導者に連名をもって証言してもらうことが目的であった。この文書の特徴は、主立った指導者の名前が連記されている点である。この文書自体は、イエズス会の弁明として作成されたものであるが、時を経て、現代では、一七世紀当時の信徒組織の存在実態を映し出す鏡となって史料的価値をもつに到った。

この文書資料は、一九四六年、マドリードでイエズス会日本歴史研究の第一人者であるヨーゼフ・シュッテが発見し、一九五七年『キリシタン研究』第四輯のなかで、「元和三（一六一七）年における日本キリシタンの主な集団とその民間指導者――全国六十九ヵ所からの貴重な文書」との表題をもって発表した。また、同文書の写本がアルカラ・デ・エナーレスのイエズス会トレド管区文書館にあることが同師によって確認されている。

この文書は、後に松田毅一の研究で全文が掲載され、研究者にとって利用しやすいものとなった。[37]フォーマットはあらかじめ定めてあったようで、各地の文書形式はほぼ同じである。その共同体の存在地、信徒リーダーの名前の部分のみが適宜変更された。一例（島原半島の文書）を示す。

こんはにやの御出家衆爰元に御在宅之間ニ行跡悪敷事すかんたろと成給ふ事少も見出し不申候、結句出家之御身持いさきよき事を見及ひ信心之便を得申事のみにて候
当郡高来ニ志かと在宅之出家衆こんはにやの外無之候自然別の門派之出家も此嶋中はしはしへ一通りの見舞もまれ候（第二十七文書、「肥前国、嶋原町、山寺、三会町」の部）

（現代語訳）イエズス会の司祭・修道士たちは、当地に滞在しており、その態度は醜聞といわれることはすこしも見いだせない。むしろその人々の潔白な態度をみて、人々は信仰の心を強くすることだけである。当地、高来地方に実際に滞在するイエズス会の司祭・修道士以外、他の修道会の司祭・修道士らが方々へ見回りにくるなどということはほとんどない。

全国各地の共同体の指導者欄には一〇名ないし三〇名ほどの洗礼名と日本名が記されている。各地のリーダーであるゆえ、地域の有力者も多く、花押をもって署名に付す者も多数いる。グループ内の役職が明記されていることが多い。そのなかでも、筆者がとくに関心をもっているのは、九州地方、島原、天草の共同体史料である。第二十六文書（肥前国、有家村、布津村、深江村）には、役職者名として、「庄や」「乙名」「組親」「物代」「看坊」「与親」の肩書きが明記されている。また第四十四文書（肥後国、上津裏村、大矢野村）にも、「物代」「組親」「慈悲役」「看坊」の肩書きがある。ここではすべてを扱いきれないが、こうした肩書きのもつ意味は重要である。それは、先に豊後府内の慈悲の組で述べたような、信徒指導者をポルトガル式に理解し「慈悲役＝majordoms」としていたところ、同じ組織形態が各

地に広がるにしたがって、当地にある宗教的な組織のリーダーの名である「看坊」や「惣代」などが借用され、置き換えられたと考えられるためである。このことは、日本のキリシタン「コンフラリヤ」が、日本人の間で、既存宗教のアナロジーをもって理解されていた証拠になると考える。

島原、天草関係の信徒指導者の中には、のちに殉教者として宣教師報告に記載される人物らが重複して存在している。イエズス会文書館の故ルイス・デ・メディナ神父の編んだ『殉教録』と、このマテウス・デ・コウロス文書の人名を比較検討することで、さらに正確なキリシタン共同体名簿の作成が可能となるだろう。

このほか、信徒組織の形成をめぐって、当時各地で宣教にあたっていたイエズス会とフランシスコ会、およびドミニコ会の確執の問題や、各組織がローマ教皇の認可を受けた際、獲得する特権や免償についてもいくつかの考察点を残しているが、ここでは詳しく扱わない。日本人信徒たちが、その指導を仰ぐ修道会関連の組織に大きな影響を受けたことは事実であり、なかには、同じ地域で依拠する修道会の違いにより信徒団が分断されていたような事実も史料上から判明する。先に紹介したイエズス会系の「さんたまりあの御組」の規約がローマで保存された背景には、そうした修道会間の紛争があった。「さんたまりあの御組」の規約はローマのカサナテンセ図書館に所蔵されているが、ここは、元来ドミニコ会のローマ本部に付設した文書庫であった。

第三節　日本の既存宗教門徒組織とキリシタン・コンフラリヤの交差

本章では、これまでヨーロッパ起源の「兄弟会」の系譜に連なる「コンフラリヤ」の日本における展開をみてきた。これまでの記述である程度推測できたことだが、キリシタンの共同体の形成にあたって、それがヨーロッパの「兄弟会」のみに淵源をもつ組織づくりであったと考えることはおそらく誤りであろう。日本で民心をつかむとすれば、新奇さばかりでなく、日本の伝統にも抵触することのすくない深みをもつことが重要であろう。キリシタンの信徒組織は既存の宗教組織になんらかのヒントを受け取らなかっただろうか。その点、日本においては既存の門徒組織がやはり民衆の宗教的活動の一翼を担っていた事実を無視することはできない。つまり、信仰者の間で、組織をもち、それを末端の宗教活動において展開していたのはキリシタンばかりではない。先に述べたように、浄土真宗の「講」組織(道場経営)や、法華宗の畿内における町衆の間でもたれた組織などをあらためて想起する必要があろう。実は、一六世紀に飛躍的な発展を遂げ、地域有力者ばかりでなく天下人となるほどの有力大名の脅威となるほど教勢を伸ばしたのは、実にこの三つの宗派であった。とかく戦国時代の仏教はなんらかの堕落を蒙っていたといわれている。そんな間隙をぬって新興のキリシタンが台頭したとはよく言われることである。しかし、新興勢力としては、政治的活動に深入りしたとの批判はあるものの、浄土真宗本願寺派も法華宗も同様に教勢面では飛躍的発展をとげている。ゆえに、一六世紀を一概に日本宗教の荒廃期だと断定することは全くできないのである。末端の信徒組織のネットワークを有効に活用できた宗教の発展した世紀、それが一六世紀であり戦国期であったと認識を新たにしたい。その上で、信徒ないしは門徒組織の果たした役割、その同質性と特異性をみることは重要であろう。

キリシタンは、一六世紀の中頃から一七世紀の前半にいたるまで全国各地に組織をもち、一時は四〇万とも五〇万ともいわれる信徒数を抱えた。当時の日本における推定総人口が一〇〇〇万に達するかどうかという頃、わずか数十年で五〇万もの信徒を獲得した宗教があるとすれば、それはやはり繁栄という言葉を使ってもよいであろう。同じ時期(とはいえキリシタンに先立つこと半世紀)、日本に大きな勢力拡大をほこった浄土真宗(いわゆる一向宗)本願寺派をみると、同様の発展過程がみられる。どちらの宗派も短期間の内に多数の民心をとらえ、共同体を形成し、それが全国的な規模のネットワークとして機能した。キリシタンにとって「コンフラリヤ」の果たした役割がいかに大きかったかはすでに述べたところである。同じことは、浄土真宗本願寺派の「講」組織、道場経営に言えることである。

では、なぜこの二つの宗派は民心掌握に成功し、末端組織をネットワークとして拡大できたのであろうか。それは、浄土真宗本願寺派中興の祖として一五世紀に活躍した蓮如やキリシタンの教えそのものが特別に人の心に訴える何かをもっていたためであろうか。たしかにそうした一面もあるにはちがいないが、それだけでは一六世紀のこれら宗派の興隆の説明がつかないのである。もしもそうだとすれば、蓮如以外の世紀においても、あるいはキリシタンの世紀以外にも、本願寺もキリシタンも同様に多くの信者を獲得し発展を永続化させていなければならない。江戸時代以後、真宗にもキリシタンにも、その発展を阻害するような過酷な対応が時の政府によってなされた事実はある。しかし、そうした阻害が消滅した現在でさえ、一六世紀にみられたような興隆の兆しがみられない。その理由は、両派の本質的にもつ良さのほか、一六世紀特有の環境や時代背景の要因が強かった。それが、「民衆共同体の世紀」、民衆が組織する力を上昇のベクトルとして発揮できた時代背景なのであろう。本願寺派とキリシタンは、どちらかというと農村部での発展に重きが置かれた。それは、当時興隆しつつあった「惣村」の成立と無関係ではなかった。その「惣村」の発展を可能にした同じ力は、都市部において「町衆」の結合と共同体づくりにも同様の効果を示した。都市部では、本願寺派もキリシタンも発展の契機をつかむが、最も発展したのは「法華宗」である。京および堺などの「町衆」の宗教として栄えた法華宗も同様の共同体づくりのノウハウをもっていた。ここでは「法華宗」については詳しく取り扱わないが、先に述べたとおり、一六世紀の三大成長宗教はこの三つであり、いずれも、民衆を基礎とした「共同体づくり」「組織づくり」を実現させたことを強調しておきたい。

浄土真宗の道場経営との類似——信徒指導者（慈悲役）と門徒指導者（毛坊主ないしは看坊、総代）

豊後府内（現大分市）に病院を中心とした信徒共同体が誕生し、そこから「ミゼリコルヂア」（慈悲の組）が機能した。そこでは、イエズス会の宣教師とは別に、信徒指導者としての「慈悲役」の存在があった。イエズス会には司祭（伴天連＝パードレ）と修道士（イルマン）とともに、イエズス会には属さないが外国人宣教師の手となり足となり、あるいは通訳として働く信徒である「同宿」が存在した。しかし、「同宿」は慈悲役などの信徒とちがい、あくまでイエズス会の家で内向きに働く人々であった。信徒として、キリスト教の外的発展を支えたのはむしろ、「慈悲役」やミゼリコルギアの組員 irmãos de misericordia であり、さらには、そうした人々の指導を仰いで、各地の共同体で信徒のリーダーとなるキリシタン長老であった。こうした各地のキリシタン共同体の発展の核に、どうやら、日本の既存宗教の、もっと直接的に言えば、真宗の「道場」のごとき民衆経営の母体の影響があった可能性がある。

実は、豊後府内（大友館の存在地）から約八キロ以内に、わずか数年のうちに、キリシタン共同体が複数存在していたことは府内で活動していた宣教師たちの語るところである。[38] 宣教師バルタザル・ガーゴらの記録から、その中心が現在の鶴崎地区周辺、土地の伝統的呼称としての「高田」（約四十数ヵ村の連合した「惣村」）であることは確実である。[39] ここに、キリシタンとなったばかりの人々が民家に祭壇を置き、その民家をキリシタン共同体の中心に置いて集合していた事実が判明している。しかも、各民家は信徒の指導者によって維持・経営されていた。祭壇には「コンタツ」を置き、寄合的な祈禱集会、府内で聴聞してきたばかりの「説教」をともに教えあったりしていたという。まさにこうした状況は、日本の既存宗教や村の「寄合」を想起させる。

念のため、「高田」の宗教施設として、キリシタンが入る前から、伝統的にその地の精神的柱となっていたものは何かと問うと、興味深い事実が判明する。それは高田庄別保の森町に一五世紀末から存在する「専想寺」という浄土真宗本願寺派の寺である。寺の由緒を紐解くと、この寺は、一五世紀に蓮如に帰依した僧侶天然が建てた「道場」をその起源とし、永正二年（一五〇五）に本願寺実如から「光明本尊」を下賜されて寺格を得た「別保道場」となったものである。この「専想寺」は、単なる真宗の古刹であるばかりではない。この道場が、九州における最初の浄土真宗本願寺派認可道場であったという事実は、この地が九州真宗の原点のような位置づけをもっていたことを示している。真宗道場は、いわば「私立経営」である。京都や奈良の大寺が各地に末寺を創設経営する（公立的方法）のとはちがい、在地の農民たちが共同出資して「道場」をつくり、そこに仏壇を置いて集合するという形であった。各檀家が仏壇をもつのは江戸時代以後といわれ、それまで道場は「惣有」であり、民営であった。つまり、「道場」が一つ立つということは、その周辺の大多数の住民がその宗派を支持し、教えを受けようとしていたことがわかる。道場であるため、専門僧職者が常駐するわけではなく、道場は巡回番所のような役割も果たしていた。道場を専門的に維持し世話しているのは、読み書きが達者な農民代表などの俗人である。専門僧職者はまだ「道場」の段階では常駐しない。この役目の農民は、地域に臨終の者があれば、その枕元に赴き読経することが主な任務である。専門僧職者が来訪するまでの場繋ぎの役割を果たす。それゆえ彼らは半分僧職、半分は在俗者であり、剃髪しないため、毛を蓄えた指導者として「毛坊主」の名称をもっていた。筆者の調べたところ、この高田地区周辺には、そうした民間指導者が複数存在し、近年まで「辻本」（御座元）ないしは「看坊」の名称で存在していたという。キリシタンの共同体に「看坊」や「惣代」などの役職者名がみられることはすでに述べたところである。とすれば、同じような組織活動をするキリシタンたちは、真宗道場のアナロジーを用いて、みずからの共同体の仕組みを理解していたということではないか。つまり、ヨーロッパ起源の「兄弟会」の原型が日本にもちこまれ「コンフラリヤ」を形成すると同時に、地域住民の間で組織が定着する際、つまり「こんふらりや」化（すなわち「土着化」）する時、日本人キリシタンたちは、道場経営などを大いに利用することができたということを物語っている。キリシタンがネットワークをつくりあげることができたのも、ひとえに、こうした日本における既存の宗教理解があったからだといえる。

高田地区は、一六八〇年代までの数十年間におよぶ「豊後崩れ」（キリシタンの大量露見・検挙事件）の中心舞台となった「葛木村」をはじめとする多くのキリシタン地域を含んでいる。つまり、豊後のなかでも真宗門徒が多数誕生した地域とキリシタン地域がはからずも交差し、多くの真宗門徒がキリシタンへ改宗したとしか理解できないような現象が生じているのである。この交差をどのように考えるべきなのであろうか。そうした類似は、筑前の秋月、天草の大矢野、茨木周辺などに多くの例をみることができる。高山右近の父親の出生の地である。大阪府豊能郡高山という山間部の盆地の道場を、高山飛騨守（図書）の母親が「自庵」と名乗って、道場経営をしていたことがルイス・フロイスの『日本史』の記述から明らかとなっている。組織経営の手法と、民間宗教施設の利用法において、キリシタンと浄土真宗本願寺派は見事なほど一致した姿を示している。

「コンフラリヤ」を種にたとえてみよう。それはヨーロッパの土壌に蒔かれた時、「兄弟会」として、各地の「慈善事業」や「信心業」の実践母体として育った。同じ種を、ヨーロッパとは全く別の土壌である「日本」の地に蒔くと、当然、種は異種土壌の触媒的影響を受けることになる。当然、ヨーロッパとは多少とも違った花や実を結ぶことであるだろう。とくに日本という土壌は、「コンフラリヤ」の存続にとっては厳しい環境をつきつけたかもしれない。だが、同時に、既存の、日本において醸成された、「コンフラリヤ」が成長をとげるにふさわしい土壌の要素がそれを保護した。日本の既存宗教の共同体の成立土壌である。この要素なくして、日本における「コンフラリヤ」の種は成長しなかったであろう。それがキリシタンの「コンフラリヤ」であり信徒共同体なのである。

おわりに

冒頭でも述べたとおり、ごく最近まで、日本キリシタンを考察する際、この「信徒組織」についてはグローバルな規模で論じられることがなかった。しかし、諸外国の研究者らがこの重要性に気付いたとき、あらたな研究領域が誕生した。一九九〇年頃のアメリカ合衆国の歴史学界では、従来の教会史の叙述に飽き足りない歴史学者たちが中心となって、アナール派が切り開いた「下からの歴史」やミクロストリアなどの視点を取り込むことに躍起となっていたこともその背景にあった。八〇年代後半にその成果が「家族史」「民衆史」「聖遺物崇敬」などのテーマとなって成果を上げていたことも関連する。なかでも「兄弟会」confraternitas 研究は、伝統的な教会史テーマにこだわる教義史・公会議史・修道院史など、いわゆる教会のエスタブリッシュメントへのアプローチとは別の切り口を提供していた。最近の研究成果が示すとおり、プロテスタント宗教改革に遭遇したカトリック勢力が、「対抗宗教改革」を開始したとする一九世紀のドイツ・プロテスタント史学の通説ではなく、カトリック教会内には、一五世紀の初頭以来、常に「改革」の熱意の火種がくすぶっており、これをめざしていた動きを視野に入れようとする試みが定着しつつある。プロテスタント宗教改革とは別に「カトリック改革」と呼ぶべき後期中世以来の流れを実際の形にできたのは、一部の聖職者や支配者ではなく、「草の根」的な活動を続ける「兄弟会」の力、すなわち教会の大多数を構成する「信徒」の組織力によるところが大きいことが判明してきた。

ヨーロッパにあって、「兄弟会」は、教会の中にありながら、その構成員の生活環境に適合したグループづくりの役割を果たしていた。マルティン・ルターが批判したように、ときにその団体は、宗教上の「敬虔」や「典礼」とはほど遠い、酒宴や娯楽を提供するだけのものになってしまったこともあったようである。それは、ヨーロッパの庶民生活の中に、この「兄弟会」がいかに日常的に浸透できたかという証拠でもある。とくに宗教共同体としての性格が次第に薄れていったいくつかの例をみるにつけ、一六世紀以後の社会の世俗化傾向、教会と市行政との対立など、純粋に「宗教組織」と考えることのできない側面を、ヨーロッパの「兄弟会」は有していた。第六章までの各章にみられるとおり、ヨーロッパの「兄弟会」が宗教組織としてのみ語りきれない理由がそこにある。

ところが、日本の同種の組織とヨーロッパのそれを区別する最大の要因は、やはり日本史上における「迫害」「禁教」である。日本の「コンフラリヤ」は、宗教組織としての側面を極めて濃厚に保持し続けていたという特徴がみられる。社会全般がキリスト教を公認し認知している社会とちがい、キリシタン信徒たちは、マイノリティーとしての自己保全を真剣に考える必要があった。司教の教区を中心とするヒエラルキーが五〇年にもわたり成立しなかった条件のなか、「兄弟会」「コンフラテルニタス」の発想は、教会組織そのものの代替となり、やがて迫害がはじまると「相互扶助組織」へと変貌し、さらに禁教下では「潜伏組織」の骨格としての役割を担った。この日本特有の事情が、起源をヨーロッパにもちながら、日本的な「兄弟会」として変容した集団へと成長させた。こうした信徒組織の概念は今後、さらに考察が加えられるべき重要課題である。

あとがき

一九七〇年代から欧米で盛んになってきた「家族史」においては、もっぱら夫婦関係や親子関係に研究者の関心が集中し、兄弟・姉妹関係は等閑視されていた。近年、その点への反省が高まり、兄弟・姉妹関係をも十分考慮する動きがようやく出始めている。実際、遺産相続や資産の移転に関する史料では、兄弟あるいは姉妹の姿はけっして目立たない訳ではないのだ。それどころか、家族の中での各メンバーの実践・慣行、振る舞い、相互関係や、そこに貼り付いた感情に注目してみれば、兄弟と姉妹が一貫して重要なアクターであったと知れるのであり、血縁・親族関係にまつわる公的な法・制度上の規定や慣習からだけ、その比重を判断してはならないのである。

だがじつのところ、ヨーロッパ世界がより意識的に高い理想に掲げて追い求めた「兄弟」とは、現実の兄弟というよりも擬制的な兄弟であった。現実の兄弟は、しばしば財産や名誉を巡って争い合い、それどころか殺し合うことさえあり、姉妹と兄弟間には、近親相姦のおそれもあって、かならずしもつねに誂え向きの人間関係とは行かなかった。しかしその関係を理想化して、平等な立場の者同士、友愛によって結ばれた共同世界のモデルに仕立てる壮大な企図が、古代から近代まで、ヨーロッパの思想史・精神史上に眩い光を放っている。

聖書をひもといてみると、家族も財産もすべて捨てて、キリストに従うように……との、いとも峻厳な言葉が並んでいる。また一方、キリストの教えの要諦たる隣人愛が、「兄弟」の用語を借りて各所で語られてもいる。たとえば「世の富を持ちながら、兄弟が必要な物に事欠くのを見て同情しない者があれば、どうして神の愛がそのような者の内にとどまるでしょう。子たちよ、言葉や口先だけではなく、行いをもって誠実に愛し合おう」（「ヨハネの手紙一」3、

17-18)。「兄弟愛をもって互いに愛し、尊敬をもって互いに相手を優れた者と思いなさい」(「ローマの信徒への手紙」12、10)。このキリスト教的な慈愛の圏内では、父なる神の下にすべての信徒兄弟たちが、他者を自分のように愛して結び合っているのであり、そしてキリストは、彼らの長兄であった。また中世の聖人伝では「兄弟・姉妹」は、最後の審判の後、天国で神に結びつけられるだろう選民、まるで全員双生児のように相似た霊的な兄弟・姉妹たちをしばしば指していたが、このことも、兄弟(姉妹)のキリスト教における肝要さを物語っているだろう。

兄弟愛の理想は、キリスト教の隣人愛にモデルを提供したにとどまらない。中世では、それこそが世俗の社会関係の理想型でもあったのだから。たとえばフランスでは、『アミとアミル』(一二〇〇年頃)という、瓜二つでまるで双子のような二人の男の、自己犠牲を厭わない友情を語った武勲詩が大人気を博し、それは他の国々でも世俗語で書かれ広まった。「サディウスとガロン」「アティスとプロフィリアス」も、どんな政治ないし官能の競争心にも抗して、友愛を壊すことを拒否する理想の兄弟愛・友愛の逸話として、中世人を虜にした。

ルネサンス期の一五世紀には、フィレンツェの人文主義者レオン・バッティスタ・アルベルティが、『家族論』第四巻の中で、夫婦の間にも友愛の美徳を勧奨しており、その友愛の美徳は、血や感情的執着よりもずっと堅固で、恒常的かつ神聖な絆であるということである。ついで「啓蒙の世紀」には、文学・哲学において友情についての多くの言説が生まれた。とりわけドイツでは、一八世紀から一九世紀前半は「友情の世紀」と称されるほどである。そして理性の勝った博愛、普遍的友情の観念から、次第に感情・情緒に重きがおかれるようになり、公共性の契機を担保しつつも、友情には家族的な情愛が仮託されて、「兄弟愛」のひとつと看做されるようになった。ついには友人と兄弟が、しばしば交換可能な概念として使われるまでになったのである。

さらにドイツの哲学者G・W・F・ヘーゲルは、『精神現象学』(一八〇七年)の中で、「夫婦の関係と親子関係は、関係をなす両項が感情的に交流するか、等しくないありかたをするかの、いずれかである。これにたいして、純粋な関係にあるのが兄弟と姉妹の関係である。」「兄弟というのは、家族の精神が他者へとむかい、共同体を意識もするような、そういう側面を担うものである。兄弟は自然なままの、居心地のよい、それゆえにまた、共同体精神を否定する力をもつ家族を捨てて、意識的で現実的な共同体精神を獲得し発揮する存在なのだ。」（長谷川宏訳）というように、兄弟関係を共同体形成の契機として特権視している。

こうしたキリスト教的な徳目や社会思想の鍵としての「兄弟」は、西洋思想史における重要概念だが、刮目すべきは、ヨーロッパでは、理想の兄弟を語るだけではなく、それを旗幟に立てた集団形成・社会的結合関係が、実際に試みられた、ということである。それはまず最初、古代末から中世初期の修道院において、修道院長が「父」として、他の修道士らは皆、平等な子供たちつまり「兄弟」として扱われ、紀律正しい有徳の生活が実践された。その考え方は一三世紀以降の托鉢修道会の発達で成熟し、托鉢修道士らは、まさに「兄弟」frère, Bruder と呼ばれるようになった（フランシスコ会士は、小さき兄弟、ドミニコ会士は説教兄弟）。また、騎士の集団も「戦の兄弟愛」fraternité d'armes で結ばれた兄弟（＝戦友）と看做されることがあった。

近代になると、コンパニョナージュ、つまり内密な加入儀礼や固有の規則の厳守、全国修業旅行を伴う親方を排除した職人組合が、「兄弟」との語彙をさかんに使って、自分たちの集団の意義を標榜したが、そのコンパニョナージュと密接な関係を有する石工組合から派生した秘密結社たるフリーメーソンらも、同様であった。一八世紀から一九世紀にかけては、友愛の原理にもとづいた多種多様な団体・結社が叢生し、たとえば一九世紀ドイツの学生結社ブルシェンシャフトは、対ナポレオン戦争に参加した志願兵学生が、メッテルニヒ体制への反発を強め、祖国の自由と統一を目標に掲げて各大学に組織した団体で、やはり「兄弟」をモデルとしていた。

しかし、以上例示したような特定の身分・職業にかぎられた閉鎖的な集団にくらべ、はるかに多くの人々を巻き込んだ、中世から近世にかけての最重要の社会的結合関係（ソシアビリテ）となった兄弟関係こそ、本書の主題である「兄弟会」であった。これは、とくに都市における異なる社会集団を横断して出会わせ、しばしばヒエラルキー化した身分秩序を水平の平等な関係に置き直す働きをし、市民らの生活や志操に大きな作用を及ぼした。ヨーロッパの兄弟会は、その成立後、数世紀に亘り、広く深く人々の人間関係と社会秩序のあり方を規定してきた。アソシアシオンとコルポラシオンの両面を備え夥しい人々を巻き込んだ兄弟会の歴史的変遷を綿密に辿っていけば、封建社会論（中世）と、社団国家論（アンシャン・レジーム期）を、いわば媒介し包摂するような、支配と共同性の両側面に目配りした新たなヨーロッパ史のヴィジョンを打ち出すことができるだろう。私たちの、日本で、いや世界でもほとんどはじめての総合的な兄弟会研究論集である本書が、その一助となれば幸いである。

キリスト教（カトリック）の教えの一般信徒への受容・血肉化は、兄弟会的組織の形成と対になって進んだ。これは、ヨーロッパのみならずアジアや中南米においてもそうであった。この事実からは、兄弟会の際立った順応力、柔軟性が窺われるのであり、カトリック教会の歴史的遺産のなかでも、兄弟会はもっと評価されてよいと思う。残念ながら、プロテスタンティズムが、まず目の敵にして攻撃の対象とし、ついでフランス革命は、fraternité（友愛、しかし兄弟会の意味もある）を「自由」liberté と「平等」égalité とともに標語に掲げながらも、兄弟会を廃止に導いてしまった。

ちなみに、フランス革命の標榜した fraternité（兄弟愛・友愛）は、当初は国境を越えたあらゆる人間を包括するポジティブな概念で、幸福、他者への愛、慈愛、厚情、寛容などの理想と結びついていたが、一七九二年から九四年に民衆の戦闘的態度が急進化して党派争いが亢進すると、「兄弟愛か死か」という同化と排除の背中合わせになった政治的な連帯および共同体内部での仲間と敵の線引きの標語となってしまう。当初のポジティブな友愛の理念は、二月革命時にふたたび開花し、男女差別・人種差別解消への一里塚となる具体的方策が採られるとともに、都市では共和主義・民主主義的な色彩の濃いさまざまなレベルの社会的結合関係・社交団体（フリーメーソン支部、クラブ、読書サークル、カフェ、ゴゲット、シャンブレ、ある種の民間協会や身分・職業団体など）ができて、兄弟的な相互扶助を具体化しようとしたが、どれもあまり持続性はなかった。

いずれにせよ、フランス革命後の歴史が語っているのは、「自由」とか「平等」を法的・制度的に保障しても、「友愛」の力がなければ、市民相互の感情・情緒の交流や善意の増進には繋がらないし、かたやその「友愛」は、何の具体的枠組みもないだだっ広い広野で唱えられてもうまく機能しない、ということであろう。市民的結合にもとづく国家といっても、個人と国家の「中間項」が不可欠なのである。そして現代社会のように「家族」の力が弱体化してきたときには、新たな「絆」が新たな人間関係の「枠組み」とともに求められているに違いない。実践的課題としても、兄弟会が注目される所以である。だが前近代の兄弟会の難点でもあった政治性と宗教性を排除して、どのような兄弟会が二一世紀に可能なのだろうか。じっくりと腰を落ち着けて、考えてみなければなるまい。

*

本書成立のきっかけは、ちょうど三年ほど前、編者の二人が西洋史のさまざまな課題について話し合っているとき、兄弟会が話題に上ったことに溯る。河原は慈善や貧民救済の問題の延長として、池上はソシアビリテと公共善の観点から、中世都市の兄弟会に強い興味を抱いていたし、東日本大震災（二〇一一年三月十一日）の惨禍に日本社会全体が動揺し「絆」が流行語になっていたときだったから、ヨーロッパ世界で長期に亘りもっとも広範に編み上げられた「絆」として機能した兄弟会に、自然と私たちの話柄が行ったのかもしれない。そして私たちは、総合的な兄弟会研究が、日本はおろか欧米にもほとんどないことを嘆き合い、それならば自分たちで作ろうと意を一にしたのである。

相談に訪れた東京大学出版会には、厳しい出版事情の中、兄弟会の重要性を理解し出版を快諾していただいた。私たちが声を掛けた八名の執筆者の皆さんは、趣旨に同意しすぐさま執筆準備を開始して下さった。本書では、研究案内の側面も持たせようと、地域ごとの比較がし易いように、各章前半部では共通指標を設けて各国の兄弟会の組織・活動・展開を概観し、後半部では、兄弟会の多様性や地域ごとの推移の違いを示すために、個別事例を論じてもらった。執筆者各人が研究対象とする国ごとに、訳語の慣例が大幅に異なっていたものを、あえて統一する作業はなかなかに大変であったが、幸い全員の理解と協力が得られて、読みやすく有益な書物になったことと思う。こうした調整と、執筆箇所の相互検討のために、研究会＝編集会議を三度（二〇一二年三月、二〇一三年二月、同一〇月）開催した。

なお、本書は国別の章立てになっているが、執筆者が一人の章と二名の章がある。二人で担当した章について、文責を明示しておこう。第二章「フランス」については、第一節が池上・坂野の両名、第二節が池上、第三節が坂野の執筆、第三章「ドイツ・スイス」は、第一節が長谷川・鍵和田の両名、第二節が長谷川、第三節が鍵和田の執筆、第五章「イギリス」は、第一節が佐々井・唐澤の両名、第二節が佐々井、第三節が唐澤の執筆である。

東京大学出版会編集部の斉藤美潮さんは、二〇一二年一月に、私たちが最初に着想を伝えたときから、何度も丁寧に話を聞き、質問を投げ掛けながら、本書の全体プランの作成に力添えいただいた。また原稿整理や校正でも大変お世話になった。多くの執筆者を抱える大部の本なので、非常に大変な作業だったと思うが、体調不良をおして懸命に仕事をしていただいたことに、深く感謝している。

本書は、世界でもまだ類例のない貴重な論集になったと自負している。本書をきっかけに、兄弟会研究が大いに進展することを、編者両名、切に望んでいる。

二〇一四年七月　黴雨の東京にて

編者を代表して　池上俊一

執筆者一覧（執筆順．＊は編者）
河原温（かわはら・あつし）＊　首都大学東京都市教養学部教授
米田潔弘（よねだ・ゆきひろ）　桐朋学園大学音楽学部教授
池上俊一（いけがみ・しゅんいち）＊　東京大学大学院総合文化研究科教授
坂野正則（さかの・まさのり）　武蔵大学人文学部准教授
長谷川恵（はせがわ・めぐみ）　聖心女子大学非常勤講師
鍵和田賢（かぎわだ・さとし）　福島大学人間発達文化学類准教授
佐々井真知（ささい・まち）　お茶の水女子大学，駒澤大学非常勤講師
唐澤達之（からさわ・たつゆき）　高崎経済大学経済学部教授
関哲行（せき・てつゆき）　流通経済大学社会学部教授
川村信三（かわむら・しんぞう）　上智大学文学部教授

ヨーロッパ中近世の兄弟会

2014年9月26日　初　版

［検印廃止］

編　者　河原温《かわはらあつし》・池上俊一《いけがみしゅんいち》

発行所　一般財団法人　東京大学出版会
代表者　渡辺　浩
153-0041 東京都目黒区駒場 4-5-29
http://www.utp.or.jp/
電話 03-6407-1069　Fax 03-6407-1991
振替 00160-6-59964

印刷所　研究社印刷株式会社
製本所　牧製本印刷株式会社

ISBN 978-4-13-021079-9　Printed in Japan

人名索引

あ 行

アガタ［聖］(S. Agata)　80
アグレスティ，リヴィオ (Livio Agresti)　52
アゴスティーノ，フィリッポ (Filippo Agostino)　69
アゴスティーノ・クザーノ［枢機卿］(Agostino Cusano)　69
アザリア (Azariah)　63
足利義輝　373
アスエロ王 (Assuero)　381
アダム (Adam)　54
アッコルティ，ベネデット (Benedetto Accolti)　60
アッチャイウオーリ，ドナト (Donato Acciaiuoli)　39, 48, 60
アッチャイウオーリ，ネーリ (Neri Acciaiuoli)　64
アトキン，トマス (Thomas Atkin)　306
アドルフ・ド・ラ・マルク (Adolphe de la Mark)　239
アニムッチャ，ジョヴァンニ (Giovanni Animuccia)　33, 69
アネリオ，ジョヴァンニ・フランチェスコ (Giovanni Francesco Anerio)　69
アブラハム (Abraham)　332, 355
アポッローニア (Apollonia)　55
アラミール，ペトルス (Petrus Alamire)　246
アラン・ド・リール (Alain de Lille)　236
アルカソヴァ，ペドロ (Pedro Alcaçova)　374
アルノ，アントワヌ (Antoine Arnauld)　139
アルフォンソ 5 世 (Alfonso V)　336
アルブレヒト 7 世 (Albrecht VII)　212
アルベルガーティ，ニコロ (Nicolò Albergati)　40–42
アルベルガティ，アントニオ (Antonio Albergati)　154, 195, 196, 200, 201, 214
アルマン・ド・ブルボン (Armand de Bourbon, prince de Conti)　126
アレッサンドロ・デ・メディチ (Alessandro de' Medici)　65
アンサルディ，ヤコポ (Jacopo Ansaldi)　62
アン女王 (Anne Stuart)　307, 308
アンチーナ，ジョヴェナーレ (Giovenale Ancina)　69
アントニウス［聖］(S. Antonius)　274
アントニオ (Antonio)　60
アントニオ・アルトヴィーティ［大司教］(Antonio Altoviti)　65
アントニオ・ディ・マリアーノ (Antonio di Mariano)　60
アントニヌス (アントニーノ・ピエロッツィ Antoninus [Antonino Pierozzi])　39, 40, 62
アンブロージョ・トラヴェルサーリ (Ambrogio Traversari)　60
アンブロジオ (Ambrogio)　374
アンリ 1 世 (Henri Ier, duc de Nemours)　126
アンリ 2 世 (Henri II de Condé)　112, 137
アンリ 4 世 (Henri IV)　64, 101
アンリ・ド・ピシュリ (Henri de Pichery)　126
アンリ・ド・ラヴァル (Henri de Laval)　139
アンリ・ド・レヴィ (Henri de Lévis, duc de Ventadour)　126
イヴ (Eva)　54
イグナチオ・デ・ロヨラ (Ignacio López de Loyola)　34, 43, 67, 69, 360–365
インノケンティウス 3 世［教皇］(Innocentius III)　36
インノケンティウス 11 世［教皇］(Innocentius XI)　123
インノケンティウス・ダンモニス (Innocentius Dammonis)　49
ヴァリニャーノ，アレッサンドロ (Alessandro Valignano)　367
ヴァンナ，オルヴィエートの (Vanna d'Orvieto)　56
ヴィア，トマス (Thomas Vere)　309
ヴィットリア・アルキレイ (Vittoria Archilei)　69, 70
ヴィルヘルム (Wilhelm)　176
ヴィレラ，ガスパル (Gaspar Vilela)　375

ヴィンチェンツォ・ガリレイ（Vincenzo Galilei） 64
ウェシンハム，ジョン，ジュニア（John Wesenham junior） 291
ヴェスパシアーノ・ダ・ビスティッチ（Vespasiano da Bisticci） 39, 60
ヴェスプッチ，ジョルジョ・アントニオ（Giorgio Antonio Vespucci） 48
ヴェラチーニ，アントニオ（Antonio Veracini） 66
ヴェルディアーナ，カステルフィオレンティーノの（Verdiana da Castelfiorentino） 54, 56
ヴェルナッツァ，エットレ（Ettore Vernazza） 42
ウェンマン，リチャード（Richard Wenman） 307
ウッティング，ジョン（John Utting） 307
ウバルデスカ，ピサの（Ubaldesca da Pisa） 55
ウミリアーナ・デイ・チェルキ（Umiliana dei Cerchi） 55, 56
ウミルタ，ファエンツァの（Umiltà da Faenza） 55, 56
ウリヴェニス，ヨハンネス・デ（Johannes de Ulivenis） 38
ウルスラ［聖］（S. Ursula） 161
エウゲニウス 4 世［教皇］（Eugenius IV） 40, 60, 61, 63
エックハルト（Meister Eckhart） 174
エドワード 6 世（Edward VI） 269–271, 274, 298
エミリオ・デ・カヴァリエーレ（Emilio de' Cavaliere） 69
エリーザベト［聖］（S. Elisabeth von Ungarn） 36, 55
エリギウス［聖］（S. Eligius） 161
エリザベス 1 世（Elizabeth I） 269, 274, 298
エリザベト［聖］（S. Elizabeth） 384
エルナン・ロペス・エル・フェリー（Hernán López el Ferrí） 343, 344
エレディア，アントニオ・デ（Antonio de Heredia） 366
大内義隆 373
大友宗麟 359, 377
大友義鎮 377
オーモボーノ，クレモナの［聖］（S. Omobono da Cremona） 36
オリエ，ジャン＝ジャック（Jean-Jacques Olier） 126, 136, 138
オルガンチノ（Organtino） 367, 382
オルティス・デ・スニーガ（Ortiz de Zuniga） 351

か 行

カール 5 世［皇帝］（Karl V） 246, 248
籠手田安昌 375
カゾ，シャルル（Charles Casaulx） 100
カタリーナ［聖女］（S. Catharina） 80, 328, 329
カッチーニ，オラティオ（Oratio Caccini） 52
カッチーニ，ジュリオ（Giulio Caccini） 33, 63, 64
ガッレラーニ，アンドレア（Andrea Gallerani） 37
カテリーナ［聖女］（S. Caterina da Siena） 56
カテリーナ（Caterina） 36
カブラル，フランシスコ（Francisco Cabral） 367
ガブリエーリ，ジョヴァンニ（Giovanni Gabrieli） 49, 50
カラヴィア，アレッサンドロ（Alessandro Caravia） 49
ガランティーニ，イッポーリト（Ippolito Galantini） 62
ガリレオ・ガリレイ（Galileo Galilei） 64
カルヴァン，ジャン（Jean Calvin） 99
カルトン，ジャン（Jean Carton） 104
カルパッチョ，ヴィットーレ（Vittore Carpaccio） 49
カルロ・グイーディ，モンテグラネッリの（Carlo Guidi da Montegranelli） 39
カルロ・ボッロメーオ［聖］（Carlo Borromeo） 18, 69, 172
ガレオット・デル・カッチャ（Galeotto del Caccia） 67
キアーラ，アッシジの［聖］（S. Chiara d'Assisi） 55
キアーラ・ガンバコルタ（Chiara Gambacorta） 56
キアーラ，モンテファルコの［聖］（S. Chiara da Montefalco） 55
ギルランダイオ，ドメニコ（Domenico Ghirlandaio） 48

クォールズ，トマス（Thomas Quarles） 300, 301
クォッシュ，アンドリュー（Andrew Quasshe） 300, 301
グメルスバッハ，ペーター（Peter Gummersbach） 199
クラーク，ウィリアム（William Clarke） 310
クラーン，ニコラス（Nicolaas Craen） 245
クリスティアーナ，サンタクローチェの（Cristiana da Santa Croce） 56
クリスティーナ（Cristina） 69
クリスティーナ・ディ・ロレーナ（Cristina di Lorena） 62
クリストフォルス［聖］（S. Christophorus） 247, 315
クリスピン・ヴァン・デル・スタッペン（Crispin van der Stappen） 245
グレゴリウス9世［教皇］（Gregorius IX） 28, 37
グレゴリウス13世［教皇］（Gregorius XIII） 68, 364
グレゴリウス15世［教皇］（Gregorius XV） 212
クレメンス8世［教皇］（Clemens VIII） 94, 167
クロスホールド，ジョン（John Croshold） 307
黒田孝高 385
クロムウェル，トマス（Thomas Cromwell） 270
ケーニヒスホーフェン，ハインリヒ（Heinrich Königshoven） 199
ケトル，ジョン（John Kettle） 304–306
ゲラルデスカ，ピサの（Gherardesca de Pisa） 54, 56
コーミ，バッチョ（Baccio Comi） 64
コーリャット，トマス（Thomas Coryat） 26, 50
コールマン，アルノルドゥス（Arnoldus Coelman） 245
コジモ1世（Cosimo I） 44
コジモ・イル・ヴェッキオ（Cosimo il Vecchio） 40, 48
コスマス［聖］（S. Kosmas） 161
コスメ・デ・トルレス（Cosme de Torres） 373, 374, 377, 378
ゴスリン，ウィリアム（William Gostlyn） 307
コッキ，ジョヴァンニ（Giovanni Cocchi） 62
コッホ，レオンハルト（Leonhard Koch） 199
後奈良天皇 373
小西如清（ドン・アゴスチノ・ベント） 382
小西行長（ドン・アゴスチノ） 382
小西隆佐（ジョアキン） 382
コラン，シャルダンヌ（Chardanne Colin） 136
コリャード，ディエゴ（Diego Collado） 370
コルシ，ヤコポ（Jacopo Corsi） 63, 64
コロンビーニ，ジョヴァンニ（Giovanni Colombini） 36
コロンブス（Christopher Columbus） 313
ゴンサロ・フェルナンデス・エル・セグリ（Gonzalo Fernández el Zegri） 341, 342
コンドラン，シャルル・ド（Charles de Condren） 126

さ 行

サーストン，ウィリアム（William Thurston） 304
サヴォナローラ（Girolamo Savonarola） 67
サッカ，ジョン（John Thacker） 307
サン・ヴァンサン・ド・ポール（Saint-Vincent de Paul） 18
サン＝シラン（Saint-Cyran） 138
ジェームズ2世（James II） 308
ジェズアルド，カルロ（Carlo Gesualdo） 64
ジェロニモ・ロドリゲス（Jeronimo Rodrigues） 354
シクストゥス（シスト）5世［教皇］（Sixtus V） 371, 392
シビッリーナ，パヴィアの（Sibillina da Pavia） 55, 56
シメオン（Simeon） 332
ジャコメッリ・デル・ヴィオリーノ（Giacomelli del Violino） 64
ジャコモ・レデズマ（Giacomo Ledesma） 62
シャスタン，クロード（Claude Chastin） 139
ジャック・アデマル・ド・モンテイユ・ド・グリニャン（Jacques Adhémal de Monteil de Grignan） 126
ジャノネ，ジャコモ・アントニオ（Giacomo Antonio Giannone） 370
シャルル・ル・テメレール（Charles le Téméraire） 17, 252
シャルロト＝マルグリット・ド・モンモランシ（Charlotte-Marguerite de Montmorency）

137
ジュスティーナ，アレッツォの（Giustina da Arezzo） 55
シュタウフェンベルガー，マルティン（Martin Stauffenberger） 175
シュフラン，ジャン（Jean Suffren） 126
ジュリア，チェルタルドの（Giulia da Certaldo） 55
ジュリアーノ・デ・メディチ（Giuliano de'Medici） 40, 62
ジュリオ・デ・メディチ［枢機卿］（Giulio de'Medici） 43
ジョアン 2 世（João II） 32
ジョアン 3 世（João III） 365
ジョヴァンナ，シーニャの（Giovanna da Signa） 56
ジョヴァンニ・デ・バルディ（Giovanni de' Bardi） 63
ジョージ［聖］（S. Georgios） 298
ショワズル，ジルベル・ド（Gilbert de Choiseul） 138
シルヴァ，ドゥアルテ・ダ（Duarte da Silva） 379–381
ズィータ，ルッカの（Zita da Lucca） 56
スクァルチャルーピ，アントニオ（Antonio Squarcialupi） 48
ズッカリ，フェデリコ（Federico Zuccari） 52
ステッラ，トンマーゾ（Tommaso Stella） 34, 364
スパニョーロ，ピエトロ・ロヴィアーレ（Pietro Roviale Spagniolo） 52
スペンサー，ジョン（John Spencer） 211
聖王ルイ（ルイ 9 世 Louis IX St） 36, 111
セヴェリヌス［聖］（S. Severin） 161
セバスティアヌス［聖］（S. Sebastianus） 81, 161
ゾイロ，アンニバーレ（Annibale Zoilo） 52
ソート，フランシスコ（Francisco Soto） 69
ゾーラ，ジョヴァンニ・バティスタ（Giovanni Battista Zola） 370
ソテーロ，ルイス（Louis Sotelo） 393
ソテロ，フランソワ（François Sauterot） 125

た 行

大天使ラファエル（Raphael） 48, 62, 63
タウラー（Johannes Tauler） 174
高山右近 375, 379, 385, 401
高山自庵 402
高山図書飛騨守 375, 379, 401
竹中采女 368
タッソ，トルクァート（Torquato Tasso） 64
ダッディ，ベルナルド（Bernardo Daddi） 38
ダティーニ，フランチェスコ（Francesco di Marco Datini） 39
ダミアヌス［聖］（S. Damianus） 161
タラベーラ（Hernando de Talavera） 340, 341
タルージ，フランチェスコ・マリア（Francesco Maria Tarugi） 68
ダングモワ，フィリップ（Philippe d'Angoumois） 126
チェザリーニ，ジュリアーノ［枢機卿］（Giuliano Cesarini） 39, 60
チェッキ，ジョヴァン・マリア（Giovan Maria Cecchi） 62, 64
チコニーニ，ヤコポ（Jacopo Cicognini） 63
チャーチ，バーナード（Barnard Church） 307
チャールズ 1 世（Charles I） 305
ディモンド，ロバート（Robert Dymond） 302
ティントレット，ヤコポ（Jacopo Tintoretto） 49
デュプレシ，ロジェ・デュ（Roger du Plessis, marquis de Liancourt） 138
デルフィーヌ，ピュイミシェルの（Delphine de Puimichel） 55
天然 400
ドゥアルテ・ダ・ガマ（Duarte da Gama） 377
ドヴォ，トマ（Thomas Devaux） 136
ドーニ，ジョヴァンバッティスタ（Giovanbattista Doni） 64
徳川家康 368
ドナディウ・ド・グリエ（Donadieu de Griet） 138
トビア（Tobias） 48, 62, 63
トマス［聖］（S. Thomas） 69
トムスン，リチャード（Richard Tompson） 301
豊臣秀吉 367, 369, 385
トンマーゾ・デ・カヴァリエーレ（Tommaso de' Cavaliere） 69

な 行

ナポレオン（Napoléon Bonaparte） 45

ナルディーニ，ピエトロ（Pietro Nardini） 66
ニコラウス［聖］（S. Nikolaus） 161
ニコラウス 4 世（Nicholaus IV） 37
ニコラス（Nicholas） 287
ニコル，ピエール（Pierre Nicole） 139
ニッコリーニ，ピエトロ［大司教］（Pietro Niccolini） 65
ネージ，ジョヴァンニ（Giovanni Nesi） 48, 62
ネーリ，フィリッポ［聖］（S. Filippo Neri） 33, 67–70
ネーリ・ディ・ビッチ（Neri di Bicci） 48
ノーハンプトン，ブラス・ド（Bras de Norhampton） 294

は 行

ハーウッド，トマス（Thomas Harwood） 309
バーティ，ルカ（Luca Bati） 64
バートン，ジョゼフ（Joseph Burton） 309
バーニー，チャールズ（Charles Burney） 26
ハーバート・ド・ロジンガ（Herbert de Losinga） 278
パーメンタ，アドリアン（Adrian Parmenter） 307
パウルス 3 世［教皇］（Paulus III） 33, 34, 50, 123, 342, 361, 365
パウルス 5 世［教皇］（Paulus V） 123, 172, 212, 394
パウロ［聖］（S. Paulus） 50, 204
パウロ（Paulus） 378
パクスマン，ロジャー（Roger Paxman） 294
バシュリエ，ガブリエル（Gabriel Bachelier） 137
バッカー，ジョン（John Bakker） 294
ハドリアヌス［聖］（S. Hadrianus） 81
バルタザル・ガーゴ（Balthasar Gago） 377, 400
バルバラ［聖］（S. Barbara） 231
バルベ，ヘラール（Gerard Barbet） 245
バルベリーニ，アントニオ（Antonio Barberini） 52
パレストリーナ（Giovanni Pierluigi da Palestrina） 33, 52, 69
バレト，メルキオール・ヌネス（Melchior Nunes Barreto） 365, 375
バロニオ，チェーザレ（Cesare Baronio） 68
パンドルフィーニ，ピエル・フィリッポ（Pier Filippo Pandolfini） 48
ビーベス，ファン・ルイス（Juan Luis Vives） 43
ピエール・ド・ラ・リュ（Pierre de la Rue） 245
ピエトロ・デ・バルディ（Pietro de' Bardi） 64
ピエトロ・レオポルド（Pietro Leopoldo） 45
ピエルッチョ・デイ・ポーヴェリ（Pieruccio dei Poveri） 67
ピエロ（Piero） 60
ヒエロニムス［聖］（S. Hieronymus） 44, 48
ピカル，マルトラン（Marthurin Picard） 137
ビクトリア（Victoria） 52
ビセンテ・フェレール［聖］（Vicente Ferrer） 317
ビッティ，マルティーノ（Martino Bitti） 66
ピペラーレ，マテウス（Matthaeus Pipelare） 245
ヒンクマール（Hincmar de Reims） 4, 23
ファーチョ，クレモナの（Facio da Cremona） 36, 38
ファザーニ，ラニエーロ（Raniero Fasani） 24, 29
ファン・エイク，ヤン（Jan van Eyck） 41
フアン・デ・トルケマダ［枢機卿］（Juan de Torquemada） 42
フアン・フェルナンデス（Juan Fernández） 373, 376, 377, 380, 381
フアン・フェルナンデス・モファダール（Juan Fernández Mofadal） 343
フィーナ，サン・ジミニャーノの（Fina da San Gimignano） 56
フィエスキ，カテリーナ（Caterina Fieschi） 42
フィチーノ，マルシリオ（Marsilio Ficino） 48
フィリップ善良公（Philippe le Bon） 41, 252, 253
フィリップ・ド・スクーヴィル（Philippe de Scouville） 172
フェデーリ，アレッサンドロ（Alessandro Fedeli） 68
ブエナヴェントゥーラ，アントーニオ（Antonio Buenaventura） 370
フェリーチェ，アネリオ（Anerio Felice） 69
フェリーペ 3 世（Felipe III） 340
フェルディナンド・デ・メディチ（Ferdinando

de' Medici) 52, 62, 69, 70
フェルディナント・フォン・バイエルン (Ferdinand von Bayern) 212
フォルコ，ジャン (Jean Forcaud) 138
プッチ，アントニオ (Antonio Pucci) 48
フラ・ヴェントゥリーノ・ダ・ベルガモ (Fra Venturino da Bergamo) 28, 38, 53, 59
フラ・カーロ (Fra Caro) 37
ブライス，ウィリアム (William Blyth) 308
ブラッチョリーニ，ポッジョ (Poggio Bracciolini) 60
ブラマンテ (Donato Bramante) 33
フランコ (Franco) 319
フランシスコ・ザビエル (Francisco Xavier) 363, 365–367, 373, 375, 377, 384
フランチェスコ，アッシジの［聖］(S. Francesco d'Assisi) 37, 53, 392, 393
フランチェスコ，セル (Ser Francesco) 67
フランチェスコ・ボルジア (Francesco Borgia) 67
ブラント，セバスティアン (Sebastian Brant) 174
ブランドン，ジョン・ド (John de Brandon) 294
フロイス，ルイス (Luis Fróis) 369, 380, 383, 401
プロケット，トマス (Thomas Ploket) 291
フンメラー，オットー (Otto Hummeler) 199
ベイトマン，リチャード (Richard Bateman) 307
ペーリ，アルフォンソ (Alfonso Peri) 63
ペーリ，ヤコポ (Jacopo Peri) 63, 64
ヘーリット・ド・ホント (Gerrit de Hont ［Gheerken de Hondt］) 245
ベッリーニ，ジェンティーレ (Gentile Bellini) 50
ペテロ［聖］(S. Petrus) 204, 316, 352
ヘドヴィヒ，シュレジエンの［聖］(S. Hedwig von Schlesien) 36
ペドロ・ゲレーロ (Pedro Guerrero) 342, 344
ペドロ・バウチスタ (Pedro Bautista) 391
ペドロ4世 (Pedro IV) 334
ベニート［聖］(S. Benito) 351
ベネディクトゥス12世［教皇］(Benedictus XII) 38
ベネデット (Benedetto Varchi) 37
ペリション，エリザベト (Elisabeth Perichon) 137
ベルカーリ，フェオ (Feo Bercari) 48
ベルトイヤ，ヤコポ (Jacopo Bertoia) 52
ベルナール，クレルヴォーの［聖］(S. Bernard de Clairvaux) 36
ベルナルディーノ・ダ・フェルトレ (Bernardino da Feltre) 47
ヘロドトス (Herodotus) 111
ベンティヴォッリォ，ジョヴァンニ (Giovanni Bentivoglio) 40
ヘンリ5世 (Henry V) 296, 298
ヘンリ8世 (Henry VIII) 270
ポール，ロバート (Robert Powle) 304
ボシュエ，ジャック゠ベニニュ (Jacques-Bénigne Bossuet) 126
細川晴元 373
ボッケリーニ，ルイージ (Luigi Boccherini) 66
ポリツィアーノ，アンジェロ (Angelo Poliziano) 62
ボルディーニ，ジョヴァンニ・フランチェスコ (Giovanni Francesco Bordini) 68
ボン，バルトロメオ (Bartolomeo Bon) 49

ま 行

マーガレット (Margaret) 298
マーティン，グレゴリー (Gregory Martin) 26
マクシミリアン・ハインリヒ (Maximilian Heinrich) 212
マザーテレサ (Mother Teresa) 53
マスカレニャス (Mascarenhas) 365
松浦隆信 375
マティアス［皇帝］(Matthias) 212
マテウス・デ・コウロス (Matheus de Couros) 395, 397
マリ゠マルグリット・アラコク (Marie-Margueritte Alacoque) 87
マリ・コンバレ (Marie Combalet) 137
マリ・ド・メディシス (Marie de Médicis) 126
マリア，ピサの (Maria da Pisa) 54
マリア，マグダラの (Mary Magdalene) 62
マルヴェッツィ，クリストーフォロ (Cristoforo Malvezzi) 64

マルグリット・ド・プランタディ（Marguerite de Plantadis） 137
マルゲリータ，コルトナの（Margherita da Cortona） 55
マルゲリータ，チッタ・ディ・カステッロの（Margherita da Città di Castello） 55
マルコ・ダ・ガリアーノ（Marco da Gagliano） 64
マルシャル［聖］（S. Martial） 107
マルスッピーニ，カルロ（Carlo Marsuppini） 60
マルティーレ，ピエトロ［聖］（S. Pietro Martire） 28, 37
マルティン（Martin） 335
マルティンス，ペドロ（Pedro Martins） 359
マレンツィオ，ルカ（Luca Marenzio） 33, 52
マンニ，アゴスティーノ（Agostino Manni） 69
ミアーニ，ジローラモ（Girolamo Miani） 363
ミーニ，セルヴァティオ（Servatio Mini） 67
ミケランジェロ（Michelangelo Buonarroti） 33, 69
三好長慶 373
ムーツィ，マリアーノ（Mariano Muzi） 60
ムラトーリ（L. A. Muratori） 23
メアリ1世（Mary I） 273, 274, 298
メーユス（L. Mehus） 23
メラーニ，ドメニコ（Domenico Melani） 66
モンタルト，アレッサンドロ（Alessandro Montalto） 52
モンテヴェルディ，クラウディオ（Claudio Monteverdi） 50
モンテーニュ，ミシェル・ド（Michel de Montaigne） 26

や 行

ヤコブ［聖］（S. Jacobus） 232, 316, 317, 352
ヤン・ヴァン・ブルゴンディ（Jan van Bourgondië） 245
ユリアヌス［枢機卿］（Julianus） 177
ヨーゼフ2世（Joseph II） 168, 220
ヨセフ［聖］（S. Joseph） 149, 161
ヨハネ［聖］（S. Joannes） 44, 48, 352
ヨハネ，洗礼者［聖］（S. Johannes Baptista） 104, 231, 260
ヨハネ，ネポムクの［聖］（Jan Nepomucky） 161
ヨリス［聖］（S. Joris） 231
ヨルダヌス，ザクセンの（Jordanus de Saxonia） 37

ら 行

ライモンド・ダ・カープア（Raimondo da Capua） 56
ラッファエッロ・グッチ（Raffaello Gucci） 63
ラパン，ルネ（René Rapin） 138
ランディーノ，クリストーフォロ（Cristoforo Landino） 48
リシュリュ［枢機卿］（Duc de Richelieu） 137
リチャード2世（Richard II） 257
リチャード3世（Richard III） 261
リッチ，シピオーネ・デ（Scipione de' Ricci） 23
リヌッチーニ，アラマンノ（Alamanno Rinuccini） 48
リヌッチーニ，オッタヴィオ（Ottavio Rinuccini） 63, 64
ルイ12世（Louis XII） 104
ルイ13世（Louis XIII） 126
ルイ14世（Louis XIV） 112
ルイ15世（Louis XV） 106
ルイ16世（Louis XVI） 106
ルイス・デ・アルメイダ（Luis de Almeida） 377, 378
ルカ・デッラ・ロッビア（Luca della Robbia） 63
ルクレツィア（Lucrezia） 67
ルソー，ジャン＝ジャック（Jean-Jacques Rousseau） 26, 49
ルター，マルティン（Martin Luther） 167, 362, 403
ルドヴィージ，ルドヴィコ（Ludovico Ludovisi） 52
レイムバウド・ヴァン・ブルッヘ（Reymbaud van Brugge） 244
レオ10世（Leo X） 33, 40
レオ11世［教皇］（大司教アレッサンドロ・デ・メディチ Leo XI） 62, 68
レオノール（Leonor de Viseu） 32
蓮如 399, 400
ローザ，ヴィテルボの［聖］（S. Rosa da Viterbo） 55
ローザ，ペルシアーノ（Persiano Rosa） 67

ローペ・デ・ベガ（Lope de Vega） 351
ロクス［聖］（S. Rochus） 42, 50, 81, 231
ロドリゲス，ヘロニモ（Geronimo Rodrigues） 370, 387
ロレンソ（Lorenzo） 373
ロレンツォ・デ・メディチ（ロレンツォ・イル・マニフィコ Lorenzo de' Medici） 11, 40, 48, 62
ロワゾ（Loiseau） 136
ロンバルド，ピエトロ（Pietro Lombardo） 49

わ 行

ワウテル（Wouter） 245
ワトソン，ロバート（Robert Watson） 301

兄弟会名・地名索引

あ　行

か 行

さ　行

た　行

な　行

は 行

ま　行

や　行

ら 行

わ 行

図版出典一覧

第1章　イタリア

図1　ドメニコ・ギルランダイオの工房《債権者のお金を払って債務者を牢獄から釈放する会員》1480年代初め　サン・マルティーノ礼拝堂

図2　アントニアアッツォ・ロマーノ《受胎告知》1500年　サンタ・マリア・ソプラ・ミネルヴァ教会のアンヌンツィアータ礼拝堂

図3　ジェンティーレ・ベッリーニ《サン・マルコ広場での聖十字架遺物の行列》1496年 アカデミア美術館所蔵

図4　《死刑囚のコンフォルタトーレの手引き》1470年頃　ピアポント・モーガン図書館所蔵

第2章　フランス

図1　ロアンヌ兄弟会およびその統括下の聖体悔悛苦行兄弟会が用いる規約・聖務・祈祷集成の口絵　リヨン市立図書館所蔵

図2　J. Lothe & A. Virole (eds.), *Images des confréries parisiennes. Catalogue des images de confréries (Paris et Ile de France) de la collection de M. Louis Ferrand acquise par la bibliothèque historique de la ville de Paris*, Paris: Bibliothèque historique de la Ville de Paris, 1992, p. 133.

第3章　ドイツ・スイス

図1　R. v. Mallinckrodt, *Struktur und kollektiver Eigensinn. Kölner Laienbruderschaften im Zeitalter der Konfessionalisierung*, R. Göttingen: Vandenhoeck & Ruprecht, 2005, p. 268.

図2　聖体兄弟会「兄弟会の書」の挿絵　ケルン大学図書館所蔵

第4章　ネーデルラント

図1　P.Th.J. Kuijer, *'s-Hertogenbosch. Stad in het hertogdom Brabant, ca. 1185–1629*, Zwolle: Waanders Uitgevers, 2000, p. 164.

図 2　Laurinda Dixon, *Bosch*, London / New York, Phaidon, 2003, p. 26.

図 3　H. Kellman, *The Treasury of Petrus Alamire. Music and Art in Flemish Court Manuscripts 1500–1535*, Ghent / Amsterdam: Ludion, 1999, p. 80.

第 7 章　地中海から日本へ

図 1　天草四郎陣中旗　天草市立天草キリシタン館所蔵

図 2　サンタ・マリア・ソプラ・ミネルヴァの聖母教会　聖体会会則（1543 年）表紙
Capitoli Statuti S. M. sopra Minerva (no date. c.1543)

参考文献

総説

Arnade, P., *Realms of Ritual. Burgundian Ceremony and Civic Life in Late Medieval Ghent*, Ithca: Cornell University Press, 1996.

Bertoldi Lenoci, L. (ed.), *Confraternite, chise e società. Aspetti e problem dell'asociazionismo laicale europeo in età moderna e contemporanea*, Fasano: Schena, 1994.

Escher-Apsner, M. (ed.), *Mittelalterliche Bruderschaften in europäischen Städten. Fuktion, Formen, Akteure*, Frankfurt A. M.: Peter Lang, 2009.

Black, C., *Italian Confraternities in the Sixteenth-Century*, Cambridge: Cambridge University Press, 1989.

—— & P. Gravestock (eds.), *Early Modern Confraternities in Europe and the Americas. International and Interdisciplinary Perspectives*, Aldershot: Ashgate, 2006.

Brand, H., P. Monnet & M. Staub (dir.), *Memoria, communitas, civitas. Mémoire et conscience urbaines en Occident à la fin du Moyen Age*, Ostfildern: Thorbecke, 2003.

Chiffoleau, J., L. Martines & A. Paravicini Bagliani (ed.), *Riti e rituali nelle società medievali*, Spoleto: Centro Italiano di Studi sull'alto medioevo, 1994.

Cossar, R., "The Quality of Mercy: Confraternities and Public Power in Medieval Bergamo," *Journal of Medieval History*, 27, 2001, pp. 139-157.

Cräciun, M. & E.Fulton (eds.), *Communities of Devotion. Religious Orders and Society in East Central Europe, 1450–1800*, Farnham: Ashgate, 2011.

Donnelly, J. P. & M. M. Maher (eds.), *Confraternities and Catholic Reform in Italy, France and Spain*, Kirksville / Missouri: Thomas Jefferson University Press, 1999.

Dompinier, B. & P. Vismara (eds.), *Confréries et devotions dans la catholicité moderne (MI-XVe–début XIXe siècle)*, Rome: École française de Rome, 2008.

Eisenbichler, K. (ed.), *Crossing the Boundaries. Christian Piety and the Arts in Italian Medieval and Renaissance Confraternities*: Medieval Institute Publications, 1991.

Frank, T., *Bruderschaften im spämittelalterlichen Kirchenstaat. Viterbo, Orvieto, Assisi*, Tübingen: M. Niemeyer, 2002.

——, "Confraternities, *Memoria*, and Law in Late Medieval Italy," *Confraternitas*, 17-1, 2006, pp. 3-19.

Froeschlé-Chopard, M-H., *Dieu pour tous et Dieu pour soi. Histoire des confréries et de leurs images à l'époque moderne*, Paris: L'Harmattan, 2006.

Frynn, M., *Sacrid Charity: Confraternity and Social Welfare in Spain, 1400–1700*, Ithaca: Cornell University Press, 1989.

Gavitt, P., "Confraternities," in: *Medieval Italy: An Encyclopedia*, New York: Macmilan, 2004.

Gazzini, M., "La fraternita come luogo dieconomia. Osservazioni sulla gestione delle attività e dei beni di ospedai e confraternite nell'Italia tardo-medievale," in: F. Ammannati (ed.), *Assistenza e solidarietà in Europa secc. XIII–XVIII*, Firenze, Firenze University Press, 2013, pp. 261-276.

Hanawalt, B., "Keepers of the Light: Late Medieval English Parish Guilds," *Journal of Medieval and Renaissance Studies*, 14, 1984, pp. 4-26.

Harding, R. R., "The Mobilization of Confraternities against the Reformation in France," *Sixteenth Century Journal*, 11-2, 1980, pp. 85-107.

Henderson, J., "The parish and the poor in Florence at the time of the Black Death: the case of S. Frediano," *Continuity and Change*, 3-2, 1988, pp. 247-272.

——, *Piety and Charity in Late Medieval Florence*, Oxford: Oxford University Press, 1994.

Jamroziak, E. & J. Burton (eds.), *Religious and Laity in Western Europe, 1000–1400. Interaction, Negotiation, and Power*, Turnhout: Brepols, 2006.

Johanek, P. (ed.), *Einungen und Bruderschaften in der spätmittelalterlichen Stadt*, Köln-Wien: Böhlau, 1993.

Jurdjevic, M., "Voluntary Associations Reconsidered: Compagnie and Arti in Florentine Politics," in: N. Eckstien & N. Terpstra (eds.), *Sociability and its Discontents. Civil Society, Social Capital, and Their Alternatives in Late Medieval and Early Modern Europe*, Turnhout: Brepols, 2009, pp. 249-271.

Lazar, L., *Working in the Vineyard of the Lord: Jesuit Confraternities in Early Modern Italy*, Toronto: University of Toronto Press, 2005.

Le Bras, G., "Confréries chrétiennes. Problèmes et propositions," *Revue historique du droit français et étranger*, 4e série, 20, 1940-41, pp. 310-363.

Le movement Confraternel au Moyen Age. France, Italie, Suisse [Lausanne Conference, 1986], Collection de L'École française de Rome, 97, Genève: Droz, 1987.

Lynch, K., *Individuals, Families and Communities in Europe, 1200–1800*, Cambridge: Cambridge University Press, 2003.

McRee, B. R., "Religious Gilds and Regulation of Behavior in Late Medieval Towns," in: *People, Politics and Community in the Later Middle Ages*, Gloucester, 1987, pp. 108-122.

Meersseman, G. G., *Ordo fraternitatis. Confraternite e pietà dei laici nel Medio Evo*, 3 vols, Italia Sacra, 24-26, Rome: Herder, 1977.

Noscow, R., *Ritual Meanings in the Fifteenth Century Motet*, Cambridge: Cambridge University Press, 2012.

O'Malley, J. W., *The First Jesuits*, Cambridge, Massatusetts: Harvard University Press, 1993.

Pastore, S., A. Prosper & N. Terpstra (eds.), *Brotherhood and Boundaries*, Pisa: Edizioni della Normale, 2011.

Pelicard-Mea, P., "Confréries médiévales de Saint-Jacques," *Campus Stellae*, 1, 1991, pp. 61-83.

Pullan, B., *Poverty and Charity: Europe, Italy, Venice, 1400–1700*, Aldershot: Ashgate, 1994.

Remling, L., *Bruderschaften in Franken. Kirchen- und sozialgeschichtliche Untersuchungen zum spätmittelalterlichen und frühneuzeitlichen Bruderschaftswezen*, Würzburg: Kommissionsverlag F. Schöningh, 1986.

Rosser, G., "Going to the Fraternity Feast: Commensality and Social Relations in Late Medieval England," *Journal of British Studies*, 33, 1994, pp. 430-446.

Rubin, M., "Corpus Christi Fraternities and Late Medieval Piety," in: *Voluntary Religion*, Oxford: Oxford University Press, 1986, pp. 97-109.

——, "Fraternity and Lay Piety in the Later Middle Ages," in: P. Johanek (ed.), *Einungen und Bruderschaften in der spätmittelalterlichen Stadt*, Köln / Wien: Böhlau, 1993, pp. 185-198.

Sella, B. A., *Piety and Poor Relief: Confraternities in Medieval Cremona, c. 1334–1499*, Ph.D. Dissertation, University of Toronto, UMI, 1996.

Special Issue: Confraternity, *Renaissance and Reformation*, 25-3, 1989.

Terpstra, N., *The Politics of Ritual Kinship: Confraternities and Social Order in Early Modern Italy*, Cambridge: Cambridge University Press, 2000.

——, "De-institutionalizing Confraternity Studies: Fraternalism and Social Capital in Cross-

Curltural Contexts," in: C. Black & P. Gravestock (eds.), *Early Modern Confraternities in Europe and the Americas*, Aldershot: Ashgates, 2006, pp. 264–283.

——, A. Prosperi & S. Pastoria (eds.), *Faith's Boundaries. Laity and Clergy in Early Modern Confraternities*, Turnhout: Brepols, 2012.

Vauchez, A., "Les confréries au Moyen Age. Esquisse d'un bilan historiographique," *Revue historique*, 558, 1986, pp. 468–477.

—— (ed.), *La religion civique à l'époque médiéval et moderne: Chrétienté et Islam*, Collection de l'École française de Rome, 213, Rome: Ecole française de Rome, 1995.

Vieules, E., "Le Livres de comptes d'une confrérie Toulousaine (1493–1546)," *Annales du Midi*, 95, 1983.

Vincent, C., *Des charités bien ordonnées. Les confréries normandes de la fin du XIII siècle au début dy XVI*[e] *siècle*, Paris: Ecole normale supérieure, 1988.

——, *Les confréries médiévales dans le Royaume de France, XIII*[e]*–XV*[e]*siècles*, Paris: Albin Michel, 1994.

Weissman, R., *Ritual Brotherhood in Renaissance Florence*, New York: Academic Press, 1982.

——, "From Brotherhood to Congregation: Confraternal Ritual between Renaissance and Catholic Reformation," in: J. Chiffoleau et al. (ed.), *Riti e rituali nelle società medievali*, Spoleto: Centro Italiano di studi sull'alto medioevo, 1994, pp. 77–94.

Wisch, B., "Incorporating Images: Some Themes and Tasks for Confraternity Studies and Early Modern Visual Culture," in: C. Black & P. Gravestock (eds.), *Early Modern Confraternities in Europe and the Americas,* Aldershot: Ashgate, 2006, pp. 243–263.

—— & D. C. Ahl (eds.), *Confraternities and the Visual Arts in Renaissance Italy. Ritual, Spectacle, Image*, New York / Cambridge: Cambridge University Press, 2000.

阿部謹也「中世ドイツの fraternitas exulum」『一橋論叢』81–3，1979 年，368–377 頁.

——「中世ハンブルクのビール醸造業と職人」『一橋論叢』83–3，1980 年，337–354 頁.

江川温「中世末期のコンフレリーと都市民」中村賢二郎編『都市の社会史』ミネルヴァ書房，1983 年，86–112 頁.

大黒俊二「ベルナルディーノとモンテ・ディ・ピエタ設立運動——パドヴァを中心に」『イタリア学会誌』51 号，2002 年，76–98 頁.

唐澤達之「中世後期イングランドのフラタニティ」『高崎経済大学論集』45，2003 年，127–140 頁.

河原温「中世ネーデルラントの兄弟団について」『日蘭学会会誌』22–1，1997 年 a，69–83 頁.

——「15 世紀フィレンツェの兄弟団と貧民救済——Buonomini di San Martino の場合」『「ヨーロッパの歴史」を読む　国際教育課程統合研究プロジェクト報告書』東京学芸大学海外子女研究センター，1997 年 b，143–150 頁.

——「フラテルニタス論」『岩波講座世界歴史 8　ヨーロッパの成長』岩波書店，1998 年，175–200 頁.

——「兄弟団（コンフレリ）と相互扶助」佐藤彰一他編『西洋中世史研究入門』名古屋大学出版会，2000 年，87–92 頁.

——『中世フランドルの都市と社会——慈善の社会史』中央大学出版部，2001 年.

——「15 世紀フランドルにおける都市・宮廷・儀礼——ブルゴーニュ公のヘント「入市式」を中心に」高山博・池上俊一編『宮廷と広場』刀水書房，2002 年，207–227 頁.

——「信心・慈愛・社会的絆——中・近世ヨーロッパにおける兄弟団（コンフラタニティ）の機能と役割をめぐって」『地中海研究所紀要』（早稲田大学）4 号，2006 年，67–77 頁.

——「15 世紀ブルッヘの兄弟団と都市儀礼——雪のノートルダム兄弟団の事例を中心に」深沢克己・桜井万里子編『友愛と秘密のヨーロッパ社会文化史』東京大学出版会，2010 年，109–132 頁.

川村信三『キリシタン組織の誕生と変容——コンフラリアからこんふらりあへ』教文館，2003 年.

ゲレメク，B.『憐れみと縛り首——ヨーロッパ史の中の貧民』平凡社，1993 年.

坂上政美「中世末期フィレンツェの兄弟会」『史林』82-4，1999 年，105-135 頁．

坂巻清『中世末期ロンドンの教区フラタニティ』比較都市史研究会編『都市と共同体』（下），名著出版，1991 年，257-281 頁．

関哲行「14-16 世紀巡礼路都市アストルガの兄弟団」田北廣道編著『中・近世西欧における社会統合の諸相』九州大学出版会，2000 年，427-460 頁．

デュプロン，A.『サンティアゴ巡礼の世界』原書房，1992 年．

服部良久「中世リューベックの兄弟団について」中村賢二郎編『都市の社会史』ミネルヴァ書房，1983 年，113-138 頁．

槙原茂「信徒のアソシアシオン」綾部恒雄監修・福井憲彦編『アソシアシオンで読み解くフランス史』（結社の世界史 3），山川出版社，2006 年，30-43 頁．

米田潔弘「兄弟会研究の現状と展望」『桐朋学園大学紀要』25 号，1999 年，123-137 頁．

第 1 章　イタリア

Alaleona, D., "Le laudi spirituali italiane: nei secoli xvi e xvii e il loro rapporto coi canti profani," *Rivista Musicale Italiana*, 16, 1909, pp. 1-54.
Al Kalak, M. & M. Lucchi, *Gli statuti delle confraternite modenesi dal X al XVI secolo,* Bologna: Clueb, 2011.
Angelozzi, G., *Le confraternite laicali. un'esperienza cristiana tra medioevo e età moderna,* Brescia: Queriniana, 1978.
Aranci, G., *Formazione religiosa e santità laicale a Firenze tra Cinque e Seicento. Ippolito Galantini fondatore della Congregazione di San Francesco della Dottrina Cristiana di Firenze (1565–1620)*, Firenze: Giampiero Pagnini, 1997.
Bailey, G. A., *Art on the Jesuit Missions in Asia and Latin America, 1542–1773,* Toronto: University of Toronto Press, 1999.
Banker, J., *Death in the Community. Memorialization and Confraternities in an Italian Commune of the Late Middle Ages*, Athens: The University of Georgia Press, 1988.
Barr, C., *The Monophonic Lauda and the Lay Religious Confraternities of Tuscany and Umbria in the Late Middle Ages*, Kalamazoo / Michigan: Western Michigan University, 1988.
Benvenuti Papi, A., *« In castro poenitentiae » santità e società femminile nell'Italia medievale,* Roma: Herder, 1990.
Bernardini, M. G. (ed.), *L'oratorio del gonfalone a Roma. Il ciclo cinquecentesco della Passione di Cristo*, Milano: Silvana, 2002.
Bertoldi Lenoci, L. (ed.), *Confraternite, chiesa e società. Aspetti e problemi dell'associazionismo laicale europeo in età moderna e contemporanea*, Fasano: Schena, 1994.
—— (ed.), *L'istituzione confraternale. Aspetti e problemi*, Fasano: Schena, 1996.
Bisticci, Vespasiano da., *Vite di uomini illustri del secolo XV*, ed. Paolo D'Ancona & Erhard Aeschlimann, Milano: Ulrico Hoepli, 1951.
Bizzarini, M., *Luca Marenzio. The Career of a Musician between the Renaissance and the Counter-Reformation*, trans. by James Chater, Aldershot: Ashgate, 2003.
Black, C., *Italian Confraternities in the Sixteenth Century*, Cambridge: Cambridge University Press, 1989.
——, "Confraternities and the Parish in the Context of Italian Catholic Reform," in: J. P. Donnelly, S. J. & M. W. Maher, S. J. (eds.), *Confraternities and Catholic Reform in Italy, France, and Spain*, Kirksville: Thomas Jefferson University Press, 1999, pp. 1-26.
——, "The Development of Confraternity Studies over the Past Thirty Years," in: N. Terpstra (eds.), *The Politics of Ritual Kinship*, Cambridge: Cambridge University Press, 2000, pp. 9-29.

——, *Church, Religion and Society in Early Modern Italy*, New York: Palgrave Macmillan, 2004.

—— & P. Gravestock (eds.), *Early Modern Confraternities in Europe and the Americas. International and Interdisciplinary Perspectives*, Aldershot: Ashgate, 2006.

Bornstein, D., *The Bianchi of 1399. Popular Devotion in Late Medieval Italy*, Ithaca: Cornel University Press, 1993.

—— & R. Rusconi (eds.), *Women and Religion in Medieval and Renaissance Italy*, trans. Margery J. Schneider, Chicago: The University of Chicago Press, 1996.

——, "The Bounds of Community: Commune, Parish, Confraternity, and Charity at the Dawn of a New Era in Cortona," in: *The Politics of Ritual Kinship*, pp. 67–81.

Brolis, M. T., G. Brembilla & M. Corato, *La matricola femminile della Misericordia di Bergamo (1265–1339)*, Roma: L'École Française de Rome, 2001.

——, "Il valore di una presenza. Le donne nelle confraternite medievali di Bergamo," in: G. Casagrande (ed.), *Donne tra Medioevo ed Età Moderna in Italia. Ricerche*, Perugia: Morlacchi, 2007, pp. 73–100.

—— & A. Zonca, *Testamenti di donne a Bergamo nel medioevo. Pergamene dall'archivio della Misericordia Maggiore (secoli XIII–XIV)*, Bergamo: Pliniana, 2012.

Buonanno, L., "A Charitable 'Façade'? The Sculptural Decoration of the Scuola Grande di San Marco," *Confraternitas*, 21–2, 2010, pp. 6–16.

Il buon fedele. Le confratermite tra medioevo e prima età moderna, Quaderni di storia religiosa, V, Verona: Cerre, 1998.

Burney, Ch., *Dr. Burney's Musical Tours in Europe*, vol. 1, ed. Percy A. Scholes, London: Oxford University Press, 1959.

Burchi, G., "Vita musicale e spettacoli alla Compagnia della Scala di Firenze tra il 1560 e il 1675," *Note d'Archivio per la Storia Musicale*, 1983, pp. 9–50.

Camillocci, D. S., *I devoti della carità. Le confraternite del Divino Amore nell'Italia del primo cinquecento*, Napoli: La Città del Sole, 2002.

Carter, T., "Music and Patronage in Late Sixteenth-Century Florence: The Case of Jacopo Corsi (1561–1602)," in: *I Tatti Studies, Essays in the Renaissance,* I, Firenze: Leo S. Olschki, 1985, pp. 57–104.

Casagrande, G., "Devozione e municipalità. La Compagnia del S. Anello / S. Giuseppe di Perugia (1487–1542)," in: *Le movement confraternal au Moyen Âge. France, Italie, Suisse,* Roma: L'École Française de Rome & Université de Lausanne, 1987, pp. 155–183.

——, *Religiosità penitenziale e città al tempo dei comuni*, Roma: Collegio San Lorenzo di Brindisi, 1995.

——, "Confraternities and lay female religiosity in late medieval an Renassance Umbria," in: *The Politics of Ritual Kinship*, pp. 48–66.

——, "Confraternities and Indulgences in Italy in the Later Middle Ages," in: R. N. Swanson (eds.), *Promissory Notes on the Treasury of Merits. Indulgences in Late Medieval Europe*, Leiden-Boston: Brill, 2006, pp. 37–63.

—— (ed.), *Donne tra Medioevo ed Età Moderna in Italia. Ricerche*, Perugia: Morlacchi, 2007.

——, T. Frank, P. Monacchia & D. Sini, *Statuti, Matricole e Documenti. Testi e documenti della Fraternita dei Disciplinati di S. Stefano di Assisi*, 2, Perugia-Assisi: Pliniana, 2011.

Catoni, G., "Gli oblati della Misericordia. Poveri e benefattori a Siena nella prima metà del Trecento," in: G. Pinto (eds.), *La società del bisogno, Povertà e assistenza nella Toscana medievale*, Firenze: Salimbeni, 1989, pp. 1–17.

Cavallaro, A., "L'*Annunciazione* Torquemada di Antoniazzo Romano: memoria e celebra-

zione della carità confraternale," in: *Il buon fedele,* pp. 225-233.

Chiffoleau, J., L. Martines & A. P. Baglioni (eds.), *Riti e rituali nelle società medievali*, Spoleto: Centro Italiano di studi sull'alto medioevo, 1994.

Ciappara, F., "Parish Priest and Confraternity: Conflict at the Parish Church of St. Catherine's in Zejtun, Malta, 1769-1801," *Confraternitas*, 23-1, 2012, pp. 3-14.

Coryat, T., *Coryat Crudities*, Glasgow: James Machehose & Sons, 1905.

Cossar, R., "The Quality of Mercy: Confraternities and Public Power in Medieval Bergamo," *Journal of Medieval History*, 27, 2001, pp. 139-157.

D'Accone, F. A., "Antonio Squarcialupi alla luce di documenti inediti," *Chigiana*, XXIII, 1966, pp. 3-24.

D'Addario, A., *Aspetti della Controriforma a Firenze*, Pubblicazioni degli Archivi di Stato, 77, Roma: Giuntina, 1972.

De La Roncière, C.-M., "Pauvres et pauvreté à Florence au XIVe siècle," in: M. Mollat (ed.), *Études sur l'histoire de la pauvreté*, Paris: Université de Paris IV, 1974, pp. 661-745.

——, "Les confréries à Florence et dans son contado aux XIVe-XVe siècles," in: *Le movement confraternal au Moyen Âge. France, Italie, Suisse*, pp. 297-342.

Dent, E. J., "The Laudi Spirituali in the XVIth and XVII Centuries," *Proceedings of the Musical Association*, 43, 1916-17, pp. 63-95.

DeMolen, R. L. (ed.), *Religious Orders of the Catholic Reformation,* in Honor of John C. Olin on His seventy-fifth birthday, New York: Fordham University Press, 1994.

De Sandre Gasparini, G. (ed.), *Statuti di confraternite regligiose di Padova nel Medioevo*, Padova: Fonti e ricerche di storia ecclesiastica padovana, VI, 1974.

——, *Contadini, chiesa, confraternita in un paese veneto di bonifica. Villa del Bosco nel Quattrocento*, Padova: Antoniana, 1979.

Donnelly, J. P., "The Congregation of the Oratory," in: *Religious Orders of the Catholic Reformation*, pp. 189-215.

—— & M. W. Maher (eds.), *Confraternities and Catholic Reform in Italy, France, and Spain*, Kirksville: Thomas Jefferson University Press, 1999.

Eckstein, N. A., *The District of the Green Dragon. Neighbourhood Life and Social Change in Renaissance Florence*, Firenze: Leo S. Olschki, 1995.

Edgerton, Samuel Y., Jr., *Pictures and Punishment. Art and Criminal Prosecution during the Florentine Renaissance*, Ithaca: Cornell University Press, 1985.

Eisenbichler, K. (ed.), *Crossing the Boundaries. Christian Piety and the Arts in Italian Medieval and Renaissance Confraternities*, Kalamazoo: Western Michigan University Press, 1991.

——, "Lorenzo de' Medici e la Congregazione dei Neri nella Compagnia della Croce al Tempio," *Archivio Storico Italiano*, II, 1992, pp. 343-370.

——, "Ricerche nord-americane sulle confraternite italiane," in: *Confraternite, chiesa e società*, pp. 289-303.

——, "Italian Scholarship on Pre-Modern Confraternities in Italy," *Renaissance Quarterly*, 50, 1997, pp. 567-580.

——, *The Boys of the Archangel Raphael. A Youth Confraternity in Florence, 1411–1785*, Toronto: University of Toronto Press, 1998.

——, "The Suppression of Confraternities in Enlightenment Florence," in: *The Politics of Ritual Kinship*, pp. 262-278.

Esposito, A., "Amministrare la devozione. Note dai libri sociali delle confraternite romane (secc. XV-XVI)," in: *Il buon fedele*, pp. 195-223.

——, "Men and Women in Roman Confraternities in the Fifteenth and Sixteenth Centuries: Roles, Functions, Expectations," in: *The Politics of Ritual Kinship*, pp. 82–97.

——, "Donne e confraternite," in: M. Gazzini (ed.), *Studi confraternali: orientamenti, problemi, testimonianze*, Reti medievali E-Book, 12, 2009, pp. 53–78.

Falvey, K., "Scaffold and Stage: Comforting Rituals and Dramatic Traditions in Late Medieval and Renaissance Italy," in: N. Terpstra (ed.), *The Art of Executing Well: Rituals of Execution in Renaissance Italy*, Kirksville / Missouri: Truman State University Press, 2008, pp. 13–30.

Fanti, M., *Confraternite e città a Bologna nel medioevo e nell'età moderna*, Roma: Herder, 2001.

Fenlon, I., *Music and Culture in Late Renaissance Italy*, Oxford: Oxford University Press, 2002.

Fineschi, F., *Cristo e Giuda. Rituali di giustizia a Firenze in età moderna*, Firenze: Alberto Bruschi, 1995.

Gavitt, P., *Charity and Children in Renaissance Florence. The Ospedale degli Innocenti, 1410–1536*, Ann Arbor: University of Michigan Press, 1990.

Gazzini, M., *Confraternite e società cittadina nel medioevo italiano*, Bologna: Clueb, 2006.

—— (ed.), *Confraternite religiose laiche*, Firenze: Reti Medievali Repertorio, 2007.

—— (ed.), *Studi confraternali: orientamenti, problemi, testimonianze,* Firenze: Reti medievali E-Book, 12, 2009.

Giazotto, R., *Le due patrie di Giulio Caccini musico mediceo (1551–1618)*, Firenze: Leo S. Olschki, 1984.

Glixon, J., *Honoring God and the City. Music at the Venetian Confraternities, 1260–1807*, Oxford: Oxford University Press, 2003.

——, "Two Confraternity Statutes from Venice," "Statutes of the Scuola di Santa Maria della Carità," "Statutes of the Confraternity of the Most Holy Sacrament in the Church of S.Felice, Venice," *Confraternitas*, 22-1, 2011, pp. 3–40.

Grieco, A. J. & L. Sandri (eds.), *Ospedali e città. L'Italia del Centro-Nord, XIII–XVI secolo*, Firenze: Le Lettere, 1997.

Guidarelli, G., "Architecture and Charity. Paradoxes and Conflicts in the Construction of the Scuola Grande di San Rocco in Venice (1517-1560)," *Confraternitas*, 21-2, 2010, pp. 17–30.

Hatfield, R., "The Compagnia de' Magi," *Journal of the Warburg and Courtauld Institutes*, 33, 1970, pp. 107–161.

Henderson, J., *Piety and Charity in Late Medieval Florence*, Chicago: The University of Chicago Press, 1997.

Hill, J. W., "Oratory Music in Florence, I: Recitar Cantando, 1583-1655," *Acta Musicologica*, 51-1, January-June 1979a, pp. 108–136.

——, "Oratory Music in Florence, II: At San Firenze in the Seventeenth and Eighteenth Centuries," *Acta Musicologica*, 51-2, 1979b, pp. 246–267.

——, "Oratory Music in Florence, III: The Confraternities from 1655 to 1785," *Acta Musicologica*, 58-1, 1986, pp. 129–179.

Hills, P., "Piety and Patronage in Cinquecento Venice: Tintoretto and the Scuole del Sacramento," *Art History*, vol. 6 no. 1, 1983, pp. 30–43.

Housley, N. J., "Politics and Heresy in Italy: Anti-Heretical Crusades, Orders and Confraternities. 1250–1500," *Journal of Ecclesiastical History*, 33, n. 2, 1982, pp. 193–208.

Hughes-Johnson, S., "Early Medici Patronage and the Confraternity of the Buonomini di San Martino," *Confraternitas*, 22-2, 2011, pp. 3–25.

Kent, D., "The Buonomini di San Martino," in: Francis A.-Lewis (ed.), *Cosimo 'il Vecchio' de' Medici, 1389–1464,* Oxford: Oxford University Press, 1992, pp. 56–67.

Kirkendale, W., *Emilio de' Cavalieri "Gentiluomo Romano,"* Firenze: Leo S. Olschki, 2001.

Klebanoff, R., "Passion, Compassion, and the Sorrows of Women: Niccolò dell'Arca's *Lamentation over the Dead Christ* for the Bolognese Confraternity of Santa Maria della Vita," in: B. Wisch & D. C. Ahl (eds.), *Confraternities and the Visual Arts in Renaissance Italy. Ritual, Spectacle, Image,* Cambridge: Cambridge University Press, 2000, pp. 146–172.

Kristeller, P. O., "Lay Religious Traditions and Florentine Platonism," in: *Studies in Renaissance Thought and Letters,* Roma: Edizioni di storia e letteratura, 1956, pp. 99–122.

Lazar, L. G., "Belief, Devotion, and Memory in Early Modern Italian Confraternities," *Confraternitas,* 15-1, 2004, pp. 3–33.

——, *Working in the Vineyard of the Lord. Jesuit Confraternities in Early Modern Italy,* Toronto: University of Toronto Press, 2005.

Lehmijoki-Gardner, M., *Dominican Penitent Women,* with contributions by D. E. Bornstein & E. Ann Matter, preface by G. Zarri, New York: Paulist Press, 2005.

Levin, W. R., *The Allegory of Mercy at the Misericordia in Florence. Historiography, Context, Iconography, and the Documentation of Confraternal Charity in the Trecento,* Lanham: University Press of America, 2004.

Little, L. K., *Libertà, carità, fraternità. Confraternite laiche a Bergamo nell'età del commune,* Edizioni degli statuti, ed. S. Buzzetti. Ricerca codicologica di G. O. Bravi, Bergamo: Pierluigi Lubrina, 1988.

Mackenney, R., *Tradesmen and Traders. The World of the Guilds in Venice and Europe, c. 1250–c. 1650,* London & Sydney: Croom Helm, 1987.

——, "The *scuole piccole* of Venice: formations and transformations," in: *The Politics of Ritual Kinship,* pp. 172–189.

Martin, G., *Roma Sancta (1581),* now first ed. from the manuscript by George B. Parks, Roma: Edizioni di storia e letteratura, 1969.

Meersseman, G. G., *Ordo fraternitatis. Confraternite e pietà dei laici nel medioevo,* in collaborazione con Gian P. Pacini, 3 vols., Roma: Herder, 1977.

Mehus, L., *Dell'origine, progresso, abusi, e riforma delle confraternite laicali,* Firenze: Per Gaetano Cambiagi, 1785.

Moerer, E. A., "*Consorella* or *Mantellata*? Notes on Catherine of Siena's Confraternal Legacy," *Confraternitas,* 18-1, 2007, pp. 2–15.

Monti, G. M., *Le confraternite medievali dell'alta e media Italia,* 2 vols., Venezia: La Nuova Italia, 1927.

Morelli, A., *Il tempio armonico: musica nell'Oratorio dei Filippini in Roma (1575–1705), in: Analecta Musicologica,* 1991.

Moriani, A. "Assistenza e beneficenza ad Arezzo nel XIV secolo: la Fraternita di Santa Maria della Misericordia," in: *La società del bisogno,* pp. 19–35.

Morini, U., *Documenti inediti o poco noti per la storia della Misericordia di Firenze (1240–1525),* ed. Ven. Arciconfraternita nel VII centenario dalla Fondazione 1940. XVIII. Firenze, 1940.

Le movement confraternal au Moyen Âge. France, Italie, Suisse, Roma: L'École Française de Rome & Université de Lausanne, 1987.

Il movimento dei disciplinati nel settimo centenario dal suo inizio (Perugia-1260). Convegno internazionale, Perugia 25–8 settembre 1960. Deputazione di storia patria per l'Umbria, Spoleto, 1962.

Muir, E., *Civic Ritual in Renaissance Venice*, Princeton: Princeton University Press, 1981.

Muratori, L. A., *De pii laicorum confraternitatibus, earumque origine, flagellantibus et sacris missionibus. Dissertatio septuagesimaquincta*, in: *Antiquitates italicae medii aevii, sive dissertations*, t. VI, Milano, 1742.

Newbigin, N., *Feste d'Oltrarno. Plays in Churches in Fifteenth-Century Florence*, 2 vols., Firenze: Leo S. Olschki, 1996.

——, "The Decorum of the Passion: The Plays of the Confraternity of the Gonfalone in the Roman Colosseum, 1490–1539," in: *Confraternities and the Visual Arts in Renaissance Italy*, pp. 173–202.

Niccoli, O. (ed.), *Infanzie. Funzioni di un gruppo liminale dal mondo classico all'Età moderna*, Firenze: Ponte alle Grazie, 1993.

——, *Il seme della violenza: Putti, fanciulli e mammoli nell'Italia tra Cinque e Seicento*, Bari: Laterza, 1995.

Olin, J. C., "Erasmus and St. Ignatius Loyola," in: J. D. Smart & R. E. MacNally, S. J. (eds.), *Luther, Erasmus, and the Reformation: A Catholic-Protestant Reappraisal*, New York: Fordham University Press, 1969, pp. 114–133.

O'Malley, J. W., *The First Jesuits*, Cambridge, Mass.: Harvard University Press, 1995.

——, G. A. Bailey, S. J. Harris & T. F. Kennedy (eds.), *The Jesuits, Cultures, Sciences, and the Arts, 1540–1773*, Toronto: University of Toronto Press, 1999.

O'Regan, N., *Institutional Patronage in Post-Tridentine Rome. Music at Santissima Trinità dei Pellegrini 1550–1650*, London: Royal Musical Association, 1995.

Origo, I., *The Merchant of Prato. Francesco di Marco Datini*, Penguin Books [rip. 1979].

Østrem, E & N. H. Petersen, *Medieval Ritual and Early Modern Music: The Devotional Practice of Lauda Singing in Late-Renaissance Italy*, Turnhout: Brepolis, 2008.

Pamato, L., "Le confraternite medievali. Studi e tendenze storiografiche," in: *Il buon fedele*, pp. 9–51.

Pastore, S., A. Prosperi & N. Terpstra (eds.), *Brotherhood and Boundaries. Fraternità e barriere*, Pisa: Edizione della Normale, 2011.

Pinto, G. (ed.), *La società del bisogno. Povertà e assistenza nella Toscana medievale*, Firenze: Salimbeni, 1989.

Polizzotto, L., *The Elect Nation: The Savonarolan Movement in Florence 1494–1545*, Oxford: Oxford University Press, 1994.

——, *Children of the Promise. The Confraternity of the Purification and the Socialization of Youth in Florence 1427–1785*, Oxford: Oxford University Press, 2004.

Ponnelle, L. & L.Bordet, *Saint Philippe Néri et la société romaine de son temps (1515–1595)*, Paris: Bous & Gay, 1928.

Prosperi, A., "Il sangue e l'anima. ricerche sulle compagnie di giustizia in Italia," *Quaderni storici*, 51, 1982, pp. 955–999.

Pullan, B., *Rich and Poor in Renaissance Venice. The Social Institutions of a Catholic State, to 1620*, Cambridge, Mass.: Harvard University Press, 1971.

——, "Natura e carattere delle Scuole," in: T. Pignatti (ed.), *Le scuole di Venezia*, Milano: Electra, pp. 9–26.

Rice, E. F. Jr., *Saint Jerome in the Renaissance*, Baltimore: The Johns Hopkins University Press, 1985.

Risultati e prospettive di ricerca sul movimento dei disciplinati. Atti del Convegno Internazionale di Studio, Perugia 5–7 dicembre 1969, Deputazione di storia patria per l'Umbria / Centro di documentazione sul movimento dei disciplinati, Perugia: Arti Grafiche Città di

Castello, 1972.
Rousakis, A. B., "From Image of Devotion to Devotional Image: The Changing Role of Art in the Chapel of the Arciconfraternità della Madonna della Consolazione, detta della Cintura," in: *Early Modern Confraternities in Europe and the Americas*, pp. 112–128.
Sà, I. dos Guimarães, "Assistance to the Poor on a Royal Model: The Example of the Misericórdias in the Portuguese Empire from the Sixteenth to the Eighteenth Century," *Confraternitas*, 13-1, 2002, pp. 3–14.
Saalman, H., *The Bigallo. The Oratory and Residence of the Compagnia del Bigallo e della Misericordia in Florence*, New York: New York University Press, 1969.
Scaraffia, L. & G. Zarri (eds.), *Donne e fede. Santità e vita religiosa in Italia*, Roma / Bari: Laterza, 1994.
Sebregondi, L., *Tre confraternite fiorentine, Santa Maria della Pietà, detta 'Buca' di San Girolamo, San Filippo Benizzi, San Francesco Poverino*, Firenze: Salimbeni, 1991a.
——, "Religious Furnishings and Devotional Objects in Renaissance Florentine Confraternities," in: *Crossing the Boundaries*, 1991b, pp. 141–160.
——, "Lorenzo de' Medici confratello illustre," in: *Archivio Storico Italiano*, II, 1992, pp. 319–341.
——, "La soppressione delle confraternite fiorentine: la dispersione di un patrimonio, le possibilità residue della sua salvaguardia," in: *Confraternite, chiesa e società*, pp. 457–501.
Smither, H. E., *A History of the Oratorio, vol. 1: The Oratorio in the Baroque Era: Italy, Vienna, Paris*, Chapel Hill: University of North Carolina Press, 1977.
——, *A History of the Oratorio, vol. 3: The Oratorio in the Classical Era*, Oxford: Oxford University Press, 1987.
Solerti, A., *Le origini del melodrama*, Bologna: Arnaldo Forni, 1903 [ristampa 1983].
Spicciani, A., "The "Poveri Vergognosi" in Fifteenth-Century Florence," in: T. Riis (ed.), *Aspects of Poverty in Early Modern Europe*, Alphen aan der Rijn: Sijthoff, 1981, pp. 119–182.
Strainchamps, E., "Music in a Florentine Confraternity: The Memorial Madrigals for Jacopo Corsi in the Company of the Archangel Raphael," in: *Crossing the Boundaries*, pp. 161–178.
Taddei, I., *Fanciulli e giovani. crescere a Firenze nel Rinascimento*, Firenze: Leo S. Olschki, 2001.
——, "Confraternite e giovani," in: *Studi confraternali: orientamenti, problemi, testimonianze*, pp. 79–93.
Terpstra, N., *Lay Confraternities and Civic Religion in Renaissance Bologna*, Cambridge: Cambridge University Press, 1995.
—— (ed.), *The Politics of Ritual Kinship. Confraternities and Social Order in Early Modern Italy*, Cambridge: Cambridge University Press, 2000.
——, "Competing Visions of the State and Social Welfare: The Medici Dukes, The Bigallo Magistrates, and Local Hospitalas in Sixteenth-Century Tuscany," *Renaissance Quarterly*, 54, 2001, pp. 1319–1355.
——, "De-institutionalizing Confraternity Studies: Fraternalism and Social Capital in Cross-Cultural Contexts," in: *Early Modern Confraternities in Europe and the Americas*, pp. 264–283.
—— (ed.), *The Art of Executing Well: Rituals of Execution in Renaissance Italy*, Kirksville / Missouri: Truman State University Press, 2008.
——, *Cultures of Charity. Women, Politics, and the Reform of Poor Relief in Renaissance Italy*,

Cambridge Mass.: Harvard University Press, 2013.

Trexler, R. C., "Ritual in Florence: Adolescence and Salvation in the Renaissance," in: C. Trinkaus & H. A. Oberman (eds.), *The Pursuit of Holiness in Late Medieval and Renaissance Religion*, Leiden: Brill, 1974, pp. 213–223.

——, *Public Life in the Renaissance Florence*, New York-London: Academic Press, 1980.

Troiano, A., *Il laudario di S. Maria della Morte di Bologna. Il ms. 1069 della Yale Beinecke Library*. A Dissertation Presented to the Faculty of the Graduate School of Yale University, 2006.

Urist, L. G., "The Statutes of the Confraternity of San Michele in Camaiore, Italy," *Confraternitas*, 23–2, 2012, pp. 33–55.

Varchi, B., *Storia fiorentina*, 2 vols., Firenze: Salani, 1963.

Vasoli, C., *I miti e gli astri*, Napoli: Guida, 1977.

Vauchez, A., *The Laity in the Middle Ages: Religious Beliefs and Devotional Practices*, ed. D. E. Bornstein, trans. by Margery J. Schneider, Indiana: University of Notre Dame Press, 1993.

Venturini, L., "I Ghirlandaio," in: M. Gregori et al. (eds.), *Maestri e botteghe. Pittura a Firenze alla fine del quattrocento*, Firenze: Silvana, 1992, pp. 109–113.

Verdon, T. & J. Henderson (eds.), *Christianity and the Renaissance. Image and Religious Imagination in the Renaissance*, Syracuse: Syracuse University Press, 1990.

Vianello, A., "The *Confraternite dei Poveri*: Confraternal Home Relief and Institutionalization of the Poor in Sixteenth- and Seventeenth-Century Venice, " in: *The Politics of Ritual Kinship*, pp. 96–111.

Vio, G., *Le Scuole Piccole nella Venezia dei Dogi. Note d'archivio per la storia delle confraternite veneziane*, Vicenza: Angelo Colla, 2004.

Volpe, G., *Movimenti religiosi e sette ereticali nella società medievale italiana*, Roma: Donzelli, 1997 [1922].

Weil, M. S., "The Devotion of the Forty Hours and Roman Baroque Illusions," *Journal of the Warburg and Courtauld Institutes*, 37, 1974, pp. 218–248.

Weissman, R., *Ritual Brotherhood in Renaissance Florence*, New York-London: Academic Press, 1982.

——, "Sacred Eloquence: Humanist Preaching and Lay Piety in Renaissance Florence," in: *Christianity and the Renaissance*, pp. 250–271.

——, "Confraternal ritual between Renaissance and Catholic Reformation," in: *Riti e rituali nelle società medievali*, pp. 77–94.

Wilson, B., *Music and Merchants: The Laudesi Companies of Republican Florence*, Oxford: Oxford University Press, 1992.

Wisch, B. & D. C. Ahl (eds.), *Confraternities and the Visual Arts in Renaissance Italy. Ritual, Spectacle, Image*, Cambridge: Cambridge University Press, 2000.

池上俊一「13-14 世紀シエナの社会的結合関係」樺山紘一編『西洋中世像の革新』刀水書房，1995 年，279-301 頁.

——『ヨーロッパ中世の宗教運動』名古屋大学出版会，2007 年.

ウィッキ，ジョセフ「ポルトガル領インドにおける「ミゼリコルジヤ」の組」『キリシタン研究』第 15 輯，教文館，1974 年，211-234 頁.

海老沢有道『切支丹の社会活動及南蛮医学』冨山房，1944 年.

大黒俊二「ベルナルディーノとモンテ・ディ・ピエタ設立運動——パドヴァを中心に」『イタリア学会誌』第 51 号，2002 年，76-98 頁.

小川織衣『メール・マティルド——日本宣教とその生涯』有隣新書，1990 年.

河原温「15 世紀フィレンツェの兄弟団と貧民救済――Buonomini di San Martino の場合」国際教育課程統合研究プロジェクト報告書「『ヨーロッパの歴史』を読む」東京学芸大学海外子女教育センター，1997 年，143–150 頁．

――『中世フランドルの都市と社会――慈善の社会史』中央大学出版部，2001 年．

川村信三『キリシタン信徒組織の誕生と変容「コンフラリヤ」から「こんふらりや」へ』教文館，2003 年．

坂上政美「中世末期フィレンツェの兄弟会」『史林』84–4，1999 年，105–135 頁．

杉山博昭『ルネサンスの聖史劇』中央公論新社，2013 年．

高橋友子『捨児たちのルネッサンス――15 世紀イタリアの捨児養育院と都市・農村』名古屋大学出版会，2000 年．

デ・サンデ，ドゥアルテ『デ・サンデ天正遣欧使節記』泉井久之助，長沢信寿，三谷昇二，角南一郎訳，雄松堂出版，1969 年．

芳賀里恵「15 世紀後半フィレンツェの〈トビアと天使〉の流行とサンタ・フェリチタ修道院における大天使ラファエル顕現の奇蹟」『美術史』158，2005 年．

モンテーニュ『モンテーニュ旅日記』関根秀雄・斎藤広信訳，白水社，1992 年，ルソー『告白』（『ルソー全集』第 1 巻）小林善彦訳，白水社，1979 年．

米田潔弘「メディチ家と兄弟会――コジモからロレンツォへ」『イタリア学会誌』50 号，2000 年，116–142 頁．

――『メディチ家と音楽家たち』音楽之友社，2002 年．

第 2 章　フランス

Agulhon, M., *Pénitents et franc-maçons de l'ancien Provence. Essai sur la sociabilité méridionale*, Paris: Fayard, 1968.

Allier, R., *La cabale des dévots: 1627–1666*, Paris: Champion, 1902.

Amargier, P., “Mouvements populaires et confréries du Saint-Esprit à Marseille au seuil du XIIIe siècle,” *Cahiers de Fanjeaux*, 11 [La religion populaire en Languedoc], Toulouse: Privat, 1976, pp. 305–319.

Arnauld, A. & P. Nicole, *La Perpétuité de la foi de l'Eglise Catholique touchant l'Eucharistie*, Paris: 1669.

Aubenas, R., “Réflexions sur les fraternités artificielles au Moyen Âge,” *Mélanges Noël Didier*, Paris: Montchrestien, 1960, pp. 1–11.

Bailly, A., “La confrérie du Saint-Esprit et la messe des trépassés à Sassenay, 1457–1802,” *Mémoires de la Société d'Histoire et d'Archéologie de Châlon-sur-Saône*, 52 (1982–83), pp. 75–82.

Barnes, A. E., “Religious Anxiety and Devotional Change in Sixteenth-Century French Penitential Confraternities,” *Sixteenth-Century Journal*, 19 (1988), pp. 389–405.

Bautier, R.-H., “Les reinages de confréries, des origines à nos jours,” *Mémoires de la Société des sciences naturelles et archéologiques de la Creuse*, 29 (1944–46), pp. 215–266.

Bee, M., “Les confréries de charité: mutuelles funéraires et confréries de bienfaisance,” *Cahiers Léopold Delisle*, 21 (1972), pp. 5–22.

Béguin, K., *Les princes de Condé. Rebelles, courtisans et mécènes dans la France du Grand Siècle*, Seyssel: Editions Champ Vallon, 1999.

Bénévent, Ch., “Folie et société(s) au tournant du Moyen Âge et de la Renaissance,” *Babel*, 25 (2012), pp. 121–148.

Berger, R., *Le nécrologe de la confrérie des jongleurs et des bourgeois d'Arras (1194–1361)*, 2 vols. [Mémoires de la Commission Départementale des Monuments Historiques du Pas-de-Calais, vol. XIII], Arras, 1963–1970.

Bergin, J., *Church, Society, and Religious Change in France, 1580–1730*, New Haven / London: Yale University Press, 2009.

Berranger, M. de, "Notes sur les reinages," *Mémoires de la Société des sciences naturelles et archéologiques de la Creuse*, Ser.2, vol. 24 (1928), p. XV.

Billioud, J., "De la confrérie à la corporation: les classes industrielles en Provence aux XIVe, XVe et XVIe siècles," *Mémoires de l'Institut Historique de Provence*, 1929, pp. 235–271; 1930, pp. 5–35.

Black, C. & P. Gravestock (eds.), *Early Modern Confraternities in Europe and the Americas*, Hants / Burlington: Ashgate, 2006.

Blancard, L., "Rôle de la confrérie de Saint-Martin de Canigou," *Bibliothèque de l'École des chartes*, 42 (1881), pp. 5–7.

Bonnaud, L., "Une ancienne coutume des confréries limousines, les chapeaux de fleurs," *Bulletin de la Société archéologique et historique du Limousin*, 113 (1986).

Bordier, H., "La confrérie des pèlerins de Saint-Jacques et ses archives," *Mémoires de la Société historique de Paris et de l'Ile-de-France*, 1 (1875), pp. 186–230; 2 (1876), pp. 330–397.

Boüard, M. de, "De la confrérie pieuse au métier organisé. La fraternité des Fèvres de Caen (fin du XIIe siècle)," *Annales de Normandie*, 7 (1957), pp. 165–177.

Briand, Y., "Deux statuts de confréries lannionnaises," *Bulletins et mémoires: Société d'émulation des Côtes-du-Nord*, 88 (1960), pp. 36–46; 90 (1962), pp. 13–25.

Broussillon, B. de, "Statuts de la confrérie du Saint-Sacrement établie à Vitré en 1348," *Bulletin de la Commission historique et archéologique de la Mayenne*, 13 (1897), pp. 86–90.

Brunet, S. (ed.), *Relation de la Mission des Pyrénées (1635–1649) : Le Jésuite Jean Forcaud face à la montagne*, Paris: Editions du CTHS, 2008.

Brusegan, R., "Culte de la Vierge et origine des pays et confréries en France au Moyen Age," *Revue des langues romanes*, 95 (1991), pp. 31–58.

Brutalis, J. A., "Notes sur les anciennes confréries et l'assistance mutuelle dans le Sud-Ouest," *Revue philomatique de Bordeaux et du Sud-Ouest*, 6 (1903), pp. 402–409.

Bull, M., "The Confraternity of La Sauve-Majeure: A Foreshadowing of the Military Order," in: M. Barber (ed.), *The Military Orders: Fighting for the Faith and Caring for the Sick*, Aldershot: Variorum, 1994, pp. 313–319.

Capot, S. & P. d'Hollander (eds.), *Confréries et Confrères en Limousin du Moyen Âge à nos jours*, Limoges: Presses Universitaires de Limoges, 2009.

Cassan, M., "Les multiples visages des confréries de dévotion: l'exemple de Limoges au XVIe siècle," *Annales du Midi*, 99 (1987), pp. 35–52.

——, "Confréries et ordres religieux dans les combats confessionnels des XVIe-XVIIe siècles," in: *Les Mouvances laïques des ordres religieux. Actes du troisième colloque international du CERCOR, Tournus, 17–20 juin 1992*, Saint-Etienne: Publications de l'Université de Saint-Etienne, 1996, pp. 309–323.

Chassaing, M., "Rôle du Reinage de la confrérie de Saint-Jacques des villageois de Vals près le Puy-en-Velay (25 juin 1506)," *Revue des Sociétés savantes*, 6e série, 1 (1875), pp. 557–560.

Châtellier, L., *L'Europe des dévots*, Paris: Flammarion, 1987.

Chevalier, B., "Les "frairies" en France, du XIVe au XVIe siècle," in: F. Thelamon (ed.), *Sociabilité, pouvoirs et société. Actes du Colloque deRouen 24–26 novembre 1983* [Publications de l'Université de Rouen, 110], Rouen: Presses universitaires de Rouen, 1987, pp. 583–591.

——, "La spiritualité des laïcs: les confréries en Touraine à la fin du Moyen Âge," *Histoire re-*

ligieuse de la Touraine, s.l., s.d., pp. 123-131.

Chiffoleau, J., "Charité et assistance en Avignon et dans le Comtat Venaissin (fin XIIIe-fin XIVe siècle)," *Cahiers de Fanjeaux*, 13 [Assistance et charité], 1978, pp. 59-85.

——, "Les confréries, la mort et la religion en Comtat Venaissin à la fin du Moyen Âge," *Mélanges de l'École française de Rome, Moyen Âge- Temps modernes*, 91 (1979), pp. 785-825.

——, *La comptabilité de l'au-delà: les hommes, la mort et la religion dans la région d'Avignon à la fin du Moyen Âge* [Collection de l'École française de Rome 47], Roma: École française de Rome, 1980.

——, "Entre le religieux et le politique: les confréries du Saint-Esprit en Provence et en Comtat Venaissin à la fin du Moyen Âge," *Le mouvement confraternel au Moyen Âge: France, Italie, Suisse, Actes de la table ronde... Lausanne 9–11 mai 1985*, Roma-Genève: École française de Rome- Librairie Droz, 1987, pp. 9-40.

Clark, R. L. A., "Charity and Drama: the Response of the Confraternity to the Problem of Urban Poverty in Fourteenth-Century France," in: J.-C. Aubailly & E. Dubruck (eds.), *Le Théâtre et la Cité dans l'Europe Médiévale. Actes du Vème Colloque international de la Société internationale pour l'étude du théatre médiéval (Perpignan, juillet 1986)* [Stuttgarter Arbeiten zur Germanistik, 213; Fifteenth-Century Studies, 13], Stuttgart, 1988, pp. 359-369.

——, "Community versus Subject in Late Medieval French Confraternity Drama and Ritual," in: A. Hindley (ed.), *Drama and Community: People and Plays in Medieval Europe*, Turnhout: Brepols, 1999, pp. 34-56.

Coolen, G., "La confraternité de Saint-Bertin," *Bulletin trimestriel de la Société académique des antiquaires de la Morinie*, 21 (1973), pp. 622-635.

Coulet, N., "Jalons pour une histoire religieuse d'Aix au Bas-Moyen Age (1350-1450)," *Provence historique*, 22 (1972), pp. 203-260.

——, "Les confréries du Saint-Esprit en Provence: pour une enquête," *Mélanges Robert Mandrou (Histoire sociale, sensibilités collectives et mentalités)*, Paris: Presses Universitaires de France, 1985, pp. 205-217.

——, "Le mouvement confraternel en Provence et dans le Comtat Venaissin au Moyen Âge," in: *Le mouvement confraternel... (cit.)*, 1987, pp. 83-110.

——, "Les confréries des tisserands de Marseille et de Forcalquier au XVe siècle: deux statuts inédits de confréries de métier," *Provence historique*, 155 (1989), pp. 3-16.

——, "Les confréries de métiers en Provence au Moyen Âge," in: C. Dolan (ed.), *Travail et travailleurs en Europe au Moyen Âge et au début des temps modernes*, Toronto: Pontifical Institute of Mediaeval Studies, 1991, pp. 21-46.

——, "Les confréries de métier à Aix au bas Moyen Age," in: P. Lambrechts & J.-P. Sosson (eds.), *Les métiers au Moyen Age. Aspects économiques et sociaux. Actes du Colloque international de Louvain-la-Neuve 7–9 octobre 1993* [Textes, Études, Congrès, 15], Louvain-la-Neuve: Institut d'Études Médiévales, Université Catholique de Louvain, 1994, pp. 55-73.

Croq, L. & D. Garrioch (eds.), *La religion vécue: Les laïcs dans l'Europe moderne*, Rennes: Presses Universitaires de Rennes, 2013.

Dansette, B., "Les pèlerins occidentaux du moyen âge tardif au retour de la Terre sainte: confréries du Saint-Sépulcre et paumiers parisiens," in: M. Balard, B. Z. Kedar & J. Riley-Smith (eds.), *Dei gesta per Francos: Études sur les croisades dédiées à Jean Richard / Crusade Studies in Honour of Jean Richard*, Aldershot: Ashgate, 2001, pp. 301-314.

Delage, F., "La confrérie du Saint-Sacrement d'Autun, 1416-1655," *Mémoires de la Société*

éduenne, 22, n.s. (1883), pp. 341-349.

——, "Confrérie de Notre-Dame la Joyeuse ou des Pastoureaux," *Bulletin de la Société archéologique et historique du Limousin*, 55 (1906), pp. 555-581.

Denis, L., *La Confrérie des prêtres du doyenné de Beaumont érigée en l'église paroissiale de Vivoin sous le patronage de la sainte Vierge*, Mamers, 1896.

Deschamps, J., *Les Confréries au Moyen Âge*. Thèse pour le doctorat en droit. Université de Bordeaux-Faculté de Droit, Bordeaux: Imprimerie Bière, 1958.

Desportes, P., "Les sociétés confraternelles de curés en France du Nord au Bas Moyen-Age," *L'Encadrement religieux des fidèles au Moyen-Age et jusqu'au Concile de Trente*, vol. I, 1985, pp. 295-309.

Destrait, L., "Statuts de la confrérie du Saint-Sacrement de Soignies vers 1535," *Annales du cercle archéologique du canton de Soignes*, 8 (1939), pp. 75-81.

Deuffic, J.-L., "La Grande Confrérie de Notre-Dame aux prêtres et bourgeois de Paris," *Pecia: Ressources en médiévistique*, 1 (2002), pp. 183-195.

De Viguerie, J., *Le catholicisme des français dans l'ancienne France*, Paris: NEL, 1988.

Dompnier, B., "Les confréries de pénitents du Saint-Sacrement au XVIIe siècle. Essai de définition," *Cahiers d'Histoire*, 30 (1985), pp. 263-288.

——, "Ordres, diffusion des dévotions et sensibilités religieuses. L'exemple des Capucins en France (XVIIe-XVIIIe siècles)," *Dimensioni e problemi della ricerca storica. Rivista del Dipartimento di studi storici dell'Università La Sapienza di Roma*, 1994/2, pp. 21-59.

—— & P. Vismara (eds.), *Confréries et dévotions dans la catholicité moderne (mi-XVe–début XIXe siècle)*, Roma: École française de Rome, 2008.

Doncourt, H.-F.-S. de, *Remarques historiques sur l'église et la paroisse de Saint-Sulpice, tirées du premier volume des instructions et prières à l'usage de ladite paroisse*, Paris, 1773.

Dossat, Y., "Les confréries du *Corpus Christi* dans le monde rural pendant la première moitié du XIVe siècle," *Cahiers de Fanjeaux*, 11 [La religion populaire en Languedoc], (1976), pp. 357-385.

Dubois, J., "Les reinages," *Revue de l'Agenais*, 33 (1905), pp. 513-516.

Duhr, J., "La confrérie dans la vie de l'Église," *Revue d'histoire ecclésiastique*, 35 (1939), pp. 437-478.

——, "Confréries," *Dictionnaire de Spiritualité*, II, 1953, col. 1469-1479.

Duparc, P., "Confréries du Saint-Esprit et communautés d'habitants au Moyen Âge," *Revue historique de droit français et étranger*, 36 (1958), pp. 349-367, 555-585.

Dupont, A., "Les confréries du Saint-Sacrement et des marchands de toiles à Ath 1492-1786," *Annales du Cercle royale d'Histoire et d'Archéologie d'Ath et de la région et Musées Athois*, 54 (1995), pp. 179-285.

Durand, J., "Confrérie," *Dictionnaire de droit canonique*, IV, 1944, col. 128-176.

L'Encadrement religieux des fidèles au Moyen Age et jusqu'au Concile de Trente. Actes du 109e Congrès national des sociétés savantes, Dijon, 1984: Section d'histoire médiévale et de philologie, vol. I, Paris: Éditions du comité des travaux historiques et scientifiques- La documentation française, 1985.

Espinas, G., "Groupe économique, groupe religieux: les tisserands de Valenciennes au XIVe siècle," *Annales d'histoire économique et sociale*, 2 (1930), pp. 48-63.

——, *Les Origines du droit d'association dans les villes de l'Artois et de la Flandre française jusqu'au début du XVIe siècle*, Lille: Bibliothèque de la Société d'Histoire du Droit des Pays Flamands, Picards et Wallons, 2 vols., 1941-42.

——, "Confréries et métiers," *Mélanges d'histoire sociale*, 3 (1943), pp. 101-104.

——, “Comment étudier les statuts d’une association professionnelle médiévale?,” *Annales d’histoire sociale*, 4 (1944), pp. 48-55.

——, “Métiers, associations et confréries de métier: L’exemple des naypiers de Toulouse,” *Annales d’histoire sociale*, 8 (1945), pp. 75-94.

Everat, E., *Les confréries de Riom (XIIIe–XXe s.)*, Clermont-Ferrand: Louis Bellet, 1905.

Fagniez, G., *Documents relatifs à l’histoire de l’industrie et du commerce en France*, vol. I, Paris, 1898, pp. 147-149.

——, *Études sur l’industrie et la classe industrielle à Paris aux XIII*[e] *et XIV*[e] *siècles*, Paris, 1877.

Fillet, L’Abbé L., *Histoire religieuse de Saint-Laurent-en-Royans (Drôme)*, Valence, 1895.

Forgeot, S., “Les confréries à Langres au Moyen Âge et au XVIe siècle,” *Bulletin de la Société historique et archéologique de Langres*, 18 (1986), pp. 471-500.

Fossier, R., “Les « communes rurales » au Moyen Âge,” *Journal des Savants*, juil.–déc. (1992), pp. 237-276.

Froeschlé-Chopard, M.-H., *La religion populaire en Provence orientale au XVIII*[e] *siècle*, Paris: Beauchesne, 1980.

——, *Atlas de la réforme pastorale en France de 1550 à 1790. Les évêques en visite dans les diocèses*, Paris: Editions du CNRS, 1986.

——, *Espace et sacré en Provence (XVI*[e]*–XX*[e] *siècle). Cultes, images, confréries*, Paris: Les Editions du Cerf, 1994.

——, *Dieu pour tous et Dieu pour soi. Histoire des confréries et de leurs images à l’époque moderne*, Paris: L’Harmattan, 2006.

—— & R. Devos, “Confréries et communautés d’habitants en Savoie et en Provence,” in: F. Thélamon (ed.), *Sociabilité, pouvoirs, et société*, Rouen: Publications de l’Université de Rouen, 1987, pp. 457-472.

—— et al., *Les Confréries, l’Eglise et la cité, cartographie des confréries du Sud-Est*, Grenoble: Centre Alpin et Rhodanien d’Ethnologie, 1988.

—— & H. Hernandez, “Les dévotions des confréries, reflet de l’influence des ordres religieux?,” *Dimensioni e problemi della ricerca storica*, 1994/2, pp. 104-126.

Gallas, L., “La confrérie Saint-Nicolas de l’église Sainte-Marie de Châlon,” *Mémoires de la Société d’Histoire et d’Archéologie de Châlon-sur-Saône*, 26 (1935), pp. 157-166.

Gallicé, A., “La Confrérie Saint-Nicolas de Guérande des origins à 1540,” *Annales de Bretagne et des Pays de l’Ouest*, 110 (2003), pp. 43-58.

Garrioch, D., “Parish Politics, Jansenism and the Paris middle classes in the eighteenth century,” *French History*, 8 (1994), pp. 403-419.

Génicot, L., “Une paroisse namuroise à la fin du Moyen Âge: Floreffe,” *Revue d’histoire ecclésiastique*, 80 (1985), pp. 669-731.

Gennep, A. Van, *Le Folklore de l’Auvergne et du Velay*, Paris: G.-P. Maisonneuve, 1942.

Germouty, H., “Les Reinages dans le Massif-Central,” *Revue d’Auvergne*, 58 (1944), pp. 130-142.

Goujard, Ph., *Un Catholicisme bien tempéré. La Vie religieuse dans les paroisses rurales de Normandie 1680–1789*, Paris: C.T.H.S., 1996.

—— & C. Langlois (eds.), *Les Confréries du Moyen Âge à nos jours: Nouvelles approches* [Cahier du GRHIS, 3], Rouen: Presses universitaires de Rouen et du Havre, 1995.

Guesnon, A., “Le registre de la confrérie des jongleurs et des bourgeois d’Arras: note sur le ms. Français 8541 de la Bibliothèque nationale,” *Comptes-rendus des séances de l’Académie des inscriptions et Belles-Lettres*, 43 (1899), pp. 464-475.

Guibert, L., “Les anciennes confréries de la basilique Saint Martial,” *Bulletin de la Société*

archéologique et historique du Limousin, 43 (1895), pp. 198-330.

Gutton, A.-M., *Confrérie et dévotion sous l'Ancien Régime. Lyonnais, Forez, Beaujolais*, Lyon: Editions lyonnaises d'art et d'histoire, 1993.

Gutton, J.-P. "Reinage, abbayes de jeunesse," *Cahiers d'histoire*, 20 (1975), pp. 443-453.

——, *Dévots et société au XVIIe siècle: Construire le ciel sur la terre*, Paris: Belin, 2004.

Hanlon, G., *L'univers des gens de bien: culture et comportements des élites urbaines en Agenais-Condomois au XVIIe siècle*, Bordeaux: Presses universitaires de Bordeaux, 1989.

Harding, R. R., "The Mobilization of confraternities against the Reformation in France," *Sixteenth-Century Journal*, no. 11, 1980, pp. 85-107.

Jacqueline, B., "Les statuts de la confrérie Sainte-Catherine des tisserands de Saint-Lô (1234)," *Revue du département de la Manche*, 14 (1972), pp. 127-133.

Jégou, F., "Annales guérandaises: la très noble et très ancienne confrérie Monseigneur saint Nicolas de Guérande," *Revue de Bretagne et de Vendée*, 36 (1874), pp. 7-11.

Julia, D. & M. Venard (eds.), *Sacralités, culture et dévotion. Bouquet offert à Marie-Hélène Froeschlé-Chopard*, Marseille: La Thune, 2005.

Keiser, W., *Marseille au temps des troubles 1559–1596: morphologie sociale et lutte des factions*, Paris: Editions de l'EHESS, 1992.

Lajaumont, M. de, "Vieux usages à La Saunière," *Mémoires de la Société des sciences naturelles et archéologiques de la Creuse*, 23 (1926), pp. lxxxvii-lxxxix.

Lalou, E., "Les cordonniers metteurs en scène des mystères de saint Crépin et saint Crépinien," *Bibliothèque de l'École des chartes*, 143 (1985), pp. 91-115.

Lascombe, A., *Testament de Jean de Langeac, évêque de limoges, 1533–1541 et statuts de la confrérie de Notre-Dame du Puy, à Limoges en 1425*, Le Puy: typ. Marchesson, 1867.

Le Blévec, D., "Notes sur quelques fraternités hospitalières de la région du Bas-Rhône (XIIIe-XVe siècle)," in: *Les Mouvances laïques des ordres religieux. Actes du troisième colloque international du CERCOR, Tournus, 17–20 juin 1992*, Saint-Etienne, Publications de l'Université de Saint-Etienne, 1996, pp. 173-182.

——, *La part du pauvre: l'assistance dans les pays du Bas-Rhône du XIIe siècle au milieu du XVe siècle* [CEFR, 265], 2 vols., Roma: École française de Rome, 2000.

Le Bras, G., "Les confréries chrétiennes: problèmes et propositions," *Revue historique de droit français et étranger*, 4e série, 19-20 (1940-41), pp. 310-363. (Le Bras, G., "Les Confréries chrétiennes. Problèmes et propositions," *Etudes de sociologie religieuse*, vol. II, Paris: Presses Universitaires de France, 1956, pp. 418-462.)

Lecroq, Dom G., *La Confrérie du Saint-Sacrement des Prêtres de l'ancien Doyenné de Valmont, 1423–1793*, Fécamp, 1937.

Leguay, J.P., "La confrérie des merciers de Rennes au XVe siècle: Contribution à l'histoire économique et sociale de la ville de Rennes," *Francia*, 3 (1975), pp. 147-220.

Lemaître, J.-L., "Les confraternités des abbayes limousines," *Bulletin de la Société des lettres, sciences et arts de la Corrèze*, 89 (1986), pp. 30-42.

—— & F. Vielliard, "La liève de la confrérie des Premières Chandelles à Limoges," *Bulletin de la Société archéologique et historique du Limousin*, 129 (2001), pp. 45-113.

Lemaître, N., *Le Rouergue flamboyant: Clergé et paroisses du diocèse de Rodez (1417–1563)*, Paris: Les Éditions du Cerf, 1988.

Le Maresquier, Y.-H., "Une confrérie parisienne au XVe siècle: la confrérie de la Conception Notre-Dame aux marchands et vendeurs de vins de Paris," in: *L'Encadrement religieux...*, vol. I (cit.), 1985, pp. 541-555.

Leroux, A., "Statuts et règlements de confréries de Bordeaux (XIVe-XVIIIe siècles)," *Ar-*

chives historiques du département de la Gironde, 50 (1950), pp. 167-242.

Le Roux de Lincy, A. J. V., "Recherches sur la Grande confrérie Notre-Dame aux prêtres et aux bourgeois de la ville de Paris," *Mémoires de la Société royale des antiquaires de France*, 17 (1844), pp. 200-318.

Leroy, C., "La cérémonie du « reinage » à Verton (Pas-de-Calais)," *Revue de folklore français et de folklore colonial*, 4 (1933), pp. 328-329.

Leroy, P., "La Confrérie du Puy Notre-Dame d'Amiens," *Société des antiquaires de Picardie*, 653 (1999), pp. 230-240.

Lesaulnier, J., *Images de Port-Royal*, Paris: Nolin, 2002.

Lespinasse, R. de, *Les Métiers et corporations de la ville de Paris*, vol. III, Paris, 1897.

Lestrade, J., "Fondation de la confrérie du Saint-Sacrement à Buzet-sur-Tarn en 1344," *Revue Historique de Toulouse*, 24 (1937), pp. 231-238.

Liège, abbé L., *Histoire de Montmorillon*, Montmorillon, 1916.

Lombard-Jourdan, A., "La confrérie de Saint-Denis des origines à 1785," *Bibliothèque de l'École des chartes*, 141 (1983), pp. 37-68.

——, "La confrérie parisienne des pèlerins de Saint-Michel du Mont," *Bulletin de la Société de l'histoire de Paris et de l'Ille-de-France*, 113-114 (1986-87), pp. 105-178.

Lothe, J. & A. Virole (eds.), *Images des confréries parisiennes. Catalogue des images de confréries (Paris et Ile de France) de la collection de M. Louis Ferrand acquise par la bibliothèque historique de la ville de Paris*, Paris: Bibliothèque historique de la Ville de Paris, 1992.

Louis, S., "Les confréries à Limoges à la fin du Moyen Âge," in: S. Capot (ed.), *Confréries et confrères en Limousin du Moyen Âge à nos jours* (*cit.*), 2009, pp. 41-49.

Lyon-Caen, N., *La Boîte à Perrette. Le jansénisme parisien au XVIIIe siècle*, Paris: Albin Michel, 2010.

Maddox, D. & S. Sturm-Maddox, "French Confraternity Drama of the Fourteenth Century: the Miracles de Nostre Dame par personnages," in: D. Maddox & S. Sturm-Maddox (eds.), *Parisian Confraternity Drama of the Fourteenth Century: The Miracles de Nostre Dame par personnages*, Turnhout: Brepols, 2008, pp. 1-28.

Maître, L., *Les Confréries bretonnes, leur origine, leur rôle, leurs usages et leur influence sur les moeurs au Moyen Âge*, Nantes: Imprimerie Vincent Forest et Émile Grimaud, 1876.

Malausséna, P.-L., "Une confrérie niçoise au XVe siècle, l'aumône de la miséricorde," *Pénitents des Alpes-Maritimes*, Nice: Serre, 1981, pp. 65-77.

Manneville, Ph., "La vie religieuse dans le diocèse de Rouen aux XVe et XVIe siècles. Une approche: l'étude des confréries," *Cahiers Léopold Delisle*, 27 (1978), pp. 223-229.

Marandet, M. C., "Les confréries du haut Languedoc à la fin du Moyen Âge," *Bulletin de la Société d'études scientifiques de l'Aude*, 87 (1987), pp. 25-36.

Marlavagne, B. de, *Histoire de la cathédrale de Rodez*, Rodez, 1875.

Marquet, O., *Monographie de la paroisse de Biénac*, Rochechouart, 1896.

Marvin, L. W., "The White and Black Confraternities of Toulouse and the Albigensian Crusade, 1210-1211," *Viator: Medieval and Renaissance Studies*, 40 (2009), pp. 133-150.

Matz, J.-M., "La confrérie Saint-Nicolas dite "des bourgeois d'Angers" du XIVe au XVIe s.," *Cristianesimo nella storia: Ricerche storiche, esegetiche, teologiche*, 12 (1991a), pp. 51-84.

——, "Les confréries dans le diocèse d'Angers (v. 1350-v. 1560)," *Annales de la Bretagne et des pays de l'Ouest*, 98 (1991b), pp. 347-372.

Meister, L., "La confrérie de Saint-Jean l'Evangéliste établie en l'église Saint-Pierre de Beauvais (Oise)," *Bulletin historique et philologique*, 1908, pp. 179-216.

Montagnes, B., "Les origines historiques des compagnies de pénitents de Provence," *Provence*

historique, 34 (1984), pp. 125-146.

Neveux, F., "Confréries, paroisses et métiers à Bayeux aux XIVe et XVe siècles," in: F. Thelamon (ed.), *Sociabilité, pouvoirs et société. Actes du Colloque de Rouen 24–26 novembre 1983* [Publications de l'Université de Rouen, 110], Rouen: Université de Rouen, 1987, pp. 569-581.

Nussac, L. de, "Quelques reinages en Limousin," *Bulletin de la Société scientifique, historique et archéologique de la Corrèze*, 13 (1891), pp. 463-490.

Olland, H., "La confrérie Saint-Nicolas en l'église Saint-Laurent de Pont-à-Mousson de la fin du XIVe au début du XVIe siècle," in: *L'Encadrement religieux*..., vol. 1 (*cit.*), 1985, pp. 493-507.

Ouin-Lacroix, Ch., *Histoire des anciennes corporations d'arts et métiers de la capitale de la Normandie*, Rouen: Lacointe, 1850.

Paravy, P., *De la chrétienté romaine à la Réforme en Dauphiné: évêques, fidèles et déviants (vers 1340–vers 1530)*, Roma: École française de Rome, 1973.

Pellechet, M., "La confrérie du Saint-Sacrement d'Autun 1416-1655," *Mémoires de la société éduenne*, 12, n.s. (1883), pp. 337-379.

Pellegrin, N., *Les Bachelleries. Organisations et fêtes de la jeunesse dans le Centre-Ouest, XVe–XVIIIe siècles*, Poitiers: Société des antiquaires de l'Ouest, 1982.

Pequet, M., "Des Compagnies de Pénitents à la Compagnie du Saint-Sacrement," *Dix-septième siècle*, 69 (1965), pp. 3-36.

Péricard-Méa, D., "Confréries médiévales de Saint-Jacques," *Campus Stellae*, 1 (1991), pp. 61-83.

——, *Le culte de saint Jacques. Pèlerins de Compostelle et pèlerinages en France à la fin du Moyen Âge*, thèse, université Paris I, 1996, dactyl.

Péronnet, M., "Les établissements des Jésuites dans le royaume de France à l'époque moderne," in: G. G. Demerson, B. Dompnier & A. Regond (eds.), *Les Jésuites parmi les hommes aux XVIe et XVIIe siècles*, Clermont-Ferrand: Publications de la Faculté des Lettres et Sciences Humaines de l'Université de Clermont-Ferrand II, 1987, pp. 461-480.

Pérouas, L., *Le diocèse de La Rochelle de 1648 à 1724: sociologie et pastorale*, Paris: EPHE, 1964 (rééd: Paris, Editions de l'EHESS, 1999).

——, "Regards historiques sur le mouvement confrérial en Limousin," *Annales du Midi*, 117 (2005), pp. 75-83.

Poirault, F., "La confrérie de l'Assomption de Saumur, 1402-1903," *Annales de Bretagne et des pays de l'Ouest*, 86 (1979), pp. 405-425.

Prigent, Ch., "Le compte de la confrérie Saint-Nicolas de Quimper (1482-1484)," *Bulletin de la Société nationale des Antiquaires de France*, 1993, pp. 277-311.

Rambourg, P., "Les repas de confrérie à la fin du Moyen Age: l'exemple de la confrérie parisienne Saint-Jacques-aux-Pèlerins au travers de sa comptabilité (XIVe siècle)," in: F. Ravoire & A. Dietrich (eds.), *La Cuisine et la table dans la France de la fin du Moyen Age: Contenus et contenants du XIVe au XVIe siècle. Colloque organisé par l'UMR 5594 (Dijon), l'INRAP, et le Centre d'étude et de recherche du patrimoine de Sens (Sens, 8–10 janvier 2004)*, Caen: CRAHM, 2009, pp. 51-78.

Rapp, F., "Les confréries d'artisans dans le diocèse de Strasbourg à la fin du Moyen Age," *Société académique du Bas-Rhin. Bulletin*, 93 (1971), pp. 73-74; 94 (1972), pp. 10-28.

Rebelliau, Q. (ed.), *La compagnie secrète du Saint-Sacrement: lettre du groupe parisien au groupe marseillais, 1639–1662*, Paris: Honoré Champion, 1908.

Richard, Abbé J., "Documents relatifs à des Confréries Religieuses à Saint-Oradoux-près-

Crocq et à Saint-Merd-la Breuille," *Mémoires de la Société des sciences naturelles et archéologiques de la Creuse*, 20 (1916–18), pp. 221-223.

Richard, J., "La confrérie de la croisade: à propos d'un épisode de la première croisade," in: *Études de civilisation médiévale (IXe–XIIe siècles). Mélanges offerts à Edmond-René Labande Professeur à l'Université de Poitiers, Directeur du Centre d'Etudes Supérieures de Civilisation Médiévale à l'occasion de son départ à la retraite et du XXe anniversaire du C.E.S.C.M. par ses amis, ses collègues, ses élèves*, Poitiers: C.É.S.C.M., 1974, pp. 617–622.

——, "Confréries de métier et confréries de dévotion. Quelques exemples bourguignons," in: *L'Encadrement religieux…*, vol. I (*cit.*), 1985, pp. 481–491.

Roger, J.-M., "Confréries du couvent des Cordeliers de Bar-sur-Aube aux XIVe et XVe siècles," in: *L'Encadrement religieux…*, vol. I (*cit.*), 1985, pp. 509–540.

Rollo-Koster, J., "Forever After: the Dead in the Avignonese Confraternity of Notre Dame la Majour (1329-1381)," *Journal of Medieval History*, 25 (1999), pp. 115–140.

Rossiaud, J., "Fraternités de jeunesse et niveaux de culture dans les villes du Sud-Est à la fin du Moyen Âge," *Cahier d'Histoire*, no. 1–2 (1976), pp. 67–102.

——, "Mouvement confraternel et hommes du fleuve dans les villes du Bas Rhône à la fin du Moyen Âge," *Gazette des archives*, n.s. 174–175 (1996), pp. 298–312.

Roux, G., "La confrérie du Corps de Dieu à Dieulefit fondée en 1402," in: *Les confréries de pénitents (Dauphiné- Provence)*, Valence: Impr. F.Grégoire, 1988, pp. 177–186.

Ruben, E. (ed.), "Les statuts de la confrérie Notre Dame du Saint Sauveur (1212)," *Annales Manuscrites de Limoges*, Limoges, 1872, pp. 182–185.

Runnalls, G. A., "The Theatre in Paris in the Late Middle Ages," in: G. A. Runnalls (ed.), *Etudes sur les mystères: Un recueil de 22 études sur les mystères français, suivi d'un répertoire du théâtre religieux français du Moyen Age et d'une bibliographie* [Champion-Varia, 14], Paris: Champion, 1998, pp. 83–99.

——, "La Confrérie de la Passion et les mystères. Recueil de documents relatifs à l'histoire de la Confrérie de la Passion depuis la fin du XIVe jusqu'au milieu du XVIe siècle," *Romania*, 122 (2004), pp. 135–201.

Schmitt, J.-C., "Apostolat mendiant et société: une confrérie dominicaine à la veille de la Réforme," *Annales E.S.C.*, 26 (1971), pp. 83-104.

Simiz, S., *Confréries urbaines et dévotion en Champagne (1450–1830)*, Villeneuve d'Ascq: Presses Universitaires du Septentrion, 2002.

"Statuts de la confrérie de Notre-Dame-du-Puy (1425)," in: A. Leroux & A. Bosvieux (eds.), *Chartes, chroniques et mémoriaux pour servir à l'histoire de la Marche et du Limousin*, Limoges-Tulle, 1886, p. 136.

"Statuts de la confrérie de Notre-Dame la Joyeuse ou des Pastoureaux, 1490," *Revue des Langues Romanes*, 35 (1891), pp. 418–427.

"Statuts de Notre-Dame-la Joyeuse," *Bulletin de la Société archéologique et historique du Limousin*, 43 (1895), pp. 418–419.

"Statuts et règlements de la confrérie de la Conception Notre-Dame à Saint-Michel-les-Lions (XVe siècle)," in: A. Leroux & R. Fage (eds.), *Archives historiques de la Marche et du Limousin*, 3 (1891), pp. 67–79.

Steinmann, M., "Les statuts de la confrérie de Saint-Etienne (de Mulhouse)," *Bulletin du Musée historique de Mulhouse*, 80 (1972), pp. 77-81.

Stouff, L., "Une confrérie arlésienne de la première moitié du XVe siècle: la confrérie de Saint-Pierre de Luxembourg," *Provence historique*, 23 (1973), pp. 339–360.

——, "Deux confréries hospitalières arlésiennes au bas Moyen Âge: la confrérie Saint-Esprit

du Bourg et la confrérie Saint-Esprit-de-la-Cité," *Provence historique*, 34 (1984), pp. 379-391.

——, "Confrérie et confréries à Arles, 1120-1500," *Provence historique*, 47 (1997), pp. 13-24.

Symes, C., "The Lordship of Jongleurs," in: R. F. Berkhofer III, A. Cooper & A. J. Kosto (eds.), *The Experience of Power in Medieval Europe, 950-1350*, Aldershot: Ashgate, 2005, pp. 237-252.

——, "The Confraternity of Jongleurs and the Cult of the Virgin: Vernacular Devotion and Documentation in Medieval Arras," in: D. Kullmann (ed.), *The Church and Vernacular Literature in Medieval France* [Studies and Texts, 165], Toronto: Pontifical Institute of Mediaeval Studies, 2009, pp. 176-197.

Tallon, A., *La Compagnie du Saint-Sacrement (1629-1667): Spiritualité et société*, Paris: Les Editions du Cerf, 1990.

——, "Prière et charité dans la Compagnie du Saint-Sacrement (1629-1667)," *Histoire, économie et société*, 3 (1991), pp. 331-343.

Tarbochez, G., "Les solidarités familiales par-delà la mort à Dijon à la fin du Moyen Age," *Revue de l'histoire des religions*, 222 (2005), pp. 25-41.

Tintou, M., "Coutumes particulières à quelques confréries limousines du XVIe au XVIIIe siècles," in: S. Capot & P. d'Hollander (eds.), *Confréries et Confrères en Limousin du Moyen Âge à nos jours (cit.)*, 2009, pp. 51-66.

Trio, P., "A Medieval Students Confraternity at Ypres: the Notre Dame Confraternity of Paris Students," *History of Universities*, 5 (1985), pp. 15-53.

Vaquier, A., "Les origines de la Grande Confrérie Notre-Dame aux prêtres et aux bourgeois de Paris," *Revue d'histoire de l'Église de France*, 9 (1923), pp. 206-215.

Varlet, P., "Une introduction à l'histoire des confréries de l'environnement drômois," *Revue drômoise: archéologie, histoire, géographie*, 86 (1988), pp. 139-148.

Vauchez, A., "La Bible dans les confréries et les mouvements de dévotion," in: P. Riché & G. Lobrichon (eds.), *Le Moyen Âge et la Bible*, vol. IV, Paris: Beauchesne, 1984, pp. 581-596.

——, "Les confréries au Moyen Âge: esquisse d'un bilan historiographique," *Revue historique*, 275 (1986), pp. 467-477.

——, "Les femmes dans les confréries normandes du XIVe au XVIIIe siècle," in: *La Femme en Normandie. Actes du XIXe congrès des sociétés historiques de Normandie (Lisieux, 1984)*, Caen: Archives départementales du Calvados, 1986, pp. 297-303.

Venard, M., "La fraternité des banquets," in: J.-C. Margolin & R. Sauzet (eds.), *Pratiques et discours alimentaires à la Renaissance*, Paris: G.-P. Maisonneuve et Larose, 1982, pp. 137-145.

——, "Les confréries dans l'espace urbain: l'exemple de Rouen," *Annales de Bretagne et des pays de l'Ouest*, 90 (1983), pp. 321-322.

——, *Le catholicisme à l'épreuve dans la France du XVIe siècle*, Paris: Les Editions du Cerf, 2000.

—— (ed.), *Les confréries dans la ville de Rouen à l'époque moderne (XVIe-XVIIIe siècles)*, Rouen: Société de l'histoire de Normandie, 2010.

Vidal, M. (ed.), *Jean-Jacques Olier: Homme de talent, serviteur de l'Evangile (1608-1657)*, Paris: DDB, 2010.

Vieules, E., "Le livre de comptes d'une confrérie toulousaine (1493-1546)," *Annales du Midi*, 95 (1983), pp. 91-105.

Vigneron, S., *Étude comparative des ventes aux enchères publiques mobilières (France et Angleterre)*, Paris: L.G.D.J., 2006.

Vincent, C., "La confrérie comme élément de christianisation," in: *Christianisation et déchristianisation. Actes de la IXe Rencontre d'histoire religieuse, Fontevraud, 3–5 octobre 1985*, Angers: PUA, 1986, pp. 79–89.

——, "Du roi au laboureur: la solidarité dans les confréries," *Études normandes*, 4 (1986), pp. 5–18.

——, "La confrérie comme structure d'intégration: l'exemple de la Normandie," in: *Le mouvement confraternel... (cit.)*, 1987, pp. 111–131.

——, *Des charités bien ordonnées: les confréries normandes de la fin du XIIIe siècle au début du XVIe siècle*, Paris: École normale supérieure, 1988.

——, "Quand l'église fait place à la vie associative," *Revue d'histoire de l'église de France*, 76 (1990), pp. 213–226.

——, "Les confréries de bas clercs, un expédient pour la réforme des séculiers? L'exemple du Mans, XIIe–XIIIe siècles," in: *Le Clerc séculier au Moyen Age. XXIIe Congrès de la S.H.M.E.S. (Amiens, juin 1991)*, Paris: Publications de la Sorbonne, 1993, pp. 263–274.

——, *Les confréries médiévales dans le royaume de France, XIIIe–XVe siècle*, Paris: Editions Albin Michel, 1994a.

——, "Piété et convivialité à Mâcon à la fin du Moyen Âge," in: *Papauté, monachismes et théories politiques (Études d'histoire médiévale offertes à Marcel Pacaut)*, vol. II, Lyon: Presses universitaires de Lyon, 1994b, pp. 841–851.

——, "Fraternité rêvée et lien social fortifié: la confrérie Notre-Dame des Ardents à Arras (début du XIIIe siècle–XVe siècle)," *Revue du Nord*, 82 (2000), pp. 659–679.

——, "L'intercession dans les pratiques religieuses du XIIIe au XVe siècle," in: J.-M. Moeglin (ed.), *L'Intercession du Moyen Age à l'époque moderne. Autour d'une pratique sociale* (Ecole Pratique des Hautes Etudes Sciences historiques et philologiques V: Hautes Etudes Médiévales et Modernes, 87), Genève: Librairie Droz, 2004, pp. 171–193.

——, "Les multiples formes de l'assistance dans les confréries du royaume de France à la fin du Moyen Age," in: M. Escher-Apsner (ed.), *Mittelalterliche Bruderschaften in europäischen Städten / Medieval Confraternities in European Towns. Funktionen, Formen, Akteure / Functions, Forms, Protagonists* (Inklusion / Exklusion: Studien zu Fremdheit und Armut von der Antike bis zur Gegenwart, 12), Frankfurt am Main: Peter Lang, 2009, pp. 67–90.

Vovelle, M., *Piété baroque et déchristianisation en Provence au XVIIIe siècle*, Paris: Editions du Seuil, 1978.

——, "Géographie des confréries à l'époque moderne," *Revue d'histoire de l'Eglise de France*, 69 (1983), pp. 259–268.

Voyer-d'Argenson, R., *Annales de la Compagnie du Saint-Sacrement*, Dom H. Beauchet-Fillau (ed.), Marseille: Saint-Léon, 1900.

Warolin, Ch., "L'hôpital et la chapelle Sainte-Catherine, rue Saint-Denis, et la confrérie des apothicaires de Paris," *Revue d'histoire de la pharmacie*, 87 (1999), pp. 417–424.

江川温「中世末期のコンフレリーと都市民」中村賢二郎編『都市の社会史』ミネルヴァ書房，1983年，86–112頁.

坂野正則「17世紀におけるパリ外国宣教会の編成原理」『武蔵大学人文学会雑誌』43巻第3・4合併号（2012年），128–162頁.

高澤紀恵「カトリック改革期の聖体会　パリを中心に」近藤和彦編『歴史的ヨーロッパの政治社会』2008年，山川出版社，153–189頁.

——『近世パリに生きる』2009年，岩波書店.

中野隆生「「ソシアビリテ＝社会的結合」論の20年」歴史学研究会編『現代歴史学の成果と課題

1980–2000 年　国家像・社会像の変貌』2003 年，青木書店，177–190 頁.
二宮宏之編『結びあうかたち　ソシアビリテ論の射程』1995 年，山川出版社.
深沢克己「序章　友愛団・結社の編成原理と思想的系譜」深沢克己・桜井万里子編『友愛と秘密のヨーロッパ社会文化史』2010 年，東京大学出版会，1–30 頁.
槇原茂「信徒のアソシアシオン　コンフレリー」福井憲彦編・綾部恒雄監修『アソシアシオンで読み解くフランス史』2006 年，山川出版社，30–43 頁.
リアマウント，ブライアン（中村勝監訳）『オークションの社会史　人身売買から絵画取引まで』1993 年，高科書店.

第 3 章　ドイツ・スイス

Alioth, M., *Gruppen an der Macht: Zünfte und Patriziat im Straßburg im 14. und 15. Jahrhundert*, Basel: Helbing & Lichtenhahn, 1988.

Amacher, U., "Die Bruderschaften bei den Zürcher Bettelordensklöstern," in: B. Helbling (ed.), *Bettelorden, Bruderschaften und Beginen in Zürich*, Zürich: Neue Zürcher Zeitung, 2002, pp. 265–277.

Amberg, G., *Die Köln-Kevelaer-Bruderschaft von 1672. Geschichte und Leben*, Köln: J. P. Bachem, 1973.

Barth, M., "Die Rosenkranzbruderschaften des Elsaß, geschichtlich gewürdigt," in: *Archives de l'église d'Alsace*, 32, 1967/68, pp. 53–108.

——, "Die Sakramentenbruderschaften des Elsaß," in: *Archives de l'église d'Alsace*, 35, 1971, pp. 211–224.

Bauerreiß, R., *Kirchengeschichte Bayerns. Das XV. Jahrhundert*, vol. 5, St. Ottilien: EOS Verlag, 1955.

Becker, T. P., *Konfessionalisierung in Kurköln. Untersuchungen zur Durchsetzung der katholischen Reform in den Dekanaten Ahrgau und Bonn anhand von Visitationsprotokollen 1583–1761*, Bonn: Edition Röhrscheid, 1989.

Bergerhausen, H. W., *Köln in einem eisernen Zeitalter 1610–1686*, Köln: Greven, 2010.

Bireley, R., *The Refashioning of Catholicism, 1450–1700. A Reassessment of the Counter Reformation*, Washington, D.C.: The Catholic University of America Press, 1999.

Bischof, F. X., "Bruderschaften," in: *Historische Lexikon der Schweiz (HLS)*, Web-Adresse: http://www.hls-dhs-dss.ch/, 1998–2011.

Böhmer, J. F. & F. Techen (eds.), *Urkundenbuch der Stadt Lübeck*, vol. 4, 7 and 9, Lübeck, 1873, 1885, 1893.

Bräcker, A., "Die Elendenbruderschaft Koblenz in der Frühen Neuzeit," in: *Archiv für mittelrheinische Kirchengeschichte*, 63, 2011, pp. 157–180.

Brandes, G., "Die geistlichen Brüderschaften in Hamburg während des Mittelalters," in: *Zeitschrift des Vereins für Hamburgische Geschichte*, 34, 35, 36, Hamburg, 1935, 1936, 1937, pp. 75–176, 57–98, 65–110.

Brucker, J.-C., *Strassburger Zunft- und Polizei-Verordnungen des 14. und 15. Jahrhunderts*, Strassburg: K. J. Trübner, 1889.

Burschel, P. (ed.), *Nuntiaturberichte aus Deutschland, Die Kölner Nuntiatur, V/1 Ergänzungsband, Nuntius Antonio Albergati (1610 Mai–1614 Mai)*, Paderborn / München / Wien / Zürich: Ferdinand Schöningh, 1997.

Cordes, A., *Stuben und Stubengesellschaften. Zur dörflichen und kleinstädtischen Verfassungsgeschichte am Oberrhein und in der Nordschweiz*, Stuttgart / Jena / New York: Lucius + Lucius, 1993.

Dietz, B., "Köln und die bergischen Protestanten in der Frühen Neuzeit. Phasen und Struk-

turen eines ambivalenten sozioökonomischen Wechselverhältnisses," in: B. Dietz & S. Ehrenpreis (eds.), *Drei Konfessionen in einer Region. Beiträge zur Geschichte der Konfessionalisierung im Herzogtum Berg vom 16. bis zum 18. Jahrhundert*, Köln: Rheinland-Verlag, 1999, pp. 447-467.

Dinzelbacher, P. (ed.), *Handbuch der Religionsgeschichte im deutschsprachigen Raum*, vol. 4, 1650 bis 1750, Paderborn / München / Wien / Zürich: Ferdinand Schöningh, 2012.

Dörfler-Dierken, A., *Vorreformatorische Bruderschaften der heiligen Anna*, Heidelberg: Winter, 1992.

Dörner, G., *Kirche, Klerus, kirchliches Leben in Zürich von der Brunschen Revolution (1336) bis zur Reformation (1523)*, Würzburg: Königshausen & Neumann, 1996.

Eberstadt, R., *Der Ursprung des Zunftwesen und die ältern Handwerkerverbände des Mittelalters*, München: Duncker & Humblot, 1915.

Ebner, R., "Die Skapulierbruderschaft von Herbstadt," in: *Würzburger Diözesangeschichtsblätter* '62/63, 2001, pp. 451-462.

——, "Charaktaristika des fränkischen Bruderschaftswesens im Barock," D. J. Weiß (ed.), *Barock in Franken*, Dettelbach: J. H. Röll, 2004, pp. 255-269.

Escher-Apsner, M., "Dedes of charyte and to the commen-welth. Bruderschaften und ihre baulichen und karitativen Beiträge zur *utilitas communis*," in: M. Escher-Apsner (ed.), *Mittelalterliche Bruderschaften in europäischen Städten. Funktionen, Formen, Akteure*, Frankfurt am Main: Lang, 2009, pp. 209-252.

Forster, M. R., *Catholic Revival in the Age of the Baroque. Religious Identity in Southwest Germany, 1550–1750*, Cambridge UK: Cambridge University Press, 2001.

——, "Catholic Confessionalism in Germany after 1650," in: J. M. Headley, H. J. Hillerbrand & A. J. Papalas (eds.), *Confessionalization in Europe, 1555–1700. Essays in Honor and Memory of Bodo Nischan*, Aldershot / Burlington: Ashgate, 2004, pp. 227-242.

——, *Catholic Germany from the Reformation to the Enlightenment*, New York: Palgrave Macmillan, 2007.

Fouquet, G., "Trinkstuben und Bruderschaften—soziale Orte in den Städten des Spätmittelalters," in: G. Fouquet (ed.), *Geschlechtergesellschaften, Zunft-Trinkstuben und Bruderschaften in spätmittelalterlichen und frühneuzeitlichen Städten*, Stuttgart: Thorbecke, 2003, pp. 9-30.

François, E., "Konfessioneller Pluralismus und deutsche Identität," in: S. Ehrenpreis, U. Lotz-Heumann, O. Mörke & L. Schorn-Schütte (eds.), *Wege der Neuzeit. Festschrift für Heinz Schilling zum 65. Geburtstag*, Berlin: Duncker & Humblot, 2007, pp. 285-309.

Frank, T., *Bruderschaften im spätmittelalterlichen Kirchenstaat*, Tübingen: Niemeyer, 2002.

Fürderer, B., "Die Bündnispolitik der Stadt Straßburg in der zweiten Hälfte des 14. Jahrhunderts," in: *Zeitschrift für die Geschichte des Oberrhein*, 153, 2005, pp. 277-292.

Gerchow, J., "Bruderschaften im spätmittelalterlichen Freiburg in Breisgau," *Freiburger Diözesan-Archiv*, 13, 1993, pp. 5-74.

Gloor, M., *Politisches Handeln im spätmittelalterlichen Augsburg, Basel und Straßburg*, Heidelberg: Winter, 2010.

Graßmann, A., "Einige Bemerkungen zu den geistlichen Bruderschaften in Lübeck," in: H. Seggern, & G. Fouquet (eds.), *Beiträge zur Sozialgeschichte Lübecker Oberschichten im Spätmittelalter: Vorträge einer Arbeitssitzung vom 14. Juli 2000 in Kiel*, Kiel, 2005, pp. 41-54. URL: http://www.histsem.uni-kiel.de/de/abteilungen/wirtschafts-und-sozialgeschichte/materialen/epup/grassmann.pdf

Groten, M., "Die Kölner Richerzeche im 12. Jahrhundert mit einer Bürgermeisterliste," in:

Rheinische Vierteljahrsblätter, 48, 1984, pp. 34–85. URL: http://www.mgh-bibliothek.de/dokumente/a/a047956.pdf

Gütermann, S., ""Hoc facite in nostrum Commemorationem," Die Stuhlbrüder des Speyerer Domstift," *Archiv für mittelrheinische Kirchengeschichte*, 62, 2010, pp. 25–85.

Hänselmann, L., H. Mack & J. Doll (eds.), *Urkundenbuch der Stadt Braunschweig*, vol. 1, Braunschweig: Schwetschke, 1873 reprint 1975.

Hasegawa, M., *Religiöse Prozessionen im Spannungsfeld städtischer Interessen. Eine Fallstudie der Städte Straßburg, Kyoto und Sakai von 1300 bis 1600*, Ph.D. Diss., Westfälische Wilhelms-Universität Münster, 2014.

Haverkamp, A., "Bruderschaften und Gemeinden im 12. und 13. Jahrhundert," in: B. Schneidmüller & S. Weinfurter (eds.), *Ordnungskonfigurationen im hohen Mittelalter*, Stuttgart: Thorbecke, 2006, pp. 153–192.

Heitmeyer, E., ""Anmüthige Gesänge." Das Clarholzer Gesangbuch im Bruderschaftsbuch von 1761," *Westfälische Zeitschrift*, 154, 2004, pp. 273–288.

Hessel, A. & M. Krebs (eds.), *Regesten der Bischöfe von Strassburg, vol. II 1202–1305*, Innsbruck: Universitäts-Verlag Wagner, 1928.

von Heusinger, S., *Die Zunft im Mittelalter. Zur Verflechtung von Politik, Wirtschaft und Gesellschaft in Straßburg*, Stuttgart: Franz Steiner Verlag, 2009.

Hinkel, H., "Die Johannes Nepomuk-Bruderschaft am Mainzer Dom," *Minzer Zeitschrift*, 103, 2008, pp. 117–165.

Hoberg, H., "Das Bruderschaftswesen am Oberrhein im Spätmittelalter," *Historisches Jahrbuch*, 72, 1953, pp. 238–252.

Ikari, Y., *Wallfahrtswesen in Köln vom Spätmittelalter bis zur Aufklärung*, Köln: SH-Verlag, 2009.

Ingelfinger, F. K., *Die religiös-kirchlichen Verhältnisse im heutigen Württemberg am Vorabend der Reformation*, Stuttgart: Schwabenverlag, 1939.

Isenmann, E., *Die Deutsche Stadt im Mittelalter 1150–1550. Stadtgestalt, Recht, Verfassung, Stadtregiment, Kirche, Gesellschaft, Wirtschaft*, Wien / Köln / Weimar: Böhlau, 2012.

Jedin, H., "Religiöse Triebkräfte und geistiger Gehalt der katholischen Erneuerung," in: E. Iserloh, J. Glazik & H. Jedin (eds.), *Reformation, Katholische Reform und Gegenreformation* (H. Jedin (ed.), *Handbuch der Kirchengeschichte*, vol. 4.), Freiburg / Basel / Wien: Herder, 1979, pp. 561–604.

Jörg, C., "Pro salute corporis et anime venerabilis domini nostri imperatoris—Gedanken zu den Verbindungen zwischen Bruderschaften, Königtum und Herrschergedenken in Städten des hohen und späten Mittelalters," in: M. Escher-Apsner (ed.), *Mittelalterliche Bruderschaften in europäischen Städten. Funktionen, Formen, Akteure*, Frankfurt am Main: Lang, 2009, pp. 159–186.

Kaplan, B. J., *Divided by Faith. Religious Conflict and the Practice of Toleration in Early Modern Europe*, Cambrige MA / London: The Belknap Press of Harvard University Press, 2007.

Katzinger, W., "Die Bruderschaften in den Städten Oberösterreichs als Hilfsmittel der Gegenreformation und als Ausdruck barocker Frömmigkeit," in: J. Sydow (ed.), *Bürgerschaft und Kirche*, Sigmaingen: Thorbecke, 1980, pp. 97–112.

Keutgen, F., *Ämter und Zünfte. Zur Entstehung des Zunftwesens*, Jena: Fischer, 1903. (reprint: Scientia, Aalen 1965.)

Klein, H., *Die Entstehung und Verbreitung der Kalandsbruderschaften in Deutschland*, Saarbrücken: Halbleinwand, 1958, 1963.

Klersch, J., *Volkstum und Volksleben in Köln. Ein Beitrag zur historischen Soziologie der Stadt*, vol. 3, Köln: J. P. Bachem, 1968.

Klieber, R., *Bruderschaften und Liebesbünde nach Trient. Ihr Totendienst, Zusprach und Stellenwert im kirchlichen und gesellschaftlichen Leben am Beispiel Salzburg 1600–1950*, Frankfurt am Main: Peter Lang, 1999.

——, "Basisbewegung oder Instrument kirchlicher Domestizierung? Charakterristika und Dimensionen des neuzeitlichen Bruderschaftswesens im süddeutschen Raum," in: R. Leeb, S. C. Pils & T. Winkelbauer (eds.), *Staatmacht und Seelenheil. Gegenreformation und Geheimprotestantismus in der Habsburger monarchie*, Wien / München: R. Oldenbourg, 2007, pp. 161-167.

Kliem, W., *Die spätmittelalterliche Frankfurter Rosenkranzbruderschaft als volkstümliche Form der Gebetsverbrüderung*, Johann Wolfgang Goethe-Universität zu Frankfurt am Main, 1963.

Körndle, F., "Die Musikpflege bei den Kölner Bruderschaften im Vergleich zu anderen Städten," in: K. Pietschmann (ed.), *Das Erzbistum Köln in der Musikgeschichte des 15. und 16. Jahrhunderts*, Kassel: Merseburger, 2008, pp. 157-169.

Kraack, G., *Das Gildewesen der Stadt Flensburg*, Flensburg: Flensburger Stadtgeschichte e. V., 1969.

Kulenkampff, A., "Die Marienbruderschaft von St. Maria im Kapitol und ihre Bedeutung für das kirchliche Leben in vortridentinischer Zeit (ca. 1350-1634)," *Jahrbuch des Kölnischen Geschichtsvereins*, 60, 1989, pp. 1-29.

Laqua, B., *Bruderschaften und Hospitäler während des hohen Mittelalters. Kölner Befunde in westeuropäisch-vergleichender Perspektive*, Stuttgart: Hiersemann, 2011.

Laufner, R., "Die Elendenbruderschaften zu Trier im 15. und 16. Jahrhundert. Ein Beitrag zur Sozialgeschichte der untersten Unterschichten im ausgehenden Mittelalter und der frühen Neuzeit," *Jahrbuch für westdeutsche Landesgeschichte*, 4, 1978, pp. 221-237.

Ledebur, L., *Die Kaland-Verbrüderungen in den Landen sächsischen Volkstums mit besonderer Rücksicht auf die Mark Brandenburg*, Berlin: Ernst & Korn, 1850.

Link, H., "Die geistlichen Bruderschaften des deutschen Mittelalters, insbes. Die Lübecker Antoniusbruderschaft," *Zeitschrift des Vereins für Lübeckische Geschichte und Altertumskunde*, 20, 1920, pp. 181-269.

Lobenwein, E., "Die Erzbruderschaft des hl. Rosenkranzes zu Lambach," in: K. Landa (ed.), *Stift Lambach in der Frühen Neuzeit, Frömmgkeit, Wissenschaft, Kunst und Verwaltung am Fluss, Tagungsband zum Symposion im November 2009*, Linz: Oberösterreichisches Landesarchiv, 2012, pp. 455-472.

Löffler, P., "Studien zum Totenbrauch in den Gilden, Bruderschaften und Nachbarschaften Westfalens vom Ende des 15. bis Ende des 19. Jahrhunderts," *Rheinisch-Westfälische Zeitschrift für Volkskunde*, XXI, 1974, pp. 70-82.

Löther, A., *Prozessionen in spätmittelalterlichen Städten*, Köln: Böhlau, 1999.

Luttenberger, A. P. (ed.), *Katholische Reform und Konfessonalisierung*, Darmstadt: Wissenschaftliche Buchgesellschaft, 2006.

Hertel, G., *Urkundenbuch der Stadt Magdeburg*, vol. 1-3, Halle: Hendel, 1892-96.

Mai, P., "Das Bruderschaftswesen in der Oberpfalz," *Beiträge zur Geschichte des Bistums Regensburg*, 75, 2011, pp. 45-64.

Mallinckrodt, R. v., "Beispiel der Gleichzeitigkeit des Ungleichzeitigen: Religiöse Normen in Kölner Laienbruderschaften des 17. Jahrhunderts," *Geschichte in Köln*, 47, 2000, pp. 5-23.

——, "Reichweite und Grenzen des Konfessionalisierungs-Paradigmas am Beispiel der Kölner Laienbruderschaften im 17. Jahrhundert," in: K. v. Greyerz, K. v. M. Jakubowski-Tiessen, T. Kaufmann & H. Lehmann (eds.), *Interkonfessionalität-Transkonfessionalität-binnenkonfessionelle Pluralität. Neue Forschungen zur Konfessionalisierungsthese*, Heidelberg: Gütersloher Verlagshaus, 2003.

——, *Struktur und kollektiver Eigensinn. Kölner Laienbruderschaften im Zeitalter der Konfessionalisierung*, Göttingen: Vandenhoeck & Ruprecht, 2005.

——, "Unsichtbare Macht—Repräsentative Machtlosigkeit? Ein Vergleich politischer Einflussmöglichkeiten und architektonischer Repräsentation frühneuzeitlicher Bruderschaften in Venedig und Köln," in: C. Hochmuth & S. Rau (eds.), *Machträume der frühneuzeitlichen Stadt*, Konstanz: UVK Verlagsgesellschaft, 2006, pp. 333-353.

Mariotte, J.-Y., *Les Sources Manuscrites de L'Histoire de Strasbourg*, Strasbourg: Archives municipales de Strasbourg, 2000.

Meister, B., *Sie sollen bruderschafft halden. Religiöses Engagement in den genossenschaftlichen Vereinigungen (Bruderschaften, Zünfte, Gesellenvereinigungen) der Stadt Altenburg im Spätmittelalter*, Beucha: Sax-Verlag, 2001.

Mikulec, J., "Wallfahrer und Sodalen. Die barocke Wallfahrt im Leben der religiösen Bruderschaften in Böhmen," in: D. Doležal (ed.), *Wallfahrten in der europäischen Kultur = Pilgrimage in European cultur, Tagungsband Příbram, 26–29. Mai 2004*, Frankfurt am Main: Peter Lang, 2006, pp. 483-493.

——, "Die religiösen Bruderschaften der Barockzeit und die Rekatholisierung Böhmens," *Bohemia*, 48, 2008, pp. 93-115.

Militzer, K., "Jakobsbruderschaften in Köln," *Rheinische Vierteljahrsblätter*, 55, 1991, pp. 84–134.

—— (ed.), *Quellen zur Geschichte der Kölner Laienbruderschaften vom 12. Jahrhundert bis 1562/63*, 4 vols., Düsseldorf: Droste, 1997-2000.

——, "Laienbruderschaften in Köln im 16. Jahrhundert," in: G. Mölich & G. Schwerhoff (eds.), *Köln als Kommunikationszentrum. Studien zur frühneuzeitlichen Stadtgeschichte*, Köln: Du Mont, 2000, pp. 255-270.

——, "Kölner Bruderschaften am Übergang vom Mittelalter zur Neuzeit," *Rheinische Vierteljahrsblätter*, 65, 2001, pp. 241-255.

——, "Mittelalterliche und frühneuzeitliche Bruderschaftsbücher als Quellen für historische Forschung," in: H. Finger (ed.), *Mittelalterliche Handschriften der Kölner Dombibliothek*, Köln: Erzbischöfliche Diözesan- und Dombibliothek, 2005, pp. 142-154.

Moeller, E., *Die Elendenbruderschaften. Ein Beispiel zur Geschichte der Fremdenfürsorge im Mittelalter*, Lepzig: Hinrichs, 1906. (reprint: Hamburg 1972.)

Mullan, E. (ed.), *Die Marianische Kongregation dargestellt nach den Dokumenten, Vierte Ausgabe (In deutscher Sprache die Erste)*, Wien: Brzezowsky, 1913.

Multrus, D., "Bruderschaften und caritative Werke," in: R. Ries (ed.), *Caritas im Bistum Trier. Eine Geschichte des Heilens und Helfens*, Trier: Kliomedia, 2006, pp. 91-97.

Oepen, J., "Religiöse Bruderschaften des 18. Jahrhunderts," in: F. G. Zehnder (ed.), *Hirt unds Herde. Religiosität und Frömmigkeit im Rheinland des 18. Jahrhunderts*, Köln: Du Mont, 2000, pp. 59-94.

Oexle, O. G., "Conjuratio und Gilde im frühen Mittelalter. Ein Beitrag zum Problem der sozialgeschichtlichen Kontinuität zwischen Antike und Mittelalter," in: B. Schwineköper (ed.), *Gilden und Zünfte. Kaufmännische und gewerbliche Genossenschaften im frühen und hohen Mittelalter*, Sigmaringen: Thorbecke, 1985, pp. 151-214.

——, "Frömmigkeit im Zeitalter der Säkularisation: Bruderschaften in Köln und im Rheinland," in: G. Mölich, O. G. Oexle & W. Rosen (eds.), *Klosterkultur und Säkularisation im Rheinland*, Essen: Klartext, 2002, pp. 171-190.

Olschewski, U., "Bruderschaften und geistliche Gemeinschaften im neuzeitlichen Westfalen zwischen Kontinuität und Paradigmenwechsel," *Jahrbuch für mitteldeutsche Kirchen- und Ordensgeschichte*, 4, 2008, pp. 65-123.

Oos, H. T., "Anfang und Ende der Marienbruderschaften in Heusweiler," *Zeitschrift für Geschichte der Saargegend*, 56/57, 2008/09, pp. 85-90.

Orlita, Z., "Zwischen Bruderschaften und Dritten Orden. Marianische Kongregationen bei mährischen Jesuitenkollegien in der frühen Neuzeit," in: H. Specht (ed.), *Leben und Alltag in böhmisch-mährischen und niederösterreichischen Klöstern in Spätmittelalter und Neuzeit. Referate der gleichnamigen Tagung in Brno vom 28. bis 29. Oktober 2008*, St. Pölten: Diözesanarchiv St. Pölten, 2011, pp. 231-244.

Pfeiffer, H. (ed.), *St. Sebastiani-Bruderschaft Ratingen. Urkunden und Dokumente 1433 bis 1910*, Essen: Klartext-Verlag, 2008.

Pfleger, L., "Stadt- und Ratsgottesdienste," *Archiv für Elsässische Kirchengeschichte*, 12, 1937, pp. 1-56.

——, *Kirchengeschichte der Stadt Straßburg im Mittelalter*, Kolmar: Alsatia, 1941.

Prietzel, M., *Die Kalande im südlichen Niedersachsen. Zur Entstehung und Entwicklung von Priesterbruderschaften im Spätmittelalter*, Göttingen: Vandenhoeck & Ruprecht, 1995.

Rahn, K., *Religiöse Bruderschaften in der spätmittelalterlichen Stadt Braunschweig*, Hannover: Reichold, 1994.

——, "Braunschweiger Bruderschaften in städtischen Handlungs- und Konfliktfeldern," in: Escher-Apsner (ed.), *Mittelalterliche Bruderschaften in europäischen Städten. Funktionen, Formen, Akteure*, pp. 187-208.

Reicke, S., *Das deutsche Spital und sein Recht im Mittelalter*, 2 vols., Stuttgart: E. Encke, 1932.

Reinhard, W. (ed.), *Nuntiaturberichte aus Deutschland, Die Kölner Nuntiatur, V/1, Nuntius Antonio Albergati (1610 Mai–1614 Mai)*, 2 vols., München / Paderborn / Wien: Ferdinand Schöningh, 1972.

Remling, L., *Bruderschaften in Franken. Kirchen und sozialgeschichtliche Untersuchungen zum spätmittelalterlichen und frühneuzeilichen Bruderschaftswesen*, Würzburg: Kommissionsverlag Ferdinand Schöningh, 1986.

——, "Sozialgeschichtliche Aspekte des spätmittelalterlichen Bruderschaftswesens in Franken," in: P. Johanek (ed.), *Einungen und Bruderschaften in der spätmittelalterlichen Stadt*, Köln / Weimar / Wien: Böhlau, 1993, pp. 149-169.

Reuss, R., "Les Annales des Frères Mineurs de Strasbourg. Rédigées par le Frère Martin Stauffenberger, économe du Couvent (1507-1510)," *Bulletin de la société pour la Conservation des Monuments historiques d 'Alsace*, Strasbourg, 1897.

Rücklin, G., *Religiöses Volksleben des ausgehenden Mittelalters in den Reichsstädten Hall und Heilbronn*, Berlin: Ebering, 1933.

Rüther, A., *Bettelorden in Stadt und Land. Die Straßburger Mendikantenkonvente und das Elsaß im Spätmittelalter*, Berlin: Duncker & Humblot, 1997.

Rüter, U., "Das Bruderschaftsbuch von 1751 im Fraterhaus. Ein Beitrag zum Bruderschaftswesen in der Stadt Wesel," in: H. Knufer (ed.), *Salhof, Festung, Freie Stadt: Beiträge zur Geschichte der Stadt Wesel und das Niederrheins*, Wesel: Historische Vereinigung, 2003.

Safley, T. M., "Multiconfessionalism: A Brief Introduction," in: T. M. Safley (ed.), *A Com-*

panion to Multiconfessionalism in the Early Modern World, Leiden / Boston: Brill, 2011, pp. 1-19.

Samerski, S., "Von der Rezeption zur Indoktrination. Die Annenbruderschaft in Olmütz (16./17. Jahrhundert)," in: A. Ohlidal & S. Samerski (eds.), *Jesuitische Frömmigkeitskuturen. Konfessionelle Interaktion in Ostmitteleuropa 1570–1700*, Stuttgart: Franz Steiner, 2006.

Schanz, G., *Zur Geschichte der deutschen Gesellen-Verbände mit 55 bisher unveröffentlichen Documenten aus der Zeit des 14–17. Jahrhunderts*, Leipzig: Duncker & Humblot, 1877.

Schleicher, H. M. (ed.), *Ratsherrenverzeichnis von Köln zu reichsstädtischer Zeit von 1396–1796*, Köln: Westdeutsche Gesellschaft für Familienkunde, 1982.

Schmidt, J., ""Guarnison der Peters-Burg," oder doch nur "versamblung viller Mentschen?" Die Dreifaltigkeitbruderschaft bei St. Peter in Wien (1676-1783)," in: I. Fazekas (ed.), *Frühneuzeitforschung in der Habsburgermonarchie. Adel und Wiener Hof—Konfessionalisierung—Siebenbürgen*, Wien: Institut für Ungarische Geschichtsforschung in Wien, 2013, pp. 359-385.

Schmidt, P. (ed.), *Nuntiaturberichte aus Deutschland, Die Kölner Nuntiatur, V/2, Nuntius Antonio Albergati (1614 Juni–1616 Dezember)*, Paderborn / München / Wien / Zürich: Ferdinand Schöningh, 2009.

Schneider, B., *Bruderschaften im Trierer Land. Ihre Geschichte und ihr Gottesdienst zwischen Tridentinum und Säkularisation*, Trier: Paulinus-Verlag, 1989.

——, "Wandel und Beharrung. Bruderschaften und Frömmigkeit in Spätmittelalter und Früher Neuzeit," in: H. Molitor & H. Smolinsky (eds.), *Volksfrömmigkeit in der Frühen Neuzeit*, Münster: Aschendorff, 1994, pp. 65-87.

——, "Kirchenpolitik und Volksfrömmigkeit. Die wechselhafte Entwicklung der Bruderschaften in Deutschland vom Spätmittelalter bis zur Mitte des 19. Jahrhunderts," *Saeculum*, 47-1, 1996, pp. 89-119.

——, "Die Frömmigkeitpraxis im frühneuzeitlichen Erzbistum Trier. Das Beispiel der Bruderschaften und der Wallfahrten," T. Nicklas (ed.), *Glaubensformen zwischen Volk und Eliten. Frühneuzeitliche Praktiken und Diskurse zwischen Frankreich und dem Heiligen Römischen Reich*, Halle: Universitätsverlag Halle-Wittenberg, 2012, pp. 61-84.

Schnyder, A., "Die St. Ursula-Bruderschaft der Kölner Laiendecker. Edition und Interpretation des Bruderschaftsbuches," *Jahrbuch des Kölnischen Geschichtsvereins*, 52, 1981, pp. 1-92.

Schöller, W., *Die rechtliche Organisation des Kirchenbaus im Mittelalter, vornehmlich des Kathedralbaues*, Köln / Wien: Böhlau, 1989.

Schulz, K., "Die politische Zunft: Eine die spätmittelalterliche Stadt prägende Instituion?," in: W. Ehbrecht (ed.), *Verwaltung und Politik in Städten Mitteleuropas. Beiträge zu Verfassungsnorm und Verfassungswirklichkeit in altständischer Zeit*, Köln / Weimar / Wien: Böhlau, 1994, pp. 1-20.

Schweers, V., *Bruderschaften in Coesfeld um 1500*, Ph.D. Diss., Westfälische Wilhelms-Universität Münster 2003. Web-Adresse: http://d-nb.info/1027018939/34

Schwineköper, B. (ed.), *Gilden und Zünfte. Kaufmännische und gewerbliche Genossenschaften im frühen und hohen Mittelalter*, Sigmaringen: Thorbecke, 1985.

Stolz, E., "Schwäbisches Bruderschaftsleben," *Historisch-politische Blätter*, 148, 1911, pp. 759-775, 823-840.

Störmer, W., "Bürgerliche Korporationen im spätmittelalterlichen Bayern," in: P. Johanek (ed.), *Einungen und Bruderschaften in der spätmittelalterlichen Stadt*, Köln / Weimar /

Wien: Böhlau, 1993, pp. 111-147.

Terpstra, N., "De-institutionalizing Confraternity Studies: Fraternalism and Social Capital in Cross-Cultural Contexts," in: C. Black & P. Gravestock (eds.), *Early Modern Confraternities in Europe and the Americas. International and Interdisciplinary Perspectives*, Aldershot / Burlington: Ashgate, 2006, pp. 264-283.

Theil. B., "Bruderschaften in Vorderösterreich. Zu Mentalität und Frömmigkeit barocker Bruderschaften," *Rottenburger Jahrbuch für Kirchengeschichte*, 20, 2001, pp. 195-210.

Thiessen, H. v., "Konfessionelle Identitäten—hybride Praktiken: Katholische Konfessionalisierung im Konfliktraum des Fürstbistums Hildesheim (1650-1750) ," in: J. Eibach & H. Carl (eds.), *Europäische Wahrnehmungen 1650–1850. Interkulturelle Kommunikation und Medienereignisse*, Hannover: Wehrhahn, 2008, pp. 101-129.

Tremp, K. U., "Barmherzigkeit und Versicherung zugleich. Die Armenfürsorge der Freiburger Heiliggeistbruderschaft an der Wende vom Spätmittelalter zur frühen Neuzeit," in: H.-J. Gilomen, S. Guex & B. Studer (eds.), *Von der Barmherzigkeit zur Sozialversicherung. Umbrüche und Kontinuitäten vom Spätmittelalter bis zum 20. Jahrhundert*, Zürich: Chronos Verlag, 2002, pp. 183-197.

Tropper, C., "Die frühneuzeitliche Rosenkranzbruderschaft zu Maria Saal," in: W. Wadl (ed.), *Kärntner Landesgeschichte und Archivwissenschaft. Festschrift für Alfred Ogris zum 60. Geburtstag*, Klagenfurt: Verlag des Geschichtsvereines für Kärnten, 2001, pp. 217-291.

Uhlhorn, G., *Die christliche Liebestätigkeit in der alten Kirche*, Stuttgart: Gundert, 1882-1890.

Unkel, K., "Die Kreuzbruderschaft in Köln. Ein Beitrag zur Kirchengeschichte Deutschlands im Anfange des siebenzehnten Jahrhunderts," *Pastoralblatt*, 15, 1891, pp. 289-292, 314-318, 336-341, 353-358, 375-381, 397-403, 413-418, 436-439, 458-463.

Verein für Mecklenburgische Geschichte und Altertumskunde, *Mecklenburgisches Urkundenbuch*, XVI, Schwerin: Bärensprung, 1893.

Wackernagel, R. (ed.), *Urkundenbuch der Stadt Basel*, vol. I, Basel: Detloff, 1890.

Walter, B., *Informationen, Wissen und Macht. Akteure und Techniken städtischer Außenpolitik: Bern, Straßburg und Basel im Kontext der Burgunderkriege (1468–1477)* (VSWG-Beihefte 218), Stuttgart: Steiner, 2012.

Wiek, P., "Das Straßburger Münster. Untersuchungen über die Mitwirkung des Stadtbürgertums am Bau bischöflicher Kathedralkirchen im Spätmittelalter," *Zeitschrift für die Geschichte des Oberrheins*, 107 vol., 1959, pp. 40-113.

Wilda, W. E., *Das Gildewesen im Mittelalter*, Halle, 1831. (reprint: Aalen, Scientia Verlag, 1964.)

Winkelbauer, T., "Volkstümliche Reisebüros oder Werzeuge obrigkeitlicher Disziplinierng? Die Laienbruderschaften der Barockzeit in den böhmischen und österreichischen Ländern," in: R. Leeb, S. C. Pils & T. Winkelbauer (eds.), *Staatsmacht und Seelenheil. Gegenreformation und Geheimprotestantismus in der Habsburgermonarchie*, Wien / München: R. Oldenbourg, 2007, pp. 141-160.

Winkelmann, O., *Das Fürsorgewesen der Stadt Straßburg vor und nach der Reformation*, Leipzig: Verein für reformationsgeschichte, 1922 reprint 1971.

Witte, H. & G. Wolfram, *Urkundenbuch der Stadt Strassburg V.*, Straßburg: Verlag von Karl J. Trübner, 1896.

Wurster, H. W., "Die Bruderschaften der 33 Brüder in der Diözese Passau," *Ostbairische Grenzmarken*, 45, 2003, pp. 47-61.

Ziegler, W., "Die Franziskaner-Observanten," in: F. Jürgenmeier & R. E. Schwerdtfeger

（eds.）, *Orden und Klöster im Zeitalter von Reformation und katholische Reform 1500–1700*, vol. 3, Münster: Aschendorff, 2007, pp. 163–214.

阿部謹也「中世ドイツの fraternitas exulum」『一橋論叢』81（3），1979 年，368–377 頁．

——「中世ハンブルクのビール醸造業と職人（特集 歴史学）」『一橋論叢』83（3），1980 年，337–354 頁．

踊共二『改宗と亡命の社会史——近世スイスにおける国家・共同体・個人』創文社，2003 年．

——「宗派化論——ヨーロッパ近世史のキーコンセプト」『武蔵大学人文学会雑誌』第 42 巻 3・4 号，2011 年，109–158 頁．

鍵和田賢「近世ドイツ兄弟団研究の現状と課題」『西洋史論集』（北海道大学），第 12 号，2009 年，27–54 頁．

——「17 世紀初頭の都市ケルンにおける宗派紛争——「ミュールハイム建設問題」を事例として」『西洋史学』第 240 号，2010 年，19–35 頁．

江川由布子「14 世紀前半シュトラースブルクにおける市制変革（1）」『比較都市史研究』第 12 巻第 1 号，1993 年 a，35–53 頁．

——「14 世紀前半シュトラースブルクにおける市制変革（2）」『比較都市史研究』第 12 巻第 2 号，1993 年 b，29–47 頁．

——「中世シュトラースブルクにおける大聖堂と都市共同体」『比較都市史研究』第 23 巻第 2 号，2004 年，13–28 頁．

瀬原義生「シュトラスブルクにおけるツンフト闘争（1）」『立命館文学』225，1964 年，215–241 頁．

——「シュトラスブルクにおけるツンフト闘争（2）」『立命館文学』226，1964 年，365–400 頁．

服部良久「中世リューベックの兄弟団について」中村賢二郎編『都市の社会史』ミネルヴァ書房，1983 年，113–138 頁．

渡邊伸『宗教改革と社会』京都大学学術出版会，2001 年．

第 4 章　ネーデルラント

Arnade, P., *Realms of Ritual. Burgundian Ceremony and Civic Life in Late Medieval Ghent*, Ithaca: Cornell University Press, 1996.
Axters, S., *Geschiedenis van de Vroomheid in de Nederlanden*, Antwerpen: De Sikkel, 4 vols., 1950–60.
Berlière, U., “Confréries bénédictines au Moyen Age,” *Ruvue liturgique et monastique*, 12, 1926–27, pp. 135–145.
Bijserveld, A-J. (ed.), *Cultuur in het laatmiddeleeuwse Noord-Brabant. Literature-Boekproductie-Historiografie*, ‘s-Hertogenbsch: Stichting brabantse Regionale Geschiedbeoefening, 1998.
—— & P. Trio, “Van ‘gebedsverbroedering’ naar ‘broederschap’. De evolutie van het *fraternitas*-begrip in de Zuidelijke Nederlanden in de volle Middeleeuwen,” *Jaarboek voor Middeleeuwse geschiedenis,* vol. 6, 2003, pp. 7–48; vol. 7, 2004.
Blockmans, W. P. & W. Prevenier, “Openbarearmenzorg te ‘s Hertogenbosch tijdens een groeifase, 1435–1535,” *Annales de la Société belge d’Histoire des Hôptiaux*, XII, 1974, pp. 21–78.
——, “Poverty in Flanders and Brabant from the Fourteenth to the Mid-Sixteenth Century. Sources and Problems,” in: *Acta Historiae Neerlandicae*, vol. 10, 1978, pp. 20–57.
Blondé, B., *De sociale structuren en economische dynamiek van ‘s-Hertogenbosch 1500–1550*, Tilburg: Stichtung Zuidelijk Historisch Contact, 1987, 2 vol.
Boele, A., *Leden van één lichaam. Denkbeelden over armen, armenzorg en liefdadigheid in de Noordelijke Nederlanden 1300–1650*, Hilversum: Verloren, 2013.
Bogaers, L., “Broederschappen in laatmiddeleeuws Utrecht op het snijpunt van religie, werk,

vriendschap en politiek," *Trajecta*, vol. 8, 1999, pp. 97-119.

Botana, F., *The Works of Mercy in Italian Medieval Art (c. 1050–c. 1400)*, Turnhout: Brepols, 2005.

Brown, A., "Bruges and the 'Burgundian Theatre-State': Charles the Bold and Our Lady of the Snow," *History*, 84, 1999, pp. 573-589.

——, *Civic Ceremony and Religion in Medieval Bruges, c. 1300–1520*, Cambridge: Cambridge University Press, 2011.

—— & G. Small (eds.), *Court and Civic Society in the Burgundian Low Countries, c. 1420–1530*, Manchester: Manchester University Press, 2007.

Callewier, H., "Remembrance and Literacy: Memorial practices of the Secular Clergy in Fifteenth-Century Bruges," in: M. Mostert & A. Adamska (eds.), *Uses of the Written Word in Medieval Towns. Medieval Urban Literacy II*, Turnhout: Brepols, 2014, pp. 313-323.

Cecchinelli, C., "Between Devotion and Politics: Marian Confraternities in Renaissance Parma," in: N. Terpstra et al. (eds.), *Faith's Boundaries. Laity and Clergy in Early Modern Confraternities*, Turnhout: Brepols, 2012, pp. 59–84.

Chiffoleau, J., *Le comptabilité de l'au-dela. Les hommes, la mort, et la réligion dans la region d'Avignon à la fin du moyen âge (vers 1320–vers 1480)*, Rome: École françase de Rome, 1980.

Cohn, S. K., *Death and Property in Siena, 1205–1800. Strategies for the Afterlife*, Baltimore: Johns Hopkins University Press, 1988.

Coopmans, J. P. A., *De Rechtstoestand van de godshuizen te 's Hertogenbosch vóór1629*, 's Hertogentobosch, 1964.

Cossar, R., *The Transformation of the Laity in Bergamo, 1265–1400*, Leiden: Brill, 2006.

Custis, C. F. & C. Carton, "La confrérie de l'Arbre sec à Bruges," *Annales de la Société d'Émulation de Bruges*, 5, 1843, pp. 379-385.

De Kort, P.M.J.C., "De broederschap van het Heilig Kruis te Nijmegen: een momentopname uit het midden van de vijftiende eeuw," in: *Numaga*, vol. 27, 1980, pp. 102-112.

De Schodt, A., "Confrérie de Nôtre-Dame de l'Arbre Sec," *Annales de la Société d'Émulation de Bruges*, 28, 1876-77, pp. 141-185.

De Smet, M., J. Kuys, P.Trio, "Procession and Church Fabrics in the Low Countries during the Late Middle Ages," in: *An Inquiry into Secular Influence on Ecclesiastical and Religious Matters on a Local Urban Level*, K. U. Leuven: Campus Kortrijk, 2006, pp. 5-91.

De Spiegeler, P., "Les statuts de la confrérie de Saint-Jacques (23 mai 1479)," *Bulletin Commission Royale d'Histoire*, 147, 1981, pp. 205-215.

Dieterich, D., *Brotherhood and Community on the Eve of the Reformation: Confraternities and Parish Life in Liège, 1450–1540*, Ph.D.Dissrtation, The University of Michigan, UMI, 1982.

——, "Une confrérie paroissiale à Liège, 1457-1538," *Leodium*, 45, 1989a, pp. 1-25.

——, "Confraternities and Lay Leadership in Sixteenth-Century Liège," *Renaiisance and Reformation*, 25, 1989b, pp. 15-34.

Dixon, L., *Bosch*, London / New York: Phaidon, 2003.

Fontana, C., *Het belang van testamentaire schenkingen op sociaal, financieel-materieel en familiaal vlak in het laat-middeleeuwse Gent, 1400–1450*, Licentiaat Verhandeling, RUG, 1992-1993.

Forney, K. K., "Ritual and Patronage at the Church of Our Lady, Antwerp," *Early Music History*, 7, 1987, pp. 1-57.

Galvin, M. T., "Credit and Parochial Charity in Fifteenth-Century Bruges," *Journal of Medieval History*, 28, 2002, pp. 131-154.

Gaspard, A., *Etude sur les testaments de bourgeois et oppidains de Huy de 1263 à 1480*, Licenciee en Histoire, Université de Liège, 1976-77.

George, A., *Le Pélrinage à Compostelle en Belgique et dans le nord de la France suivi d'une étude sur l'iconographie de Saint-Jacques en Belgique*, Bruxelles: Academie Royale de Belgique, 1971.

Glixon, J., *Honoring God and the City. Music at the Venetian Confraternities 1260–1807*, Oxford: Oxford University Press, 2003.

Goudriaan, K., "Gilden en broederschappen in de Middeleeuwen," in: K Goudriaan, M. Hulshof, P. Lourens & J. Lucassesn, *De Gilden in Gouda*, Zwolle: Waanders Uitgevers, 1995, pp. 21-64.

Goussy, V., *Leven met de dood in de late middeleeuwen. 1450–1482. Het Gentse testament en andere aktentypes waarin de overdracht van het vermogenover de dood heen wordt aangeraakt*, Licentiaat Verhandeling, RUG, 1994-95.

Gysseling, M. & W. Pijnenburg (eds.), *Corpus van Middelnederlandse teksten (tot en met het jaar 1300)*, 9 vols., 's-Gravenhage: Martinus Nijhof, 1977.

Heiden, M. van der., *Civic Duty. Public Services in the Early Modern Low Countries*, Newcastle upon Tyne: Cambridge Scholars Publishing, 2012.

Henderson, J., *Piety and Charity in Late Medieval Florence*, Oxford: Oxford University Press, 1994.

Hens, H., H. Van Bavel, G. C. M. Van Dijck & J. H. M. Frantzen (eds.), *Mirakelen van Onze Lieve Vrouw te 's-Hertogenbosch, 1381–1603*, Tilburg: Stichting Zuidelijk Historisch Contact, 1978.

Hodum, A., "Oorsprong van de broederschap van O.L.Vrouw Presentatie in de Sint-Jacobskerk te Brugge," *Annales de la Société d'Emulation de Bruges*, 91, 1954, pp. 97-116.

Hoppenbroouwers, P. C. M., "De broederschap van Onze-Lieve-Vrouw te Heusden," in: D. E. H. de Boer & J. W. Amarsilje (ed.), *De Nederlanden in de late middeleeuwen*, Bussum: Aula, 1987, pp. 199-235.

Jas, E., "SICUT LILIUM INTER SPINAS. Het Muziekleven te 's-Hertogenbosch rond de Illustre Lieve Vrouwe broederschap," in: *Klosters, Kronieken en Koormuziek. Cultuur in Bourgondische 's-Hertogenbosch, 1450–1629*, 's-Hertogenbosch, 1991, pp. 41-60.

Jenniskens, A.H. (ed.), *Hemelse trektochten. Broderschappen in Maastricht, 1400–1850*, Maastricht: Stichting historische reeks, 1990.

Jongerius, H. A. M, "De broederschap der Ellendige Zielen aan de Buurkerk te Utrecht, 1436-1520," *Jaarboek Oud-Utrecht*, 1989, pp. 9-36.

Kaplan, B. J., "A Clash of Values: the Survival of Utrecht's Confraternities after the Reformaiton and the Debate over Their Dissolution," in: *De Zeventiende eeuw*, 16-2, 2000, pp. 100-117.

Kasai, R., "Les demandes des donations de l'hôpital Saint-Jacques-aux-Pèlerins à Paris aux XIVe et XVe siècles: une analyse de la gestion des livres de comptes," in: É.Belmas & S. Nonnis-Vigilante (dir.), *Les relations médecin-malade des temps modernes à l'époque contemporaine*, Paris: Presses Universitaires du Septentrion, 2013, pp. 87-104.

Kellman, H., *The Treasury of Petrus Alamire. Music and Art in Flemish Court Manuscripts 1500–1535*, Ghent-Amsterdam: Ludion, 1999.

Knippenberg, W. H. Th., "Broederschappen in Noord-Barbant," *Noorbrabants Historisch Jaarboek*, 1986, pp. 1-19.

Koldeweij, A. M., *In Buscoducis 1450–1629: Kunst uit de Bourgondische tijd te's-Hertogenbosch. De cultuur van late middeleeuwen en renaissance*, Maarssen: Schwartz, 1990.

Kruisheer, J., *De Onze Lieve Vrouwe-Broederschap te Doesburg, c. 1397–1580*, Ellecom: Kruisheer, 1976.

Kuijer, P. Th.J., *'s-Hertogenbosch. Stad in het hertogdom Brabant, ca. 1185–1629*, Zwolle: Waanders Uitgevers, 2000.

Le Bras, G., "Les confréries chrétiennes, problèmes et propositions," *Revue d'historie du droit français et étranger*, 1940-41, pp. 310-363.

Leguijt, J., "Religieuze lekenbroederschappen in het 15e eeuwse Utrecht. Een onderzoek naar de functies van deze broederschappen en de achtergronden van hun leden," *Jaarboek Oud-Utrecht*, 1994, pp. 5-32.

Maréchal, G., *De sociale en politieke gebondenheid van het Brugse hospitaalwezen in de Middeleeuwen:* UGA, 1978.

Martens, M. P. J., *Artistic Patronage in Bruges Institutions, ca.1440–1482*, Ph.D. thesis, University of California Santa Barbara, 1992.

Meersseman, G. G., Ordo fraternitatis. confraternite e pieta' dei laici nel medioevo, Roma: Herder Editrice, 1977, 3 vols.

Meersseman, S., "Het 'Sente Jacopshuus up Nieuwland' te Gent. Godshis of politieke Instelling (ca. 1257-1540)," *Handelingen der Maatschapij voor Geschiedenis en Oudheidkunde te Gent*, 45, 1991, pp. 5-32.

Meconi, H., Pierre de la Rue ca.1452-1518, in: Kellman The Treasury of Petrus Alamire, pp. 35-37.

Milis, L., "De kerkhistorische produktie in België (1959-92) bettreffende de middle-Eeuwen," *Trajecta: Tijschrift voor de geschiedenis van het katholiek leven in de Nederlanden*, 1, 1988, pp. 113-123.

Moreau, E., *Histoire de l'Eglise en Belgique*, Bruxelles, 1945-51, 5 vols.

Murray, J. M., "Failure of Corporation. Notaries Public in Medieval Bruges," *Journal of Medieval History*, 12, 1986, pp. 155-166.

Nosow, R., *Ritual Meanings in the Fifteenth-Century Motet*, Cambridge: Cambridge University Press, 2012.

Oosterman, J. (ed.), *Stad van koopmanschap en vrede. Literatuur in Brugge tussen Middeleeuwen en Rederijkerstrijd*, Leuven: Peeters, 2005.

Paquay, J., "De O.L.V.-broederschappen in het oud bisdom Luik," in: *Handelingen van het Vlaamsch Maria-congres te Brussel, 8–11 September 1921*, Brussels, 1, 1922, pp. 72-80.

Péricard -Méa, D., *Compostelle et cultes de Saint Jacques au Moyen Âge*, Paris: Presses Universitaires de France, 2000.

Plij, H., *De sneeuwpoppen van 1511: Stdscultuur in de late middereeuwen*, Amsterdam: Prometheus, 1988.

Ramakers, B., *Spelen en figuren. Toneelkunst en processiecultuur in Oudenaarde tussen Middeleeuwen en Moderne Tijden*, Amsterdam: Amsterdam University Press, 1996.

——, "Rederijkers en stedelijke feestcultuur in het Laatmiddeleeuwse Noord-Brabant," in: A-J. A. Bijsterveld et al. (ed.), *Cultuur in het laatmiddeleeuwse Noord-Brabant*, 's-Hertogenbosch: Stichting Brabantse Regionale Geschiedbeoefening, 1998, pp. 37-54.

Roberts, P. L., "Cornelis Buys the Elder's Seven Works of Mercy: An Exemplar of Confraternal Art from Early Sixteenth-Century Northern Europe," *Renaissance and Reformation*, 25-1, 1989, pp. 135-149.

Roelvink, V., *Gegeven den sangeren: meerstemmige muziek bij de Illustere Lieve Vrouwe Broeder-*

schap te 's-Hertogenbosch in de zestiende eeuw, 's-Hertogenbosch: Heinen, 2002.
Schouteet, A., "De broederschap van Onze-Lieve-Vrouw van Hulsterlo, 14de-16de eeuw: Archief en ledenlijst," *Handelingen van het Genootschap voor Geschiedenis*, 127, 1990, pp. 109-144.
Schreurs, E., "Petrus Music Caligrapher. Musician, Composer, Spy," in: Kellman The Treasury of Petrus Alamire, pp. 15-27.
Sella, B. A., *Piety and Poor Relief: Confraternities in Medieval Cremona, c. 1334–1499*, Ph.D. Dissertation, University of Toronto, UMI, 1996.
Smijers, A., De Illstre Lieve Vrouwe Broederschap te 's-Hertogenbosch, Tijdschrift der Vereeniging voor Nederlandse Muziek geschiedenis, XI (1925), 187-210; XII (1926-28), pp. 40-62, 115-167; XIII (1929-1931), pp. 46-100, 181-237; XIV (1932-1935), 48-105; XVI (1940-46), pp. 63-106, 216; XVII (1948-1955), pp. 195-230.
——, "Music of the Illusrious Confraternity of our Lady at 's-Hertogenboch from 1330 to 1600," *Papers Read at the International Congress of Musicology*, American Musicological Society, 1939, pp. 184-192.
——, "Meerstemmige muziek van de Illustre Lieve Vrouowe Broederschap te 's-Hertogenbosch," *Tijdschrift der Vereniging voor Noord-Nederlands Muziek-Geschiedenis*, 16, 1940, pp. 1-30.
Smits, C. F. X., "De stichtingsoorkonde der Illustre L.-V.-Broederschap of Zwane-broederschap van 's-Hertogenbosch, anno 1318," *Nederlandsch Archief voor Kerk-geschiedenis*, 9, 1912, pp. 59-69.
Speetjens, A., "A Quantitative Approach to Late Medieval Transformations of Piety in the Low Countries," in: R. Lutton & E. Salter (eds.), *Pieties in Transition. Religious Practices and Experiences, c. 1400–1640*, Aldershot: Ashgate, 2007, pp. 109-126.
Strohm, R., *Music in Late Medieval Bruges*, Oxford: Oxford University Press, 1983.
Toussaert, J. *Le Sentiment religieux en Flandre à la fin du Moyen Age*, Paris, 1963.
Trio, P., "A Medieval Students Confraternity at Ypres. The Notre Dame Confraternity of Paris Studens," *History of Universities*, 5, 1985, pp. 15-53.
——, "Armenzorg te Gent. Een onzerzoek naar de steurnverlening aan armen bij de broederschappen in de late middeleeuwen," in: *Liber amicorum A. de Vos*, 1989a, pp. 181-187.
——, "Statuten van laatmiddeleeuwse broederschappen. Enkele Gentse voorbeelden," *BCRH*, 156, 1989b, pp. 279-308.
——, *De Gentse broederschapen (1182–1580)*, Gent: Maatschappij voor geschiedenis en oudheidkunde, 1990.
——, Middeeuwse pelgrimsbroederschappen te Oudenaarde, in: *Hand. van de Geschieden Oudheidkundige Kring van Oudenaarde, van zijn kastelnij en van den Lande tusschen Maercke en Ronne*, 28, 1991, pp. 131-152.
——, *Volksreligie als Spiegel van een stedelijke samenleving. De broederschappen te Gent in de late middeleeuwen*, Leuven: Leuven University Press, 1993.
——, "Middeleeuwse broederschappen in de Nederlanden. Een balans en perspectieven voor verder onderzoek," *Trajecta*, 3-2, 1994a, pp. 97-109.
——, "Les Confréries des pays-Bas face au problème de la pauvreté (XVe-XVIe siècle)," in: *Confraternite: chiesa e societa: Aspetti e problemi dell'associazionismo laicale europeo in età moderna e contemporanea* (ed.L.Bertoldi Lenoci), Fasano, 1994b, pp. 277-287.
——, "La position des autorités ecclésiastiques et civiles envers les conféries aux Pays-Bas (XIIIe-XVIe siëcles)," in: *Les confréries religieuses et la norme XIIe–début XIX siècle*, Bruxelles: Facultes Universitaires Saint-Louis, 2003a, pp. 41-53.

——, "Les confréries comme expression de solidarité et de conscience urbaine aux Pays-Bas à la fin du Moyen Age," in: *Memoria, Communitas, Civitas. Mémoire et conscience urbaines en Occident à la fin du Moyen Age*, Ostfildern: Thorbecke, 2003b, pp. 131–141.

——, "Confraternities in the Low Countries and the Increase in Written Source Material in the Middle Ages," in: *Frümittetlalterliche Studien*, 38, 2004, pp. 415–426.

——, "Lay Persons in Power: the Crumbling of the Clerical Monopoly on Urban Devotion in Flanders, as a result of the rise of Lay Confraternities in the Late Middle Ages," in: C. Black & P. Gravestock (eds.), *Early Modern Confraternities in Europe and Americas, International and Interdisciplinary Perspectives*, Aldershot: Ashgate, 2006, pp. 53–63.

——, "The Social Positioning of Late Medieval Confraternities in Urbanized Flanders: from Integration to Segretation," in: M. Escher-Apsner (ed.), *Mittelalterliche Bruderschaften in europäischen Städten. Fonctionen, Formen, Akteure*, Frankfurt am Main: P. Lang, 2009, pp. 99–110.

——, "The Emergence of New Devotions in Late Medieval Urban Flanders (13th–15thCenturies). Struggle and Cooperation between Church / Clergy and Urban Government / Bourgeoisie," in: *Städtische Kulte im Mittelalter*, Regensburug: Schnell & Steiner, 2010, pp. 327–337.

—— & B. Haggh, "The Archives of Confraternities in Ghent and Music," in: Musicology and Archival Research, Colloquium Proceedings Brussels, 22–23. 4. 1993, Brussels (in: *Archief- en Bibliotheekwezen, Extra*, 46, 1994), pp. 44–90.

—— & M. Carnier, "La confrérie nommée 'kalande': reminiscence d'une organization à base décanale dans le comté de Flandre au Moyen Age," in: R. Opsommer (ed.), *Van Ieperse socholen en lenen, schilderijen en criminelen uit velerlei eeuwen*, Ypres: Stadarchief Ieper, 1999.

—— & M. De Smet, "Processions in Town: The Intervention of the Urban Authoriities in the Late Medieval Urban Procession of the Low Countries," in: *Processions and Church Fabics in the Low Countries during the Middle Ages*. Kortrijk: Kuleuven-Kortrijk Preprints of the Faculty of Arts, 2006, pp. 5–91.

Van Bruaene, A-L., "In Principio Erat Verbum. Drama, Devotion, Reformation and Urban Association in the Low Countries," C. F. Black et al. (eds.), *Early Modern Confraternities in Europe and the Americas*, Aldershot: Ashgate, 2006, pp. 64–80.

——, *Om beters wille. Rederijkerskamers en de stedelijke cultuur in de Zuidelijke Nederlanden (1400–1650)*, Amsterdam: Amsterdam University Press, 2008.

Van den Heuvel, N. H. L., *De Ambachtsgilden van 's Hertogenbosch vóór 1629, Rechtsbronnen van het bedrijfsleven en het gildewezen*, Utrecht, 1946, 3 vols.

Van den Hoven van Genderen, B. & P. Trio, "Old Stories and New Themes: An Overview of the Historiography of Confraternities in the Low Countries from the Thirteenth to the Sixteenth Centuries," in: E. Jamroziak & J. Burton (eds.), *Religious and Laity in Western Europe, 1000–1400. Integration Negotiation, and Power*, Turnhout: Brepols, 2006, pp. 357–384.

Van de Cappelle, S., *De O.L.V.-broederschap ter Sneeuw te Brugge gedurende de late middeleeuwen (ca. 1467–1536)*, Licentiaat Verhandeling, Leuven, 1997.

Van der Velden, H., "Petrus Christus's Our Lady of the Dry Tree," *Journal of the Warburg and Courtauld Institutes*, 60, 1997, pp. 89–110.

Van Dijck, G. C. M., *De Bossche optimaten. Geschiedenis van de illustere Lieve Vrouwenbroederschap te 's-Hertogenbosch, 1318–1973*, Tilburg: Stichiting Zuidelijk Historisch Contact, 1973.

Van Dijck, M. F., "Bonding or Bridging Social Capital? The Evolution of Brabantine Fraternities during the Late Medieval and the Early Modern Period," in: *Faith's Boundaries. Laity and Clergy in Early Modern Confraternities*, Turnhout: Brepols, 2012, pp. 153–186.

Van Herwaarden, J., *Opgelegde bedevaarten: een studie over de praktijk van opleggen van bedevaarten in de Nederlanden gedurende de late Middeleeuwen (ca. 1300–ca. 1550)*, Assen: Van Gorcum, 1978.

——, (ed.), *Pelgrims door de eeuwen heen. Santiago de Compostela*, Turnhout: Brepols, 1985.

Van Heerwaarden, J. & R. de Keyser, "Het gelovige volk in de late middeleeuwen," in: *Nieuw Algemene Geschiedenis der Nederlanden*, vol. 4, Busum, 1980, pp. 405–420.

Van Steensel, A., "Variations in Urban Social Assistance. Some Examples from Late-Medieval England and the Low Countries," in: F. Ammannati (ed.), *Assistenza e Solidarietà in Europa secc. XIII–XVIII*, Firenze: Firenze University Press, 2013, pp. 135–150.

Van Zuylen, R. A., *Inventaris der Archieven van de stad 's Hertogenbosch, Stadsrekeningen 1399–1800*, 's Hertogenbosch, 1863.

Vauchez, A., "Saints and Pilgrimages: New and Old," in: M. Rubin & W. Simons (eds.), *The Cambridge History of Christianity. Christianity in Western Europe, c. 1100–c. 1500*, Cambridge: Cambridge University Press, 2009, pp. 324–339.

Vincent, C., "Assurance sur la mort: les confréries au Moyen Age," in: *L'hisoire*, 117, 1988, pp. 8–17.

——, *Les confréries médiévales dans le royaume de France, XIIIe–XVe siècle*, Paris: Albin Michel, 1994.

Weale, J., "La Procession et les Confréries de Notre Dame de Roosebeke," *La Flandre*, 3, 1869–70, pp. 154–187.

Wegman, R. C., "Music and Musicians at the Guild of Our Lady in Bergen op Zoom, c. 1470–1510," *Early Music History*, 9, 1989, pp. 175–249.

——, *Born for the Muses: The Life and Masses of Jacob Obrecht*, New York: Oxford University Press, 1992.

青谷秀紀「信仰のかたち——フランドル都市の宗教儀礼をめぐって」『ヨーロピアン・グローバリゼーションと諸文化圏の変容研究プロジェクト』（東北学院大学オープン・リサーチ・センター），2009年，74–94頁.

嵩井里恵子「14・15世紀パリにおけるサン・ジャック巡礼施療院——証書史料・会計史料からみたその社会的役割」首都大学東京大学院人文科学研究科博士論文（未刊行），2011年.

河原温「中世ネーデルラントの兄弟団について」『日蘭学会会誌』22，1997年，69–83頁.

——「フラテルニタス論」『岩波講座 世界歴史8　西ヨーロッパの発展』岩波書店，1998年，175–200頁.

——『中世フランドルの都市と社会——慈善の社会史』中央大学出版部，2001年.

——「信心・慈愛・社会的絆——中近世ヨーロッパにおける兄弟団の機能と役割をめぐって」『地中海研究所紀要』（早稲田大学地中海研究所），第4号，2006年，67–77頁.

——『都市の創造力』（ヨーロッパの中世2），岩波書店，2009年.

——「中世ブルッヘの兄弟団と都市儀礼——15世紀雪のノートルダム兄弟団の活動を中心に」深沢克己・桜井万里子編『友愛と秘密の社会文化史』東京大学出版会，2010年，109–132頁.

シュライナー，K.（内藤道雄訳）『マリア——処女・母親・女主人』法政大学出版局，2000年.

田中峰雄「中世都市の貧民観」中村賢二郎編『前近代の都市と社会層』京都大学人文科学研究所，1980年，1–49頁.

デュプロン，A.（田辺保編訳）『サンティヤゴ巡礼の世界』原書房，1992年.

山本成生『聖歌隊の誕生——カンブレー大聖堂の音楽組織』知泉書館，2013年.

第5章　イギリス

Archer, I. W., *The Pursuit of Stability: Social Relations in Elizabethan London*, Cambridge: Cambridge University Press, 1991.

Bainbridge, V., *Gilds in the Medieval Countryside: Social and Religious Change in Cambridgeshire c. 1350–1558*, Woodbridge: Boydell Press, 1996.

Barron, C. M., "The Parish Fraternities of Medieval London," in: C. Harper-Bill & C. Barron (eds.), *The Church in Pre-Reformation Society: Essays in Honour of F. R. H. DuBoulay*, Woodbridge: Boydell Press, 1985, pp. 13–37.

——, *London in the Later Middle Ages: Government and People 1200–1500*, Oxford: Oxford University Press, 2004.

—— & L. Wright, "The London Middle English Guild Certificates of 1388–9," *Nottingham Medieval Studies*, 39, 1995, pp. 108–145.

Basing, P. (ed.), *Parish Fraternity Register: Fraternity of the Holy Trinity and SS. Fabian and Sebastian in the Parish of St. Botolph without Aldersgate*, London: London Record Society, 1982.

Bateson, M. (ed.), *Cambridge Gild Records*, Cambridge: Cambridge Antiquarian Society, 1903.

Beattie, C., *Medieval Single Women: The Politics of Social Classification in Late Medieval England*, Oxford: Oxford University Press, 2007.

Ben-Amos, I. K., *The Culture of Giving: Informal Support and Gift-Exchange in Early Modern England*, Cambridge: Cambridge University Press, 2008.

Bennett, J. M., "Conviviality and Charity in Medieval and Early Modern England," *Past and Present*, 134, 1992, pp. 19–41.

Berlin, M., "Civic Ceremony in Early Modern London," *Urban History Yearbook*, 1986, pp. 15–27.

Bloom, J. H. (ed.), *The Register of the Gild of the Holy Cross, the Blessed Mary and St. John the Baptist of Stratford-upon-Avon*, London: Phillimore, 1907.

Bossy, J., "The Mass as a Social Institution 1200–1700," *Past and Present*, 100, 1983, pp. 29–61.

——, *Christianity in the West: 1400–1700*, Oxford: Oxford University Press, 1985.

Brigden, S., "Religion and Social Obligation in Early Sixteenth Century London," *Past and Present*, 103, 1984, pp. 67–112.

——, *London and the Reformation*, Oxford: Oxford University Press, 1989.

Burgess, C. (ed.), *The Pre-Reformation Records of All Saints' Bristol*, Bristol: Bristol Record Society, 2000.

Clark, P., *British Clubs and Societies 1560–1800: The Origins of Associational World*, Oxford: Oxford University Press, 2000.

Colson, J., "Alien Communities and Alien Fraternities in Later Medieval London," *London Journal*, 35, 2010, pp. 111–143.

Cressy, D., *Bonfires and Bells: National Memory and the Protestant Calendar in the Elizabethan and Early Stuart Era*, London: Weidenfeld & Nicolson, 1989.

Cross, M. C., "Religious Cultures in Conflict: A Salisbury Parish during the English Reformation," in: C. Dyer, A. J. Hopper, E. Lord & N. J. Tringham (eds.), *New Directions in Local History since Hoskins*, Hatfield: University of Hertfordshire Press, 2011, pp. 159–171.

Crouch, D. J. F., *Piety, Fraternity and Power: Religious Gilds in Late Medieval Yorkshire,*

1389–1547, Woodbridge: York Medieval Press, 2000.

Cunich, P., "The Dissolution of the Chantries," in: P. Collinson & J. Craig (eds.), *The Reformation in English Towns 1500–1640,* London: Macmillan, 1998, pp. 159-174.

Davies, M., "The Tailors of London: Corporate Charity in the Late Medieval London," in: R. E. Archer (ed.), *Crown, Government and People in the Fifteenth Century*, Stroud: Sutton Publishing, 1995, pp. 161-190.

Dain, A., "An Enlightened and Polite Society," in: C. Rawcliffe & R. G. Wilson (eds.), *Norwich since 1550*, London: Hambledon & London, 2004, pp. 193-218, 520-526.

de Krey, G. S., *A Fractured Society: The Politics of London in the First Age of Party, 1688–1715*, Oxford: Oxford University Press, 1985.

Dickens, A. G., *The English Reformation*, 2nd ed., London: Batsford, 1989.

Duffy, E., *The Stripping of the Altars: Traditional Religion in England, c. 1400–c. 1580*, New Haven / London: Yale University Press, 1992.

Dyer, C., *Standards of Living in the Later Middle Ages: Social Change in England, c. 1200–1520*, rev. ed., Cambridge: Cambridge University Press, 1998.

——, "Poverty and its Relief in Late Medieval England," *Past and Present*, 216, 2012, pp. 41-78.

Evans, J. T., *Seventeenth-Century Norwich: Politics, Religion, and Government 1620–1690*, Oxford: Clarendon Press, 1979.

Farnhill, K., *Guilds and the Parish Community in Late Medieval East Anglia, c. 1470–1550*, Woodbridge: York Medieval Press, 2001.

——, "The Guild of the Annunciation of the Blessed Virgin Mary and the Priory of St. Mary in Walsingham," in: C. Burgess & E. Duffy (eds.), *The Parish in Late Medieval England*, Donington: Shaun Tyas, 2006, pp. 129-145.

Finch, J., "A Reformation of Meaning: Commemoration and Remembering the Dead in the Parish Church, 1450-1640," in: D. Gaimster & R. Gilchrist (eds.), *The Archaeology of Reformation 1480–1580*, Leeds: Maney Publishing, 2003, pp. 437-449.

French, K. L., G. G. Gibbs & B. A. Kűmin (eds.), *The Parish in English Life 1400–1600*, Manchester: Manchester University Press, 1997.

Fryde, N., "Gilds in England before the Black Death," *Vortäge und Forschungen*, 29, 1985, pp. 215-229.

Gerchow, J., "Gilds and Fourteenth-Century Bureaucracy: The Case of 1388-9," *Nottingham Medieval Studies*, 40, 1996, pp. 109-148.

Giles, K., "Reforming Corporate Charity: Guilds and Fraternities in Pre- and Post-Reformation York," in: D. Gaimster & R. Gilchrist (eds.), *The Archaeology of Reformation 1480–1580*, Leeds: Maney Publishing, 2003, pp. 325-340.

Goodman, A., *Margery Kemp and her World*, London: Longman, 2002.

Grace, M. (ed.), *Records of the Gild of St. George in Norwich 1389–1547,* Norwich: Norfolk Record Society, 1937.

Gross, C., *The Gild Merchant*, Oxford: Clarendon Press, 1890.

Haigh, C., "The Recent Historiography of the English Reformation," in: C. Haigh (ed.), *The English Reformation Revised*, Cambridge: Cambridge University Press, 1987, pp. 19-33.

——, *English Reformations: Religion, Politics, and Society under the Tudors*, Oxford: Oxford University Press, 1993.

Hanawalt, B. A., "Keepers of the Lights: Late Medieval English Parish Gilds," *Journal of Medieval and Renaissance Studies*, 14, 1984, pp. 21-37.

—— & B. R. McRee, "The Guilds of *Homo Prudens* in Late Medieval England," *Continuity*

and Change, 7, 1992, pp. 163-179.

Harding, V., "Reformation and Culture 1540-1700," in: P. Clark (ed.), *The Cambridge Urban History of Britain, II, 1540–1840*, Cambridge: Cambridge University Press, 2000, pp. 263-288.

——, *The Dead and the Living in Paris and London, 1500–1670*, Cambridge: Cambridge University Press, 2002.

——, "Choices and Changes: Death, Burial and the English Reformation," in: D. Gaimster & R. Gilchrist (eds.), *The Archaeology of Reformation 1480–1580*, Leeds: Maney Publishing, 2003, pp. 386-398.

Hawes, T. (ed.), *An Index to Norwich City Officers 1453–1835*, Norwich: Norfolk Record Society, 1986.

Hindle, S., *On the Parish?: The Micro-Politics of Poor Relief in Rural England c. 1550–1750*, Oxford: Clarendon Press, 2004.

Historical Manuscripts Commission, *The Manuscripts of the Corporations of Southampton and King's Lynn*, Historical Manuscripts Commission, 11th report, appendix part 3, London: Her Majesty's Stationery Office, 1887.

Houlbrooke, R., *Death, Religion and the Family in England, 1480–1750*, Oxford: Clarendon Press, 1998.

Hudson, W. & J. C. Tingey (eds.), *The Records of the City of Norwich*, 2 vols., London, 1906-10.

Hutton, R., *The Rise and Fall of Merry England*, Oxford: Oxford University Press, 1994.

Ingram, M., "Religion, Communities and Moral Discipline in Late Sixteenth and Early Seventeenth-Century England: Case Studies," in: Kasper von Greyerz (ed.), *Religion and Society in Early Modern Europe 1500–1800*, London: Allen & Unwin, 1984, pp. 177-193.

James, M. E., *Society, Politics and Culture: Studies in Early Modern England*, Cambridge: Cambridge University Press, 1988.

Jones, W. R., "English Religious Brotherhoods and Medieval Lay Piety: The Inquiry of 1388-89," *Historian*, 36, 1974, pp. 646-659.

Jordan, W. K., *Philanthropy in England 1480–1660*, London: G. Allen & Unwin, 1959.

Kempson, E. G. H., "A Shropshire Gild at Work in Wiltshire," *Wiltshire Archaeological and Natural History Magazine*, 57: 206, 1958, pp. 50-55.

Kettle, A. N., "City and Close: Lichfield in the Century before the Reformation," in: C. Harper-Bill & C. Barron (eds.), *The Church in Pre-Reformation Society: Essays in Honour of F. R. H. DuBoulay*, Woodbridge: Boydell Press, 1985, pp. 158-169.

Kitching, C. J., *London and Middlesex Chantry Certificate*, London: London Record Society, 1980.

Knights, M., "Politics, 1660-1835," in: C. Rawcliffe & R. G. Wilson (eds.), *Norwich since 1550*, London: Hambledon & London, 2004, pp. 167-192, 516-520.

Kreider, A., *English Chantries: The Road to Dissolution*, Cambridge Mass.: Harvard University Press, 1979.

Kűmin, B., *The Shaping of a Community: The Rise and Reformation of the English Parish*, Aldershot: Ashgate, 1996.

Lennon, C., "The Confraternities and Cultural Duality in Ireland, 1450-1550," in: C. Black & P. Gravestock (eds.), *Early Modern Confraternities in Europe and the Americas: International and Interdisciplinary Perspectives*, Aldershot: Ashgate, 2006, pp. 35-52.

——, "The Parish Fraternities and County Meath in the Late Middle Ages," *Ríocht na Mídhe*, 19, 2008, pp. 85-101.

Litzenberger, C. J., "Communal Ritual, Concealed Belief: Layers of Response to the Regulation of Ritual in Reformation England," in: J. D. Tracy & M. Ragnow (eds.), *Religion and the Early Modern State: Views from China, Russia, and the West*, Cambridge: Cambridge University Press, 2004, pp. 98–120.

Mackerell, B., *The History and Antiquities of the Flourishing Corporation of King's Lynn in the County of Norfolk*, London, 1738.

Marshall, P., *The Catholic Priesthood and the English Reformation*, Oxford: Clarendon Press, 1994.

—— (ed.), *The Impact of the English Reformation 1500–1640*, London: Arnold, 1997.

——, *Beliefs and the Dead in Reformation England*, Oxford: Oxford University Press, 2002.

——, "(Re) defining the English Reformation," *Journal of British Studies*, 48, 2009, pp. 564–586.

Mattingly, J., "The Medieval Parish Guilds of Cornwall," *Journal of the Royal Institution of Cornwall*, 10, 1989, pp. 290–329.

McClendon, M. C., *The Quiet Reformation: Magistrates and the Emergence of Protestantism in Tudor Norwich*, Stanford: Stanford University Press, 1999a.

——, "A Moveable Feast: Saint George's Day Celebrations and Religious Change in Early Modern England," *Journal of British Studies*, 38, 1999b, pp. 1–27.

McIntosh, M. K., *Controlling Misbehavior in England, 1370–1600*, Cambridge: Cambridge University Press, 1998.

——, *Poor Relief in England 1350–1600*, Cambridge: Cambridge University Press, 2012.

McRee, B., "Religious Gilds and Civic Order: The Case of Norwich in the Late Middle Ages," *Speculum*, 67, 1992, pp. 69–97.

——, "Charity and Gild Solidarity in Late Medieval England," *Journal of British Studies*, 32, 1993, pp. 195–225.

——, "Peacemaking and its Limits in Late Medieval Norwich," *English Historical Review*, 109, 1994a, pp. 831–866.

——, "Unity or Division? The Social Meaning of Guild Ceremony in Urban Communities," in: B. A. Hanawalt & K. L. Reyerson (eds.), *City and Spectacle in Medieval Europe*, Minneapolis / London: University of Minnesota Press, 1994b, pp. 189–207.

——, "After 1452: The Evolution of the Gild of St. George in the Wake of Yelverton's Mediation," *Norfolk Archaeology*, 45: 1, 2006, pp. 28–40.

——, "An Urban Fraternity in the Age of Reform: Norwich's Gild of St. George, 1516–1548," in: M. Escher-Apsner (ed.), *Mittelalterliche Bruderschaften in europäischen Städten: Funktionen, Formen, Akteure*, Inklusion / Exklusion, 12, Frankfurt am Main / Oxford: Peter Lang, 2009, pp. 47–66.

Mills, D., "Chester Ceremonial: Re-Creation and Recreation in an English 'Medieval' Town," *Urban History Yearbook*, 18, 1991, pp. 1–19.

New, E. A., "Signs of Community or Marks of the Exclusive? Parish and Guild Seals in Later Medieval England," in: C. Burgess & E. Duffy (eds.), *The Parish in Late Medieval England*, Donington: Shaun Tyas, 2006, pp. 112–128.

Owen, D. M. (ed.), *The Making of King's Lynn: A Documentary Survey*, Oxford: Oxford University Press, 1984.

Palliser, D. M., *Tudor York*, Oxford: Oxford University Press, 1979.

—— (ed.), *The Cambridge Urban History of Britain, I, 600–1540*, Cambridge: Cambridge University Press, 2000.

Parker, K., "A Little Social Difficulty: Lynn and the Lancastrian Usurpation," in: C. Harper-

Bill (ed.), *Medieval East Anglia*, Woodbridge: Boydell Press, 2005, pp. 115–129.

Parker, V., *The Making of King's Lynn: Secular Buildings from the 11th to the 17th Century*, London / Chichester: Phillimore, 1971.

Phythian-Adams, C., "Ceremony and the Citizen: The Communal Year at Coventry 1450–1550," in: P. Clark & P. Slack (eds.), *Crisis and Order in English Towns 1500–1700: Essays in Urban History*, London: Routledge, 1972, pp. 57–85.

——, *Desolation of a City: Coventry and the Urban Crisis of the Late Middle Ages*, Cambridge: Cambridge University Press, 1979.

Rappaport, S., *Worlds within Worlds: Structures of Life in Sixteenth-Century London*, Cambridge: Cambridge University Press, 1989.

Rawcliffe, C., "Dives Redeemed? The Guild Almshouses of Later Medieval England," in: L. Clark (ed.), *Rule, Redemption and Representations in Late Medieval England and France*, Woodbridge: Boydell Press, 2008, pp. 1–27.

Reynolds, M., *Godly Reformers and their Opponents in Early Modern England: Religion in Norwich c. 1560–1643*, Woodbridge: Boydell Press, 2005.

Reynolds, S., *Kingdoms and Communities in Western Europe 900–1300*, Oxford: Oxford University Press, 1984.

Richards, W., *The History of King's Lynn*, vol. 1, King's Lynn, 1812.

Rollason, D., *The Durham Liber Vitae and its Context*, Woodbridge: Boydell Press, 2004.

Rosser, G., "The Town and Guild of Lichfield in the Late Middle Ages," *Transactions of the South Staffordshire Archaeological and Historical Society*, 27, 1987, pp. 39–47.

——, "Communities of Parish and Guild in the Late Middle Ages," in: S. J. Wright (ed.), *Parish, Church and People: Local Studies in Lay Religion, 1350–1750*, London: Hutchinson, 1988a, pp. 29–55.

——, "The Anglo-Saxon Gilds," in: J. Blair (ed.), *Minsters and Parish Churches: The Local Church in Transition, 950–1200*, University of Oxford Committee for Archaeology Monograph XVII, Oxford: University of Oxford Committee for Archaeology, 1988b, pp. 31–34.

——, *Medieval Westminster 1200–1540*, Oxford: Oxford University Press, 1989.

——, "Going to the Fraternity Feast: Commensality and Social Relations in Late Medieval England," *Journal of British Studies*, 33, 1994, pp. 430–446.

——, "Finding Oneself in a Medieval Fraternity: Individual and Collective Identities in the English Guilds," in: M. Escher-Apsner (ed.), *Mittelalterliche Bruderschaften in europäischen Städten: Funktionen, Formen, Akteure*, Inklusion / Exklusion, 12, Frankfurt am Main / Oxford: Peter Lang, 2009, pp. 29–46.

Rubin, M., "Corpus Christi Fraternities and Late Medieval Lay Piety," in: W. J. Sheils & D. Wood (eds.), *Voluntary Religion: Papers Read at the 1985 Summer Meeting and the 1986 Winter Meeting of the Ecclesiastical History Society*, Oxford: Blackwell, 1986, pp. 97–109.

——, *Charity and Community in Medieval Cambridge*, Cambridge: Cambridge University Press, 1987.

——, *Corpus Christi: The Eucharist in Late Medieval Culture*, Cambridge: Cambridge University Press, 1991.

Rye, W. (ed.), *The Norfolk Antiquarian Miscellany*, part 1, Norwich, 1873.

Scarisbrick, J. J., *The Reformation and the English People*, Oxford: Blackwell, 1984.

Schen, C. S., *Charity and Lay Piety in Reformation London, 1500–1620*, Aldershot: Ashgate, 2002.

Shagan, E., *Popular Politics and the English Reformation*, Cambridge: Cambridge University

Press, 2003.

Skaife, R. H. (ed.), *The Register of the Guild of Corpus Christi in the City of York*, Durham, London, Edinburgh, 1872.

Sommerville, C. J., *The Secularization of Early Modern England: From Religious Culture to Religious Faith*, Oxford: Oxford University Press, 1992.

Spufford, M., *Contrasting Communities: English Villagers in the Sixteenth and Seventeenth Centuries*, Cambridge: Cambridge University Press, 1974.

——, "Puritanism and Social Control," in: A. Fletcher & J. Stevenson (eds.), *Order and Disorder in Early Modern England*, Cambridge: Cambridge University Press, 1985, pp. 41-57.

——, "The Scribes of Villagers' Wills in the Sixteenth and Seventeenth Centuries and Their Influence," in: M. Spufford, *Figures in the Landscape*, Aldershot: Ashgate, 2000, pp. 27-43.

Tittler, R., *The Reformation and the Towns in England: Politics and Political Culture, c. 1540–1640*, Oxford: Clarendon Press, 1998.

Torrie, E. P. D., "The Guild of Fifteenth-Century Dunfermline," in: M. Lynch, M. Spearman & G. Stell (eds.), *The Scottish Medieval Town*, Donald: Humanities Press, 1988, pp. 245-260.

Toulmin-Smith, J., *English Gilds*, London, 1870.

Tsurushima, H., "The Fraternity of Rochester Cathedral Priory about 1100," *Anglo-Norman Studies*, 14, 1992, pp. 313-337.

——, "Forging Unity between Monks and Laity in Anglo-Norman England: The Fraternity of Ramsey Abbey," in: A. J. A. Bijsterveld, H. B. Teunis & A. Wareham (eds.), *Negotiating Secular and Ecclesiastical Power: Western Europe in the Central Middle Ages*, International Medieval Research VI, Turnhout: Brepols, 1999, pp. 133-146.

Tyacke, N., "Introduction: Re-thinking the 'English Reformation'," in: N. Tyacke (ed.), *England's Long Reformation 1500–1800*, London: UCL Press, 1998, pp. 1-32.

Underdown, D., *Revel, Riot, and Rebellion: Popular Politics and Culture in England 1603–1660*, Oxford: Oxford University Press, 1985.

Unwin, G., *Industrial Organization in the Sixteenth and Seventeenth Centuries*, Oxford: Clarendon Press, 1904. 樋口徹訳『ギルドの崩壊過程』岩波書店，1980 年.

——, *The Gilds and Companies of London*, London: Frank Cass, 1908.

Ward, J. P., *Metropolitan Communities: Trade Guilds, Identity, and Change in Early Modern London*, Stanford: Stanford University Press, 1997.

——, "Godliness, Commemoration, and Community: The Management of Provincial Schools by London Trade Guilds," in: M. C. McClendon, J. P. Ward & M. MacDonald (eds.), *Protestant Identities: Religion, Society, and Self-Fashioning in Post-Reformation England*, Stanford: Stanford University Press, 1999, pp. 141-157.

Ward, S. W., "Dissolution or Reformation? A Case Study from Chester's Urban Landscape," in: D. Gaimster & R. Gilchrist (eds.), *The Archaeology of Reformation 1480–1580,* Leeds: Maney Publishing, 2003, pp. 267-279.

Weinbaum, M., *The Incorporation of Boroughs*, Manchester: Manchester University Press, 1936.

——, *British Borough Charters, 1307–1660*, Cambridge: Cambridge University Press, 1943.

Westlake, H. F., *The Parish Gilds of Mediaeval England*, London: Society for Promoting Christian Knowledge, 1919.

Whiting, R., *The Blind Devotion of the People: Popular Religion and the English Reformation*, Cambridge: Cambridge University Press, 1989.

——, *Local Responses to the English Reformation*, Basingstoke: Macmillan Press, 1998.
Wood-Legh, K. L., *Perpetual Chantries in Britain*, Cambridge: Cambridge University Press, 1965.
Wrightson, K. & D. Levine, *Poverty and Piety in an English Village: Terling, 1525–1700*, New York: Academic Press, 1979.
新井由紀夫「15世紀イングランドにおけるジェントリとフラタニティ」『西洋史研究』19，1990年，26–49頁.
——『ジェントリから見た中世後期イギリス社会』刀水書房，2005年.
市川実穂「イギリス中世後期における宗教ギルドと都市——ノリッジの聖ジョージ・ギルド」『お茶の水史学』34，1990年，37–60頁.
——「中世後期イングランドの都市と宗教儀礼——ノリッジの聖ジョージ・ギルドの祝祭」樺山紘一編『西洋中世像の革新』刀水書房，1995年，303–322頁.
鵜川馨「都市共同体とギルド　問題提起」『社会経済史学』53，1987年，1–10頁.
エアード，W.「死と記憶——アングロ・ノルマン・イングランドにおける『命の書』」鶴島博和・春田直紀編著『日英中世史料論』日本経済評論社，2008年，155–185頁.
唐澤達之『イギリス近世都市の研究』三嶺書房，1998年.
——「イギリス近世都市共同体論の一動向」道重一郎・佐藤弘幸編『イギリス社会の形成史——市場経済への新たな視点』三嶺書房，2000年，69–88頁.
——「イングランド近世都市におけるフラタニティの変容——16世紀後半ノリッヂの聖ジョージ・カンパニー」イギリス都市・農村共同体研究会／東北大学経済史・経営史研究会編『イギリス都市史研究——都市と地域』日本経済評論社，2004年，149–169頁.
——「近世ノリッジの聖ジョージ・カンパニー」『高崎経済大学論集』50巻3・4号，2008年，61–74頁.
キング，E.（吉武憲司監訳）『中世のイギリス』慶應義塾大学出版会，2006年.
ゴールディング，B.「第4章　教会とキリスト教的生活」B. ハーヴェー編（吉武憲司監訳）『オックスフォード　ブリテン諸島の歴史　第4巻　12・13世紀　1066年–1280年頃』慶應義塾大学出版会，2012年，169–210頁（原書はB. Harvey (ed.), *The Short Oxford History of the British Isles, The Twelfth and Thirteenth Centuries: 1066–c. 1280*, Oxford: Oxford University Press, 2001）.
斉藤真生子「会計簿にみる教区ギルド——中世後期リンカンシャ・スリーフォードを例に」『お茶の水史学』48，2004年，1–46頁.
坂巻清『イギリス・ギルド崩壊史の研究——都市史の底流』有斐閣，1987年.
——「中世末期ロンドンの教区フラタニティ」比較都市史研究会編『都市と共同体（上）』名著出版，1991年，257–281頁.
——「近世ロンドン史研究の動向と課題——「危機」と「安定」を中心に」イギリス都市・農村共同体研究会編『巨大都市ロンドンの勃興』刀水書房，1999年，4–35頁.
——「近世ロンドンと国家および社会的流動性」イギリス都市・農村共同体研究会／東北大学経済史・経営史研究会編『イギリス都市史研究——都市と地域』日本経済評論社，2004年，3–26頁.
指昭博「宗教改革」岩井淳・指昭博編『イギリス史の新潮流——修正主義の近世史』彩流社，2000年，51–73頁.
——『イギリス宗教改革の光と影——メアリとエリザベスの時代』ミネルヴァ書房，2010年.
菅原未宇「イングランドにおけるグラマー・スクールの動向——1501–1660年」『史苑』72巻1号，2011年，11–36頁.
谷和雄『中世都市とギルド——中世における団体形成の諸問題』刀水書房，1994年.
成瀬優大「中世イングランドのギルド研究におけるcniht」『駒澤大学大学院史学論集』40，2010年，79–94頁.
西尾泉「中世後期ロンドンにおけるフラタニティと教区——ホーリー・トリニティ・フラタニティの

「レジスタ」の分析を通して」『比較都市史研究』27巻2号，2008年，55-68頁．

早川良弥「社会的結合」佐藤彰一・早川良弥編著『西欧中世史（上）——継承と創造』ミネルヴァ書房，1995年，191-214頁．

ブリットネル，R.「第3章 社会の結びつきと経済の変容」B. ハーヴェー編（吉武憲司監訳）『オックスフォード ブリテン諸島の歴史 第4巻 12・13世紀 1066年-1280年頃』慶應義塾大学出版会，2012年，127-167頁．

山本信太郎「イングランド宗教改革とチャントリの解散——コヴェントリの事例から」『西洋史学』194，1999年，1-22頁．

——『イングランド宗教改革の社会史』立教大学出版会，2009年．

ロッサー，G.「第1章 生活の質」R. グリフィス編（北野かほる監訳）『オックスフォード ブリテン諸島の歴史 第5巻 14・15世紀』慶應義塾大学出版会，2009年，53-99頁（原書はR. Griffiths (ed.), *The Short Oxford History of the British Isles, The Fourteenth and Fifteenth Centuries*, Oxford: Oxford University Press, 2003).

第6章 スペイン

Alonso de Porres Fernández, C., *Cofradías y hospitales medievales burgaleses: " Santa Catalina y San Julián,"* Burgos: Ayuntamiento de Burgos, 2001.
Arias de Saavedra Alías, I etc., *La represión de la religiosidad popular.Crítica y acción contra las cofradías en la España del siglo XVIII*, Granada: Universidad de Granada, 2002.
Baer, Y., *A History of the Jews in Christian Spain*, Philadelphia: The Jewish Publication Society of America, vol. 2, 1971.
Benítez Bolorinos, M., *Las cofradías medievales en el Reino de Valencia (1329–1458)*, Alicante: Universidad de Alicante, 1998.
Black, C., "Introduction: The Confraternity Context," C. Black, P. Gravestock (ed.), *Early Modern Confraternities in Europe and the Americas*, Aldershot: Ashgate, 2006, pp. 1-34.
—— & P. Gravestock (ed.), *Early Modern Confraternities in Europe and the Americas*, Aldershot: Ashgate, 2006.
Blasco Martínez, A., *La judería de Zaragoza en el siglo XIV*, Zaragoza: Institución Fernando el Católico, 1988.
——, "Instituciones socioreligiosas judías de Zaragoza (siglos XIV-XV)," *Sefarad*, núm. 49, 1989, pp. 227-236.
——, "Instituciones socioreligiosas judías de Zaragoza (siglos XIV-XV)," *Sefarad*, núm. 50, 1990, pp. 265-288.
Bowser, F. P., *The African Slave in Colonial Peru 1524–1650*, Stanford: Stanford University Press, 1974.
Brodman, J. W., *Charity and Welfare*, Philadelphia: University of Pennsylvania Press, 1998.
Cabrilla, N., *Almería morisca*, Granada: Universidad de Granada, 1989.
Camacho Martínez, I., *La hermandad de los mulatos de Sevilla*, Sevilla: Ayuntamiento de Sevilla, 2001.
Cavero Domínguez, G., *Las cofradías en Astorga durante la edad media*, León: Universidad de León, 1992.
Costa, J.P.O.e, The Brotherhood (Confrarias) and Lay Support for the Early Christian Church in Japan, *Japanese Journal of Religious Studies*, vol. 34:1, 2007, pp. 67-84.
Díaz Esteban, F., *Los moriscos: Una mirada de cuatro siglos después de su expulsión*, Madrid: Editorial Actas, 2012.
Domínguez Ortíz, A., B. Vincent, *Historia de los moriscos*, Madrid: Editorial Revista de Occidente, 1978.

Echevarría Arsuaga, A., *Los moriscos*, Madrid: Editorial Sarría, 2010.
Falcón Pérez, M. I., *Organización municipal de Zaragoza en el siglo XV*, Zaragoza: Institución Fernando el Católico, 1978.
Gallego Burín, A., A. Gáminar Sandoval, *Los moriscos del Reino de Granada según el Sínodo de Guadix de 1554*, Granada: Universidad de Granada, 1996 (初版 1968 年).
García Avilés, J. M., *Los moriscos del Valle de Ricote*, Alicante: Publicaciones de la Universidad de Alicante, 2007.
García de Cortázar, J. A. etc., *Introducción a la historia medieval de Alava, Guipuzcoa y Vizcaya en sus textos*, San Sebastián: Editorial Txertoa, 1979.
García Díaz, I., S. Otero Mondéjar, *Documentos de los moriscos de Ricote y Ojós (1613)*, Murcia: Universidad de Murcia, 2010.
García Gómez, J. I., Las cofradías de Sevilla en la historia, Sevilla: Deculturas, 2008.
García Guerra, D., *El Hospital Real de Santiago (1499–1804)*, La Coruña: Fundación Barrié de la Maza, 1983.
García Pedraza, A., "El otro morisco: Algunas reflexiones sobre el estudio de la religiosidad morisca a través de fuentes notariales," *Sharq al- Andalus*, núm.12, 1995 (1995a とする), pp. 223-234.
——, "La asimilación del morisco Don Gonzalo Fernández el Zegrí," *Al-Qantara*, vol. 16, 1995 (1995b とする), pp. 39-57.
——, *Actitudes ante la muerte en la Granada del siglo XVI*, Granada: Universidad de Granada, vol. 2, 2002.
Geremek, B., *Les marginaux parisiens aux XIV et XV siècles*, Paris: Flammarion, 2009 (初版 1976).
Godinyo Vieira, M. Â., *Cofrarias medievais portuguesas*, Lisboa: Publicaçâo do Autor, 1990.
Hermandades de Sevilla, *Orígenes y evolución de las hermandades y cofradías*, http://www.hermandades-de-sevilla.org/hermandades/historiahermandades.htm, 2013 年 9 月 23 日検索.
Hontanilla Cendero, J., *Cofradías de las villas de la dehesa de los Guadalupe*, Madrid: Editorial Dykinson, 2004.
Ibañez Pérez, A. C., *Burgos y los burgaleses en el siglo XVI*, Burgos: Ayuntamiento de Burgos, 1990.
Likerman de Portnoy, S. M., *Relaciones judías, judeo-conversas y cristianas*, Buenos Aires: Editorial Dunken, 2004.
Longás Bartidas, P., *Vida religiosa de los moriscos*, Granada: Universidad de Granada, 1990 (初版 1915 年).
López Alonso, C., *La pobreza en la España medieval*, Madrid: Centro de Publicaciones, Ministerio de Trabajo y Seguridad Social, 1986.
Manuel de Bofarull, D., *Gremios y cofradías de la Antigua Corona de Aragón*, Barcelona: Imprenta de Archivo, 1876.
Martínez García, L., *La asistencia a los pobres en Burgos en la edad media*, Burgos: Diputación Provincial, 1981.
Mollat, M., *Les pauvres au Moyen Age. Etude sociale*, Paris: Hachette, 1978.
Montojo Montojo, V., J. Romero Díaz, *Cofradías y sociedad cristianomorisca en Villanueva de Segura*, http://www.valledericote.com/cofradías-sociedad.pdf, 2013 年 10 月 5 日検索.
Moreno, I., *La antigua hermandad de los negros de Sevilla*, Sevilla: Universidad de Sevilla, 1997.
——, *Las hermandades andaluzas.Una aproximación desde la antropología*, Sevilla: Universidad

de Sevilla, 1999.
Moreno Koch, Y. (trad.), *Fontes Iudaeorum Regni Castellae, La taqqanot de Valladolid de 1432*, Salamanca: Universidad Pontificia de Salamanca, t. 5, 1987.
Newman, A. A., *The Jews in Spain*, New York: Ontagon Books, vol. 2, 1980.
Ortiz de Zúñiga, D., *Anales eclesiásticos y seculares de la muy noble y muy leal Ciudad de Sevilla*, Sevilla: Ediciones Guadalquivir, t. 5, 1988（初版1796年）.
Ramos Rebollares, L., *En el quinto centenario de la Cofradía de Nuestra Señora de Gamonal y San Antonio Abad*, Burgos: Ayuntamiento de Burgos, 2002.
Riu, M. (ed.), *La pobreza y la asistencia a los pobres en la Cataluña medieval*, Barcelona: CSIC, 1980–82.
Rubio Vela, A., *Pobreza, enfermedad y asistencia hospitalaria en la Valencia del siglo XIV*, Valencia: Institución Alfonso el Magnanimo, 1984.
Ruiz Gómez, F., *La regla y los estatutos de la Orden de Santiago*, Cuenca: Ediciones de la Universidad de Castilla y la Mancha, 2006.
Rumeu de Armas, A., *Historia de la previsión social en España*, Madrid: Ediciones Pagaso de Madrid, 1942.
San Román, A., *Historia de la beneficiencia en Astorga*, Astorga: Imprenta Porfirio López, 1908.
Sánchez Herrero, J., "Cofradías, hospitales y beneficiencia en algunas diócesis del Valle del Duero, siglos XIV y XV," *Hispania*, vol. 34, 1974, pp. 5–51.
—— (ed.), *Las cofradías de la Santa Vera Cruz*, Sevilla: CEIRA, 1992.
Sordo, E., "Our Lady of Copacabana and Her Legacy in Colonial Potosí," C. Black, P. Gravestock (ed.), *Early Modern Confraternities in Europe and the Americas*, Aldershot: Ashgate, 2006, pp. 187–203.
Tapia Sánchez, S. de, *La comunidad morisca de Avila*, Salamanca, Ediciones Universidad de Salamanca y Ediciones de la Institución "Gran Duque de Alba," 1991.
Terpstra, N., "De-institutionalizing Confraternity Studies: Fraternalism and Social Capital in Cross-Cultural Contexts," C. Black, P. Gravestock (ed.), *Early Modern Confraternities in Europe and the Americas*, Aldershot: Ashgate, 2006, pp. 264–283.
Verdet Gómez, F., *Los mudéjares y moriscos de la Hoya de Buñol-Chiva*, Chiva: Ediciones Casa de la Cultura de Chiva, 2010.
Vilar Sánchez, J. A., *1492–1502 una década de fraudulenta: Historia del reino cristiano de Granada desde su fundación, hasta la muerte de la reina Isabel la Católica*, Granada: Editorial Alhulia, 2004.
Wikipedia, *Orden de Santiago*, 2013年11月1日検索.
網野徹哉「インディオ・スペイン人・「インカ」」『「他者」との遭遇』，青木書店，1992年，248–279頁.
踊共二「宗派化論——ヨーロッパ近世史のキーコンセプト」『武蔵大学人文学会雑誌』第42巻第3・4号，2011年，270（109）–221（158）頁.
関哲行「14—15世紀の国際商業都市ブルゴス」『西洋史研究』第22号，1993年，157–170頁.
——「14—16世紀の巡礼路都市アストルガの兄弟団」田北廣道編著『中・近世西欧における社会統合の諸相』，九州大学出版会，2000年，427–460頁.
——「中近世スペインの救貧——サンティアゴ巡礼路都市を例として」長谷部史彦編著『中世環地中海圏都市の救貧』，慶應義塾大学出版会，2004年，91–125頁.
——「近世のアンダルシーア都市セビーリャにおける黒人兄弟団」『地中海研究所紀要』第4号，2006年a，87–94頁.
——「中世末期スペインのユダヤ人初等教育」浅野啓子・佐久間弘展編著『教育の社会史——ヨー

ロッパ中・近世』，知泉書館，2006年b，80–99頁.
──「中近世スペインにおけるモリスコ問題とその歴史的射程」流通経済大学社会学部入門書編集委員会編『社会学は面白い！──初めて社会学を学ぶ人へ』，流通経済大学出版会，2010年，163–183頁.
──「中近世スペインとマグリブ地方における宗教的マイノリティーの移動」『SOIAS』第9号，2013年，274–286頁.
玉野井隆史「1618年，ジェロニモ・ロドリゲス作成の『組ないしコンフラリアに関する覚書』について──解説と翻訳」『CiNii』2013年3月31日検索.

第7章　地中海から日本へ

略語

ARSI = Archivum Romanum Societatis Iesu　　Jap.Sin. = Japonica Sinica

文献

Fróis, Luis & J. Wicki (ed.), *Historia de Japam*, vol. II, Biblioteca Nacional, 1981.
Morini, U., *Documenti inediti o poco noti per la storia della misericordia di Firenze* (*1240–1525*), (Florence: Archiconfraternita, 1940, pp. 59–72.
O'Mally, W. J., *The First Jesuits*, Cambridge: Harvard University Press, 1993.
Ruiz-de-Medina, SJ. (ed.), *Monumenta Historia Japoniae II Docmentos del Japòn* (1558–1562) (Monumenta Historica Societatis Iesu. vol. 148), Roma: Institutum Historicum Societatis Iesu, 1995.
Schurhammer, G., *Francis Xavier, His Life, His Times*. vol. 1 Europe 1506–1541, trans. By M. J. Costelloe, Roma: The Jesuit Historical Institute, 1973.
『大日本史料』十二之十二.
イエズス会日本管区編訳『イエズス会会憲』(付会憲補足規定)，南窓社，2011年.
ウィッキ，ジョセフ「ポルトガル領インドにおける「ミゼリコルジヤ」の組」『キリシタン研究』第15輯(1974年)，211–234頁.
海老沢有道『キリシタンの社会活動及び南蛮医学』冨山房，1944年.
川村信三『キリシタン信徒組織の誕生と変容──コンフラリヤからこんふらりやへ』教文館，2003年.
──『戦国宗教社会＝思想史──キリシタン事例からの考察』 知泉書館，2011年.
──「日本戦国末期の庶民生活断片──キリシタン「さんたまりやの御組」罰則規定から読み解く」，上智大学文学部史学科編『歴史家の窓辺』 SUP上智大学出版，2013年，58–94頁.
シュッテ「二つの古文書にあらわれたる日本初期近世時代における「さんたまりやの御組」について」『キリシタン研究』第2輯，1944年，91–148頁.
フロイス(松田毅一・川崎桃太訳)『日本史』4(五畿内篇II)中央公論社，1978年a.
──(松田毅一・川崎桃太訳)『日本史』7(豊後篇II)中央公論社，1978年b.
──(松田毅一・川崎桃太訳)『日本史』10(西九州篇II)中央公論社，1978年c.
松田毅一『近世初期日本関係　南蛮史料の研究』風間書房，1967年.
──監訳『十六，七世紀イエズス会日本報告集』(第1期第5巻)，同朋舎出版，1988年.
──監訳『十六・七世紀イエズス会日本報告集』(第3期第6巻)，同朋舎出版，1991年.
村上直次郎訳『イエズス会日本通信』上(新異国叢書1)，雄松堂書店，1968年.
──訳『イエズス会日本通信』下(新異国叢書2)，雄松堂書店，1969年a.
──訳『イエズス会日本年報』上(新異国叢書3)，雄松堂書店，1969年b.
森脇優紀「1516年のリスボンのミゼリコルディアの規則」『研究キリシタン学』13号(2011年)，93–133頁.
横井清『中世民衆の生活文化』東京大学出版会，1975年.

注

総説

1) 兄弟会の定義はさまざまであるが，ドイツの代表的な研究者 L. レムリングの定義によれば，「中世の兄弟会とは，主として宗教的な活動と同時にしばしば慈善的活動にも貢献した自発的かつ安定的な教会内の団体であり，小教区の内外に存在した」という（Remling［1986］, pp. 49–50）．また，近年，T. フランクは，兄弟会をより広く「慈善活動を含む宗教的な諸機能と，社会的，経済的諸機能を備えた安定的な団体であり，それらの機能が多くの場合儀礼的な性格をもつ行動によって体現され，集団的アイデンティティを生み出した団体」と位置づけている（Frank［2006］, pp. 14–15）．同様の定義はイギリスの研究者 C. ブラック（Black［2006］, p. 6）にもみられる．なお，イタリアの研究者 M. ガッツィーニの定義については，本書第 1 章第 1 節を参照．

2) わが国において中世ヨーロッパの兄弟会を初めて明確な問題意識をもって取り上げたのは，阿部謹也［1979］; 同［1980］であろう．また，江川温［1983］と服部良久［1983］がフランスとドイツの兄弟会について我々の知見を深めた．1990 年代までの研究状況を総括したものとして Johanek［1993］; Chifforeau et al.［1994］; Terpstra［1995］および河原［1998］; 同［2006］; 米田［1999］を参照されたい．

3) フランスの事例をもとに兄弟会の起源を論じている江川［1983］, 87–88 頁および，東方キリスト教世界の兄弟会との比較の視点から論じている I. Isaievych［2006］, pp. 1–4 を参照．

4) Frank［2006］の教会と教会法学者による兄弟会理解についての議論を参照．彼は，13 世紀の法学者ウバルドスの定義について言及している．

5) Hincmar de Reims, “Capitula presbyteris data,” in: J. P. Migne, *Patrologia latina,* Paris, 1844–64, vol. 125, col. 777. Cf. I. Isaievych［2006］, pp. 1–2; 江川［1983］, 88 頁.

6) G. Meerseman［1977］, vol. 1, pp. 55–65.

7) Trio［2009］.

8) Vauchez［1989］, p. 400.

9) Vincent［1988］.

10) Henderson［1994］.

11) Vieules［1983］.

12) Pericard-Mea [1991].

13) *Ibid.*; デュプロン [1992].

14) 江川 [1983], 88–89 頁.

15) 同上 , 89 頁.

16) Coulet [1985].

17) 河原 [1998], 190–191 頁.

18) 本書，第 1 章，第 5 章を参照.

19) McRee [1992]; Id. [1994] および本書第 5 章第 2 節を参照.

20) 阿部 [1980].

21) Vincent [1994].

22) Arnade [1996]; 本書第 5 章 2 節を参照.

23) Eisenbichler, [1998]; Donnelly et al. (eds.) [2006], pp. 27–44.

24) イタリア（フィレンツェ）における「慈善」兄弟会の活動については，Henderson [1994]; Pullan [1989] および本書第 1 章「概観」を参照.

25) 「オルサンミケーレ兄弟会」と「聖マルティヌス兄弟会」の救貧活動については，Henderson [1994] および Lynch [2003], pp. 114–115; 河原 [1997b] を参照.

26) イエズス会と兄弟会の関係については，O'Malley [1993], pp. 165–199; Lazar [2005], pp. 7–12, 125–152 を参照.

27) Weissman [1982].

28) 江川 [1983], 97–98 頁.

29) Van Bruaene [2006], pp. 64–80; Id. [2008].

30) Black [1989], pp. 52–57; Id. [2006], p. 2.

31) Black [1999].

32) Martens [1992].

33) 河原 [2003]; 同 [2006] を参照.

34) Glixon [2003].

35) Wisch [2006], pp. 243–253.

36) 阿部 [1979].

37) 川村 [2003].

38) Terpstra [2006].

39) Henderson [1994].

40) Little [1988]; Cossar [2006], pp. 81–89.

41) Henderson [1994]; Sella [1996].

42) Henderson [1994]; Gazzini [2013], pp. 261–276.

43） Trio [2009], pp. 107–109.

44） Pullan [1988]; Black [1989].

45） Henderson [1988], pp. 247–272; Pullan [1994], V, pp. 186–187.

46） Trio [1993], pp. 331–333; Dieterich [1982].

47） Black [2006], p. 13.

48） Arnade [1996], pp. 148–158; 河原 [2002], 218–222 頁.

49） MacRee [1994]; イングランド全体の動向については，本書第 5 章を参照.

50） Henderson [1994], p. 373; Weissman [1994], p. 80; Cossar [2001], pp. 146–147.

51） 河原 [2001], pp. 164–167; 江川 [1983].

52） Trio [1990], pp. 206–210.

53） Henderson [1994], pp. 58–59, 419–420; Weissman [1988].

54） Weissman [1994], p. 78.

55） Black [1989], pp. 273–274.

56） ゲレメク [1993].

57） Pullan [1994], V, pp. 190–193. なお，モンテ・ディ・ピエタの設立については，大黒俊二 [2001] が詳細に論じている.

58） Black & Gravestock (eds.) [2006], pp. 18–19.

59） Weissman [1994], pp. 93–94. 16 世紀のイエズス会による兄弟会活動については，Lazar [2005] を参照.

60） Van Dijck [2012], pp. 163–186.

61） Terpstra (Black & Gravestock [2006]), pp. 272–273.

62） 新大陸（ラテンアメリカ）における兄弟会の展開については，Black & Gravestock (eds.) [2006], pp. 187–225 におけるポトシとキトの兄弟会の事例を参照.

63） 近年の欧米における兄弟会研究の動向の最前線を示すものとして，以下の文献を参照されたい．Black & Gravestock (eds.) [2006]; Dompnier & Vismara (eds.) [2008]; Escher-Apsner (ed.) [2009]; Pastore, Prosperi, Terpstra (eds.) [2011]; Id. [2012].

第 1 章　イタリア

1） イタリアの兄弟会の研究史については，Eisenbichler [1994]; Id. [1997]; Pamato [1998]; Black [2000]; Gazzini [2006], pp. 3–57. M. ガッツィーニは 1900–2005 年の兄弟会全般，地域と都市別の兄弟会に関する詳しい文献目録を掲載している.

2） Muratori [1742].

3） Mehus [1785].

4） Østrem & Petersen [2008]; Volpe [1997]; Monti [1927]; Alaleona [1909]; Dent [1916–17].

5） *Il movimento dei Disciplinati nel settimo centenario dal suo inizio* (*Perugia 1260*). *Risultati e prospettive della ricerca sul movimento dei disciplinati.*

6） Vauchez [1993], pp. xv–xvii, 107–117. 聖職者・修道士と俗人を善き聖職者，聖なる修道士と邪悪で無知で利己的な俗人と捉える歴史観を「マニ教的」と称したのはヴォシェである.

7） Pamato [1998], pp. 9, 34.

8） Vauchez [1993].

9） L. Sbriziolo, G. De Sandre Gasparini（ヴェネト），A. Benvenuti Papi, Ch. M. de La Roncière（トスカーナ），G. Casagrande（ウンブリア），A. Esposito, V. Paglia（ローマ），M. Fanti（ボローニャ），D. Zardin, M. Gazzini（ロンバルディア），E. Grendi（リグリア），A. Torre, S. Cavallo（ピエモンテ）. 南部については G. Vitolo，特に L. Bertoldi Lenoci の主導下に Centro ricerche di storia religiosa in Puglia が創設された.

10） Trexler [1974]; Id. [1980]; Weissman [1982]; Pullan [1971]; Muir [1981]. R. MacKenney（ヴェネツィア），L. K. Little, R. Cossar（ベルガモ），J. Henderson, N. A. Eckstein（フィレンツェ），J. R. Banker（サンセポルクロ），D. E. Bornstein（コルトナ），N. Terpstra（ボローニャ），Ch. F. Black（ペルージャ）など.

11） Verdon & Henderson (eds.) [1990]; Eisenbichler (ed.) [1991]; Terpstra (ed.) [2000]; Wisch & Ahl (eds.) [2000]; Black & Gravestock (eds.) [2006]; Pastore et al. (eds.) [2011].

12） Gazzini (ed.) [2007] は，兄弟会に関する古文書館，図書館，美術館，研究所，雑誌，文献，刊行史料，ウェブサイトなどの詳しい案内を載せている.

13） Monti [1927]; Meersseman [1977]; De Sandre Gasparini [1974]; Angelozzi [1978]; Banker [1988]; Little [1988]; Al Kalak & Lucchi [2011]; Glixon [2011]; Urist [2012].

14） Esposito [1998]. ゴンファローネとは慈悲の聖母を描いた旗のことである.

15） Weissman [1982]; Terpstra [1995]; Casagrande [1987]; Casagrande et al. [2011].

16） Brolis [2001]; Id. [2007]; Id. [2012]; 贖宥状と兄弟会については，Casa-

grande [2006].

17） Sebregondi [1991b]; Edgerton [1985]; Barr [1988]; Wilson [1992].

18） モンテーニュ [1992]；Martin [1969]；デ・サンデ [1969]；Coryat [1611]；ルソー [1979]；Burney [1959].

19） Gazzini [2006], p. 4.

20） Monti [1927], vol. I, pp. 3–4; Angelozzi [1978], p. 10; Gazzini [2006], p. 5.

21） Varchi [1963], pp. 591–592; Henderson [1994], pp. 2–4, 438–439.

22） Sebregondi [1991a].

23） Eisenbichler [1992]; Sebregondi [1992] ; Fineschi [1995].

24） Henderson [1994], pp. 34–38, 438.

25） Weissman [1982], p. 49; Barr [1988]; Wilson [1992].

26） Meersseman [1977], vol. II, pp. 754–770; Housley [1982].

27） Monti [1927], vol. I, pp. 199 ff.; Meersseman [1977], vol. I, pp. 453–468, 511; Casagrande [1995], pp. 353 ff.; 池上 [2007], 第 5 章.

28） Fanti [2001], pp. 1–59; Meersseman [1977], vol. III, pp. 1262–70; Gazzini [2006], pp. 126–155; Pullan [1971]; Id. [1981]; Id. [1990]; Bernardini (ed.) [2002]; Meersseman [1977], vol. II, p. 1041; Casagrande [1955], p. 392.

29） Henderson [1997], pp. 33–41.

30） Weissman [1982], pp. 74–76, 144–161; Terpstra [1995], pp. 84–98.

31） Meersseman [1977], vol. I, pp. 498–504; Angelozzi [1978], p. 52; De Sandre Gasparini [1974], p. 43; Terpstra [1995], p. 123; Casagrande [1995], pp. 436–438; 川村 [2003], pp. 76–78. Klebanoff [2000] によれば，ボローニャのサンタ・マリア・デッラ・ヴィータ教会にあるニッコロ・デッラルカ作《死せるキリストへの哀悼》は男性のイミタチオ・クリスティに対してイミタチオ・マリアエ（聖母マリアに倣う）の女性を表現している.

32） Terpstra [1995], pp. 68–82; Weissman [1982], p. 117. ボローニャの公証人エリゼオ・マメリーニは鞭打ち苦行会では聖十字架兄弟会，その他 5 つの兄弟会に入っていた．ロレンツォ・デ・メディチは鞭打ち苦行会では聖パウロ兄弟会，その他 10 ほどの兄弟会の会員であった.

33） Pullan [1971]; Id. [1981]; Id. [1990]; Glixon [2003]; Id. [2011].

34） スクオーラ・ピッコラについては，Mackenney [1987]; Id. [2000]; Vio [2004].

35） Pullan [1981], p. 20.

36) Henderson [1994], pp. 35–36, 73, 346–350, 374–381; Morini [1940].

37) ウィッキ [1974]; Sà [2002]; 川村 [2003], pp. 65–69, 119–152; 海老澤 [1944]. 豊後，長崎，有馬にミゼリコルヂヤの組が創設され，病人の介護や死者の埋葬などが行われた．幕末にはパリ外国宣教会のプティ・ジャン神父の要請で横浜に上陸したサン・モール会のメール・マティルド・ラクロが貧しい娘たちのため「仁慈堂」を建てた．Cf. 小河 [1990].

38) イタリアの施療院などについては，Grieco & Sandri [1997]; Pinto [1989]. 池上 [1995]; 高橋 [2000]; Black [1989], pp. 184–200; Terpstra [1995]; Id. [2013].

39) Edgerton [1985], p. 172; Fineschi [1995].

40) Ponnelle & Bordet [1928], pp. 36–38; O'Regan [1995].

41) Giazotto [1984]; Bizzarini [2003], pp. 64–76.

42) Henderson [1994], pp. 60–63, 440–442; Weissman [1982], pp. 201–205.

43) Weissman [1982], pp. 208–209; 川村 [2003], pp. 53, 73–78.

44) Black [1989], pp. 30, 103–104; Black [2006], pp. 9–12.

45) Weissman [1982], pp. 58 ff.; Eckstein [1995], pp. 69 ff.

46) Weissman [1982], pp. 130–132.

47) Eckstein [1995], p. 71; Glixon [2011].

48) Vauchez [1993], pp. 51–72, 185; Bornstein [1993], pp. 23 ff.

49) Meersseman [1977], vol. I, pp. 265–370.

50) Benvenuti Papi [1990], pp. 3–57.

51) Meersseman [1977], vol. I, pp. 371–389; Lehmijoki-Gardner [2005], pp. 4–8.

52) Gazzini [2006], pp. 98–111.

53) Meersseman [1977], vol. III, pp. 1233–70; Gazzini [2006], pp. 91–101.

54) Monti [1927], vol. I, pp. 150–155; Morini [1940]; Meersseman [1977], vol. II, pp. 922–924; Saalman [1969]; Wilson [1992], pp. 30, 31, 43; Henderson [1994], p. 26; Levin [2004]; Catoni [1989]; Moriani [1989]; Banker [1988].

55) Monti [1927], vol. I, pp. 199 ff.; Meerseman [1977], vol. I, pp. 453–468, 511; Casagrande [1995], pp. 353 ff.

56) Gazzini [2006], pp. 121–125, 157–196.

57) Little [1988]; Cossar [2001].

58) Henderson [1994], pp. 196–237; Wilson [1992], pp. 74–88. 1427 年のカタ

ストでは，オルサンミケーレ兄弟会はミゼリコルディア兄弟会とビガッロ兄弟会の合計額に匹敵する資産を有していた．

59） Prosperi [1982]; Fanti [2001], pp. 61–173; Terpstra (ed.) [2008]; Troiano [2006].

60） Bornstein [1993]; Origo [1963], pp. 321–325.

61） Henderson [1989]; Sebregondi [1991a].

62） Bisticci [1951], pp. 83, 330.

63） *Ibid.*, pp. 125–128.

64） 聖マルティヌス兄弟会については，Spicciani [1981]; Kent [1992]; 河原 [1997].

65） Diplomatico, Patrimonio Ecclesiastico di Firenze, 1442 giugno 24. in: *La Chiesa e la città a Firenze nel XV secolo,* pp. 82–84. Eisenbichler [1998], p. 30; Taddei [2001], pp. 127–131.

66） Hatfield [1970], p. 124; Weissman [1982], p. 117; Eisenbichler [1992]; Sebregondi [1992]; 坂上 [1999]; 米田 [2000]. 聖マルティヌス兄弟会の礼拝堂にはD. ギルランダイオの工房によって7つの慈悲の業が描かれたが，Hughes-Johnson [2011] によれば，囚人の釈放の場面にはロレンツォとジュリアーノの姿が描かれている．

67） Terpstra [1995], pp. 185–191; Fanti [2001], pp. 551–586; Rousakis [2006]. バラッカノの聖母はベンティヴォッリォ家と浅からぬ縁があった．

68） Terpstra [1995], pp. 19–26, 212–215. ヤン・ファン・エイクの絵画については，Rice [1985], pp. 106–111.

69） Fanti [2001], pp. 114–119, 238, 332–334, 432–434, 562–567, 593. S. Maria della Morte が1436年に施療院会とオラトリオ会に分けられたのに続いて，S. Maria del Baraccano, S. Francesco, S. Domenico, S. Maria dei Guarini, S. Maria della Vita が2つに分けられた．

70） Cavallaro [1998]. 1500年に Antoniazzo Romano [Antonio Aquilio] がミネルヴァ教会の礼拝堂に制作した祭壇画には，受胎告知の聖母がトルケマダ枢機卿の後見を受けた貧しい娘たちに嫁資の袋を与える場面が描かれている．

71） De Sandre Gasparini [1979], pp. 112 ff.

72） 神の愛の兄弟会については，Camillocci [2002], pp. 68, 111–118, 159–200.

73） テアティーノ会，ソマスカ会，カプチン会，バルナバ会，ウルスラ会，イエズス会，オラトリオ会など16世紀の新修道会については，DeMolen (ed.) [1994].

74） O'Malley [1995]; Olin [1969]; Lazar [2005]; 河原 [2001]; 川村 [2003],

51–52 頁.

75) Weissman [1982], p. 219; Id. [1994].

76) Lazar [2004].

77) Terpstra [2001]; Black [1989], pp. 72–78; Id. [2004], pp. 67–73, 133. 改革派の司教は各々の管区の兄弟会に対する監督体制を強化した. Gian Matteo Giberti（ヴェローナ）, Ercole Gonzaga（マントヴァ）, Gabriele Paleotti（ボローニャ）, Carlo Borromeo（ミラノ）, Vincenzo Ercolani（ペルージャ）などである.

78) Weissman [1982], pp. 222–223; Terpstra [1998], pp. 217–221.

79) Weil [1974]; Weissman [1982], pp. 233–234; D'Addario [1972].

80) トレント公会議の決議がどの程度実効があったかは個別に検証されなければならない. 兄弟会と教区司祭との関わりについては, Black [1999]; Id. [2006]. Ciappara [2012] は 18 世紀マルタ島の兄弟会と教区司祭との訴訟問題を紹介している.

81) Sebregondi [1994]; Eisenbichler [2000]; Fanti [2001], pp. 587–617; Glixon [2011], p. 3–8. ヴェネツィアの教区兄弟会による在宅介護など貧民救済については, Vianello [2000].

82) Gazzini [2006], pp. 8–9; Bertoldi Lenoci (ed.) [1996].

83) Weissman [1982], pp. 85–88; Bornstein [2000], pp. 68–69.

84) D'Addario [1972], p. 73; Henderson [1997]; 大黒 [2001]; Terpstra [2013], pp. 217–233.

85) Esposito [1998], pp. 205–206; Bernardini (ed.) [2002]. モンテーニュは 1581 年の復活祭後の日曜日にミネルヴァ教会で教皇臨席の下 170 名の娘が嫁資を給付される儀式を見ている.

86) Fanti [2001], p. 159.

87) Hatfield [1970].

88) Kristeller [1956].

89) Vasoli [1977], pp. 51–128; Weissman [1990].

90) Monti [1927], vol. II, pp. 110 ff.; Black [1989], pp. 234 ff.; Levin [2004], pp. 36–37; 芳賀 [2005]. レヴィンはフィレンツェのミゼリコルディア兄弟会の《神の慈悲の寓意》を様々な角度から詳細に絵解きしている.

91) D'Accone [1966]; Wilson [1992]; Venturini [1992].

92) Eckstein [1995], pp. 27, 41 ff. 聖アグネス兄弟会のあるサント・スピリト市区の青竜 Drago Verde 旗区にはフィリッポ・リッピ, ポッライウォーロ兄弟, マゾリーノ・ダ・パニカーレ, ペゼッロとペゼッリーノ, ベノッツォ・ゴッツォリ, セッライオ父子など多くの職人・芸術家が居住していた.

93） Newbigin [1996]; 杉山 [2013].

94） Buonanno [2010]; Guidarelli [2010].

95） Monti [1927]; Pignatti [1981], pp. 151-186; Black [1989], pp. 234-267; Hills [1983].

96） ルソー [1979]，341 頁．スクオーラの音楽活動については，Glixon [2003].

97） Glixon [2003], pp. 64-65.

98） Coryat [1611].

99） Glixon [1996], pp. 20-21.

100） Fanti [2001], pp. 120-174; Fineschi [1995]; Troiano [2006]. モンテーニュとチャールズ・バーニーはローマでコンフォルタトーレの姿を目撃している．

101） Falvey [2008].

102） Bernardini (ed.) [2002]; Newbigin [2000]. モンテーニュは 1581 年ローマ滞在中ゴンファローネ兄弟会の鞭打ちの行列を目撃している．

103） O'Regan [1995].

104） Sebregondi [1991b]; Eisenbichler, Wisch & Ahl (eds.) [2000].

105） Terpstra [2006].

106） *Ibid.*, pp. 267-269; O'Malley et al. (eds.) [1999]; Bailey [1999]; Lazar [2005]; 川村 [2003].

107） Terpstra [2006], p. 273.

108） トスカーナとウンブリアの籠居修女に関しては，Benvenuti Papi [1990]; Casagrande [1995]．ヴェルディアーナの名はボッカッチョ『デカメロン』第 5 日第 10 話に出てくる．

109） Vauchez [1993], pp. 58, 171, 185-203. デルフィーヌは S. Elzéar de Sabran と結婚したが夫婦関係を結ばなかった．2 人は幼少時よりフランシスコ会聖霊派から感化を受けた．

110） Benvenuti Papi [1990], pp. 101-259; Moerer [2007].

111） Benvenuti Papi [1990], pp. xv-xxiv; Bornstein & Rusconi (eds.) [1996]; Scaraffia & Zarri (eds.) [1994]; Casagrande (ed.) [2007].

112） Brolis & Brembilla [2001]; Brolis [2007]; Gazzini [2006], pp. 189-190; Esposito [2009], pp. 55-56.

113） Meersseman [1977], vol. II, p. 1022; Eckstein [1995], pp. 75-76; Weissman [1982], pp. 212-213; De Sandre Gasparini [1979]; Banker [1988], pp. 38-74, 143-173, 188-190; Little [1988], p. 73.

114） Casagrande [2000], p. 51.

115) Brolis [2001]; Id. [2007] 1265–74 年の草創期にミゼリコルディア・マッジョーレ兄弟会に入会した女性は 1,004 名 (会員数の 58%), 1339 年までに 1,730 名 (既婚 1,226, 独身 504) にのぼった. 既婚女性のうち 196 名が寡婦, 独身女性のうち 53 名が修道女であった.

116) Esposito [2000], pp. 93–94; Id. [2009], pp. 57–58, 63–64; 川村 [2003], 76 頁.

117) Esposito [2000], p. 96; Id. [2009], pp. 68–69.

118) Urist [2012].

119) Esposito [2009], pp. 72–77.

120) *Ibid.*, pp. 66–67.

121) *Ibid.*, pp. 65–66.

122) Taddei [2009], pp. 79–85. 純真無垢な子どもの占い能力, 若者の儀礼的暴力などの社会的機能については, Trexler [1974, 1980]; Niccoli (ed.) [1993]; Chiffoleau et al. (eds.) [1994]; Niccoli [1995].

123) Henderson [1994]; Eisenbichler [1998]; Taddei [2009], pp. 87–88.

124) Taddei [2001], p. 239; Polizzotto [2004], p. 40.

125) A. Traversari,'Epistola xix, xxxi,' in *Latinae epistolae,* 2: 40, 136–7. [*cit.* in: Trexler [1974], p. 209; Eisenbichler [1998], p. 29.

126) Bisticci [1951], pp. 213, 223; Eisenbichler [1998], pp. 24–25, 98–99.

127) Bisticci [1951], p. 330; Trexler [1974], pp. 213, 223; Taddei [2001].

128) Eisenbichler [1998], p. 30. 注 65) を参照.

129) *Ibid.*, pp. 96 ff.; Taddei [2001], pp. 169 ff.

130) 青少年兄弟会の活動とくに音楽・演劇活動については, Trexler [1980]; 米田 [2002].

131) Aranci [1997]; Eisenbichler [1998], pp. 128 ff.

132) Eisenbichler [1998], pp. 180 ff.

133) Monti [1927], vol. I, pp. 189–190; Eisenbichler [1998], pp. 121, 198 ff.

134) Hill [1986b].

135) Eisenbichler [1998], pp. 205–206; Hill [1979a], p. 112, Doc.1.

136) Burchi [1983], pp. 21–26; Eisenbichler [1998], pp. 207 ff.

137) Eisenbichler [1998], pp. 236–237.

138) *Ibid.*, pp. 236, 249.

139) Solerti [1903], p. 145.

140) Eisenbichler [1998], pp. 242–244.

141） Carter [1985]; Strainchamps [1978]; Id. [1991]．アンリ4世とマリア・デ・メディチの結婚交渉に関わり，花嫁の嫁資の不足分を出資したのもヤコポ・コルシである．

142） Polizzotto [2000], pp. 102–103; Taddei [2001], pp. 228–233, appendice Grafico 4a, 4b.

143） Eisenbichler [1998], p. 74.

144） *Ibid.*, pp. 84 ff.; D'Addario [1972].

145） Eisenbichler [1998], pp. 104 ff.

146） Hill [1986a], pp. 138–150.

147） フィリッポ・ネーリの生涯とオラトリオ会については，Ponnelle & Bordet [1928]; Smither [1977], pp. 39–76; Donnelly [1994].

148） Ponnelle & Bordet [1928], p. 18; Smither [1977], p. 39; Fenlon [2002].

149） Polizzotto [1994], pp. 344–348; Ponnelle & Bordet [1928], pp. 29, 35.

150） Ponnelle & Bordet [1928], pp. 32–33.

151） *Ibid.*, p. 54.

152） *Ibid.*, pp. 216–217; Smither [1977], p. 49; Morelli [1991], p. 2.

153） Ponnelle & Bordet [1928], pp. 205–208; Smither [1977], pp. 43–52; Morelli [1991], pp. 6–7.

154） Ponnelle & Bordet [1928], pp. 218–220.

155） オラトリオ会の音楽活動については，Smither [1977], pp. 79 ff.; Smither [1987], pp. 3–50; Morelli [1991], pp. 63 ff.

156） Kirkendale [2001], pp. 42–43, 280–281.

157） Ponnelle & Bordet [1928], pp. 93–94; Donnelly [1994], pp. 192–193. ゲーテは『イタリア紀行』で諧謔聖人フィリッポのことを詳しく紹介している．

158） Kirkendale [2001], pp. 236, 351.

第2章 フランス

1） 中世フランスの兄弟会を論じた早い段階での日本語論文として，江川 [1983] があり，また近世フランスの兄弟会を概観した日本語論文としては，槇原 [2006] がこの分野における先駆的貢献を果たしている．本論は，その後の研究動向や両氏の問題関心とは異なる視点も踏まえながら論じたものである．

2） Le Bras [1956].

3） Bergin [2009], pp. 339–340.

4） Espinas [1941–42].

5) Duhr [1939].

6) Deschamps [1958].

7) Vincent [1994a].

8) それぞれ N. Lemaitre [1988]; Chiffoleau [1979]; Coulet [1972]; Id. [1987]; Id. [1989]; Id. [1991]; Id. [1994]; Amargier [1976]; Stouff [1973]; Id. [1997] 参照.

9) たとえばアンジェ司教区について Matz [1991a]; Id. [1991b] を，ノルマンディ地方について Vincent [1988] を参照.

10) Agulhon [1968].

11) 日本の歴史学界におけるソシアビリテ概念の需要とその反響については二宮編 [1995] を参照．この前後の時期も含めて「ソシアビリテ論」を手際よく総括した論文として，中野 [2003] を参照.

12) B. Dompnier, “Avant-propos”, in: Dompnier & Vismara (eds.) [2008], p. 1.

13) もちろんこれ以前にも重要な研究は存在する．たとえば，L. ペルアスが 1960 年代に作成したラ・ロシェル司教区におけるロザリオ兄弟会の分布図は，民衆信心の活力を示す最良の模範的指標として，近世フランス宗教史研究の中で参照されてきた．Pérouas [1964 (1999)].

14) Froeschlé-Chopard [1980]; Id. [1994].

15) Froeschlé-Chopard et al. [1988].

16) Froeschlé-Chopard & Devos [1987]; Froeschlé-Chopard & Hernandez [1994]; Goujard & Langlois (eds.) [1996].

17) M. Venard, « Préface », in : Froeschlé-Chopard [2006], p. 11.

18) Goujard [1996]; Gutton [1993]; Simiz [2002]; Venard [2000]. ヴナルはルアンの兄弟会史料を近年編纂した．Venard (ed.) [2010].

19) Harding [1980]; Barnes [1988]; D. Garrioch, “Les confréries religieuses, espace d’autonomie laïque à Paris au XVIIIe siècle,” in: Croq & Garrioch (eds.) [2013], pp. 143–163.

20) Julia & Venard (eds.) [2005]; Froeschlé-Chopard [2006]; Dompnier & Vismara (eds.) [2008]; Croq & Garrioch (eds.) [2013].

21) Leroux [1950].

22) Billioud [1929–30].

23) N. Lemaître [1988], pp. 365–380.

24) Bergin [2009], pp. 348–349.

25） Venard (ed.) [2010], pp. 222–224.

26） Leguay [1975].

27） Châtellier [1987], pp. 108–123.

28） Berger [1970]. Cf. Vincent [2000]; Symes [2005].

29） Voyer-d'Argenson [1900].『聖体会年代記』の由来については以下を参照．高澤 [2008]，154–155 頁．

30） 一連の法的保証により，兄弟会は独自の訴訟請求，金銭の貸借関係，各種契約の締結，贈与の受領を享受できた．しばしば，小教区財産管理委員はこの兄弟会の特権に異議を唱えた．Garrioch, *art. cit.*, pp. 146–147.

31） 国王アンリ2世は1551年にフランスの全司教に対し司教区巡察を命じたが，これはトレント公会議（1545–63年）決議を先取りする改革であった．その後，1561年のオルレアン王令と1580年のブロワ王令は，司教による管轄教区内の信徒に対する訪問を義務付けた．M. Venard, "Les visites pastorales françaises du XVIe au XVIIIe siècle," in: Venard [2000], p. 40.

32） *Ibid.*, pp. 27–33.

33） フレシュレ＝ショパルは，この史料から共通指標を設けて情報を採集・整理し，図表・地図の作成を試みた．兄弟会に関する資料もその一部を構成する．Froeschlé-Chopard [1986].

34） 免償の小勅書では，一般的に兄弟会への入会日に，その入会者に全免償が与えられることが決められていた．またこの小勅書の中では，あらゆる免償は誠実な悔悛者にのみ認められ，全免償を受けるためには，告解と信仰告白を必要とした．

35） たとえば，ソミュールの聖母マリア被昇天兄弟会は，教皇パウルス5世から聖母マリアの8日間の祭礼に対する全免償を獲得した翌年，入会者数を倍増させた．De Viguerie [1988], p. 165.

36） 免償の小勅書の史料的意義については以下を参照．Froeschlé-Chopard [2006], pp. 162–165.

37） 兄弟会における図像の果たした役割については，以下を参照．Venard (ed.) [2010], p. 350.

38） Froeschlé-Chopard [2006], pp. 213–215.

39） *Ibid.*, p. 17.

40） Duparc [1958]; Coulet [1985].

41） Chiffoleau [1978].

42） Montagnes [1984].

43） Le Roux de Lincy [1844]; Vaquier [1923]; Lombard-Jourdan [1983].

44) Desportes [1984]; Vincent [1993].
45) Espinas [1945]; Id. [1943]; Fagniez [1877], pp. 31–42 など参照.
46) たとえば Chiffoleau [1979], p. 804 参照.
47) Boüard [1957], pp. 166–167.
48) Coulet [1994].
49) Péricard-Méa [1991]; Id. [1996].
50) Dansette [2001].
51) Coulet [1972], pp. 213–215.
52) Agulhon [1968], pp. 25–160.
53) もちろん，職能別兄弟会が同職組合的性格を強く帯びるのは北フランスに限定されない．したがって，1776 年のテュルゴの改革により，同職組合と並んで職能別兄弟会がいったん廃止されたことは，その社会的状況を反映する．
54) Bergin [2009], pp. 341–342.
55) Froeschlé-Chopard [2006], pp. 17–18.
56) Bergin [2009], p. 350.
57) De Viguerie [1988], p. 166.
58) Venard (ed.) [2010], pp. 243–248.
59) Bergin [2009], p. 343.
60) マリア信心会の基礎文献として Châtellier [1987] を参照.
61) ロザリオ兄弟会については以下を参照．Bergin [2009], pp. 354–355.
62) 聖体兄弟会の具体的な活動については，本章第 3 節を参照.
63) Bergin [2009], p. 356.
64) 聖心信心業については以下を参照．Froeschlé-Chopard [2006], pp. 315–377.
65) Bergin [2009], pp. 352–358.
66) *Ibid*., pp. 344–347; 槇原 [2006]，36–39 頁; 深沢 [2010]，8–9 頁.
67) Poirault [1979], p. 406.
68) Marandet [1987], p. 33.
69) Stouff [1997], p. 19.
70) Boüard [1957], p. 166.
71) Marvin [2009].
72) Chiffoleau [1979], pp. 791, 799.
73) たとえば *Encadrement*... [1985] 所収の諸論文参照.
74) Marandet [1987].
75) Chiffoleau [1979], p. 791.

76） De Viguerie [1988], pp. 162–163.

77） Bergin [2009], p. 362; Garrioch, *art. cit.*, p. 145.

78） *Ibid.*, p. 162.

79） Froeschlé-Chopard [1986], pp. 66–67, 196–197.

80） アンリ 3 世の時代には，パリにも悔悛苦行兄弟会は成立するが，パリにおける兄弟会のもつ多様性を考慮した上で別個に論ずべき課題である．

81） Vovelle [1983].

82） Bergin [2009], pp. 348–349.

83） *Ibid.*, p. 359.

84） Péronnet [1987].

85） 女子修道会以外には，フランシスコ会系の修道会やイエズス会での設立を確認できる．

86） Froeschlé-Chopard [2006], pp. 366–377.

87） Lalou [1985].

88） Chiffoleau [1979], p. 806.

89） Coulet [1972], pp. 217–219.

90） Schmitt [1971].

91） Stouff [1973], p. 341; Id. [1984], p. 381.

92） Bergin [2009], pp. 344–345.

93） カゾはマルセイユ都市内部のあらゆる官職や監督権の授与を独占し，彼の体制内部の重要人物は，聖霊白色悔悛苦行兄弟会・ルエの憐憫聖母マリア青色悔悛苦行兄弟会・イエスの御名灰色悔悛苦行兄弟会・カルメル会修道院の憐憫聖母マリア青色悔悛苦行兄弟会から徴用された．Harding [1980], p. 96.

94） 宗教戦争期におけるマルセイユ都市社会については Keiser [1992] を参照．

95） Harding [1980], p. 98.

96） 宗教戦争末期のカトリック同盟やパリ 16 区総代会については以下の文献を参照．高澤 [2009]，81–119 頁．

97） Ch.Black, “Introduction: The Confraternity Context,” in: Black & Gravestock (eds.) [2006], p. 22

98） Cassan [1996], p. 233.

99） Vovelle [1978].

100） Garrioch, *art. cit.*, pp. 154, 159–161.

101） 18 世紀パリ民衆のジャンセニスム運動については，近年急速に研究が開拓されてきた．Garrioch [1994]; Lyon-Caen [2010].

102) Garrioch, *art. cit.*, p. 156.

103) Nussac [1891] 参照.

104) Gennep [1942], pp. 179–194.

105) Bautier [1944–46].

106) たとえば Louis [2009] 参照.

107) たとえば Rossiaud [1976] 参照.

108) Nussac [1891], p. 471 参照.

109) Bautier [1944–46], p. 227.

110) この重要な史料を再掲しておこう.——1498… «Lettres de grâce accordées à Bordeaux par Louis XII à Jean Carton, tailleur, habitant de Beyssac, dont la requête, insérée audict acte, porte qu'au dit lieu se fait tous les ans, à la fête du Saint-Sacrement, une procession à laquelle est un Roi, un connétable et grands officiers, le tout, dit l'acte, pour réjouir les assistants. Ces offices se donnent à qui donnera le plus de cire applicable au service divin. Enfin ledit Carton, élu connétable, dont la fonction était de porter une épée nue devant le Roi, ne l'avoir pas encore quittée, lorsque le soir même de la fête, après le festin commun, il survint entre lui, Carton, et un nommé Lafaye, prêtre, une querelle qui devint sérieuse, obstinée, et ensuite sanglante par les injures respectives de l'un à l'autre. Le prêtre ayant reproché au connétable qu'il avait volé les calices de l'église de Beyssac et d'avoir battu sa mère, cela irrita violemment le connétable. Enfin, s'étant voulu approcher de trop très pour s'empoigner, le connétable, lui présentant son épée pour lui empêcher d'avancer sur lui, et non, selon l'acte, dans l'intention de le blesser, le prêtre s'étant jeté sur l'épée en voulant se jeter sur le connétable, se preça le ventre et en mourut trois jours après». Cf. Nussac [1891], pp. 471–472.

111) Fillet [1895], pp. 56–57.

112) Bautier [1944–46], p. 225.

113) Germouty [1944].

114) Gutton [1975] 参照.

115) Marlavagne [1875], p. 275.

116) Tintou [2009], p. 58 参照.

117) Bautier [1944–46], p. 248.

118) 以下，Louis [2009], p. 48 参照.

119) Statuts et règlement de la confrérie de la Conception Notre-Dame…,

[1891], pp. 71–75; Statuts de la confrérie de Notre-Dame-la-Joyeuse..., [1895], p. 424. Cf. Louis [2009], p. 48.

120） Tintou [2009], pp. 53–55 参照.

121） Bonnaud [1986], p. 217.

122） 引用してみよう．« Item, seront tenus les dits bayles fere porter le may, le jour de ladicte feste saint Cristofle, au roy en la mayson qu'il nommera, pourvu u'elle soit dans ledict bourg de Sainct-Augustin ou Naveys de la Cité dudict Lymoges, sçavoir: deux quartes de vin, deux pains blancs, un membre de mouton et du des[s]ert. Oultre, ce, seront tenus lesdicts bayles balher au fait-à-sa-guise, durant ladicte feste, trois pintes de vin dans son barlet. A esté aussy accordé que celluy à qui l'office de roy sera délivré par chacun an, il sera tenu, oultre la mise pour laquelle il luy sera délivré, balher la livrée [= flot de rubans aux couleurs de la confrérie] aux confrères avec le jardin garni [= chapeaux de fleurs] ainsi et comme il est accoustumé » in: Tintou [2009], p. 55.

123） C. Leroy [1933].

124） 中近世の競売の歴史については，Vigneron [2006], pp. 37–41; リアマウント [1993] など参照.

125） Rossiaud [1976] 参照.

126） 両者の関連については，Bénévent [2012] 参照.

127） Tintou [2009], pp. 58–60 参照.

128） Pellegrin [1982] 参照.

129） 中世の兄弟会の宴会などについては，Vincent [1994], pp. 17–24. 参照.

130） 大貫・名取・宮本・百瀬編『岩波キリスト教辞典』（岩波書店，2002 年）の「聖体」の項目（653 頁）を参照.

131） 新カトリック大事典編纂委員会編『新カトリック大事典　第 3 巻』（研究社，2002 年）の「聖体」「聖体行列」「聖体賛美式」「聖体礼拝」の項目（729, 732, 737 頁）を参照.

132） Vincent [1988] によれば，中世のノルマンディ地方に存在した約 2,000 の兄弟会のうち 160 の兄弟会が聖体兄弟会 confrérie du Saint-Sacrement に分類される．

133） 前掲『岩波キリスト教辞典』の「聖餐」「聖餐論争」の項目（636–637 頁）を参照.

134） Bergin [2009], pp. 355–356.

135） Voyer d'Argenson [1900], p. 196.

136) Pequet [1965], p. 20.

137) Tallon [1991], p. 332.

138) 「仲間」という表現はしばしば聖体会会員の交わす書簡史料の中に見いだすことができ，団体内部の会員間の平等を示す．Rebelliau (ed.) [1908].

139) 本節では，この兄弟会をミネルヴァ兄弟会と表記する．この兄弟会の展開過程については，以下を参照．Froeschlé-Chopard [2006], pp. 85–92.

140) *Ibid.*, pp. 179–184.

141) *Ibid.*, pp. 179, 188.

142) 聖体悔悛苦行兄弟会に関してはDompnier [1985] を参照.

143) 本節では，この兄弟会をロアンヌ兄弟会と表記する.

144) フランソワ・ソテロはロアンヌに赴任する以前に少なくとも6年間にわたりアヴィニョンに滞在しており，そこでの悔悛苦行兄弟会との何らかの接触がこのロアンヌ兄弟会設立に着想を与えた可能性がある．Dompnier [1985], p. 282.

145) *Ibid.*, p. 268.

146) *Ibid.*, p. 269.

147) *Ibid.*, p. 284.

148) Dompnier [1994].

149) Gutton [2004], p. 18.

150) 高澤 [2008], 156頁.

151) Gutton [2004], pp. 19–20.

152) Voyer d'Argenson [1900], pp. 244–247, 251–257, 270–277. パリ聖体会（母会）代表の義務には，地方聖体会（子会）の監視やそれらの団体から送付される書簡に目を通すこと，文通に関して協議することが規定されている．通信網については以下を参照．Tallon [1990], pp. 24, 40–44.

153) 聖体会の有力会員であった財務卿ニコラ・フケの逮捕とも共時的連関が確認される.

154) Froeschlé-Chopard [2006], p. 88.

155) 各兄弟会によりさらに条件が加わる場合もある．たとえば，1556年にリモジュのある聖体兄弟会で作成された規約では，入会者の制限および小教区内部からの会員の募集や分担金の割り当てが定められた．また，1690年にパリのサント・マルグリット小教区（サン＝タントワヌ城外区）で設立された聖体兄弟会の規約では，「良き生活と品行」を備えたローマ・カトリック教会の信徒であることが求められた.

156) Dompnier [1985], pp. 272–273.

157) Voyer d'Argenson [1900], pp. 85–86.

158） Froeschlé-Chopard [2006], p. 185.

159） “Statuts et Règlemens de la Confrairie du Très-Saint Sacrement,” in: *Recueil d'instructions et de prières, à l'usage de la confrairie du saint sacrement, érigée le 9 août 1690, en la paroisse de sainte Marguerite, fauxbourg S. Antoinne, à Paris*, Paris, pp. 129–136.

160） Dompnier [1985], p. 286.

161） 役職者の呼称は兄弟会により異なるが，recteur, procureur, baïle, maître, administrateur などがもちいられた．Froeschlé-Chopard [2006], pp. 190–191.

162） Dompnier [1985], p. 271.

163） Voyer d'Argenson [1900], pp. 195–196.

164） Froeschlé-Chopard [2006], pp. 86–87.

165） Voyer d'Argenson [1900], p. 244.

166） Froeschlé-Chopard [2006], pp. 200–201.

167） *Ibid*., pp. 203–204.

168） Voyer d'Argenson [1900], p. 34 ; 高澤 [2008]，172 頁.

169） Froeschlé-Chopard [2006], p. 203.

170） Dompnier [1985], p. 276.

171） *Ibid*., pp. 280–281.

172） この文書は弾圧の危機にある聖体会が子会に送るために団体の精神を 18 ヵ条にまとめたものである．

173） Voyer d'Argenson [1900], p. 195.

174） *Loc.cit*.

175） *Ibid*., p. 300; Tallon [1990], pp. 65–67.

176） *Ibid*., pp. 68–70.

177） 聖体会の活動については以下を参照．Voyer d'Argenson [1900], pp. 58–70.

178） 聖体兄弟会の規約として，ボルドーの兄弟会の事例とパリのサント・マルグリット小教区の規約を参照．Froeschlé-Chopard [2006], p. 189.

179） 当初は 9 月第 3 日曜日に開催されていたが，その後 1690 年から 8 月第 3 日曜日に変更された．

180） Dompnier [1985], pp. 270–271.

181） Froeschlé-Chopard [2006], pp. 95–96, 192–194, 196.

182） Dompnier [1985], p. 271.

183） *Ibid*., p. 274, 278.

184） *Ibid*., pp. 280–281.

185） Froeschlé-Chopard [1994], pp. 541–542.

186） “Reglemens pour la Confrerie du Saint-Sacrement”, in: *Statuts, ordonnances, Mandemens, reglements et lettres pastorales imprimez par ordre de Monseigneur, L’Illustrissime et Reverendissime, Messire, Louis Ant (oi) ne de Noailles, eveque comte de Chaalons, pair de France*, Châlons, 1693, pp. 393–394.

187） “Statuts et Règlemens de la Confrairie du Très-Saint Sacrement,” p. 197.

188） M. Venard, “Vue d’ensemble,” in: Venard (ed.) [2010], pp. 36–41.

189） Dompnier [1985], pp. 281–282.

190） Froeschlé-Chopard [1994], pp. 541–543.

191） 坂野 [2012]，151–160 頁; Vidal (ed.) [2010].

192） Doncourt [1773], p. 95.

193） *Fondations faites à la confrérie du Tres-S. Sacrement érigée en la paroisse de Saint Sulpice*, Paris, 1706.

194） Rébelliau (ed.) [1908], p. 13.

195） *Ibid.*, pp. 98–99.

196） 実際，1660 年前後から，聖体会は小教区を活動単位とした活動の再編を模索していた．Allier [1902], pp. 366–367.

197） Tallon [1990], pp. 47–49.

198） Doncourt [1773], p. 151.

199） コンデ公とコンデ公夫人の側近やその親族関係にあたる聖体会会員の中には，ギヨム・ド・ラモワニョン，ジュディト・ド・メム，アントワーヌ・バリヨン，陸軍卿フランソワ・スブレ・ド・ノワイエ，ル・ピュイ司教アンリ・ド・コション・ド・モパ・デュ・トゥル，駐ローマフランス王国大使フランソワ・デュ・ヴァルが含まれ，さまざまな分野の人材を見いだすことができる．コンデ公周辺の人物誌と聖体会との関係については以下を参照．Béguin [1999], pp. 42–46. また，この夫妻の息子にあたるコンティ公アルマン・ド・ブルボンは，1660 年にパリ聖体会から入会を認められる．Tallon [1990], p. 26.

200） Rébelliau (ed.) [1908], pp. 31–32; Brunet, “Présentation,” in: Brunet (ed.) [2008], pp. 70–71.

201） Brunet, *art. cit.*, p. 73.

202） リアンクル館の貴族サークルについては以下の文献を参照．J. Lesaulnier, “L’hôtel de Liancourt,” in: Lesaulnier [2002], pp. 63–95.

203） Pérouas [1964 (1999)], pp. 382–383.

204） Hanlon [1989], p. 145.

205） “Approbations de Messieurs les Prelats: De Monseigneur l’Evesque de la Rochelle,” in: Arnauld & Nicole [1669].

第3章　ドイツ・スイス

1） 研究史については，主に以下を参考にした．Remling [1986], pp. 36–53; Id. [1993]; Frank [2002], pp. 4–13; Haverkamp [2006]; 鍵和田 [2009]． 宗教民俗学の主な論稿として Rücklin [1933]; Kliem [1963]; Löffler [1974]; Dörfler-Dierken [1992] が挙げられる．

2） Remling [1993], p. 149.

3） Isenmann [2012], pp. 657–659 および pp. 811–813.

4） 教会史の枠組みにおける兄弟会研究については，以下を参照．Remling [1986].

5） Ledebur [1850]; Stolz [1911]; Reicke [1932]; Ingelfinger [1939]; Hoberg [1953]; Bauerreiß [1955] を参照.

6） Uhlhorn [1882–90]; Moeller [1906]; Barth [1967/68] および Id. [1971].

7） Wilda [1831]. ヴィルダ，ギールケの研究史上の評価については，以下を参照. Meister [2001], p. 11; 鍵和田 [2005], p. 59.

8） 主な研究として Schanz [1877]; Keutgen [1903]; Eberstadt [1915].

9） ハンブルクの研究は Brandes [1934]; Id. [1936]; Id. [1937], リューベックの研究は Link [1920].

10） Remling [1993], p. 150.

11） 阿部謹也は，わが国において，最初にドイツの兄弟会を取り上げているが，その際，ハンブルクを事例に，慈善活動を主な活動の中心においた「貧しき旅人のための兄弟会」，また職人兄弟会である「ビール醸造人兄弟会」を取り上げている．服部良久はリューベックの兄弟会について論稿を書いている．

12） 鍵和田 [2009], p. 34.

13） Frank [2002], p. 11.

14） 鍵和田 [2009], p. 34.

15） Oexle [1985], 兄弟会研究の文脈におけるエクスレの議論に対する評価は Frank [2002], p. 10 を参照．日本語訳は鍵和田 [2005], p. 60 を参照した.

16） Remling [1986], pp. 49 f. 訳文は鍵和田 [2009], p. 35 を参照.

17） Militzer [1997], p. xiii.

18） Rahn [1994], pp. 13–15 はエクスレの定義を批判し，レムリンクの定義を受け入れている．Frank [2002], p. 15 もレムリンクの定義を継承している．その一方，Prietzel [1995], p. 38 はエクスレ的な理念型的ギルド像に含まれる兄弟会という理

解を積極的に評価している．Gerchow [1993], p. 6 や Haverkamp [2006], p. 163 の兄弟会定義は基本的にレムリンクの定義に基づいているがエクスレの定義も取り入れている．1990 年代以降の兄弟会定義の研究史については，Militzer [1997], p. xiii; Frank [2002], p. 14; Haverkamp [2006], p. 163; Schweers [2012], pp. 40–45.

19) Militzer [1997–2000].

20) 手工業ツンフトと政治ツンフトの定義については，Heusinger [2009], pp. 90–102; Isenmann [2012], pp. 807–811, 813–814.

21) 例えば，シュルツは政治ツンフトについて，手工業ツンフトの発展形と誤解している．Schultz [1994].

22) 政治ツンフトおよび酒房寄合の研究史については，Fouquet [2003], pp. 14–22 を参照．主な研究として Alioth [1988]; Cordes [1993]; Heusinger [2009].

23) Fouquet [2003]; Heusinger [2009].

24) http://www.sfb600.uni-trier.de/? (Last Visit 16.09.2013)

25) Haverkamp [2006]; Escher-Apsner [2003]; Id. [2009]; Multrus [2006]; Jörg [2009]; Laqua [2011].

26) この論集の中には，ミリツァーやラーン，ジモン－ムシャイド，フランク，トリオら 1990 年代から，精力的に兄弟会を扱ってきた研究者の諸論稿が収められている．Escher-Apsner [2009].

27) Löther [1999]; Gloor [2010].

28) 近世ドイツ兄弟会に関する研究史の詳細は，鍵和田 [2009] 参照．

29) Jedin [1979], p. 592.

30) *Ibid.*, p. 593.

31) Remling [1986]; Id. [1993].

32) 宗派化論については，踊 [2011] 参照．

33) Remling [1986], p. 30.

34) Schneider [1994], pp. 83–84.

35) Schneider [1996], pp. 97–98.

36) シュナイダー自身は，「改革カトリック兄弟会」・「伝統的兄弟会」という名称を用いていない．この名称は後述するマリンクロットによるものである．

37) Mallinckrodt [2005], pp. 406–407.

38) *Ibid.*, p. 373.

39) *Ibid.*, pp. 391–393.

40) 踊 [2011], pp. 118–123.

41） Winkelbauer [2007], pp. 142–144.

42） *Ibid.*, pp. 152–153.

43） Forster [2001].

44） *Ibid.*, p. 143.

45） Mallinckrodt [2006].

46） *Ibid.*, pp. 349–350.

47） Safley [2011], pp. 17–19.

48） Ebner [2004], p. 269.

49） 以下，兄弟会関係の史料の分類については，主に Militzer [1997], pp. xviii–xxiv を参照した.

50） Remling [1986].

51） ミリツァーはこのように保管された兄弟会関係文書が最も良く残存していると指摘している．Militzer [1997], p. xviii.

52） *Ibid.*, p. xx.

53） ミリツァーの指摘はもっぱらケルンの事例についてであるが，管見のかぎり他の都市の事例研究でも年代記についての言及はほぼ見当たらない．*Ibid.*, p. xx.

54） Brucker [1889]; Schanz [1877]; Lübecker Urkundenbuch vol. 4, 7, 9 [1873, 1885, 1893]; Urkundenbuch Magdeburg [1892, 1901].

55） Mallinckrodt [2005], pp. 254–256. ちなみに，ケルンの死への恐れ兄弟会において 1696–98 年に販売された「兄弟会の書」の価格は 1 冊 40 アルブスであった．平均的な「兄弟会の書」はタテ 7cm・ヨコ 5cm・頁数 100 前後の小型本で，装幀も質素であった.

56） *Ibid.*, p. 259.

57） *Ibid.*, p. 251.

58） Pfeiffer [2008].

59） Reinhard [1972]; Burschel [1997]; Schmidt [2009].

60） Mallinckrodt [2005], p. 34.

61） Forster [2001], p. 137.

62） Remling [1986], pp. 13 f; Militzer [2009], p. 153.

63） Störmer [1993], p. 130．ケルンにも Richerzeche と呼ばれる仲間団体があるがこれは兄弟会ではない．Richerzeche については，Groten [1984].

64） Urkundenbuch der Stadt Braunschweig [1975], p. 145; Cf. Rahn [2009], p. 187; Meklenburgisches Urkundenbuch [1893], p. 220; Cf. Escher-Apsner [2009], p. 11.

65) Schanz [1877], pp. 174–177, 188–193; Sydow [1967].

66) Haverkamp [2006], p. 156.

67) Meklenburgisches Urkundenbuch [1893], p. 220; Escher-Apsner [2009], p. 11.

68) 俗語で zhunft / zunffte と呼ばれる confraternia („confraternia quod in vulgari dicitur zhunft“ in: Urkundenbuch der Stadt Basel [1890], p. 76.) Haverkamp [2006], p. 159.

69) Remling [1986], p. 14.

70) ツンフトと兄弟会の定義については，主に Schwineköper [1985] に所収されている Schulz, Irsigler, Schmidt-Wiegand による諸論文および Remling [1993].

71) レムリンクはこうした呼称の変化について，それが実際に明確に区別されたかどうかについては，対象となるそれぞれの都市の状況を鑑みる必要があると指摘している．Remling [1993], p. 151.

72) *Ibid.*, p. 151.

73) メールゼマンによれば，聖職者兄弟会は，純粋な祈禱兄弟盟約的兄弟会と，自立的でゲノッセンシャフト的な兄弟会の 2 つの潮流があるとする．Meersseman [1969], p. 32.

74) Haverkamp [2006], p. 176.

75) Störmer [1993], p. 131. そのため聖ヴォルフガンク諸兄弟会 St. Wolfgang Bruderschaften と表記される．

76) フランケン，ハンブルクの例はそれぞれ Remling [1986], pp. 213–277; Brandes [1934], pp. 110–113.

77) Militzer [2009], p. 154.

78) Escher-Apsner [2009], pp. 218–230. シュトラースブルク大聖堂は 13 世紀末よりその建築の指揮権が市参事会に渡ったが，その建築財源は広範な寄付により賄われた．聖マリア兄弟会はその寄付に際して設立され，寄付を行った者は誰でも兄弟会成員となった．Pfleger [1941], p. 188. 施療院設立の寄進については，Escher-Apsner [2009], p. 249.

79) 以下，慈善活動を行う兄弟会については，Remling [1986], pp. 278–290; Laqua [2011] を主に参照．

80) Störmer [1993], p. 129; Haverkamp [2006], p. 178.

81) チューリッヒについては，Dörner [1996], p. 255，フランケンについては，Remling [1986], p. 281 を参照．

82) Rahn [2009], pp. 194–196.

83） Dörner [1996], p. 252.

84） Heusinger [2009], p. 89.

85） Dörner [1996], p. 252. St. Loyen とは St. Eligius のことである．この兄弟会についてはさらに Amacher [2002], p. 270 を参照．

86） Remling [1986], pp. 62–66.

87） Meister [2001], pp. 85–106.

88） Remling [1986], pp. 32–33．プロテスタント地域でも，職能団体の名称として Bruderschaft が用いられることがあった．

89） Mallinckrodt [2005], pp. 139–145.

90） Forster [2001], pp. 136–137.

91） Militzer [2001], pp. 251–252.

92） Olschewski [2008], p. 84.

93） Ebner [2004], pp. 262–263.

94） Olschewski [2008], p. 89.

95） Ebner [2004], p. 260.

96） Olschewski [2008], pp. 109–111.

97） Ebner [2004], pp. 264–266.

98） Bireley [1999], pp. 113–114.

99） Olschewski [2008], pp. 113–114.

100） Mallinckrodt [2005], pp. 304–315.

101） リューベックについては，Graßmann [2005], p. 46，ハンブルクについては，Brandes [1934], p. 114 および p. 141 を参照．

102） Rahn [2009], p. 197.

103） Brandes [1934], p. 142.

104） Militzer [1997], p. LXII.

105） 兄弟会規約については，Heusinger [2009], pp. 86–88 を主に参照．

106） 以下，兄弟会組織については，主に Militzer [1997], pp. XLVIII–LVIII; Brandes [1934], pp. 120–141 を参照．

107） シュトラースブルクでは会計係と書記のみが規約に記載されている．Schanz [1877], pp. 212–218. ケルンの兄弟会ではさらに，Provisor，理事 Beisitzer，その他の雑事を引き受ける雑事係 Bote / Küster などの役職が存在した．Militzer [1997], pp. XLVIII–LVIII.

108） Militzer [2009], p. 152.

109） Graßmann [2005], p. 46; Rahn [2009], p. 197.

110）チューリッヒについては，Amacher [2002], p. 272. シュトラースブルクは Heusinger [2009], p. 86.

111）Schneider [1996], p. 105.

112）Ebner [2004], p. 260.

113）Schneider [1996], p. 103.

114）Winkelbauer [2007], p. 146.

115）Schneider [1996], pp. 105–106.

116）Mallinckrodt [2005], pp. 154–155.

117）*Ibid.*, p. 155.

118）*Ibid.*, p. 279.

119）*Ibid.*, pp. 363–364.

120）Hoberg [1953], p. 238; Gerchow [1993], p. 54; Heusinger [2009], p. 86.

121）Remling [1986], p. 345; Dörner [1996], p. 255.

122）Militzer [1997], p. XXV.

123）リューベックについては，Graßmann [2005], p. 44. ハンブルクについては，Brandes [1937], pp. 98–110 を参照.

124）メッツ，トリーアについては，Escher-Apsner [2009], p. 12; Militzer [1997], p. XXVIII.

125）Dörner [1996], pp. 250–258; Amacher [2002], pp. 269–277.

126）Simon-Muscheid [2003], p. 159.

127）Schneider [1994], p. 67.

128）ただし，宗教改革の結果，プロテスタント地域で兄弟会もしくは兄弟会の基盤にある「兄弟関係」(Fraternalism) が完全に消滅したと見なすことはできない．N. テルプストラは，北ドイツのプロテスタント地域において，かつての兄弟会が慈善機能だけを残して 19 世紀まで存続していた例を挙げ，プロテスタント地域の兄弟会を，「消滅」ではなく「変容」の視点で捉えるべきことを主張する．Terpstra [2006], p. 272.

129）Militzer [1997–2000], vol. 1, p. xxix.

130）トレント公会議第 22 盛式会議 8・9 条.

131）Schneider [1996], p. 93.

132）Forster [2004], pp. 227–229.

133）Mallinckrodt [2005], pp. 98–113.

134）Bischof [1998–2011].

135）Mallinckrodt [2005], p. 404.

136） Schneider [1996], pp. 98–99.

137） *Ibid.*, pp. 100–101.

138） *Ibid.*, pp. 101–102.

139） Remling [1986], p. 9.

140） Becker [1989].

141） Schneider [1989].

142） Ebner [2004].

143） Klieber [1999].

144） Winkelbauer [2007].

145） Forster [2001].

146） Olschewski [2008].

147） Mai [2011].

148） Bischof [1998–2011].

149） *Ibid.*

150） Militzer [1997], p. LXXVIII.

151） チューリッヒには聖ルカおよび聖エリギウス兄弟会とアウグスティノ修道院の間で結ばれた契約書が伝えられている．Amacher [2002], p. 270． 祭壇の寄進については，Amacher [2002], p. 274 を参照.

152） Brucker [1899], pp. 438–440.

153） Militzer [1997], p. LVII.

154） Meister [2001], p. 87; 鍵和田 [2005], p. 65 を参照.

155） 鍵和田 [2005], p. 66.

156） 兄弟会内の参事会員の参加については，Brandes [1936], pp. 113–115; Militzer [1997], pp. LXVI–LXXVI. 特にブラウンシュヴァイクの例については，Rahn [2009], pp. 198–202 を参照.

157） 規約については，Brucker [1889], p. 82; Schanz [1877], p. 219. 施療院運営については，Remling [1986], p. 279.

158） Militzer [1997], p. C.

159） ケルンの参事会は，門閥との争いに負けた毛織者業ツンフトの集会所跡地にあった聖マリア像を修道院に収容し，その崇敬のために兄弟会を設立した．Militzer [1997], p. IC.

160） *Ibid.*, p. C.

161） Schneider [1989], p. 117.

162） Schneider [1996], pp. 109–110.

163） Schneider [1989], pp. 118–120.

164） Mallinckrodt [2005], p. 81. 教理教育兄弟会の名称は，地域ごとに異なる．トリーア大司教区でイエズス会が設立したものは，イエスとマリア，さらに修道会の聖人であるフランシスコ・ザビエルの名を冠したのに対し，ケルン大司教区ではイエス・マリア・ヨセフの名が冠された．しかし，何れの場合も正式名称の一部に「教理教育」を目的とする旨の文言が含まれている．

165） Militzer [1991].

166） Winkelbauer [2007], pp. 144–145.

167） Mallinckrodt [2005], pp. 314–316.

168） *Ibid.*, pp. 340–341.

169） Tremp [2002], p. 190.

170） Mallinckrodt [2005], pp. 348–349. 18 世紀のケルンには 19 の「共同金庫兄弟会」が存在した．名称については，「聖ミカエル」や「三王」など伝統的な聖者名を冠したものが大半である．

171） Walter [2012].

172） Mariotte [2000], p. 4; Heusinger [2009], pp. 205–207.

173） 渡邊 [2001], pp. 3–22.

174） 以下，シュトラースブルクにおける兄弟会の概観は，Pfleger [1941], pp. 185–191 および Rüther [1997], pp. 155–158 を主に参照.

175） Witte & Wolfram [1900], pp. 5 f, Nr. 15.

176） Hessel & Krebs [1928], p. 364, Nr. 2319.

177） AMS (Archives municipales de Strasbourg), II 21, 23. Pfleger [1941], p. 189 および Rüther [1997], p. 157 を参照.

178） Reuss [1897], p. 304.

179） Pfleger [1941], p. 190.

180） 聖ヤコブ兄弟会の史料は AMS, III 263, 11; AMS, II 66a, 75. その他，Pfleger [1941], p. 189 および Rüther [1997], p. 158 を参照.

181） Pfleger [1941], p. 190.

182） Rüther [1997], p. 157.

183） Schöller [1989], pp. 332 f.; Escher-Apsner [2009], p. 220.

184） Pfleger [1941], p. 189.

185） Witte [1900], p. 350, Nr. 1193.

186） Pfleger [1941], p. 148.

187） Winkelmann [1922], p. 78; Pfleger [1941], p. 187.

188） 規約には15世紀とあるが，具体的な設立年は記載されていない．Brucker [1889], pp. 438–440.

189） Pfleger [1941], p. 188.

190） Brucker [1889], pp. 82–85.

191） Pfleger [1941], p. 187.

192） Reuss [1897], p. 306.

193） AH（Archives hospitalières）, 1197. Rüther [1997], p. 158 参照.

194） Pfleger [1941], p. 187.

195） Schanz [1877], p. 167.

196） *Ibid.*, p. 212.

197） *Ibid.*, p. 218.

198） *Ibid.*, p. 234.

199） Brucker [1889], p. 442.

200） Heusinger [2009], p. 86.

201） 聖トーマス教会参事会および新聖ペーター教会参事会については，Hasegawa [2014], Kapitel 2 を参照.

202） 大施療院については Gabler [1941] を参照．シュトラースブルクの大聖堂は13世紀末より大聖堂建築の指揮権が市参事会に移譲され，フラウエンヴェルクと呼ばれる大聖堂建築事業団体 Kirchenfabrik / fabrica ecclesiae も完全に市参事会の監督下に置かれた（江川 [2004]; Wiek [1959]）.

203） Brucker [1889]; Schanz [1877].

204） 以下史料の表記についてはイタリック体で示す．Heusinger によれば，シュトラスーブルクにおける職業ツンフト die gewerbliche Zunft は史料上 antwerk と現れ，政治ツンフト die politische Zunft を指す einung と区別されていた．Heusinger [2009], p. 90 参照．政治ツンフトと職業ツンフトについての最近の論稿としては，Fouqeut [2003], pp. 16–19; Isenmann [2012], pp. 807–811. シュトラースブルクにおけるツンフトについて，それ以外の主な論稿としては Alioth [1988]; Gloor [2010] が挙げられる．訳語については，瀬原 [1964]; 江川 [1994]; 渡邊 [2001], pp. 80–87 を参考とした.

205） 参事会内の席次，および軍馬調達のリストについてはそれぞれ，Alioth [1988], pp. 319–324 および pp. 326–329; Heusinger [2009], pp. 130–132 を参照．プロセッションの並びは AMS, AA 66, 20v.–24v.

206） AMS, AA 66, 20v.–24v.

207） Heusinger [2009], pp. 130–132.

208） Alioth [1988], p. 324.

209） *Ibid.*, および Hasegawa [2014], Kapitel 2 を参照.

210） Heusinger [2009], pp. 96–99.

211） Alioth [1988], p. 333.

212） ホイジンガーは,「酒房寄合」が複数ある場合, 常にある特定の「酒房寄合」から参事会員が選出されたことを指摘している. Heusinger [2009], p. 96.

213） 軍役のリストにはそもそも記載がない. 政治ツンフトとして浴場主と組んだ理髪師は軍馬供出リスト上に載っているが 24 ツンフト中 22 番目である. Alioth [1988], p. 327.

214） Brucker [1889], pp. 438–440.

215） *Ibid.*, p. 438.

216） *Ibid.*, p. 439.

217） *Ibid.*, p. 440.

218） *Ibid.*, pp. 82–85.

219） *Ibid.*, p. 83.

220） *Ibid.*, p. 84.

221） Schanz [1877], p. 174, Nr. 29.

222） *Ibid.*, pp. 192–193.

223） *Ibid.*, p. 192, Nr. 44. Heusinger [2009], p. 89 参照. ダッハシュタイン戦争とその後の経過については, Alioth [1988]; Heusinger [2009], pp. 195–203; Hasegawa [2014], Kapitel 2.

224） Schanz [1877], p. 193.

225） *Ibid.*, pp. 167–174.

226） *Ibid.*, p. 169.

227） *Ibid.*, p. 170. 会費の支払い方法については, それぞれ 170 頁, 171–172 頁にかけて, 別の項目で記されているが, ここでは統一して紹介する. *Ibid.*, pp. 170–171.

228） *Ibid.*, p. 171.

229） *Ibid.*, p. 170.

230） *Ibid.*, pp. 170–171.

231） *Ibid.*, p. 171.

232） *Ibid.*, p. 173.

233） *Ibid.*, pp. 212–218.

234） *Ibid.*, pp. 218–221.

235）　*Ibid.*, pp. 222–229.

236）　*Ibid.*, p. 219.

237）　*Ibid.*, pp. 234–236, Nr. 79.

238）　*Ibid.*, p. 220.

239）　*Ibid.*

240）　*Ibid.*, p. 213.

241）　*Ibid.*

242）　*Ibid.*, p. 214.

243）　*Ibid.*, p. 217.

244）　*Ibid.*, p. 213.

245）　*Ibid.*, p. 221.

246）　MR2, 81v–83. Pfleger [1937], pp. 46–50.

247）　MR2, 81v. Pfleger [1937], pp. 46 f.

248）　Pfleger [1937], p. 47.

249）　Gerchow [1993], p. 53.

250）　Schanz [1877], pp. 79–92.

251）　その蠟燭は 4 本で 120 グルデンに上った．Schanz [1877], p. 80.

252）　Hasegawa [2014], Kapitel 2.

253）　Schanz [1877], p. 217.

254）　Handbüchlein Der Hochlöblichen Erz＝Bruderschaft Deß Hochwürdigen Sacraments, Köln 1681（以下 Handbüchlein と略記), p. 8.

255）　Burschel [1997], pp. 33–34.

256）　Ziegler [2007], p. 197.

257）　Handbüchlein, pp. 3–4.

258）　*Ibid.*, p. 9.

259）　*Ibid.*, p. 10.

260）　Klersch [1965], p. 169.

261）　Schleicher [1982].

262）　鍵和田 [2010], pp. 23–29.

263）　Apostolica Institutio et Regulae Confraternitatis ad honorem acerbissimae Passionis D. N. Iesv Christi, Köln 1615（以下 Apostolica Institutio と略記), pp. 14–15.

264）　*Ibid.*, pp. 15–22.

265）　*Ibid.*, pp. 22–23.

266) 鍵和田［2010］, pp. 25–27.

267) Mallinckrodt［2005］, p. 169.

268) 破門のうち，既遂の犯罪事実そのものにより判決を経ずに科されるもの．参照，項目「破門」新カトリック大事典編纂委員会編『新カトリック大事典』第4巻，研究社，2009年.

269) Thiessen［2008］, p. 119.

270) Kaplan［2007］, pp. 270–271.

271) *Ibid.*, pp. 273–274.

272) *Ibid.*, pp. 269–270.

273) 踊［2003］, pp. 59–60.

274) Mallinckrodt［2005］, p. 276.

275) Bergerhausen［2010］, p. 205.

276) Mallinckrodt［2005］, p. 274.

277) Unkel［1891］, pp. 356–358.

278) Mallinckrodt［2005］, p. 276.

279) François［2007］, pp. 296–298.

280) Unkel［1891］, p. 418.

281) Dietz［1999］, p. 463.

282) Mallinckrodt［2005］, p. 282.

283) *Ibid.*, pp. 282–283.

284) *Ibid.*, p. 285.

285) *Ibid.*, pp. 475–479.

286) *Ibid.*, p. 284.

287) *Ibid.*

288) Unkel［1891］, p. 418.

289) Mallinckrodt［2005］, p. 284.

290) Unkel［1891］, p. 418.

291) François［2007］, p. 298.

第4章　ネーデルラント

1) 中近世ネーデルラントの兄弟会全般に関する通史的研究はまだ出ていない．本節は，主としてトゥリオによる以下の論稿に基づいている Trio［1994］; Id.［2003］; Id.［2004a］; Id.［2009］; Id.［2010］; Van den Hoven van Genderern & Trio［2006］.

2） Trio [2004a], pp. 415–416.

3） Trio & Vijsterveld [2006], p. 40.

4） Kruisheer [1976], p. 9; Trio [1993], p. 51.

5） エルサレム巡礼とサンティアゴ巡礼のための兄弟会については，Van Herwaarden [1983], pp. 400–429; Trio [1991], pp. 131–152 を参照.

6） 射手ギルドや修辞家集団については，都市史や文化史の領域で近年研究が進められている．近年の代表的成果として Arnade [1996]; Van Bruaene [2008] などを参照.

7） この点については，青谷秀紀『記憶の中のベルギー中世——歴史叙述に見る領邦アイデンティティの生成』（京都大学学術出版会，2011 年），第 2 章「ベルギー史学と文化史研究」を参照.

8） Van den Hoven van Genderen & Trio [2006], pp. 360–361.

9） *Ibid.*, pp. 360–361.

10） *Ibid.*, p. 362.

11） *Ibid.*, pp. 363–364.

12） C. F. Custis & C. Carton [1843], pp. 379–385.

13） 中世後期のブルッヘの「市民宗教」と兄弟会を含む宗教的団体を論じた重要な著作として Brown [2011] を挙げておく.

14） ナミュールのマリア兄弟会規約：Borgnet [1865] およびイプルのシント・ニコラス兄弟会の規約：Vandenpeereboom [1876–77], pp. 25–64.

15） 「フランドル聖母マリア会議」Vlaamsch Maria Congres, Brussel, 8–11, Sept.1921. この会議の報告集は，Handelingen van het Vlaamsch Maria-congres te Brussel, 2vol., Brussel, 1922 として刊行されている.

16） Berlière [1926–27], pp. 135–145.

17） Van den Hoven van Genderen & Trio [2006], p. 369.

18） *Ibid.*, p. 370; Knippenberg [1986], pp. 15–16.

19） Van den Hoven van Genderen & Trio [2006], p. 371.

20） Van Dijck [1973].

21） Van den Hoven van Genderen & Trio [2006], pp. 369–373.

22） Meersseman [1952]; Id. [1977].

23） Toussaert [1963]; Le Bras [1940–41], pp. 310–363.

24） Van den Hoven van Genderen & Trio [2006], p. 367; Speetjens [2007], pp. 110–114.

25） Strohm [1983]; Dieterich [1982]; Id. [1989a].

26) Trio [1990]; Id. [1993].

27) 17 世紀の兄弟会廃止をめぐる宗派間の論争については，ユトレヒトの事例についての以下の研究を参照．Kaplan [2000], pp. 108–114.

28) Van Dijk [1973]; Kruisheer [1976]; Jongerius [1989]; Leguijt [1994].

29) テクストは，C. Piot (ed.), Cartulare de Saint-Trond, pp. 317-321 (Van Dijck [1973], p. 32).

30) Trio [1989], textuitgave, nr.3, pp. 301–302.

31) *Ibid.*, textuitgave, nr. 4, pp. 303–304.

32) Van Dijck [1973], p. 32.

33) Dieterich [1982], pp. 116–120.

34) Kruisheer [1976], pp. 55–58. この規約は全部で 12 条項から成っている．

35) Gysseling [1977], Corpus van middelnederlandse teksten, reeks,I-1, Nr. 92–94.

36) Trio [1991].

37) De Spiegeler [1981].

38) Gysseling [1977], Nr. 92–94; 河原 [2001]，第 5 章；Meeserman [1991].

39) 中世イタリアの兄弟会の会計記録については，フィレンツェについて Henderson [1994]，ベルガモについて Cossar [2006] などを参照．

40) Van Dijck [1973], この会計記録は，1629–42 年の間は途切れているが，それ以降の時期も継続して残されている．Cf. 1330–1500 年までの会計記録は Smijers [1925]; Id. [1926–28]; Id. [1929–31]; Id. [1932–35]; Id. [1940–46]; Id. [1948–55] により刊行されている．

41) 嵩井里恵子 [2011] の未刊行博士論文（首都大学東京大学院人文科学研究科）が，この会計簿を 1330 年から 1500 年にわたり詳細に分析しており，その成果の一部は刊行されている．Kasai [2013], pp. 87–104.

42) Meerseman [1991], pp. 164–167.

43) その先駆的事例が Van Dijck [1973]; Kruisheer [1976] などである．

44) Trio [1993]; Bogaers [1999].

45) 河原 [2001]，167–170 頁．

46) ヘントの都市会計簿と兄弟会の関係については，Trio [1993], pp. 206–210 を参照．

47) 特に南フランスやイタリア都市の遺言書は膨大な数が残されており，宗教史や兄弟会研究との関連でも多くの研究がある．Chiffoleau [1980]; Cohn [1988] を参照．

48）いずれも未刊行修士論文であるが，中世後期（1263-1480 年）のウイの遺言書 60 通の研究として Gaspard［1976–77］，15 世紀前半ヘント（1400–50 年）の遺言書 419 通の研究として Fontana［1992–93］および 15 世紀後半ヘント（1450–82 年）の遺言書 63 通の研究として Goussey［1994–95］がある．河原［2001］，63-64 頁も参照．ブルッヘの遺言書を作成した公証人の活動については，Murray［1986］; Callewier［2014］を参照．

49）Hens, van Bavel, Van Dijck,Frantzen (eds.)［1978］において，481 点のテクストが収められている．

50）Kellman (ed.)［1999］による音楽家・楽譜写本制作者 Petrus Alamire 研究がその一例である．

51）Strohm［1983］の 15 世紀ブルッヘの音楽家研究，Wegman［1989]; Id.［1992］の兄弟会と音楽家（Jacob Obrecht）の研究，Nosow［2012］の 15 世紀モテット研究などがその代表であろう．山本［2012］も中世後期の都市（カンブレー）における教会音楽の組織と発展を考える上で興味深い成果である．

52）Van de Welden［1997］. スヘルト－ヘンボスでは，画家ヒエロニムス・ボスが「輝かしきマリア兄弟会」のメンバーとして活動したことはよく知られている．Dixon［2003], pp. 24–34.

53）Van Dijck［2013], p. 161. ブラバントのベテコム（Betekom）の射手ギルドの旗（17 世紀頃）の図が残されている．

54）Trio & Van den Hoven van Genderen［2006], pp. 379–384.

55）特に近世の兄弟会研究の視角については，Kaplan［2000］を参照．

56）Trio［1993], pp. 75–93.

57）*Ibid.*, pp. 353–354.

58）Herwaarden［1978]; Herwaarden & De Keyser［1980], pp. 413–414. 巡礼兄弟会一般については，デュプロン［1992］，209–220 頁．

59）George［1971]; Trio［1991]; Van den Hoven van Genderen & Trio［2006], p. 380; Péricard-Méa［2000], pp. 135–146.

60）中世フランスのサン・ジャック巡礼兄弟会の運営した施療院（救護所）については，Péricard-Méa［2000], pp. 165–181 を参照．

61）Gysseling［1977], Corpus, nr. 92, p. 152.

62）*Ibid.*, Corpus, nr. 92; 河原［2001］，152–154 頁；デュプロン［1992］，215 頁．

63）受禄者とは，中世ネーデルラントの施療院において，一定の資産を持つ高齢者として当該施設へ寄進を行なうことで，その見返りにその施設へ終生受け入れられた者である．ブルッヘの施療院研究におけるマレシャルの定義を参照．Maréchal

[1978].

64) Meerseman [1991].

65) デュプロン [1992] (218–219 頁) は，フランスの事例をいくつか挙げている.

66) Van Bruaene [2008].

67) 河原 [1998].

68) Jongerius [1976].

69) Dieterich [1982], pp. 186–189.

70) Alanus de Insulis, Sermones, sermo 2 (J.P.Migne, PL, 210, pp. 200–201); シュライナー [2000]，385 頁.

71) シュライナー [2000]，388–421 頁.

72) 中世後期のマリア崇敬興隆の背景については，Vauchez [2009], pp. 336–339 を参照.

73) Trio [2010], pp. 331–332.

74) Van Dijck [1973], pp. 407–408.

75) Van Herwaarden [1978]; Hens et al. (eds.) [1978], pp. 42–44.

76) 1380–1400 年までの 20 年間に生じたという 460 点におよぶ聖ヨハネ教会のマリア像による奇跡譚が集められている．Hens et al. (eds.) [1978], pp. 29–31. テクストは，同書 pp. 169–674.

77) Van Dijck [1973], p. 16.

78) この規約を含む創建文書の内容は，Smits [1912], pp. 60–67.

79) Roelvink [2002], pp. 13, 96–97. procurator 職は 1445–46 年の会計記録に初出する.

80) *Ibid.*, p. 14; Van Dijck [1973], pp. 38–39.

81) Van Dijck [1973], Bijlage I A, I B.

82) *Ibid.*, Bijlage (付表) X (pp. 444–446) に会員リスト (1390–1518 年) に記載のあるハプスブルクやフランスの宮廷関係者，宮廷歌手，ネーデルラント貴族 (騎士)，都市貴族，修道院長の一覧が挙げられている.

83) Trio [2003], p. 134.

84) Van Dijck [1973], pp. 69–74.

85) Roelvink [2002], p. 18.

86) 兄弟会の役職者と市政役職者の重なりは，15 世紀のヘントのヤコブ巡礼兄弟会やブルッヘのマリア兄弟会をはじめ，多くのネーデルラント都市において確認される．河原 [2001]; 同 [2010] を参照.

87) Van Dijck [1973], pp. 40–41, 102–103.

88） 1330–1500 年までの会計簿（Rekeningen）は，Oldenwelt［1932］; A. Smijers［1932］で刊行されている．16 世紀前半（1500–41 年）については，A. Smijers［1935］; Id.［1940–46］; Id.［1948–55］において刊行されている．

89） Van Dijck［1973］, pp. 48, 107–108.

90） Jas［1991］, pp. 44–45.

91） 兄弟会と音楽（家）の関係は，さらに顕著な事例をイタリア都市においてみることができる．例えば 14 世紀から 18 世紀のヴェネチアにおいて兄弟会（スクオーラ・グランデ）が果たした典礼音楽活動の重要性を論じた Glixon［2003］や，フィレンツェの事例を扱った本書第 1 章（米田論文）などを参照.

92） Walter（1336 年）, Theodericus Gheghel（1354, 64 年），Robertus（1355 年）らによって多くのモテットが 書き写された．例えばこの時期の会計記録には "Item domino Theoderico Gheghel pro mutetis scriptis per eum 14 st"（Rekening 1364–65）といった支出の記載がある．Smijers［1939］, pp. 187–188; Id.［1940］, pp. 5–6.

93） Kuijper［2000］, p. 233.

94） *Ibid*.

95） "…item Johannes onsen sangmeester gegeven van scriven ende noteren in die grote sexterne met den discant"（Rekening 1420–21）; "…item gegeven brueder Wouter den preter onsen sangmeester, van 4 moutteten te scriven ende te noteren…"（Rekening 1422–23）. Cf. Smijers［1939］, p. 187; Id.［1940］, p. 6.

96） Smijers［1939］, p. 185.

97） Meconi（in: Kellman（ed.）［1999］）, pp. 35–37.

98） Schreurs［1999］（in: Kellman［1999］）, pp. 15–27.

99） 1470 年から 1510 年の時期のベルヘン・オプ・ゾームにおけるマリア兄弟会による同様の音楽パトロネージとさまざまな出自の歌手の活動について，Wegman［1989］, pp. 175–219 が詳細な分析を行なっており，比較の対象として興味深い.

100） 中近世ネーデルラント都市における宗教行列のさまざまな位相についての近年の詳細な分析は，De Smet &Trio［2006］, pp. 5–91 を参照.

101） Van Dijck［1973］, pp. 108–109.

102） *Ibid*., p. 60.

103） *Ibid*.,［1973］, p. 110; Rekening 1462–63（Smijers, p. 124）.

104） Van Dijck［1973］, pp. 108–111.

105） *Ibid*., pp. 111–112; Roelvink［2002］, pp. 47–50．他都市や近郊の村の聖廟へ守護聖人の聖遺物を運ぶ宗教行列は，ヘントでも同様に都市の守護聖人聖リーヴェ

ンの聖遺物に関して行なわれていた.

106) Van Dijck [1973], Bijlage VI B, pp. 426–429.

107) “Item des woensdaeghs nae ons liever Vrouwendach voirseyd was een general processie (...) omme onsen lieven heeren god te dancken ende te loven van der Victoien die onse genedighe here hadde tegen den coninck” (18 augustus 1479), Rekening 1479–80.

108) “Den Vste augusti als men processie general gehouden heft om Godt te bidden om getijch weer ende om peys ende vre want daer groete schay gebuerde” (5 augustus 1523), Rekening 1523–24.

109) 15世紀後半のフランドル都市ブルッヘにおける同様の宗教行列の展開とマリア兄弟会の参加については, Brown [2011], pp. 171–177, 260–267を参照.

110) 本論では詳述できないが, 近世のネーデルラント都市における宗教行列の廃止とプロテスタントの関わりについては, De Smet & Trio [2006], pp. 78–80を参照.

111) トゥリオは, スヘルト-ヘンボスのケースを例外的とみなしている. Trio [1994b], pp. 278, 287; Id. [2006], pp. 107–109.

112) Blockmans & Prevenier [1974]; Id. [1978], pp. 42, 45–47.

113) フランドル都市ヘントの聖霊ターフェルと施療院の活動については, 河原 [2001] を参照.

114) Van Dijck [1973], pp. 56, 163.

115) *Ibid.*, p. 164.

116) 田中 [1980], 1–49頁.

117) Van Dijck [1973], p. 165 (1398, 1411, 1425, 1442, 1471, 1500, 1509年に8件の記念日設定が行なわれている).

118) Blockmans & Prevenier [1974], p. 41; Id. [1978], pp. 42–43.

119) Blockmans & Prevenier [1974], pp. 39, 41.

120) 河原 [2001], pp. 128–129.

121) Van Dijck [1973], p. 167.

122) Boele [2013], pp. 119–121は,「いとも輝かしきマリア兄弟会」の救貧活動を北部ネーデルラント都市のコンテクストの中に位置づけて, 評価している.

123) Roelvink [2002], pp. 54–55.

124) 15世紀半ばの兄弟会による積極的な救貧活動のモデルケースとして, 北イタリアのミラノとクレモナのマリア兄弟会の事例が比較史的に興味深い. Sella [1996], pp. 131–170を参照. また, レイデンとヘントの聖霊ターフェルと兄弟会による救

貧活動の評価については，van Steensel [2013], pp. 143–146 を参照.

125） Trio [2003], pp. 131–141.

126） Van Dijck [1973], pp. 408–409. 1642 年および 1972 年に改訂された当兄弟会の規約については，Van Dijck [1973], Bijlage VIII（1642 年 2 月 27 日付）および Bijlage IX（1972 年 8 月 26 日付）を参照.

127） 河原 [2010]，119–120 頁.

128） Nosow [2012], pp. 105–134.

129） Brown [1999]; Id. [2011], pp. 158–162, 165–166, 176–177, 182–185, 214, 250.

130） Nosow [2012], pp. 128–134.

131） ブルッヘの聖霊ターフェルの活動については，Galvin [2001] を参照.

132） 16 世紀のスヘルト－ヘンボスの社会・経済構造については，Blondé [1987] を参照.

133） ブラバント都市における音楽家の移動ネットワークについては，ベルヘン・オプ・ゾームについて Wegman [1989]，およびアントウェルペンについて Forney [1987] を参照.

第 5 章　イギリス

1） スコットランドについては Torrie [1988]，アイルランドについては Lennon [2006]; Id. [2008]を参照.

2） Toulmin-Smith [1870]; Westlake [1919].

3） Phythian-Adams [1979], pp. 118–124. ウェストミンスター，ハル，ノリッジ，リッチフィールドの兄弟会と都市政府の関係についてはそれぞれ，以下を参照. Rosser [1989], pp. 287–290; Crouch [2000], pp. 211–214; 市川 [1990]; Rosser [1987].

4） Rosser [1988a].

5） McRee [1993], pp. 224–225.

6） Farnhill [2001], pp. 76–77.

7） McRee [1994b]; Rosser [1994].

8） たとえば，Colson [2010]; Mattingly [1989]; 斉藤 [2004].

9） Barron & Wright [1995]; Gerchow [1996]; Toulmin-Smith [1870]; Westlake [1919].

10） 作成の経緯および史料論的考察は Gerchow [1996] を参照.

11） 結果的には，この調査に基づいて財産を没収されたり解散させられたりした兄弟

会はなかったが，死手法の適用対象は 1391 年に兄弟会にも拡大された．Gerchow [1996], pp. 115–117; Hanawalt [1984], p. 22.

12） 報告書の数は 484 だが，1 つの報告書に複数の兄弟会の回答が記されている場合があるため，兄弟会数は 519 となる．Gerchow [1996], p. 117.

13） Farnhill [2001], pp. 10–11; 坂巻 [1991], 265–266 頁.

14） Barron [1985], pp. 22–23; 坂巻 [1991], 267–269 頁.

15） Basing [1982] など.

16） Farnhill [2001], pp. 61–63.

17） Bateson [1903], pp. 1–13, 26–59; Owen [1984], pp. 313–316.

18） Bloom [1907], pp. 7–241; Farnhill [2001], pp. 42–45; Skaife [1872], pp. 10–237.

19） Hanawalt [1984], pp. 24–25; Hanawalt & McRee [1992], pp. 166–169.

20） Bainbridge [1996], pp. 83–85; Duffy [1992], pp. 334–337; Owen [1984], pp. 295–313.

21） Crouch [2000], pp. 189–191, 199.

22） King's Lynn Borough Archives, KL/C 57/44; 新井 [2005], 250–252 頁; Brigden [1984], pp. 94–95.

23） Burgess [2000], pp. 1–34.

24） Bainbridge [1996], p. 39; Rosser [1988a], p. 41.

25） Owen [1984], pp. 324–326.

26） Bainbridge [1996], pp. 38–39; Crouch [2000], pp. 9–10, 45–84.

27） Crouch [2000], pp. 45–84; Farnhill [2001], pp. 27–28, 105.

28） Crouch [2000], pp. 46–47.

29） Hanawalt [1984], pp. 26–27; Westlake [1919], pp. 120–127.

30） 会員資格は必ずしも厳密に特定の小教区の住民に限定されていたわけではなく，当該小教区外の住民も入会できることを定めた兄弟会もあった．坂巻 [1991], 268–269 頁.

31） 「商人ギルド guild merchant」も史料上および研究上「ギルド」と呼称されるが，当団体の成立過程や当初の役割は政治的・経済的要素が強く，本章で扱う兄弟会とは別種の団体として論じる方が適切だと思われる．商人ギルドについては以下を参照．Gross [1890]; Fryde [1985]; 谷 [1994], 21–105 頁.

32） Barron [1985], p. 23; Crouch [2000], p. 131.

33） Barron [2004], pp. 206–211; Crouch [2000], pp. 133–140; Toulmin-Smith [1870], pp. cxiv-clxiv; Unwin [1908], pp. 93–109; 坂巻 [1987], 40–51 頁.

34） 鵜川 [1987], 274–275 頁.

35） Davies [1995]; Rawcliffe [2008].

36） Crouch [2000], pp. 170–184; Skaife [1872], p. xii. ジェントリと兄弟会の関係については以下を参照. 新井 [1990].

37） Crouch [2000], pp. 145–146.

38） ノリッジの聖ジョージ兄弟会については本章第 3 節を参照. リッチフィールドの聖母マリアおよび洗礼者聖ヨハネ兄弟会については Rosser [1987], pp. 40–42 を参照.

39） Farnhill [2001], p. 44.

40） Phythian-Adams [1979], p. 119.

41） 坂巻 [1991], 261–262 頁.

42） Rosser [1987], p. 41.

43） Bainbridge [1996], pp. 137–143; Farnhill [2001], pp. 51–58; 坂巻 [1991], 265–266 頁. ヨークの聖体兄弟会は, 主要な役職を聖職者が務めていたが, これはイングランドの兄弟会ではまれな例だと思われる. 兄弟会によっては聖職者が役職に就くのを禁じるものもあった. Crouch [2000], pp. 169–170; Hanawalt [1984], p. 24.

44） Farnhill [2001], p. 73; Hanawalt [1984], p. 34; 坂巻 [1991], 269 頁.

45） Hanawalt [1984], p. 25.

46） Farnhill [2001], pp. 48–49.

47） Barron [1985], p. 31; Beattie [2007], pp. 104–106.

48） Bainbridge [1996], pp. 46–50; Barron [1985], pp. 31–32. J・スカリスブリックは, 女性も役職に就けたとするが例は挙げていない. Scarisbrick [1984], p. 25.

49） Hanawalt [1984], p. 24.

50） Bainbridge [1996], pp. 44–45.

51） Historical Manuscripts Commission [1887], pp. 226, 235; Phythian-Adams [1979], p. 122.

52） Bainbridge [1996], pp. 45–46; Dyer [1998], pp. 110–118. リッチフィールドの聖母マリアおよび洗礼者聖ヨハネ兄弟会のように, 入会希望者が財産に応じて金銭あるいは物品を納めることで入会でき, 年会費の徴収がない兄弟会であれば, 最下層の人びとも入会できた可能性はあるが, このような兄弟会はまれな例だと思われる. Rosser [1987], pp. 40–41.

53） Reynolds [1984], p. 68; Rosser [1988b], p. 32; Unwin [1908], p. 18; 早川 [1995], 211–212 頁.

54) Bainbridge [1996], pp. 14–16; Reynolds [1984], p. 68; Unwin [1908], pp. 18–23; Westlake [1919], p. 2; 早川 [1995], 211–212 頁.

55) Bainbridge [1996], p. 15; Rosser [1988b], p. 31; Westlake [1919], pp. 1–10.

56) Bainbridge [1996], p. 15. ノルマン征服後のイングランドで，俗人が修道士による執り成しを求めて修道士と祈禱兄弟盟約を結んだことが地元社会の連帯に貢献したとされるが，この祈禱兄弟盟約と，主に俗人から成り共同での祈禱や守護聖人の崇敬，相互扶助活動を活動の軸とする 12 世紀以降の兄弟会との接点は不明である．祈禱兄弟盟約については以下を参照．エアード [2008]; Tsurushima [1992]; Id. [1999].

57) Bainbridge [1996], pp. 41–43; Jones [1974], p. 646; ブリットネル [2012], 164–166 頁.

58) Crouch [2000], pp, 39–41.

59) Barron [1985], p. 23.

60) *Ibid.*, pp. 24–25; Westlake [1919], pp. 28–29; キング [2006]，265–266 頁.

61) ロッサー [2009], 77–78 頁.

62) Barron [1985], pp. 23–24.

63) Bainbridge [1996], p. 43.

64) Rosser [1988a], pp. 32–35; ゴールディング [2012], 175 頁.

65) Westlake [1919], p. 20.

66) Bainbridge [1996], pp. 41–43.

67) Rosser [1994], pp. 430–431.

68) Westlake [1919], p. 38; 坂巻 [1991], 276 頁.

69) ロッサー [2009], 78 頁.

70) Crouch [2000], pp. 54–55.

71) *Ibid.*, pp. 54–58; Farnhill [2001], pp. 31–33.

72) Farnhill [2001], pp. 30–34.

73) Bainbridge [1996], pp. 28–33.

74) Barron [1985], pp. 35–36.

75) Bainbridge [1996], pp. 68–69; Hanawalt [1984], p. 28.

76) Farnhill [2001], p. 74; Scarisbrick [1984], p. 23.

77) Crouch [2000], pp. 105–106.

78) *Ibid.*; Rosser [1994], pp. 434–435; Scarisbrick [1984], p. 23.

79) 市川 [1995], 306–308 頁.

80) Crouch [2000], p. 106. 聖体行列については，以下を参照．Rubin [1991],

pp. 267–269.

81） Scarisbrick [1984], p. 20. 以下，本項は言及のない場合は Rosser [1994] を参考にした.

82） Hanawalt [1984], pp. 31–32; Rubin [1987], pp. 257–258; Westlake [1919], pp. 43–44.

83） Barron [1985], pp. 26–27; Rubin [1987], p. 255.

84） Rubin [1987], pp. 255–256, n. 118.

85） McRee [1993]. pp. 210–212.

86） Farnhill [2001], p. 77.

87） Crouch [2000], p. 126; Hanawalt [1984], p. 33; Scarisbrick [1984], pp. 21, 30.

88） Dyer [1998], p. 246.

89） 研究史の整理として，Haigh [1987]；指 [2000]；山本 [2009]，序章，を参照.

90） Dickens [1989].

91） Duffy [1992]; Scarisbrick [1984].

92） 37 Henry VIII. c. 4. "An Act for Dissolution of Colleges," *The Statute of the Realm*, III, pp. 988–993; 1 Edward VI. c. 14. "An Act Whereby Certain Chantries Colleges Free Chapels and the Possessions of the Same be Given to the King Majesty," *The Statutes of the Realm*, IV, pp. 24–33. 2 つのチャントリ解散法の違いについては，Kreider [1979], chapters 7, 8, を参照.

93） 永代寄進礼拝堂に関する研究としては，Wood-Legh [1965] がある.

94） Kreider [1979], pp. 11–12, 44–46; Shagan [2003], pp. 235–269. なお，刊行されているチャントリ報告書については，Kreider [1979] 巻末の参考文献リストを参照．ロンドンのそれについては Kitching [1980] があるが，その序文も参考になる.

95） 教会財産査定録には，永代寄進礼拝堂のみが記録され，期限付きのチャントリは記録されていない．後者も含めれば，こうした制度に対する人びとの関心はもっと高かったといえるかもしれない.

96） Brigden [1989], pp. 385–389.

97） Marshall [1994], p. 51; Id. [2002], pp. 80–81, 101.

98） 遺言書を用いて遺言者の信仰的立場を推定するという方法の問題点は，多くの研究者によって指摘されてきた．Duffy [1992], chapter 5; Spufford [1974], pp. 319–344; Id. [2000].

99） Harding [2003], pp. 390–395.

100） Finch [2003].

101） Hudson & Tingey (eds.) [1906–10], II, pp. 310–312; 唐澤 [1998], 102 頁.

102） Giles [2003], p. 333.

103） Unwin [1904], chapter 4 (樋口徹訳 [1980], 第 4 章); 坂巻 [1987], 99–109 頁.

104） Rappaport [1989]; Archer [1991]; Ward [1997]. 危機と安定に関する議論の整理としては，坂巻 [1999]; 唐澤 [2000] を参照.

105） Brigden [1989], pp. 35–36, 411–413; Sommerville [1992], p. 78.

106） Ward [1997], pp. 112–115.

107） ロンドンのカンパニーの慈善事業に関する研究として，Ward [1999]; 菅原 [2011] を参照.

108） 伝統的な祝祭の衰退については，Bennett [1992], pp. 35–36; Underdown [1985], pp. 82–83; Hutton [1994], pp. 119–122, を参照．また，国王の宗教政策への小教区住民の対応については，Whiting [1998]; 山本 [2009] を参照.

109） Ben-Amos [2008], pp. 82–142; Hindle [2004], chapter 2. 近世のチャリティについては，Jordan [1959]; Schen [2002] も参照.

110） Dyer [2012]; McIntosh [2012].

111） ピューリタニズムと社会統制の関係を重視する研究として，Wrightson & Levine [1979] を，そうした関係性を相対化する研究としては，Ingram [1984]; Spufford [1985]; McIntosh [1998] を参照.

112） Phythian-Adams [1979]; McRee [1992]; Id. [1994a].

113） Rosser [1987].

114） 山本 [1999].

115） Phythian-Adams [1972].

116） Weinbaum [1936]; Tittler [1998], Part II, III.

117） Rosser [1987]; Kettle [1985]; Tittler [1998], pp. 158–159.

118） 本書第 5 章第 3 節を参照.

119） Titller [1998], Part IV; Mills [1991].

120） 坂巻 [2004].

121） 近世における自発的結社の簇生については，Clark [2000] を参照．クラークは，近世後期の自発的結社と兄弟会の類似性を認めつつも，兄弟会が都市だけでなく農村においても見られたのに対して，17 世紀末以降の自発的結社の簇生は都市的な現象であったとしている.

122） Owen [1984], pp. 5–26.

123） 宗教改革時に領主が司教から国王に代わり，1537 年 7 月 7 日の開封書状にて都市名の変更が通達され「キングズ・リン」となって現在に至っている．Historical Manuscripts Commission [1887], p. 207.

124） Palliser (ed.) [2000], pp. 758–760.

125） *Ibid.*, pp. 329, 755–757, 765–767.

126） Westlake [1919], pp. 38, 192–200.

127） Goodman [2002], p. 93; Owen [1984], pp. 324–326.

128） Goodman [2002], p. 97.

129） クラウチは 1388–89 年の兄弟会調査報告書や遺言書などから兄弟会数を調査しており，1500 年以前の兄弟会数はヨークが 47，ドンカスターが 12，スカバラが 13，ハルが 18 としている．Crouch [2000], pp. 56–60, Map 2.

130） 聖三位一体兄弟会については，以下を参照．Historical Manuscripts Commission [1887], pp. 225–231; McRee [1993], pp. 214–219; Owen [1984], pp. 61–63; Parker [2005], p. 119; Richards [1812], pp. 450–473; Westlake [1919], p. 22.

131） Goodman [2002], pp. 21–22; Historical Manuscripts Commission [1887], p. 195; Owen [1984], p. 39.

132） Historical Manuscripts Commission [1887], pp. 228–230; Parker [2005], p. 119.

133） Mackerell [1738]; Owen [1984], pp. 60–63, 295–330; Richards [1812], pp. 408–486; Rye [1873], pp. 153–183.

134） The National Archives (TNA), C47/43/279; Westlake [1919], p. 199.

135） King's Lynn Borough Archives, KL/C 57/3–35. 以下，特に記載のない限り史料はすべて King's Lynn Borough Archives 所蔵．

136） 1459 年度，1460 年度の会計簿は洗礼者聖ヨハネの生誕の祝日（6 月 24 日）が期首となっているが，この理由は不明である．祝宴は以前の年度と変わらず聖体の祝日および聖体の祝日の 1 週間後に行われている．KL/C 57/34, 35.

137） 複数の会計担当者がそれぞれの仕事についての収支を記すという記載方法は，ビショップス・リンの都市の会計簿でも 1402 年度分から採用されている．また，聖三位一体兄弟会の会計簿も，筆者が調査した 1437 年度以降，15 世紀については同様の方法で記載されている．Historical Manuscripts Commission [1887], p. 224; KL/C 38/16–31.

138） KL/C 57/1.

139） KL/C 57/2.

140） TNA, C47/43/279; Rubin [1991], p. 236; Westlake [1919], pp. 50, 199.

141） 触れ役 dean の主な職務は，会員に集会の日時を知らせることだった．Rye [1873], pp. 156–157.

142） KL/C 57/5.

143） KL/C 57/9.

144） Goodman [2002], pp. 97–98; Toulmin-Smith [1870], pp. 94–96.

145） KL/C 57/4, 5, 7, 23, 29.

146） McRee [1993], p. 215, n. 49.

147） 1438 年度に，入会金全額として 3 ポンド 6 シリング 8 ペンスが納められている．KL/C 57/23.

148） 市の役職者の調査には以下の文献を利用した．Historical Manuscripts Commission [1887]; Mackerell [1738]; Owen [1984].

149） この 10 名には，1400 年度の新規加入者 1 名を含む．

150） Crouch [2000], p. 206.

151） Rubin [1991], p. 252.

152） KL/C 57/7 (1402 年度), 22 (1434 年度), 29 (1446 年度).

153） KL/C 57/16.

154） Rubin [1991], p. 252.

155） KL/C 57/3, 19–21. 人数は不明だが，他の 5 年度にも聖櫃を運ぶ労力に対する支払いの記載がある．KL/C 57/7 (1402 年度)，8 (1403 年度)，31 (1450 年度)，33 (1453 年度)，34 (1459 年度).

156） 天蓋は，通常は 4 本の支柱をそれぞれ 1 名の聖職者または俗人が支え持ったという．Rubin [1991], p. 252.

157） KL/C 57/15, 28, 35.

158） 聖櫃を運ぶ聖職者への言及が一部の年度の会計簿にしか見られない理由は不明だが，聖櫃の下で祈る司祭への支払いや，本文の以下の箇所で述べる蠟燭代の支払いが，1 名の会計係による記述しか現存していない年度を除くすべての年度の会計簿に見られることから，聖体行列は毎年行われていたと思われる．

159） Owen [1984], pp. 266–268; Rubin [1991], p. 261.

160） Historical Manuscripts Commission [1887], p. 225.

161） 同職組合の聖体行列への参加については，以下を参照．Rubin [1991], pp. 261–263.

162） KL/C 57/14.

163） KL/C 57/12 (1409 年度)，14 (1412 年度)，18 (1429 年度).

164） KL/C 57/3, 4.

165） KL/C 38/17.

166） McRee [1993], pp. 214–219.

167） ビショップス・リンの聖ジャイルズおよび聖ジュリアン兄弟会は，1476 年に救貧施設を設立している．Owen [1984], pp. 322–323; Richards [1812], pp. 428–438.

168） Phythian-Adams [1979], pp. 118–122.

169） B. ハナウォルトとマクリーは，W. ライに依拠してビショップス・リンにもコヴェントリのような二層の体制が見られるとしているが，ライは聖三位一体兄弟会と聖体兄弟会の関係については論じていない．Hanawalt & McRee [1992], p. 168; Rye [1873], pp. 153–183.

170） McRee [1993], pp. 214–215.

171） D. オーウェンも，聖三位一体兄弟会の専属司祭が他の兄弟会の仕事も受けていたと推測している．Owen [1984], p. 61.

172） KL/C 57/34, 35.

173） Parker [1971], pp. 24–29.

174） *Ibid*., p. 26.

175） KL/C 57/3.

176） KL/C 57/34.

177） KL/C 38/17.

178） 商業都市の兄弟会が商業活動に積極的に関わっていたことは，ハルやストラットフォード・アポン・エイヴォンの例からも指摘されている．Crouch [2000], pp. 55–58.

179） 15 世紀前半に，ローマ教皇は聖体行列に参加した者には贖宥状が与えられるとした．ビショップス・リンの聖体兄弟会も贖宥状を発給していたかもしれない．Rubin [1991], pp. 210–212.

180） 中世後期の聖ジョージ・ギルドについては，グレースによって編纂された刊行史料に解説が付されているほか，マクリーの一連の研究がある．Grace (ed.) [1937]; McRee [1992]; Id. [1993]; Id. [1994a]; Id. [1994b]. 都市統治における宗教ギルドの重要な役割については，コヴェントリのそれについて論じた Phythian-Adams [1979], chapter 8 を参照.

181） *Account of the Company of St. George in Norwich from Mackerell's History of Norwich*, MS. 1737, Norwich, 1851, pp. 59–60.

182） 本節で使用した史料は，NCR Case 8e, St. George's Company, Surveyors'

Accounts 1581–1592, Treasurers' Accounts 1581–1592; NCR Case 8g, St. George's Company, Bills and Accounts 1619–1718; NCR Case 17b, St. George's Company, Rules, Regulations, List of Member, etc. 1452–1602, 1602–1729, Book of Livery 1645–1719 である．最後の史料群のうち議事録は Minutes と以下略記する．

183） 1 Edward VI. c. 14. "An Act Whereby Certain Chantries Colleges Free Chapels and the Possessions of the Same be Given to the King Majesty," *The Statutes of the Realm*, IV, pp. 24–33.

184） Hudson & Tingey [1906–10], I, p. lxxvi.

185） 宗教改革期の当カンパニーの組織と儀礼の変化の詳細については，McClendon [1999b]; 唐澤 [2004], 148–152 頁を参照.

186） Minutes 1452–1602, p. 168.

187） Treasurers' Accounts 1581–1592. 16 世紀前半の聖ジョージ・ギルドの会計簿の分析としては，McRee [2009] を参照.

188） Minutes 1452–1602, p. 203.

189） *Ibid.*, p. 214. 16 世紀後半の会計役会計簿には，ドラゴンの修理代が記録されている．Surveyors' Accounts 1581–1592.

190） Minutes 1452–1602, pp. 272, 274, 316. 任期 1 年の市長の選挙が行われるのは 5 月 1 日であった.

191） この方式で指名された 6 名が残りの 6 名の参事を指名した．Minutes 1452–1602, pp. 175, 180.

192） McRee [2009], pp. 59–61.

193） Treasurers' Accounts 1581–1592.

194） Minutes 1452–1602, pp. 170–173.

195） 市会議員に就任した年代は，クォールズが 1542 年，トムスンが 1546 年，クォッシュが 1540 年であり，祝宴係に選出された時点までその職についていた. Hawes [1986], pp. 126, 154.

196） McClendon [1999a], pp. 124–129.

197） Hawes [1986], p. 126.

198） 都市自治体の支配層の宗派構成については，McClendon [1999a], pp. 68–70, 130–132, 180–182, 194–199 を参照.

199） Rosser [1994].

200） Minutes 1602–1729, p. 341.

201） *Ibid.*, pp. 130, 142, 155.

202） *Ibid*., p. 59.

203） *Ibid*., p. 18.

204） 祝宴係が実際にどの程度の経済的負担をおっていたかについては不明だが，18 世紀初頭のマカレルの記述によれば，4 名の宴会役の出費が合計で 120 ポンドに上るものであったとされる．*Account of the Company of St. George*, p. 50.

205） カンパニーが認めた祝宴係免除の数量的なデータに関する分析は，唐澤［2004］，159–164 頁；同［2008］，69–73 頁を参照．

206） Minutes 1602–1729, pp. 35, 39, 164.

207） ジョン・ケトルのプロフィールについては，Evans［1979］, pp. 73–76 を参照．

208） ノリッジの市制の詳細については，唐澤［1998］，第 4 章を参照．

209） 17 世紀のノリッジのフリーメン人口の推計についてはEvans［1979］, p. 36 を，17 世紀末から 18 世紀初頭のノリッジのフリーメン人口についてはRogers［1989］, p. 306 を参照．

210） Minutes 1602–1729, pp. 110–113, 125–126.

211） Evans［1979］, pp. 155–182.

212） Minutes 1602–1729, p. 223.

213） *Ibid*., p. 224; Miller［2007］, p. 96.

214） de Krey［1985］.

215） 17 世紀末から 18 世紀前半にかけてのノリッジの市政動向について，Evans［1979］, chapter VII; Rogers［1989］, chapter 9; Knights［2004］を参照．

216） Minutes 1602–1729, pp. 556–557, 560–561. 当カンパニーの社交への党派性の侵入については，Miller［2007］, chapter 4 を参照．

217） Minutes 1602–1729, pp. 572–573.

218） Rogers［1989］, pp. 334–336.

219） Bills and Accounts 1619–1718, Surveyors' Accounts 1679, 1683/84, 1696, 97/98.

220） 唐澤［2008］，65 頁．

221） Minutes 1602–1729, pp. 646–647.

222） Rogers［1989］, pp. 320, 328.

223） Hudson & Tingey［1906–10］, I, p. cxv.

224） *Account of the Company of St. George*, pp. 54–62.

225） 本書第 5 章第 1 節，272–274 頁を参照．

226） ノリッジにおけるアソシエーションの展開については，Dain［2004］; Knights［2004］を参照．

第6章　スペイン

1）関［2013］，275–276 頁.

2）Moreno［1999］, pp. 58–61, 175; Hermandades de Sevilla［2013］, pp. 3–4, 6.

3）関［2010］，163, 176–177, 182 頁；踊［2011］，136–139 頁.

4）Moreno［1999］, pp. 49–51, 63–67; Hermandades de Sevilla［2013］, p. 4；Black［2006］, pp. 2–3, 19–20; Terpstra［2006］, pp. 267–268.

5）本章第 1 節「巡礼路沿いの中小都市アストルガの兄弟会」，第 2 節参照.

6）Rumeu de Armas［1942］, p. 103.

7）Hontanilla Cendero［2004］, pp. 13–33.

8）García de Cortázar［1979］, pp. 104–107.

9）Ruiz Gómez［2006］, pp. 19–40; Orden de Santiago［2013］, pp. 1–9.

10）Rumeu de Armas［1942］, pp. 111–112; Arias de Saavedra Alías etc.［2002］, p. 111.

11）関［2004］，103–121 頁.

12）Arias de Saavedra Alías etc.［2002］, pp. 18–19, 31–46, 94; Hermandades de Sevilla［2013］, pp. 7–8, 10–11, 13–15.

13）Moreno［1999］, pp. 54, 57, 66–67; Arias de Saavedra Alías etc.［2002］, p. 146; García Gómez［2008］, pp. 82–93.

14）関［2000］, 427–428 頁；Manuel de Bofarull［1876］; San Román［1908］; Rumeu de Armas［1942］.

15）関［2000］, 428–429 頁；Sánchez Herrero［1974］; Martínez García［1981］; Cavero Domínguez［1992］; Godinyo Vieira［1990］; Riu［1980–82］; Rubio Vela［1984］.

16）López Alonso［1986］; García Guerra［1983］; Brodman［1998］.

17）Sánchez Herrero［1992］; Black & Gravestock（ed.）［2006］.

18）Moreno［1997］; Blasco Martínez［1988］; Blasco Martínez［1990］; Benítez Bolorinos［1998］, pp. 41–44.

19）関［2000］, 429–436 頁.

20）同上，431–432, 436–437 頁.

21）同上，437 頁；Cavero Domínguez［1992］, pp. 36–40, 45.

22）関［2000］, 438–439 頁；San Román［1908］, pp. 315–316, 318–320.

23）関［2000］, 440, 443 頁；San Román［1908］, pp. 126, 164, 316–319.

24）関［2000］, 440–441 頁.

25） 同上，pp. 441-442 頁；San Román [1908], pp. 165-166.

26） 関 [2000], 444-446 頁.

27） 同上，445 頁.

28） 同上，446-447 頁.

29） 同上，447-448 頁.

30） 同上，448 頁.

31） 同上，448-450 頁.

32） 関 [1993], 157, 163-165 頁；Ibañez Pérez [1990], pp. 111-112.

33） Ramos Rebollares [2002], pp. 61, 69, 72, 82.

34） *Ibid.*, pp. 67-69, 80, 85-86.

35） *Ibid.*, pp. 62-63, 131-132.

36） *Ibid.*, pp. 82, 93-94, 100.

37） Alonso de Porres Fernández [2001], pp. 15, 22-23, 29-30, 55, 57.

38） *Ibid.*, pp. 15, 22, 24, 29, 33, 44, 151.

39） *Ibid.*, pp. 22-23, 32, 34-36.

40） *Ibid.*, pp. 146-151, 154, 163.

41） 関 [2010], 164-165 頁；同 [2006b], 88-89 頁.

42） 関 [2013], 275-276 頁；García Pedraza [2002], pp. 893-894; Blasco Martínez [1990], p. 266; Benítez Bolorinos [1998], pp. 41-44.

43） 関 [2006], 87-90 頁；Moreno [1997], pp. 73-76.

44） Blasco Martínez [1988], pp. 25-27; Id. [1990], p. 267; Newman [1980], p. 172; Falcón Pérez [1978], pp. 61-67.

45） Baer [1971], pp. 55-60.

46） Newman [1980], pp. 161, 171-172; Likerman de Portnoy [2004], pp. 91-92.

47） Blasco Martínez [1990], pp. 265, 268.

48） *Ibid.*, pp. 265, 268-269.

49） *Ibid.*, pp. 234-236, 268-269.

50） *Ibid.*, pp. 273-274, 280-281; Newman [1980], pp. 163, 166, 175.

51） Blasco Martínez [1990], p. 273.

52） *Ibid.*

53） *Ibid.*, p. 274.

54） *Ibid.*, p. 273.

55） *Ibid.*

56) *Ibid.*, p. 269; Newman [1980], pp. 166, 173–174.

57) Blasco Martínez [1990], pp. 267, 277.

58) *Ibid.*, pp. 277–278.

59) *Ibid.*, p. 278.

60) *Ibid.*

61) *Ibid.*

62) *Ibid.*

63) *Ibid.*, p. 272.

64) *Ibid.*

65) *Ibid.*, p. 285.

66) *Ibid.*

67) *Ibid.*

68) *Ibid.*, p. 268; Blasco Martínez [1988], pp. 163, 165.

69) 関 [2006b], 92 頁.

70) 同上, 92–93 頁.

71) Moreno Koch [1987], p. 21.

72) 関 [2006b], 94–95 頁.

73) 同上, 96 頁; Blasco Martínez [1990], p. 269; Moreno Koch [1987], p. 23; Newman [1980], pp. 168, 170.

74) Moreno Koch [1987], pp. 23–24.

75) 関 [2006b], 97 頁.

76) Moreno Koch [1987], p. 29.

77) Blasco Martínez [1990], p. 276.

78) Domínguez Ortíz, Vincent [1978], pp. 78–81, 91–107.

79) *Ibid.*, pp. 109–128; Cabrilla [1989], pp. 24–38, 61–71, 134–136, 226, 311–313, 315; Longás Bartidas [1990], p. XLI; Verdet Gómez [2010], pp. 103–106, 141; Díaz Esteban [2012], pp. 29–40, 81–88; Tapia Sánchez [1991], pp. 183–200; García Avilés [2007], pp. 12–18, 22, 102–103, 111–120, 127; Vilar Sánchez [2004], pp. 565, 589, 597.

80) Tapia Sánchez [1991], pp. 349–350; Echevarría Arsuaga [2010], pp. 107–108; García Pedraza [2002], pp. 881–912.

81) Gallego Burín, Gámir Sandoval [1996], p. 162.

82) García Pedraza [2002], pp. 821–843, 891–894.

83) *Ibid.*, pp. 870–871; Id. [1995b], pp. 39–48, 51.

84） García Pedraza [1995a], pp. 231-232. モリスコ女性は男性とは別に，聖母の受胎兄弟会 Cofradía de la Concepción de Nuestra Señora を組織した.

85） García Pedraza [2002], pp. 866-867, 889-890, 894, 896.

86） *Ibid*., p. 90.

87） *Ibid*., pp. 902, 903.

88） *Ibid*., pp, 877, 899, 901.

89） *Ibid*., pp. 866-867, 886, 902-907; Gallego Burín, Gámil Sandoval [1996], p. 161.

90） García Pedraza [2002], pp. 889, 896-899, 908-909, 912.

91） *Ibid*., pp. 866-868.

92） García Avilés [2007], pp. 93-94, 102-104; García Díaz, Otero Mondéjar [2010], pp. XXVI-XXVIII.

93） García Díaz, Otero Mondéjar [2010], pp. 6-7.

94） García Avilés [2007], p. 30 ; Montojo Montojo, Romero Díaz [2013], p. 8.

95） 関 [2006a], 87 頁；Moreno [1997], pp. 496-498; Camacho Martínez [2001], p. 53.

96） 関 [2006a], 87-88, 92 頁；Moreno [1997], pp. 61, 65, 84-85.

97） 関 [2006a], 89-90 頁；Camacho Martínez [2001], pp. 66-76, 344.

98） 関 [2006a], 93-94 頁；Moreno [1997], p. 50.

99） 関 [2006a], 90 頁；Moreno [1997], pp. 64-65, 127.

100） 関 [2006a], 90 頁.

101） 同上，90-92 頁；Moreno [1997], p. 61.

102） 関 [2006a], 90 頁.

103） 同上，90-91 頁.

104） 同上，91 頁；Moreno [1997], p. 65.

105） 関 [2006a], 91 頁.

106） 同上.

107） 同上；Moreno [1997], p. 66.

108） 関 [2006a], 91 頁.

109） 同上；Moreno [1997], p. 66.

110） 関 [2006a], 91 頁.

111） 同上，91-92 頁；Moreno [1997], p. 63.

112） 関 [2006a], 91-92 頁.

113） 同上，92 頁.

114) Ortíz de Zúñiga [1988], p. 108.

115) 関 [2006a], 92 頁.

116) Moreno [1997], p. 47.

117) 関 [2006a], 92–93 頁; Moreno [1997], pp. 100, 103, 107, 120.

118) 関 [2006a], 92–93 頁.

119) Sordo [2006], pp. 187–192; Moreno [1999], p. 58; Bowser [1974], pp. 247–248; 網野 [1992], 253–257 頁.

120) Costa [2007], pp. 75–77; 玉野井 [2013], 1–18 頁. 日本の兄弟会は，キリシタン弾圧を生き抜く上でも，重要な役割を担った.

121) Moreno [1999], p. 65.

第7章　地中海から日本へ

1) マカオのミゼリコルディアは「仁慈堂」と称された. 1872 年横浜に上陸したサンモール修道会が創設した孤児院兼初等教育施設がやはり「仁慈堂」と名付けられている. 16 世紀に信徒によって運営された同種の慈善事業団体は，近代になって修道会 (とくに女子修道会) が手がけている. 全く同種の活動が長崎の岩永マキらの十字会 (最初信徒会で後に修道会となった) にもみられる. 明治初期のカトリックはこうした慈善事業活動に専念していた. その理想と模範は中世以来の「兄弟会」，とくに「ミゼリコルディア」にみいだすことができる.

2) シュッテ [1944].

3) 海老沢 [1944].

4) 川村 [2003]. ミゼリコルヂアのヨーロッパにおける淵源と考えられるフィレンツェのものについて，実際見ることのできた規則は，1490 年の次のものである. *Capitoli della fraternita ovvero Compagnia della Misericordia*. これは以下の刊本に収録されたものである. Ugo Morini [1940], pp. 59–72.

5) O'Malley [1993].

6) *Ibid.*, pp. 165–199.

7) Schurhammer [1973], p. 306.

8) *Capitoli statvti, et ordinationi della venerab. Compagnia del sacr. mo corpo di Christo, posta nella Chiesa de S. Maria sopra Minerva della Città di Roma* (Roma, Antonio Blado Stampatori Camerali, n. d.) (Biblioteca Casanatense Misc. 4a. 772).

9) 川村 [2003], 73–75 頁.

10) 『イエズス会会憲』n. 651. 邦訳は，『イエズス会会憲』[2011], 224 頁.

11） ウィッキ［1974］，215頁.

12） ローマ・カサナテンセ図書館Ms. 2271 “Regulae confraternitatis PP. Societatis Iesu 28.”

13） ローマ・カサナテンセ図書館 Ms. 2131-13.

14） マドリード・国立図書館 Ms. 18727.

15） 原本（ポルトガル語）はイエズス会ローマ古文書館蔵（ARSI, Jap. Sin. 59, 165-168）.

16） 村上［1969a］，292頁.

17） 同，12-13頁.『イエズス会日本通信』は，1598年ポルトガルのエヴォラで出版された書簡集からの邦訳．他に原文としてイエズス会古文書館，『日本・中国関係文書』（Archivum Romanum Societatis Iesu. Japonica Sinica.［ARSI, Jap. Sin.］5-293v）に同じ内容の記事がある．ここに原文を示す.

“Aquel día em la tarde se eligieron los maiordomos de la Misericordia, el oficio de los quoales es visitar los pobres y enfermos, segum se lo manda el padre, y(h)aviendo alguna limosna de personas que par'eso lo dão, repartilla a los mais necesitados; especialmente a los que estão em algún pecado, dales consejo o(h)ázelo saber al padre para que se lo dé e se tierem del pecado; y en estar com los que estão em artículo de muerte o(h)ázelo saber y la iglesia; y así de amortejar los defuntos. Los quoales maordomos são quoatro, entre los quales el uno es cabeça dela.

La eleción fue desta manera: que juntándose muitos christãos em la iglesia y oído la predicasión de los merecimientos que nel tal cargo tiene*n*, hizierem todos com nel padre oración al Espíritu Sancto pediéndolle gracia para elegir aquellos de quem se quería servir, y nel dicho ministerio. Y(h)echo esto venía cada uno e dizía al padre em secreto quien le parecía y el señor quien sería los maordomos y quien la cabeça emtr'ellos. Y así escreviendo el padre quoatro que tuvieron más votos fueron allí elegidos, de lo quoal quedarão todos muy consolados pareciéndoles que por Dios nuestro Señor erão escogidos para servi(r)ce dellos en aquel ministerio, y así con mucho zelo proceden en el oficio.”

18） 日本の宣教師らが参照したと思われるポルトガル・リスボンのミゼリコルディアの規則（Do Compromisso e Regimento dos Officiaes da Sancta Confraria da Misericordia1516）は以下の研究によって原文が紹介され翻訳がなされている．森脇［2011］，93-133頁.

19) 横井［1975］は，日本における「触穢」の観念を歴史的に明らかにした初めての研究として重要である．

20) 川村［2003］，152–164 頁．

21) 村上［1968］，151 頁．

22) 同上，131 頁．

23) フロイス［1978］，324–325 頁．“Hé costume en Japão, quando morrem estes soldados pobres e gente desamparada, levarem-lhe os corpos a queimar huns homens a que chamão figiris, que comumente são depresados e tidos por gente mui baxa. Quando a christandade alli começou a florecer morrerão dous pobres homens em Taaçuqui. Mandou logo Dario fazer huma tumba como as nossas da Mizericordia e huma capa da tumba de damasco com sua cruz branca no meio, e chamou todos os christãos fidalgos e inferiores, homens e mulheres, e que todos trouxessem de sua caza lanternas com candeas acezas para acompanhar os deffuntos. [...]” Luis Fróis & J. Wicki (ed.) [1981], p. 419.

24) Medina [1995], pp. 430–431. “Los enterramientos de los christianos defuntos causan mucha edificatión, assí a gentiles como a christianos, de lo qual tiene cargo el charíssimo Duarte da Sillva. Emterram todos, assí pobres como riquos, mui sumptuosamente. Porque a los pobres ajuda la casa de la Misericordia.

Primeiramente se amortajan según nuestra manera, y pónelos em una ataud sobre el qual se pone un lensol blanquo, y después un paño de seda preto con su crus blanca y suus velas alrededor. Y em sabiéndolo em la iglesia que ay defunto tángele la campana, donde se ajuntan todos los christianos desacupados, que sam mui inclinados a la tal obra de misericordia; que aunque esté la casa del defunto una legoa o legoa y media daquí, van todos con mucha devotión, assí ombres como mugeres, al enterramiento.”

25) Medina [1995], p. 186. “Para isto hai huma caxa, e hirmãos da Misericórdia que recolhem as esmolas que se dão, e cada domingo, depois de missa, se abre. Ele dá comta do gasto, e se lança em receita o que se acha. E estes mordomos servem e têm cuidado de vizitar os doemtes, hos dos montes a duas e três légoas. E quando hé muito pobre dá-se-lhe tãobém ali huma esmola da quaixa da Misericórdia.”

26) Medina [1995], pp. 421–422.

27） *Ibid.*, pp. 409–410.

28） 松田［1988］，290頁．原文はARSI Jap. Sin 55, f. 436. “Na quaresma fizerão tambem o mesmo pera dar decomer aos Lazaros de quatro hospitaes delles, que ha nesta cidade（de que os Nossos tem cuidado socorrendo-lhes com o que podem, assi no espiritual como no temporal）chamando pera isso huma somana os de huma casa e outra os de outra acerto lugar, aonde esta huma hermida e cemeterio dos defuntos: no qual iuntos todos e primeiro refeitos com a refeiçam da alma, por via da confissam, deque o Padre os ouvio, receberam a do corpo, que os Christaõs lhes darão, servindo elles mesmos［ ］, e assi por sua ordem Chamarão os Lazaros dos quatro hospitaes que passarão de duzentos, e a todos deram o mantimento espiritual e corporal com que se tornavão consolados e agradecidos pollo beneficio.”（手書き文書 manuscript からの復刻）

29） フロイス［1978c］，263頁；Wicki［1981］, p. 4.

30） 松田［1991］，305頁（フロイス執筆の1585年『日本年報』下地方）．原文書は，大英図書館 British Museum, add. Mss. 9859 に所蔵．（『日本年報』は宛先がイエズス会総長のため，原則的にすべてローマ・イエズス会古文書館 Archivum Romanum Societati Iesu にあるが，1585年日本年報のみ例外的に所蔵がない．この年のみ，下地方，豊後地方，都地方の3冊に分けて制作され，ヨーロッパに送られた．都地方の原文のみ大英図書館に所蔵なし．）

31） 川村［2003］，316頁．

32） 同上，340–341頁．

33） 川村［2013］，58–94頁．

34） 川村［2011］，40，77–83頁．

35）『大日本史料』十二之十二，316–323頁．

36） 川村［2011］，83–84頁．

37） 松田［1967］，1022–1145頁．

38） 村上［1969］，43，135頁；ARSI, Jap. Sin. 6, 194.

39） フロイス［1978b］，60頁；村上［1969b］，296頁．